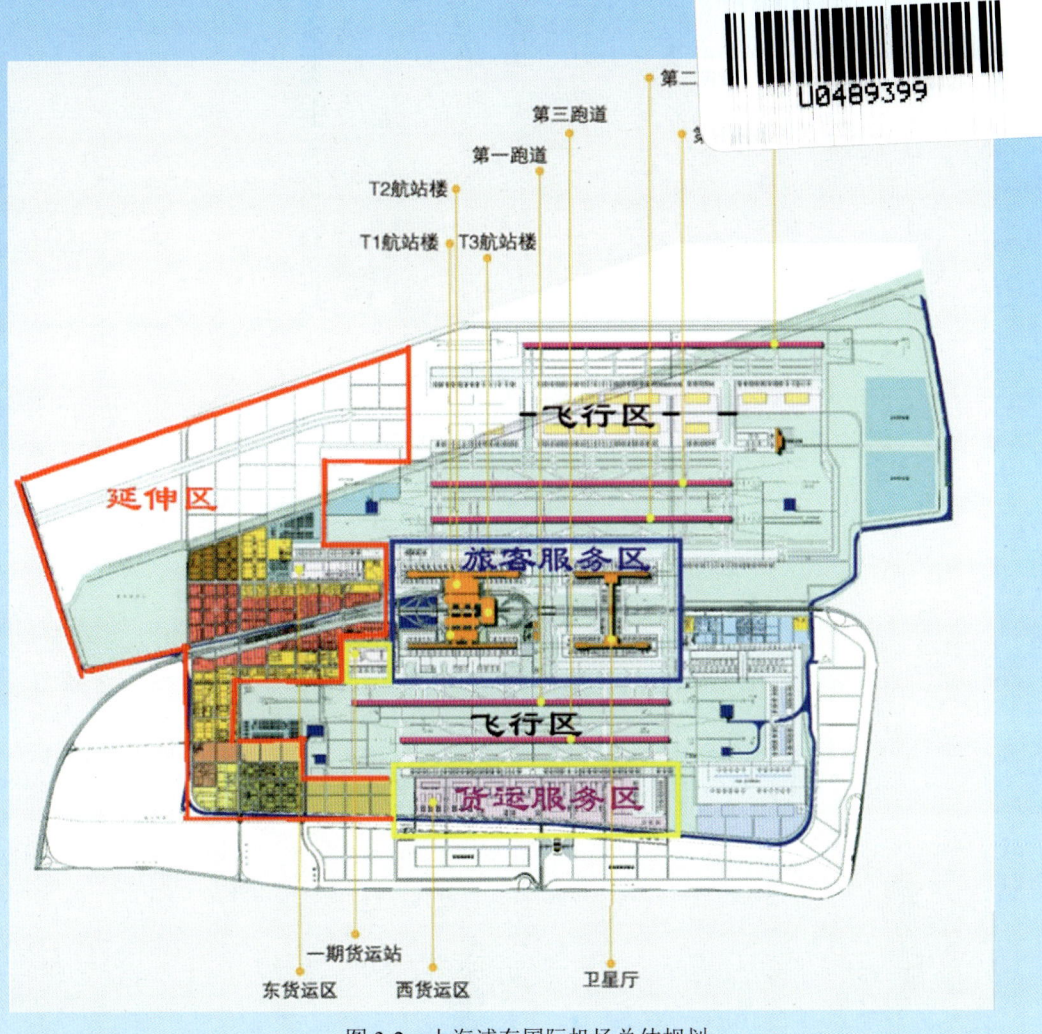

图 3-2　上海浦东国际机场总体规划

图 3-34　集中式航站楼（蒙特利尔米拉贝尔国际机场）

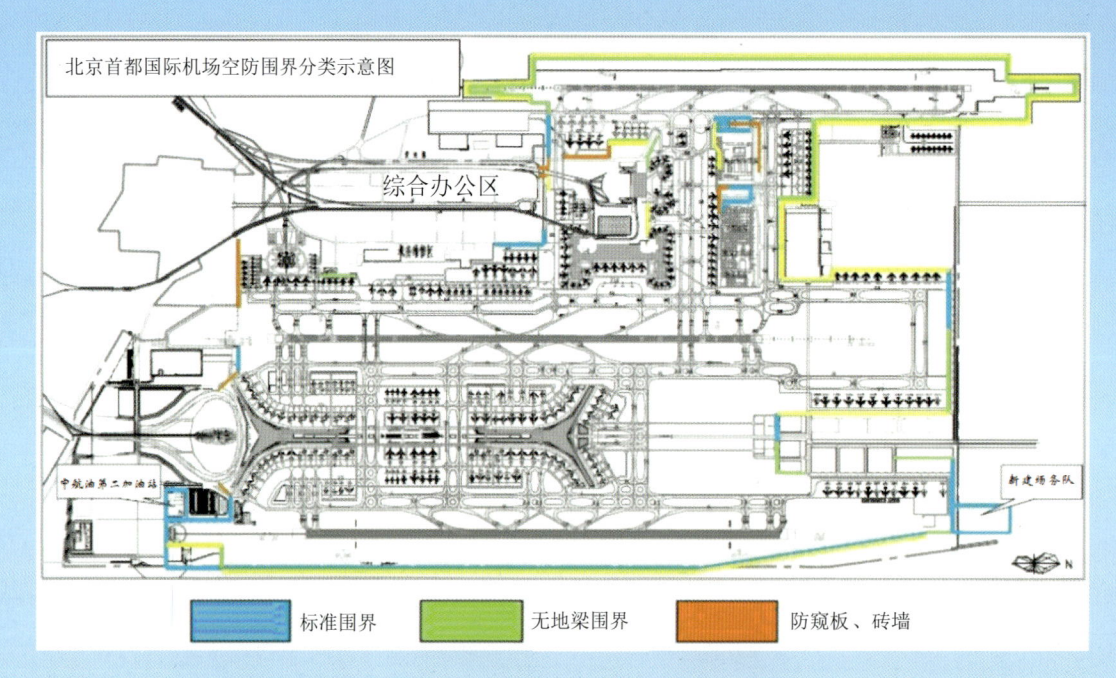

图 6-2 首都机场空防围界分类示意图

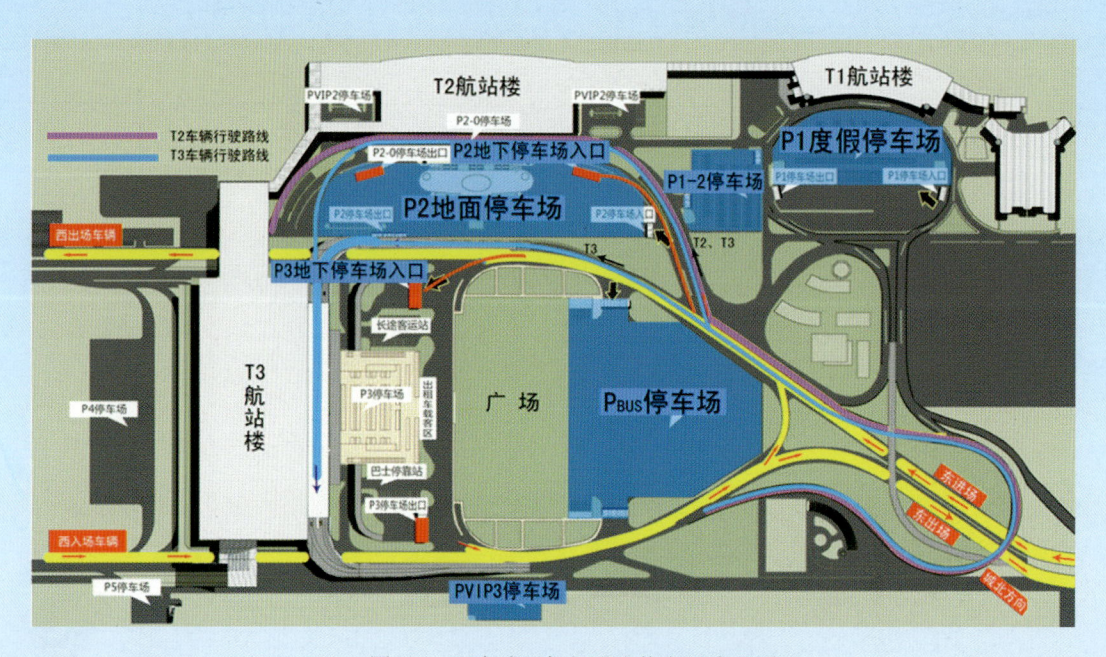

图 7-2 西安咸阳机场进出停车场流程图

"十三五"全国高等院校民航服务专业规划教材

民用机场运营与管理

陈文华◎编著

CiviL Airport Operation

清华大学出版社
北京

内容简介

全书共分为基础篇、运行篇、管理篇。全书共三篇十章，分别是概论、民用机场管理、民用机场布局、民用机场飞行区运行管理、民用机场地面运行管理、民用机场安全管理、民用机场经营管理、民用机场服务管理、智慧机场、绿色机场。

本书是民用航空运输经济管理类、服务类专业的基础性课程选用教材，适用于高等院校航空运输类专业本科、专科、高职、高专学生的教学；同时又是航空公司、机场从业人员必备的岗位培训教科书。

本书封面贴有清华大学出版社防伪标签，无标签者不得销售。
版权所有，侵权必究。举报：010-62782989，beiqinquan@tup.tsinghua.edu.cn。

图书在版编目（CIP）数据

民用机场运营与管理 / 陈文华编著. —北京：清华大学出版社，2019.11（2025.1重印）
"十三五"全国高等院校民航服务专业规划教材
ISBN 978-7-302-54121-9

Ⅰ. ①民… Ⅱ. ①陈… Ⅲ. ①民用机场—机场管理—运营管理—高等学校—教材 Ⅳ. ①F560.81

中国版本图书馆 CIP 数据核字（2019）第 247763 号

责任编辑：杜春杰
封面设计：刘　超
版式设计：文森时代
责任校对：马军令
责任印制：曹婉颖

出版发行：清华大学出版社
网　　址：https://www.tup.com.cn，https://www.wqxuetang.com
地　　址：北京清华大学学研大厦 A 座　　邮　编：100084
社 总 机：010-83470000　　邮　购：010-62786544
投稿与读者服务：010-62776969，c-service@tup.tsinghua.edu.cn
质量反馈：010-62772015，zhiliang@tup.tsinghua.edu.cn
印 装 者：三河市科茂嘉荣印务有限公司
经　　销：全国新华书店
开　　本：185mm×260mm　　印　张：29.5　　插　页：1　　字　数：694千字
版　　次：2019年12月第1版　　印　次：2025年1月第7次印刷
定　　价：69.80元

产品编号：076278-01

"十三五"全国高等院校民航服务专业规划教材丛书主编及专家指导委员会

丛 书 总 主 编　　刘　永（北京中航未来科技集团有限公司董事长兼总裁）
丛 书 副 总 主 编　马晓伟（北京中航未来科技集团有限公司常务副总裁）
丛 书 副 总 主 编　郑大地（北京中航未来科技集团有限公司教学副总裁）
丛 书 总 主 审　　朱益民（原海南航空公司总裁、原中国货运航空公司总裁、原上海航空公司总裁）
丛 书 英 语 总 主 审　王　朔（美国雪城大学、纽约市立大学巴鲁克学院双硕士）
丛 书 总 顾 问　　沈泽江（原中国民用航空华东管理局局长）
丛 书 总 执 行 主 编　王益友［江苏民航职业技术学院（筹）院长、教授］
丛 书 艺 术 总 顾 问　万峻池（美术评论家、著名美术品收藏家）
丛书总航空法律顾问　程　颖（荷兰莱顿大学国际法研究生、全国高职高专"十二五"规划教材《航空法规》主审、中国东方航空股份有限公司法律顾问）

丛书专家指导委员会主任

关云飞（长沙航空职业技术学院教授）

张树生（国务院津贴获得者，山东交通学院教授）

刘岩松（沈阳航空航天大学教授）

宋兆宽（河北传媒学院教授）

姚　宝（上海外国语大学教授）

李剑峰（山东大学教授）

孙福万（国家开放大学教授）

张　威（沈阳师范大学教授）

成积春（曲阜师范大学教授）

"十三五"全国高等院校民航服务专业规划教材编委会

主　任　高　宏（沈阳航空航天大学教授）　　杨　静（中原工学院教授）
　　　　　　李　勤（南昌航空大学教授）　　　　李广春（郑州航空工业管理学院教授）
　　　　　　安　萍（沈阳师范大学）　　　　　　彭圣文（长沙航空职业技术学院）
　　　　　　陈文华（上海民航职业技术学院）

副主任　兰　琳（长沙航空职业技术学院）　　庞庆国（中国成人教育协会航空服务教育培训专业委员会）
　　　　　　郑　越（长沙航空职业技术学院）　　郑大莉（中原工学院信息商务学院）
　　　　　　徐爱梅（山东大学）　　　　　　　　黄　敏（南昌航空大学）
　　　　　　韩　黎［江苏民航职业技术学院（筹）］曹娅丽（南京旅游职业学院）
　　　　　　胡明良（江南影视艺术职业学院）　　李楠楠（江南影视艺术职业学院）
　　　　　　王昌沛（曲阜师范大学）　　　　　　何蔓莉（湖南艺术职业学院）
　　　　　　孙东海（江苏新东方艺先锋传媒学校）戴春华（原同济大学）
　　　　　　施　进（盐城航空服务职业学校）　　孙　梅（上海建桥学院）
　　　　　　张号全（武汉商贸职业学院）

委　员（排名不分先后）
　　　　　　于海亮（沈阳师范大学）　　　　　　于晓风（山东大学）
　　　　　　王丽蓉（南昌航空大学）　　　　　　王玉娟（南昌航空大学）
　　　　　　王　莹（沈阳师范大学）　　　　　　王建惠（陕西职业技术学院）
　　　　　　王　姝（北京外航服务公司）　　　　王　晶（沈阳航空航天大学）
　　　　　　邓丽君（西安航空职业技术学院）　　车树国（沈阳师范大学）
　　　　　　龙美华（岳阳市湘北女子职业学校）　石　慧（南昌航空大学）
　　　　　　付砚然（湖北襄阳汽车职业技术学院，原海南航空公司乘务员）
　　　　　　朱茫茫（潍坊职业学院）　　　　　　田　宇（沈阳航空航天大学）
　　　　　　刘　洋（濮阳工学院）　　　　　　　刘　超（华侨大学）
　　　　　　许　赟（南京旅游职业学院）　　　　刘　舒（江西青年职业学院）
　　　　　　杨志慧（长沙航空职业技术学院）　　吴立杰（沈阳航空航天大学）
　　　　　　李长亮（张家界航空工业职业技术学院）杨　莲（马鞍山职业技术学院）
　　　　　　李雯艳（沈阳师范大学）　　　　　　李芙蓉（长沙航空职业技术学院）
　　　　　　李　仟（天津中德应用技术大学，原中国南方航空公司乘务员）
　　　　　　李霏雨（原中国国际航空公司乘务员）李　姝（沈阳师范大学）
　　　　　　邹　昊（南昌航空大学）　　　　　　狄　娟（上海民航职业技术学院）
　　　　　　宋晓宇（湖南艺术职业学院）　　　　邹　莎（湖南信息学院）
　　　　　　张　进（三峡旅游职业技术学院）　　张　驰（沈阳航空航天大学）
　　　　　　张　琳（北京中航未来科技集团有限公司）张　利（北京中航未来科技集团有限公司）
　　　　　　张媛媛（山东信息职业技术学院）　　张程垚（湖南民族职业学院）
　　　　　　陈烜华（上海民航职业技术学院）　　陈　卓（长沙航空职业技术学院）
　　　　　　周佳楠（上海应用技术大学）　　　　金　恒（西安航空职业技术学院）
　　　　　　郑菲菲（南京旅游职业学院）　　　　周茗慧（山东外事翻译职业学院）
　　　　　　胥佳明（大连海事大学）　　　　　　赵红倩（上饶职业技术学院）
　　　　　　柳　武（湖南流通创软科技有限公司）胡　妮（南昌航空大学）
　　　　　　柴　郁（江西航空职业技术学院）　　钟　科（长沙航空职业技术学院）
　　　　　　唐　珉（桂林航天工业学院）　　　　倪欣雨（斯里兰卡航空公司空中翻译，原印度尼西亚鹰航乘务员）
　　　　　　高　青（山西旅游职业学院）　　　　高　熔（原沈阳航空航天大学继续教育学院）
　　　　　　郭雅萌（江西青年职业学院）　　　　高　琳（济宁职业技术学院）
　　　　　　黄　晨（天津交通职业学院）　　　　黄春新（沈阳航空航天大学）
　　　　　　黄紫葳（抚州职业技术学院）　　　　黄婵芸（原中国东方航空公司乘务员）
　　　　　　崔祥建（沈阳航空航天大学）　　　　曹璐璐（中原工学院）
　　　　　　梁向兵（上海民航职业技术学院）　　崔　媛（张家界航空工业职业技术学院）
　　　　　　彭志雄（湖南艺术职业学院）　　　　梁　燕（郴州技师学院）
　　　　　　操小霞（重庆财经职业学院）　　　　蒋焕新（长沙航空职业技术学院）
　　　　　　庞　敏（上海民航职业技术学院）　　李艳伟（沈阳航空航天大学）
　　　　　　史秋实（中国成人教育协会航空服务教育培训专业委员会）

出 版 说 明

　　随着经济的稳步发展，我国已经进入经济新常态的阶段，特别是十九大指出：当前中国社会的主要矛盾已经转化为人民日益增长的美好生活需要和不平衡不充分的发展之间的矛盾，这客观上要求社会服务系统要完善升级。作为公共交通运输的主要组成部分，民航运输在满足人们对美好生活的追求和促进国民经济发展中扮演着重要的角色，具有广阔的发展空间。特别是"十三五"期间，国家高度重视民航业的发展，将民航业作为推动我国经济社会发展的重要战略产业，预示着我国民航业将会有更好、更快的发展。从国产化飞机 C919 的试飞，到宽体飞机规划的出台，以及民航发展战略的实施，标志着我国民航业已经步入崭新的发展阶段，这一阶段的特点是以人才为核心，而这一发展模式必将进一步对民航人才质量提出更高的要求。面对民航业发展对人才培养提出的挑战，培养服务于民航业发展的高质量人才，不仅需要转变人才培养观念，创新教育模式，更需要加强人才培养过程中基本环节的建设，而教材建设就是其首要的任务。

　　我国民航服务专业的学历教育，经过 18 年的探索与发展，其在办学水平、办学结构、办学规模、办学条件和师资队伍等方面都发生了巨大的变化，专业建设水平稳步提高，适应民航发展的人才培养体系初步形成。但我们应该清醒地看到，目前我国民航服务类专业的人才培养仍存在着诸多问题，特别是专业人才培养质量仍不能适应民航发展对人才的需求，人才培养的规模与高质量人才短缺的矛盾仍很突出。而目前相关专业教材的开发还处于探索阶段，缺乏系统性与规范性。已出版的民航服务类专业教材，在吸收民航服务类专业研究成果方面做出了有益的尝试，涌现出不同层次的系列教材，推动了民航服务的专业建设与人才培养，但从总体来看，民航服务类教材的建设仍落后于民航业对专业人才培养的实践要求，教材建设已成为相关人才培养的瓶颈。这就需要我们以引领和服务专业发展为宗旨，系统总结民航服务实践经验与教学研究成果，开发全面反映民航服务职业特点、符合人才培养规律和满足教学需要的系统性专业教材，积极有效地推进民航服务专业人才的培养工作。

　　基于上述思考，编委会经过两年多的实际调研与反复论证，在广泛征询民航业内专家的意见与建议、总结我国民航服务类专业教育的研究成果后，结合我国民航服务业的发展趋势，致力于编写出一套系统的、具有一定权威性和实用性的民航服务类系列教材，为推进我国民航服务人才的培养尽微薄之力。

　　本系列教材由沈阳航空航天大学、南昌航空大学、郑州航空工业管理学院、上海民航职业技术学院、长沙航空职业技术学院、西安航空职业技术学院、中原工学院、上海外国语大学、山东大学、大连外国语大学、沈阳师范大学、曲阜师范大学、湖南艺术职业学院、陕西师范大学、兰州大学、云南大学、四川大学、湖南民族职业学院、江西青年职业学院、天津交通职业学院、潍坊职业学院、南京旅游职业学院等多所高校的众多资深专家和学者共同打造，还邀请了多名原中国东方航空公司、原中国南方航空公司、原中国国际航空公司和原海南航空公司中从事多年乘务工作的乘务长和乘务员参与教材的编写。

目前，我国民航服务类的专业教育呈现着多元化、多层次的办学格局，各类学校的办学模式也呈现出个性化的特点，在人才培养体系、课程设置以及课程内容等方面，各学校之间存在着一定的差异，对教材也有不同的需求。为了能够更好地满足不同办学层次、教学模式对教材的需要，本套教材主要突出以下特点。

第一，兼顾本、专科不同培养层次的教学需要。鉴于近些年我国本科层次民航服务专业办学规模的不断扩大，在教材需求方面显得十分迫切，同时，专科层面的办学已经到了规模化的阶段，完善与更新教材体系和内容迫在眉睫，本套教材充分考虑了各类办学层次的需要，本着"求同存异、个性单列、内容升级"的原则，通过教材体系的科学架构和教材内容的层次化，达到兼顾民航服务类本、专科不同层次教学之需要。

第二，将最新实践经验和专业研究成果融入教材。服务类人才培养是系统性问题，具有很强的内在规定性，民航服务的实践经验和专业建设成果是教材的基础，本套教材以丰富理论、培养技能为主，力求夯实服务基础，培养服务职业素质，将实践层面行之有效的经验与民航服务类人才培养规律的研究成果有效融合，以提高教材对人才培养的有效性。

第三，落实素质教育理念，注重服务人才培养。习近平总书记在党的十九大报告中强调，"要全面贯彻党的教育方针，落实立德树人根本任务，发展素质教育，推进教育公平，培养德智体美全面发展的社会主义建设者和接班人"，人才以德为先，以社会主义价值观铸就人的灵魂，才能使人才担当重任，这也是高校人才培养的基本任务。教育实践表明，素质是人才培养的基础，也是人才职业发展的基石，人才的能力与技能附着在精神与灵魂，但在传统的民航服务教材体系中，包含素质教育板块的教材较为少见。根据党的教育方针，本套教材的编写考虑到素质教育与专业能力培养的关系，以及素质对职业生涯的潜在影响，首次在我国民航服务专业教学中提出专业教育与人文素质并重、素质决定能力的培养理念，以独特的视野，精心打造素质教育教材板块，使教材体系更加系统，强化了教材特色。

第四，必要的服务理论与专业能力培养并重。调研分析表明，忽视服务理论与人文素质所培养出的人才很难有宽阔的职业胸怀与职业精神，其未来的职业生涯发展就会乏力。因此，教材不应仅是对单纯技能的阐述与训练指导，更应该在不淡化专业能力培养的同时，强化行业知识、职业情感、服务机理、职业道德等关系到职业发展潜力的要素的培养，以期培养出高层次和高质量的民航服务人才。

第五，架构适合未来发展需要的课程体系与内容。民航服务具有很强的国际化特点，而我国民航服务的思想、模式与方法也正处于不断创新的阶段，紧紧把握未来民航服务的发展趋势，提出面向未来的解决问题的方案，是本套教材的基本出发点和应该承担的责任。我们力图将未来民航服务的发展趋势、服务思想、服务模式创新、服务理论体系以及服务管理等内容重新进行架构，以期能对我国民航服务人才培养，乃至整个民航服务业的发展起到引领作用。

第六，扩大教材的种类，使教材的选择更加宽泛。鉴于我国目前尚缺乏民航服务专业更高层次办学模式的规范，各学校的人才培养方案各具特点，差异明显，为了使教材更适用于办学的需要，本套教材打破了传统教材的格局，通过课程分割、内容优化和课外外延化等方式，增加了教材体系的课程覆盖面，使不同办学层次、关联专业可以通过教材合理组合，以获得完整的专业教材选择机会。

本套教材规划出版品种大约为四十种，分为：① 人文素养类教材，包括《大学语文》《应用文写作》《艺术素养》《跨文化沟通》《民航职业修养》《中国传统文化》等。② 语言类教材，包括《民航客舱服务英语教程》《民航客舱实用英语口语教程》《民航实用英语听力教程》《民航播音训练》《机上广播英语》《民航服务沟通技巧》等。③ 专业类教材，包括《民航概论》《民航服务概论》《中国民航常飞客源国概况》《民航危险品运输》《客舱安全管理与应急处置》《民航安全检查技术》《民航服务心理学》《航空运输地理》《民航服务法律实务与案例教程》等。④ 职业形象类教材，包括《空乘人员形体与仪态》《空乘人员职业形象设计与化妆》《民航体能训练》等。⑤ 专业特色类教材，包括《民航服务手语训练》《空乘服务专业导论》《空乘人员求职应聘面试指南》《民航面试英语教程》等。

为了开发职业能力，编者联合有关 VR 开发公司开发了一些与教材配套的手机移动端 VR 互动资源，学生可以利用这些资源体验真实场景。

本套教材是迄今为止民航服务类专业较为完整的教材系列之一，希望能借此为我国民航服务人才的培养，乃至我国民航服务水平的提高贡献力量。民航发展方兴未艾，民航教育任重道远，为民航服务事业发展培养高质量的人才是各类人才培养部门的共同责任，相信集民航教育的业内学者、专家之共同智慧，凝聚有识之士心血的这套教材的出版，对加速我国民航服务专业建设、完善人才培养模式、优化课程体系、丰富教学内容，以及加强师资队伍建设能起到一定的推动作用。在教材使用的过程中，我们真诚地希望听到业内专家、学者批评的声音，收到广大师生的反馈意见，以利于进一步提高教材的水平。

丛 书 序

《礼记·学记》曰："古之王者，建国君民，教学为先。"教育是兴国安邦之本，决定着人类的今天，也决定着人类的未来。企业发展也大同小异，重视人才是企业的成功之道，别无二选。航空经济是现代经济发展的新趋势，是当今世界经济发展的新引擎。民航是经济全球化的主流形态和主导模式，是区域经济发展和产业升级的驱动力。发展中的中国民航业有巨大的发展潜力，其发展战略的实施必将成为我国未来经济发展的增长点。

"十三五"正值实现我国民航强国战略构想的关键时期，"一带一路"倡议方兴未艾，"空中丝路"越来越宽阔。高速发展的民航运输业需要持续的创新与变革，同时，基于民航运输对安全性和规范性要求比较高的特点，其对人才有着近乎苛刻的要求，只有人才培养先行，夯实人才基础，才能抓住国家战略转型与产业升级的巨大机遇，实现民航运输发展的战略目标。我国民航服务人才发展经历多年的积累，建立了较为完善的民航服务人才培养体系，培养了大量服务民航发展的各类人才，保证了我国民航运输业的高速持续发展。与此同时，我国民航人才培养正面临新的挑战，既要通过教育创新提升人才品质，又需要人才培养过程精细化，把人才培养目标落实到人才培养的过程中，而教材作为专业人才培养的基础，需要先行，以发挥引领作用。教材建设发挥的作用并不局限于专业教育本身，其对行业发展的引领、专业人才培养方向的把握，人才素质、知识、能力结构的塑造以及职业发展潜力的培养具有不可替代的作用。

我国民航运输发展的实践表明，人才培养决定着民航发展的水平，而民航人才的培养需要社会各方面的共同努力。我们惊喜地看到，清华大学出版社秉承"自强不息，厚德载物"的人文精神，发挥品牌优势，投身于民航服务专业系列教材的开发，改变了民航服务教材研发的格局，体现了其对社会责任的担当。

本套教材组织严谨，精心策划，高屋建瓴，深入浅出，具有突出的特色。第一，从民航服务人才培养的全局出发，关注了民航服务产业的未来发展趋势，架构了以培养目标为导向的教材体系与内容结构，比较全面地反映了服务人才培养趋势，起到了良好的统领作用；第二，使教材的本质——适用性得到了回归，体现在每本教材均有独特的视角和编写立意，既有高度的提升、理论的升华，也注重教育要素在课程体系中的细化，具有较强的可用性；第三，引入了职业素质教育的理念，补齐了服务人才素质教育缺少教材的短板，可谓对传统服务人才培养理念的一次冲击；第四，教材编写人员参与面非常广泛，这反映出本套教材充分体现了当今民航服务专业教育的教学成果和编写者的思考，形成了相互交流的良性机制，势必会对全国民航服务类专业的发展起到推动作用。

  教材建设是专业人才培养的基础，其与教材服务的行业的发展交互作用，共同实现人才培养—社会检验的良性循环，是助推民航服务人才培养的动力。希望这套教材能够在民航服务类专业人才培养的实践中，发挥更积极的作用。相信通过不断总结与完善，这套教材一定会成为具有自身特色的、适应我国民航业发展要求并深受读者喜欢的规范教材。

原海南航空公司总裁、原中国货运航空公司总裁、原上海航空公司总裁
朱益民
2017 年 9 月

前　言

党的十八大以来，中央始终高度重视加强基础产业建设，加快发展综合交通运输体系，明确指出民航业是国民经济的重要基础产业，是综合交通运输体系的有机组成部分，其发达程度对内反映了一个国家（地区）的现代化水平、经济结构和开放水平等状况，对外则是衡量国家、地区经济竞争力的重要指标。不仅如此，民航在政治、社会、军事、外交、文化等领域也发挥着十分重要的战略作用。许多国家（地区）把民航业定位为战略性产业，把发展民航业上升为国家（地区）战略，使之成为在全球化过程中获取利益的有力工具。

民用机场是民用航空器飞行不可或缺的场所，是民用航空运输网络的节点。它作为公共交通基础设施，承担着服务公众的重要职能。民用机场是民航业国家战略的基础支撑，成为国家发展的一个新动力源。民用机场是我国民航业发展的重要基础，"十三五"期间，随着民航改革步伐加快、建设投入加大，我国民用机场进入了一个高速发展的阶段。

为了适应新形势的发展，培养高素质机场管理人才，需要有一本关于机场管理方面的高等教育适用教材。笔者从事民用机场运行和管理的教学科研工作近二十年，1998 年上海浦东国际机场开航之际，曾参与了"上海机场集团一市二场运行管理"的调研工作，从 2005 年起又担任了"上海虹桥国际机场运行管理研修班"的专职教师，对机场管理的理论有较深研究，对机场运营的实践经验丰富。笔者于 2008 年出版的《民用机场运营与管理》一书，被众多高等院校列为选用教材，也受到广大机场干部职工的喜爱，成为他们学习工作的重要工具。随着时代的变化，机场建设日新月异，新理论、新理念、新观念、新技术不断创新和应用，原教材亟须完善更新，因此，作者用三年时间完成了新教材编写，并献给广大读者。

在写作本书前，笔者大量地收集、分析、研究近二十年来国内外机场管理领域的先进研究成果和具体运营实践经验，力图在理论上与实践中共同反映出现代机场管理的前沿成果。本书以"系统性、先进性、科学性、实践性"为主要特点，具体体现在以下几个方面。

（1）系统完整、内容丰富。本书内容分为基础篇、运行篇和管理篇，共计三篇、十章。笔者全面、系统地研究和分析了现代民用机场各领域中的理论问题和实践活动，书中内容涵盖了机场运营与管理的各个方面，知识面广，内容十分丰富。基础篇包括三章内容：第一章主要介绍基本概念、民航业的地位和作用、改革和发展、主要法规和政策；第二章要介绍民用机场管理；第三章主要介绍民用机场布局。运行篇包括三章内容：第四章主要介绍民用机场飞行区运行管理；第五章主要介绍民用机场地面运行管理；第六章主要介绍民用机场安全管理。管理篇包括四章内容：第七章主要介绍民用机场经营管理；第八章主要介绍民用机场服务管理；第九章主要介绍智慧机场；第十章主要介绍绿色机场。

（2）理论引领、理念创新。全书以习近平总书记对民航工作系列重要讲话为引领，在机场发展中坚持贯彻创新发展、协调发展、绿色发展、开放发展、共享发展五大理念，为本书奠定了理论基础，为此本书专门增加了智慧机场和绿色机场两章节内容，成为教材中的一个亮点。在机场建设、安全管理、真情服务等章节中，作者站在新的历史起点上，力求内容服从于国家战略，瞄准世界前沿，理念创新，立意新颖，观点鲜明，使读者有所启迪。

（3）科学运行、立规定矩。为了保障飞机安全起飞和降落，笔者从飞机地面运行指挥、飞机地面运行保障、飞机监护、跑道管理和维护、机坪管理、导航设备管理、净空管理等各个环节入手，引用了大量机场管理条例、规定、标准和要求，立规定矩，精心组织，正确指挥，沟通协调和实时控制，构成一个完整的机场运行网络体系，同时，也充分体现了民航人责任攸关、使命担当的优良传统。

（4）实践应用、行之有效。本书理论性与实践性高度结合，注重时效性，立足于中国特色机场经营管理面临的实际问题，借鉴国内外机场运营管理的成功经验和最新研究成果，深入浅出，使读者更容易掌握。为了满足教学的需要，本书采集了大量的案例，这些案例都是经过精心挑选的，极具代表性，反映了当前机场发展的实际情况和发展趋势，无论是成功经验还是失败教训，都值得读者思考和借鉴。同时，统计数据也是一种有说服力的事实依据，教材中采集的相关数据均来自权威机构，力求新、准、全，通过大量数据来呈现机场运营管理发展的新成果。

本书在写作过程中参考了大量的专著、教材和资料，尤其阅读了《中国民航报》大量的新闻报道，这些作者前期进行的探索和研究为本书的编写奠定了坚实基础。此外，清华大学出版社"十三五全国高等院校民航服务专业规划教材编委会"王益友教授和编辑部同事们在编写过程中给予了耐心指导和热情的帮助，也使笔者深受感动，在此特向以上人员表示衷心的感谢。

由于笔者水平有限，尚存在一些不足，真诚希望读者不吝赐教，使其日臻完善。

作　者

2019 年 10 月 1 日于上海

CONTENTS 目录

基础篇

第一章 概论 3

第一节 概述 4
一、民用机场的定义、基本功能、主要任务和具体职责 4
二、机场的分类 6
三、民用机场的历史 12

第二节 民航业的地位和作用 20
一、民航业的战略地位 20
二、民航业的战略作用 22

第三节 民航运行体系 26
一、民航的行业系统性 26
二、机场运行系统图 27
三、唇齿相依——机场与航空公司携手并进 29

第四节 改革和发展 31
一、现状与差距 31
二、机遇与挑战 40
三、改革的方向 43
四、"十三五"目标和机场布局中长期规划 46

第五节 主要法规和政策 49
一、国家法律体系 49
二、《国际民用航空公约》 50
三、《民用航空法》 51
四、《民用机场管理条例》 52
五、《国务院关于促进民航业发展的若干意见》 53

思考题 54

第二章 民用机场管理 ... 55

第一节 机场管理体制 ... 56
一、民用机场的性质 ... 56
二、我国机场的性质定位 ... 58
三、我国机场管理体制的多样性 ... 60
四、机场管理机构 ... 60
五、机场管理机构的职责 ... 62

第二节 机场建设 ... 63
一、民用机场建设管理规定 ... 63
二、机场建设原则 ... 64
三、运输机场建设程序 ... 64
四、机场建设资金的筹集 ... 70

第三节 构建国家公共航空运输机场体系 ... 72
一、枢纽机场 ... 72
二、我国枢纽机场的建设 ... 76
三、我国中小机场建设和发展 ... 84

思考题 ... 90

第三章 民用机场布局 ... 91

第一节 基本布局 ... 92

第二节 飞行区 ... 93
一、概念 ... 93
二、跑道 ... 94
三、跑道的附属区域 ... 103
四、滑行道 ... 105
五、机坪 ... 107
六、航站导航设施 ... 108
七、航空地面灯光系统 ... 111
八、机场跑道系统的分类和标志 ... 113
九、空域 ... 116
十、机场的进近和净空（飞行）区 ... 116
十一、飞行区的其他设施 ... 118

第三节 航站区 ... 121

一、航站楼..121
　　二、货运站..129
　　三、政府驻场机构..133
　　四、其他服务机构..133
第四节　地面交通区..134
　　一、综合交通纳入城市规划..134
　　二、大型机场应规划建设一体化综合交通枢纽................................135
　　三、空地联运..137
第五节　临空经济区..138
　　一、临空经济区的规划..138
　　二、国家临空经济示范区...141
　　三、临空经济必须以航空为主线..143
思考题..144

运 行 篇

第四章　民用机场飞行区运行管理..149

第一节　论述..150
　　一、机场运行管理的定义...150
　　二、机场运行管理的内容...150
　　三、机场运行管理的安全目标...151
　　四、创建机场运行新模式...152
　　五、机场运行指挥中心..153
第二节　机场容量和运行..156
　　一、机场容量..156
　　二、容量的定义...156
　　三、容量和运行...157
　　四、提高机场容量措施..159
第三节　机坪运行管理..162
　　一、机坪运行管理..162
　　二、飞行活动区的安全..162
　　三、航空地面事故的范围和等级..164
　　四、现行机坪运行模式重大改革..165
　　五、现场指挥..167

   　　六、飞机地面运行管理 169
   　　七、航空器除冰雪管理 174
   　　八、飞机监护 175
   第四节　场务运行管理 176
   　　一、场务管理范围 176
   　　二、道面的维护 176
   　　三、外来物（FOD）的防治 180
   第五节　跑道侵入 181
   　　一、概述 181
   　　二、防止地面车辆及人员跑道侵入 182
   第六节　机场导航设施管理 184
   　　一、目视助航设施的检验评估 184
   　　二、目视助航灯光系统的维护 185
   第七节　净空管理 187
   　　一、净空管理 187
   　　二、超标建筑物 189
   　　三、鸟害控制 191
   　　四、电磁波干扰 194
   　　五、烟雾 196
   　　六、无人机 196
   　　七、不明飞行物 198
   思考题 199

第五章　民用机场地面运行管理 201

   第一节　航班运行管理 202
   　　一、航班 202
   　　二、航班信息管理 207
   　　三、机位分配 213
   第二节　候机楼运行管理 215
   　　一、候机楼总体布局 216
   　　二、旅客流程 218
   　　三、旅客服务区域管理 223
   　　四、中转管理 224
   　　五、行李管理 226
   　　六、标识管理 228
   第三节　旅客地面服务 232

一、旅客地面服务概述 232
　二、旅客导乘和接待 233
　三、手推车服务 235
　四、问询服务 236
　五、特殊旅客服务 237
　六、联检服务 243
第四节　地勤保障 243
　一、概述 244
　二、地勤保障管理 247
　三、登机桥作业 253
　四、机坪车辆及设施设备管理 255
　五、设施设备安全运行 258
思考题 259

第六章　民用机场安全管理 261

第一节　安全管理理论和实践 262
　一、安全是永恒主题 262
　二、中国民航安全发展面临的挑战 263
　三、安全管理的方针政策 264
第二节　空防安全 267
　一、空防安全概述 267
　二、安全检查系统 269
　三、围界系统 274
　四、视频监控系统 277
　五、机场门禁系统 278
　六、机场安防报警子系统 279
　七、机场安防公共广播子系统 280
第三节　群防安全 280
　一、群防安全概述 280
　二、易发群体事件 281
　三、群体事件的防范策略 287
第四节　货运安全 291
　一、血的教训 291
　二、深入贯彻落实安全生产重要指示 291
　三、航空货物运输安全 292

XVII

四、机场航空燃油安全管理 295
思考题 297

管 理 篇

第七章　民用机场经营管理 301

第一节　经营管理方式转变 302
　　一、由经营型向管理型转变 302
　　二、机场将成为一个公共航空平台 303
　　三、民用机场的管理目标 304
　　四、机场经营性业务范围 306
　　五、经营权的转让 306
　　六、机场内部拥有的资源 307

第二节　机场指标体系 309
　　一、机场指标体系构建 309
　　二、国外机场运营效率指标体系介绍 313
　　三、收入与成本 315

第三节　机场特许经营权 319
　　一、机场特许经营权 320
　　二、机场特许经营项目 321
　　三、国内机场按经营现状分段实施 324
　　四、机场特许经营应遵循的原则 324
　　五、实施步骤和要求 325

第四节　非航空性业务 327
　　一、非航空性业务收入打造完美机场 327
　　二、商业 329
　　三、广告 333
　　四、停车 335
思考题 338

第八章　民用机场服务管理 339

第一节　机场服务质量 340

一、概述 340
　　二、机场服务质量概况 343
　　三、提升民航服务质量的指导意见 347
第二节　真情服务 348
　　一、真情服务的本质要求 348
　　二、先进服务理念引领真情服务 349
　　三、创新是真情服务的生命力 352
　　四、民航员工是真情服务的主体 354
第三节　航班不正常处置 356
　　一、概念 356
　　二、现状 358
　　三、航班不正常的原因 361
　　四、加大力度整治航班延误 364
　　五、航班延误后旅客服务 368
　　六、保护消费者权益 372
第四节　服务质量评价体系与监督机制 375
　　一、民航服务标准体系 375
　　二、机场服务质量标准 377
　　三、服务质量评价体系 385
　　四、强化服务监督管理 388
思考题 389

第九章　智慧机场 391

第一节　互联网+机场 392
　　一、智慧机场的概念 392
　　二、智慧机场的特征 393
　　三、应用技术手段 396
第二节　智慧安全、智慧运行和智慧管理 403
　　一、智慧安全 404
　　二、智慧运行 405
　　三、智慧管理 407
第三节　智慧服务、智慧商业 409
　　一、自助服务 409
　　二、享受高品质服务 413
　　三、智慧商业 414

思考题......416

第十章 绿色机场......417

第一节 导论......418
一、绿色机场......418
二、总体目标和绿色机场规划......421
三、绿色机场理念引领新机场建设......424
四、运营成熟的机场迎头赶上......425

第二节 节能减排......425
一、民航节能减排纲领性文件......426
二、完善能源管理制度，建立绿色发展体系......429
三、机场节能减排的重点和措施......433

第三节 环境保护......438
一、机场生态环境保护......438
二、机场生态环境治理......439
三、机场噪声治理......443

思考题......447

参考文献......449

基 础 篇

第一章　概论
第二章　民用机场管理
第三章　民用机场布局

第一章

概 论

通过本章的学习，您将了解以下知识点：
1. 民用机场的基本功能、主要任务和职责；
2. 民航业的地位和作用；
3. 民航运行体系及其内部各主体之间的关系；
4. 进一步改革的必要性、目标和任务；
5. 国家综合机场体系的构成和分布。

民用机场是连接民用航空器飞行的载体，是民用航空运输网络的节点。它作为公共交通基础设施，承担着服务公众的重要职能。当前，发展民航业已上升为国家战略，民用机场是民航业国家战略的基础支撑，成为国家发展的一个新动力源。民用机场是我国民用航空事业发展的重要基础，"十三五"期间，随着民航改革步伐加快、建设投入加大，我国民用机场进入了一个高速发展的阶段。

第一节 概 述

一、民用机场的定义、基本功能、主要任务和具体职责

（一）民用机场的定义

《中华人民共和国民用航空法》（以下简称《民用航空法》）中的"民用机场"是指专供民用航空器起飞、降落、滑行、停放以及进行其他活动使用的划定区域，包括附属的建筑物、装置和设施。

（1）航空器是指依靠空气的反作用力被支撑在大气中的机器，包括民用飞机、直升机、飞艇、热气球等。

（2）民用航空是指使用各类航空器从事除了军事性质（包括国防、警察和海关）以外的所有航空活动。民用航空一般分为两大部分：商业航空（又称为航空运输）和通用航空。

（3）《民用航空法》中的"民用机场"不包括临时机场。军民合用机场由国务院、中央军事委员会另行制定管理办法。

（4）特定的区域是指飞行区，是由净空障碍物限制面所要求的尺寸和坡度等所形成的面积和空间，还包括机场的各种设施、建筑物、构筑物等，如旅客航站楼，目视助航系统，通讯导航、气象、空中管制等设施以及其他建筑物，这些设施和建筑物是机场正常营运及保证飞行安全的基础设施。

各国对机场的解释不完全一致。俄罗斯、罗马尼亚有"机场"和"航空港（站）"两个概念，把只为航空器起降和停放准备并具备相应设施的指定区域称为"机场"，把为旅客、托运人提供客货运服务的机场称为"航空港（站）"，美国《联邦航空法》中"着陆

区"的概念与俄罗斯、罗马尼亚的"机场"有点类似,把供客货运输服务的着陆区亦称为"航空港"。我国《民用航空法》中没有使用"航空港"一词,但在"民用机场"定义中已经包括国外立法中"航空港(站)"的含义。本书按国际通例把商业航空运输的机场一律称为"空港"。

从交通运输的角度看,民用运输机场是空中运输和地面运输的转变点,在此处客货运输方式发生转变(由陆运改为空运,或由空运改为陆运)。因此,民用运输机场又可以称为航空站,简称为"航站"。

(二)民用机场的基本功能

民用机场的最基本功能,简单地说,包括三个方面:一是供飞机起飞、降落;二是供旅客到达(进港)、出发(出港、离港);三是供货物运入、运出。机场承担旅客和货物地面运送的全部任务,既是地面运输和航空运输的交接面,又是旅客、货物运输的集散点。机场是航空运输生产场所,是航空运输生产的一个重要环节。

(三)民用机场的主要任务和具体职责

1. 民用机场的主要任务

民用机场的主要任务是建设、管理好机场,保障机场安全、正常运行,为所有航空运输企业、通用航空企事业和其他部门的飞行活动提供服务,为旅客提供服务,为驻机场各单位提供工作和生活服务。

2. 民用机场的具体职责

为了完成上述任务,机场必须履行以下职责。

(1)民用机场应按照中国民用航空局(以下简称"民航局")颁发的机场使用许可证或对民用航空器开放使用的批准文件规定的范围开放使用。凡经民航局批准的航线和公布的航班时刻,包括民航局批准指定的备降机场,机场必须予以保证。

(2)定期定时检查、维护飞行区的设施(包括跑道、跑道端安全区、滑行道、停机坪、客机坪和助航灯光等目视助航设施、围界设施),及时清除道面上的橡胶附着物、积水、冰雪;消除有碍安全的隐患;保护机场净空和各类标志、标志物完好,使其清晰可见;保证飞行区处于良好、正常状态。

(3)负责乘机旅客及飞机运载的行李、货物、邮件的安全检查和飞机监护,防止危及空防安全的物品进入飞机。

(4)管理机坪,包括负责飞机机位分配和停放,以及进入客机坪的车辆、设备、人员的管理,维护秩序,防止客机坪阻塞。

(5)管理候机楼,为旅客提供安全、舒适、方便的候机环境和条件。

管理、维护候机楼内的各种设施、设备,包括照明、动态显示、电视监视、广播、空调、冷暖气、供水系统、电子钟及其控制、自动门、行李传送带、活动步道、防火装置、紧急出口等设施设备。

规划候机楼内的整体布局；确定旅客办理各种乘机手续的流程路线及各种设施设备的位置；管理各种标志。

为旅客提供饮水、公用电话、无线网络、手推车、医疗救护、在机场内遗失物品的认领、小件行李寄存保管、问询等服务。

（6）管理机场范围内机动车辆的运行，规定行车路线、速度、停车位置，制定标志；对公用停车场进行管理。

（7）负责环境保护（包括噪声、鸟害、排污等）、公共区域的清洁卫生和垃圾废物的处理以及环境美化。

（8）维护机场治安秩序，保障机场安全。

（9）机场范围内以及指定地点的消防救援；按民航局规定制定和组织实施应急救援计划，并按规定组织定期演练。定期演练要邀请当地政府有关部门、民航局、地区管理局代表观察并提出意见。

（10）提供机场运行的有效资料，按规定上报统计资料和报表。

（11）统一管理和建设机场非营利性质的供水、供电、供气、道路等公用基础设施，通过收费收回投资和维持正常运转。

（12）为驻场单位职工提供合理的有偿生活服务。

民用机场在履行以上职责时，对某些项目可以采取招标的方式，承包给某一单位经营。但在任何情况下，机场管理机构均应承担管理的责任。

航空公司可以租赁机场场所，承办本公司和代理其他航空公司有关广播、问询、动态显示、飞机到达停机位的指挥等工作。航空公司承办这些工作时，应与机场有明确协议。

二、机场的分类

根据机场的性质、规模大小、业务范围以及在民航运输系统的地位和作用，对其按不同标准和要求进行分类，以便于科学管理、合理建设与设置相应配套设施和机构。机场总的分类如图1-1所示。

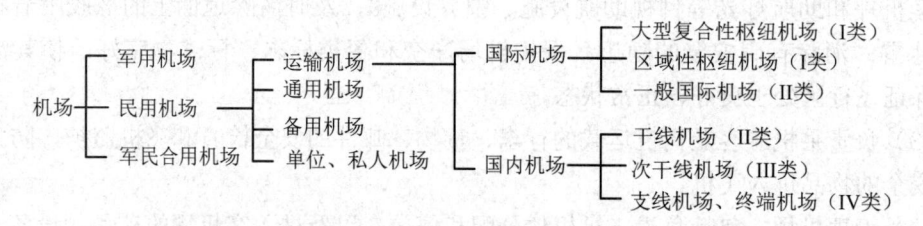

图1-1 机场总的分类树形图

（一）机场按性质、功能分类

（1）机场根据其使用性质，可以划分为军用机场、民用机场、军民合用机场。

军用机场是用于军事目的（包括国防、武警、公安和海关），供军用飞机起飞、着陆、停放和组织、保障飞行活动的机场。民用机场是指专供民用航空器起飞、降落、滑行、停放及其他保障民用航空活动的特定区域，包括附属的建（构）筑物和设施。

军民合用机场主要用于保证作战飞机、航线飞机的停放和正常飞行。截至2017年，我国共有颁证运输机场229个，其中军民合用机场64个，占比近30%。过去许多民用机场都是由军用机场改建而成的，例如原来的兰州中川机场、福州义序机场、济南张庄机场、杭州笕桥机场等，现在已改为其他用途。目前的大连周水子国际机场、青岛流亭国际机场等仍是军民合用机场。

（2）民用机场根据飞行活动性质，可划分为运输机场、通用航空机场、备用机场和私人机场。运输机场是指供公共航空运输的民用航空器使用的民用机场，既可以从事航空运输活动也可以用于通用航空活动。通用航空机场是指除运输机场之外供民用航空器使用的民用机场，是主要为工业、林业、农业、牧业、渔业生产和国家建设服务的作业飞行，地矿测绘、城市建设、石油开发的服务飞行，以及医疗卫生、抢险救灾、海洋及环境监测、科学实验、教育训练、文化体育、行政公务、旅游观光、航拍影视、宣传广告等各领域活动的民用航空器提供起飞、降落等服务的机场。备用机场是以前使用过，现在由于各种原因没有航班，处于停用和保管状态的机场。除运输机场和通用机场外，有些机场属单位和部门或私人所有。

（3）民用机场根据是否对外开放，可以划分为国际机场和国内机场。国际机场是指已在国际民航组织登记并对外开放、可以接受境外航空器起降或者备降的机场。国际机场为国际和港澳台旅客及货物提供出入境服务，为了方便旅客和货物出入境，还设有海关、边防检查（移民检查）、卫生检疫、动植物检疫和商品检验等联检机构。2016年在我国有82个机场（其中国际机场45个）开通港澳台航线，这类机场也可称为口岸机场。

国际机场根据其在航空运输中的地位和作用，可分为大型复合型枢纽机场、区域性枢纽机场和一般国际机场。我国大型复合型枢纽机场有北京首都国际机场、北京大兴国际机场、上海浦东国际机场和广州白云国际机场，我国2018年吞吐量在2 000万以上的机场都属区域性枢纽机场，如成都双流、深圳宝安、昆明长水、西安咸阳、上海虹桥、重庆江北、杭州萧山、南京禄口、郑州新郑、厦门高崎、长沙黄花、青岛流亭、武汉天河、海口美兰、天津滨海、乌鲁木齐地窝堡及哈尔滨太平，其他为一般国际机场。

国际机场又分为国际定期航班机场、国际定期航班备降机场和国际不定期航班机场。国际定期航班机场，是指可安排国际通航的定期航班飞行的机场；国际定期航班备降机场，是指为国际定期航班提供备降服务的机场；国际不定期航班机场，指可安排国际不定期航班飞行的机场。

国内机场是指国际机场以外的一切其他机场，仅为国内航班提供服务。根据规模大小可分为干线机场、次干线机场和支线机场。我国国内机场为了区别于港澳台机场，又称为境内国内机场。

（4）民用机场根据运输功能，可以划分为枢纽机场和终端机场。机场是航空运输的重要基础设施，机场的发展是伴随着航空运输业的发展以及企业经营方式（特别是航空公司的航线网络）的转变而不断发展的。在航空运输早期，我国中小航空运输企业和低成本航空公司普遍采用"城市对"的航线结构，机场功能仅仅满足终端旅客需求，这类无中转功能的机场称为终端机场。随着航空运输业的发展，各航空公司出于航空市场竞争的需要以及提高经济效益等因素的考虑，对其所采用的航线结构进行调整，采用所谓的"轴心辐射式"航线结构来代替传统的"城市对"航线结构，从而形成枢纽机场的概念。机场功能不仅要满足终端旅客的需求，还要满足中转旅客的需求，这类机场称为枢纽机场。枢纽机场根据业务量的不同，可以分为大、中、小型枢纽机场。美国大型枢纽机场的中转旅客百分比很大，芝加哥奥黑尔国际机场和达拉斯福特沃斯国际机场以及伦敦希思罗国际机场的中转旅客均超过 50%，我国将建成几个亚太地区国际枢纽机场，例如北京、上海、广州的三大机场，其吞吐量已达国际领先地位，但其枢纽机场的重要标志——"中转旅客百分比"目前还不能达到世界先进水平。一般来说，既是国际枢纽又是国内枢纽的机场称为门户机场。

（5）按照机场所在城市的性质、地位并考虑机场在全国航空运输网络中的作用，可以将机场划分为Ⅰ类、Ⅱ类、Ⅲ类、Ⅳ类。

① Ⅰ类机场——全国政治、经济、文化中心城市的机场，是全国航空运输网络和国际航线的枢纽，运输业务量特别大，吞吐量在 4 000 万人次以上，除承担直达客货运输功能外，还具有中转功能。我国 2018 年有 9 个：北京首都国际机场，上海浦东国际机场，广州白云国际机场，成都双流国际机场，深圳宝安国际机场，昆明长水国际机场，西安咸阳国际机场，上海虹桥国际机场，重庆江北国际机场即属于此类机场。

② Ⅱ类机场——省会，自治区首府，直辖市和重要经济特区，开放城市和旅游城市或经济发达、人口密集城市的机场，可以全方位建立跨省、跨地区的国内航线，是区域或省区内航空运输的枢纽，有的可开辟少量国际航线，吞吐量在 1 000 万～4 000 万人次，我国 2018 年有 28 个。Ⅱ类机场也可称为国内地区枢纽机场或干线机场。

③ Ⅲ类机场——国内经济比较发达的中小城市，或一般的对外开放和旅游城市的机场，能与有关省区中心城市建立航线，吞吐量在 200 万～1 000 万人次，我国 2018 年有 29 个。Ⅲ类机场也可以称为次干线机场。

④ Ⅳ类机场——支线机场，指吞吐量在 200 万人次以下的机场及直升机场。我国 2018 年有 169 个。

根据国际航空运输的发展趋势，结合我国实际情况，从充分发挥机场功能以及有利于今后合理布局和建设的目的出发，根据机场目标年旅客吞吐量，2018 年中国民用航空局机场司发布的《绿色机场规划导则》将民用运输机场分为超大型机场、大型机场、中型机场和小型机场。

① 超大型机场为目标年旅客吞吐量 8 000 万人次以上（含 8 000 万人次）的机场。
② 大型机场为目标年旅客吞吐量 2 000 万～8 000 万人次（含 2 000 万人次）的机场。
③ 中型机场为目标年旅客吞吐量 200 万～2 000 万人次（含 200 万人次）的机场。
④ 小型机场为目标年旅客吞吐量 200 万人次以下的机场。

（6）按旅客乘机目的划分。旅客乘机目的的不同也会影响到机场的特性，而且会影响到机场的各项设施。根据大多数旅客的乘机目的，机场通常可以分为以下三类。

① 始发/终程机场。通常这类机场的始发和终程旅客占旅客总数比例较高。始发和终程的飞机或掉头回程架次占大多数。目前国内机场大多属于这类机场。

② 经停（过境）机场。这类机场往往位于航线上的经停点，没有或很少有始发航班飞机，只有比例不大的始发/终程旅客，有相当数量的过境旅客。飞机一般停驻时间较短。

③ 中转（转机）机场。在这类机场中，有相当大比例的旅客乘飞机到达后，立即转乘其他航线的航班飞机飞往目的地。

除以上六种类别划分标准外，从安全飞行角度还考虑为预定着陆机场安排备降机场。备降机场是指在飞行计划中事先规定的，当预定着陆机场不宜着陆时，飞机可前往备降机场。起飞机场也可以是备降机场。备降机场由民航局事先确定，如太原武宿机场、天津滨海机场和大连周水子机场为首都国际机场的备降机场。

（二）机场按技术等级标准分类

为了便于给机场配备适量的工作人员和相应的技术设备设施，为了保障飞机能安全准时起降并给优质服务提供必要条件，也为了能更好地经营管理机场，最大化地发挥其社会效益和经济效益，必须对机场进行技术等级划分。民航机场主要以飞行区等级、跑道导航设施等级标准、民航运输机场规划等级、救援和消防的机场级别进行分级。

1. 飞行区等级

跑道的性能及相应的设施决定了什么等级的飞机可以使用这个机场，机场按这种标准进行的分类，称为飞行区等级。根据国际民航组织的规定，飞行区等级由第一要素数码（即根据飞机基准飞行场地长度而确定的代码，等级为指标Ⅰ）和第二要素字码（即根据飞机翼展和主起落架外轮间距而确定的代码，等级为指标Ⅱ）的基准代号划分，用来确定跑道长度或所需道面强度，即所能起降机型的种类和大小（见图1-2）。设置基准代号的意图是为了提供一个简单的方法，将有关机场特性的许多规范相互联系起来，为在该机场上运行的飞机提供一系列与之相适应的机场设施，即根据机场所需用起降机型的种类来确定跑道长度或所需道面强度。

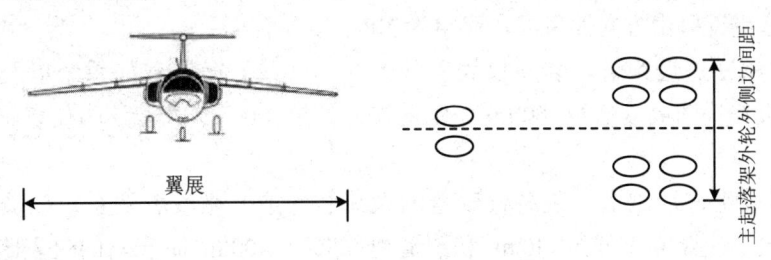

图1-2 翼展、主起落架外轮外侧边间距

表 1-1 中的数码（1、2、3、4）是指飞机基准飞行场地长度，它是指在标准条件下（即海拔高度为零，气温为 15℃，无风，跑道坡度为零），以该机型规定的最大起飞全重为准的最短平衡跑道长度或最小起飞距离。飞行场地长度也表示在飞机中止起飞时所要求

的跑道长度，因而也称为平衡跑道长度，飞行场地长度是针对飞机的要求来说的，与机场跑道的实际距离没有直接的关系。表中的字码 A、B、C、D、E、F 是选择翼展或主起落架外轮外侧边间距两者中要求较高者。与飞行区等级代码匹配的飞机类型如表 1-2 所示。

表 1-1 飞行区等级代码

指标Ⅰ		指标Ⅱ		
数码	基准场地长度 L/m	字码	翼展 WS/m	主起落架外轮外侧边间距 T/m
1	$L<800$	A	$WS<15$	$T<4.5$
2	$800\leqslant L<1\,200$	B	$15\leqslant WS<24$	$4.5\leqslant T<6$
3	$1\,200\leqslant L<1\,800$	C	$24\leqslant WS<36$	$6\leqslant T<9$
4	$L\geqslant 1\,800$	D	$36\leqslant WS<52$	$9\leqslant T<14$
		E	$52\leqslant WS<65$	$9\leqslant T<14$
		F	$65\leqslant WS<80$	$14\leqslant T<16$

表 1-1 中的字码，是选择翼展或主起落架外轮外侧边间距要求的较高值。

表 1-2 与飞行区等级代码匹配的飞机类型表

国际民航组织机场参考编号	飞 机 类 型
Code 4F	A380
Code 4E	B747、B777、B787、A330、A340、A350
Code 4D	B707、B727、B767、A300、A310、MD11
Code 4C	A320、B737
Code 3C	BAe146、Y7、AN-24、ARJ21

2. 跑道导航设施等级

跑道导航设施等级按配置的导航设施能提供飞机以何种进近程序飞行而划分。它反映了飞行安全和航班正常率保障设施的完善程度。

（1）非仪表跑道。供飞机用目视进近程序飞行的跑道，代字为 V。

（2）仪表跑道。供飞机用仪表进近程序飞行的跑道，可以分为以下几种。

① 非精密进近跑道。装备相应的目视助航设备和非目视助航设备的仪表跑道，能足以对飞机直接进近提供方向性引导，代字为 NP。

② Ⅰ类精密进近跑道。装备仪表着陆系统和（或）微波着陆系统以及目视助航设备，能供飞机在决断高度低至 60 m 和跑道视程低至 800 m 时着陆的仪表跑道，代字为 CAT Ⅰ。

③ Ⅱ类精密进近跑道。装备仪表着陆系统和（或）微波着陆系统以及目视助航设备，能供飞机在决断高度低至 30 m 和跑道视程低至 400 m 时着陆的仪表跑道，代字为 CAT Ⅱ。

④ Ⅲ类精密进近跑道。装备仪表着陆系统和（或）微波着陆系统以及目视助航设备的仪表跑道。该系统可引导飞机直至跑道，并沿道面着陆并滑跑。它又根据对目视助航设备的需要程度分为 a、b、c 三类，分别以 CAT Ⅲa、CAT Ⅲb、CAT Ⅲc 为代字。

等级标准中的决断高度是指在飞机做精密进近飞行中规定的高度。在此高度，如不能看到继续进近所需的目视参考物或标志等则必须开始复飞。

跑道视程是指飞机驾驶员在跑道中线上所能看见的跑道表面标志，或标出跑道外廓的灯光，或辨认出其中线的距离。

跑道配置导航设备的标准，要根据机场性质、地形和环境、当地气象、起降飞机类型及年飞行量等因素进行综合研究后确定。

3. 民航运输机场规划等级

根据民航运输机场规划等级的标准，可以从不同的侧面反映机场的状态：接收机型的大小条件、保证飞行安全和航班正常率的导航设施的完善程度以及机场规模大小。在综合上述三个标准的基础上，提出了一种按民航运输机场规划分级的方案。当三项等级不属于同一级别时，可根据机场的发展和当前的具体情况，确定机场规划等级，如表 1-3 所示。

表 1-3　民航运输机场规划等级表

机场规划等级	飞行区等级	跑道导航设施等级	航站业务量规模等级
四级	3B、2C 及以下	V、NP	小型
三级	3C、3D	NP、CAT Ⅰ	中小型
二级	4C	CAT Ⅰ	中型
一级	4D、4E	CAT Ⅰ、CAT Ⅱ	大型
特级	4E 及以上	CAT Ⅱ 及以上	特大型

4. 救援和消防的机场级别

救援和消防勤务的主要目的是救护受伤人员。为了保障救援和消防，必须有足够的手段。这其中包括必要的器材（如灭火剂）、设备、车辆和设施（如应急通道）等。这些物质保障的配备以使用该机场的飞机尺寸为根据，由此划分出机场的救援和消防级别，如表1-4所示。

表 1-4　救援和消防的机场级别

机 场 级 别	飞机总长度/m	机身最大宽度/m
1	0～9	2
2	9～12	2
3	12～18	3
4	18～24	4
5	24～28	4
6	28～39	5
7	39～49	5
8	49～61	7
9	61～76	7
10	76～90	8

三、民用机场的历史

（一）世界机场的发展历史

民用机场的历史沿革是一个伴随着航空科学技术的进步和航空运输业的发展，从简单到复杂，从单一功能到多种功能的发展历程。

其中，动力技术不断创新是航空器发展的原动力，沿着以下轨迹发展至今：热气球（无动力）—飞艇（有动力）—活塞螺旋桨发动机（飞机诞生）—涡轮螺旋桨发动机（低亚音速）—涡轮风扇发动机（高亚音速）—加力式涡轮发动机（超音速）。

随之飞机机型不断推陈出新：全金属（容克 F13）—长距离（麦道 DC3）—喷气式（子爵号）—窄体机（B707、A320）—宽体机（B767、A300）—巨型机（B747、A380）。

相应的机场标准因飞机变化而不断提高：1A—2B—3C—4C—4D—4E—4F。

跑道结构也相应发生变化：土质、草地—碎石—沥青混凝土—水泥混凝土。

航站楼规模不断扩大：机库—简陋候机室—现代化的候机楼。

机场功能也发生了质的变化：飞行员的机场—航空公司的机场—社会的机场。

航空史的几个重要节点如下。

1783 年 9 月 19 日，蒙哥尔费兄弟奉命为国王路易十六表演，上午 9 时许，热气球在三万民众的欢呼声中，载着绵羊、公鸡和鸭子升到 450 m 高，在 8 分钟里飞出 3 200 m 远并降落在小树林中，这是人类飞行前用动物所做的搭乘实验飞行。

1852 年，法国人吉法尔发明了飞艇，飞艇相当于装了动力、拥有操作性的气球，人类终于实现了自主飞行。第一次世界大战时期曾有几百艘飞艇最先投入战场。

从那时起，直到 20 世纪 30 年代，飞艇一直担任着航空运输的主要任务。飞艇特别是能跨越海洋，来往于欧洲、美洲和亚洲之间，行程几千千米，既迅速又舒适地运送旅客。然而，最沉重的打击却来自飞艇本身——氢气着火爆炸和设计事故。

热气球和飞艇的起飞与降落只需要广场或平坦的地面，不需要跑道，故没有真正意义上的机场。

世界上著名的大型飞艇接二连三地出事，而新兴的飞机却越来越完善。飞机凭借其在安全可靠方面的优势，逐渐把飞艇从各条航线上全部排挤出去。至此，气球—飞艇—飞机这一航空器演变过程完成，进入了飞机独占天空的年代。

1903 年 12 月 17 日，伴随着莱特兄弟试飞"飞行者"号的成功，美国北卡罗来纳州基蒂·霍克附近的海滩便成了世界上的第一个"机场"（不是真正意义上的机场）。从此，机场作为飞机起降的栖息地开始了其从小到大、从简单到复杂、从单一功能到多种功能的发展历程。

虽然 1903 年美国莱特兄弟的第一次飞行并不是真正意义上的飞机在机场上起飞，而是从美国北卡罗来纳州的一个高 30 m、名为"屠魔岗"的沙丘上起飞的，但这丝毫没有影响到美国机场业在世界上的地位。世界上的第一家机场诞生于美国，美国见证了机场发展的每一次变迁：从最初的供飞机起降的简易场地，到客运航班兴起后增加的航站楼，以及喷气式飞机带来的跑道延长和航站楼变大。同时，美国还以超过 19 700 家机场成员的庞大身躯支撑起世界第一大航空运输系统，而且其中的大型枢纽机场将在未来美国民航发展中继续发挥顶梁柱的作用。

机场的发展至今已经有一百多年的历史了，随着飞机本身的演变、新型建筑材料的发展与使用，机场经历了一系列发展阶段，从最初的一方草坪到出现了梦幻般的海上机场。

最早的飞机起降地点是草地，一般为圆形草坪，飞机可以在任何角度，顺着有利的风向来进行起降，周围会有一个风向仪，一个机库。那时的飞机一般由木头和帆布制成，经不住风吹、日晒、雨淋。

随着飞机材质从木头及帆布发展到金属材料，草坪机场阻力较大的缺点开始显现。为避免草坪增加的阻力，土质机场开始被使用，然而，土质场地并不适合潮湿的气候，一旦遭遇雨雪等天气，场地就会泥泞不堪，这会对飞机的起降造成重大影响。同时，随着制造飞机的材料的不断发展，以及飞机需要承担的任务越来越与时俱进，飞机的重量不断增加，起降要求亦跟着提高。水泥、混凝土等新型建筑材料研制成功后，水泥、混凝土制造的机场跑道随之出现，这种新型的机场适应任何天气、任何时间。之后，随着科技的发展，海上机场开始出现并被很多国家所采用。

具体到哪一个机场是世界上最早的，目前仍有争议，成立于 1909 年位于美国马里兰州的大学园区机场普遍被认为是世界上最老且一直持续经营的机场，该机场被称为航空摇篮，世界首架飞机在此进行组装。

另一个被称为世界上历史最悠久的机场是位于美国亚利桑那州的比斯比-道格拉斯国际机场，此机场停放着美国历史上第一架飞机。1908 年，道格拉斯航空俱乐部成立。这时的飞机主要是滑翔机，由两匹马拉动，可以飞过道格拉斯青年会大楼后方。美国总统罗斯福在一封信中甚至称该机场为"美国的第一座国际机场"。

世界机场发展的三阶段如下。

1. 飞行人员的机场

在飞机诞生后的前几年，航空业的焦点是致力于飞机的研究和发展。当时只要找到一块平坦的地面，经过整平、压实，或者再种上一些草皮，能承受不大的飞机重量，飞机就可以在上面起降了。到了 1910 年前后，飞机只用于航空爱好者的试验飞行或军事目的飞行，机场只为飞机和飞行人员服务，基本上不为当地社会服务。此时的机场十分简陋，有限的几个人管理飞机的起降，用简易的帐篷来存放飞机。这是机场发展的第一阶段。

2. 航空公司的机场

第一次世界大战以后，欧洲开始建立起最初的民用航线。1919 年 8 月 25 日世界上第一条由英国伦敦到法国巴黎的民用航线通航，由此揭开了航空运输的序幕。最初的航空运输几乎都是利用第一次世界大战剩余的飞机来运营的。这些飞机都得到了不同程度的改进，以适用于商业运输。所谓的改进也只是拆除枪炮和炸弹挂架，有些飞机也开始安装简单的密闭座舱。飞行人员和地勤人员几乎全部是从军事飞行部队招收来的，实际上不需要经过业务训练。战时的旧飞机库和木棚充当候机室。世界范围的机场建设也随之逐步发展起来，机场大量出现于世界各地。开始有条形跑道和简陋的候机室，候机室仅仅是一处供旅客和亲友在出发前告别和到达时迎候的遮蔽所。检票和交运行李手续仍然十分简单，旅客步行登机，飞机靠近候机室停放。当时，货运量也很少，多为旅客班机带货，因此，客、货运站不分。

1922 年，第一个供民航业使用的永久机场和航站楼出现在原属于德国东普鲁士的哥尼斯堡机场 KGD（现为俄罗斯加里宁格勒州）。那个时代的机场开始使用水泥铺设的停机坪，允许夜间飞行的飞机和较重的飞机降落。20 世纪 20 年代后期，开始出现第一个使用照明设施的机场，20 世纪 30 年代，进场下滑照明设备开始使用，自此飞机起降的方向和角度开始有了固定的规定，国际民间航空组织标准化了照明的颜色和闪光时间间隔。到了 20 世纪 40 年代，坡度线进场系统开始使用，此系统包括两排灯光，形成一个漏斗状图案，标示飞机在机场下滑坡的位置，其他的灯光则表示不正确的进场高度和方向。

20 世纪 30 年代，麦道公司 DC-3 型飞机试飞成功，可载客 14 人，并带卧铺（前后共生产了 13 000 架），用于航空运输。随着航空技术的不断进步，飞机质量和轮胎压力不断增大，原来的机场已不能满足飞机使用要求，特别是在雨雪等不良天气条件下，通常不能使用。最初的机场跑道仅仅是些草皮，或一块平地。这时才开始出现用石料铺筑的机场道面，也有用结合料处置的道面。

随着航空运输业的发展，飞机的机型由小变大，客、货运量都有较大幅度的增加，航空客、货运业务逐步分开。为适应定期航班不断增加和两架、三架或更多架飞机同时停放的需要，不得不扩建候机楼以代替为一架飞机使用需要而设计的候机室。为了满足航管、通信要求，跑道强度要求，一定数量旅客进出机场的要求，塔台、混凝土跑道和候机楼应运而生，现代机场的雏形已经开始崭露头角。此时，机场主要是为飞机服务。这段时间是机场发展的第二阶段，可以称之为"飞机的机场"或"航空公司的机场"。

3. 社会的机场

第二次世界大战后，国际上的交往开始增加，飞机的航程、载量和速度都在大幅增长，客货运输量也不断增长，客观上对机场有了更高的要求。1944 年 11 月，52 个国家的代表出席了在芝加哥的会议，讨论有关国际民用航空问题，会议上缔结了《国际民用航空公约》。1947 年国际民航组织（ICAO）正式成立，在接下来的 20 世纪 50 年代中，国际民航组织为全世界的机场制定了统一标准和推荐要求，主要有《国际民用航空公约》的附件 14——机场、附件 16——环境保护等文件，使世界的机场建设和管理大体上有了统一的标准。

到了 20 世纪 50 年代末，随着喷气式民航客机的问世和投入使用，飞机开始真正成为大众的交通运输工具，这也标志着航空运输进入了一个崭新的历史阶段。机场的建设随着喷气式飞机的增加蓬勃发展，同时也使得机场发生了质的变化——随着飞机起降速度的增加，雷达技术和仪表着陆系统为了配合空中交通管制的需要开始出现在机场里，机场的跑道、滑行道和停机坪也开始进行加固或延长，跑道延伸至 3 000 m 长，并利用滑模机筑出连续性的强化混凝土跑道，从而满足了飞机的起降要求；再以后，随着飞机本身质量和载重量的大幅度上升、轮胎压力的提高，飞机起降次数更加频繁，对跑道道面有了更高的标准和要求，同时机场开始建设多条跑道以满足飞机起降的要求。机场的设计日趋复杂，航站楼聚集在一处，而跑道聚集在另一处，这样的安排可方便机场设施的扩展，但也意味着乘客在登机时必须移动较长的距离。

客货数量的不断增加，客观上需要对原有的候机楼、停机坪、进出机场的道路进行改建和扩建，现代化的机场航站楼开始使用登机桥系统，乘客不必走出室外登机，以满足航空运输的需要；与此同时，航班数量的增加使噪声对居民区的干扰成了突出问题，由于喷射引擎带来了严重的噪声问题，于是对飞机的噪声限制和机场的规划建设有了更高的要求；为了机场的可持续发展，不少机场开始搬离市中心。机场的规划建设与发展需要和城市的规划建设与发展相协调，需要进行统一的、长期的考虑；机场逐步开始成为可供各类飞机起降、服务设施完善的航空运输中转站。航空运输也开始成为地方经济的一个重要的不可缺少的组成部分。此时机场已成为整个城市社会的一部分，因此从这个时期起机场成了"社会的机场"。

作为"机场的灵魂"的航站楼也在经历着不断的变迁。在飞行发展初期，机库及其旁边的旅客设施和办公设施组成的"机库候机楼"就是最原始的航站楼。第一个真正意义上的现代化候机楼是1923年柏林的滕珀尔霍夫（Tempelhof）机场的航站楼，它包括了行政办公区、旅客设施、大型餐馆和观察台。

到了20世纪30年代，航站楼开始具备现在为旅客所熟悉的功能。20世纪50年代和60年代，进入喷气时代前期，航站楼建筑设计大胆，侧重艺术表现力，于是航站楼成了新的城市观光点。纽约的肯尼迪国际机场（JFK）拥有世界上最好的航站楼，那是一座用玻璃做墙的椭圆形建筑，上面是一个面积约16 000 m^{2}的钢筋混凝土顶盖。

从20世纪70年代开始至今，随着大型宽体喷气式运输机的广泛应用和航空运输量的迅速增加，机场开始向大型化和现代化的方向发展，一批配有先进的计算机自动控制系统的机场相继建成，从而大大促进了航空运输的发展。此时的机场飞行区更加完善，在助航灯光和无线电导航设施的辅助作用下，可以保证飞机在夜间和各种气象条件下安全起降；航站楼日益增大和现代化，功能齐全，值机、安检、航班动态显示、时钟、监控、广播、计算机信息管理、旅客离港、系统集成、楼宇自控、行李自动传输与分拣、自动步道、自动扶梯、旅客登机桥等设施一应俱全；航站楼在方便大量旅客出入的基础上，可以使旅客便捷地完成办理机票行李手续、安检、海关、检疫和登机等一系列过程；机场对周边区域的辐射作用明显，如出现了宾馆、餐厅、邮局、银行和各种商店，旅客在机场里可以像在城市里一样方便；机场的安全运行条件不断改善，从而保证了机场的日常正常运行；机场与城市之间的距离由于噪声的缘故开始加大，两者之间可以选择先进的捷运手段。

（二）中国机场的发展历史

1. 中华人民共和国成立前四十年（1910—1949年）

1910年（清宣统二年）8月，清政府开办飞机修造厂试制飞机，由军咨府在北京南苑五里店毅军练兵场内始建飞行场和简易跑道，供从法国购进的苏姆式飞机起降和维修使用。北京南苑机场成为中国第一座机场。1913年（中华民国二年）6月，中华民国北京政府拨款6万元对机场跑道进行扩建，新增房屋100余间和一座飞机修理厂。1931—1937年（中华民国二十年至中华民国二十六年），中国航空公司和欧亚航空公司也在该机场起降飞机。1937年（中华民国二十六年）卢沟桥事变爆发后，北京南苑机场被侵华日军占领。1945年（中华民国三十四年）8月抗日战争胜利后，北京南苑机场由中华民国政府接管，军民合用，中国航空公司和中央航空公司在此起降飞机。

孙中山先生非常重视航空业，辛亥革命后组建过航空队，在讨伐袁世凯和其他军阀时，曾以飞机轰炸敌方。这些都说明当时已设置了机场。在北洋政府统治期间，各军阀为了加强实力，也都纷纷建空军，修机场。那时的机场，只是将一块圆形或近似方形的空地经过平整、压实即可，没有人工铺砌道面；为避免尘土飞扬，机场种植草皮，也可以提高机场道面的承载能力。机场没有固定的起降方向，而是根据风向临时决定起降方向，机场悬挂风斗，临时铺设T字布以指明飞机降落方向。机场也没有导航设施，较好的机场才有机库等建筑设施。

1920年8月，上海江南造船厂造成了第一个水上机库（浮动厂棚），长21.5 m，宽10.8 m，高8.1 m，平时吃水0.86 m。这是水上机场的开始。这个水上机库曾运到长江上供水上飞机使用，性能良好。水上机场首先用于军事，之后也曾民用。水上机场先在上海、南京，后在汉口、宜昌、安庆、九江等地开设。当时的陆上机场都是军用。北洋政府也曾试办民用航空。1920年4月24日由英国驾驶员操纵英制汉德利·佩奇（Handley Page）飞机公司生产的飞机从南苑机场起飞，试航天津成功。同年5月8日南苑机场正式开航。这是我国最早的民航飞行，南苑机场也就成了中国最早用于民航的机场。此后还开辟了其他航线，但都时飞时停。从1929年开始，中国才有了专门的民航机场。

上海第一个民用机场，是始建于1921年（中华民国十年）3月的虹桥机场，位于上海市西郊。机场始建初，因北洋政府规划的京（北京）沪航线未能通航至上海，成为空有其名之地。中华民国国民政府在南京成立后，随着沪蓉航空线管理处的筹建，以及其上海至南京航线的开航，虹桥机场才正式被使用。

上海的第二个民用航空机场是龙华机场，其前身是北洋政府淞沪护军使署的练兵大操场，1922年（中华民国十一年）改建成陆军机场。1929年（中华民国十八年）6月，国民政府航空署奉令向淞沪警备司令部接管，改为民用机场。至1936年（中华民国二十五年），龙华机场经不断修建，已成为当时中国最好的一个民用机场。

1930—1937年，中美合资经营的中国航空公司（1930年成立）、中德合资经营的欧亚航空公司（1931年成立）和两广地方政府兴办的西南航空公司（1933年成立，其目的在于发展西南的空中交通）在国内所使用的民航机场已有北平（北京）、天津、上海、广州、南京、成都、昆明、迪化（乌鲁木齐）等三十几处。1936年3月西南航空公司开辟了中国的第一条国际航线，即广州—广州湾（湛江）—河内航线。当时的广州机场即成为中国的第一个通国际航线的机场。

抗日战争时期，虹桥、龙华两机场被日军侵占。抗战胜利后，龙华机场经扩建，已成为中国民用航空运输的枢纽机场,而且在当时远东地区也是屈指可数的一个国际机场。

2. 中华人民共和国成立后的六十年（1949—2010 年）

1949 年以前,我国大陆用于航空运输的主要航线机场仅有 36 个,包括上海龙华、南京大校场、重庆珊瑚坝、重庆九龙坡等机场,大都设备简陋。除上海龙华和南京大校场机场可起降 DC-4 型运输机外,一般只适用于当时的 DC-2、DC-3 型运输机。

1949 年 11 月 9 日,中国、中央两家航空公司的部分员工和 12 架飞机从香港飞回内地,这就是著名的"两航"起义。"两航"起义归来的技术业务人员为新中国民航事业的发展做出了重要贡献。

中华人民共和国成立一个月后,即 1949 年 11 月 2 日,中共中央决定,人民革命军事委员会下设民用航空局。鉴于机场在民航运输事业中的地位,民航局很快组建了空港建设委员会。第一步是改造老机场。当时的中国航空公司设在天津,所以决定先将天津张贵庄机场改造并作为中华人民共和国的民航基地,这是我国第一个较大规模的机场建设项目。全部扩建工程于 1952 年 11 月 15 日验收合格,并交付使用。随后,又改造了武昌南湖机场,修复了太原亲贤机场。1958 年北京首都国际机场建成,中国民航从此有了一个较为完备的基地。

从 20 世纪 50 年代到 1978 年,由于受客观条件的影响,我国民航的发展比较缓慢,基本建设投资仅 24 亿元左右（年平均投资不足 1 亿元）,并扩建了上海虹桥国际机场和广州白云国际机场。1966 年北京首都国际机场进行了初次扩建。先后又新建、扩建了西安、太原、哈尔滨、乌鲁木齐、兰州、成都、南宁、武汉等城市的 20 多个机场,使航班运行机场达到了 70 多个（其中军民合用机场 36 个）。在这一时期,由于使用的飞机机型小,因此所建设的机场规模也比较小,大多数是中小型机场。1966—1976 年,十年浩劫使机场建设受到很大影响。

1978 年党的十一届三中全会以来,民航机场建设出现了新气象,机场建设速度大大加快,机场建设水平大大提高。

北京首都国际机场第二次扩建于 1974 年 8 月,并于 1984 年年底正式结束。经过这次扩建后的北京首都国际机场基本上达到了同时期的国际水平：新修第二条跑道,首次采用了快速出口滑行道；新旅客航站楼采用卫星式,由主楼和两个卫星厅组成,并设有活动登机桥和自动步道供旅客上下飞机使用；另建了一座 60 m 宽的预应力钢筋混凝土的滑行道立交桥连接东西跑道,提高了飞机通过能力,东西跑道均可供波音 747 等大型宽体客机起降。

但在进入 20 世纪 90 年代后,北京首都国际机场的旅客和货邮运输量、飞机起降架次均已大大超过了设计水平,因此还需要进一步大规模扩建航站区。这项工程于 1995 年 10 月开工,1999 年 9 月竣工。北京首都国际机场新建第二航站楼和与之相配套的停车楼、供电、供热、制冷、航空货运站和站坪等工程。在 20 世纪末北京首都国际机场已成为具备年旅客吞吐量 3 500 万人次、高峰小时 12 200 人次、年货邮吞吐量 78 万吨、年起降飞机 19 万架次能力的现代化国际航空港。

随着上海和周边地区经济建设的迅速发展，对地处亚、欧、美三角航线中点的上海航空港不断提出新的要求，仅靠上海虹桥国际机场已不能满足经济发展需求。为此，国家在1997年10月开工修建上海浦东国际机场。经过两年的建设，上海浦东国际机场第一期工程于1999年9月竣工。

为了加快机场建设，国家采取各种措施，其中包括改革机场管理体制，发挥民航和地方投资的积极性，积极引进外资，加强企业自筹，多方筹集资金。到中华人民共和国成立五十周年（1999年）时，大陆通航的运输机场已从1978年年底的78个增加到2000年年底的143个，其中可起降B747等大型飞机的机场（4F）已由3个增加为20个。

2000—2010年，我国经济发展进入又好又快的发展轨道，国民经济持续高速增长，航空运输需求旺盛，同时为了适应举办北京奥运会、上海世博会和广州亚运会的需要，机场建设进入了新一轮高潮期。中央和地方政府继续加大了对机场建设的投入，并逐步拓宽了机场建设融资渠道。在该段时期内，以北京首都国际机场、上海浦东国际机场、上海虹桥国际机场、广州白云国际机场为代表，包括天津滨海国际机场、呼和浩特白塔国际机场、武汉天河国际机场等一批大、中型机场的扩建工程相继完成并投入使用。"十一五"时期，按照"东部提升、中部加强、西部加密"的方针，支线机场的建设向中、西部地区倾斜，新建了一批支线机场，对完善全国机场布局、支持中西部经济发展，起到了很大的作用。"十一五"时期，全国民航基础设施建设共投资2 500亿元，约为前25年民航建设投资之和。到2010年年底，我国颁证运输机场达到175个。

除数量增长之外，机场建设的投资在2000—2010年也有大幅攀升。据统计早前北京首都国际机场2号航站楼建设时的投资是94亿元，在当时给人的感觉是天文数字。但2004年迁建投入使用的广州新白云国际机场，总投资达到180亿元。为保障2008年北京奥运会，新建的北京首都国际机场3号航站楼投资超过300亿元。

2000—2010年，机场建设领域创造了中国民航的许多个第一。2004年，新白云机场是国内第一家同时建设两条跑道的机场。2008年，首都国际机场成为国内第一家双塔台、3条跑道、3座航站楼同时运行的机场。2010年，上海虹桥国际机场投入使用的2号航站楼是国内第一个以机场为中心的综合交通枢纽。

机场本身是民航运行最重要的基础设施，机场建设则是确保机场实现各种功能最基础的条件。北京、上海、广州的4座机场在2000—2010年都进行了大规模的改扩建，进而为旅客吞吐量的激增、飞机起降架次的增长和航班航线的加密创造了条件。与其他机场改扩建不同的是，这几座机场在民航强国建设和国际航空枢纽打造中承担着更重的职责。广州新白云机场在迁建时，目的是将其作为国际航空枢纽。也正是因为做好了机场建设这一前期工作，北上广三地的航空旅客吞吐量才在近年全部突破了5 000万人次大关。

2000—2010年，新建机场全部是中小机场。省会机场在更早前的"九五"时期就已经建设完成。之所以兴建这么多中小机场，是因为从区域协调发展、富民固边战略上看，发展中小机场的社会效益巨大。这些中小机场使民航服务覆盖了全国70%以上的县域，对地区经济的贡献更是以万亿元计。2000—2010年，不管是在东部的江苏盐城南洋机场、东北的黑龙江漠河古莲机场、中部的江西井冈山机场，还是西部的云南腾冲驼峰机场，这些新建机场从投入使用开始，不仅为当地百姓的出行提供便利，还直接带动了地方经济发展，间接改变着人们的精神面貌和观念。

2019年秋天，耗资800亿、历经近十年的规划设计与建设的北京大兴国际机场在9月底正式通航。一座大型国际航空枢纽于京畿大地拔地而起，建筑外形流畅的曲线，如同一只手掌托起新时代的希望。占据"新世界七大奇迹"榜首的北京大兴国际机场，作为一份隆重的厚礼献给共和国70周年华诞。

2017年2月23日下午，国家主席习近平考察了北京新机场建设。他强调，新机场是首都的重大标志性工程，是国家发展的一个新的动力源，必须全力打造精品工程、样板工程、平安工程、廉洁工程。总书记语重心长的嘱咐终于实现了。

北京大兴国际机场建成后将成为世界最大空港，成为展现中国国家形象的新国门。北京大兴国际机场建设了82个近机位，跑道建设有东一（3 400×60）、北一（3 800×60）、西一（3 800×60）、西二（3 800×45）、西三（3 800×45）跑道，其中西一、东一跑道间距达2 350 m，为日后机场扩建留下了充足的发展空间。航站楼一期采用集中式布局理念，迎机面长2 600 m。

北京大兴国际机场未来是国家级乃至世界级综合交通枢纽，它将与首都国际机场相对独立运营，逐步发展成为具有国际竞争力的"双枢纽"。而作为首都的重大标志性工程，它也将成为国家发展的一个新的动力源，对推动京津冀的协同发展和国家经济的发展将起到重要的作用，特别是对联结"一带一路"沿线国家，助力"一带一路"的发展，开启了另一道新国门。

经过70年的建设和发展，我国机场总量初具规模，机场密度逐渐加大，机场服务能力逐步提高。

机场总体布局与国情国力相适应。如今国内运输机场的密度达到每10万$m^2$2.39个，所有省（自治区、直辖市）的省会城市、沿海开放城市及主要旅游城市都拥有了较为现代化的民用机场，一些边疆地区、少数民族地区以及地面交通不便地区也建设了相应规模的民用机场，全国机场布局更为合理。若以地面交通100 km或1.5小时车程为机场服务半径指标，现有机场可为52%的县级行政单元提供航空服务，服务区域的人口数量占全国人口的61%，国内生产总值（GDP）占全国总量的82%。

从经济地理格局考察，民用机场呈区域化发展趋势，初步形成了以北京为主的北方（华北、东北）机场群、以上海为主的华东机场群、以广州为主的中南机场群三大区域机场群体，以成都、重庆和昆明为主的西南机场群和以西安、乌鲁木齐为主的西北机场群两大区域机场群体雏形正在形成，机场集群效应得以逐步体现。

如今的中国民航，基于机场空间布局的中枢轮辐式与城市对相结合的航线网络逐步形成，机场体系的功能层次日趋清晰，结构日趋合理，国际竞争力逐步增强。北京、上海、广州三大枢纽机场的中心地位日益突出，以昆明、成都、西安、乌鲁木齐、沈阳、武汉、重庆、大连、哈尔滨、杭州、深圳等省会或重要城市机场为骨干，以及其他城市支线机场相配合的机场基本格局已经形成，我国民用运输机场体系初步建立。

第二节　民航业的地位和作用

机场是整个民用航空运输系统的组成部分。机场的地位和作用离不开整个中国民航业的发展，民航业在国民经济发展中的地位和作用，决定了我国机场业的发展目标和方向。

一、民航业的战略地位

（一）发展民航业上升为国家战略

不同交通运输方式的演变过程，与人类文明、社会进步、经济发展、科技创新有着密切的互动关系。从世界范围看，航空运输已成为继海洋运输、内河运输、铁路运输、公路运输之后，驱动经济社会发展的第五个冲击波。同样在中国，20世纪80年代，人们讲"要致富先修路"，现在是"要开放修机场，要想强上民航"。这是因为，在经济全球化背景下，航空运输适应了国际贸易距离长、范围广、时效强等要求，因而成为经济发展的驱动力，是现代化国际经济中心城市迅速崛起的重要依托。

2012年《国务院关于促进民航业发展的若干意见》（以下简称《若干意见》）出台，开篇即明确"民航业是我国经济社会发展重要的战略产业"，标志着发展民航业上升为国家战略，建设民航强国战略构想纳入到国家战略体系。这是中央着眼于经济社会发展全局，对促进民航业发展所做出的战略部署，意味着民航业的战略地位作用更加凸显。中央始终高度重视加强基础产业建设，加快发展综合交通运输体系。民航业是国民经济的重要基础产业，是综合交通运输体系的有机组成部分，其发达程度对内反映了一个国家（地区）的现代化水平、经济结构和开放水平等状况，对外则是衡量国家、地区经济竞争力的重要指标。不仅如此，民航在政治、社会、军事、外交、文化等领域也发挥着十分重要的战略作用。许多国家（地区）把民航定位为战略性产业，把发展民航业上升为国家（地区）战略，使之成为在全球化过程中获取利益的有力工具。

党中央、国务院历来高度重视民航工作。中华人民共和国成立以来，历届中央主要领导人都在不同时期就民航工作做出重要指示、批示，有力指导了民航事业的发展。2015年3月，习近平总书记在民航局呈报的《关于民航发展主要情况的报告》中对民航工作做出重要批示。习近平指出，近年来，民航业快速发展、安全发展，有效服务了经济社会发展大局，圆满完成了各项保障任务。他强调，民航业是重要的战略产业，要始终坚持安全第一，严格行业管理，强化科技支撑，着力提高运输质量和国际竞争力，更好地服务于国家发展战略，更好地满足广大人民群众的需求。这既是对近年来民航业快速发展、安全发展、有效服务经济社会发展大局的充分肯定，又是站在适应新常态、引领新常态的高度上，对民航业在实施国家发展战略中的地位和作用的重要判断，更是中央领导对民航业在经济社会发展转型升级、提质增效中做出新的贡献的殷切期望。

2017年2月23日，习近平总书记在北京考察期间，专程来到正在建设中的北京新机场，亲切看望机场建设者，听取民航工作汇报，嘱托新机场国家战略，做出了重要指示："将新机场定位为首都的重大标志性工程、国家发展一个新的动力源。"这是我国第一次把一座机场的作用上升到国家发展动力源的高度，这样的定位前所未有。动力源就是能够推动事物发展的初动力或能量，新机场建成后，其对经济社会发展的驱动作用将更加凸显。这充分体现了党和国家对民航业发展的高度重视。

任何产业都有一个生成、成长、成熟和衰退的演变过程。我国民航业从中华人民共和国成立初期到20世纪末，经历了漫长的行业生成和成长过程，形成了一定的发展规模，但服务社会、推动经济发展的作用相对还比较弱。民航业进入成熟期的重要标志是：在服务我国整体经济社会发展战略中，不仅能够更好地发挥主动作用，而且能够成为战略性、先导性产业。

改革开放以来，伴随着我国经济社会的发展，中国民航运输总周转量年均增长17.3%，远远高于其他交通运输方式。我国已成为仅次于美国的全球第二大航空运输系统。航空安全处于世界先进水平。民航业行业规模不断扩大，服务能力逐步提升，安全水平显著提高。民航在经济发展、对外交往、国防建设、应急救援、保障民生等领域中的战略作用日益凸显，并发挥了巨大作用，充分表明现代航空运输业已成为经济社会发展的重要助推器。

（二）民航业关乎国计民生

中国民航是战略产业，是所有中国人的事业，是国计，亦是民生。民航事业关乎国计民生，是时代赋予中国民航发展兴盛的历史机遇。

民航业是我国经济社会发展重要的战略产业。民航要坚持率先发展、安全发展和可持续发展，提高发展质量，增强国际竞争力，努力满足经济社会发展和人民群众出行需要。

民航是带动地方经济发展的有力引擎。"临空经济区""航空港试验区"等拔地而起，拉动地方项目落户，构建快速的航空客货运通道；民航是大众旅游时代的重要支撑，能有力拉动地方旅游业发展；支线航空网络逐步完善，将偏远地区与枢纽地区紧紧连在一起；通用航空迅速发展，激发人们的飞行热情与投资想象，促进地方经济转型升级。

民航是人们方便快捷出行的上佳选择。中国航空安全指标高于世界平均水平；随着空域资源逐步释放、民航内部改革及资源优化，航班延误率逐步下降，可靠性得到保障；国际国内航线网络加密，民航飞机"飞出去"，也"飞到家门口"，成为人们出行的重要选择；真情服务正成为民航人的不懈追求和具体行动，民航的服务标杆品质得到体现，让旅客安心、放心、舒心成为民航服务工作水平提高的新目标。

为国计，中国民航将围绕中心，服务大局，坚持"创新、协调、绿色、开放、共享"的发展理念，服务国家"一带一路"倡议、长江经济带发展和京津冀协同发展战略，促进互联互通，拉动经济增长；为民生，中国民航将践行"发展为了人民"的思想，始终坚持飞行安全、廉政安全、真情服务三个底线，坚持以人为本，打造服务品牌，加速客货流动，推动民航大众化发展，建设高效公平的航空运输体系。

（三）机场是民航业国家战略的基础支撑

机场作为民用航空运输和城市的重要基础设施，是国家及区域综合交通运输体系的重要组成部分，具有广泛的社会效益和经济效益。机场也是社会公共服务体系和应急救援体系的重要组成部分，是国家战略资源和国防基础设施，对加强国防建设、增进民族团结、缩小地区差距、促进社会文明进步具有重要意义。

机场是民航业国家战略的基础支撑。民航业要实现国家战略目标，就要围绕国民经济空间布局"三大战略"，优化机场布局，加强基础设施，整合资源要素，建设"空中走廊"；就要依托京津冀、长三角、珠三角城市群的发展，打造大型国际航空枢纽；就要围绕"一带一路"倡议，提升门户枢纽和区域枢纽机场功能；就要采取积极的财政政策，支持中西部地区支线机场建设；就要从节约土地和建设资金出发，将军用机场改扩建为军民合用机场，促进军民融合发展；就要明确机场功能定位，落实公共基础设施属性，转变经营管理方式；就要科学规划机场规模，坚持适度超前和量力而行；就要加强综合交通枢纽建设，做好与其他交通运输方式的衔接，扩大机场辐射范围；就要依法实施机场管理，强化机场净空和环境保护。

二、民航业的战略作用

（一）对于整个国民经济的发展具有先导性作用

民航作为一种安全、便捷、快速的现代交通运输方式，是经济增长的重要驱动力量。从功能来说，民航独具的适合长距离、跨洋运输和快速运输的竞争优势，既适合运输高附加值货物和高时效的时尚、生鲜货物，又可以满足人民群众的旅游需求，使其成为产业结构升级的重要依托和拉动内需、促进消费结构转型的重要保障；从产业链来说，民航业的发展可以有力带动航空制造业及其相关产业，成为产业结构升级换代和科技创新的重要拉动力量；同时，民航对边远贫困地区的旅游资源开发、外资引进也具有明显的促进作用，有利于缩小地区差距，实现区域协调发展。民航作为国民经济发展中的一个重要组成部分，在综合交通运输体系中，发展速度最快，作用日益突出，未来发展的潜力巨大，对于整个国民经济的发展具有先导性作用。

"要开放修机场，要想强上民航"，这句在民航业内流传很广的话，生动地道出了一座机场对一个地区的带动作用。航空运输不仅仅是一种交通运输方式，更是区域经济融入全球经济的快速通道，能够极大地改善投资环境，促进对外开放。

"落一子，活全局"，修建两三千米的跑道，就能将一个地区和世界联结在一起。正因如此，各地政府决策部门不约而同地将目光投向机场。他们知道，机场不仅是对外交流的空中桥梁，更是招商引资的靓丽名片。地方有了机场，老百姓的幸福感、满意度都会提升。城市有了机场，就可以带动区域社会经济的综合性发展。

（二）机场是国家发展一个新的动力源

我国的机场，特别是大型国际枢纽机场，早已突破单一运输功能，也不再仅仅是城市的重要基础设施，而是通过与多种产业有机集合，形成带动力和辐射力极强的临空经济区，对区域经济发展产生强大的辐射效应，这也是习近平总书记将北京新机场定位为首都的重大标志性工程、国家发展一个新的动力源的原因。

机场在发展过程中所承担的职能已经远远超越了运输功能。民航业的持续、健康发展，不仅与旅游等相关产业存在直接的互动关系，而且对改善投资环境、促进整个国民经济和社会发展，发挥着重要的保障作用，成为国家和区域经济增长的"发动机"。

机场，特别是枢纽机场的建成，将使机场所在的区域越来越有吸引力。随着机场周边土地的进一步开发和利用，机场所在城市的经济产业空间布局、人口的地理分布也会发生改变。正因为如此，地方政府也越来越重视机场周边的土地开发和利用。截至2014年年底，全国有62座城市依托54座机场规划或建设了63个临空经济区。其中，年旅客吞吐量在500万人次以上的机场都规划了临空经济区，年旅客吞吐量在50万人次以上的机场也有9个规划了临空经济区。其中，北京市顺义区的临空经济发展尤为突出。

在国外，一个机场带动一座城市发展的案例比比皆是。孟菲斯从美国南部小城变成大都市，阿联酋迪拜在一片沙漠中建成世界繁华之都，荷兰阿姆斯特丹从不起眼的海港成为航空枢纽，皆是因大力发展航空经济带来了飞跃发展。世界上许多机场，特别是大型国际枢纽机场聚集了大量高科技产业、现代制造业和现代服务业，并且拥有了经济社会发展中的人流、物流、资金流、技术流、信息流等优势资源，使现代航空大都市不断涌现。德国之所以能成为世界出口强国，高度发达的航空运输业功不可没。法兰克福国际机场拥有飞往世界及德国各主要城市的空中客货运航线，以及密如蛛网的地面交通网。在法兰克福国际机场周边有数百家物流运输公司，既将世界各地的产品运进德国，也将德国的产品运往世界各地。以机械设备为例，正是因为德国有一张以法兰克福国际机场为中心的触角遍及全球的空中运输网，加上高效的配送系统，才使德国制造的机械设备在世界各地都能得到及时的配件供应，从而极大地提高了德国产品在国际市场上的声誉和竞争力。

我国最典型的是内陆省份河南借助民航翅膀成为与欧美国家"比肩而居的近邻"，"不靠海、不靠边"的郑州成为河南省腾飞中原、联结世界的重要枢纽。

郑州航空港经济综合实验区的横空出世，如同为郑州这座古老的商都安装了一台崭新的发动机，激发了它积蓄已久的活力。与此同时，由于航空业在区域经济发展中的"新动力"和"增长极"作用日渐凸显，航空港已经成为河南全省发展的战略突破口和对外开放平台，"小区带动大省"的效应已逐步显现。

（三）民航是转方式和调结构的抓手

党的十八大报告指出，要适应国内外经济形势新变化，加快形成新的经济发展方式，把推动发展的立足点转到提高质量和效益上来，着力激发各类市场主体发展新活力，着力增强创新驱动发展的新动力，着力构建现代产业发展的新体系，着力培养开放型经济的新优势。我国经济结构调整和产业升级正成为中国经济转型时期的主旋律。转变经济发展方式、调整经济结构，一个重要内容就是要发展现代服务业。在这方面，民航以其安全、快捷、舒适的独特优势，成为发展现代服务业最好的抓手和平台，成为我国产业结构升级的助推器。

《若干意见》发布，明确提出大力推动航空经济发展，推动民航业科学发展，促进产业结构调整升级，打造航空经济产业链，加快形成珠三角、长三角、京津冀临空经济聚集区。民航业与区域支柱产业正携手进入新的历史机遇期。

航空运输业已经是国家的重要产业。航空运输业的发展不仅是运输人和货的问题，还对整个国民经济，尤其是经济结构调整、转变生产方式有重大推动作用。航空运输业的发展带动了金融、旅游、商贸、信息、物流等产业，而这些产业恰恰是现代服务业的重要内容。

航空运输业由于有带动作用，在经济社会发展中产生的综合效益特别突出。例如，昆明长水国际机场总投资 233 亿元，2017 年旅客吞吐量达到 4 473 万人次，货邮吞吐量实现 41 万吨。昆明长水临空经济的发展，预计每年对 GDP 的贡献值将超过 150 亿元，可直接和间接提供就业岗位达 20 万个。像江苏省的淮安机场，2009 年建成以后，两年内就吸引了 62 家外资企业聚集在机场周围。这对当地形象的提升、对经济的促进作用是非常明显的。

（四）可平衡区域发展，促进边远地区发展

对于平衡区域发展，特别是促进边远地区、少数民族地区发展有很快、很大的推动作用。例如黑龙江的漠河，这是我们国家最北部的一个县城，2008 年 6 月建成机场通航，辐射到周边 70 km 的范围，机场对提高当地居民的收入作用明显。机场周围旅游景点附近的农民开航前年收入是 3 000 元人民币，2011 年一天的收入是 3 000 元。可见民航直接带动了这些地区的经济增长，使居民生活得到了改善，包括人民精神面貌的改变。2009 年，漠河古莲机场全年实现旅客吞吐量 7.5 万人次，同比增长 147%。当年，漠河县共接待游客 43 万人次，实现旅游收入 3.57 亿元，同比分别增长 98.4%和 143.4%。到了 2017 年，全区接待游客已达 685 万人次，实现旅游收入 64 亿元，同比分别增长 22%和 23%。这个中国最北端的县城正吸引着众多的旅游者。

据统计，按百千米服务半径或 1.5 小时车程距离计算，我国民航现有机场覆盖了中国内地 77.7%的地级以上城市和 76%的少数民族自治州、盟、地区首府。伴随着机场的大发展，中国百姓的生活水平正在迈上新台阶。机场的建设发展，促进了区域均衡发展，这是实现社会公平的需要，也是提高应对突发事件航空保障能力的需要，而这些方面都彰显了机场在社会发展中重要的战略地位。

作为省内综合交通运输体系中增长速度最快、发展潜力最大的交通运输方式，云南民航近年来积极构建面向东南亚、南亚国家的空中大通道，架起云南走向世界的桥梁。2017 年，云南省机场运输起降、旅客吞吐量和货邮吞吐量分别完成 50.18 万架次、6 279.09 万人次、46.33 万吨。云南民航共开通航线 485 条，其中国内航线 403 条、国际航线 78 条、

港澳台航线 10 条。昆明长水国际机场开通的南亚、东南亚航线量在国内机场名列前茅，除不丹和巴基斯坦外，昆明实现了南亚、东南亚国家的首都和重点城市全覆盖，中国面向南亚、东南亚开放的门户枢纽机场初步成形。这对于云南成为我国面向西南开放的重要桥头堡起到了十分重要的作用。

（五）机场是国家的门户和走向世界的桥梁

民用航空的作用不仅在于它创造或促进的经济活动，还在于它对整个社会发展和人们生活方式的积极影响。民用航空改变了人们的时空观念和生活方式。从人类发明飞机至今，一百年过去了，由于飞机变大变快，使地球越变越小，变成了真正意义上的"地球村"。航空运输彻底改变了人们的时空观念和传统的经济地理概念，使得人们的视野拓宽了，工作的机会增加了，消费的选择范围扩大了。机场作为航空运输的节点，成为国家的门户、地区的窗口、走向世界的重要桥梁。

在国家软实力的全球传播中，民用航空建立起了一种新的高效率的文化交流通道。各国各地区的民航运输本身代表着一种文化，通过航空运输，增进人们对各国各地区的文化了解，促进对不同文化的认同，实现更高的国际融合。同时，航空运输的发展水平也关系到一个国家在国际上的政治声望和软实力。2008 年我国成功举办第 29 届夏季奥运会和残奥会，2010 年成功举办了第 41 届中国上海世界博览会，其中中国民航在火炬传递和航空运输保障上的作用受到各方高度评价和充分肯定。让更多的中国人通过机场这个地区窗口走出国界看世界，让世界各国人民走进国家的门户了解中国，大大拓宽了人们的视野，建立了一种新的、高效率的文明传播通道，使得相距遥远的人群和不同的民族能够更容易地交流思想、文化、情感、艺术、宗教、风俗等，加深彼此的了解与沟通，共同推进社会文明，共享人类文明进步的成果。

民航同时也是实施全球政治外交战略的宝贵资源。近几年我国成功举办了亚太经合组织领导人非正式会议、二十国集团领导人杭州峰会、金砖国家领导人厦门会晤、亚洲相互协作与信任措施会议，民航为会议保障服务做出了重大贡献。在国家软实力的全球传播中，其发展水平关系到一个国家的政治声望和软实力。在实施全球政治外交战略过程中，民航不仅仅是一种产业，还成为外交谈判的筹码、发展双边或多边关系的纽带。各国政府有时利用采购飞机、开辟航线、开放机场等方式，加强彼此间的政治互信和经贸联系。各主要国家在与我国发展双边关系过程中，民航事务始终是一些国家非常关注并不断提及的议题。在推进区域合作方面，航空运输也是其中重要的合作内容。

（六）民航是国家国防和经济的安全保障

机场是国家（包括一个区域）应对重大自然灾害和突发事件的基础设施。民航肩负着国家国防和经济安全的保障任务，是抢险救灾和应对突发事件的生力军。随着现代社会进程节奏的加快以及全球灾害天气的增多，每天都可能会在一些地区发生一些灾害，包括要及时应对的突发事件。在应急救援方面，航空运输和通用航空通过货物运送、灾民转移，向面临自然灾害、饥饿和战争的人们提供必要的人道主义救援。近年来在我国边远地区新建了许多机场，其意义远远超出了一般意义上的社会效益、公共产品的范畴。对于应对重大自然灾害，包括应对突发事件，都具有重要作用。民航在应急救援和国防安全等方面发挥着独特的作用。

2008年5月12日汶川发生特大地震，对人民生命财产安全造成了严重危害。汶川抗震救灾，民用航空发挥了重大作用。这种作用表现为：一是及时；二是有效；三是代价最小。地震后仅7个小时，成都双流国际机场就重新开放。在铁路和公路受阻的情况下，5月13日凌晨民航局接到中央领导火速运送解放军和消防人员的命令后，立即安排55架飞机，在8个小时内把8 000多名消防特警从全国29个省会、首府运送至灾区。在地形特别复杂的灾区，直升机发挥了无可取代的作用。特别是在唐家山堰塞湖的紧急排险中，直升机在运送大型装备等物资和人员行动中起到了重大作用。

民航业具有准军事性质，是国家空中力量的重要组成部分。一旦发生紧急事件或战争，航空运输是军事后勤的重要支撑，是部队快速机动地运送和补给物资装备、运送伤病员等的重要手段。因此，在现代战争中，民用飞机、机场、设施、空地勤人员是军事实力的一部分，空中交通管理系统是国家防空作战体系的重要组成部分。以美国为例，联邦航空局（FAA）战时隶属于国防部。联邦航空局局长由国会而不是总统任命，任命层次的提升表明国家对民用航空的看重。此外，美国制定了一系列法律，明确规定战争期间军方经国会授权可对民航实施军事管理和征用。在第一次海湾战争中，美国政府征用的民用飞机向海湾地区运送了大量人员和物资，分别占总数的2/3和1/4。美国发达的通用航空也为可能的战争储备了大量准军事飞行人员。我国民航在应对2008年拉萨"3·14"打砸抢烧事件以及2009年乌鲁木齐"7·5"严重暴力犯罪事件中发挥了重要作用。整个应对过程既检验了民航的应急和国防动员能力，也更加说明了民航的战略地位和作用。长期以来，在保障经济安全和空中通道通畅、维护国家形象、完成党和国家特殊任务等方面，民航都做出了重要的贡献。

第三节　民航运行体系

一、民航的行业系统性

经过21世纪初的以政企分开、政事分离和企业联合重组为主要内容的新一轮管理体制改革，我国民航业各个主体的隶属关系发生了深刻变化。虽然隶属关系变了，但是确保安全的共同责任没有变，为人民服务的共同宗旨没有变，促进国家和区域经济社会发展的共同使命没有变。同在一片蓝天下，同是一家民航人，行业安全、服务链条的不可分割性，决定了民航的行业系统性不仅依然存在，而且在随着行业的发展壮大不断增强。在民航行业运转的链条上，分工不分家，竞争又合作，协作是共赢的前提。从某种意义上说，这也是民航业发展的一条规律。民航的行业系统性不断增强，既体现为全行业各个主体在民航产业链上的相互依存关系，又要求各个主体在行业安全、服务链条上环环相扣，齐心协力，心往一处想，劲儿往一处使。

民航是一个服务行业，各个主体虽然隶属关系不同，但是服务的最终对象和终极目标是一致的。要为客户提供最好的服务，为国家和区域经济社会发展提供强大的动力，各个主体就必须树立"把困难留给自己、把方便让给别人"的服务意识。一方面，行业中的每一个主体都需要练好内功，使自身成为民航服务链条上一个牢不可破的环节；另一方面，上一个环节必须为下一个环节做好服务，任意两个环节的衔接一定要顺畅、紧密。近年以来，个别机场发生的旅客因航班延误冲上滑行道事件，有力地证明：任何一个环节的不作为，或者工作的不到位，都会影响整个服务链条的顺畅运转。所有主体，无论隶属何方，在旅客面前都是民航行业的重要组成部分。要做好服务工作，各个主体必须相互支持、相互补台。

在民航安全链条上，虽然各个主体所处的位置不同，规模大小也各异，但是责任不分大小，目标只有一个——安全。全行业所有的主体都是安全链条上不可或缺的重要一环，都肩负着确保安全链条顺畅运转的重任。这就需要行业各主体形成合力，相互支持，相互促进，向着同一个方向、同一个目标前进。促进民航业发展已经上升为国家战略，行业内的所有主体都要明确自身的定位和肩负的使命。全行业所有主体唯有在民航业国家战略共识统领下树立大局意识，精诚合作，统筹规划，科学发展，携手共进，才能实现共同发展。

二、机场运行系统图

机场是航空运输系统的组成部分，它是一个运输生产的场所，它实现了运输方式转换，即空中运输与地面运输的转换。机场航空运输系统主要由三大主体组成：一是航空公司（提供劳动工具——飞机，是实现用户位移的主体）；二是机场当局（提供劳动场所——航站设备设施）；三是用户（消费者）。

机场系统如果想保持正常运营，机场系统的管理人员就必须研究三者之间的相互关系和相互作用，并且使其保持平衡。为了使系统运转顺利，每一个主体都必须与另外两个主体取得一定形式的平衡。如果做不到这一点，整个系统运营就达不到最好状态，就会出现矛盾和问题，导致机场设施的运行规模下降，服务品质下降，安全水平难以得到保障，航空公司航线取消，大量用户流失，更多旅客选择其他交通方式，机场本身亏损经营，等等。

机场运行系统简图如图 1-3 所示，是仅仅从管理层面表示机场、航空公司和用户之间基本的相互作用示意图。该图显示了运营规模、旅客需求、机场容量和飞行能力各因素的基础特性，以及它们之间的相互关系和运营模式。该图可以将机场运营的各主要因素概念化，实际上，大型机场是非常复杂的组织结构。机场运行系统还可以包括政府部门主体（国家政策方针直接影响到机场运营）、社会公众主体。

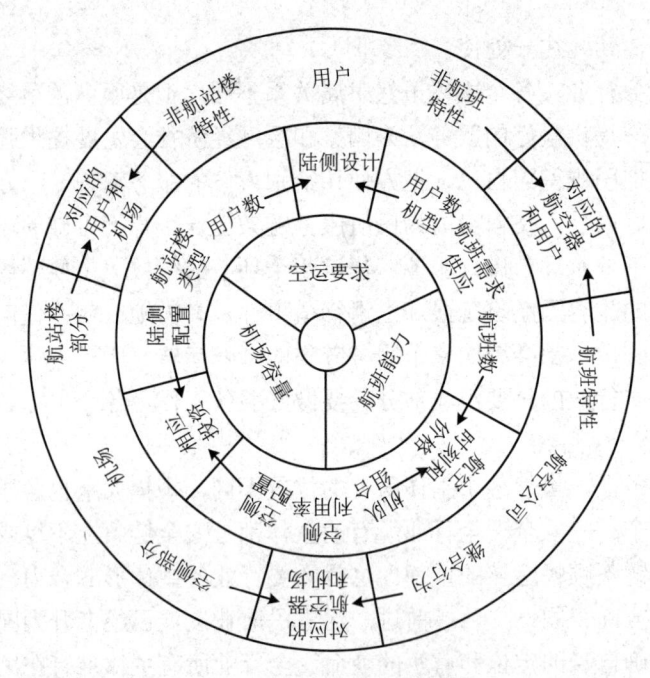

图1-3 机场运行系统图

（1）民用机场统一协调管理运输机场的生产运营，维护运输机场的正常秩序，为航空运输企业及其他驻场单位、社会公众提供公平、公正的服务。机场管理机构是运输机场的管理者，既负责对本运输机场的安全运营实施统一协调管理，也承担着对本运输机场生产运营的统一协调管理。

民用机场是社会公共基础设施，保障安全是其根本要求，提供服务也是其重要任务，而其服务对象既包括航空运输企业及其他驻场单位，也包括社会公众。机场要根据协议对航空运输企业及其他驻场单位机场提供相应的场地，并及时有效地协调处理各运输企业及其他驻场单位生产运营中发生的问题；而对于社会公众，则应当为其创造舒适的候机环境、方便快捷的乘机体验。另外，机场所提供的服务必须保证公正、公平，不得给航空运输企业等任何驻场单位以歧视待遇，更不能侵犯旅客平等享受机场服务的权利。航空运输企业及其他驻场单位也是服务的提供者，也应当在机场管理机构的组织协调下配备必要的服务设施，提高机场整体服务水平。

各机场要认真贯彻落实《民用机场管理条例》，紧紧围绕公共基础设施定位，强化机场特别是大中型机场的公共基础设施服务功能，积极探索机场公益性设施和经营性设施分类管理的新模式，进一步推动机场由经营型向管理型转变，促进机场建设发展，提高运营管理水平。

（2）从整个产业链条来看，航空公司无疑是这个链条上的重要一环，也是整个产业效益的关键一环，其运营模式、结构状况决定着整个行业发展的走向，也是行业结构是否合理的重要影响因素。民航是向社会提供服务的行业，民航的效益来源决定于社会接受这一服务群体的规模。从这个意义上说，航空公司运输的旅客越多，民航行业效益的基础就越牢靠。就此而言，说航空公司是机场的衣食父母并不为过。当然，随着机场多元化经营的发展，收益的很大一块来源于非航空业务。即便是这样，机场商业的主体也是旅客。因此，机场应该摆脱局部利益的狭隘眼界，从整个产业发展的全局去认识航空公司的地位和作用，从根本上确立为航空公司服务的理念。

（3）空管是民航运行体系的中枢，图中归在机场一类。空管改革"十三五"期间任务很重，要贯彻落实好《若干意见》，主动适应民航快速发展的新要求，围绕扩容增效，积极协调解决、有效开发民航空域资源，调整完善航路网络布局，建设国内大容量空中通道，推进繁忙航路的平行航路划设，优化繁忙地区航路航线结构和机场终端区空域结构，增加繁忙机场进离场航线。

（4）在我国民航业技术服务保障体系中，适航与维修、航油供应、信息服务和航材保障等系统的地位和作用十分重要。要以适应民航业快速发展、有力支撑民航业可持续发展、增强国际竞争力为出发点，加快构建安全可靠、运行高效、技术先进、服务成本低和创新能力强的服务保障体系，成为适应民航业快速发展、符合航空用户需求的市场主体。

三、唇齿相依——机场与航空公司携手并进

机场与航空公司唇齿相依，谁也离不开谁，二者唯有相互依存，才能共同发展。

从机场与航空公司的关系看，机场和航空公司是航空运输业的两大主体，两者分工不同，但根本利益一致，是相互依存的关系。我们应该看到，由于历史的原因，我国大部分机场直接或者间接地从事地面服务等经营活动，与航空公司在地面服务等业务上相互竞争，出现了相互关系不顺、经营业务重叠、设施重复投资以及资源浪费等问题。另外，双方在机场收费、航班延误处置、紧缺资源分配使用等方面，也存在一些不同认识。随着民航体制改革的深入，机场的公益定位逐步清晰，机场管理从经营型向管理型转变，所从事的运输业务将走向平台化管理，两者之间的矛盾从理论上和实践上将逐步化解。

从机场自身发展的需要来看，一是无论大小机场，都需要更多航空公司在本场飞行。特别是目前，大型机场由于枢纽机场建设的需要，正在进行航线结构与机型的调整；中小机场也在努力地发展支线航线，形成自己的优势。这些都离不开航空公司的支持。特别是枢纽机场的建设，没有航空公司的战略定位与航班航线安排，便如无源之水、无本之木。机场只有急航空公司之所急，满足航空公司之所需，以优质的服务支持航空公司的枢纽建设和航线建设，增强对航空公司的吸引力与信任度，才能最终促进机场的发展。二是航空公司的效率决定机场的效率。机场的生命在于周转。无论是资金、旅客、设备还是航班的周转，都从不同的侧面决定了机场的发展与效益。而企业周转的相当一大部分是由航空公司完成的。机场为航空公司提供服务，实质上就是为航空公司的效率提供服务。

（一）航空公司是"上帝"

在多年形成的传统服务意识中，机场就是为旅客服务的。使得机场一些人忽略了为航空公司提供优质服务这一重大问题。

要建立航空公司是机场的"上帝"的意识。机场要把服务好航空公司作为第一要务。机场和航空公司是利益共同体，谁也离不开谁。机场离开航空公司，就失去了生存的价值和意义。同样，航空公司也不能离开机场来独立运营。航空公司作为承运人，需要机场地面代理服务，机场是否有生命力，靠航线航班来支撑，你中有我，我中有你，相互依存，相互促进，利益共享，共同为旅客服务。作为机场当局，一方面主动开拓市场，加强与航空公司的联系，主动提供机场运行、保障方面的信息，争取运力投放，争取航班正点，实现合作共赢；另一方面地面服务代理要安全、优质、高效，服务流程要规范、合理，充分体现"以人为本"的服务理念，吸引越来越多的旅客和客户选择在机场出行，客流量和货流量就会越来越大。航空公司的业务量大了，市场前景才会越来越广阔，从而进入一个良性的循环轨道，最终实现双赢的局面。

（二）完善协调机制

机场属地化管理后，为了更好地协调各驻场单位的关系，有的机场管理机构牵头，在安全服务等方面建立了协调机制。但就我国机场总体情况看，由于机场管理机构的企业身份等因素，各驻场单位之间还缺乏有效和完善的协调机制。在《民用机场管理条例》中，明确了机场管理机构的协调职责，主要是统一协调、管理运输机场的生产运营，维护运输机场的正常秩序，为航空运输企业及其他驻场单位、旅客和货主提供公平、公正、便捷的服务。作为一项大的系统，机场管理需要很多部门的参与。如果能够搭建起一个平台，让机场管理机构和相关政府部门参与其中，面对面协商，提出问题，及时解决，也会有利于机场的发展。在这方面，深圳市进行了尝试，取得了不错的效果。深圳市成立了由市长或分管副市长牵头的航空港管理委员会（简称"空港委"），空港委由机场管理机构、机场所在地的区政府、与机场管理密切相关的政府部门等派员参与，并在其下成立了空港办，负责空港委的日常事务。

北京首都国际机场也充分认识到了协调联动的意义，并联合各联检单位、驻场单位、航空公司组成了首都机场运行协调管理委员会、首都机场安全管理委员会、首都机场旅客服务促进委员会和首都机场新闻宣传协调委员会，通过协商共事的方式解决各单位存在的问题，协调处理，提高了北京首都国际机场管理的效率和质量。

（三）依法管理

目前，有关机场以及航油公司，对航空公司欠费和不签订收费协议的问题反应比较强烈。机场和航空公司关系不顺，已影响了民航整体运行效率，一定程度上制约了我国航空运输业的健康发展。想要逐步理顺两者之间的关系，我们就要完善这方面的法律、法规、规章，依法明确各自的分工和职责，规范各自的行为，按照市场原则，消除双方的利益竞争，建立一种新型的、和谐的运营关系。

机场管理机构负责运输机场的生产运营，运输机场及其他驻场单位都应当在机场管理机构的统一协调下组织生产，机场管理机构的管理权应当依据相关的法律、法规、民航规章以及协议来实施。

虽然我国现有的民航法律、法规和规章对机场管理机构的运营管理职责做了一些规定，但是，机场管理机构和航空运输企业及其他驻场单位是平等的民事主体，它们之间有很多民事法律关系是不宜也不可能在法律、法规和规章中详尽规定的，而更多依靠它们之间的协议来处理。现实中，机场管理机构与航空运输企业等驻场单位之间发生纠纷的原因就在于它们之间的协议并不清楚明确。因此，为了机场管理机构更好地履行管理组织职责，也为了最大限度地避免纠纷，条例规定机场管理机构应当与航空运输企业及其他驻场单位签订书面协议，明确各自在生产运营、机场管理以及发生航班延误等情况时的权利、义务和责任，保证运输机场运营有章可循。在机场管理机构与航空运输企业及其他驻场单位之间发生纠纷时，可以根据协议的约定协商解决；协商不成的，双方当事人也可以根据协议约定将纠纷提交裁断。

第四节　改革和发展

一、现状与差距

"十一五"至"十二五"期间（2006—2015 年）是中国民航发展迅猛的 10 年。在规模体量上，总周转量从 2006 年的 306 亿吨千米增至 2015 年的 849.9 亿吨千米，旅客运输量从 1.6 亿人次增至 4.4 亿人次，货邮运输量从 349 万吨增至 629.7 万吨，分别增长 2.8 倍、2.7 倍和 1.8 倍。在民航发展质量上，总体是稳步提升的。安全水平世界领先，航班客座率和载运率居于高位，飞机日利用率为 9.5 小时，节能减排效果显著。民航保障能力不断增强。运输机场数量达到 207 个（不含 3 个通勤机场），87.2%的地级城市 100 千米范围内都有运输机场，通用机场 310 个，运输飞机 2 650 架，不重复航线里程达 531.7 万千米。在效益上，虽然 2008 年受全球金融危机的影响，行业亏损 318 亿元，但其他年份民航业均实现了盈利并屡创效益新高，2006 年行业盈利 23 亿元，2015 年这一数字激增至 487.9 亿元。国务院出台《若干意见》，明确民航的重要战略产业地位。航空运输在综合交通运输体系中的地位不断提升，2015 年民航旅客运输周转量在综合交通体系中所占比重接近 1/4。民航业与区域经济融合发展进程加快，临空经济成为推动地区转变发展方式的新亮点。民航国际影响力逐步扩大。"十二五"末，我国航空公司通航全球 55 个国家和地区的 137 个城市，国际航线达到 660 条，国际客运市场份额达到 49%。中国继续高票当选国际民航组织一类理事国，我国候选人首次当选国际民航组织秘书长。民航行业管理能力不断提高，持续安全理念不断深化，安全工作法治化进程不断深入，市场管理手段不断丰富。民航业发展速度很快，不可否认，行业有很多内在质的进步。但总体来看，民航行业发展中依然存在不平衡、不协调、不可持续等突出问题。制约民航发展的体制环境没有根本性改善，空域资源不足依然是制约民航发展的突出瓶颈。大中型机场保障能力不足，基础设施建设速度滞后于发展需求。航空运输服务质量有所下降，航班正常率不高，航班平均延误时间增加，行业治理能力不适应发展需要。这些问题是需要我们在"十三五"期间着力解决的。

（一）"十二五"期间的中国民航成绩单

"十二五"期间（2011—2015 年），我国民航运输总周转量、旅客运输量和货邮运输量分别年均增长 9.6%、10.4%和 2.3%，实现利润总额 1 800 亿元左右，航空运输规模稳居全球第二，民航旅客周转量在综合交通运输体系中的比重达 22.8%。全行业完成固定资产约 7 100 亿元，补贴支线航空、中小机场 104 亿元。

1. "十二五"期间的安全飞行

坚持持续安全理念，安全工作注重常态化，安全法规体系、队伍管理体系、安全责任体系等进一步健全，安全管理取得了长效益。"十二五"期间安全飞行指标如表1-5所示。

表 1-5　"十二五"期间安全飞行指标

指　标	"十一五"末	"十二五"末	增　加
亿客千米死亡人数	0.009	0.001	−89%
运输航空百万架次重大事故率	0.190	0.040	−79%
运输航空百万小时重大事故率	0.050	0.020	−60%
连续安全飞行时间/万小时	2 033	3 480	+71%

2. "十二五"期间的运输生产

"十二五"期间的运输生产统计表如表1-6所示。

表 1-6　"十二五"期间的运输生产统计表

项目＼年份	"十一五"期间	2011	2012	2013	2014	2015	"十二五"期间	增　长
全行业累计实现利润总额/亿元	567.92	363	295.9	248.1	288.9	547.6	1 743.5	307%
航空运输总周转量/亿吨千米	2 013.4	577.4	610.3	671.7	748.1	851.7	3 459.2	年均 9.6%
旅客运输量/亿人	10.37	2.9	3.19	3.54	3.9	4.36	17.94	年均 10.4%
货邮运输量/万吨	2 167.3	557.5	545	561.3	594.1	629.3	2 887.2	年均 2.3%
通用航空生产作业/万小时	57.58	50.2	51.7	59.1	67.5	77.9	306.4	532%
机队：运输飞机/架	1 597					2 645		1 048
机场/个	175					206		31
航空企业/家	48					55		12

北京首都国际机场旅客吞吐量连续五年居全球第二；上海浦东国际机场货邮吞吐量连续七年保持世界前三。

3. "十二五"期间的航班正常率

"十二五"期间的航班正常率如表1-7所示。

表 1-7 "十二五"期间的航班正常率

年 份	2011	2012	2013	2014	2015	平均水平
航班正常率	77.2%	74.8%	72.3%	68.4%	68.4%	71.8%

（二）2018年民航发展现状

2018年，民航全行业以习近平新时代中国特色社会主义思想为指导，全面贯彻党的十九大和十九届二中、三中全会以及中央经济工作会议精神，坚持稳中求进总基调，坚持供给侧结构性改革，全面落实"一二三三四"民航总体工作思路，积极推进"一加快、两实现"战略进程，圆满完成各项工作任务，在许多方面取得了突破性的成绩，是民航发展史上意义非凡的一年。2018年，我国发展面临多年少有的国内外复杂严峻形势，经济出现新的下行压力，民航紧扣行业发展的主要矛盾和制约瓶颈，步步为营，攻坚克难，行业发展保持了稳中有进的良好态势。

2018年，民航安全运行平稳可控，运输航空百万小时重大事故率十年滚动值为0.013（世界平均水平为0.153）。发生通用航空事故13起，死亡15人，全行业共有38家运输航空公司未发生责任事故征候。民航全行业运输飞机期末在册架数3 639架，比2017年年底增加343架，全行业运输航空公司完成运输飞行小时1 153.52万小时，同比增长8.9%。全年将完成运输总周转量1 206.53亿吨千米、旅客运输量61 173.77万人次、货邮运输量738.51万吨，同比分别增长11.4%、10.9%、4.6%；全国千万级机场达37个；全年航班平均正常率80.13%。

全行业实现利润536.6亿元，同比减少122.7亿元；全年共完成基本建设和技术改造投资857.9亿元，同比下降1.3%。

截至2018年年底，我国共有颁证运输机场235个，比2017年年底了增加6个，颁证通用机场数量达到202座。获得通用航空经营许可证的通用航空企业422家。通用航空器2 495架，完成通用航空生产飞行93.71万小时。

（三）2018年机场生产统计指标

2018年我国机场主要生产指标继续保持平稳较快增长，机场主要运输指标再次实现平稳增长。2018年机场主要生产统计指标如表1-8所示。

表 1-8 2018年机场主要生产统计指标

指 标	2017年	2018年	比上年增长
通航城市和机场/个	229	235	6
全年旅客吞吐量/万人次	114 786.7	126 468.9	10.2%
其中：国内（包括港澳台）	103 614.6	113 842.7	9.9%
国际	11 172.1	12 626.1	13.0%
货邮吞吐量/万吨	1 617.7	1 674.0	3.5%
其中：国内（包括港澳台）	1 000.1	1 030.8	3.1%
国际	617.6	643.2	4.1%

续表

指　标	2017 年	2018 年	比上年增长
完成飞机起降/万架次	1 024.9	1 108.8	8.2%
其中：国内（包括港澳台）	938.0	1 015.6	8.3%
国际	86.9	93.3	7.3%

（四）与世界航空的差距

一个世纪以前，商业航空跨越大洋横空出世，航空改变世界，从此人类社会进入现代航空时代。航空运输是现代交通运输的主要形式，具有快速、机动、国际性的特点，是现代旅客运输，尤其是远程、国际旅客运输的重要方式，对国际贸易中的高价值货物运输至关重要，航空运输推动全球化贸易和旅游发展的作用功不可没。航空运输业服务于全世界每一个国家，在全球经济产出方面发挥着不可忽视的重要作用。2017 年全球有 41 亿人乘坐飞机旅行，5 600 万吨货物通过飞机运输。全球商业航空公司超过 1 000 家，提供航空服务的飞机超过 2.8 万架，定期航班民用机场超过 4 000 家，超过 5 万条民用航线连接全球大大小小的城市。

对标民航强国战略目标、对标国际民航先进水平，我国民航的整体水平还有较大差距，主要表现在我国的航空公司总体规模较小、枢纽机场中转率偏低、资源保障能力较弱、运行效率较低、适航审定能力不足等方面。

1. 与美国总体指标相比

在全球范围内无论是客运，还是货运，可以看出中国和美国比较相像，都不仅拥有较大的国内市场，还拥有庞大的国际市场。

中国和美国的航空运输业现状比较：2018 年我国民航运输总周转量是美国的 3/5 左右，运输飞机数量是美国的 1/2，运输机场数量约为美国的 1/3，从业人员仅为美国的 1/4，按旅客运输量统计全球前十大航空公司中美国占 4 家（美航 AA、达美 DL、西南 WN、联合 UA），中国只占 2 家（南航 CZ、东航 MU），全球前十大客运机场中美国占 3 家（亚特兰大 ATL、洛杉矶 LAX、芝加哥 ORD），中国境内只占 1 家（北京 PEK）。

2018 年运输旅客周转量美国约是中国的 1.52 倍，其中国际旅客周转量大约是中国的 1.66 倍。美国航空旅客运输量 8.805 亿人次，中国旅客运输量 6.117 亿人次，年人均乘机次数仅约为美国的 1/5，中国拥有 4.26 倍于美国的人口和大约六分之一的人均 GDP，未来中国国内市场的增长空间很大，2018 年中美航空运输指标比较如表 1-9 所示。

表 1-9　2018 年中美航空运输指标比较

指　标	美　国	中　国	美国：中国
人口/亿人	3.271 7	13.953 8	0.234：1
人均 GDP/美元	62 914	9 462	6.649：1
运输飞机数量/架（2017 年）	7 141（DOT）	3 296	2.167：1
航空运输周转量/亿吨千米	1 924.08（ICAO）	1 206.53	1.595：1
航空货邮周转量/亿吨千米	429.85（ICAO）	262.50	1.638：1

续表

指　标	美　国	中　国	美国∶中国
航空运输旅客周转量/亿人千米	16 278.75（ICAO）	10 712.32	1.520∶1
国际旅客周转量/亿人千米	4 678.38（ICAO）	2 822.16	1.658∶1
航空旅客运输量/亿人次	8.805（FAA）	6.117 4	1.439∶1
国际旅客人数/万人次	9 960（FAA）	6 367	1.564∶1
平均乘机数/次	2.287	0.438	5.221∶1

注：1. 表中民航运输飞机数量（架）数据来源于美国交通运输部（DOT）和《2017 年民航行业发展统计公报》。中国民航的其他数据均来源于《2018 年民航行业发展统计公报》，2018 年期末在册运输飞机实为 3 639 架。

2. 表中美国民航数据来源于《ICAO Annual.Report.2018_Air Transport Statistics》和《FAA 发布未来 20 年美国航空预测》。

2. 国际化程度差距

我国不仅在规模和实力上与世界民航强国有差距，更重要的是，在国际民航规则标准的主导权和话语权上，特别是引领国际民航业发展的创新能力上，与国际民航先进水平有很大差距。

从参与国际市场竞争的实力看，我国民航因实力不强、竞争乏力，尚未摆脱被动局面。在经济全球化背景下，当国家之间经济实力、资源禀赋等相差悬殊时，各国所得到的利益实际上是不均等的。这几年来，世界民航强国借助于"天空开放"政策，不断扩张国际航空运输市场，获得了巨大的利益。相比而言，我国航空运输业处于竞争劣势地位。在我国国际航空客运、货运两个市场，国外航空公司开辟航线、增加航班、投入运力的增长速度明显快于我国航空公司。在我国国际航空客运市场，由于我国航空公司总体规模偏小，加上国际航权资源分散，导致国际航线少而分散、全球覆盖能力较弱、与国内航线衔接性较差，直接影响了国际竞争力。即使在中美、中欧等主要国际航线市场上，由于我国的航空公司投入运力不足，市场份额较少，导致其盈利能力差。航空公司国际竞争力的强弱直接影响我国枢纽机场走向国际化的步伐快慢。

（1）2017 年全球 TOP25 机场旅客吞吐量排名。我们从国际机场协会（ACI）公布的 2017 年世界主要机场前 25 名业务量排名（见表 1-10）来分析。如表 1-10 所示，全球前 25 名机场是根据机场全部旅客（国内、国际）吞吐量所做的排名，前 25 名全都是世界级枢纽机场，最后一名西班牙马德里机场吞吐量也在 5 300 万以上，前 25 名中美国占了 7 席，亚特兰大国际机场排名第一，吞吐量超过 1 亿人次，洛杉矶国际机场排名第五，奥黑尔国际机场排名第六，中国占了 4 席，北上广及香港，北京首都国际机场排名第二，达 9 500 万，香港国际机场排名第八，上海浦东国际机场排名第九，广州白云国际机场排名第十三，说明近几年来中国航空发展的势头强劲。

表 1-10　2017 年世界主要机场前 25 名国际竞争力

排名	国家	2017 年旅客吞吐量/千人			2017 年国际旅客吞吐量/千人		2017 年航班起降架次/千架次		
		机场	全部旅客	排名	国际旅客	国际占比	国内国际	其中国际	国际占比
1	美国	亚特兰大国际机场/ATL	103 903				880		

续表

排名	国家	机场	2017年旅客吞吐量/千人 全部旅客	2017年国际旅客吞吐量/千人 排名	国际旅客	国际占比	2017年航班起降架次/千架次 国内国际	其中国际	国际占比
2	中国	北京首都国际机场/PEK	95 786		21 712	22.7	571	128	22.42
3	阿联酋	迪拜国际机场/DXB	88 242	1	87 722	99.4	408	408	100.0
4	日本	东京羽田国际机场/HND	85 409				453		
5	美国	洛杉矶国际机场/LAX	84 558				700		
6	美国	芝加哥奥黑尔国际机场/ORD	79 828				867		
7	英国	伦敦希思罗国际机场/LHR	78 015	2	73 187	93.8	476	436	91.6
8	中国	香港国际机场/HKG	72 664	3	72 462	99.7	432	413	95.6
9	中国	上海浦东国际机场/PVG	70 001	23	28 360	40.5	497	192	38.6
10	法国	巴黎查尔斯·戴高乐国际机场/CDG	69 471	5	63 697	91.7	483	426	88.2
11	荷兰	阿姆斯特丹史基浦机场/AMS	68 515	4	68 401	99.8	515	496	96.3
12	美国	达拉斯沃斯堡国际机场/DFW	67 092				654		
13	中国	广州白云国际机场/CAN	65 887		15 894	24.1	449	98	21.9
14	德国	法兰克福国际机场/FRA	64 500	8	57 122	88.6	476	397	83.4
15	土耳其	阿塔图尔克国际机场/IST	63 872	10	44 477	69.6	461	311	67.5
16	印度	德里甘地国际机场/DEL	63 452				448		
17	印尼	苏加诺-哈达国际机场/CGK	63 016				447		
18	新加坡	新加坡樟宜机场/SIN	62 220	6	61 574	99.0	378	373	98.7
19	韩国	仁川国际机场/ICN	62 158	7	61 521	99.0	363	355	97.8
20	美国	丹佛国际机场/DEN	61 379				575		
21	泰国	曼谷素万那普国际机场/BKK	60 861	9	48 812	80.2	352	260	73.9
22	美国	纽约肯尼迪国际机场/JFK	59 393	18	32 431	54.6	446	179	40.1
23	马来西亚	吉隆坡国际机场/KUL	58 558	11	42 351	72.3	387	267	69.0
24	美国	旧金山国际机场/SFO	55 822				460		
25	西班牙	马德里巴拉哈斯机场/MAD	53 386	13	38 479	72.1	388	245	63.1

注：此表中的机场是按 2017 年旅客吞吐量（包括国内、国际）前 25 名进行排名，进入前 25 名的机场，不一定可进入 2017 年国际旅客吞吐量（国际竞争力）前 25 名的排名（见表 1-11），由于资料不全，用空格表示。

（2）2017年全球机场国际旅客吞吐 TOP 25 排名。表 1-11 是按机场国际旅客吞吐量排名，反映机场在国际航空运输中的枢纽地位。我国已经是一个民航大国，但还不是民航强国，国际竞争力仍然不强。从表 1-11 分析，我国境内民用航空（颁证）机场（不包括香港、澳门和台湾地区）中三大国际枢纽门户机场（北京首都国际机场、上海浦东国际机场和广州白云国际机场），仅有上海浦东国际机场进入前 25 名，国际旅客吞吐量为 2 836 万人次，排名第 23 位，而世界第二大机场北京首都国际机场国际旅客吞吐量低于 2 300 万人次，仅占全部吞吐量的 22.42%，没有进入前 25 名。

表 1-11 2017 年全球机场国际旅客吞吐 TOP 25 排名表

排名	国家	机场	2017年国际旅客吞吐量/千人 2017	排名	2016年国际旅客吞吐量/千人 2016	增长率	2017年航班起降架次/千架次 2017	2016	增长率
1	阿联酋	迪拜国际机场/DXB	87 722	1	83 106	5.6	408	420	-2.7
2	英国	伦敦希思罗国际机场/LHR	73 187	2	71 030	3	436	436	0
3	中国	香港国际机场/HKG	72 462	3	70 098	3.4	413	403	2.5
4	荷兰	阿姆斯特丹史基浦机场/AMS	68 401	4	63 534	7.7	496	479	3.7
5	法国	巴黎查尔斯·戴高乐国际机场/CDG	63 697	5	60 385	5.5	426	424	0.5
6	新加坡	新加坡樟宜机场/SIN	61 574	6	58 158	5.9	373	361	3.5
7	韩国	仁川国际机场/ICN	61 521	7	57 152	7.6	355	335	6.2
8	德国	法兰克福国际机场/FRA	57 122	8	53 708	6.4	397	386	3
9	泰国	曼谷素万那普国际机场/BKK	48 812	9	45 291	7.8	260	258	0.7
10	土耳其	伊斯坦布尔国际机场/IST	44 477	10	41 036	8.4	311	318	-2.4
11	马来西亚	吉隆坡国际机场//KUL	42 351	13	36 963	14.6	267	239	11.6
12	英国	伦敦盖特威克机场/LGW	41 473	12	39 264	5.6	251	245	2.4
13	西班牙	马德里-巴拉哈斯机场/MAD	38 479	14	36 075	6.7	245	239	2.9
14	卡塔尔	多哈哈马德国际机场/DOH	35 262	11	37 216	-5.3	220	243	-9.6
15	德国	慕尼黑机场/MUC	34 722	15	32 569	6.6	294	286	2.9
16	西班牙	巴塞罗那机场/BCN	34 527	16	32 315	6.8	224	215	4.3
17	日本	东京成田国际机场/NRT	33 091	17	31 991	3.4	195	190	2.8
18	美国	纽约肯尼迪国际机场/JFK	32 431	18	31 781	2	179	178	0.6
19	加拿大	多伦多皮尔逊国际机场/YYZ	29 655	21	27 429	8.1	246	242	1.7
20	意大利	罗马菲乌米奇诺机场/FCO	29 379	19	29 096	1	196	205	-4.1
21	爱尔兰	都柏林国际机场/DUB	29 285	20	27 641	5.9	209	201	4.1
22	瑞士	苏黎世国际机场/ZRH	28 671	22	26 938	6.4	227	225	0.6
23	中国	上海浦东国际机场/PVG	28 360	24	26 911	5.4	192	182	5.5
24	丹麦	哥本哈根国际机场/CPH	27 126	23	26 932	0.7	231	237	-2.6
25	英国	曼彻斯特机场/MAN	25 397	25	23 303	9	159	150	5.9
			1 129 185		1 069 922	5.5	7,210	7,094	1.6

（3）国际枢纽机场其他重要指标排名。我国国际枢纽机场的重要指标（如连接度、中转率、最短中转衔接时间（MCT）、准点率等）与全球排名前列的枢纽机场还有较大的差

距。无论是北京还是上海的航空枢纽，未来的目标都是要成为全球重要的航空枢纽。然而，现实却比较严峻，一方面是国内一线枢纽机场旅客吞吐量的快速增长，且在全球机场中排名都是比较靠前；另一方面却是极低的国际旅客比例和中转旅客比例，与伦敦希思罗国际机场、法兰克福国际机场、阿姆斯特丹史基浦机场这样的极高的国际旅客占比和极高的中转率相比，相形见绌。

机场的连接度指数反映机场作为交通枢纽的对外开放程度和水平，同样，机场的连接度也是机场业务发展的基础要素。根据民航数据 2017 年全球国际枢纽连接指数排名报告，排名第一的是伦敦希思罗国际机场（LHR-1），第二名是法兰克福国际机场（FRA-2）。前 50 名机场中有 12 个在美国，其中 7 个进入了前 25 名。亚太地区有 16 个机场进入前 50 名，新加坡樟宜机场（SIN-6）是亚太地区排名第一的国际枢纽，并包括中国的三大机场：上海浦东国际机场（PVG-23）、北京首都国际机场（PEK-31）和广州白云国际机场（CAN-32），如表 1-12 所示。

表 1-12 2017 年全球国际枢纽连接指数 TOP 50 排名表

排名	国家	机场	连接指数	排名	国家	机场	连接指数
1	英国	伦敦希思罗国际机场/LHR	379	17	韩国	仁川国际机场/ICN	196
2	德国	法兰克福国际机场/FRA	307	18	美国	纽约肯尼迪国际机场/JFK	195
3	荷兰	阿姆斯特丹史基浦机场/AMS	299	19	美国	休斯顿国际机场/IAH	184
4	美国	芝加哥奥黑尔国际机场/ORD	295	20	阿联酋	迪拜国际机场/DXB	183
5	加拿大	多伦多皮尔逊国际机场/YYZ	271	21	墨西哥	墨西哥城国际机场/MEX	176
6	新加坡	新加坡樟宜机场/SIN	257	22	美国	纽瓦克国际机场/EWR	170
7	印尼	苏加诺-哈达国际机场/CGK	256	23	中国	上海浦东国际机场/PVG	167
8	美国	亚特兰大国际机场/ATL	256	24	澳大利亚	悉尼国际机场/SYD	167
9	马来西亚	吉隆坡国际机场/KUL	242	25	印度	德里甘地国际机场/DEL	166
10	法国	巴黎戴高乐国际机场/CDG	242	26	加拿大	温哥华国际机场/YVR	165
11	美国	洛杉矶国际机场/LAX	235	27	美国	达拉斯沃斯堡国际机场/DFW	164
12	中国	香港国际机场/HKG	233	28	日本	东京羽田国际机场/HND	163
13	泰国	曼谷素万那普国际机场/BKK	226	29	美国	旧金山国际机场/SFO	153
14	德国	慕尼黑国际机场/MUC	221	30	意大利	罗马菲乌米奇诺机场/FCO	145
15	土耳其	阿塔图尔克国际机场/IST	219	31	中国	北京首都国际机场/PEK	142
16	美国	迈阿密国际机场/MIA	204	32	中国	广州白云国际机场/CAN	141

续表

排名	国家	机场	连接指数	排名	国家	机场	连接指数
33	印度	孟买国际机场/BOM	140	42	巴西	圣保罗国际机场/GRU	120
34	西班牙	马德里-巴拉哈斯机场/MAD	138	43	加拿大	蒙特利尔特鲁多国际机场/YUL	118
35	法国	尼斯国际机场/NCE	133	44	瑞士	苏黎世机场/ZRH	115
36	南非	约翰内斯堡国际机场/JNB	133	45	俄罗斯	莫斯科谢列梅捷沃国际机场/SVO	114
37	日本	东京成田国际机场/NRT	132	46	波多黎各	圣胡安国际机场/SJU	114
38	菲律宾	马尼拉国际机场/MNL	131	47	巴拿马	巴拿马城-托库门国际机场/PTY	108
39	美国	西雅图塔科马国际机场/SEA	130	48	奥地利	维也纳机场/VIE	107
40	美国	波士顿洛根国际机场/BOS	128	49	美国	奥兰多机场/MCO	107
41	哥伦比亚	圣菲波哥大国际机场/BOG	127	50	新西兰	奥克兰国际机场/AKL	106

根据最大 6 小时中转窗口（Maximum Connection Window of Six Hours）数据统计，7 月的一天伦敦希思罗国际机场 6 小时内航班衔接量可以达到 72 000 个。法兰克福国际机场与阿姆斯特丹史基浦机场分别为第 2 位和第 3 位，前三名都是欧洲枢纽机场的龙头。土耳其的阿塔图尔克国际机场排名全球第 15 位。新加坡樟宜机场在 7 月的一天 6 小时内航班衔接量可以达到 35 000 个。紧随其后的是印尼的苏加诺-哈达国际机场（CGK）。

3. 机场总量规模

据 ICAO 的统计，20 世纪 90 年代初，世界有各类机场共 39 500 多个，主要分布在美洲和欧洲。美国是世界上拥有机场数量最多的国家，美国 2011—2015 年国家综合机场系统规划（NPIAS）统计共有机场超过 19 700 个，占世界机场总量的 1/2 强，其中 5 170 个机场对公众开放。在这些开放机场中，约有 4 200 个机场为公用机场。在世界上 400 个最繁忙的机场中，美国拥有的机场数量超过 2/3。

欧盟是构建欧洲经济社会的重要政治经济联合体，是继美国之后的第二航空集团运输群体形式，在世界航空运输中占有重要的运输地位。目前欧盟共有机场 2 889 个，其中拥有跑道的机场近 1 600 个。在欧洲，民用机场拥有量前三位为德国、法国和英国，分别拥有机场 550 个、476 个和 449 个。从机场分布密度来分析，欧盟机场平均分布密度为 8.40 个/万平方千米，英国为 18.63 个/万平方千米，德国为 15.76 个/万平方千米，法国为 8.65 个/万平方千米，其中英国和德国远高于欧洲平均水平。

其他，如巴西拥有机场 4 263 个，居世界第 2 位；墨西哥拥有机场 1 834 个，居世界第 3 位；加拿大拥有机场 1 343 个，居世界第 4 位；阿根廷拥有机场 1 272 个，居世界第

5 位；俄罗斯拥有机场 1 206 个，居世界第 6 位。

我国 2017 年有运输机场 229 个，低于《"十二五"民用运输机场建设规划》中提到的到 2015 年全国运输机场总数达到 230 个的目标。我国运输机场平均分布密度为 0.238 个/万平方千米，加上通用机场 311 个，总共 540 个机场，平均分布密度也仅为 0.56 个/万平方千米，远远低于北美地区、欧洲地区，甚至南美地区和东南亚地区。受制于空域协调难度加大、机场选址困难等不利因素，整个民航机场规模的增长潜力难以得到释放。

4. 资源保障能力

我国民航可用空域资源严重不足。空域资源同陆地、海洋资源一样，具有极大的经济价值，必须高度重视，充分而合理地利用。在航空发达国家，民用航空均使用了国家空域的大部分资源，如美国供民航使用的空域达 82%左右，而目前我国民航使用的空域仅为全国空域的 22.9%。在北京、上海、广州等地，民航可用空域的飞行量已经饱和，造成航班大量延误，同时带来严重的安全隐患。由于空管原因，国内很多航线不得不绕飞，如果把航路取直，每年仅耗油一项即可节省 100 亿元。随着航空运输和通用航空需求的不断增长，民航对空域资源的需求将越来越大，军、民航空域活动相互干扰的矛盾将日益突出。我国空中交通管制系统中的雷达系统、仪表着陆系统、导航台站等空管设施，只能达到美国 1/6~1/4 的水平，还没有真正意义上的全国流量管理能力、气象服务水平和成熟的卫星导航系统。

二、机遇与挑战

我国民航业发展已站在新的历史起点上。当前和今后一个时期是全面建设小康社会的关键时期，是深化改革、加快转变经济发展方式的攻坚时期，民航业的发展必将迎来新的历史机遇期。

"十三五"时期是我国全面建成小康社会的决胜阶段，也是民航强国建设的关键期。国际环境复杂多变，影响民航发展的不确定因素增多，经济发展步入新常态将会对民航发展产生深远影响。"十二五"未能有效化解的矛盾和风险可能在"十三五"期间进一步积聚，并与"十三五"期间新出现的矛盾和风险相互交织，影响我国民航业发展的内外部环境和条件将发生深刻变化。

（一）机不可失，时不我待

改革开放以来，我国民航业的发展取得了长足进步，整体发展已站在一个新的历史起点上。我国民航发展成为全球第二大航空运输系统，为建设民航强国奠定了量的基础；基础设施建设和先进技术设备引进步伐加快，为建设民航强国提供了一定的物质条件；力求符合国际趋势并适合中国国情的民航政府管理体制初步建立，为建设民航强国提供了重要的制度保障；航空运输市场机制和多元化竞争格局基本形成，为建设民航强国提供了市场动力；航空安全管理不断创新、航空安全水平显著提升，为建设民航强国提供了安全基础。

从民航业发展角度看，我国是发展中的大国，疆域辽阔、人口众多、经济规模大，正处在工业化、信息化、城镇化、市场化、国际化深入发展阶段，发展民航的市场潜力十分巨大。未来一二十年，我国经济社会发展将发生非常巨大、非常深刻的变化，在世界舞台上的话语权和影响力将不断扩大，建设民航强国的机遇前所未有。

（1）经济结构调整，为民航发展提供了新的发展契机。我国正在加快转变经济发展方式，努力扩大内需。不断优化经济结构，推动产业升级，制造业将向高端化方向发展；经济结构越调整，产业结构越向中高端迈进，对民航业的依赖程度就越高。建立现代产业体系，服务业比重将进一步上升，这些使民航业成为最直接的受益者。着力发展社会和文化事业，进一步扩大了民航业务领域，激发了新的航空运输需求。加快发展现代综合运输体系，更加重视提高资源利用效率、对生态环境的保护，有利于发挥民航作为可持续绿色交通方式的固有优势，在综合交通运输体系中发挥更大的作用。

"中高速""优结构""新动力""多挑战"是中国经济新常态的四个主要特征。当前我国强调着力提高经济发展质量和效益，将转方式、调结构放到更加重要的位置上；强调突出创新驱动、培育新兴产业和新兴业态；强调实施新一轮高水平对外开放，加快构建开放型经济新体制；强调加快培育消费增长点，推进新型城镇化建设；等等。这些实际上都为民航业的发展拓展了新空间，提供了新机遇。

（2）国家战略规划有力地支撑了民航运输市场发展。到 2020 年全面建成小康社会，是我们党确定的"两个一百年"奋斗目标的第一个百年奋斗目标。"十三五"时期是全面建成小康社会的决胜阶段。"十三五"期间的 GDP 年均增长将在 6.5%左右，进入中高速发展阶段。"十三五"期间，我国将更加注重经济发展方式转变和经济结构调整。伴随着经济的发展和产业结构的调整，我国航空服务覆盖范围逐渐扩大，国内外航空运输将更具增长潜力。

2015 年国家推出的若干战略规划有力地支撑了民航运输市场发展——"京津冀协同发展"战略推动京津冀机场一体化运行；"一带一路"倡议推动了"空中丝绸之路"沿线航空运输市场增长；"长江经济带"战略直接推动沿线航空运输市场增长，形成相互支撑、合作共赢、服务区域经济的城市机场群布局；"新型城镇化发展"战略为中西部和支线航空运输市场发展提供了强大动力。

我国疆域辽阔，人口众多，经济规模大，对民航有着多元化需求。为此，我们既要大力发展运输航空，也要积极发展通用航空；既要扩展客运业务，也要千方百计做强航空货运；既要不断优化干线布局，也要努力谋划好支线航空发展；既要加强大型枢纽机场建设，也要充分发挥好中小机场的作用；既要不断提升高端服务水准，也要积极促进满足大众需要的廉价航空的发展；既要保持一定量的增长，更要重视质的提高。要通过不懈奋斗，把中国民航建设成为安全、便捷、高效、绿色的航空运输体系。

（3）全面建设小康社会奋斗目标，为民航业跨越式发展提供了沃土。改革开放以来，我国经济总量保持中高速增长，人民生活水平大幅度提高，城乡居民消费结构有了很大变化，目前正由生存型消费结构向发展、享受型消费结构转变，中国城乡居民消费水平的进一步提高，也需要方便快捷的航空运输服务，其中，旅游、交通、通信类消费上升最快。

按照党中央确定的全面建设小康社会的奋斗目标，未来十几年，我国将进入消费结构快速升级时代。以旅游为例，目前，我国是全球第四大入境旅游接待国，亚洲最大的出境旅游客源国，形成了全球最大的国内旅游市场。据世界旅游组织统计，从 2016 年起，我国已经成为全球第一大入境旅游接待国、第四大出境旅游客源国。这将为我国民航发展提供庞大的消费群体和广阔的市场空间。受益于扩大内需及消费升级，我国航空运输业面临着持续增长的庞大市场需求。2016 年预测未来 15 年我国民航旅客运输量仍将保持较快的增长速度，前 5 年（2016—2020 年）的年均增长速度为 10%，后 10 年（2021—2030 年）的年均增长速度为 8%。那么，到 2020 年，我国航空客运市场的旅客吞吐量将达到 7.2 亿人次，人均乘机 0.5 次；到 2030 年，我国国内航空客运市场的旅客吞吐量将达到 17 亿人次，人均乘机 1.2 次。

人均收入的快速增长是民航快速发展的主要基石。无论是与国内民航市场纵向对比，还是与国际民航市场横向对比，我国人均 GDP 和民航运输周转量（特别是旅客周转量）都有明显的正相关性。当人均 GDP 超过 3 000 美元后，消费升级带来的民航运输增速非常明显。2017 年，我国人均 GDP 超过 9 200 美元，民航大众化、国际化战略的实施已经具备物质基础，航空市场的发展潜力正在得到释放。由于国内高铁网络不断完善，这种潜力主要体现在国际客运市场上。以 2015 年为例，随着国民消费能力的提升、人民币对全球大多数国家的货币的汇率稳定以及国民对出境旅游、经商和定居热情的持续高涨，同时美国、加拿大、英国等发达国家适时对我国居民开放了 10 年旅游签证，使得国际客运市场呈"井喷式"增长。

随着中国民众收入的增加、消费层次的提升，特别是在互联网的普及应用影响下，民众也有更多机会了解外面更广阔的世界，"说走就走"的旅行日渐成为刚需。2017 年中国人均乘机次数仅相当于美国的约 1/7，还有很大的增长空间。联合国世界旅游组织的报告统计，自 2000 年开始，中国人出国游的次数以每年约 22%的速度增加。2017 年，出国旅游的中国游客人数达 1.29 亿人次。

（二）面对挑战，迎难而上

从面临的挑战来看，资源存量不足与需求增量剧增构成了民航发展的两大重要挑战。从民航资源存量来看：空域和空管保障能力与快速发展的民航市场不相适应；基础设施保障能力仍显不足；以航班正常率为核心的服务质量有待提高；航空安全基础不牢，航空安全和空防压力持续增大；专业人员保障能力短板显现；行业能耗水平反弹。反观需求增量：民航运输飞行、通航飞行、训练飞行需求快速增长；民航运输机队规模迅速扩大，航空运输市场新进入者增多；国家和民众对民航运输服务质量有更高的期待；资源环境对民航业发展的硬约束将进一步增强。这一切都对行业加快转变增长方式提出了新要求。

与此同时，我国民航业还面临着以下四方面的结构问题，集中表现为民航业发展还不能进一步满足我国社会经济总体战略发展要求：一是东、中、西部民航业发展不平衡，亟待提升支线航空对区域社会经济发展的促进作用；二是民航业与其他交通运输方式联动发展不足，亟待建设以机场为中心的现代综合交通运输体系；三是民航企业不同运营模式和分工合作格局尚未形成，亟待提升大网络型客货航空公司和大型国际客货枢纽机场对全行业整体发展和综合竞争实力的带动作用；四是通用航空滞后于运输航空发展，亟待满足现代社会经济对通用航空快速增长的各种需求。

在未来发展中，我们也面临着不可避免的甚至是非常严峻的挑战，包括四个方面：一是资源饱和的挑战。在资源饱和的情况下，如何努力提高自己的运行效率，如何为京津冀协同发展增强周边机场的协同作用，这都是巨大的挑战。二是安全运行的考验。国际环境还不太平，地区冲突频繁，如何确保飞行安全、机场运行安全，国际恐怖主义、极端宗教势力活跃，如何确保旅客安全，如何在空防安全上做到让人放心，是所有民航从业人员需要考虑的。三是环境保护对我们提出的新要求。气候变暖对碳排放提出了新要求，也是全世界关注的焦点，我们如何从机场建设、运行等角度未来为节能减排做贡献，都是需要考虑的。四是提高服务水平的挑战。随着智能手机的兴起和移动互联网的普及，旅客出行方式有了很大的改变，对机场、航空公司的服务也提出了更高的要求，如何及时满足旅客新要求，给旅客带来新体验，也是行业未来发展中普遍面临的问题。

总之，"十三五"期间，我国民航发展的机遇前所未有，挑战也前所未有。这一时期是我国民航"落子当下，收获未来"的重要战略窗口期，需要我们增强历史责任感和担当意识，准确把握战略机遇期内涵的深刻变化，妥善应对各种风险挑战，顺势而为，筑牢发展基础，不断开创发展新境界。

三、改革的方向

2018年我国迎来了改革开放四十周年。民航过去四十年的历程，是不断解放思想、不断改革开放、不断坚持"安全第一"的四十年，是服务经济社会、取得快速发展的四十年。

（一）改革历程

民航业是我国经济社会发展重要的战略产业。自党的十一届三中全会以来，我国民航业前三十年经历了三轮重大改革：第一轮是1980年按邓小平同志提出的"民航要走企业化道路"的方针，改变军队建制，实行"军企分开"，按经济办法管理民航。第二轮是1987—1992年，民航完成了以管理局与航空公司、机场分立的管理体制改革，行业发展引入了竞争机制。第三轮是2002—2004年开始了中国民航新一轮体制改革，进行了以"航空运输企业联合重组、机场属地化管理"为主要内容的体制改革；先后完成了9家骨干航空公司联合重组；机场管理体制改革是2002年年初新一轮体制改革的主要内容，以2004年7月8日甘肃省4个机场正式移交地方为标志，我国民航完成了这次影响深远的机场管理体制改革。通过这三次改革，使原来军民合一、政企不分的民航管理体制，逐渐转变为政企分离、机场属地化管理、多种所有制企业平等竞争的民航管理体制。与此同时，我国民航形成了全方位、多层次的对外开放格局。改革开放极大地解放了生产力，使我国民航逐步发展成为全球第二大航空运输系统。2007年5月，改革空管体制，政事分开，建立集中统一的空管运行系统，标志着民航开始建立新的行业管理体系。

（二）改革成果

自改革开放以来，我国民航从军队建制改为企业化，励精图治，快速崛起，发展成为全球第二大航空运输系统，在各方面均取得了显著的成绩。

从民航过去的三轮改革实施情况来看，充分调动了各方面的积极性，极大地解放和发展了民航生产力，有力地促进了民航事业发展。从1980年至今，我国航空运输业持续保持了高速增长，年均增速达17%，远远高于其他交通运输方式，中国民航已成为全球第二大航空运输系统。据统计，2017年民航全行业运输总周转量1 083.08亿吨千米、旅客运输量5.516亿人次、货邮运输量705.9万吨，分别为1978年的362倍、240倍和110倍，这样的增长速度是惊人的。民航经过多年的改革开放，行业面貌发生了翻天覆地的变化，取得了举世瞩目的成就。我国民航生产力得到了极大解放和提高，一跃成为航空运输大国；与社会主义市场经济和国际趋势相适应的行业管理体制基本建立，为民航持续发展提供了制度保障；民航市场体系孕育发展，市场机制基本形成；民航全方位、多层次的对外开放格局初步形成；航空安全管理不断创新，航空安全水平极大提高；民航的持续快速发展，为国家经济社会发展提供了有力的支持。在机场管理体制改革后的这十几年中，中国民用机场在数量、规模、安全水平、服务质量、基础设施建设等方面都有了长足进步，为促进区域经济发展做出了巨大贡献，成为城市发展的靓丽名片和文明窗口。机场对于区域社会经济的拉动作用也越来越受到地方政府的重视，航空经济方兴未艾。与此同时，我国民航业的安全水平和质量效益也在明显提高，为我国改革开放和社会主义现代化建设做出了突出贡献。这些成绩的取得，都与改革密不可分。不难看出，每一轮的改革，似乎都给民航业的发展注入了源源不断的动力和活力。

多年民航改革发展成就的取得，是党中央、国务院在民航改革发展的各个历史时期英明决策和正确领导的结果，是民航广大干部职工团结奋斗、共同努力的结果，是各级各地政府和社会各界大力支持、协作配合的结果。

（三）改革不平衡

自2003年民航实施新一轮体制改革以来，民航管理体制总体上处于磨合阶段，一些关系尚未完全理顺，许多深层次矛盾尚未完全化解。随着行业不断发展，一些体制机制和结构性矛盾进一步显现：空域等关键资源严重短缺，制约了行业的持续发展；市场资源配置的作用发挥不够，制约了民航业的发展活力；民航行政管理体制不顺，影响了行业监管效能。全面深化民航改革，是促进行业持续健康发展的迫切要求。

当前民航业发展中不平衡、不协调的问题仍较为突出，空域资源配置不合理、基础设施发展较慢、专业人才不足、企业竞争力不强、管理体制有待理顺等制约了民航业的可持续发展。

事关民航安全与发展的空域资源、行业规划与产业政策、飞机和航材引进、机场建设、航权开放与谈判、航空枢纽与航线网络建设等关键决策职能，一直分散在诸多管理部门，协调难度大，成为民航中长期发展战略始终缺位的重要原因。由于决策职能分散、协调机制不完善、政策措施不配套，民航业服务国家和区域经济社会发展的战略作用没有得到充分发挥。

当前和今后较长时期，我国民航业发展仍然存在五对"基本矛盾"：① 社会需求巨大与关键资源不足的矛盾；② 行业快速发展与安全基础不牢的矛盾；③ 战略地位突显与体制机制不顺的矛盾；④ 国际航空运输自由化与整体竞争力不强的矛盾；⑤ 行业可持续发展与创新能力不强的矛盾。

（四）进一步深化改革

1. 进一步深化改革的迫切性

纵观中国民航多年的发展历程，民航的历次改革都极大地解放和发展了民航生产力，为民航的成长壮大提供了持续动力。"十三五"时期是实现民航强国战略目标的关键阶段，是行业转型升级的战略机遇期。按照建设民航强国"两步走"的推进方案，至 2020 年我国将初步建成民航强国。现阶段我国民航仍然面临许多深层次矛盾，安全保障资源不足、发展结构不平衡、发展方式比较粗放等问题还没有获得根本改善，制约民航发展的体制机制障碍仍然存在。想要实现民航强国战略目标，必须树立强烈的历史使命感和责任感，运用改革创新思维，进一步深化民航改革，坚决破除束缚民航发展的各种瓶颈，不断解放和发展民航生产力，充分释放民航发展的活力，努力开创民航发展新局面。对此，民航局党组进行了认真深入的分析研究，认为要实现民航强国战略目标，必须通过进一步深化改革，坚决破除沉疴痼疾，为行业发展提供新的动力；并于 2016 年 5 月 25 日发布了《关于进一步深化民航改革工作的意见》。

2. 进一步深化改革的指导思想

进一步深化改革的指导思想是深入贯彻落实党的十九大和十八届三中、四中、五中、六中全会精神，以"创新、协调、绿色、开放、共享"发展理念为引领，牢固树立"发展为了人民"的理念，始终坚守"飞行安全、廉政安全、真情服务"三条底线，围绕民航的科学发展、持续安全发展，充分发挥民航在综合交通体系中的比较优势，坚持依法行政，坚持问题导向，通过进一步深化民航改革，突出重点、精准发力，着力解决民航深层次矛盾和问题，确保实现民航强国战略目标。

3. 进一步深化改革的总体思路和目标

改革的总体思路是：以持续安全为前提，以实现民航强国战略构想为目标，以推进民航供给侧结构性改革为引领，以调整结构、提质增效为主线，围绕推动"两翼齐飞"（公共运输航空与通用航空）、完善"三张网络"（机场网、航线网、运行信息监控网）、弥补"四个短板"（空域资源、民航服务品质、适航审定能力、应急处置能力），梳理和解决影响行业发展质量和效益的关键问题，努力在行业发展动力、发展结构和发展方式等方面取得新突破。

改革的总体目标是：到 2020 年，在民航科学发展、持续安全发展重要领域和关键环节取得突破性改革成果，形成有利于提升安全保障能力、巩固民航发展安全基础的安全管理系统，形成有利于促进行业调整结构、提质增效、转型升级的政策措施，形成有利于提高政府行政效率、增强行业监管能力的体制机制，形成有利于激发市场活力、规范市场行为的法规体系，初步实现民航治理体系和治理能力现代化。

4. 进一步深化改革的主要任务

进一步深化改革提出了十个方面的改革任务：① 提升安全监管能力；② 提升枢纽机场集散功能；③ 提升运行信息监控能力；④ 提升空域资源保障能力；⑤ 提升民航服务品质；⑥ 提升适航审定能力；⑦ 提升应急处置能力；⑧ 提升通用航空服务能力；⑨ 提升民航行政管理能力；⑩ 提升民航科教支撑能力。

民航改革的主要任务包括：进一步扩大航权开放，优化国际航权分配政策，为航空运输企业参与国际竞争提供更多的航权资源；启动"一带一路"沿线国家航权自由化试点；研究出台"一市两场"国际航权分配办法；鼓励民航企业走出国门，通过资本运作方式参与国际航空市场竞争；积极参与国际民航治理，提升国际话语权。

在整合各类民航运行信息资源方面，要加快推进全国流量管理系统、全国统一的协同决策系统、飞行计划集中处理系统、监视信息集中处理系统和航空器全球跟踪监控系统等信息系统建设，整合分散在空管、航空公司、机场、保障单位的信息资源，设立民航数据中心，加强运行信息统一集中管控，提升信息数据综合分析能力，促进信息资源共享。

在提升空域资源保障能力方面，要推动国家空管调整改革，深化军民航联合运行，扩大民航可用空域资源，提高民航空域使用效率；推动空管委加快推进低空空域开放进程；建立空管运行领域军民融合发展机制；明确未来一段时期军民航深度融合发展方向。

在提升通用航空服务能力方面，要落实国务院《关于促进通用航空业发展的指导意见》，创新通用航空发展政策，建立与通用航空发展阶段相适应的、区别于运输航空的安全监管和市场监管体系，初步建成功能齐全、服务规范、类型广泛的通用航空服务体系。

四、"十三五"目标和机场布局中长期规划

（一）民航"十三五"规划的主要目标

"十三五"时期民航发展的主要预期指标如表 1-13 所示。主要目标包括：到 2020 年基本建成安全、便捷、高效、绿色的现代民用航空系统，满足国家全面建成小康社会的需要；航空运输持续安全，航空服务网络更加完善，基础设施保障能力全面增强，行业治理能力明显加强，运输质量和效率大幅提升，国际竞争力和影响力不断提高，创新能力更加突出，在国家综合交通运输体系中的作用更加突显。

表 1-13　"十三五"时期民航发展的主要预期指标

类　别	指标	2015 年	2020 年	年均增长
行业规模	航空运输总周转量/亿吨千米	852	1 420	10.8%
	旅客运输量/亿人	4.4	7.2	10.4%
	货邮运输量/万吨	629	850	6.2%
	通用航空飞行量/万小时	77.8	200	20.8%
发展质量	旅客周转量在综合交通中的比重/%	24.2	28	—
	运输飞行百万小时重大及以上事故率/%	[0.00]	<[0.15]	—
	航班正常率/%	67	80%	—
	平均延误时间/分钟	23	20	—
	中国承运人占国际市场份额/%	49	>52	—
保障能力	保障起降架次/万	857	1 300	8.7%
	民用运输机场/个	207*	≥260	—
	运输机场直线 100 km 半径范围内覆盖地级市/%	87.2	93.2	—
绿色发展	吨千米燃油消耗/千克	[0.293]	[0.281]	—
	吨千米二氧化碳排放/千克	[0.926]	[0.889]	—

注：带[ ]的数据为 5 年累计数；*不含 3 个通勤机场。

（二）构建国家综合机场体系

目前我国机场数量仍然偏少，中西部地区覆盖不足，特别是边远地区、少数民族地区航空服务短板突出。现有机场层次不够清晰，功能结构有待完善，难以适应我国经济社会发展以及进一步扩大对外开放、新型城镇化建设的需要。部分机场容量趋于饱和，现有设施能力已不能适应发展需要。繁忙机场和繁忙航路的空域资源紧张，航班运行受限、延误增加，影响了机场设施及其系统效能的充分发挥。

民用机场是公共基础设施，具有较强的整体性、系统性和关联性。机场布局和建设是引导配置航空资源的重要手段，是支撑民航强国的重要基础。统筹协调民用运输机场和通用机场布局建设，构建覆盖广泛、分布合理、功能完善、集约环保的国家综合机场体系，发挥整体网络效应，能够为民航可持续发展奠定基础。制定全国民用机场布局规划，指导全国民用机场建设布点，有利于提高机场建设的针对性，减少盲目性；有利于提高航空运输通达能力，促进地区经济发展，便利旅客出行；有利于促进国防建设，增强国防实力。全国民用机场布局规划应当统筹安排、通盘考虑、统一规划，全国民用机场的布局规划由国家发展和改革委员会同国务院民用航空主管部门及其他有关部门共同制定。2017 年 2 月 13 日印发的《全国民用运输机场布局规划》，作为我国近十年民用运输机场中长期规划的贯彻和执行依据。

1. 完善机场布局体系

（1）完善机场布局。坚持共享发展理念，按照全面建成小康社会总体要求，主动适应"一带一路"倡议，京津冀协同发展、长江经济带战略，继续增加机场数量，扩大覆盖范围，优化网络结构，构建国际枢纽、区域枢纽功能定位完善和大中小型枢纽、非枢纽运输机场，通用机场层次结构明晰的现代机场体系。

到 2020 年，北京新机场、成都新机场等一批重大项目将建成，枢纽机场设施能力进一步提升；完善华北、东北、华东、中南、西南、西北六大机场群，新增布局一批运输机场，建成机场超过 50 个，运输机场总数达 260 个左右，如表 1-14 所示为"十三五"时期运输机场建设项目表。

到 2025 年，在现有（含在建）机场基础上，新增布局机场 136 个，全国民用运输机场规划布局 370 个（规划建成约 320 个）。展望 2030 年，机场布局进一步完善，覆盖面进一步扩大，服务水平持续提升。

（2）打造国际枢纽。着力提升北京、上海、广州等地机场的国际枢纽竞争力，推动与周边机场优势互补、协同发展，建成覆盖广泛、分布合理、功能完善、集约环保的现代化机场体系，形成 3 大世界级机场群、10 个国际枢纽、29 个区域枢纽。京津冀、长三角、珠三角世界级机场群形成并快速发展，北京、上海、广州等地机场的国际枢纽竞争力明显加强，成都、昆明、深圳、重庆、西安、乌鲁木齐、哈尔滨等国际枢纽作用显著增强，航空运输服务覆盖面进一步扩大。接近终端容量且有条件的城市研究论证第二机场建设方案。

（3）巩固和培育区域枢纽。积极推动天津、石家庄、太原、呼和浩特、大连、沈阳、长春、杭州、厦门、南京、青岛、福州、济南、南昌、温州、宁波、合肥、南宁、桂林、海口、三亚、郑州、武汉、长沙、贵阳、拉萨、兰州、西宁、银川等机场城市的形成各具特色的区域枢纽。

（4）稳步推进新增运输机场布局。增加中西部地区机场数量，提高机场密度，扩大航空运输服务覆盖。

（5）构建通用机场网络。通用机场是民航基础设施的重要组成，也是运输机场的重要补充。鼓励非枢纽机场增加通用航空设施，提供通用航空服务，初步形成覆盖全国的通用航空机场网络。支持在年旅客吞吐量 1 000 万人次以上的枢纽机场周边建设通用机场，疏解枢纽机场非核心业务。鼓励在偏远地区、地面交通不便地区建设通用机场，开展短途运输，改善交通运输条件；支持建设各类通用机场，满足工农林作业、空中游览、飞行培训、抢险救灾、医疗救护、反恐处突等需求。积极有序地布局建设一批通用机场，达到 500 个以上。

2. 加快机场设施建设

着力加快枢纽机场建设，完善国际、区域枢纽机场功能，着力提升大型机场的容量，增强中型、小型机场保障能力；加强非枢纽机场建设，新增布局一批运输机场，鼓励利用现有军用机场和通用机场升级改造为运输机场，提高航空服务均等化水平；强化机场集疏和转运能力，注重机场与其他交通方式的高效衔接，构建以机场为核心节点的综合交通枢纽；加快通用航空基础设施建设，贯彻落实国务院办公厅《关于促进通用航空业发展的指导意见》，完善通用机场建设标准；加强航油保障基础设施建设，完善成品油储运配送基地和战略储备库建设，优化供油网络。

表1-14 "十三五"时期运输机场建设项目表

性　质	机　场　名　称
续建机场（30个）	北京新机场；承德、临汾、霍林郭勒、扎兰屯、乌兰察布、松原、白城、建三江、五大连池、三明、上饶、信阳、十堰、武冈、岳阳、琼海、西沙、南沙、巫山、巴中、仁怀、沧源、澜沧、陇南、果洛、祁连、莎车、若羌、图木舒克
新建机场（44个）	成都新机场；邢台、朔州、正蓝旗、林西/克什克腾、阿拉善左旗、东乌旗、四平、绥芬河、丽水、嘉兴、芜湖/宣城、亳州、瑞金、蚌埠、菏泽、枣庄、商丘、安阳、鲁山、荆州、鄂州/黄冈、郴州、湘西、娄底、韶关、玉林、武隆、乐山、甘孜、威宁、黔北、红河、元阳、怒江、府谷、宝鸡、定边、平凉、共和、石嘴山、昭苏、于田、塔什库尔干
改扩建机场（139个）	广州、浦东、虹桥、深圳、成都、昆明、重庆、西安、杭州、长沙、武汉、乌鲁木齐、南京、郑州、三亚、海口、大连、沈阳、贵阳、哈尔滨、天津、南宁、福州、济南、太原、长春、南昌、兰州、宁波、合肥、石家庄、银川、西宁、拉萨、唐山、张家口、长治、大同、包头、鄂尔多斯、赤峰、锡林浩特、通辽、二连浩特、巴彦淖尔、阿尔山、朝阳、长海、鞍山、吉林、长白山、通化、齐齐哈尔、佳木斯、黑河、漠河、鸡西、大庆、伊春、无锡、常州、徐州、南通、淮安、盐城、扬州泰州、温州、义乌、舟山、衢州、台州、黄山、安庆、阜阳、九华山、泉州、连城、赣州、景德镇、井冈山、宜春、威海、临沂、东营、洛阳、南阳、宜昌、襄阳、邯郸、张家界、常德、怀化、珠海、揭阳、惠州、桂林、柳州、万州、黔江、九寨、绵阳、南充、广元、西昌、铜仁、兴义、黎平、安顺、遵义、毕节、六盘水、西双版纳、丽江、大理、德宏、保山、临沧、普洱、文山、腾冲、林芝、昌都、榆林、敦煌、嘉峪关、庆阳、金昌、格尔木、固原、喀什、伊宁、库尔勒、阿勒泰、和田、阿克苏、塔城、哈密、吐鲁番
迁建机场（19个）	秦皇岛、呼和浩特、延吉、连云港、厦门、武夷山、青岛、潍坊、济宁、湛江、梧州、宜宾、泸州、达州、昭通、延安、安康、天水、且末
前期工作（51个）	新建类（46个）	珠三角枢纽（广州新）机场、三亚新机场、拉萨新机场；桓仁、辽源、敦化、白山、通榆、榆树、珲春、饶河、虎林、鹤岗、尚志亚布力、宿州、滁州、莆田、漳州、宁德、平潭、抚州、聊城、云浮、阳江、贺州、防城港/钦州、儋州、阆中、盘县、罗甸、勐腊、丘北、宣威、亚东、普兰、隆子、华山、临夏、武威、黄南、阿拉尔、和布克赛尔、和静、乌苏/奎屯、巴里坤、准东
	迁建类（5个）	大连、梅县、永州、海拉尔、牡丹江

注：新建类机场项目（含前期工作）以国务院批复《全国民用运输机场布局规划》为准；所有项目以国家正式批复意见为准。

第五节　主要法规和政策

一、国家法律体系

目前我国民用机场管理方面的国家法律体系主要分为以下四个层次。
（1）法律。1996年施行的《民用航空法》第六章对民用机场的管理，包括民用机场规划与建设、机场净空保护、民用机场的使用许可等内容做了规定，但是规定的内容较为原则化。

（2）行政法规性文件。为了满足民用机场监管的需要，国务院先后发布了一系列命令、通知等，以规范我国民用机场的建设、运营和安全生产，如《关于建设机场和合用机场审批程序的若干规定》《关于保护机场净空的规定》《关于加强机场地面安全措施的通知》等。这些规定至今仍发挥着重要作用，但是都只是针对民用机场管理的某一方面，而且发布年代较为久远，不可避免地具有一定滞后性。2009年国务院颁布的《民用机场管理条例》，解决了我国缺乏民用机场管理行政法规的问题，进一步完善了民用机场管理法律法规规章体系，满足了新的机场管理体制建立后机场建设和发展的需要，明确了各级政府的管理职责，明确了机场与航空公司及其他驻场单位等有关各方的关系，规范了民用机场的建设与管理，为保证民用机场安全、促进机场提高运行效率和服务质量、维护广大旅客和货主的合法权益、促进民用机场的建设和发展，奠定了良好的法制环境，必将对今后我国民用机场的建设、改革和发展产生深远的影响。

（3）国务院民用航空主管部门规章。根据《中华人民共和国立法法》的规定，原民航总局有权依据法律、行政法规的规定对民用机场管理的事项做出规定。原民航总局在补充完善民用机场规章方面做了大量工作，截至目前，共有9个民用机场方面的规章，内容涉及机场建设、使用许可、应急救援、机场运行、专用设备以及联合重组等多个方面。

（4）国际条约和国际惯例。《民用航空法》第一百八十四条规定："中华人民共和国缔结或者参加的国际条约同本法有不同规定的，适用国际条约的规定；但是，中华人民共和国声明保留的条款除外。中华人民共和国法律和中华人民共和国缔结或者参加的国际条约没有规定的，可以适用国际惯例。"因此，国际条约和国际惯例也是我国民用机场法律体系的重要内容。目前，我国加入的《国际民用航空公约》（也称《芝加哥公约》）等条约中涉及民用机场的内容对我国也有约束力，也是民用机场管理方面的重要法律渊源。

二、《国际民用航空公约》

2017年是《国际民用航空公约》签署73周年。第二次世界大战期间，航空技术迅速发展，世界上已经形成了一个包括客货运输在内的航线网络，但随之也引起了一系列亟待国际社会协商解决的政治上和技术上的问题。1944年12月1—7日，在美国政府的邀请下，包括中国在内的52个国家参加了在芝加哥召开的国际会议，缔结了《国际民用航空公约》《国际航班过境协定》《国际航空运输协定》三个重要协定，为国际航空运输多边管理框架的形成奠定了基础。

作为国际民用航空活动的纲领性文件以及国际民航组织的"宪法"，《国际民用航空公约》确立了国家领空主权原则，规定了航空器国籍、航空运输管理、空中航行规则、事故调查和搜寻救援等航空活动的重要制度，明确了国际民用航空组织的宗旨、性质和机构。《国际民用航空公约》及其确立的原则，已经得到国际社会的普遍接受，是国际上接受度最高的国际公约之一。目前，批准或加入该公约的国家已达到192个。

同时,《国际民用航空公约》也是现代国际航空法和国际民用航空新秩序的基石。以《国际民用航空公约》及其法律原则为基础,形成了包括18个附件在内的国际民用航空法律标准和措施体系,在制度上保障了国际民用航空活动的有序开展。

中国是国际民航组织的创始成员国之一,1947年,该组织正式成立时,中国即成为国际民航组织成员国,也是《国际民用航空公约》的缔约国。1944年,中国派代表出席了芝加哥会议并签署了《国际民用航空公约》。1946年2月20日中国政府批准该公约,1947年4月4日公约对中国生效。1971年10月25日,联合国大会通过恢复我国在联合国合法地位的决议。1971年11月9日,国际民用航空组织第76届理事会第16次会议也做出相应决议,恢复我国的合法地位。1974年2月15日,我国政府重新承认《国际民用航空公约》,同时决定参加国际民用航空组织的活动。自1974年起,中国连选连任该组织理事会理事国,现为一类理事国;同时中国代表还担任着理事会下设的航空技术委员会、航空运输委员会、人事委员会和制止非法干扰民航安全委员会的成员。

《国际民用航空公约》包括十八项附件:附件1,人员执照的颁发;附件2,空中规则;附件3,国际空中航行气象服务;附件4,航图;附件5,空中和地面运行中所使用的计量单位;附件6,航空器的运行;附件7,航空器国籍和登记标志;附件8,航空器适航性;附件9,简化手续;附件10,航空电信;附件11,空中交通服务;附件12,搜寻与援救;附件13,航空器事故和事故征候调查;附件14,机场;附件15,航空情报服务;附件16,环境保护;附件17,保安:保护国际民用航空免遭非法干扰行为;附件18,危险品的安全航空运输。

三、《民用航空法》

《民用航空法》是专门规范民用航空基本活动的法律,是我国法律体系的重要组成部分,也是民航法律法规制度的龙头。

《民用航空法》是规定领空主权、管理空中航行和民用航空活动法律规范的总称,也是调整民用航空活动及其相关领域产生的社会关系的法律。《民用航空法》,调整的范围极其广泛,凡与航空器、航空器的正常状态、航空器的操作、航空器所有权及其正常转移、机场、信标、商业航空运输及其国际通航、可能造成的损害责任、保险等有关的问题,都在《民用航空法》的范围之列,并受《民用航空法》的约束,内容极其丰富。

《民用航空法》于1995年10月30日第八届全国人民代表大会常务委员会第十六次会议通过,1995年10月30日中华人民共和国主席令第五十六号公布,自1996年3月1日起施行。根据2018年12月29日第十三届全国人民代表大会常务委员会第七次会议《关于修改〈中华人民共和国劳动法〉等七部法律的决定》第五次修正并公布和执行。

《民用航空法》实施以来,对我国民用航空业的发展起到了巨大的推动和保障作用。2018年,中国民航运输总周转量、旅客周转量、货邮周转量分别约为《民用航空法》实施当年(1996年)的15倍、11倍、6.4倍。我国民航的发展成就表明,现行《民用航空法》的基本框架、基本原则和基本制度符合我国国情、国际趋势和民航发展规律。

现行《民用航空法》共 16 章、215 条。实施以来，曾分别于 2009 年、2015 年做出修正，仅涉及部分条款。为了进一步完善我国民用航空法律制度，继续推进《民用航空法》的修订，深入开展《民用航空法》研究，确保涉及民航安全、发展、改革等重大决策与法律法规相衔接，做到于法有据、依法施行，2016 年 8 月 8 日中国民用航空局起草了《民用航空法》修订征求意见稿，向社会公开征求意见。2018 年第五次修订主要是总结《民用航空法》实施以来的实践，借鉴和吸收民航国际公约以及国内外民航立法的新成果，强化航空安全监管和消费者权益保护，落实国务院《若干意见》中提出的"推动修订《中华人民共和国民用航空法》"，促进民航事业发展。

四、《民用机场管理条例》

《民用机场管理条例》是我国第一部全面规范民用机场建设与管理活动的行政法规。其颁布实施弥补了民航机场立法的空白，开创了民航机场依法经营、政府依法监管的新局面，对民用机场的改革、发展、建设、运营和管理意义重大，影响深远。

《民用机场管理条例》2009 年 4 月 1 日经国务院常务会议讨论通过，并于 2009 年 7 月 1 日正式实施。《民用机场管理条例》是《民用航空法》出台后专门规范机场建设和管理的重要行政法规，该条例的颁布实施可以说是我国民用机场管理工作中的一件大事。

《民用机场管理条例》一方面细化了《民用航空法》的有关规定，同时又按照与时俱进的要求，根据民用机场建设和管理中出现的新情况和新问题，特别是 2002 年机场管理体制改革后根据现实情况提出的新要求，补充完善了相关法律制度。主要体现在以下四个方面。

（1）规范民用机场的建设与管理。民用机场的建设是机场运行的前提，机场是否能符合建设标准直接关系到机场运行安全。民用机场投入使用后，健全的安全管理制度是保证其持续安全的重要基础。条例对民用机场建设当中的选址、总体规划、专业工程设计等关系机场安全的关键环节都做了明确规定，设定了严格的管理制度。另外，条例还明确了民航管理部门、地方人民政府以及机场管理机构之间的管理职责。这些内容对于进一步规范民用机场的建设与管理都具有重要作用。

（2）积极、稳步推进民用机场发展。随着国家对民航业发展的重视，民用机场建设投入在不断加大，民用机场的发展既需要资金的投入，也离不开完善的配套法律制度。该条例既规范了民用机场依法建设、生产和运营，提高其运行的规范性和科学性，也在民用机场净空和电磁环境保护方面做了必要规定，为民用机场创造了良好的发展环境。在总则中，条例明确规定了各级人民政府应当采取必要的措施，鼓励、支持民用机场发展，提高民用机场的管理水平。这几方面的规定都将积极、稳步地推进民用机场的发展。

（3）保障民用机场的安全和有序运行。民用机场安全是民用航空运输安全链条中的重要一环，保障民用机场的安全也是制定条例的出发点之一。条例从民用机场的建设、开放、运营、航油供应以及机场净空和电磁环境保护等方面，规定了严格的准入条件和管理要求，并明确了民航主管部门、其他有关部门以及地方政府的监管职责和机场驻场单位的安全责任，从准入许可到事后监管，严把生产安全关，确保民用机场的持续安全。

（4）维护有关当事人的合法权益。民用机场可以看作是一个小社会，其中的主体多，关系复杂，具体而言，涉及民航主管部门与行政相对人之间的关系，机场管理机构与其他驻场单位之间的关系，驻场单位与旅客、货主之间的关系，等等。为了理顺各种关系，明确各方的权利义务，维护当事人的合法权益，保障民用机场运行的和谐有序，条例在明确各方责权利的基础上，还规定了相应的法律责任，设置了协商机制和投诉机制，对保护各方当事人（尤其是旅客和货主）的合法权益做了较为充分的考虑。

五、《国务院关于促进民航业发展的若干意见》

近年来，民航在国家经济社会发展中的战略地位和作用日益凸显。2012 年 7 月 8 日，国务院以国发〔2012〕24 号印发《若干意见》，明确了促进民航业发展的总体要求、主要任务、政策措施，明确提出"民航业是我国经济社会发展重要的战略产业"，标志着发展民航业上升为国家战略。这是新中国成立以来国务院颁布的第一个从国家战略层面指导民航业发展的重要文件，充分体现了党和国家对民航业发展的高度重视，通过制定和实施一揽子政策，对统一全社会的认识、凝聚业内外的力量、改善行业发展环境，加快形成民航业发展合力，进而实现民航业科学发展，进一步增强我国民航业的国际竞争力，具有重大的现实意义和深远的历史意义，必将对破解民航发展难题、加快实施建设民航强国战略起到巨大的推动作用。

国务院出台的《若干意见》，是新中国成立以来第一部全面指导民航业发展的重要文件，是民航业发展史上的一个重要里程碑，标志着发展民航业上升为国家战略。相比其他交通运输方式，民航业发展涉及诸多领域，许多工作需要相关部门的支持和参与。同时，民航业集技术密集、资金密集和高风险于一体，具有天然的国际性、准军事性，行业系统性极强，安全生产运行要求高。《若干意见》的出台，有利于营造良好的内外部环境，形成有利于民航业发展的整体合力。

《若干意见》中提出，促进民航业发展的总体要求是，以转变发展方式为主线，以改革创新为动力，遵循航空经济发展规律，坚持率先发展、安全发展和可持续发展，提升发展质量，增强国际竞争力，努力满足经济社会发展和人民群众出行需要。基本原则是：① 以人为本、安全第一。树立和落实持续安全理念，为社会提供安全优质的航空服务。② 统筹兼顾、协调发展。统筹民航与军航、民航与其他运输方式、民航业与关联产业，以及各区域间协调发展。③ 主动适应、适度超前。加强基础设施建设，提高装备水平和服务保障能力。④ 解放思想、改革创新。破除体制机制障碍，最大限度地解放和发展民航生产力。⑤ 调整结构、扩容增效。合理利用空域等资源，增加飞行容量，推进技术进步和节能减排。

《若干意见》中指出，民航业是我国经济社会发展重要的战略产业。改革开放以来，我国民航业快速发展，行业规模不断扩大，服务能力逐步提升，安全水平显著提高，为我国改革开放和社会主义现代化建设做出了突出贡献。但当前民航业发展中不平衡、不协调的问题仍较为突出,空域资源配置不合理、基础设施发展较慢、专业人才不足、企业竞争力不强、管理体制有待理顺等制约了民航业的可持续发展。为促进民航业健康发展,《若干意见》提出了十项任务:加强机场规划和建设、科学规划安排国内航线网络、大力发展通用航空、努力增强国际航空竞争力、持续提升运输服务质量、着力提高航空安全水平、精心建设现代化空管系统、切实打造绿色低碳航空、积极支持国产民机制造和大力推动航空经济发展。

《若干意见》还明确了六个方面的政策措施:加强立法和规划、加大空域管理改革力度、完善管理体制机制、强化科教和人才支撑、完善财税扶持政策和改善金融服务。

思考题

1. "民用机场"定义中,航空器包括哪几类?举例说明。
2. 通过民用机场具体职责来阐明民用机场的主要任务。
3. 简述国际机场与口岸机场的区别。
4. 航空公司建立"轴心辐射式"航线结构,会不会放弃"城市对"航线结构?为什么?
5. 飞行区等级指标中基准场地长度是不是跑道实际长度?如何理解?
6. 结合 2018 年 8 月厦门航空一客机在菲律宾马尼拉国际机场降落时滑出跑道事件,说明仪表跑道使用的要求。
7. 谈谈航空科学技术发展对民航业发展的影响。
8. 简述两航起义对新中国民航发展的影响。
9. 当前为什么要把发展民航业上升为国家战略?
10. 举例说明机场是国家的门户和走向世界的桥梁。
11. 如何处理机场与航空公司的关系?
12. 为什么讲中国是一个民航大国而不是民航强国?
13. 当前哪些是民航发展的机遇?
14. 民航业发展中存在哪些基本矛盾?
15. 民航进一步深化改革的指导思想和总体目标是什么?
16. 目前在我国民用机场管理方面所实施的法律法规,从国家法律体系上可分哪四个层次?

第二章

民用机场管理

通过本章的学习，您将了解以下知识点：
1. 我国民用机场的性质如何平衡公益性和收益性之间的关系；
2. 机场管理机构的职责和使命；
3. 因地制宜推进机场经营方式的转变；
4. 机场建设遵循科学化、程序化规律；
5. 如何建立国家公共航空运输体系；
6. 机场战略资源管理。

我国民航改革后，机场管理体制呈现多样性发展，机场管理机构始终坚持民用机场属于兼具公益性和营利性的公共基础设施的定位，管理方式从经营型向管理型转变，推动民用机场快速健康地发展。机场建设必须遵循科学化、程序化的规律，充分调动两个积极性，这样才能构建一个完整的国家公共航空运输机场体系。

第一节　机场管理体制

一、民用机场的性质

机场管理体制是指民用机场在机制设置、领导隶属关系和管理权限划分等方面的体系、制度、方法、形式等的总称。

机场管理体制从属于机场的性质，机场性质决定机场管理体制的形式。机场性质如何定位是机场管理机构、航空运输企业、驻场单位等各方利益主体非常关心的问题。民用机场性质决定了民用机场与政府、公众以及航空运输企业等驻场单位的关系，也决定了民用机场在实施机场管理体制中所采取的模式。

机场作为民航运输市场体系中的一个重要组成部分，是衔接民航运输市场供给和需求间的纽带。2004 年以前，机场由政府投资、管理，与航空公司相比在市场经济活动中处于相对被动的地位。2004 年机场改革以后，机场进行了属地化管理，由于机场的性质定位不甚清晰，使得机场的建设投资、经营管理、政府监管等往往出现偏差。随着航空运输市场的不断成熟和发展，对机场的运营也提出了更高的要求。明确机场的定位是机场经营运作的前提和基础，同时对提高机场的经营效益，加强民航业的政府监管也具有十分重要的现实意义。

机场性质定位是由机场的特殊性决定的。我国机场行业的特殊性主要体现在以下四个方面。

（1）准公共产品性。准公共产品的特性，即非竞争性与非排他性。我国机场业是关系国民经济发展的重要交通基建行业，很大程度上国家不会放弃对它的管制。民用机场是为国家和地方的经济和社会发展服务的，是城市综合交通体系的重要组成部分，与城市交通、市政公用设施以及公路、铁路等基础设施一样，其公共的性质是显而易见的。准公共产品特性是指在具有消费的非竞争性与受益的非排他性的同时，机场又可以通过对特定消费者的收费来弥补投资，获得一定的经济补偿，即兼有公共消费与私人消费的特点。

（2）正外部性。正外部性是指其社会边际效用往往远大于私人边际效用，机场的建设运营不仅仅满足了旅客、货主使用机场的需求，同时对增加地区就业机会、促进地区经济发展具有重要作用，但在取得良好社会效益的同时，其经济效益却更多地转移到航空公司等相关部门身上。

（3）自然垄断性。由于机场投资大且有一定的有效辐射范围，在一个相对独立的区域内，不存在重复建设的经济可行性，只能有一个民用机场，这在一定程度上决定了机场业有一定的自然垄断特性。只有在某些特定的城市才有两个或三个机场，而这些机场又由一个管理机构进行管理，如上海市就有两个机场，但两个机场间不存在竞争关系。

（4）准军事性。根据国家安全需要，民航机场将随时服从国家征用，变为军事用途，因而具有准军事性特征。

机场的准公共产品特性、正外部性及准军事性构成了机场的公益性，而准公共产品和自然垄断性又使机场具有收益性，正是由于机场兼具公益性与收益性，才使机场定位变得复杂。

国外民用机场在社会、政治、经济活动中的性质定位基本可以分为两类：公益性定位与收益性定位。

（一）机场的公益性定位

民用机场公益性定位是国家与行业为了经济发展的需要，从改善交通与经济发展环境的角度出发，突出机场作为一项国家基础设施的社会功能，并将机场作为公益设施进行管理。

公益性定位出现于航空运输业发展的早期，现在许多国家的中小型机场仍采用这种定位。公益性机场的运营更多是为满足国家或行业整体的目标。

特点：这类民用机场投资由政府负责，产权归政府所有，由政府直接管理或组织机场管理部门对机场进行管理。机场不以盈利为目的，仅仅为航空公司和公众提供公正良好的竞争环境和服务，机场亏损由政府进行补贴。

美国的机场除少数几个机场由州政府拥有外，基本上全部是由县政府拥有，县政府设立准政府机构"管理局"负责运营。机场建设资金主要由地方财政负责，另外也可是向美国联邦航空局（FAA）申请航空信托基金的 AIP（机场改进计划）项目获得一定比例的赠款。由于机场建设投资量大，资金使用时间比较集中，所以一般靠地方政府发行债券来筹集资金，以后再由财政统一安排偿还。机场运营的资金来源主要是起降费、机场内的商业招租费，另外也可以向旅客和承运人收取一些地方规定的税费，运营亏空由政府补助。

在 1985 年民航体制改革之前，中国民航实行的是中央集权制，政企合一，从民航总局、地区管理局到省局既是政府管理者，又是企业经营者。1985 年，当时的民航总局决定从成都管理局开始试点民航体制改革,航空公司从管理局分离出来,并允许地方政府投资兴建机场。但由于地区管理局、省局还是政企合一,在 2004 年机场属地化之前,机场主要还是国家所有,没有独立经营权,权责不分,仍属于公益性设施。

(二)机场的收益性定位

由于机场建设投资成本过高,尤其是随着航空运输的发展,机场的规模也在不断扩大,机场的建设完全由政府来完成,已越来越不适应时代变化的需要。特别是传统的完全通过行政手段管理的机场,其经营管理受到制约,限制了商业功能的开发与运营。正是基于此,一些国家纷纷开始了机场运营管理的变革,机场性质逐步从公益性转变为经营性。

特点:机场运营管理发生变革,引进多元资产结构,对机场进行大规模的投资,按商业企业的形式组织和经营,加大机场自身的经营自主权和财务自主权。改变了机场许多运营政策,目标是让机场更有效运营,并且建立以消费者为导向的服务。

到目前为止,在大多数国家,机场完全私有化在数量上和规模上还受到限制,通常限于通用机场和一些小型运输机场。但也有例外,1987 年英国改变了原来的联邦机场体制,当时仍为国有企业的 BAA(英国机场集团)按五亿股在伦敦股票市场上市,完全实现了私有化。新成立的私有化公司开始对机场进行大规模的投资,改变了机场许多运营政策,目前其已经退市。

公益性与收益性是机场的固有特性,不同的机场由于所处的地理位置不同、在航空运输网络中所占的地位不同以及中央及地方政府给予的政策不同,其公益性与收益性何者居主导地位存在差异。那些以国防、开发边远地区经济需求为出发点,以及服务社会公众、体现社会公平而建设运营的小型机场,较低的吞吐量、较少的航空业务收入很难弥补机场运营成本,这类机场更多地呈现公益性的特征,也即通过牺牲自身商业利益为实现国家政治经济目标提供无偿贡献。那些具有一定吞吐量的机场,一方面由于规模经济的存在,可以取得较多的航空业务利润;另一方面,通过商业性开发,可以取得更为可观的非航空性业务收入,这类机场更多地呈现出收益性的特征。

二、我国机场的性质定位

《民用机场管理条例》明确指出:"民用机场是公共基础设施。各级人民政府应当采取必要的措施,鼓励、支持民用机场发展,提高民用机场的管理水平。"机场作为公共基础设施,具有公益性和收益性的双重特征。所以我国把民用机场定性为兼具公益性和营利性的公共基础设施。

(一)民用机场是公共基础设施

民用机场是公共基础设施定位的依据主要有以下几方面。

(1)从机场特征来看,机场是以地区经济社会发展、实现国家或行业整体目标及服务社会公众为出发点的,其重要的特点是提供公共产品,不是简单地以企业盈利为目的。

（2）机场的管理具有明显的公共管理性质。机场的公共管理强调政府、企业、公民社会的互动以及在处理机场问题中的责任共负，以社会公共的福祉和公共利益为目标。

（3）民用机场是为国家和地方的经济和社会发展服务的，是城市综合交通体系的重要组成部分，与城市交通、市政公用设施以及公路、铁路等基础设施一样，其公共基础设施的性质是显而易见的。

（4）民用机场作为公共交通基础设施，是供民用航空器起飞、降落、滑行、停放的场所，为旅客、航空运输企业和货主提供安全优质的服务，它是航空网络的联结点，公共航空运输不可或缺的环节，承担着服务公众的职能。因此，民用机场具有公共性是毫无疑问的。

明确机场是公共基础设施的意义非常重大，必将对我国机场业的发展产生巨大的推动作用。机场的公共性定位进一步明确了政府投资建设机场的责任与义务，有利于机场获得国家和地方政府在政策、资金等方面的扶持，争取更好的发展环境。机场的公共性定位将进一步强化政府的监督管理责任，促使机场健康发展。机场的公共性定位突出了机场管理机构的社会性服务职能，这为解决机场管理机构的性质问题提供了法律依据，有助于机场树立正确的发展观，正确处理安全、服务和效益的关系，在保证安全的前提下，不断提高管理水平和服务质量，兼顾经济效益。同时也必将带来机场业务经营方式的重大变革。对机场管理机构的职责定位，解决了困扰机场管理机构多年的应不应该行使机场区域管理职能和如何行使这一职能的问题。

（二）民用机场兼具公益性和营利性

公益性更主要的是从提供机场设施服务、满足公众需求角度来考虑的，而营利性则主要是机场为获得营业利润安排的一种制度，二者既不是同一范畴内的一对矛盾，也不存在直接的对立关系，公益性不一定排斥营利性，营利性并不一定妨碍民用机场的公益性，公益性和营利性是可以并行不悖的。机场在运行过程中，对于公益性和营利性应当统筹兼顾，不可偏颇。但有一点需要明确，当机场过分追求盈利时就有可能损害到航空运输企业、旅客的权益，无限度地追求盈利则会动摇机场的公益特性，因此，民用机场作为公共基础设施必须把公益性放在首位，营利性必须是服务于公益性的，不能与公益性相冲突。

民用机场同时还具有营利性的特点。民用机场具有高投入、高风险、高密度、高技术的特点，与其他企业相比机场建设具有投资大、回收周期长的特点。而政府投入有限，已经难以满足机场运营和发展的需要。目前，我国民用机场的投资正从政府单一投资向多元化投资过渡。国家鼓励国内外各种投资主体投资民用机场，而且在实践中已有部分机场实现了投资主体多元化。这些投资主体投资机场的目的必然是谋求最大的投资回报，这使得民用机场不得不考虑营利性。从另一个角度看，民用机场也需要营利以满足自身发展的要求。为了自身的发展，民用机场也必须考虑通过机场的运营，不断积累资金，改善机场设施，改、扩建机场，提高机场服务水平。机场服务质量的提高，反过来也有助于吸引更多的投资，减轻政府的负担，促进机场良性发展。因此，民用机场具有一定的营利性应该也是符合中国国情的。

三、我国机场管理体制的多样性

由于中国幅员辽阔，各地经济发展水平千差万别，不可避免地，我国民用机场的发展也呈现出多样性的特点。一方面，大型枢纽机场盈利能力强，不希望政府过多干预其经营行为，更不希望限制其盈利能力；另一方面，小型民用机场包括通用机场盈利能力差，基本处于亏损状态，一直靠国家和地方政府的资金支持才得以维持，它们则希望更多地强调民用机场的公益性，希望得到政府的更多支持。

基于民用机场多样性的特点，《民用机场管理条例》只对机场本身进行了定性，没有对负责运营管理机场的机场管理机构进行定性，也很难做出统一规定。机场实行属地化管理之后，大部分机场都转变为企业，有的机场已经成为上市公司或中外合资公司，也有一小部分机场被地方政府定性为事业单位，采用事业单位的管理模式。鉴于我国地区差异大、机场运营管理模式多样这一特点，很难采取"一刀切"的方式对机场管理机构予以定性。采取什么样的模式，需要根据各机场的实际情况，并按照公共基础设施这一定位，具体研究探索适合各个机场发展需要的运营管理模式。

改革开放以来，随着我国民航管理体制改革的不断深化，机场作为航空运输业的主体之一，自主性逐步扩大，各机场在管理体制、运营机制、投融资模式、现代企业制度等方面进行了积极的探索。特别是2002年机场实行属地化管理以后，机场体制管理模式出现了多种类型。

从体制管理架构看，目前机场体制管理模式可以初步归纳为六种类型：第一种是跨省机场集团模式。目前，首都机场集团收购、托管、参股的机场，分布于10个省（市、区），成员机场达到40多家；西部机场集团管理了4个省（自治区）的11家机场。第二种是省（市、区）机场集团模式。不包括跨省机场集团和航空公司管理的省（市、区）机场集团，目前有12个省（自治区）机场集团，统一管理本省（自治区）内所有机场或部分机场。第三种是省会机场公司模式。目前，有3个省会机场由省政府管理，省内其他机场则由所在地市政府管理。第四种是城市机场公司模式。目前，共有31家机场由所在地市政府管理。第五种是航空公司管理模式。目前，有14家机场分别由4家航空公司直接或间接管理。第六种是委托管理模式。目前，有两个省（自治区）机场集团委托首都机场集团管理，两家小机场分别委托给两个自治区机场集团管理，1家机场委托合资机场管理公司管理。

从股权角度看，机场又有两种模式，目前有3家中外合资机场，6家机场上市公司。

四、机场管理机构

（一）机场管理机构的性质

改革开放以来，随着我国民航管理体制改革的不断深化，自从机场管理属地化以后，机场作为航空运输业的主体之一，自主性逐步扩大，我国机场在管理体制、机场的运营管理模式方面出现了多种类型，无论是哪种形式，大部分地方政府都把机场管理机构定位为企业，按照企业的性质实施管理。以企业为主体形式，从事运输生产、流通或服务活动。这种定位有利于调动机场自主经营的积极性。

机场管理机构是依法组建或者委托的直接负责运输机场安全和运营管理的具有法人资格的机构，是运输机场经营和管理的直接责任主体，它的管理职权限定在机场内部，主要负责运输机场的安全和运营管理，统一协调机场内各驻场单位，共同保障机场运营安全。

机场管理机构就其性质而言，是具体负责机场运行管理的独立法人实体，具有独立的法律地位。它根据法律法规授权具有一定管理职责，但是，它毕竟不是民航管理部门派驻机场的行政机构，不能代替民航管理部门行使对驻场企业的管理职权，本身也属于民航管理部门和地方政府管理的对象。它在享有法律法规赋予的管理权限的同时，也承担着相应的安全和运营管理责任，机场管理机构就是机场安全运行的直接责任主体。机场管理机构违反法律法规未履行管理职责时，必须承担相应的法律责任。总之，机场管理机构既要向机场所有者负责，保证机场协调有序安全运行，又要向民航管理部门和地方人民政府相关部门负责，履行安全生产管理职责，承担安全责任。

在这里需要将运输机场所有者与机场管理机构区分开，运输机场所有者是对运输机场资产享有所有者权益的主体，而机场管理机构则是运输机场所有者依法组建或委托成立的独立负责运输机场安全和运营管理的法人组织。也就是说，运输机场的安全和运营管理的责任主体是机场管理机构。一般情况下，运输机场使用许可证上载明的许可证持有人就是该运输机场的机场管理机构。

（二）统筹处理好民航、地方和机场三者的关系

提高机场安全服务运行水平，要统筹处理好民航主管部门、地方政府和机场管理机构的关系。

机场作为公共基础设施的性质，决定了政府要对机场的活动进行较多的管理。国务院民用航空主管部门依法对全国民用机场实施行业监督管理，地区民用航空管理机构依法对辖区内民用机场实施行业监督管理，有关地方人民政府依法对民用机场实施监督管理。机场下放后，由民航地区管理局下设的安全监督管理局或安全运行监督办公室，负责所辖地域航空公司、机场等民航企事业单位的安全监督和市场管理。

民用机场作为民用航空活动的重要一环，也是民用航空管理部门的重要监管对象。随着民航体制改革的完成，民用航空管理部门对于民用机场的监管职责也发生了变化。改革之前，我国民用航空管理体制政企合一，绝大部分民用机场的人财物均为民用航空管理部门直接管理，既要负责促进民用机场的经营发展，又要负责对民用机场实施行业监管。这种政企不分的管理模式在一定程度上造成了民用机场的运行机制僵化、不符合社会主义市场经济要求，限制了民用机场的发展。民用机场下放地方后，仍要接受民航管理部门的行业管理，遵守国家统一制定的相关机场建设和运行管理的法律、法规和规章以及技术标准，服从国家的产业政策和发展规划。民用航空管理部门根据《民用航空法》和《民用机场管理条例》等相关法律法规的规定履行行业监管职责，主要侧重于民用机场建设、机场运行、净空和电磁环境保护、航油供应管理等方面。

民航体制改革之后，民用机场绝大部分已下放地方政府，地方政府对民用机场的监管职责也越来越重要。一方面，地方政府要履行资产所有者的管理职责，对民用机场的资产经营和人员实施管理，也就是通常所说的"人、财、物"的管理；另一方面，根据《民用机场管理条例》中其他条文的要求，地方政府也承担着保障民用机场建设和运行管理的职责，这主要包括民用机场建设管理、机场周边地区的规划控制、机场配套基础设施的配备、机场应急救援以及机场净空和电磁环境保护等内容。

民用机场并非一个完全孤立的区域，它与机场外有着千丝万缕的联系，它也要受国家的其他法律法规的约束，地方人民政府根据这些法律法规履行对民用机场的监管职责，如必须履行《安全生产法》《食品卫生法》《突发事件应对法》等法律法规中所规定的相应管理职责。

民航的快速发展，其最大受益者就是地方。改革开放以来，我国民航业快速发展，不仅明显改善了各地的交通出行环境，更在促进区域协调发展、优化地区经济结构、带动产业升级、改善投资环境、发展现代服务业等方面发挥着重要的助推作用。民航不仅仅是一种交通运输方式，更是区域经济进入全球经济的快速通道。在我国某些发达地区，以机场为核心的临空经济甚至作为一种全新的经济增长模式，有效推动了当地经济发展和城市转型。基于此，让民航业得到又好又快发展，各地方政府责无旁贷，应该在《若干意见》精神的指引下，发挥好在民航业发展（特别是机场建设）中的主体作用。

综上所述，统筹处理好民航主管部门、地方政府和机场管理机构的关系，要按照《民用机场管理条例》的规定和要求，既要切实清楚各自的定位、发挥好各自的作用、履行好各自的职责、承担好各自的义务、落实好各自的责任，相互之间也要加强信息沟通、密切配合协作、形成工作合力，共同提高机场安全服务运行水平，推动机场又好又快发展。

五、机场管理机构的职责

（一）机场管理机构的双重使命

机场作为公共基础设施，具有公益性和收益性的双重特征。机场管理机构兼有履行社会公益性职责和依法经营机场业务的企业性职责双重历史使命。一方面，保障国家、人民的财产安全与旅客人身安全，提高为机场客户服务的质量是机场管理机构的法定职责；另一方面，机场管理机构也负有回收机场建设投资和运营成本的职责。一般来讲，机场管理机构的这两项职责相互促进，并不矛盾。但有时机场管理机构履行某些职责，如进行安全投入必然要加大企业成本，遇有特殊情况，如自然灾害时，其行使社会职责必然要妨碍企业收益，两者无法兼顾。在这种情况下，保障社会利益是机场管理机构的首要职责，机场管理机构的经营目标必须要服从和服务于其安全与服务管理行为。即使在常态的运营环境下，机场管理机构经营机场业务也不能完全以盈利为主要目的。

当然，目前我国大部分机场管理机构是企业法人，从公司法律的层面，不追求经济收益是不可能的，机场管理机构（或委托其他专业服务提供商）不仅可以在机场区域内有经营活动，而且还要根据机场用户的需求大力拓展这类竞争性服务产品的供给。但与竞争性行业不同的是，政府设立企业性机场管理机构的目的是为了通过企业化运作机场来提高机场的服务质量与效率，而企业只能在此基础上获取收益。机场管理机构的经营活动可以产生经营性收入，但这些收入必须首先弥补公益性亏损并继续投入开拓服务领域与范围，最大限度地满足社会公众的需要。

（二）机场管理机构的管理职责

机场管理机构是具有法人资格的机构，它是机场生产和运营的载体。《民用机场管理条例》规定运输机场的安全和运营管理由机场管理机构负责，明确了其对于机场安全生产负有直接的主体性责任。同时，授权机场管理机构对机场内的安全运营和生产运营实施统一的协调管理，协调运输机场内各驻场单位，共同维护机场运营秩序、保障机场安全运行。具体而言，其职责主要体现在以下几个方面。

（1）建立、完善运输机场安全生产制度。安全生产制度是运输机场运营的规范基础，主要包括安全生产例会制度、运行安全状况评估制度、人员培训考核制度、机场使用手册管理制度等。

（2）督促检查安全生产工作，及时消除安全事故隐患。机场管理机构应当依法贯彻执行安全生产制度，定期巡查运输机场安全生产活动，做好机场内生产设施设备的维护更新工作，确保其正常使用，及时发现并处理安全事故隐患，避免安全事故的发生，保障运输机场的运行安全。

（3）组织实施运输机场应急预案，及时有效地处理运输机场突发事件。为了最大限度地降低突发事件对运输机场的影响，机场管理机构应当组织实施机场应急预案，定期组织机场应急救援演练，加强人员应急救援培训，在突发事件发生时按照应急预案及时、有效地开展应急救援工作，减少人员和财产的损失。

（4）统一协调管理运输机场的生产运营。根据条例规定，机场管理机构应当履行生产运营管理职责，维护机场内的正常秩序，为航空运输企业及其他驻场单位、旅客和货主提供公平、公正的服务。

第二节 机 场 建 设

一、民用机场建设管理规定

交通运输部新公布的《民用机场建设管理规定》已从 2016 年 5 月 22 日起施行。2018 年 11 月交通运输部又对部分条款进行修改，自 2019 年 1 月 1 日起施行。该规定较 2004 年中国民用航空总局公布实施的《民用机场建设管理规定》更加完善，并根据过去几年间相关法律法规的要求做出了修正与调整，以更好地满足民用机场工程、民航空管建设工程的需要。

新的《民用机场建设管理规定》包括总则、运输机场选址、运输机场总体规划、运输机场工程初步设计、运输机场工程施工图设计、运输机场建设实施、运输机场工程验收、运输机场工程建设信息、空管工程建设管理、法律责任、附则等共 11 章 119 条。

新的《民用机场建设管理规定》对运输机场选址、初步设计、总体规划等行政许可事项的审批程序、专家评审要求、审查时限等进行了进一步细化，使其更为明确和规范；根据《民用机场管理条例》的要求，将运输机场总体规划的审批权限、运输机场专业工程的初步设计批准权限依据机场飞行区指标的不同做了调整，将部分管理事项由民航局向民航地区管理局进行了下移。同时，新的《民用机场建设管理规定》力求与《民用机场管理条例》规定保持一致，如运输机场建设项目法人编制运输机场总体规划，应当征求有关军事机关意见；要求地方政府将运输机场总体规划纳入城乡规划；规定地方政府应按照有关规定保护好民用机场的净空、电磁环境等。

二、机场建设原则

为有序推进民航机场项目建设，合理把握建设时机，科学确定建设方案，促进民航健康可持续发展，国家发改委办公厅、民航局对"十三五"期间民航机场改扩建和迁建项目前期工作明确了以下四方面原则，这些原则对新建机场也有指导作用。

（1）加强现有机场保护。各级政府应认真贯彻落实《民用航空法》《民用机场管理条例》等法律法规的相关规定，将机场规划纳入城乡总体规划，根据机场运行和发展需要，预留充足的发展空间，并做好机场周边区域土地利用规划控制、净空保护、电磁环境保护、噪声敏感区域控制等工作。

（2）合理把握建设时机。各地应结合区域经济社会发展需要，充分考虑经济结构和增长方式调整，研判机场发展趋势和目标，科学论证机场项目建设的合理时机。当机场设施容量趋于饱和，难以满足航空业务量增长需要，或者机场跑道等设施不能满足机型使用或安全运行要求时，可以考虑开展机场扩容前期工作。

（3）优先选择改扩建方案。现有机场一般距离城市相对较近，地形地貌条件相对较好，且周边相关路网和配套设施比较成熟，采取改扩建方案具有占用土地资源少、工程投资小、项目推进快、经济和社会效益更加明显等特点，在建设条件允许的情况下，机场扩容应优先选择改扩建方案。

（4）慎重选择迁建方案。机场需要扩容，存在受城市规划建设、周边建筑超高等限制，改扩建方案影响面广、经济性差、社会稳定风险水平高，或受地形条件限制严重，不具备原址改扩建条件；或者受空域使用限制，军民航飞行矛盾日益突出、实施机场改扩建无法缓解矛盾等情形的，可以开展机场迁建研究论证工作。对于不符合上述情形的机场，原则上不予支持，如仍要迁建，由地方自行安排。

三、运输机场建设程序

建设民用机场是一个机场投入使用的前提。机场建设是否符合基本建设程序、符合有关标准规范的要求，直接关系到机场建成后的安全、正常运行。

运输机场建设程序包括选址、项目建议书、可行性研究、总体规划、初步设计、施工图设计、建设实施、验收等阶段。

运输机场的建设涉及机场选址、运输机场的总体规划和审批、民用机场场址保护、机场设计、机场验收和开放、国际机场的开放使用、运输机场关闭等方面。

（一）机场选址

运输机场场址是指运输机场建设的具体位置。运输机场的气象条件、净空环境、地质条件以及配套设施建设等情况，都直接关系到民用机场的正常使用和飞行安全。运输机场场址选择就是要在运输机场建设项目实施前确定该位置是否满足保证飞行安全所需的气象条件、净空环境、地质条件等要求。

机场选址的要求：为了保证飞机正常起飞、着陆乃至复飞、发动机发生故障时的安全，机场周围不能有超过标准高度限制的障碍物，例如山头、建筑物，符合机场的净空要求。根据机场区域的气象条件，机场选在常年适于飞行、天气较好而且风向比较稳定的地方。机场必须有相当大的土地面积，才能容纳得下这个庞大的系统；土地应该尽量平坦，机场的土地应该有合适的地质条件，以便承载各种建筑物。机场的位置应该远离居民区域，减少飞机运行时的噪声对周围生活环境的影响。现代飞机运行时的噪声受到越来越严格的限制，虽然飞机降噪技术也在一步一步地改进，但飞机运行时的噪声仍然是一种污染源。还要考虑水、电、气的供应，废水、垃圾的处理等各种影响因素。

机场选址是一项极其复杂且专业的工程，除了要统筹考虑天空、地面、地下等众多技术因素外，还应考虑机场作为公共物品的正外部性，考虑机场的产业聚集效应、辐射带动效应、临空经济区的催化效应等。机场选址应科学论证，合理规划，一旦确址，不宜再随意变更。

机场一旦建成，再迁建或改扩建非常不易，工程浩大，花费巨额，周期较长，影响面广。由于机场选址前未深入调研了解机场及周边发展情况，仅凭主观想象、过时数据或以往经验编制总体规划，造成有的新建机场仅运行数年，甚至刚启用不久就陷入饱和，导致未来发展空间受限、与城市规划不协调等问题的事例屡见不鲜。

（二）运输机场的总体规划和审批

运输机场的总体规划是运输机场内部的建设布局规划，涉及飞行区、航站区、地面运输区等功能区域的安排。

运输机场总体规划一般按照近期 10 年和远期 30 年的目标进行规划，包括空域、总平面及周边土地使用控制等。具体内容涉及飞行区、航站区、地面运输区等功能分区，航空器维修、货运、供油等生产设施，消防、救援安全保卫设施，供水、供电、供气、排水、通信等公用设施的布局规划。

运输机场建设项目法人编制运输机场总体规划，应当征求有关军事机关的意见，报民用航空管理部门批准，并经国务院民用航空主管部门或者地区民用航空管理机构批准后方可实施。

新建机场项目由国务院核准；总投资 10 亿元及以上的扩建机场项目由国务院投资主管部门核准，其余扩建机场项目按隶属关系由国务院行业主管部门或地方政府投资主管部门核准；扩建军民合用机场由国务院投资主管部门会同军队有关部门核准。

飞行区指标为 4E 以上（含 4E）的运输机场的总体规划，由国务院民用航空主管部门批准；飞行区指标为 4D 以下（含 4D）的运输机场的总体规划，由所在地地区民用航空管理机构批准。民用航空管理部门审批运输机场总体规划，应当征求运输机场所在地有关地方人民政府的意见。

（三）民用机场场址保护

对符合条件的运输机场场址，运输机场所在地有关地方人民政府应当将其纳入土地利用总体规划和城乡规划统筹安排，并对场址实施保护。

在运输机场建设项目获批之后，县级以上地方人民政府应当将经批准的运输机场总体规划纳入城乡规划，并考虑净空、电磁、噪声、交通等相关要求，对机场周边的建设活动实施规划控制。在运输机场总体规划确定之后，对于运输机场的规划保护也可以更加具体详细。运输机场总体规划是对机场内部功能区的划分以及基本设施设备的规划，另外也基本确定了运输机场空域的使用方式。因此，在运输机场总体规划的基础上，可以更详细地考虑机场周边地区的规划建设如何与运输机场协调发展。对运输机场进行保护最根本的方法就是由地方人民政府将运输机场总体规划纳入城市总体规划，对机场周边地区土地利用和建设实行规划控制，以保证机场和周边地区协调发展，避免机场与城市发展相互制约。在这方面有不少的经验教训，例如，在有的机场，原先已经确定的规划发展用地后来被用于搞当地经济开发项目或者用于城市发展，由此导致机场无法发展。一个机场花很多钱建起来，用不了多少年就要迁建或者不能继续发展，已经形成的资源没有得到充分利用就废弃了，再建设又得投入大量的资金。规划控制属于事前控制，操作性更强，既可以最大限度地减少运输机场对周边地区的不利影响，避免违规建设项目建成后被拆除时造成人力、财力的浪费，也可以为运输机场的安全运行创造良好的条件，从而保障民用航空飞行安全。

运输机场建设的整体性要求较强，每一个分区和设施都有其特定的功能和用途，例如，飞行区是用于航空器运行的区域，航站区是供旅客使用的区域，货运区、机务维修区、航空食品区、办公区等都有其特定的使用功能。另外，运输机场内机场导航设施、灯光系统、消防和道面维护设施等，都是与特定的功能区相配套的，有其特定的功用，而且也必须设置在特定的区域。因此，各个功能区之间、各种机场设施之间互相联系但又互不干扰，都是按照运输机场总体规划的要求来建设的。任何不符合运输机场总体规划的建筑物或者构筑物都可能会影响到运输机场的整体性和系统性要求，影响运输机场各个区域和设施的正常运行，进而危及运输机场的运行安全和航空器的飞行安全。因此，对于运输机场内的建设行为必须严格控制。禁止在运输机场内擅自新建、改建、扩建建筑物或者构筑物。

（四）机场设计

在机场设计的新思维、新理论的积极引导下，更多创新理念逐步融入到机场及城市的规划设计之中，航站楼建筑设计更趋向综合复杂，功能设计集约高效。

（1）交通枢纽的理念。自上海虹桥国际机场"综合交通枢纽"建成以来，这似乎已经成了众多机场新航站楼的样板，北京大兴国际机场和成都天府国际机场也毫不例外，这两个机场都非常注重机场陆侧综合交通的接驳。由于机场距离城市较远，陆侧交通的效率受到格外重视，机场陆侧交通在设计上趋于多样化、复合化，从常规的道路交通向道路、轨道综合交通发展，如北京大兴国际机场设2组大铁、3条地铁的格局，高铁、城际铁路、机场快线及地铁贯穿于航站楼轮廓范围内，实现轨道交通和航站楼的零换乘。成都天府国际机场规划两条铁路线（按客运专线设计）引入，除此之外，机场高速、城市环线、城市公交也与航站楼做到了无缝对接，成都天府国际机场构建"一高三快一货运"的干线路网，在机场区域形成高速公路环线和快速公路环线；另外，综合交通中心（GTC）与航站楼的无缝衔接和向外辐射给临空经济区和航空都市的建设创造了必要和前提条件。

（2）商业综合体的理念。随着机场地区"港、产、城"一体化综合开发模式的引进，大型航站楼综合商业区的设计更加引人注目，无论是已建成的昆明长水国际机场和深圳宝安国际机场还是北京大兴国际机场和成都天府国际机场，这一领域都成为机场投资者、建设者和设计师极为关注的一块。航站楼商业区极佳的地理位置和人流都极有可能成为未来航空都市商业区的中心。

（3）绿色机场的理念。民航局提出，要建成安全、高效、优质、绿色的现代民用航空体系，成为"量大质优"、世界一流的民航强国。将绿色机场的设计理念引进到我们的机场建设中，既体现了国际社会倡导的重视环境、节能减排建设机场的基本理念，又符合民航局机场司《绿色机场规划导则》的要求，是新理念下机场设计的重要一环。在"十二五"期间机场从飞行区到航站区的设计上都引入了绿色机场的理念，主要体现在机场能耗、废气的监测及控制、新型LED光源灯具的使用、航站楼自然采光、光伏发电、热电联供等，为减少站坪车辆能耗、尾气和噪声，北京大兴国际机场设计了埋地式输油管线，为飞机加油，并将外挂式400Hz电源和飞机预制冷空调也设计为埋地管线式。航站楼的空调、灯光、扶梯、步道、捷运系统实现了节能控制，绿色机场的理念已深入人心。

（4）智慧机场的理念。在计算机技术和互联网技术日益成熟的基础上，近年来国内大多数机场都引入了智慧机场的概念和设计思路，虽然设计的内容、涵盖的范围、关联的领域、服务的群体不尽相同，但是基于云计算、大数据、物联网、移动应用的架构都是相似的，目的就是安全、便捷、人性化，提高管理水平，打造优良的服务氛围，为旅客提供高质量的服务。

（5）融合的理念。机场设计是整体、宏观与细节、微观有机融合的思维过程，既有一定之规又与时俱进渐变地不断提升。由于影响机场设计的因素很多，包含集约利用土地、空侧运行效率、机位布置、航站楼流程、陆侧交通体系和旅客步行距离，以及商业中心等，设计者就是在这众多的因素面前寻求一种融合与平衡。建筑结构一体化设计，使航站楼构型呈现多样化趋势，钢结构的建筑形式越来越受到国内外大型机场设计者的首肯，并成为大型航站楼设计的主要模式，受力构件既是室内设计的重要元素，又充分表达了建筑美学的结构空间。同时，在机场航站楼的设计上十分强调建筑的地域性特色，将创新的设计理念、建筑的表现方式与所处的地域特色相结合。一方面是对当地气候特色、地形地质条件的适应，走向因地制宜的绿色机场设计；另一方面是建筑所体现的地域时代传承和文化内涵。以大型钢结构航站楼为例：北京首都国际机场 T3 航站楼吸收北方皇家建筑精髓和建筑文化传承，连续的屋面、宏大的空间，充分展示国家形象；昆明长水国际机场航站楼翘曲双坡屋顶、深远出挑，钢结构彩带和通透钢索幕墙形成强烈对比，体现云南传统建筑神韵，寓意"七彩云南"；深圳宝安国际机场航站楼则强调科技性、现代化，体现未来感，给人一种全新的感官冲击。

（五）机场验收和开放

按照国家有关规定，民用机场建成之后并不代表就可以投入使用，民用机场必须经验收合格，取得机场使用许可证，方能开放使用。民用机场是否按国务院民用航空主管部门制定的标准进行建设，是对民用机场申请机场使用许可证审查工作的最基本、最重要的内容。只有坚持按照标准验收，才能保证机场投入使用后，在技术条件保障下使其正常营运。

《民用航空法》规定："民用机场使用许可证由机场管理机构向国务院民用航空主管部门申请，经国务院民用航空主管部门审查批准后颁发。"民航地区管理局审批颁发本辖区内飞行区指标为 4D（含）以下运输机场和通用机场的民用机场使用许可证。民用机场使用许可证有效期为五年。

运输机场投入使用不但要具备与其运营业务相适应的飞行区、航站区、工作区，有能够保障飞行安全的空中交通服务、通信导航监视、气象等设施、设备和人员，还要具备符合国家规定的安全保卫条件、健全的安全运营管理体系、组织机构和管理制度，以及经批准的使用空域、飞行程序和运行标准；同时，为了保证运输机场投入使用后，能够持续符合安全运营要求，草案规定机场管理机构应当依照国家有关法律、法规和技术标准的规定，保证运输机场持续符合安全运营要求。

民用机场只有具备相应的使用许可条件，按照条例规定的程序向民航管理部门提出申请，并经民航管理部门审查后颁发使用许可证，才能投入使用，为民用航空器提供起飞、降落等服务。

具体而言，运输机场要投入使用必须满足的条件有以下几方面。

（1）具备健全的安全管理体系、组织机构和管理制度。健全的安全管理体系、组织机构和管理制度是运输机场运行的必备软件。

首先，运输机场应当建立机场安全管理体系。机场安全管理体系主要包括机场安全管理的政策、目标、组织机构及职责、安全教育与培训、文件管理、安全信息管理、风险管理、不安全事件调查与处置、应急响应、机场安全监督与审核等。

其次，机场管理机构应当具备完整有效的组织机构。对于机场的组织机构并没有统一的要求，各个机场可以根据自己的实际情况成立行之有效的组织机构。一般而言，机场的组织机构包括财务部、人力资源部、安全监察部、行政公关部等。

最后，运输机场需要具备健全完善的管理制度。这里所说的管理制度包括安全管理制度和运营管理制度。安全管理制度主要是指安全生产责任制、安全生产例会制度、安全状况评估制度等关系运输机场运行安全的管理制度；运营管理制度则是指服务规范、信息共享机制、航班保障制度等有关运输机场经营活动的管理制度。

（2）具备与其运营业务相适应的飞行区、航站区、工作区、空中交通服务、航行情报、通信导航监视、气象等设施、设备和人员。飞行区是航空器运行的区域，包括跑道、滑行道、停机坪等。航站区是旅客登机用的区域。工作区是地面服务车辆和旅客活动的区域。空中交通服务、航行情报、通信导航监视、气象则是机场运行必备的运行保障设施设备。这些设施设备都是机场运行最基本的硬件要求，不同规模等级的机场对硬件设施的要求是不同的，因此，申请运输机场使用许可证必须具备与自己运营业务相适应的飞行区、航站区、工作区、空中交通服务、航行情报、通信导航监视、气象等设施设备。另外，各种设施设备都必须配备相应的专业人员，才能满足运营要求。

（3）使用空域、飞行程序和运行标准已经批准。国家对空域实施统一管理，航空器的飞行必须符合空域管理的要求。机场是为航空器运行提供服务保障的，其建设和使用也必须满足空域管理的要求，经过国家有关部门的批准。飞行程序和运行标准是机场运行的基本条件，是组织实施飞行、提供空中交通服务、建设导航设施的重要依据，是保障航空器飞行安全和提高运行效率的重要基础。运输机场的飞行程序和运行标准必须符合国务院民航主管部门的要求。运输机场只有具备相应的使用空域、飞行程序和运行标准才能申请使用许可证。

（4）符合国家规定的安全保卫条件。防止对民用航空活动的非法干扰也是保障民用航空安全的一项重要内容，《中华人民共和国民用航空安全保卫条例》（以下简称《民用航空安全保卫条例》）第十条规定："民用机场开放使用，应当具备下列安全保卫条件：设有机场控制区并配备专职警卫人员；设有符合标准的防护围栏和巡逻通道；设有安全保卫机构并配备相应的人员和装备；设有安全检查机构并配备与机场运输量相适应的人员和检查设备；设有专职消防组织并按照机场消防等级配备人员和设备；订有应急处置方案并配备必要的应急援救设备。"申请运输机场使用许可证，应当具备上述安全保卫条件。

（5）有处理突发事件的应急预案及相应的设施、设备。运输机场是人流相对集中的公共场所，必须加强其突发事件处理能力，建立突发事件应急预案，并配备相应的应急救援设施设备，提高运输机场保障公共安全和处置突发事件的能力，最大限度地预防和减少突发事件及其造成的损害，保障旅客、货主的生命财产安全。

（六）国际机场的开放使用

国际机场的设立，由机场所在地省、自治区、直辖市人民政府向国务院民用航空主管部门提出申请，由国务院民用航空主管部门会同国家有关行政主管部门审核后，报国务院批准。

国际机场不同于一般的运输机场，设立国际机场必须考虑必要性和可行性，以及国际机场对所在区域经济、社会的发展所能发挥的作用。另外，国际机场是国家对外开放的纽带，代表国家的形象，展现国家的经济实力，因此，国际机场对于机场本身的安全运行水平和经营能力有较高的要求。

另一方面，国际机场涉及的部门较多，除了具备运输机场开放使用的条件外，根据国家有关规定，还需要具备相应的国际通航条件。根据《国务院关于口岸开放的若干规定》的规定，凡开放口岸，应根据需要设立边防检查、海关、港务监督、卫生检疫、动植物检疫、商品检验等检查检验机构，以及国家规定的其他口岸机构。就国际机场而言，必须具备相应的海关检查机构、检验检疫机构和边防检查机构等。海关、检验检疫以及边防检查是旅客出入境的必经程序，因此，申请设立国际机场时，必须充分考虑设置三类口岸查验机构的可行性。国际机场在设立申请批准后，应当按照国家相关规定配备海关、检验检疫以及边防检查等口岸查验工作人员、场所和设施，并经国家相关主管部门验收合格后，才能投入使用。

国际机场要开放使用，还必须对外公告，并提供国际机场开放使用的有关资料，这里所指的资料主要是机场概况、导航设备、灯光设备、航站区域及其地形特征、主要障碍物等信息。通过这些信息，外国航空承运人可以及时了解国际机场资料的变化，保障外国民用航空器在我国境内的国际机场起降安全。公布资料也是《国际民用航空公约》规定的国际机场的义务，其第十条规定："所有指定的设关机场的详细情形，应由该国公布，并送交根据本公约第二部分设立的国际民用航空组织，以便通知所有其他缔约国。"国务院民用航空主管部门统一监督管理全国的民用航空活动，因此，条例规定由国务院民用航空主管部门负责对外公告国际机场并提供相关资料。

（七）运输机场关闭

运输机场是公共交通基础设施，机场的关闭可能会对人民群众的生产生活造成很大影响，运输机场投入使用后，机场管理机构不得擅自关闭机场。拟关闭运输机场的，应当提前45日报颁发运输机场使用许可证的机关，经批准方可关闭，并向社会公告。

四、机场建设资金的筹集

（一）充分调动中央和地方两方面的积极性

民航业是国民经济的重要基础产业，生产的是"公共产品"或"准公共产品"，具有明显的社会公益性特征。长期以来，民航尤其是机场大规模基础设施建设投资以及日常运营资金的来源一直存在较大缺口，这与民航投资体制不健全、中央与地方财政事权不匹配等有着密切的关系。民航要进一步争取各级政府加大对民航业的直接投入。其中，贯彻落实《民用机场管理条例》，要围绕机场公共基础设施的定位，争取各级政府加大机场建设，特别是公共基础设施部分的直接投入，并使其享受一系列优惠政策。

目前，我国的基础设施投资主要有以下几种模式：① 政府筹资建设，或免费提供给社会公众使用，或收取使用费；② 私人出资、定期收费补偿成本并适当盈利，或地方主管部门筹资、定期收费补偿成本；③ 政府与民间共同投资；④ 政府投资，法人团体经营运作；⑤ BOT（建设—经营—转让）投资方式。显然，依据机场的定位，今后机场的建设投资都可以采用这些模式，这就为机场的建设投资提供了更多的融资渠道。

2010年年底，国务院批准机场建设费延续征收，并与原民航基础设施建设基金合并为民航发展基金。民航发展基金是我国非税财政收入的重要组成部分，属于中央财政性资金。通过向旅客征收一定税或费的方式筹集专项资金用于民航基础设施建设。民航发展基金主要用于民航基础设施建设、民航安全管理以及推动民航普遍服务等方面，对完善我国民航基础设施，推动行业安全、持续、均衡发展起到了重要作用。2012—2016年，民航固定资产投资总额达到 7 691.1 亿元。其中，民航基本建设和技术改造投资达 3 714.7 亿元。2017年，机场系统完成固定资产投资总额741.4亿元，比2016年增加81.0亿元。新开工、续建机场项目78个，新建成投产机场11个。为我国民航业的发展做出了重要贡献。

机场进行属地化管理体制改革后，各省（区、市）政府对机场建设的投资热情也明显高涨。他们通过相关的财税和土地扶持政策，科学规划机场布局，加快机场体系建设。

长期以来，云南省政府始终高度重视发展民航业，明确对于新建或改扩建的机场，省级财政按中央补助资金1∶1进行配套，用地则由地方政府征用，无偿划拨给云南机场集团统一规划使用。

类似这样按照承诺投资机场建设的做法，在国内各地均有所体现。河北、内蒙古、甘肃、吉林、陕西、青海、江苏、天津等省（区、市）都研究制定了加快机场建设和民航发展的优惠政策。陕西省解决支线机场60%的建设资金，江苏省承担淮安、苏中机场70%的建设资金，甘肃省承担夏河、金昌、兰州中川、嘉峪关、敦煌、庆阳、天水机场50%～60%的新建和改扩建资金。同时，省（区、市）政府还通过减免税收、贴息等方式，解决机场建设和运行中的资金压力。

民航业的发展不仅需要稳定的资金保障，更需要良好的公共政策环境。这些年来，民航局积极争取中央财政支持，形成了中小机场和支线航空补贴、机场基本建设贷款贴息、特殊远程国际航线补贴等行业财税优惠政策。与此同时，有的地方政府也制定了加快机场建设和民航发展的税收、贴息等优惠政策。有的地方政府采用空转出让和划拨地的方式，大大降低了新建、改（扩）建机场的土地征用成本。不少地方政府将中小机场亏损补贴资金列入财政预算，有的还建立了亏损的新开国际（地区）或国内航线航班补贴机制，有的开始探索支线机场公益性职能复位问题。

（二）鼓励社会资本投资建设运营民用机场

十八大以后党中央、国务院大力推进简政放权、放管结合、优化服务改革，充分调动了社会资本的积极性，企业投资自主权进一步落实。民航业是我国经济社会发展重要的战略产业，民用机场建设和运营是当前我国社会资本特别是民间资本高度关注的投资领域。2016年民航局出台《关于鼓励社会资本投资建设运营民用机场的意见》，目的就是通过加强行业政策引导，充分发挥政府投资的引导作用和放大效应，积极吸引社会资本参与民用机场建设和运营，促进重点领域建设，提升机场服务质量和运营效率。

《关于鼓励社会资本投资建设运营民用机场的意见》明确将符合全国民用运输机场布局规划、国家批准的专项规划和区域规划以及行业发展规划的运输机场投资建设运营全部向社会资本开放。另外，进一步放开了运输机场对公共航空运输企业和包括航空油料供应在内的服务保障企业的投资限制，全面地放开了通用机场和其他市场主体之间的投资限制，放开了民航中介服务市场，积极有序地放开了民用机场竞争性领域或环节的价格，等等。特别值得一提的是，取消了民用机场经营性项目的核准，民间资本投资民用机场（军民合用机场除外）的航站楼、货运仓储、地面服务、航空配餐、旅客过夜用房、停车场、能源保障、航空运输销售代理、航空燃油储运加注等经营性项目，均无须核准，这将极大地激发社会资本积极参与民用机场经营性项目建设的积极性。

放开民航机场建设和运营市场准入，可以吸引社会资本参与民用机场建设和运营，拓宽资金来源渠道，探索民航运输与物流业、临空产业等深度融合发展，对推进民航行业供给侧结构性改革、加快民用机场建设、构建国家综合机场体系、推动公共运输航空和通用航空"两翼齐飞"，以及更好地服务国家和地方经济社会发展等都具有积极意义。

第三节　构建国家公共航空运输机场体系

在国家公共航空运输机场体系中，整个航空运输是一个网络，无论机场规模大小，都是航线网络中的重要节点，大、中、小机场是相互依存的关系。合理的分工定位是打造世界级机场群的前提。世界上成熟的机场群一般是由大型国际航空枢纽、中型区域枢纽、小型运输机场等组成的布局完善、分工合理、定位清晰的机场体系。各机场差异化定位、适度错位经营，是机场群协同发展的关键。民航要与地方政府加强沟通，积极协调各方的利益关系，引导各大机场群形成功能分工合理、市场定位清晰的发展格局，促进枢纽、干线和支线机场有机衔接，客货运输全面协调发展，从而提升机场群整体功能和效率，更好地满足城市群发展对航空运输的巨大需求。

一、枢纽机场

（一）大型复合枢纽机场的战略地位

谈到枢纽机场，就不得不提到一个叫弗雷德·史密斯的年轻人，当时他在耶鲁大学写了一篇论文，创立了一种新的理念：使用由 20 架达索飞机组成的小型机队，将货物从不同的城市运到美国田纳西州孟菲斯，然后在这里将货物有序地卸下、重新分装并运送到不同的目的地。例如，想把一件货物从旧金山送到洛杉矶的话，要先把货物发送到孟菲斯，再从孟菲斯发送到洛杉矶。在当时很多教授都认为这是非常荒谬的，论文也只得了 C，然而，弗雷德·史密斯毕业以后把他的构想实现了，作为联邦快递（FedEx）的创始者，他提到的这个模式就是一个机场枢纽模式的开始。

枢纽是美国20世纪70年代航空管制放松后出现并发展起来的一种航线运行模式。航空公司通过采用中轴辐射航线运行模式，进一步集中客源、优化结构、互补资源，从而促成了航空公司业务量的快速增长以及运输市场蓬勃发展的良好局面。在航空公司发展的同时，根据航空公司枢纽战略布局而选择的枢纽机场也应运而生。同时，由于处于枢纽所在的关键位置，机场也获得了吸引更多航空公司飞行中转的机会，在增加机场客货流量的同时，机场的主营航空业务和非航空性营业收入也呈现出了快速增长的趋势。枢纽建设的先驱达美航空公司，20世纪80年代曾借助枢纽运行模式，不仅为达美航空公司的运输量增加做出了巨大的贡献，使其被评为"世界最受尊敬的航空公司"，还使其核心枢纽"亚特兰大国际机场"一举成为世界年旅客吞吐量第一的机场。同时，亚特兰大这座仅在全美人口排名第36、经济并不特别发达的城市，也因世界最大航空枢纽的建立而呈现出了跨越式的发展。

在发展枢纽机场的过程中，美国的航空公司做出了很大的贡献，很多航空公司都在枢纽机场修建了基地公司，建立起更能充分体现航空产品服务品质的航空枢纽，通过枢纽机场与周边非枢纽机场的相互联结，形成中轴辐射式的航线结构。由于中枢航线结构在客流量较小的城市之间不直接通航，而是通过在枢纽机场衔接航班、中转旅客的方式，实现相互间的空中联结，同时也大大提高了航空公司飞机和机组的利用率。美国的枢纽模式到2000年才达到成熟阶段。有的机场过去曾是枢纽机场，但后来由于各种原因，无法发挥由经济规模和有效运用资产带来的效益而逐步被淘汰掉。枢纽机场的分布目前已趋于合理，因此，市场规律最终将为枢纽和非枢纽的分配找到适度的平衡。

在美国机场的发展中，另外一种模式也不容忽视，那就是点对点模式，这种模式随着低成本航空的发展对世界航空业影响的越来越大，而日渐重要。应该说，枢纽模式和点对点模式这两个模式在航空业的发展中都占有各自的地位。

纵观当今世界航空网络，美国、欧洲、亚洲三角轴心地带覆盖了全球80%以上的运量。美国、欧洲航空市场发展已相对成熟，主要市场已被各大航空公司按照自己的中枢辐射航线结构所瓜分，逐步达到一种均衡的网络模型。有资料显示：全球排名前20位的航空公司（除了低成本航空公司）均采用中枢辐射结构安排航线网络，全球排名前25位的机场无一不是枢纽机场。这种全球一体化的航线网络结构的一个重要特点是随着航线密度和中枢港口的高度集中，可大大增强其稳定性。要知道，一旦该结构趋于稳定，打破这种结构的成本将是巨大的。"中枢—辐射"结构的形成，使得处于中枢地位的枢纽机场，因其航线覆盖面广、延伸能力强、辐射范围大、运输及时而吸引到更多的客货流量，反过来又促使航班密度增加和航线覆盖面的扩大，产生"马太效应"。随之，枢纽机场的规模也就越来越大。而处于轮辐（Spoke）结构的中小型机场，因其辐射范围有限，航线航班少，就很难获得较快的发展。

处于另一轴心的亚太地区航空市场正处在一个高速成长时期，正逐步融入国际航空大网络中。在美国、欧洲航线网络结构趋于稳定之后，正在中枢辐射航线网络构建之中的亚太地区成为全球唯一可供航空公司抢占的大市场。中国机场必须在这种网络形成之前加入并成为其主要节点，才能适应并促进中国经济的高速发展，否则今后我国航空业的发展将令人担忧。

北京、上海、广州三大门户机场如何最大可能地将那些最有价值的客流、物流带到中国，这关系到中国经济的发展，更关系到中国高科技、高增值产业发展的命脉，三大门户机场代表国家参加亚太枢纽机场地位竞争是国家战略利益的需要。

随着航空运输市场的区域化，各地区航空枢纽的作用日益明显，并有可能成为主导未来航空运输市场发展的主要因素之一。我国周边一些国家的机场都在拼命争夺东亚、东南亚及南亚地区的航空枢纽地位。中国地处亚太较高纬度区，北京、上海在北美、欧洲航线上处于优势地位，而日本东京、大阪和韩国首尔也处于同等优势的地理位置。此外，香港、新加坡、曼谷和吉隆坡也已将自己定位于亚太枢纽机场并都在为转运客货源而竞争。这些机场将全部拥有两条跑道和 5 000 万人以上的吞吐能力等硬件方面的优势。在过去的几年中，迪拜国际机场已经成为欧洲和大洋洲的重要中转点，2017 年国际旅客吞吐量达 8 772 万。这些机场实际上已经对中国内地最有竞争力的北京、上海、广州形成合围态势，一旦几年后跨越中国区域，真正成为亚太主要枢纽机场，我国的三大机场就只能沦为二线门户机场，处于被动地位。2017 年世界主要机场前 25 名国际竞争力统计数据见第一章表 1-10。

（二）枢纽机场的特点

作为世界范围内航空业的主导营运模式，枢纽结构普遍具有以下的基本特征。

1. 网络原理特征

枢纽的核心意义是大量城市对市场上的航班通过枢纽构成网络结构，所有的枢纽航班之间存在完整和敏感的互动关系，因此与城市对营运模式相比是一种完全不同的结构特征。由于枢纽原理的两个倍增功能作用，枢纽网络通过航班波峰的组织而使所有枢纽航班结成一个互动的整体，使得枢纽具有运量规模大、运行复杂程度高、经营风险程度大等各项基本的网络特征。

2. 战略位置优良

这是枢纽存在和成长的首要先决条件。无论是内陆枢纽还是国际枢纽，地域位置直接决定市场资源的构成和枢纽竞争地位。

优良的战略位置包括地域因素和经济因素两个方面。地域因素包括地理位置的适中性与扩散性。所谓适中性，是指中枢的地理位置处于主要航运市场某一最佳、最近的中间衔接点上，它对定向型枢纽的形成与发展特别重要。所谓扩散性，是指枢纽的地理位置正处于一组中小社区的中间，它对馈运型枢纽的形成与发展具有特别的意义。大型中枢周围聚集大量航空服务需求十分旺盛的中小社区，是地理位置适中性与扩散性的结合。经济因素则是指市场资源的构成和质量，其中包括枢纽所在城市及其周边地区人口构成、经济发展与经济结构等。本地市场对航空的强劲需求与依赖，是枢纽发展的重要支撑。以金融、贸易、科技和旅游为经济支柱的城市，比以农业和矿产为经济支柱的城市，对航空运输的需求和依赖更大，也就更有可能发展成为航空枢纽。

3. 管制环境宽松

枢纽是 1978 年美国放松管制政策的直接结果。它所引发的欧洲、日本、澳洲的航空管制自由化和国际航权方面的"天空开放",是世界范围枢纽和枢纽体系的生成和成熟的必要条件,也是各个成功枢纽所具备的普遍特征。其中宽松的市场准入、宽松的定价自由是放松管制的核心内容。为使航空公司顺利、成功地建设和营运枢纽,在航线、票价、机型、时刻、产品等方面,必须赋予适度的自由。尤其是市场准入和票价制定,是枢纽发展的政策前提。没有自由的市场准入和票价制定管理机制,也就不可能发展成熟的枢纽结构。同时,为使机场成功地适应枢纽营运的需要并有效保障枢纽营运,在流程、收费、产品等方面,必须赋予机场适度的自由。自由的目的在于适应航线市场的资源特征。

4. 成熟的基地公司

从本质上说,枢纽是航空公司的概念,是航空公司基于市场竞争与成本管理采用的经营方式。阿联酋航空公司每天有 30 多个航班进出曼谷国际机场,就是在战略上把曼谷作为它的亚太枢纽。我国南航明确提出并实施了把广州建成国内外通往大洋洲的枢纽,并取得了不小的成果。因此,机场是否成为枢纽,关键要看航空公司实施的战略。

没有成熟的基地公司,也就没有成熟的枢纽机场。基地航空公司的网络结构、营运水平、管理能力与未来发展的战略眼光,直接决定枢纽的网络结构形态、枢纽运行质量以及枢纽和机场的竞争力。

中枢基地公司的成熟程度主要体现在以下方面。① 成熟的基地具有完整和正确的企业发展战略。依据航空公司所在地所拥有的市场资源,特别是依据潜在市场资源的数量、质量、对竞争影响的敏感度、未来发展的潜力和方向等制定的十分明确的企业发展战略,是航空公司成熟程度的主要标志。② 成熟的基地公司拥有完整和稳定的枢纽航线网络结构。这一网络结构不但具有广泛的空间覆盖面,而且具有高度的网络稳定性经营效益。与此相匹配,成熟的基地公司拥有与枢纽网络发展高度吻合的机队。基地公司的机队发展规划依据网络发展的阶段性规划而制定,网络规划在前,机队规划在后,从而形成需求和工具之间高度的吻合,也就是与传统机队规划具有本质不同的"枢纽机队规划"。同时,成熟的基地航空公司拥有符合现代航空公司管理的"基础设施"。现代航空公司的经营管理思想已经发生重大的变革,并且变革仍在继续。其中根本的变革内容之一,是对航空公司基础设施的重新认识。现代航空公司基础设施的含义已经远远超出传统意义上的理解,航线资源结构、经营成本结构、信息系统结构和人才组织结构才是现代航空公司赖以生存和发展的"基础设施"。此外,成熟的基地公司拥有具备现代航空公司发展理念的管理队伍。航空公司之间的竞争,从表面来看是枢纽对枢纽、网络对网络、联盟对联盟的竞争,其本质是管理队伍对管理队伍的竞争。③ 成熟的基地公司具有抵御战略风险和营运风险的应变能力。枢纽与线型运营模式之间最大的不同,在于网络型公司的一条航线或者一个突发事件都可能导致整个网络的瘫痪。网络风险管理能力,是枢纽航空公司成熟程度的主要标志。

5. 枢纽基础设施完备

枢纽所需要的基础设施从物理形态的布局构成到流程结构的设计和运行，都存在本质的不同。飞行区、航站楼等基本条件符合枢纽运行的要求，例如登机门的数量、控制模式，系统信息的内容、生成、处理和传递程序等，与枢纽结构的类型、航线市场资源的性质和特征、运量的大小、波峰的构成等相互高度匹配，符合航班集群营运需求。

6. 制度化的部门顺畅衔接

枢纽运营是一个连续的、多方合作的过程，其顺利运行的必要条件之一，是机场、基地航空公司、空中管制部门和所有与枢纽运营有关的驻场单位之间的高效协调，包括航空业内部各个相关的行业和部门，例如海关和边检等。单独任何一个单位，包括基地航空公司，都无法保障枢纽运行的顺利进行。但是，与枢纽相关的任何一个部门，甚至某一个操作者个人，都能够导致降低网络运行的质量，甚至造成对枢纽的结构性损害。

二、我国枢纽机场的建设

（一）我国枢纽机场的布局

航空枢纽是全球主干航线网络中的重要节点和全球航空运输的制高点，是一个国家、一个地区参与国际竞争、融入世界经济循环的高效途径和理想平台。2020年，中国要实现从民航大国向民航强国历史性跨越的战略性目标，其主要目标之一就是建成3个以上的国际航空枢纽。坚持共享发展理念，按照全面建成小康社会的总体要求，主动适应"一带一路"倡议、京津冀协同发展战略、长江经济带发展战略，继续增加机场数量，扩大覆盖范围，建立起以枢纽结构为主、枢纽结构与城市对结构并存互补的航线网络结构，构建国际枢纽、区域枢纽功能定位完善和大中小型枢纽、非枢纽运输机场、通用机场层次结构明晰的现代机场体系。

（1）打造国际枢纽。着力提升北京、上海、广州机场国际枢纽竞争力，推动与周边机场优势互补、协同发展，建设与京津冀、长三角、珠三角三大城市群相适应的世界级机场群，明确区域内各机场分工定位，与其他交通运输方式深度融合、互联互通。逐步提升成都、昆明、深圳、重庆、西安、乌鲁木齐、哈尔滨等城市的机场的国际枢纽功能。

（2）巩固和培育区域枢纽。积极推动天津、石家庄、太原、呼和浩特、大连、沈阳、长春、杭州、厦门、南京、青岛、福州、济南、南昌、温州、宁波、合肥、南宁、桂林、海口、三亚、郑州、武汉、长沙、贵阳、拉萨、兰州、西宁、银川等城市的机场形成各具特色的区域枢纽。

（二）着力提升北京、上海、广州机场国际枢纽竞争力

一个地区、一个国家民航发展的国际化水平和能力，是这个地区和国家开放发展水平和阶段的一个重要标志。中国民航坚持开放发展理念，加快"走出去""飞出去""引

进来"的步伐，构建开放发展新格局，必将为我国以开放发展实现合作共赢做出应有的贡献。

打造具有国际竞争力的航空公司和大型航空枢纽是民航强国的主要标志，航空枢纽也是区域经济发展和产业升级的"发动机"。

从中华人民共和国成立初期到 20 世纪末，我国民航经历了漫长的行业生成期和成长期。在此期间，运力和基础设施建设基本形成了规模，但服务社会、推动经济发展的功能和作用相对还比较弱。民航业成熟期的主要标志，是在国家政治社会经济文化中充分承担动力性的作用。尤其是中国经济已逐步融入世界经济一体化进程之中，确保人流和物流在世界范围内快速流动，中国需要在重要政治经济中心城市搭建能与国际经济中心城市和主要经济体平等对话的航空运输网络平台，这事关大国经济地位、国家经济安全。世界经济发展的实践表明，像伦敦、纽约、法兰克福、香港、新加坡等世界重要国际城市，都拥有大型国际航空枢纽港。长期以来，由于我国经济社会发展水平、航空运输总量规模等客观因素的制约，决定了我们的国际航空枢纽建设相对滞后于经济发达国家。这几年来，周边国家（地区）的主要枢纽机场已抢占了我国本土中转和国际中转 30%的客货资源。中国经济的快速发展，必将由"经济大国"向"经济强国"跨越，必然需要建设自己的大型国际航空枢纽港。

从东亚地区目前的枢纽竞争局势来看，寰宇一家成员包括日航、国泰，拥有东京成田国际机场、东京羽田国际机场、香港国际机场三大枢纽机场；天合联盟成员包括大韩、南航、东航，拥有首尔仁川国际机场、广州白云国际机场、上海浦东国际机场三大枢纽；而星空联盟成员包括全日空、韩亚、新航、国航，坐拥东京成田国际机场、东京羽田国际机场、首尔仁川国际机场、新加坡樟宜国际机场、北京首都国际机场五大枢纽。总体而言，东亚地区目前的枢纽机场竞争格局较为激烈，东京成田国际机场、东京羽田国际机场及首尔仁川国际机场目前掌握着亚洲—北美的优势地位；香港、新加坡及广州等城市的国际机场将竞争东南亚枢纽地位；而北京、上海、广州作为国内三大枢纽机场所在城市，必须做出清晰的战略定位与战术布局，才能在未来愈发激烈的区域内核心枢纽机场的竞争中占据优势。

随着中国经济的不断增长，我国三大国际枢纽机场必须与其他世界级枢纽机场展开竞争，虽然目前尚无明显优势，尤其是在机场的设计能力、空域条件，以及发展国际中转业务的政策等方面，但却有角逐东亚地区核心国际型枢纽机场的潜力。为了将中国三大枢纽机场真正打造成世界性的区域枢纽中心，持续发展的关键是枢纽机场本身的持续竞争力的提升，并不断整合、建立、配置内部与外部资源，最重要的是不断提高整体战略规划能力并与基地航空公司（联盟）通力合作。

由于枢纽机场的区域位置、政治地位、经济发展规模不同，我国三大复合性国际枢纽机场需要明确战略定位，灵活拓展发展空间，利用自身特点发展建设枢纽机场。国外有许多成功的例子。位于美国西海岸的洛杉矶国际机场提出了建立亚太地区枢纽的目标，即利用自己独特的地理位置，做当今世界发展最快的亚洲和拉美两大地区间航线的经停点，2017 年洛杉矶国际机场年旅客吞吐量位居世界第四，达 8 456 万人次，比 2016 年增长

10.5%。孟菲斯国际机场和路易斯维尔国际机场，因为居于美国中部且气候适宜而成为联邦快递和 UPS 的航空枢纽，白天接待客运航班起降，晚上则摇身一变，主要接纳数以百计的货运航班。尽管其客流量不大，但晚上的货运航班为当地解决了大量的就业问题，也吸引了不少企业在机场周边"安营扎寨"。

因此对于国内三大枢纽机场而言，在不断变化的经常竞争环境中形成自身动态的发展能力，持续创新、适时调整战略部署、增强旅客与航空公司价值是持续提升自身竞争优势的有效路径。随着国际航空公司不断兼并重组与联盟发展，以及国内经济的快速发展与全球经济一体化的深化，国内三大枢纽机场必须依托强大的国内市场，在拥有竞争优势的同时联合基地枢纽型航空公司（联盟）抢占先机，努力成为未来全球航空市场的重要国际型枢纽。

（三）实现世界级城市群和大型航空枢纽联动发展

在国家"十三五"发展规划纲要中明确提出了打造国际航空枢纽机场的目标，具体为"建设京津冀、长三角、珠三角世界级机场群"。拥有具备较高国际竞争力的大型航空枢纽是国家综合国际竞争力的重要标志。同时又提出了"加快建设哈尔滨、深圳、昆明、成都、重庆、西安、乌鲁木齐等城市的国际航空枢纽，强化区域枢纽功能。"国家"一带一路"倡议的实施，要求我国建设与国家对外开放体系相适应的国际航空枢纽格局，这七大国际航空枢纽将是我国未来参与"一带一路"倡议的重要突破口。

京津冀、长三角和珠三角城市群是世界级城市群，是我国经济发展高地和对外开放的核心门户，也是我国"一带一路"倡议的战略支撑。要依托城市群发展，加快北京、上海、广州等大型国际航空枢纽建设，进一步完善航线网络，发展中远程国际航线，打造复合型国际航空枢纽。北京大兴国际机场已开航，加紧完善北京一市两场的国际航空枢纽功能；加快上海第三机场、广州正果国际机场等机场建设和研究，推进城市群内综合交通枢纽建设，完善机场布局和机场体系建设，满足不断增长的客货运需求。在巩固本地集散枢纽基本功能的基础上，强化我国门户的核心功能，加大航权开放力度，定向增加沿线国家首都和经济核心城市通航点和航班频次，培育国际中转枢纽的潜在功能，丰富其他国际航线网络。对内推进区域机场的协同发展，通过区域内机场的股权和业务合作，整合多机场体系资源，优化机场群航线网络结构，明确支线机场的功能定位，承接核心机场的溢出效应，发展低成本、货运等差异化特色业务，强化对腹地市场的辐射能力。

1. 京津冀民航协同发展和首都机场集团

京津冀民航协同发展既是落实国家发展战略的重要举措，也是优化民航发展结构、提升民航发展质量和效率的需要。推进京津冀协同发展，对疏解北京非首都核心功能，带动国家经济结构调整的意义重大。要运用改革创新思维，通过打造世界级综合性、复合型枢纽机场群，推动京津冀地区形成统一的航空市场，支撑京津冀城市群发展。京津冀民航协同发展分两个阶段：至 2019 年为调整结构阶段；2020—2030 年为全面升级阶段。

要以北京大兴国际机场建设为契机，以完善基于功能定位的航线网、机场网为突破口，将京津冀民航协同发展推向深入。首先，合理定位各机场分工是京津冀协同发展的关键。各区域、各机场要根据市场需求和自身条件，明确自身的功能定位，实现与区域内其他机场适度错位经营，同时引导航空公司围绕功能定位，构建相应的航线网络。其次，疏解北京首都国际机场非国际功能是当前阶段工作的重点。在京津冀民航协调一体化中，一方面，要严控北京首都国际机场非国际航空枢纽功能增量航班，另一方面，逐步将北京首都国际机场航班中部分支线航班疏解到周边的天津、石家庄等机场。最后，改善空域资源条件是促进京津冀民航协同发展的保证。要充分考虑京津冀地区各机场规模与空域资源的密切关系，合理规划布局，为京津冀民航协同发展进一步拓展空域资源。

根据《北京首都航空枢纽建设实施纲要》制定的战略目标，努力把首都航空港建成国际国内客货运输的大型复合航空枢纽。

目前世界上旅客吞吐量排名前 25 位的机场无一例外都是航空枢纽港，枢纽机场的重要性也越来越明显。成熟的枢纽机场有四大要素：一是足够的旅客和货物吞吐量；二是十分优越的地理位置；三是四通八达的航线网络和结构合理的航班波；四是充足高效的机场保障设施和方便快捷的中转服务条件。北京首都国际机场几乎具备了建设世界级航空枢纽的一切有利因素。北京是中国的政治、经济和文化中心，北京首都国际机场是对外交流的国际门户，是我国航空运输的集散中心，具有巨大的客货市场发展潜力。2017 年旅客吞吐量已经达到 9 578 万人次，世界排名第二位。北京的地理位置十分突出，从世界航线网络图可以看到，中国恰好处在连接欧、亚、美航程最短的北极大三角航线的亚洲拐点附近，在世界航空运输中具有明显区域优势。北京的重要战略地位，决定了北京首都国际机场的地位和作用。2018 年 8 月北京首都国际机场运营的航空公司共有 95 家，国内定期航班通航机场 160 个，国际和地区定期航班通航机场 155 个，北京始发航线网络遍及全世界。北京首都国际机场现有三条跑道、三个航站楼的运营格局，2019 年 9 月投入运营的大兴国际机场工程投资 799.8 亿元，规划建设 7 条跑道，满足年旅客吞吐量 1 亿人次需求。一期工程按 2025 年旅客吞吐量 7 200 万人次，货邮吞吐量 200 万吨，飞机起降 62 万架次的目标设计，建设 4 条跑道、70 万平方米航站楼及相应的货运、空管、航油、市政配套、综合交通枢纽等设施。总体运营保障能力将有质的飞跃。

2. 长江经济带发展和上海机场集团

2016 年 6 月 1 日，国务院批复了《长江三角洲城市群发展规划》。长三角城市群作为我国综合实力最强的经济中心、亚太地区重要的国际门户、全球重要的现代服务业和先进制造业中心，是我国率先跻身世界级城市群的地区，也是我国参与经济全球化的主体区域。

长三角地区处于国家"一带一路"与长江经济带的交汇地带，上海自贸区、苏南国家自主创新示范区、舟山群岛新区等项目建设在江浙沪地区次第开展。建设长三角世界级机场群是民航服务国家战略的责任使命；建设长三角世界级机场群也是民航服务区域经济的客观需要，有利于推动长三角地区进一步深化国际分工和国际贸易，有利于长三角地区现代服务业发展，促进区域经济转型升级，有利于带动优势资源向航空相关产业聚集，做大做强临空经济；建设长三角世界级机场群还是打造民航强国的重要任务，是构建全国基于功能定位的机场网和航线网的重要支撑，能更好地满足长三角城市群发展对航空运输的巨大需求。

2016年，长三角机场群16个机场累计旅客吞吐量达1.9亿人次、货邮吞吐量503.9万吨，规模上分别占全国的18.7%和33.4%，占三大机场群的40.2%和44.75%。无论从业务规模看，还是从布局结构看，长三角地区民航具备建设世界级机场群的有利条件。长三角省市地方政府高度重视民航业发展，在政策、法规、财税等方面对当地民航业发展给予了大力支持，为长三角世界级机场群建设创造了良好的外部环境。

上海是我国经济、金融、贸易和航运中心，是世界上规模和面积较大的都会区之一。建设国际航空大都市既是上海贯彻落实"一带一路"倡议和长江经济带建设国家战略的重要行动，也是建设"四个中心"和现代化国际大都市、迈向全球城市的关键举措。民航局表示，将大力支持上海建设国际航空大都市。民航"十三五"规划中明确提出，将着力提升上海机场国际枢纽竞争力。

根据上海市政府和国家民航局联合下发的《上海航空枢纽战略规划》、民航局《中国民用航空发展第十三个五年规划》，上海航空枢纽建设的功能定位为客运和货运并举、国际和国内并重、本地市场与中转市场共发展的世界级复合型国际航空枢纽。以上海浦东国际机场为主建设国际复合型门户枢纽，重点提升上海浦东国际机场枢纽核心竞争力，加快构建枢纽航线网络和航班波；上海虹桥国际机场在枢纽结构中发挥辅助作用，以国内点对点运营为主，通航少量的国际包机和地区航班，同时，承担城市和地区通用航空（如公务机等）运营机场的功能。上海两大机场互为支撑，促进了世界级航空枢纽机场客货运的快速增长。

1995年，只有1座民用机场、1个航站楼、1条跑道的上海，首度实现了民航旅客年吞吐量达到1 000万人次。此后的20年间，上海机场服务航运中心建设，推进航空枢纽战略，前瞻规划，适度超前建设，实现跨越式发展。1999年，作为浦东开发开放浓墨重彩的一笔，上海浦东国际机场一期工程建成通航，上海成为我国首个拥有两座大型国际机场的城市，迈入了"一市两场"运行的新阶段。2010年，虹桥机场第二跑道、2号航站楼竣工投用，建成融民航、高铁、高速公路、城市轨道交通于一体，亚洲最大的上海虹桥综合交通枢纽。20年的高速发展中，上海机场成长为拥有2座机场、4个航站楼、5个货运区、6条跑道、3个货邮国际（地区）转运中心，与全球近300个城市通航的世界级枢纽机场，更实现了旅客吞吐量从千万级到亿级的里程碑式的跨越。与航空客运业务相呼应，上海机场集团的货运业务有望连续9年位居全球机场第三。

2017年，上海浦东国际机场和上海虹桥国际机场三大运输生产指标持续稳步增长。全年，两场共保障飞机起降76.04万架次（其中，上海浦东国际机场49.68万架次，上海虹桥国际机场26.36万架次），同比增长10.2%；完成旅客吞吐量11 189.64万人次（其中，上海浦东国际机场7 001.24万人次，上海虹桥国际机场4 188.40万人次），同比增长10.5%；完成货邮吞吐量423.17万吨（其中，上海浦东国际机场382.43万吨，上海虹桥国际机场40.74万吨），同比增长11%。

上海机场不断提速，始终以超前规划引领发展的思路。如今，上海虹桥国际机场、上海浦东国际机场两场的新一轮蓝图正有条不紊地推进，其中包括上海虹桥国际机场第一航站楼改扩建工程（已竣工）、上海浦东国际机场三期扩建工程、上海浦东国际机场总体规划修编等关系着上海航空枢纽长远发展的建设项目和规划编制。到2020年，两个机场将形成客货运吞吐量1.2亿人次和520万吨的保障能力。未来，上海机场将着力于强功能、补短板、提品质，提升安全服务品质和航班运行效率，在民航客货运基础产业做强的同时，积极探索航空产业链的延伸升级，服务于上海，服务于长三角，服务于国家发展。踏上亿级台阶的上海机场将开启上海航空枢纽建设新篇章，致力于实现上海航空枢纽的高品质发展，服务上海建设卓越全球城市的战略蓝图。

3. 珠三角城市群和广州白云机场

进入21世纪，促进珠三角经济发展和城市化的动力机制发生了巨大的变化，原来的外资导向型的工业化模式和城市化模式也因此出现了新的趋向，新的动力主要来自于城市经济的发展、国际国内联系的加强以及民间资本的壮大。如今，形成了以广州为中心的内部交通网络和以香港为中心的外部交通网络，为珠三角迅速融入全球发展奠定了基础。

国家出台的《珠江三角洲地区改革发展规划纲要（2008—2020年）》（以下简称《纲要》），《纲要》定位将珠三角打造成世界级经济都市群，这就需要世界级机场群来做支撑，为区域内机场发展提供了空间。珠三角地区有香港、广州、深圳、澳门、珠海五大机场，各机场间直线距离不超过150 km，机场密度居全国之首，在世界范围内实属罕见。五大机场所处的地理位置及分属"一国两制"的情况也非常特殊。

2010年，在国务院首度将五大机场合作定位列入《粤港合作框架协议》《粤澳合作框架协议》，两个文件提出"完善广州、深圳、珠海、香港和澳门等五大机场联席会议机制，积极争取国家支持扩大珠江三角洲空域使用空间，支持香港国际机场巩固国际航空中心地位，广州白云国际机场建成我国门户复合型航空枢纽，深圳宝安国际机场成为大型骨干机场，珠海金湾机场发展航空产业，而澳门国际机场将建构成为多功能中小型国际机场的范例"。

得益于珠三角地区经济快速发展，2016年，五大机场年旅客吞吐量超过1.85亿人次，年货运吞吐量超过730万吨。但根据国际航空运输协会（IATA）估计，随着商贸和整体经济的不断发展，大珠三角地区航空市场的客运量到2030年每年复合增长率为5.9%，区内机场纵使有扩建计划，仍不能追上航空服务需求。估计到2020年，客运需求量达到2.33亿人次，仍有3 300万人次的客运需求量未能得到满足，而货运量达到1 000万吨。到2030年情况会更严重，客运需求量将达到3.87亿人次，有1.47亿人次需求未能满足，而货运量将达到2 000万吨。未来，珠三角航空市场潜力巨大，五大机场的客货运输增长量跟不上市场需求。这也就是珠三角机场这么密集，但这些年来各机场都能快速发展的原因。

国务院颁布实施的《若干意见》对珠三角地区的机场发展进行了战略规划，加强珠三角地区机场功能互补。国家"一带一路"倡议也明确提出要"强化广州等国际枢纽机场功能"，着力把广州机场建成功能完善、辐射全球的大型国际航空枢纽。未来广州将与国内、东南亚主要城市形成"4 小时航空交通圈"，与全球主要城市形成"12 小时航空交通圈"。要将广州建成枢纽型网络城市。《广州市国民经济和社会发展第十三个五年规划纲要（2016—2020 年）》明确指出，发展国际航空枢纽是广州"十三五"期间的三大战略（国际航运、航空、科技创新）之一，同时也是广州在全球城市体系中扮演重要角色的有力支撑，其核心是立足广州白云国际机场建设国际航空枢纽，大力发展临空经济，努力建设广州国家临空经济示范区。

广东机场集团按照近期、中期、远期规划全面系统推进国际航空枢纽建设，朝着"安全、高效、优质运营的世界级航空枢纽"大步迈进。目前，广东机场集团正全力加快推进广州白云国际机场扩建工程建设，确保按目标任务如期建成使用。广州白云国际机场扩建工程本期完成后，将拥有三条跑道、两座航站楼，硬件设施达到世界级水准。未来，随着广州白云国际机场第四跑道、第五跑道、第三航站楼、广州正果国际机场的建设，以及机场的陆侧交通建设网络和空域资源的优化，广州白云国际机场将成为全球重要的航空综合枢纽之一。

近年来，广州白云国际机场国际业务发展强劲，国际航班量占比从 13.6%提高到 2017 年的 21.9%，国际中转旅客量占总中转旅客比例由 39.7%提高到了 83.6%，世界级航空枢纽建设进程加快。目前，广州白云国际机场航线网络可通达 148 个国内城市，国际方面则形成了覆盖亚洲、大洋洲、欧洲、北美洲及非洲等全球各地的航线网络，可通达 95 个国际城市。其中，南航通过对第六航权的充分运用，初步形成了"欧洲经广州转澳新"及"南亚经广州转北美、大洋洲"的"X"形国际中转网络布局。

当然，广州白云国际机场对国际航线的雄心不止于此，将其建设为联通全球、体验愉悦的世界级航空枢纽，优化空中网络，优化航线结构、机型结构，加强与航空联盟合作，积极争取配套政策，将是未来的发展方向。

（四）逐步提升成都、昆明等七个机场的国际枢纽功能

在 2018 年 3 月 17 日发布的国家"十三五"规划中，首次提出要加快建设成都、昆明、深圳、重庆、西安、乌鲁木齐、哈尔滨等国际航空枢纽，无疑给地方发展民航业提供了契机，也给航空公司开通国际航线提供了方向。其实，新提出建设的这七个国际航空枢纽本身都已经是千万级机场，深圳和成都枢纽更是在长期争夺国内第四大航空枢纽的位置。

在这七个机场中，有六个是三大航空公司的区域枢纽。深圳是国航菱形网络的第四个点，成都是国航的区域枢纽，昆明、西安是东航的区域枢纽，重庆和乌鲁木齐则分别是南航早前确定的区域枢纽和高原、高高原枢纽。但这些延续自 2004 年民航体制改革的既定格局其实已经慢慢地改变了，越来越多的航空公司完善全国布局，进而让这些城市的机场如同北京、上海、广州一样出现几大航空公司汇聚且有其他航空公司进驻的局面。

1. 重庆—成都—昆明国际航空枢纽

西南板块是我国民航发展的第四高地，区位优势和战略地位突出，重庆、成都、昆明

三大枢纽机场是我国"一带一路"倡议辐射东南亚、南亚的国际航空门户和排头兵。目前，西南板块已经成为我国面向南亚、东南亚的最大的航空市场，在"一带一路"倡议中应继续发挥核心辐射带动作用，三大核心机场从国内枢纽功能向国际枢纽转型，不断开辟和加密南亚、东南亚航线，发展国内中转至南亚、东南亚航线，建设成为全国面向南亚、东南亚的航空辐射核心区。要加强核心枢纽机场基础设施建设，缓解目前容量饱和困境，提高机场的综合保障能力。要稳步推进成都新机场、重庆新机场建设研究，完善支线机场功能布局，形成规模适当、分工明确的机场体系。要优化三大机场的中转流程、通关流程，简化中转手续，打造便利的中转服务流程，提升门户枢纽中转效率。要扩大西南板块的航权开放力度，争取第五、第六航权，吸引国际大型网络型航空公司和低成本航空公司入驻，提高国际—国内—国际的航班互转衔接能力。要培育主基地航空公司，发掘西南地区旅游资源深度，扩大旅游宣传，深挖南亚、东南亚航空旅游市场潜力，打造南亚、东南亚等国际航线航班波。

2. 深圳国际航空枢纽

深圳宝安国际机场位于我国三大国际机场群之一的珠三角机场群，是我国民航参与国际航空运输市场竞争的主战场之一，目前已经形成了以广州、香港为核心的区域多机场体系，以广州、香港为核心的珠三角机场群已不能满足本地旺盛的国际航空市场需求，也不能满足深圳市日益提高的国际城市地位。建设深圳国际航空枢纽将有利于满足深圳本地航空市场的强劲需求，也将提升我国国际航空市场的国际竞争力。因此，要加快第三跑道、T4航站楼等基础设施建设，优化空域环境，提高机场运行效率，完善机场国际航空业务设施和流程，主动把握我国国际航空市场的战略机遇，发挥深圳宝安国际机场的市场资源和地理区位优势，以市场需求为基础，打造区域国际航空快线，提升面向东北亚、东南亚地区的门户枢纽作用，积极拓展欧洲等洲际远程国际航线。要重点强化本地国际航空市场服务能力，逐步拓展国际中转市场，开拓沿线航空市场，构建经深圳中转至中亚、西亚、中东、东欧的空中通道。要依托顺丰、UPS等航空快件企业，提高航空快件转运服务能力，建设辐射亚太的航空货运中心。要培育或成立与深圳国际航空枢纽战略协同的主基地航空公司，优化国际航线运力投放结构，完善国际航线网络布局。

3. 西安—乌鲁木齐国际航空枢纽

以西安、乌鲁木齐为核心的西北航空板块是我国西北战略屏障和向西开放的门户，是"丝绸之路经济带"建设的起点和核心区。西北地区地处亚欧大陆腹地，具有得天独厚的区位优势，建设西安、乌鲁木齐国际航空枢纽有利于引领西部地区进一步扩大开放，将加强我国与中亚、西亚及欧洲的联系。西安咸阳国际机场、乌鲁木齐地窝堡国际机场应充分发挥其区位优势，打造通达中亚、西亚和欧洲地区的航空网络，开辟由内地经停乌鲁木齐、西安至中东、欧洲的远程国际航线，逐步培育连接东北亚、东南亚和中亚、西亚、欧洲的枢纽中转能力，形成连接欧亚，面向中西亚的国际航空枢纽；扩大对外开放力度，推进与丝路沿线国家航空运输市场的自由化和便利化，支持扩大乌鲁木齐和西安两地的机场与沿线国家的航权安排，重点推动与中亚、西亚的航权开放，争取第五航权开放；保障能力不足和航班时刻资源紧张是西北两大核心机场面临的两大关键问题，应加快机场基础设施改扩建进程，提高宽体飞机投放比例，强化国际航线通道建设，提升机场的综合保障能力；支持基地航空公司建设，或强化与南航、海航合作，或组建本地航空公司，加大对远程国际航线补贴力度，全面提升在丝绸之路经济带的国际航空枢纽地位。

4. 哈尔滨国际航空枢纽

哈尔滨太平国际机场位于东北亚的中心地带，有着与俄罗斯、日本、韩国、蒙古等国开展合作的天然区位优势，是我国向北开放的重要门户，是国家"一带一路"的主要组成部分，是建设"中蒙俄经济走廊"的重要窗口。应基于哈尔滨太平国际机场天然的区位优势和发展基础，强化面向日韩、俄罗斯的航线网络，提升哈尔滨太平国际机场面向东北亚和俄罗斯的门户枢纽功能。积极开拓面向东南亚的国际航线，挖掘本地旅游资源，培育旅游快线；引入低成本航空公司，鼓励低成本航空公司参与国际竞争，开通周边国家航线；加快国际中转、国际采购、国际配送和转口贸易等国际航空物流发展，建设内地通往俄罗斯远东地区的门户机场和物流集散地。

三、我国中小机场建设和发展

（一）中小机场是构建国家公共运输体系的基础

我们强调建设大型国际航空枢纽的重要性，并不意味着可以忽视区域枢纽、干线和支线机场的作用。综合实力强的民航强国，都具有发达的支线航空。尤其小型机场是"神经末梢"和基础节点，支线航空是"毛细血管"。只有小型机场发展起来了，我国航空运输网络才能真正实现四通八达。这几年来，民航局高度重视构建国家公共航空运输体系，这是由一个大国特别是我国地区差别、经济不平衡等特点所决定的。从航空运输业发展角度看，世界上只有中国、美国和俄罗斯等大国需要也有条件构建国家公共航空运输体系。一个经过科学规划、合理和完整、保持稳定运行的国家公共航空运输体系，对促进我国国民经济可持续发展、不断提升人民生活质量将有极为重要的作用。

中小机场除了拉动和推动区域经济发展之外，还能缩小地区差距，促进社会和谐。缩小地区差距是区域协调发展的重点和难点，也是构建和谐社会的重要内容。只有缩小地区差距，使广大人民群众共享发展成果，才能保持社会和谐稳定。民航在这方面可以发挥作用。一方面，通过发展民航，可以联结边远地区、落后地区，有助于当地居民享受均等的基本公共服务，有助于当地经济社会融入国家整体发展，从而促进区域协调发展；另一方面，随着政府公共服务领域的拓展和通用航空事业的发展，民航可以在医疗救护、治安监控、环境监测、邮政等方面提供更加优质的公共服务。在继续实施西部大开发、东北地区等老工业基地振兴、中部地区崛起、东部地区率先发展的区域发展总体战略中，民航也可以担当大任。

有的中小机场建设和发展，其意义更是超出了一般意义上的社会效益、公共产品范围。像西藏阿里昆莎机场、青海玉树机场、新疆和田机场等，在应急救援和国防安全等方面更是发挥着独特的作用。例如,在 2010 年的玉树抗震救灾中,玉树机场经受住了地震的考验,为震区架起了生命的"空中通道",在救治伤员、输送搜救人员、运输物资和药品等救灾活动中发挥了重要作用。

(二)加快中小机场建设步伐

为更好地服务国民经济社会和区域经济发展,"十三五"期间,我国续建机场 30 个,新修建机场 44 个,迁建机场 19 个,改(扩)建机场 139 个,全行业基础建设投资将达到 1.5 万亿元。这些新修建机场项目大多数位于中西部,建成后将对当地社会经济发展产生更大的拉动作用。

近几年,社会上开始出现"我国机场尤其支线机场是否建得太多、太快"的质疑。理由依据是中国四分之三的机场都在亏损,都是中小机场,尤其是中西部地区,每座机场平均亏损 1 500 多万元。这说明社会对民航业的战略地位和作用,在理解和认识上还有偏差。

《若干意见》明确了民航业是我国经济社会发展重要的战略性产业,要坚持率先发展。率先发展就要有超前性。战略性产业就是事关基础、事关长远、事关全面的产业。那么,事关基础、事关长远、事关全面的事,就要率先发展,率先就要有一定的超前性。中国的机场建设速度并不是太快了,相反是太慢了。截至 2017 年年底,我国颁证运输机场 229 个。从目前我国的社会和经济发展需求对民航的要求来看,我们的支线机场确实还是少了。目前我国支线机场的密度不仅低于美国、欧盟、日本,也低于印度、巴西这样的发展中国家。美国目前有各类机场近 19 700 个;像巴西、南非这样的发展中国家,客货运输机场也达到 700 多个。而我国目前有 330 多个地级行政区划单位,但每个地级单位才平均拥有不到一个机场。要实现我国未来的民用航空发展目标,支线机场还需要发展,需要继续稳步有序推进支线机场的建设。

(三)中小机场发展中的问题

1. 客源不足

制约中小机场快速发展的主要因素往往是客源不足。

目前,我国中小机场普遍面临经营发展困难问题,其中的原因是多方面的。中小机场多处于经济欠发达和老少边穷地区,客货流量少,开通航线少,航班频率偏低。除了少数机场因为当地经济、旅游业不景气,确实存在客源不足问题之外,大部分中小机场的客源不足是由于机场的产品不够丰富,难以吸引周边的旅客。客源不足导致航空市场吸引力不够,航空公司在该机场投入运力的意愿也不大,这进一步导致机场航线和时刻资源的可选性降低,进而导致客源进一步流失,从而陷入恶性循环,年旅客吞吐量的增长低于民航整体发展水平,并在较长的时间内难以取得突破。这种状况反过来又使航空运输远不能满足这些地区的社会经济发展需要。中小机场效益差,自身发展困难,也影响了地方政府投资机场的热情。

这些年来，为了增加客源，各地方政府对开辟或增加飞往北京、上海、广州、深圳等繁忙机场的航线航班的愿望十分强烈，民航局承受着来自各方面的压力。其中，主要繁忙机场已经满负荷运行，特别是北京、上海、广州三大城市的机场高峰时段起降时刻完全饱和，很难满足各方的需求。与此同时，目前我国拥有口岸的机场为 82 个，其中国际机场占 45 个，开辟了国际及港澳台地区定期或不定期包机航线，但仍有不少地方政府希望辖区内机场成为口岸机场。如果不能统筹协调好上述这些问题，既影响我国大型国际门户枢纽、区域枢纽建设，也制约中小机场的发展。

我国航空运输主要是点到点航线结构，中小机场有限的客货流量资源分散在不同的航线上，客货流量小，开通航线少，加上航班频率过低，当地航空运输市场很难培育。这种状况反过来又使航空运输远不能满足一些地区社会经济发展的需要。因此构建区域航空枢纽网络结构，对中小机场的发展至关重要。

如果建立了枢纽网络型航线结构，客货通过区域性枢纽机场中转，就能扩大对中小机场的航线辐射范围，为中小机场增加航线数量，反过来这些中小机场又成为区域枢纽机场的支撑。目前，我国许多省（区）具备构建区域枢纽的客观条件。云南机场集团统一管理全省 12 个机场，初步形成了支线与干线航班紧密衔接、区域枢纽与中小机场分工合作的良性互动发展格局，真正迈入了经营集约化、管理专业化、发展产业化的良性轨道。新疆、黑龙江机场集团已经取得成功经验。浙江省也正在抓紧谋划省内支线航空网络，重点开通杭州萧山国际机场与省内各机场之间的航线，使杭州萧山国际机场成为省内枢纽。

《若干意见》提出要建三十多个国际枢纽和区域枢纽，要成为枢纽机场，诚然需要一定的旅客吞吐量做支撑，但高比例的中转业务和高效的航班衔接能力，才是枢纽机场最重要的特征。毕竟，要打造一个中转机场，单纯依靠客货吞吐量增长并不行，还需要进一步提高中转保障能力，需要更多支线机场成为枢纽机场支撑点。

2. 支线机场效益

所谓支线机场的效益问题，是指机场自己在运营过程当中所产生的盈利和亏损的效益之比，其中没有计算机场的综合效益。据历史资料统计，2011 年我国有 130 多个机场亏损，共计亏损近 20 亿元，平均每个机场亏损 1 500 万～1 600 万元。这些亏损的机场绝大部分是支线机场，很多机场航班起降架次太少，因此无法实现盈利。按照民航界惯例，年旅客吞吐量 50 万人次以下的机场几乎无盈利可能，年吞吐量只有几万人次乃至几千人次的支线机场无法解决"温饱"问题。目前中国绝大部分支线机场初期运营主要靠地方政府补贴，由于支线机场一般年旅客吞吐量较低，空运量较小，因此无法形成规模效应，往往成本过高，一个支线机场，如果每天起降 4 架飞机，成本就是 24 万元。

一个小的支线机场的管理人员是五六十人，一年的运营费用不超过 2 000 万元，就可以保证机场的运转了。现在出现一种情况，一些小机场尽管是亏损的，但是这个小机场的所在地市积极给机场进行补贴，包括航空公司飞到这个地区的补贴，还是希望机场运转起来，希望多往这个地方飞行。因为机场的投资效益比是 1∶8，实际上它是低投入、高产出的行业，带动的是整个区域经济的社会发展。因此，宁愿给点小补贴，也要让它发挥大作用。这些机场多是地市级城市机场，其服务覆盖了全国 70%以上的县域，对地区经济贡献以万亿元计。因此，我们在看待机场亏损时，不能只盯住数字表面，还应看到数字背后更多的事实，尤其是给当地经济社会发展带来的巨大驱动作用。

从民航全局角度来看支线机场的亏损，是用局部利益的损失换取全局更大的效益。飞机是点到点之间的飞行，支线机场通常是往干线机场飞。我们可以想象，如果没有支线机场，干线机场就一定没有那么大的运量，也就没有集聚效应。正因为有了支线机场，干线机场的规模效益提高了，盈利水平提高了，航空网络规模的经济效益提高了，所以单一支线机场虽然亏损，但是从全网络来看不一定亏损，把全国 229 个机场全部加起来看，是不亏损的。2017 年，我国民航全行业累计实现营业收入 7 460.6 亿元，比 2016 年增长 15.3%，利润总额 652.3 亿元，比 2016 年增加 71.7 亿元。其中，机场实现营业收入 958.0 亿元，比 2016 年增长 714.6%，利润总额 154.0 亿元，比 2016 年增加 30.9 亿元。

我们的亏损还在于总量不多，像云南省 12 个支线机场，合在一起，自 2007 年至今已经连续十年盈利了，所有支线机场都是盈利的，没有亏损，因为整体形成了一个网络效应。实际上机场多了才容易活，就像栽树一样，栽一棵树就死了，栽一片就成了森林，会越长越高。支线机场也不永远是亏损的，事实表明，现在有一些支线机场已经开始盈利。所以从效益上来看，支线机场的综合效益是好的，而且从目前我国的整个社会和经济发展需求对民航的要求来看，我们必须加快支线机场建设。

3. 中小机场安全保障能力滞后

在"十二五"期间，全国机场旅客吞吐量从 6.2 亿人次升至 9.1 亿人次，年起降架次从 589 万升至 856.6 万，增幅分别高达 46.8%和 45.4%，而同期机场航站楼面积仅扩大 20%，机位数的增幅更是不足 3%。行业的快速发展，带来了机场一线岗位人员数量不足、经验欠缺、运行保障设施设备不足以及机场超容量运行等问题，也导致安全保障能力跟不上机场的发展速度。这是机场发展的共性问题，但中小机场由于盈利能力不强，人员培训、设施配备、运行管理等方面的短板更为明显，保障能力滞后的问题相对更为突出。

2015 年 7 月 26 日，深航 ZH9648 航班机上纵火事件发生后，引起社会对民航中小机场安全工作的强烈质疑。其实，长期以来，民航一直非常重视中小机场的安全工作，民航局曾多次强调并要求，相关部门和各级政府要加大对中小机场安全工作的投入力度。

针对这次"7·26"机上纵火事件，涉嫌犯罪男子的违禁物品被带上飞机，说明台州机场的安全检查存在漏洞。在全国 200 多个民用机场中，大概只有 50 个左右的机场在盈利，其他机场都在亏损，需要国家的财政补贴。台州机场是我国典型的中小机场，运营过程中也确实存在入不敷出的情况。因此，该机场对安全的投入，特别是资金方面的投入能否达到保障航班安全的要求，也就引起大家的质疑。

在机场属地化改革完成后，地方政府拥有机场的投资决策权。有的地方政府并不完全了解民航的特殊性，对航空安全没有引起足够的重视。还有的地方政府片面追求"面子"工程，往往舍得将上亿元甚至几十亿元的资金投入到航站楼建设中，投入到机场贵宾室的装潢中，却不愿在安全设施设备方面加大投入力度。殊不知，安全才是民航的根基，没有安全，就没有民航的发展。中小机场对民航发展、对带动地方经济腾飞都具有重要的作用。因此，各级政府加大对中小机场的投入力度，首先就应该加大在安全方面的投入力度。安全才是民航的"里子"，中小机场的安全投入绝对不能省。

（四）抓住机遇，借助外力，保障安全

（1）抓住机遇，融入城市群和机场群联动发展中去。习近平主席在"一带一路"国际合作高峰论坛开幕式上的演讲，开启了"一带一路"建设的新篇章，为实现联动式发展注入了新能量，也为我国民航业同国内国际各方面加强合作、更深更广地融入经济社会发展指明了方向。我们要科学把握经济全球化时代区域经济发展的新态势和航空运输业发展的新趋势，着力实现世界级城市群和机场群联动发展。

城市群不仅仅是在空间分布上相对集中的一群城市，更是以分工、协作、共享为特征的城市发展命运共同体；机场群也不仅仅是区域内多个机场的简单集合，更是以协同运行和差异化发展为主要特征的多机场体系。中小机场大有可为，城市群的各种功能、活动离不开中小机场的支撑，城市群的发展又会不断拓展航空需求，促进中小机场的发展。新的时代条件下，中小机场要深化对城市群和机场群联动发展的认识，更好地参与"一带一路"建设，参与经济全球化进程。

城市群和机场群联动发展是全球经济发展的重要趋势。根据联合国预测，未来世界各地的超级大都市都将逐渐发展成更大的超级城市群，到2050年全球城市人口占总人口的比例将超过75%，最大的40个城市群将参与全球66%的经济活动和85%的技术革新。机场群是与城市群相伴相生的。不同功能、不同规模的机场分布于城市群的各个区域并形成机场群，与城市群相互作用、联动发展，支撑着城市群发展，成为城市群对外交流合作的重要通道。依托方便快捷的航空运输，中小机场城市可以更全面、更深入地融入全球产业分工中，在全球范围内组合成密切联系的城市网络，使得城市群和中小机场联动发展的辐射范围更加广泛，空间更加广阔。中小机场要想抓住当前发展机遇，必须融入城市群和机场群的联动发展中去。

（2）借助政府力量培育激发航空市场。很多中小机场可以随着当地经济的发展以及整个大民航市场的发展，自然摆脱亏损窘境，但很多机场如果没有外力干预，可能长期陷入市场增长乏力的困境。这些没有先天优势的中小机场要摆脱这一困境，努力跻身较大规模机场的行列，必须借助于政府部门主体发挥协同作用。《民用机场管理条例》强调机场的公共性，这就从法律的层面明确了各级人民政府对机场建设与发展的责任和义务。因此提高地方政府建设与管理机场的积极性与支持力度，即可为我国机场业获取更大的发展机会。

江苏省各级政府是当地民航发展的坚强后盾。江苏省9个机场的通航点数量和航班密度还不能适应江苏外向型经济发展的需要，国际航线尤其不够。但新航线在开辟初期的市场培育阶段，往往客源不稳定，给航空公司带来亏损。而财政补贴此时可以发挥作用。对经济社会发展影响大的新辟航线，江苏省财政会在其开航初期给予资金补贴。

2003年9月，韩国现代起亚集团决定在江苏盐城投资建设"汽车城"，条件之一就是

必须开通盐城至韩国的航班。2004年4月，盐城市政府财政补贴3 000万元开通了盐城—首尔的国际临时包机航班。2005年，总投资68亿元的"汽车城"项目落户盐城。此后，几百家韩资企业相继落户盐城，一个现代化的韩资密集区形成。2009年6月，盐城—香港航线的开通，使盐城市的港台招商工作也突飞猛进。盐城市政府利用机场和航线资源助推地方经济发展的做法，受到了社会各界的高度评价。

广西南宁吴圩国际机场要打造"面向东盟的门户枢纽机场"。广西是我国唯一与东盟海陆紧紧相连的地区。目前，南宁吴圩国际机场至东盟国家的航线已达14条。要保证客源，加密航线航班，就需要有足够的资金做支持。自2007年开始，广西壮族自治区政府每年投入的航线培育专项资金达到了1亿元，2014年已增加到1.8亿元。其中，大部分资金均用于培育南宁至东盟国家和港澳台地区的航线。自治区政府的热情，还带动了南宁等6个机场所在地市政府航线培育资金的增加。据统计，到2013年，自治区以及6市的航线培育资金已达4.3亿元，广西机场管理集团有限责任公司所辖6个机场共培育航线71条。

宁夏回族自治区政府的眼光显然更加长远。作为支线机场，宁夏中卫沙坡头机场、固原六盘山机场与很多支线机场一样，面临着亏损的困境。但他们专门设立了宁夏航空运输发展专项资金，用于新开航线补贴和支线机场的运营。宁夏回族自治区这两座机场建成使用后，迅速缩短了当地与发达地区之间的距离，使中西部群众的生活质量得到了进一步提高。

在航线补贴方面，青海省也一直走在全国前列。2011年，青海省委、省政府出台了《青海省民航运输发展专项资金使用办法》，补贴专项资金每年达到1亿元。利用这些补贴资金，2012年青海机场新开航线11条，新增通航点9个。2014年，青海省航线补贴金额已增至1.5亿元。

国务院总理李克强在2014年政府工作报告中指出："我们深处着力，把改革开放作为发展的根本之策，放开市场这只'看不见的手'，用好政府这只'看得见的手'，促进经济稳定增长。"在改革起跑之年，我们有理由期待，地方政府这只"看得见的手"会更加有力，更加得力，为民航业全面深化改革、实现新的腾飞注入更多动力。

（3）加大中小机场安全保障投入。在安全保障问题上，要解决的不单是资金投入问题，更重要的是思想认识问题。地方政府大多数热衷于关心机场建设的投资比例、开辟或增加至京沪穗等繁忙机场的航线航班等，却很少涉及安全保障问题。之所以会产生这种现象，从根本上说是思想认识问题和主体责任落实问题。这些年来，许多地方政府对机场安全投入不足，存在"等、靠、要"的现象，特别是对中小型机场的安全投入不足、设施设备老旧、整体保障能力不强等问题突出。机场属地化管理后，机场各方面的投资决策权在地方政府，但有的地方领导并不了解民航的特殊性和安全的头等重要性。有的地方政府舍得将上亿元甚至几十亿元的资金投入航站楼建设，贵宾室也修得富丽堂皇，却不愿意在安全设施、设备方面投入资金，致使当地机场的安全隐患长期得不到改善和消除，降低了机场的运行标准和等级。

机场既是民用航空运输的重要基础设施，也是城市公共基础设施，这就决定了地方政府要为机场的安全运营提供良好的环境。例如，地方政府对机场净空保护负有重要责任，许多地方政府已经通过地方立法形式来解决这一问题。但也有个别地方政府认识不到位、重视程度不够、管理缺位，致使机场净空范围内出现超高障碍物等问题频发。近几年就有几个机场由于净空问题威胁航空安全，尽管民航监管部门协调地方政府出面，但问题迟迟得不到解决，只能采取限制机场运行等级的办法，促使地方政府履行责任。

思考题

1. 简述机场管理体制的定义。
2. 机场特殊性体现在哪些方面？
3. 我国机场定性为公共基础设施的依据是什么？
4. 公共基础设施如何体现公益性和营利性？
5. 我国机场管理体制呈现多样性发展，主要有哪几种形式？
6. 简述机场管理机构的性质。
7. 如何正确处理好航空公司、地方政府和机场三者的关系？
8. 在机场发展中，地方政府如何发挥作用？
9. 机场管理机构的使命和职责是什么？
10. 简要说明《民用机场建设管理规定》是机场建设指导性的法规文件。
11. 机场建设的四项原则是什么？是如何体现科学性、可持续性发展要求的？
12. 机场选址应符合哪些要求？
13. 简述民用机场场址保护的重要性。
14. 当前机场设计有哪些新理念？
15. 取得机场使用许可证应具备哪些条件？
16. 机场建设资金筹集的渠道有哪些？
17. 简述国家公共航空运输机场体系的构成。
18. 简要说明我国打造三大复合枢纽机场的战略重要性和任务紧迫性。
19. 简述枢纽机场的特点。
20. 简述我国枢纽机场的布局。
21. 如何解决中小机场建设和发展中的问题？

第三章

民用机场布局

通过本章的学习，您将了解以下知识点：
1. 机场系统基本布局；
2. 飞行区跑道的布局和基本物理参数；
3. 仪表着陆系统的工作原理；
4. 航站楼布局和空侧布局种类；
5. 综合交通运输体系的规划；
6. 建设临空经济区基本原则和任务。

机场的功能是通过科学合理的布局，把生产力的三大要素有机地组合起来，发挥出其最大经济效能。跑道是机场的核心，是机场安全生产的关键，它决定了机场的生产规模和发展方向。航站楼是机场的"心灵"，既是劳动的生产场所，又体现出"天、地、人"最完美的融合。地面综合交通支撑着机场的再次崛起，和"临空经济区"新天地一起成为一部推动区域经济发展的发动机。

第一节 基本布局

机场的主要功能，简单地说，就是起降飞机，接送客货。具体一点说：一是供飞机起飞、着陆、停放；二是供旅客到达（进港）、出发（出港、离港）；三是供货物运入、运出。从交通运输的角度看，民用运输机场是空中运输和地面运输方式的转变点，客货运输方式由陆运改为空运，或由空运改为陆运。

围绕这些功能，形成了一个非常复杂的系统。机场系统图如图 3-1 所示，从图 3-1 右边可以看出，机场可以分为飞行区、航站区、地面交通三大块，就是机场三项主要功能的体现。为了实现这些功能，单靠这三大块是不够的。还要有一系列的配套设施。在机场区域里，就有许多不隶属于机场，但同飞机和飞行密切相关的设施，包括空中交通管理系统的塔台和相关的设施、航空公司的客货运输服务以及维修设施、油料供应设施，以及海关、进出境管理、检疫等部门的设施。

从图 3-1 左边可以看出，民用机场作为商业运输的基地可以把整个机场系统分成两大块：一块是机场空域，供进出机场的飞机起飞和降落，由于它同航路系统相通，因此由民航局空中交通管理局管理；另一大块是机场地面系统，由地面飞机活动区、航站区（候机楼、货运站）和进出机场的地面交通三部分组成，地面系统由机场管理部门管理。

机场地面系统又可以细分为空侧和陆侧两大块。空侧是供飞机在地面上活动的部分，主要包括供飞机起飞、着陆的跑道，飞机停放的机坪，以及连接跑道和机坪之间的滑行道。陆侧是为旅客和货物进出机场地面作业的部分，主要包括为旅客和货物办理手续和上下飞机的航站楼、各种附属设施以及机场地面交通设施（机场地面道路、停车场等）。旅客、货物则通过城市地面交通系统（高速公路、轨道交通、高速铁路）进出机场，如图 3-2 所示。

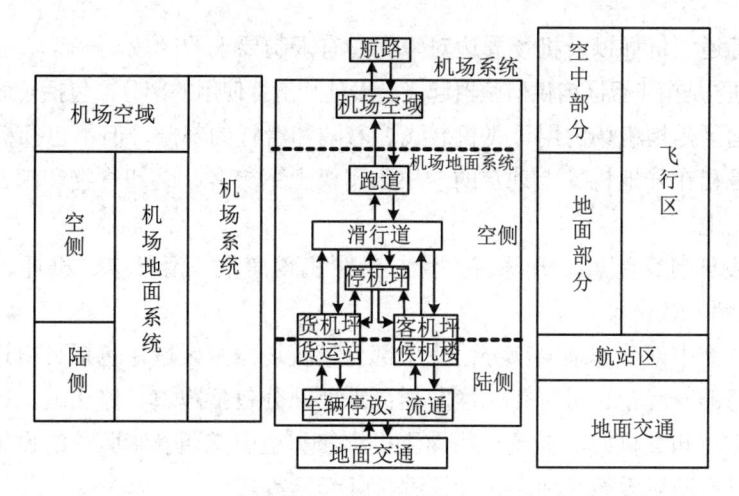

图3-1　机场系统图

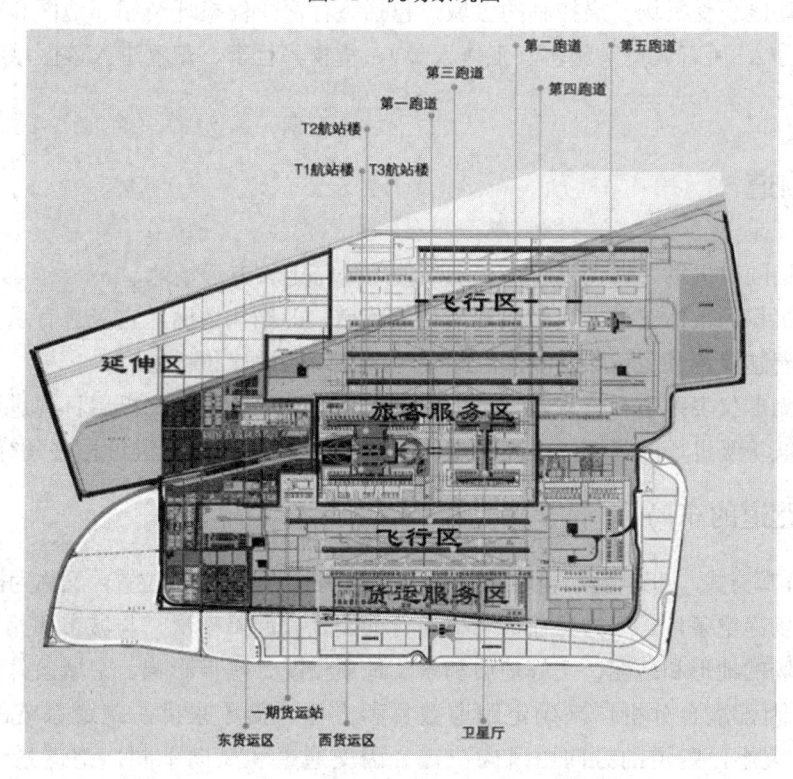

图3-2　上海浦东国际机场总体规划（2004年版）

第二节　飞　行　区

一、概念

飞行区是指供飞机起飞、着陆、滑行和停放使用的场地，包括跑道、升降带、跑道端安全区、滑行道、机坪以及机场周边对障碍物有限制要求的区域。

飞行活动区是指飞行区内供航空器起飞、着陆和滑行使用的部分，包括转运区和停机坪。

飞行转运区是指机场内用于飞机起飞、着陆和滑行的部分，但不包括机坪。

停机坪是指在陆地机场上划定的一块供飞机上下旅客、装卸货物和邮件、加油、停放和维修用的场地。

飞行区设施包含跑道、升降带、滑行带、机场净空、滑行道、机坪、目视助航设施（标志、标记牌、灯光等）。

飞行区分空中部分和地面部分。空中部分指机场净空区域，包括飞机进场和离场的航路，起飞下降的升降带、滑行带、净空道；地面部分包括跑道、停止道、跑道端安全区、滑行道、停机坪和登机门，以及一些为飞机维修和空中交通管制服务的设施和场地，如机库、塔台、目视助航设施（标志、标记牌、灯光）等。

飞行活动区是受机场当局控制的区域，包括飞行区、停机坪及相邻地区和建筑物（或其中的一部分），所有人员（旅客、工作人员）、货物、行李、车辆进入该区域都要受到严格管控。

二、跑道

跑道是指陆地机场内供飞机起飞和着陆使用的特定长方形场地。

跑道是机场的主体工程。我们通常所说的跑道，即结构道面，它应具有承受飞机安全起飞助跑、着陆滑跑及运转的功能，因此要经过专门的设计和建造。

跑道分为非仪表跑道和仪表跑道。非仪表跑道（VFR）是供飞机用目视进近程序飞行的跑道，属低等级机场的跑道。仪表跑道（IFR）是供飞机用仪表进近程序飞行的跑道。

（一）跑道的布局

跑道的布局方式，即跑道数目和方位，以及跑道和航站区的相对位置，又称为机场构形。

根据机场净空条件、风力负荷、飞机运行的类别和起降架次、与城市和相邻机场之间的关系、现场的地形和地貌、工程地质和水文地质情况、噪声影响、空域条件、管制运行方式等各项因素综合分析，来确定跑道数目和方位。简单来讲，跑道系统的数目取决于交通量的大小，跑道的方向由风向决定。因交通量和风向不同，跑道系统可有多种布局方式。

1. 单条跑道

在我国目前除少数机场外，多数机场都是单条跑道，如图 3-3 所示。单条跑道是最简单、最基本的一种。相对于其他形式来说，单条跑道具有使用方便、占地面积小和易于维护等优点。缺点是当机场交通量达到或超过跑道最大容量时，会发生交通堵塞现象，造成航班延误，降低航班正常率。

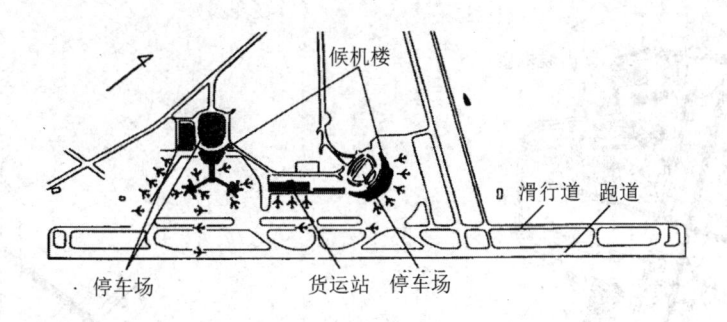

图3-3 单条跑道

2. 两条平行跑道

平行跑道是指两条跑道的中心线平行或近似平行，如图 3-4 所示。平行跑道的出现是为了缓解单条跑道的容量饱和问题。

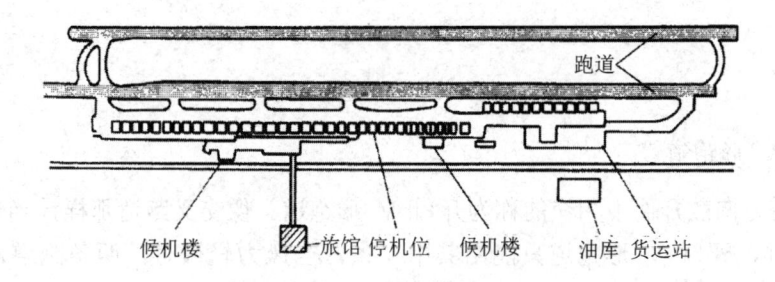

图3-4 平行跑道

两条平行跑道的容量取决于跑道之间的间距。平行跑道之间的最小间距应根据跑道类型（仪表或非仪表跑道）、运行方式以及当地地形等各种因素综合确定，如表 3-1 所示。

表 3-1 平行跑道中线最小间距

平行跑道中线最小间距/m	两条跑道同时按仪表飞机规则飞行，可执行
1 035	独立平行进近（降落）
915	非独立平行进近（降落）
760	独立平行起飞
760	分开的平行运行（起飞和降落）

较好的运行方式是将离航站楼的最远的跑道（外侧）指定给着陆飞机使用，而将离航站楼最近的跑道（内侧）指定给起飞跑道使用。

3. 交叉跑道

当相对强烈的风从一个以上的方向吹来时，如果只有一条跑道，就会造成过大的侧风，需要采用交叉跑道结构。交叉跑道是指机场内两条或更多条的跑道以不同方向互相交叉。对于两条交叉跑道，当风强时，只能用其中的一条；当风相对较弱时，两条跑道可以单独使用。两条交叉跑道的容量在很大程度上取决于相交点位置和跑道的运行方式，如图 3-5 所示。

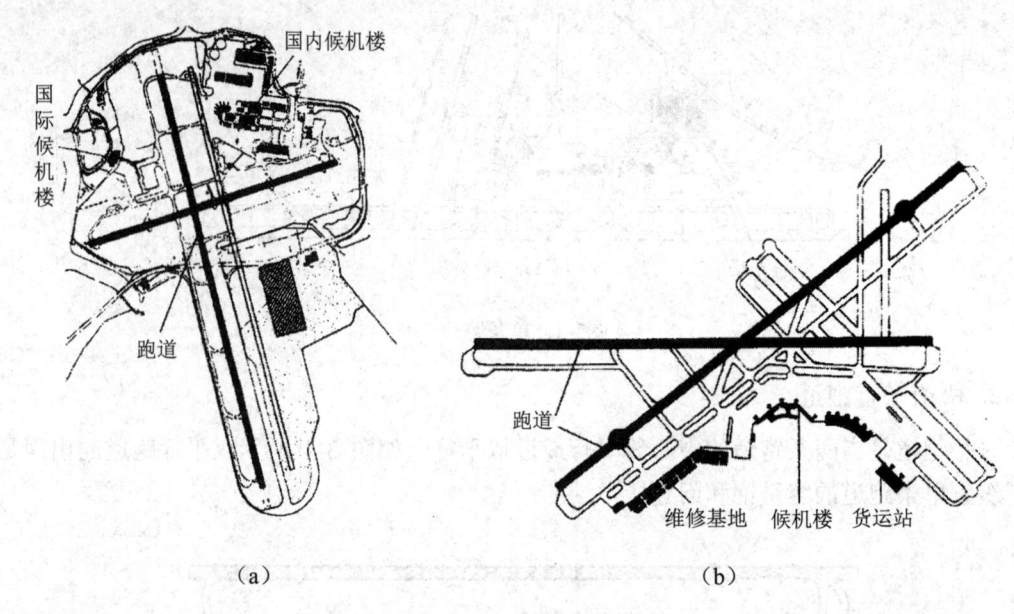

图3-5 交叉跑道

4. 开口V形跑道

两条跑道方向散开而不相交的称为开口 V 形跑道。像交叉跑道那样，当风从一个方向强烈吹来时，开口 V 形跑道只能用其中一条。当风力轻微时，两条跑道可以同时使用，如图 3-6 所示。

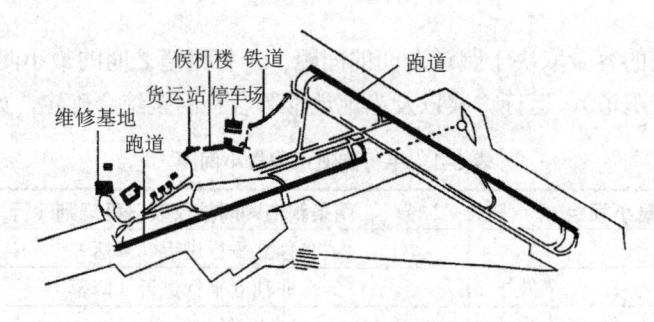

图3-6 开口V形跑道

5. 多条跑道

随着当地经济发展，机场两条跑道已不能满足航空运输量的需求，于是机场新建多条跑道，各负其责。离候机楼近的跑道用于起飞，远离候机楼的跑道用于降落。有的跑道专用于货机起降，短的跑道用于小飞机起降，等级高的跑道用于大型飞机起降。在风向多变地区，还可以利用不同方向的跑道，应对多种气候变化，如图3-7所示。

繁忙机场设有多条跑道时，按其所起作用，可以划分为以下四种。

（1）主要跑道（主跑道），是在条件许可时，比其他跑道优先使用的跑道。主要跑道的长度应足以满足准备使用该跑道的最大型飞机起降要求，即长度较长，强度较高。

（2）次要跑道的长度可以短些，强度也较低，可以供较小型飞机起降使用。次要跑道的长度应采用类似于确定主要跑道长度的方法确定。

（3）辅助跑道，又称侧风跑道，当飞机因强侧风影响，无法在主要跑道上起降时，可以在辅助跑道上起降。因其逆风分量很大，它们的长度可以比主要跑道短得多。

（4）起飞跑道，仅供飞机起飞所用的跑道。起飞跑道的净空要求可以低些，因不用作着陆。

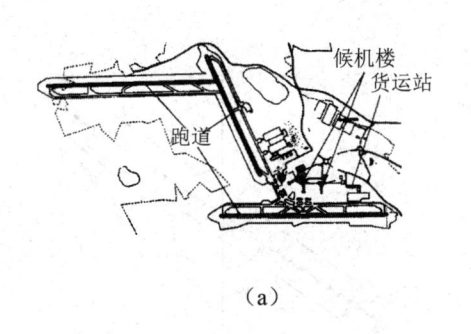

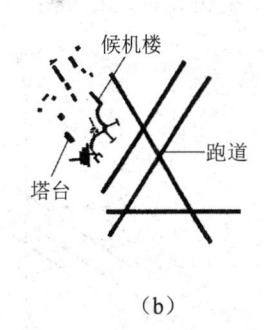

图3-7 多条跑道

（二）跑道的方位

飞机的起降与风向有直接的关系。在逆风中起降可以增加空速，使升力增加，飞机就能在较短的距离内完成起降动作。早期的飞机抵抗侧风的能力不够，为了保证飞机能在各种不同的风向下起降，大的机场往往修建两条方向交叉的跑道。现在飞机的增升能力及抗侧风的能力都大大加强了，所以新建的大机场通常只修建同一方向的平行跑道。这样的安排可以节约大量的用地。跑道的方向设计主要是根据当地一年中的主风向（70%的风向）来确定的，这种设计能使飞机在使用该跑道的大部分时间内得到有利的风向。

每个机场至少有一条跑道，有的机场有好几条跑道。为了使驾驶员能准确地辨认跑道，每一条跑道都要有一个编号（见图3-8），它就相当于跑道的名字。跑道号是按跑道的方向编的。所谓方向，是驾驶员看过去的方向，也就是他驾机起飞或降落时前进的方向。为精确起见，采用360°的方位予以表示。以正北为0°，顺时针旋转到正东为90°、正南为180°、正西为270°，再回到正北为360°或0°；每一度又可以分为60′；每一分又可以分为60″。每条跑道就以它所朝向的度数作为其编号。为了简明易记，跑道编号只用方向度数的百位数和十位数，个位数按四舍五入进入到十位数。例如一条指向为西北284°的跑道，它的编号就是28，如果是285°，编号就是29。同一条跑道，因为有两个朝向，所以就有两个编号。例如，一条正北正南的跑道，从它的北端向南看，它的编号是18；从南端向北看，它的编号就是36。跑道号都是两位数，如果第一位没有数就用0来表示。例如，西安咸阳国际机场跑道的方向是东北—西南方向，指向东北的方向为50°，跑道号就是05，相反方向是230°，跑道号是23。跑道号用明亮的白漆以宽3 m、长9 m的数字漆在跑道的端头，十分醒目。驾驶员在空中可以清楚地看到跑道号，也就等于知道了飞机降落在这条跑道时的方向。如果某机场有同方向的几条平行跑道，就再分别冠以 L（左）、C（中）、R（右）等英文字母，以示区别，如图 3-9 所示。如天津滨海国际机场有两条平行的南北向的跑道，西边的一条跑道号是 16L/34R，东边一条是 16R/34L。塔台上的管制员只要告诉驾驶员跑道号，驾驶员就应该能确认所使用的跑道和起降方向。此事关系重大，有关人员谁也不能马虎弄错。2000 年有一架新加坡航空公司的飞机，夜间在台北机场起飞，因为驾驶员弄错了跑道的 R 和 L，驶入一条正在施工的跑道上，起飞时与一台挖掘机相撞，造成了 100 多人死亡的惨剧。

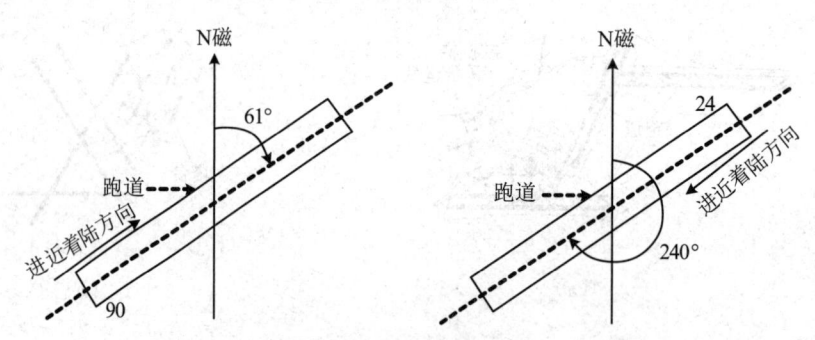

图3-8　跑道号码的确定

注：跑道号码的确定方法：以航向角（即着陆方向）确定。左图航向角为61°，取其1/10后再四舍五入，即为"06"；右图的航向角为241°，取其1/10后再四舍五入，即为"24"。

图 3-9　16L/34R 跑道号示意图

国际民航组织附件 14 中规定：四条平行跑道冠以 L、R、L、R 英文字母；五条平行跑道冠以 L、R、L、C、R 或 L、C、R、L、R 英文字母；六条平行跑道冠以 L、C、R、L、C、R 英文字母。

（三）跑道的长度

跑道的长度要根据飞机的起飞、着陆性能确定。跑道长度是机场的关键参数，是机场规模的重要标志，它直接与飞机起降安全有关。影响跑道长度的因素有很多，大致可以分为以下五个方面。

（1）预定使用该跑道的飞机起降性能，特别是要求跑道最长的那种机型的构形和性能特点：能满足其正常起飞；满足一发失效时继续起飞；满足一发失效时放弃起飞；满足正常着陆，如图 3-10 所示。

（2）飞机起降时的质量。

（3）机场所在地的环境，如机场的标高和地形。

（4）气象条件，特别是地面风力、风向和气温等。

（5）跑道条件，如纵坡坡度、湿度和表面状况等。

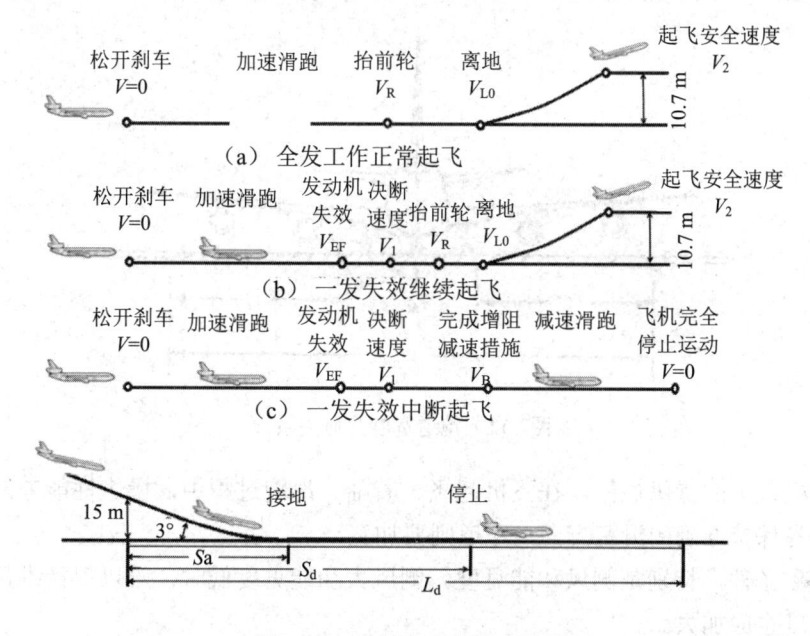

图 3-10 飞机起飞降落示意图

要保证飞机的正常起飞、着陆以及中断起飞、发动机故障等特殊情况下的安全，可以起降干线飞机的机场跑道长度大约是 3 000～3 500 m。在高原地区海拔高度越高，空气密度越低，在同样的滑跑速度下，飞机的空气动力下降，同时发动机的功率也下降，也要求更长的跑道，所以这些地方的机场跑道需要长达 4000 m 以上才行。西藏昌都邦达机场，标高 4 334 m，属于世界海拔最高的机场。玻利维亚拉巴斯市肯尼迪国际机场，标高 4 072 m，是世界海拔第二高度机场。昌都邦达机场跑道长 4 200 m，宽 45 m，跑道长度短于美国加州爱德华空军机场（该机场跑道长 11 266 m）和南非阿平顿的波尔·雷尔维尔民用机场（跑道长 4 900 m）。还要说明一点，就是昌都邦达机场有一条与跑道平行的滑行道，长 5 500 m，宽 16 m。

在热带地区，因为气温高，发动机的功率下降，飞机的升力下降，所以跑道也要修得长些。跑道越长，机场占地也越大，对四周环境的影响也越大。国际民航界对此已达成共识，今后发展更大的民航飞机时要从技术上改进，使新型飞机要求的起降距离不能比现有的大型机场跑道更长。所以有的地区盲目修建超长跑道的机场是没有道理的。在低海拔地区，机场跑道只要有 3 600 m 就足够达到飞机起降使用的标准了。

（四）跑道宽度

飞机在跑道上滑跑、起飞、着陆，不可能总是沿跑道中心线，会有些偏差，因此为保证起降安全，跑道必须要有足够宽度。设计跑道宽度时，应至少考虑跑道表面污染物（雪、雨水等）、侧风、飞机在接地带附近偏离中线的程度、橡胶积累、飞机进近方式和速度、能见度及人为等因素。

跑道宽度与以下因素有关。

（1）主起落架外轮外侧的间距。间距越大跑道越宽，如图 3-11 所示。

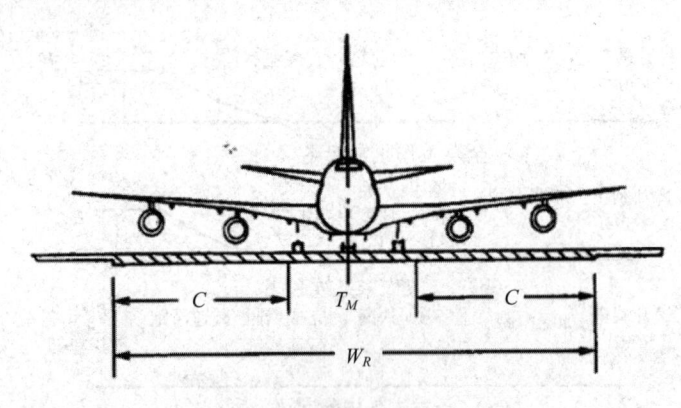

图3-11　跑道宽度几何关系

（2）飞机起降的操纵性能。在飞机起飞、着陆、滑跑过程中，操纵性能差的飞机遇到侧风时不容易保持准确的滑跑方向，跑道则要加宽。

（3）气象条件，特别是侧风和能见度。侧风大和能见度低时，难以保持准确的滑跑方向，跑道宽度也应加大。

（4）驾驶员操纵水平。驾驶员操纵技术水平越差，则要求跑道越宽。

（5）导航和目视助航设备完善程度。

（6）飞机可能要在跑道上掉头。

飞机尺寸越大，要求的跑道越宽，如表 3-2 所示。飞机的翼展和主起落架的轮距越大，转弯半径也越大，也要求较宽的跑道，一般不超过 60 m。上海浦东国际机场第二条跑道达到 4F 级，能起降 A380 飞机，它的尺寸为 3800 m×60 m。

表 3-2　各等级跑道的宽度标准　　　　　　　　　　（单位：m）

飞行区指标Ⅰ	飞行区指标Ⅱ					
	A	B	C	D	E	F
1*	18	18	23	—	—	—
2*	23	23	30	—	—	—
3	30	30	30	45	—	—
4	—	—	45	45	45	60

*注：飞行区指标Ⅰ为 1 或 2 的精密进近跑道的宽度应不小于 30 m。

（五）跑道坡度

为了保障起飞、着陆和滑跑的安全，使驾驶员有足够视距，沿跑道纵向的坡度及纵向坡度的变化（纵向变坡）应减少到最小为好，最好是零。在工程上，由于地势和经济上的原因，很难做到；纵坡和纵向变坡不易避免，但必须加以限制。表 3-3 列出了所要求的纵坡及纵向变坡。

表 3-3　跑道各部分的最大纵坡

飞行区指标 I	4	3	2	1
跑道有效坡度*	0.010	0.010	0.020	0.020
跑道两端各四分之一长度	0.008	0.008°	0.020	0.020
跑道其他部分	0.0125	0.015	0.020	0.020
相邻两个坡度的变化	0.015	0.015	0.020	0.020
变坡曲线的最小曲率半径/m	30 000	15 000	7 500	7 500
其曲面变率，每 30 m 为	0.001	0.002	0.004	0.004

注：表中"跑道有效坡度"是指沿跑道中心线上最高点和最低点标高之差除以跑道全长所得的坡度。跑道的实际纵坡不应大于表中的相应数值；α 指适用于 II 类或 III 类精密进近跑道，否则为 0.015。

跑道的坡度，一般来说，跑道是没有纵向坡度的，但在有些情况下，等级基准代码为 3 或 4 的机场可以有 0.01 以下的坡度，如图 3-12 所示。在图中实线表示的坡度时，飞行员会觉得跑道近；反之，在图中虚线表示的坡度时，飞行员会感觉跑道远。控制跑道坡度，可以避免给飞行员造成错觉。

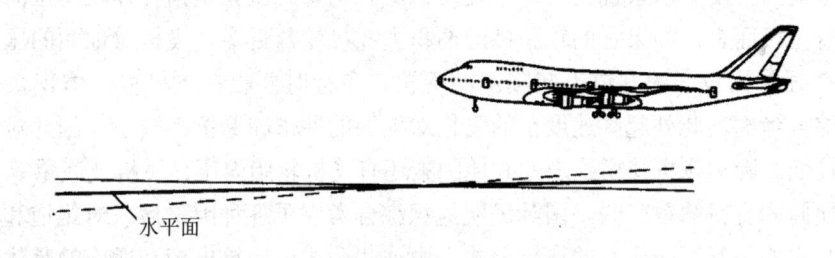

图3-12　跑道坡度对飞行员的影响

（六）机场道面

1. 机场道面的定义和结构

飞机场道面是指在天然土基和基层顶面用筑路材料铺筑的一层或多层的人工结构物，是供飞机起飞、着陆、滑行及维修、停放的坪道，如跑道、滑行道、客机坪、维修坪、货机坪、停机坪等。跑道道面在强度、刚度、粗糙度、平整度、耐久性及纵横坡度等方面须满足飞机运行的要求。

结构道面分为水泥混凝土、沥青混凝土、碎石、草皮和土质等若干种。水泥混凝土道面称为刚性道面，而其他道面则称为柔性道面。水泥混凝土道面和沥青混凝土道面又划归为高级道面。我国的运输机场几乎都是高级道面。

2. 跑道的摩擦系数

跑道道面粗糙度是指道面要有符合规定的摩擦力，防止飞机滑跑、制动时打滑。在雨雪天气，要用专门的设备测量跑道的摩擦情况，并及时告诉飞行员。为此，在混凝土道面上开出 5 mm 左右的槽，并且定期（6～8 年）打磨，以保持飞机在跑道积水时不会打滑。另一种方法是在道面上铺一层多孔摩擦系数高的沥青，以增加摩擦力。为了保证跑道上不积雨，要在跑道两侧做出一定的坡度和一套排水系统。

3. 跑道的强度

飞机跑道除要承受飞机的重量之外，还要承受飞机降落时的冲击力，所以跑道必须具有一定的强度。跑道道面分为刚性（R）和非刚性（F）道面。刚性道面由混凝土筑成，能把飞机的载荷承担在较大面积上，承载能力强。非刚性道面有草坪、碎石、沥青等各类道面，这类道面只能抗压不能抗弯，因而承载能力小。

早期的飞机全量仅几百千克，只要把土地压实以后就可以当作跑道。随着飞机全量和速度的增加，对跑道的要求也越来越高，相继出现了沙石道面、沥青道面、混凝土道面等各种跑道。现在大中型机场的跑道，基本上都是采用钢筋混凝土结构建造的。所起降的飞机全量越大，钢筋混凝土的厚度也越厚。中型机场跑道厚度在 20 cm 以上；可以起降波音 747 飞机的大型机场，其跑道厚度在 35 cm 以上。

跑道的强度，要能承受飞机着陆接地时的冲击和滑跑时的载荷。一架飞机能不能使用这条跑道，不但取决于飞机的重量和飞机的下沉速度，而且和飞机轮胎对地面的压强有关。从对跑道的强度要求来说，而不单是飞机的总重量。压强是指物体在单位面积上所承受的力。对飞机而言，如果它的轮胎接地面积大或机轮数目多，飞机对地面的压强就小，也就可以在强度比较低的跑道上起降；而机轮在飞行时要收在飞机里，体积太大又不好藏，需要综合考虑。此外起降速度小的飞机对地面的冲击和摩擦都较小，因此对跑道强度的要求也较低。影响飞机使用跑道的其他因素还有飞机轮胎内压、飞机装载量等。

为了使问题变得简单一些，国际民航组织综合考虑了各种因素后，对跑道和飞机分别制定了一套它们相互适应能力的计算公式，由这些公式可计算出相互适应的具体数值。用于跑道的叫跑道道面等级序号（Pavement Classification Number，PCN 数），用来表示道面不受限制运行的承载强度。用于飞机的被称之为飞机等级序号（Aircraft Classification Number，ACN 数），表示飞机对规定标准土基等级道面的相对影响的数字。飞机制造厂在将飞机交付使用时必须给出该飞机满载时的最大 ACN 数。

如果飞机的 ACN 数小于或等于跑道的 PCN 数，飞机就可以无限制地使用这条跑道，当 ACN 值大于 PCN 值 5%～10%以下时，可以使用这条道跑，将会缩短跑道使用寿命。但作为权宜的、偶然的、少量的超载，一般是可以的。如果 ACN 比 PCN 大得太多，那么飞机在起降时不仅会压坏跑道，甚至会危及飞机的安全。

建议采用以下准则：

（1）对非刚性道面，ACN 不宜超过 PCN 的 10%。

（2）对刚性道面，ACN 不宜超过 PCN 的 5%，并且是偶然运行。

有了这种评估方法，飞机在使用跑道时就有了灵活性。例如飞机如果必须在 PCN 数低的跑道上起降时，它可以通过减载使 ACN 下降，达到安全飞行的目的。波音 747 飞机最大的起飞重量将近 400 吨，它的起落架装有 16 个大型机轮，ACN 只有 55；而仅为波音 747 总重量 7/10 的 MD-11 客机 ACN 数却高达 68，这就意味着能供 MD-11 飞机起降的机场比波音 747 还少。

三、跑道的附属区域

（一）跑道道肩

跑道两边设有道肩，跑道道肩是指紧接跑道边缘作为跑道道面和邻接表面之间过渡用的地区，如图 3-13 所示。在飞机因侧风偏离跑道中心线时，不致引起损害。此外大型飞机很多采用翼吊布局的发动机，外侧的发动机在飞机运动时有可能伸出跑道，这时发动机的喷气会吹起地面的泥土或砂石，使发动机受损，有了道肩会减少这类事故。有的机场在道肩之外还要放置水泥制的防灼块，防止发动机的喷气流冲击土壤。

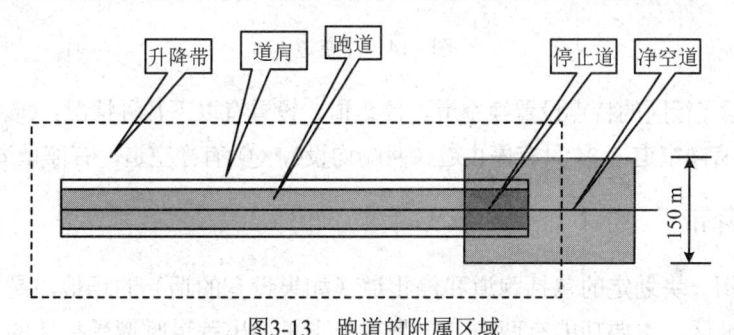

图3-13 跑道的附属区域

道肩与跑道相接处的表面应与跑道表面齐平，跑道道肩应自跑道的两边对称向外延伸，以使跑道及其道肩的总宽度不小于 60 m。基准代号为 D 或 E 的跑道，在宽度小于 60 m 时应设跑道道肩。白云机场为了满足 A380 飞机起飞和降落总宽度达 75 m。道肩的路面要有足够强度，以备在出现事故时，使飞机不致遭受结构性损坏，还能支撑可能在道肩上行驶的车辆。

（二）停止道

停止道是指在可用起飞滑跑距离末端以外地面上一块划定的长方形地区。设置停止道的目的是减少跑道全强度道面长度，弥补飞机出现故障放弃起飞时全强度道面长度的不足，使其保障飞机在放弃起飞时能在它上面停住，如图 3-13 所示。

停止道的宽度应与同它相连接的跑道的宽度相同。停止道的强度应能承受准备使用该停止道的飞机，提供安全的机轮支撑，不致引起飞机的结构损坏。停止道的长度根据关键机型经设计计算确定，坡度与跑道相同，并且摩阻性良好。

（三）净空道

净空道是指选定或准备的使飞机可在其上空进行一部分起始爬升并达到一个规定高度的地面或水面上划定的一块长方形地区。确保全强度跑道长度较短情况下飞机能安全完成初始爬升（达到 10.7 m）。

净空道的起始点应在可用起飞滑跑距离的末端。净空道的长度应不超过可用起飞滑跑距离的一半。净空道应自跑道中线延长线向两侧横向延伸至少 75 m。位于净空道上可能对空中的飞机造成危险的物体应被认为是障碍物，并应将其移去，如图3-14所示。

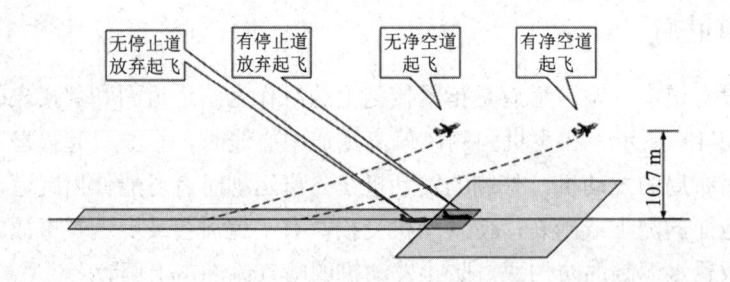

图3-14 净空道

各机场根据飞行区的特点设置净空道、停止道，设置有以下几种情况：① 无净空道，无停止道；② 只有净空道；③ 只有停止道（两端均设）；④ 有净空道，有停止道。

（四）升降带

升降带是指一块划定的包括跑道和停止道（如果设有的话）的场地，是跑道周边一定范围的事故缓冲区。主要功能有两个：一是减少飞机冲出跑道时遭受损坏的危险；二是保障飞机在起飞或着陆过程中在其上空安全飞过。

升降带（见图3-15）应在跑道入口前，自跑道或停止道端向外延伸至少下述距离：基准代码为 2、3、4 的跑道为 60 m；基准代码为 1 的仪表跑道为 60 m，基准代码为 1 的非仪表跑道为 30 m。只要实际可行，必须在升降带的全长，从跑道中线及其延长线每侧横向延伸至少为下述距离：基准代码为 3 或 4 的跑道为 150 m；基准代码为 1 或 2 的跑道为 75 m。跑道及其连接的停止道必须包含在升降带内。

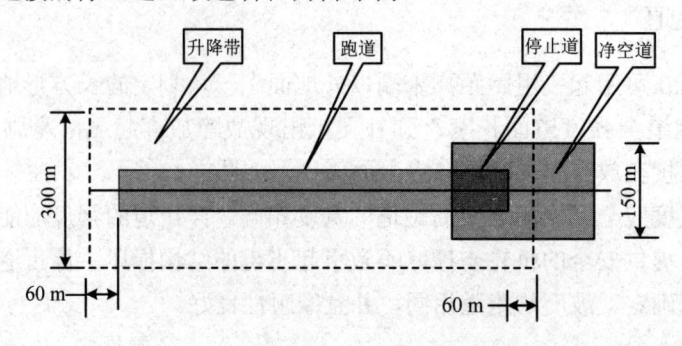

图3-15 升降带

位于升降带上可能对飞机构成危险的物体,应被认为是障碍物,并应尽可能地将其移去。除了为航行目的所需并满足有关易折要求的目视助航设备外,在升降带上的基准代码为 3 或 4 的Ⅰ、Ⅱ或Ⅲ类精密进近跑道中线两侧各 60 m 以内,或基准代码为 1 或 2 的Ⅰ类精密进近跑道中线两侧各 45 m 以内,不得允许有固定的物体。在跑道用于起飞或着陆的时间内,不允许在升降带的这一部分上有运动的物体。

(五)跑道端安全区

跑道端安全区(见图 3-16)是指一块对称于跑道中线延长线与升降带端相接的地区,其作用主要是减小飞机在过早接地或冲出跑道时遭受损坏的危险。要求区域内平整、坚实,无障碍物。

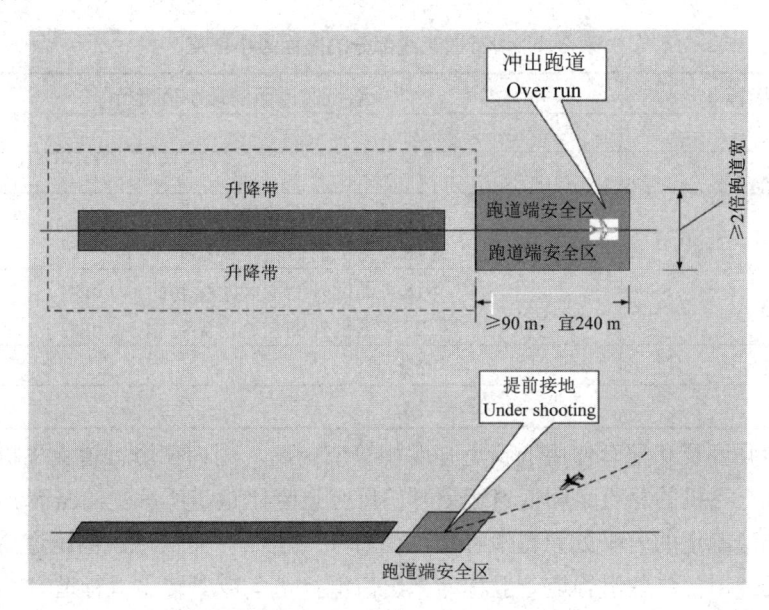

图3-16 跑道端安全区

基准代码为 3 或 4 及基准代码为 1 或 2 的仪表跑道,应在升降带两端提供跑道端安全区。跑道端安全区应自升降带端尽可能大地延伸,至少为 90 m;飞行区指标Ⅰ为 3 或 4 的跑道端安全区宜自升降带端向外延伸 240 m;飞行区指标Ⅰ为 1 或 2 的跑道端安全区宜自升降带端向外延伸 120 m。跑道端安全区的宽度至少应为与之相连接的跑道的宽度的 2 倍。位于跑道端安全区可能对飞机构成危险的物体,应被认为是障碍物,并应尽可能地移去。

四、滑行道

滑行道是指在陆地机场设置供飞机滑行并将机场的一部分与其他部分之间连接的规定通道。包括以下几种。

（1）机位滑行通道：机坪上仅供进入机位用的滑行道。
（2）机坪滑行道：位于机坪的滑行道，供飞机穿越机坪使用。
（3）快速出口滑行道：以锐角与跑道连接，供着陆飞机较快脱离跑道使用的滑行道。

滑行道的主要功能是提供从跑道到航站区和维修机库区的通道。滑行道应当安排确保刚着陆的飞机不与滑行起飞的飞机相干扰。在繁忙的机场上，预计在两个方向同时有滑行交通的地方，应提供平行的单向滑行道。滑行路线应选择使从航站区到跑道起飞端具有实际可行的、最短的距离。滑行道系统包括入口与出口滑行道，平行与双平行滑行道，旁通、相交或联络滑行道，以及机坪滑行道与滑行通道。在任何情况下，滑行道的路线都应避免同使用中的跑道相交叉。

滑行道宽度：滑行道直线部分的道面宽度应不小于表 3-4 的要求。

表 3-4 滑行道直线部分的道面最小宽度

飞行区指标 II	滑行道道面的最小宽度/m
A	7.5
B	10.5
C	15（飞机前后轮距＜18 m 时） 18（飞机前后轮距≥18 m 时）
D	18（飞机外侧主起落架轮距＜9 m 时） 23（飞机外侧主起落架轮距≥9 m 时）
E	23
F	25

滑行道的强度要和配套使用的跑道强度相等或更高，因为在滑行道上飞机运行密度通常要高于跑道，飞机的总重量和低速运动时的压强也会比跑道所承受的略高。

另外，应沿跑道的若干处设置滑行道，使着陆飞机尽可能快地脱离跑道，把跑道腾出来供其他飞机使用；这些滑行道一般称为"出口滑行道"或"转出滑行道"。

快速出口滑行道由转出曲线、直线段及跑道与滑行道相接处的加宽部分组成，如图 3-17 所示。快速出口滑行道的转出点，是根据飞机的接地速度、开始转出速度以及跑道入口至接地点的距离、接地点至转出点的距离等确定的。基准代码为 3 或 4 时，为使飞机能以 93 km/h 的开始转出速度在潮湿滑行道上转出，其转出曲线的半径不小于 550 m；基准代码为 1 或 2 时，为使飞机能以 65 km/h 的开始转出速度在潮湿滑行道上转出，转出曲线半径不小于 275 m。快速出口滑行道应在转出曲线后有一直线段，其长度应使飞机在到达与其相交的滑行道之前能完全停住。快速出口滑行道与跑道的夹角为 25°～45°，但以 30°为好。

滑行道道面宽度应使滑行飞机的驾驶舱位于滑行道中线标志上时，飞机的主起落架外侧主轮与滑行道道面边缘之间的净距不小于表 3-4 中的规定值。

滑行道和跑道端的接口附近有等待区，地面上有标志线标出，这个区域是为了飞机在进入跑道前等待许可指令。等待区与跑道端线保持一定的距离，以防止等待飞机的任何物体或人进入跑道，成为运行的障碍物或产生无线电干扰，如图 3-18 所示。

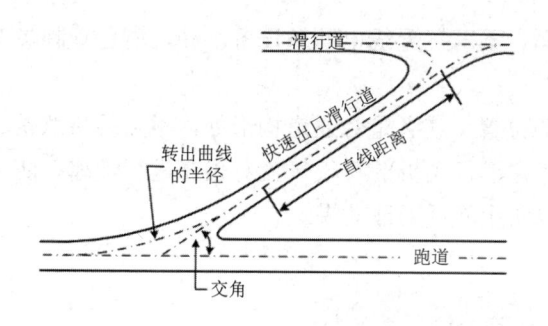

图3-17 快速滑行道

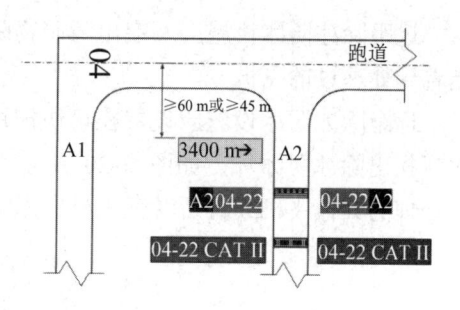

图3-18 滑行等待位置图

五、机坪

机坪是指机场内供飞机上下旅客、装卸货物或邮件、加油、停放或维修使用的特定场地。机坪分为登机机坪和停放机坪，飞机在登机机坪进行装卸货物、加油，在停放机坪过夜、维修和长时间停放。

机坪上用以停放飞机的特定场地称为飞机机位。机坪上的飞机机位应与使用它的飞机、任何邻近的建筑物、另一机位上的飞机和其他物体之间保持一定的净距，飞行等级为D、E、F的机场最小净距为7.5 m。

为了保证飞机在进出机位过程中对停放的地面设施、车辆和行人有符合规定的安全净距，需要设置机坪安全线，包括机位安全线、翼尖净距线、廊桥活动区标志线、服务车道边界线、行人步道线、设备和车辆停放区边界线以及各类栓井标志等。机位安全线、廊桥活动区标志线和各类栓井标志应为红色，翼尖净距线等其他机坪安全线（包括标注的文字符号）均应为白色，如图3-19所示。

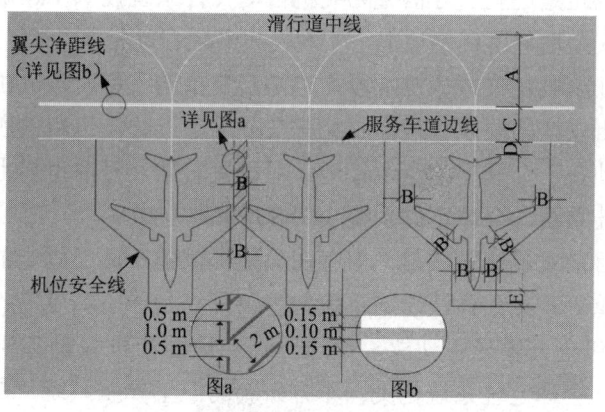

图3-19 机坪安全线

在可能出现结冰情况的机场，应设置飞机除冰防冰设施。除冰防冰设施应设置在飞机机位上或设置在沿滑行道通向供起飞用的跑道的特定位置处。

除冰防冰设施位置应保证除冰处理的保持时间，应能保证除冰、防冰后的飞机在起飞前不致重新结冰。

远距除冰防冰设施应不突出障碍物限制面，不干扰无线电助航设备，并且塔台管制员能看到处理过的飞机。

远距除冰防冰设施应设置在可快捷进出的位置，或者是旁通道构形处，不需要特意拐入或拐出除冰防冰坪，如图 3-20 所示。应考虑滑行飞机的喷气气流对正在进行除冰、防冰处理的其他飞机或其后滑行飞机的影响，以防止降低处理效果。

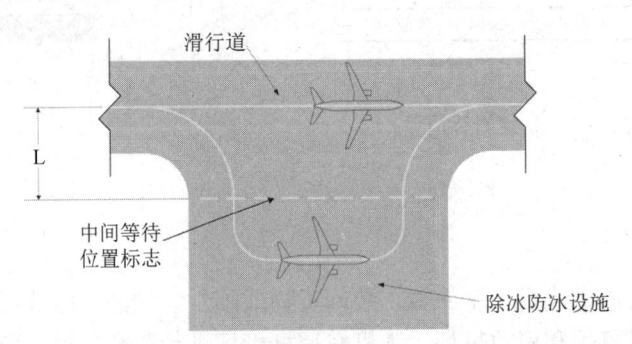

图3-20　除冰防冰设施的最小间距

六、航站导航设施

自从飞机问世以来，很长一段时间内，飞机的进近和着陆都是依靠驾驶员的目视操作完成的。随着飞机速度的提高、体积的增大，驾驶员目视操作着陆越来越难。尤其对于现代的大型民航客机而言，要实现飞机安全、准确地进近和着陆，必须依靠一套非常精确的着陆引导系统的帮助。这套系统包括飞机上安装的信号接收设备和机场安装的引导信号发射装置。正是这些引导系统的存在，才使得现代民航客机在极低的能见度下实现安全降落成为可能，当然，也正是这些引导信号为飞机自动飞行系统提供了正确的进近和着陆的飞行轨迹，引导飞机安全地降落在跑道上，实现飞机着陆自动控制。

民机的进近着陆阶段是事故多发阶段，也是最复杂的飞行阶段。由于这一阶段飞行高度低，所以，对飞机安全的要求也最高，尤其在终端进近时，飞机的所有状态都必须高精度保持，直到准确地在一个规定的点上接地。对民机着陆，目前世界上主要有仪表着陆系统（ILS）、微波着陆系统、全球定位系统（GPS）三种方式。

仪表着陆系统目前发展比较成熟，但存在只能提供单一而又固定的下滑道、波束覆盖区小、多径干扰严重等缺点；微波着陆系统的主要优点是导引精度高、比例覆盖区大，能提供各种进场航线和全天候导引功能，但造价高，地面和机载设备要求高，换装代价较大，发展受到限制；全球定位系统是美国军方研制的卫星导航系统，是继惯性导航之后，导航技术的又一重大发展，有全球、全天候定位能力，具有军用信号定位精度高、应用范围广和相对造价低的优点，但也存在受人为干扰时误差较大的缺点。

仪表着陆系统，顾名思义，仪表着陆就是靠仪表的帮助着陆。着陆中的一个重要的问题，是让飞机对准跑道，而且沿着一条正确的轨迹下滑到跑道头附近，这是仪表着陆系统的主要功能。

ILS 是国际民航组织（ICAO）在 1948 年指定的最后进近与着陆的非目视标准设备，是通过地面的无线电导航设备和飞机上的无线电领航仪表配合工作，使飞机在着陆过程中建立一条正确的下滑线，飞行员（或自动飞行系统）根据仪表的信号修正航向、高度和下滑速率，以保持正确的下滑轨迹。

仪表着陆系统的地面设备主要包括一个航向台、一个下滑台和两（或三）个指点标，如图 3-21 所示。

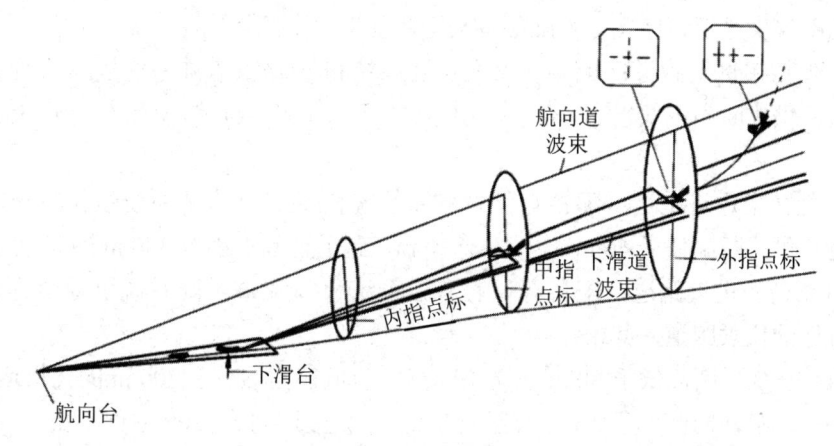

图3-21 仪表着陆系统

航向台位于跑道头附近，它在水平方向同时发射两个波束，称为垂直波束。这两个波束相交形成一个垂直平面 AB，如图 3-22 所示。飞机沿着 AB 平面飞，就可以保持正确的航向，对准跑道。

下滑台设在跑道另一头的一侧，它在与地面垂直的平面上同时发射两个波束，称为水平波束，两个波束相交，形成一个与地面成一定倾角（约 30°）的平面 CD，如图 3-23 所示。飞机沿着 CD 平面飞，就可以保持正确的下滑航迹，对准跑道头。

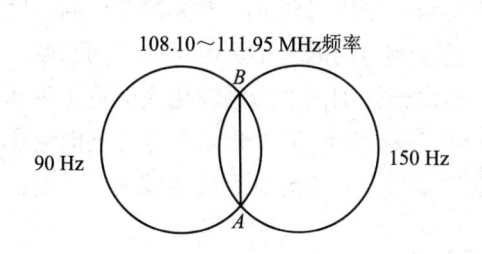

图3-22 航向台发射的垂直波束

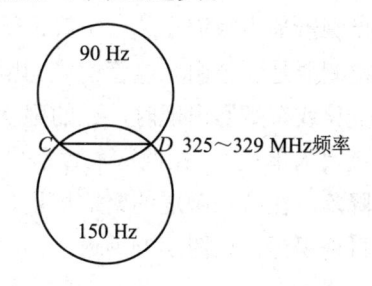

图3-23 下滑台发射的水平波束

AB、CD 两个平面相交，就变成十字线，对准十字线沿着一条正确的轨迹下滑到跑道头附近。

飞机通过机载设备接收信息，如导航接收机接收航向台的信息，下滑信标接收机接收下滑台的信息，就可以知道自己是不是在下滑道上；如果不在，飞行员就可以及时纠正偏差，操纵飞机沿下滑道飞行。

为了进一步帮助飞行员掌握自己的位置，通常还设有两个指点标，如图 3-23 所示。

指点标向上发射很窄的波束。飞机如果通过机载指点信标接收机收到了指点标的信息，就表示它正通过指点标的上空。通常设两个指点标，外指点标距跑道头大约 6 400 m，中指点标距跑道头大约 1 000 m，有时，再加一个内指点标，距跑道头大约 300 m。过内指点标时，飞机必须看到地面，否则，就得复飞。

上面讲的这一套系统只管一个方向的着陆。如果希望从跑道两头着陆都得到仪表着陆系统的帮助，就得装备两套设备，每个方向各一套。

供飞机用仪表进近程序飞行着陆的各类型跑道有以下几类。

（1）Ⅰ类精密进近跑道：配备有仪表着陆系统和/或微波着陆系统以及目视助航设备的仪表跑道，供决断高不低于 60 m，能见度不小于 800 m 或跑道视程不小于 550 m 的飞机运行。

（2）Ⅱ类精密进近跑道：配备有仪表着陆系统和/或微波着陆系统以及目视助航设备的仪表跑道，供决断高低于 60 m 但不低于 30 m，跑道视程不小于 350 m 的飞机运行。

（3）Ⅲ类精密进近跑道：配备有仪表着陆系统和/或微波着陆系统引导至跑道并沿其表面着陆滑行的仪表跑道，其中：

① Ⅲa——供决断高低于 30 m 或无决断高，跑道视程不小于 200 m 的飞机运行。

② Ⅲb——供决断高低于 15 m 或无决断高，跑道视程小于 200 m 但不小于 50 m 的飞机运行。

③ Ⅲc——供无决断高和无跑道视程限制的飞机运行。

从经济角度考虑，Ⅰ类仪表着陆系统目前被广泛使用，Ⅱ类仪表着陆系统只在大城市的繁忙机场使用，Ⅲ类仪表着陆系统只在世界上少数机场使用（如我国的北京首都国际机场、上海浦东国际机场），而且装有Ⅲ类仪表着陆系统接收仪表的飞机数量也不多。

由于使用Ⅱ类以上仪表着陆系统对能见度有一定限制，因而在装有 ILS 的机场都要装置跑道目视视程（RVR）测试仪表。它由一个透射发光器和一个透射光检测器组成，发光器和检测器都沿跑道安装，一般位于跑道的中点附近，相距 150 m。发光器发出高强度的光，检测器是一个由光电管构成的电流检测仪，通过测电流的大小测出这束光的强度，当天气变化或有烟雾出现时，光的强度就会降低，检测器把测出的光强转化成能见距离（以米或英尺为单位），并把这个数据自动传送至塔台，塔台管制员以此来决定飞机能否在此机场降落。在有长跑道的繁忙机场，有时沿跑道安装 2～3 个能见距离测试仪，以测试准确的目视视程，如图 3-24 所示。

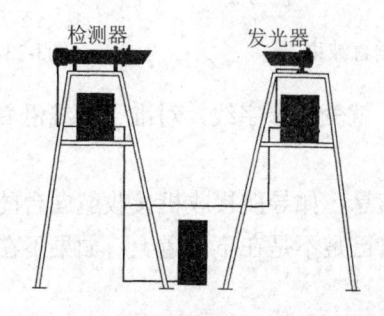

图3-24 跑道目视视程（RVR）测试仪表

七、航空地面灯光系统

夜间飞行的飞机在机场进近降落，不论是在仪表飞行规则或目视飞行规则下都需要地面灯光助航。

（一）跑道灯光

在跑道上布置的灯光有跑道侧灯、跑道中线灯、跑道端灯、着陆区灯及滑行道灯。

跑道侧灯沿跑道两侧成排安装，为白色灯光，通常装在有一定高度的金属柱上，以防被杂草掩盖。灯上盖有透镜使灯光沿跑道平面照射，当离跑道端 600 m 的距离时，透镜的颜色变为一面为红色，另一面为白色，红色灯光提醒驾驶员已经接近跑道端。跑道端灯的情况与跑道侧灯相同，但是使用一面红一面绿的透镜，红色朝向跑道，绿色向外，驾驶员着陆时看到近处的跑道端是绿色灯光，远处的跑道端是红色灯光。

跑道中心灯沿跑道中心安置，间隔为 22 m 一个，跑道中间部分为白色，在距跑道端 300 m 之内，灯光为红色，提醒驾驶员跑道即将终结。中心灯使用强光灯泡，并嵌入跑道表面，上面覆盖耐冲击的透明罩，能抵抗机轮的压力，如图 3-25 所示。

图3-25 跑道灯光

着陆区灯从跑道端开始在跑道上延伸 750 m，白色灯光，嵌入地面，使驾驶员注意这是着陆的关键地区，飞机应该在此区域内着陆。

为帮助驾驶员找到跑道出口，在滑行道的出口有滑行道灯，使用绿色灯光，间隔为 15 m，滑行道的中心灯为绿色，边灯为蓝色。

（二）仪表进近灯光

飞机在进近的最后阶段，一般都要由仪表飞行转为目视飞行。这时驾驶员处于高负荷的工作状态，对于夜航的驾驶员，使用进近灯光来确定距离和坡度，从而做出决断。

进近灯光根据仪表着陆的等级与非仪表着陆有着不同的布局，非仪表着陆的进近灯安装在跑道中线的延长线上，长度至少为 420 m，间距为 30 m，为白色灯光。图 3-26 是仪表着陆使用的不同的进近灯光布局。

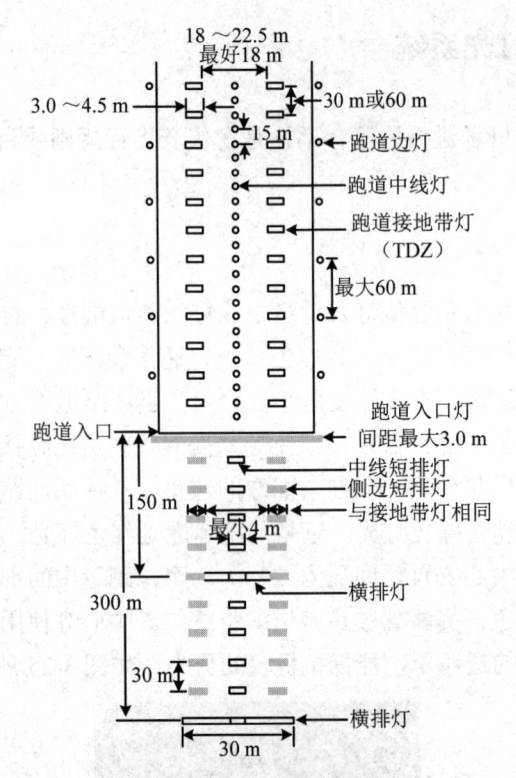

（a）II、III类精密进近灯光系统的内端300 m

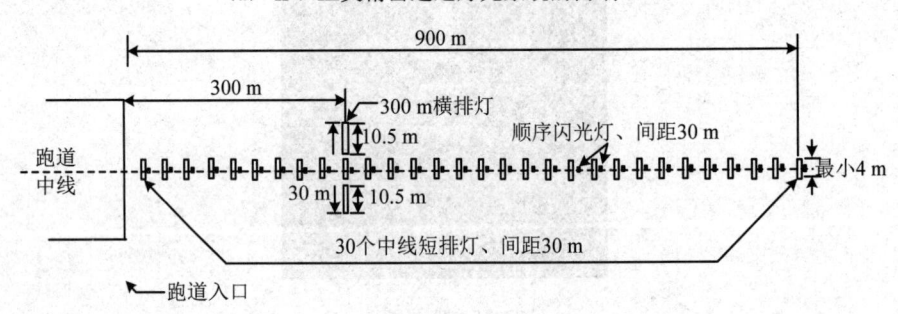

（b）I类精密进近灯光系统

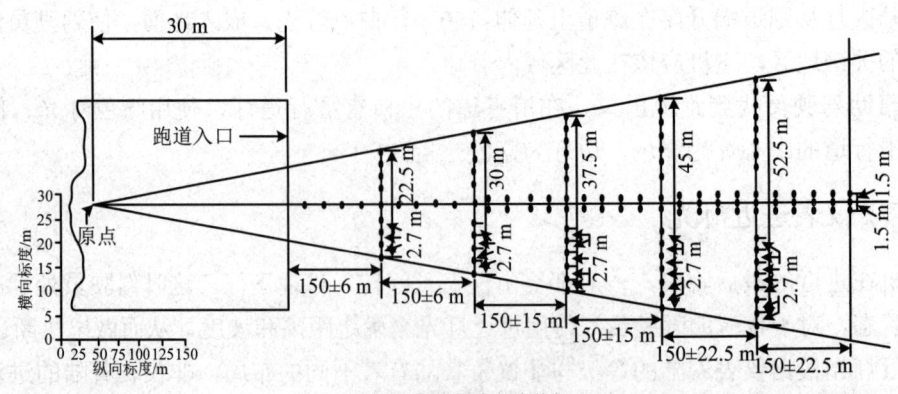

（c）标示距离的中线灯

图3-26 仪表着陆跑道进近灯光布局

下面以Ⅱ类仪表着陆系统的进近灯光系统为例来说明，如图 3-26（a）所示。

进近灯光从跑道中心线的延长线上 900 m（或 720 m）处开始，为 5 个灯一排的白色强光灯，每隔 30 米一排，一直装到跑道端，横排灯的中点和跑道中心延长线重合，上面装有顺序闪光灯，它从远端顺序闪光，直指跑道端，每秒两次。驾驶员在空中可以看到一个运动的光点从远处指向跑道端。在距跑道端 300 m 处，在中线灯两侧再加装两排横向灯，最前面两排为白色灯，为驾驶员提供目视测量机翼是否水平的依据，后面各排是红色进近灯，提醒驾驶员，这个区域不能着陆。

（三）目视坡度进近指示器（VASI）

目视坡度进近指示器如图 3-27 所示。VASI 装在跑道外着陆区附近，由两排灯组组成。两排灯组相距一段距离，每排灯前装有上红下白的滤光片，经基座前方挡板的狭缝发出两束光，它置于跑道端沿着着陆坡度发射，下面一束是红光，上面一束是白光。如果飞机的下降坡度正确，那么驾驶员看到的是上红下白的灯光；如果驾驶员看到的全是白光，表明飞机飞得太高，要向下调整；如果驾驶员看到的灯全部是红光，表明飞机飞得太低。VASI 的作用距离为 7 408 m（4 海里），高度为 30 m，对于一些特大型飞机（如波音 747），需要设置多组 VASI（一般为 2～3 组）以保证飞机在着陆时一直能看到灯光。

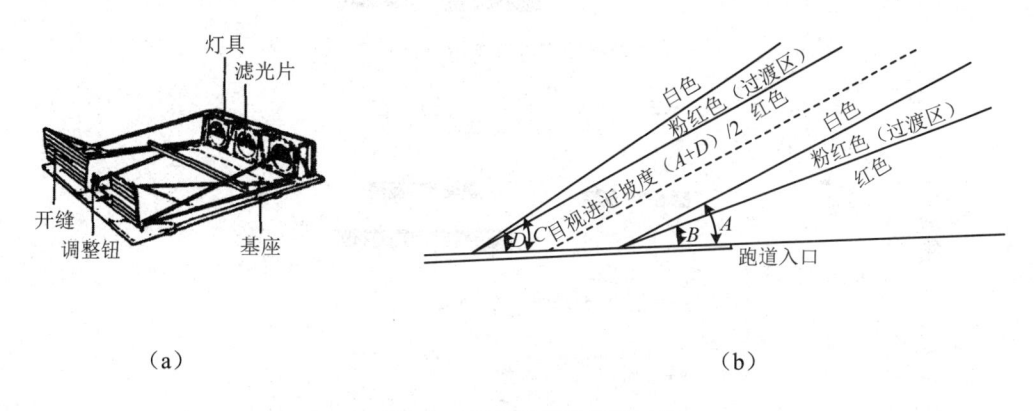

图3-27 目视坡度进近指示器

八、机场跑道系统的分类和标志

跑道按使用目视飞行规则和仪表飞行规则分为目视（非仪表）跑道和仪表跑道，仪表跑道按所装备的仪表着陆系统的精度，分为非精密进近跑道和Ⅰ类、Ⅱ类、Ⅲ类仪表进近跑道，这三类跑道也称为精密进近跑道，如图 3-28 和图 3-29 所示。

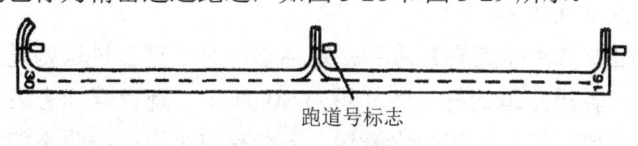

（a）目视进近跑道

图 3-28 非仪表、非精密起飞跑道的标志

跑道号标志

(b) 非精密进近跑道

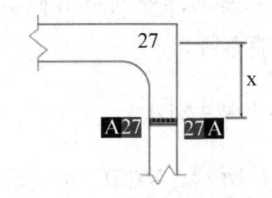

(c) 跑道等待标志

图3-28 非仪表、非精密起飞跑道的标志（续）

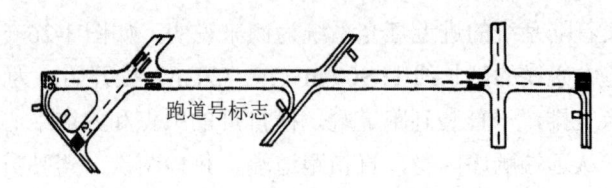

(a) II类精密进近跑道

(b) II类精密进近跑道

(c) III类精密进近跑道

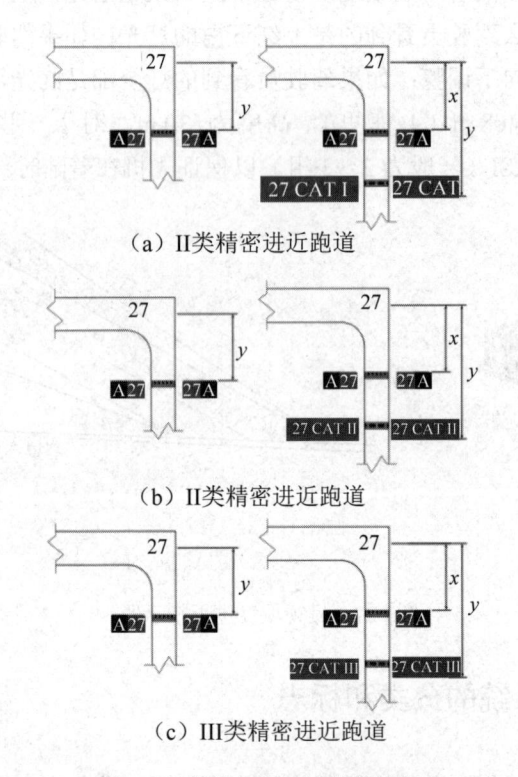

图3-29 精密起飞跑道的等待标志

跑道的类别不同，它的道面标志也不同，目视跑道有下列基本标志：① 中心线；② 跑道号；③ 等待位置标志。

非精密进近跑道要加上跑道端标志和定距标志；对于精密进近跑道还要增加着陆区标志和跑道边线标志。各类跑道的标志线如图 3-30 所示，跑道端标志表示跑道可用部分的开始，通常是由铺设道面的起点作为跑道端，但在有安全道或起降不能全部使用跑道时，跑道端就会移入跑道一定距离。

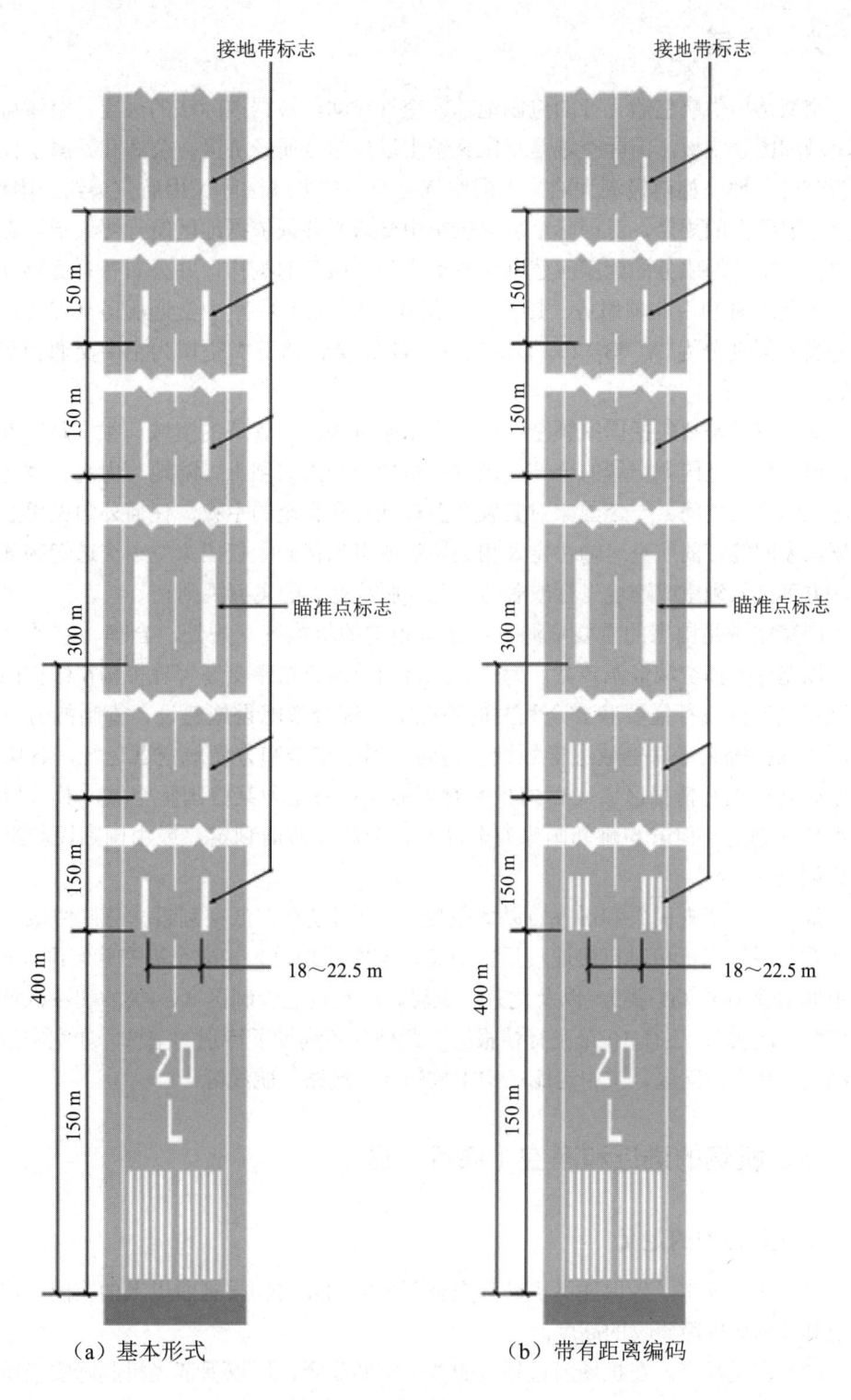

图 3-30　各种跑道标志

（a）基本形式　　（b）带有距离编码

注：按 2 400 m 或以上长度的跑道示例

九、空域

空域是指供航空器飞行的包围地球的空气空间。根据国际法的规定，空域可划分为国际空域和国家空域。国际空域是指国家领土以外的专属经济区、公海和不属于任何国家主权管辖的土地（如南极洲大陆）上的空气空间。依据《国际民用航空公约》附件11"空中交通服务"的规定，对国际空域提供空中交通服务须依据地区航行协议予以确定，经确定提供空中交通服务的国家应建立负责提供此种服务的机构，并公布有关资料以使各国民用飞机飞行时利用此项服务。国际民航组织（ICAO）将空中交通服务（ATS）空域按飞行种类不同划分为 A、B、C、D、E、F、G 七类，前五类空域为空中交通管制（ATC）空域。

国家空域是指包括国家领空在内而由国家机构统一管理的空域。领空是国家空域的主体，但不一定是国家空域的全部。领空，是指一个国家领土（陆地、内水、群岛水域）和领海上的空气空间。一个国家对其领空拥有唯一和完全的主权，任何外国民用航空器只能依据国家间签订的航空运输协定及相关协议或事先得到主权国家空中交通管制部门的许可后，方可进入领空或跨境飞行或着陆，并须服从有关的飞行规则。

国家空域是国家的重要资源，由国家指定的机构统一规划，合理、有效地管理和利用，以充分发挥空域资源效益。为达到此目的，国家空中交通管理机构在维护国家安全、兼顾军民航的飞行需要和公众利益的基础上，综合考虑设施建设、管制能力、机场布局和环境保护等因素对空域进行划设。为确保领空安全和方便航空器运行，各国可在领空或之外划设飞行情报区。飞行情报区有可能包括领空和某些国际空域，其区域大小由各国视情况划定，但若与毗邻国家有分歧时，应相互协商划定，或由国际民航组织协调一致后划定。

依据《中华人民共和国飞行基本规则》，中国没有在低空划设非管制空域，供通用航空（含私用）飞机相对自由地使用，而将国家空域划设为 26 个高空管制区（A 类）、37 个中低空管制区（B 类），以及北京、上海、广州进近管制区（C 类）和各机场设立的管制塔台（D 类），还有 10 个飞行情报区。此外，还划设了特别的空域，如空中禁区、空中限制区、空中危险区、空中走廊、空中放油区、航路、航线等。

十、机场的进近和净空（飞行）区

1. 机场净空的定义

（1）狭义净空。为保证飞机起降安全而规定的障碍物限制面以上的空间，用以限制机场及其周围地区障碍物的高度。

（2）广义净空。在机场附近划设的若干空间集合，用以保证飞机起降安全所需要的无障碍、无电磁干扰、无能见度影响和无助航设施辨识干扰的近空适航环境。

飞机在机场起飞、降落必须要沿规定的起落航线飞行。机场能否安全有效地运行，与场址内外的天然地形和人工构筑物密切相关。这些天然地形和人工构筑物可能会影响起飞和着陆的距离，飞机起飞、降落也有可能在一定的气象条件下受到限制。因此，必须对机场附近沿起落航线的一定范围内（即机场跑道两端和两侧为飞机起飞爬升、降落下滑和目视盘旋需要所规定的空域）划定一个区域，这个区域的地面和空域要按照一定标准来控制，并把有关的地形情况标注在航图上，这个区域称为进近区或净空区，如图 3-31 所示。它是机场的重要组成部分。在这个空域内，不应有高障碍物。机场净空区内障碍物的有无与存在状况对机场使用的影响程度，绝不亚于跑道和升降带。

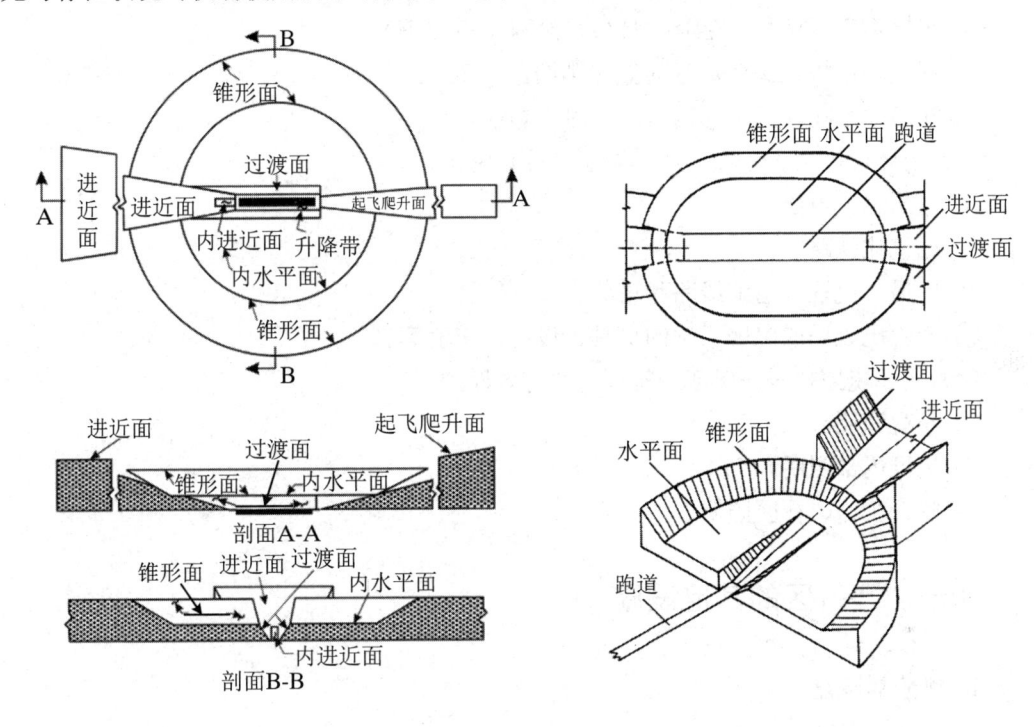

图3-31　进近及净空区

净空区由机场的地面（基本面）和在跑道周围 60 m 的地面上空由障碍物限制面构成。障碍物限制面有水平面、进近面、锥形面和过渡面。

（1）水平面。是在机场标高 45 m 以上的一个平面空域。

（2）进近面。由跑道端基本面沿跑道延长线向外向上延长的平面。

（3）锥形面。在水平面边缘按 1∶20 斜度向上延伸的平面。

（4）过渡面。在基本面和进近面外侧以 1∶7 的斜度向上向外延伸。

由这些平面构成的空间，是飞机起降时使用的空间，由机场当局负责控制管理，保证地面的建筑（楼房、天线等）不能伸入这个区域，空中的其他飞行物（飞鸟、风筝等）也不得妨碍飞机的正常运行。

2. 机场净空的管理对象

（1）实体障碍物控制——防止航空器与之相撞。

① 固定障碍物控制：建、构筑物；地形、地物；固定设备、设施；危险设施（如航

煤罐、煤气罐、危险品库等）。

② 移动障碍物控制：车辆；移动机械、设备。

③ 漂浮物、升空物和吹来物控制：气球、风筝；飞艇、滑翔机；爆竹；草团、枝叶、塑料袋、泡沫塑料；等等。

④ 鸟击控制（防范）。

（2）烟雾、粉尘控制——防止机场附近空域能见度下降。

① 焚烧烟雾（秸秆、落叶、垃圾、废料、石灰等）。

② 锅炉、高炉、工业炉等的烟囱排烟。

③ 礼炮、烟花、焰火、信号弹、对空炮射。

（3）场环境控制——保证通信导航设施正常工作。

① 高压输变电线。

② 电气化铁路。

③ 广播、电视、通信线路和塔架。

④ 产生电磁场或电磁干扰的机具、设备、车辆等。

（4）光环境控制——保证助航灯光的有效性。

① 景观照明。

② 机场内部照明。

③ 附近公路、社区照明。

十一、飞行区的其他设施

1. 测量基准点

机场的地理位置基准点，由国家的测绘机构定出准确的地理经度和纬度，作为这个机场的地理坐标。机场基准点应位于机场使用中的或规划的所有跑道的几何中心（这一点通常选在机场主跑道的中点），通常情况下，首次确定后应保持不变。应测定机场基准点的地理坐标，以度、分、秒为单位，并向航空情报服务机构通报。

2. 机场标高校核位置

机场的标高是指它的海拔高度，由于飞机在起飞前都要进行高度表设定，因此，一个机场要设置一个专门位置，为飞机在起飞前校核高度。这个位置在停机坪的一个指定位置，在停机坪高度变化不大时，整个机坪都是校核位置。

3. 航行管制服务的设施

在飞行区有航管中心和塔台，有气象服务中心。塔台或称控制塔，是一种设置于机场中的航空运输管制设施，用来监看以及控制飞机起降的地方。

通常塔台的高度必须超越机场内其他建筑，以便航空管制员能看清楚机场四周的动态，但临时性的塔台装备可以通过拖车或远端无线电来操控。完整的塔台建筑，最高的顶楼通常是四面皆为透明的窗户,能保持 360°的视野。中等流量的机场塔台可能仅由一名航管人员负责,而且塔台不一定会每天 24 小时开放。流量较大的机场,通常会有能容纳许多航管人员和其他工作人员的空间,塔台也会保持一年 365 天、每天 24 小时开放。

机场航管中心建立航管雷达设备,有机场监视雷达(Airport Surveillance Radar,ASR),它的作用距离为 185.2 km(100 海里),主要供塔台管制员或进近管制员使用。航路监视雷达(Air Route Surveillance Radar,ARSR)设置在航管控制中心或相应的航路点上;它的探测范围在 463 km(250 海里)以上,高度可达 13 000 m;它的功率比机场监视雷达大,在航路上的各部雷达把整个航路覆盖,这样管制员就可以对航路飞行的飞机实施雷达间隔。机场地面探测设备(ASD),它的功率小,作用距离一般为 1 600 m,主要用于特别繁忙机场的地面监控,它可以监控在机场地面上运动的飞机和各种车辆,塔台管制员用来控制地面车辆和起降飞机的地面运行,保证安全;机场地面探测设备主要的作用是在能见度低时提供飞机和车辆的位置信息,由于它的价格较高,机场通常没有这种设备。

为满足探测云、垂直能见度、跑道视程、气象光学视程、地面风、气压、气温、湿度、最高气温、最低气温、降水量和积雪深度等气象要素的需要,机场航管中心必须建立气象台,每条跑道应配置自动气象观测设备,包括温度、湿度、气压传感器、降水传感器、风向风速仪、云高仪、前向散射仪或大气透射仪、背景光亮度仪、数据处理、系统监控及显示系统。

在配置基本气象探测设备的基础上,机场气象台应当综合地形地貌、气候特点、重要天气预报预警的需要、飞行量以及运行的可行性等因素,选择配置或组合配置机场天气雷达、测风雷达、低空风切变探测系统等探测气象要素的设备。

4. 消防应急设施

每个机场都有消防和急救中心,一旦飞机出事,往往伴随着起火和伤亡,因而这个中心听从塔台的指挥,一旦有事就迅速出动。机场的消防工作通常由机场行政当局统一组织和指挥。消防人员应该经过专门训练,具备熟练地操纵灭火设施的技能和救护知识,并熟悉常用飞机的结构特点。消防人员数量应根据机场类别和消防设备的配备情况而定。当机场内有飞机活动时,消防人员和消防车必须在规定地点值班,随时处于戒备状态,在接到报警信号 3 分钟内要赶到出事现场,投入灭火工作。飞行指挥部门应与消防机构保持直接的通信联系。此外,消防机构还应具有必要的可迅速清理事故现场的手段,如起吊、运输工具、托架、移动破损机体的气囊等设施。各机场除配备好自己的消防力量之外,还应与城市和附近居民的消防组织建立协作关系,必要时互相支援。

消防工作的成效与道路条件密切相关,在规划修建机场时必须妥善安排消防站的位置和应急通道的设置。

消防部门是在机场突发事件中最主要的紧急救援力量,机场应保证一旦出现航空器紧急情况时便能立即组织消防力量赶赴现场,实施扑救火灾及防毒措施,抢救人员和财产。

根据统计,航空事故的 70%发生在飞机起飞和降落时,这种事故发生的地点都在空港附近,伴随着失火和人员伤亡。因而空港要有一支训练有素、装备精良的救援队伍随时待命。

救援的反应时间对于救援的效果有着决定性的影响，机场消防设施和人员的位置应该设置在飞行区内，而且应该精心安排，以便在发生事故时，救援的车队能在 3 分钟之内到达跑道的最远端。救援车队主要是消防车队，因此我国也把救援称为消防勤务，救援队伍也称为消防队。

对于大型空港的消防队，国际民航组织制定了推荐标准，如果达不到这个标准，就不能取得营运许可。空港消防队的装备要比一般中小城市消防队先进，而且反应迅速，它使用的车辆有快速救援救火车、轻型救火车、重型泡沫灭火车和快速干预车。

（1）快速救援救火车。它的时速很高，发生事故时能第一个到达现场，它装有 1 000 升浓缩泡沫灭火溶液和急救药物等，它的任务是把指挥人员和第一批急救救火人员带到现场，控制火势，保持撤离道路畅通，对要紧急转移和处理的伤员进行处理和安排，然后等待救火主力队伍到达。

（2）轻型救火车。装有数百千克二氧化碳和灭火干粉，对于扑灭发动机和电器着火最为有效。

（3）重型泡沫灭火车。它能装载大量的泡沫灭火剂，车上转塔的泡沫喷射器可以向任何方向喷射泡沫。灭火粉对飞机机轮、轮胎起火有效。惰性气体对发动机起火更为有效，都需要有所准备。

（4）快速干预车。它装有水、泡沫灭火剂、药品、救援设备以及供雾天或夜间照明的装备，可以在很短的时间内到达跑道。

5. 航行维护区

机场均设有航行维护区域，即维护专用停机坪，大机场一般与客货停机坪相分离。航行维护为航空运输的重要组成部分，对保障飞行安全、保障航班正点率以及降低航空运输企业的经营成本都起到了十分重要的作用，任何一次航空器的飞行都是以必要的维护工作来保证的。机库是航空公司飞机大维修、养护、更换零部件、日常养护等一切维修服务的车间。

6. 油料中心

机场设立油料中心，多数属于中国航空油料总公司分支机构，专门从事航空油料供应保障业务，为航空公司提供油料供应。它由油库、输油管道、码头、铁路组成。

给飞机加油，储油与供油设施是机场不可缺少的组成部分，小型飞机场的储油设施为油库或桶装库；大型飞机场的储油设施除了使用油库外，还需储备油库；有时，飞机场储油设施还包括中转油库。加油设施主要是指机坪加油管网和飞机加油车。飞机的燃油有航空汽油和航空煤油。最常用的航空汽油的加油方式是使用油库内设高架罐给加油车加油。油料在加油车内沉降、放污油后再给飞机加油。涡轮喷气和涡轮螺旋桨发动机的飞机使用航空煤油，这类飞机或重量大，或飞行距离长，飞机的耗油量大。在加油的飞机架次增多、加油量极大增加的情况下，要求采用简单的管线加油系统和自动化的管线加油栓系统直接给飞机加油。

第三节 航 站 区

航站区是机场的客货运输服务区,是为旅客、货物、邮件空运服务的。航站区主要由三部分组成:一是客运航站楼(以下简称航站楼)、货运站;二是地面交通设施;三是旅客、货物与飞机的联结区域——停机坪。地面交通设施与停机坪由其他章节分别论述。

一、航站楼

航站楼是航站区的标志性主体建筑物,是机场地面通路与飞机之间的主要联结体,是地面运输和航空运输的交接面,是为航空运输企业及其过港和中转旅客提供地面运输服务的生产场所。

具体来说,航站楼是指位于车道边和机坪之间,承担旅客和行李地面运送的全部任务,为始发、中转或到达旅客办理各种手续,并把旅客及行李运送到飞机上或从飞机上接下来送出机场。它包括为旅客服务的设施,联结飞机运行的服务设施,联结地面交通的设施,以及各类服务性、商业性设施及营运、管理机构。

(一)航站楼的特征

航空港是一个地区的门户,是一座向蓝天开启的门户,航站楼是航站区最主要、最醒目的建筑物。特别是国际机场,航站楼在一定意义上就是一个国家的大门,代表着国家的形象。而且航站楼也反映城市或地区形象,反映所在地的地域特征、文化背景和城市特色。因此,在建筑上要求它具有一定的审美价值、地域或民族特色,并进行豪华装饰,这也是与航空旅行这种迄今为止仍为最高级的旅行方式相适应的。

上海浦东国际机场两座航站楼的外观、内饰设计理念、寓意和风格各异。如果说第一航站楼体现的是一种阳刚之美,那么第二航站楼体现的就是一种和谐之美;如果说第一航站楼寓意海鸥振翅欲飞,那么第二航站楼则昭示海鸥已在展翅翱翔。两座航站楼动静结合、刚柔并济、遥相呼应、融为一体,成为上海空中门户的形象地标。在空间色调上,第二航站楼以浅黄色为主色调,感觉温馨宜人。两座航站楼蓝、黄格调相映,与旅客之间形成"天、地、人"的完美融合。

美国的丹佛国际机场采用众多的白色纤维篷模仿白雪覆盖的科罗拉多州落基山脉起伏的山峰,标识出该机场所在地的地域特征。我国甘肃省的敦煌机场航站楼模仿莫高窟的造型;南京禄口国际机场的航站楼的波浪形的屋顶反映其地处长江之滨,寓意长江后浪推前浪的发展之势。机场的航站楼是空中旅行者的第一个落脚点,是第一个给人以自豪、成功、信心的地方,独具文化色彩。它是一个流动、运输的场所,是与技术、经济不断进步息息相关的场所,是强调人与环境高度和谐统一的场所。所以世界上发达国家更重视航站楼内的功能、环境效应、艺术氛围以及人与自然的和谐统一。不管航站楼采用何种设计风格，归根结底，它是服务于航空客运的功能性交通建筑物。因此，其规划、设计、布局应本着方便旅客、利于运营和管理的原则来展开。

受益于全球经济持续好转，航空旅客运输量继续保持较快增长，2017年定期航班承运的旅客总数上升到了 41 亿人次，比 2017 年高出 7.2%。客运量持续增长在为机场带来更多收入的同时，也带来了新的问题。目前，曼谷、香港、北京等城市的大型国际机场均是满负荷运转，经常乘坐飞机的人们对运输高峰时的国际机场会留下不好的印象：难以控制的拥堵、无尽头的办理手续的队伍、大声地喧哗、混杂而狭窄的商店和服务处等。如果机场尚未做好准备应对持续增长的运输量，随之而来的可能是乘客出入境排长龙等待、机场拥挤不堪等问题。

21 世纪的现代化航站楼应具备以下特征。

首先是高效便捷的乘机流程，一位旅行者到机场的目的是快速登上飞机离开本地飞向目的地，或到达本地后能迅速地提出行李赶赴市内。一般大型国际机场年吞吐量在 2 000 万人次以上，高峰小时的客流量为 1 万人次左右，要让成千上万的旅客即刻分流，非常方便而快捷地登上飞机，就要有足够大的空间和足够多的服务设施（柜台、登机口等），按每位国际旅客 35 m²、国内旅客 25 m² 计算，单体航站楼约需要 30 万平方米建筑面积。自动值机、自动办理行李托运、先进安全检查仪器广泛应用，在庞大的建筑物里每一位旅客都能迅速地办理登机手续，沿着自动步梯或楼梯，按着醒目的指示标志快速到达登机处。

其次是更好的服务体验，旅客旅行的首要原则是轻松和趣味，现代化航站楼的设计强调以人为本，强调人与环境高度和谐统一，环境的自然感、设施的拟人性、服务的人性化和友好性，将机场打造成城市生活综合体。世界上许多航空港优美的人与自然的环境让每一位旅客都有一种友好的、富有人情味的体验，在其中充分享受游览、购物、娱乐、休闲的乐趣。上海浦东国际机场景观水池的处理和马来西亚吉隆坡国际机场的中庭设计也无不体现出人、建筑、环境三者之间的和谐关系。

再次是先进的配套设施，候机楼内各种设施设备配套齐全，自动化、现代化程度高，充分运用现代科学技术为旅客服务，设有空调、地毯、无线网络、不规则的行李托运盘、自动电梯步梯、残疾人专用车、自动饮水器、儿童游艺室，还有随处可见的航班动态显示器等。

（二）航站楼的布局和特点

最早期的候机室非常简单。例如，英国首都伦敦的希思罗机场，在 1940 年时，只不过是一个帐篷。现在的航站楼，对于繁忙的机场，动辄就是几十万平方米的庞大建筑。有的机场不只有一个航站楼，例如，国内航线和国际航线各有自己的航站楼。或者，一个或几个航空公司拥有自己的航站楼。

航站楼的样式多种多样，很难说哪一种就绝对好。因为它也是依赖于发展的历史过程、机场可用的土地资源以及飞行活动的情况等。但是，对于航站楼来说，不管用什么式样，核心问题是使旅客感到方便、舒适，同时便于在机场旅客吞吐量增加时继续扩展。

1. 航站楼的水平布局

航站楼的水平布局是否合理，对航站楼运营有至关重要的影响。确定航站楼水平布局时，要考虑许多因素，主要有旅客流量、飞机起降架次、航班类型、机场地面交通。为合理选择平面布局方案，应处理好以下三个问题。

（1）集中与分散。所谓集中，是指一个机场的全部旅客和行李都集中在一个航站楼内处理。目前，我国大多数机场都采用集中航站楼。但是，随着客流量迅猛增长，集中航站楼的规模愈来愈大。例如，芝加哥奥黑尔国际机场航站楼的两个相距最远的门的距离竟达 1.5 km。同时，航站楼陆侧的停车设施规模也往往比较庞大。这样，旅客在航站楼内外的步行距离很长，有时甚至到了无法容忍的程度。

为使旅客舒适地进行航空旅行，参照国际航空运输协会（IATA）的建议，目前普遍认为应将旅客在航站楼内的步行距离控制在 300 m 左右。这样，当客流量非常大时，如仍沿袭集中航站楼的概念就很难达到要求。于是便出现了分散航站楼或单元航站楼的水平布局概念。具体思路是：在一个机场，设若干个（两个或两个以上）单元航站楼，每个航站楼的服务旅客类型相对单一化。例如，分设国内旅客航站楼、国际旅客航站楼，不同的航空公司使用不同的航站楼，等等。美国达拉斯-沃斯堡国际机场就是一个比较典型的具有分散航站楼的机场，该机场共有 5 个单元航站楼，如图3-32 所示。

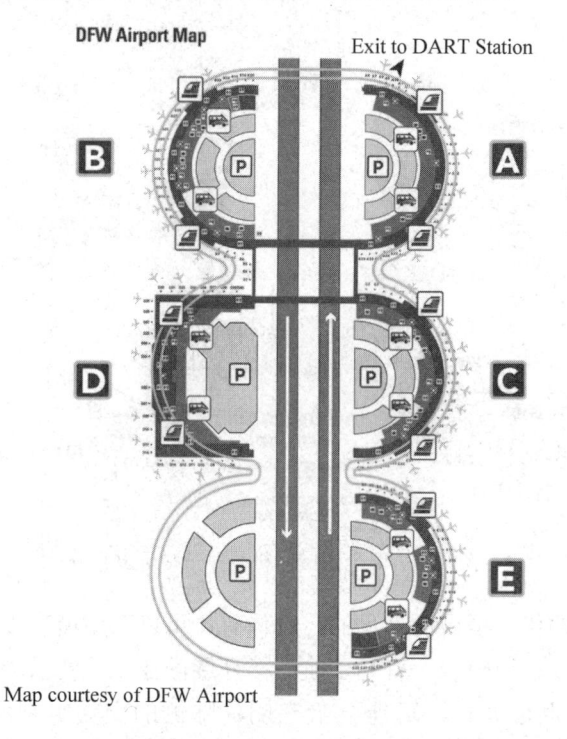

图3-32　分散性航站楼（美国达拉斯-沃斯堡国际机场）

形成单元航站楼格局可能有两个缘由。有的机场一开始就是设计成单元式的，如上文提到的达拉斯-沃斯堡国际机场，还有法国戴高乐国际机场、加拿大多伦多国际机场等。

有的是随着客运量增加，扩建原有的航站楼不可能或不合适，又新建了航站楼。如英国希思罗机场、法国奥利机场、西班牙马德里国际机场等。我国北京首都国际机场 1999 年新的第二航站楼竣工并投入运营，2008 年又建成第三航站楼，成为我国第一个拥有多个分散式航站楼的机场。

单元航站楼的优点是加速了整个机场的旅客通过能力，每个航站楼及停车场等设施都能保持合理规模，旅客在航站楼内外的步行距离也能保持合理的长度。但是，单元航站楼的突出弊端是，每个单元航站楼都要配置几乎相同的设施，规模经济效益差。如果单元航站楼之间相距较远（如达拉斯-沃斯堡国际机场最远的两个单元航站楼相距竟达 4.5 km），会给中转旅客和对机场不熟悉的旅客带来极大不便。为此，有时必须考虑能够沟通各个单元航站楼的捷运交通系统，这无疑又增加了额外投资，并使航站区交通变得愈发复杂。采用单元航站楼时，航站区一般占地较大，不利于节约土地。因此，在决定采用单元航站楼概念时务求慎重。只有大型枢纽机场在客运量确实太大（一般认为年客运量大于 2 000 万人次）才有必要考虑单元航站楼的水平布局设计概念。旧金山国际机场多个单元式航站楼如图 3-33 所示。

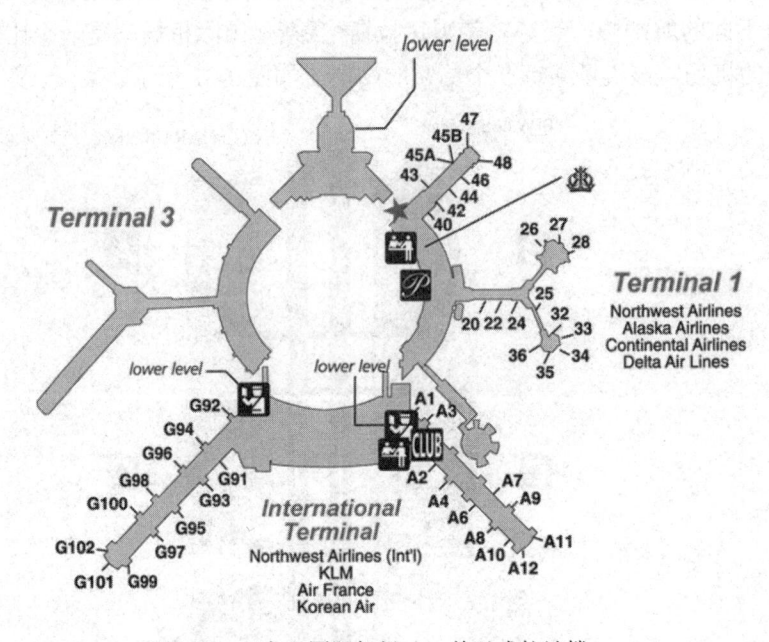

图3-33　旧金山国际机场——单元式航站楼

集中式航站楼的优点是显而易见的，具体有：可以共用所有设施，投资和维护、运营费用低；便于管理；占地较少；有利于航站楼开展商业化经营活动；等等。但当旅客流量很大，航站楼规模也很大时，可能会给空侧、陆侧的交通组织和旅客、行李在航站楼内的处理带来难度，进而影响旅客的通过能力和舒适程度。因此，集中式航站楼的关键是保持合理规模。

（2）航站楼空侧对停靠飞机的适宜性。航站楼空侧要接纳飞机。一般情况下，停靠飞机以上下旅客、装卸行李所需占用的航站楼空侧边长度，要比按旅客、行李等的空间要求所确定的建筑物空侧边长度大，特别是飞机门位数较多时更是如此。为适应空侧机门位的排布要求，一般航站楼空侧边在水平面要做一定的延展和变形，以适宜飞机的停靠和地面活动，如蒙特利尔米拉贝尔国际机场如图 3-34 所示。

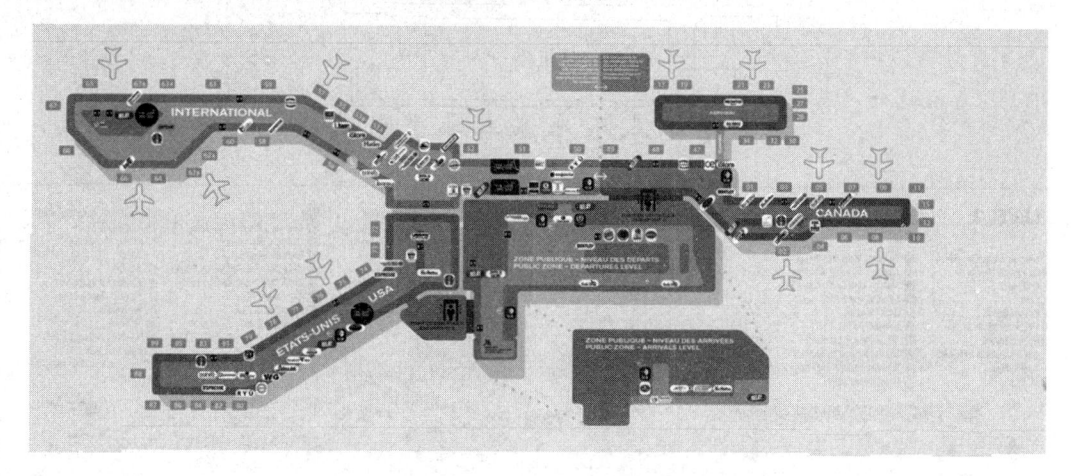

图3-34　集中式航站楼（蒙特利尔米拉贝尔国际机场）

（3）航站楼陆侧对地面交通的适宜性。由于航站区地面交通的多样性（汽车、地铁、轻轨等），在考虑航站楼水平布局时，必须使方案便于航站楼陆侧与地面交通进行良好的衔接。当进出航站区的旅客以汽车作为主要交通工具时，航站楼设置合理的车道边（长度、宽度）对陆侧交通非常重要。

2. 航站楼的空侧布局种类

为妥善处理航站楼与空侧的关系，人们曾提出过许多种航站楼空侧布局方案。这些方案可归纳为以下四种基本形式。

（1）直线式。这种形式是最简单的，即飞机停靠在航站楼墙外，沿航站楼一线排开，旅客出了登机门通过登机桥直接上机。它的好处是简单、方便，但只能处理少量飞机，一旦交通流量很大，有些飞机就无法停靠到位，容易造成延误，如图 3-35 所示。这类航站楼进深较浅，一般为 20～40 m。在机门位较少时，旅客从楼前车道边步入大厅办理各种手续后步行较短距离即可到达指定门位。客流量增大时，航站楼可向两侧扩展，这样可同时增加航站楼的空侧长度（以安排机门位）和陆侧长度（延长车道边）。但扩建后如机门位较多，必然使旅客的步行距离增加许多。在这种情况下，可以考虑将航站楼分为两个大的功能区，如国际区、国内区。

目前，我国大多数机场客运量较少，因此普遍采用这种水平布局。

（2）指廊式。由航站楼伸出走廊，飞机停靠在走廊两旁，这样可停放多架飞机，是目前机场中使用比较多的一种，走廊上通常铺设活动人行道，使旅客的步行距离减少，迈阿密机场是典型指廊式布局，如图 3-36 所示。

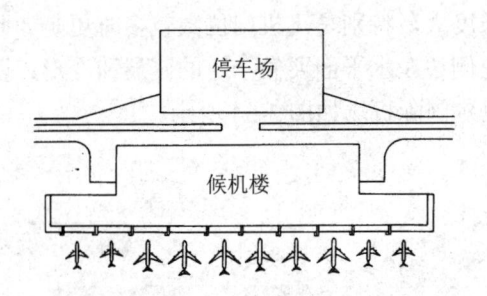

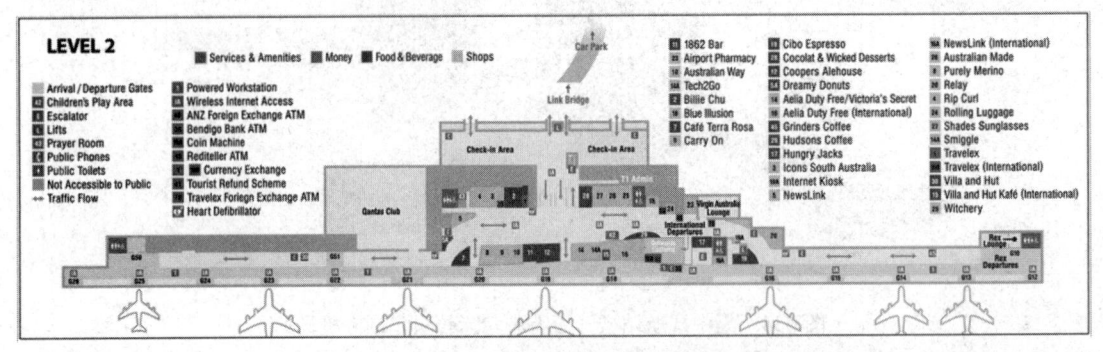

图3-35 直线式航站楼（阿德莱德机场）

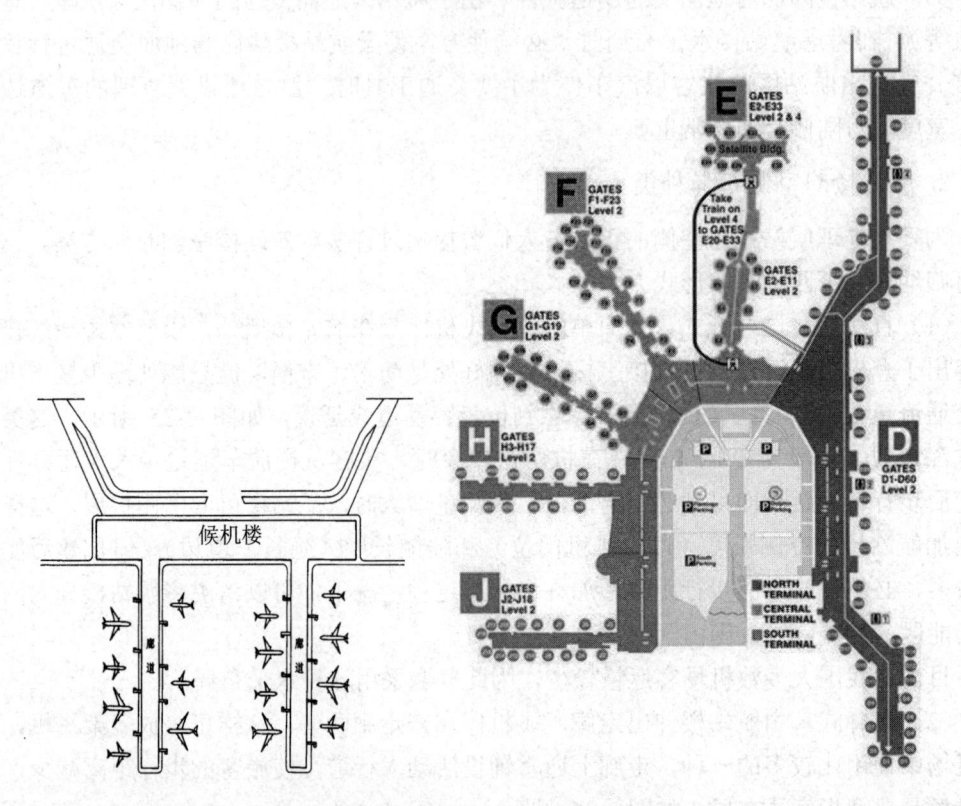

图3-36 指廊式航站楼（迈阿密机场）

这种布局的优点是，进一步扩充门位时，航站楼主体可以不动，而只须扩建作为连接体的指廊。它的缺点是，当指廊较长时，部分旅客步行距离加大；飞机在指廊间运动时不方便；指廊扩建后，由于航站楼主体未动，陆侧车道边等不好延伸，有时给交通组织造成困难。

通常情况下，一个指廊适合 6~12 个机位，两条指廊适合 8~20 个机位。机位超过 30 个时，宜采用多条指廊。

（3）卫星厅式。卫星厅是航站楼布局的一种形式，它适用于中转旅客多的枢纽机场。国外好多机场都是卫星厅式布局，如美国的奥兰多国际机场（见图 3-37）、亚特兰大国际机场，北京首都国际机场的 T3D、T3E 区，实际上也是卫星厅。

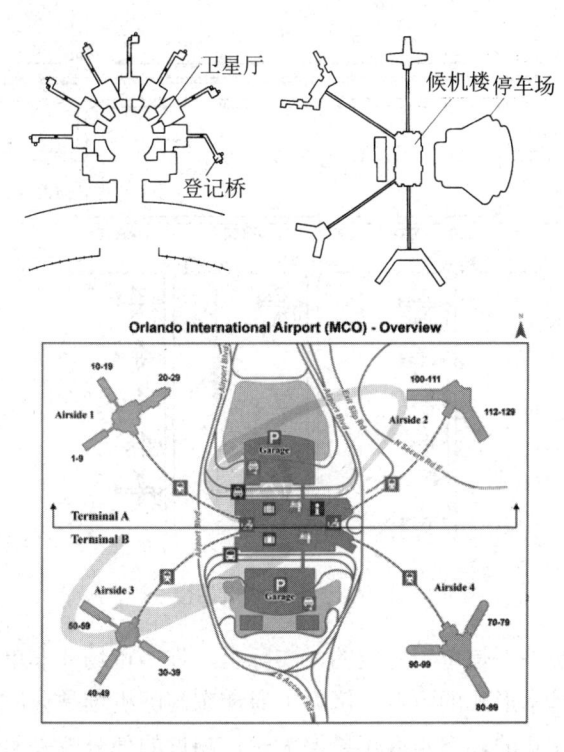

图3-37　卫星厅式航站楼（奥兰多国际机场）

卫星厅配置多个登机口，可同时停靠多架飞机，并通过走廊与机场主楼连接，就像主楼的卫星一样。一般来说，业务处理功能在主楼，登机候机功能在卫星厅。卫星厅与主楼之间有捷运系统相连，所以投资和维护费用很多。

卫星式布局的优点是，可通过卫星建筑的增加来延展航站楼空侧；一个卫星建筑上的多个门位与航站楼主体的距离几乎相同，便于在连接廊道中安装自动步道接送旅客，从而并未因卫星建筑距办票大厅较远而增加旅客步行距离。

最早的卫星建筑都设计成圆形，旨在使卫星建筑周围停放较多数量的飞机。但后来发现，圆形卫星建筑具有一定的局限性。首先是不好扩建。其次，在对圆形建筑旁两架相邻飞机进行地面服务时，往往非常拥挤。现在新卫星改成矩形建筑。如上海浦东国际机场在建的卫星厅，这一建筑由两座相连的卫星厅 S1 和 S2 组成，整体形成"工"字形构形，设有 83 座各类登机桥固定端，提供 89~125 个大小不等的近机位。显然，与圆形建筑相比矩形建筑旁的飞机地面服务更好安排，更有秩序。

（4）车辆运送式。车辆运送式也叫作远距离登机坪，飞机停放在离航站楼较远的地方，登机旅客由特制的摆渡车送到飞机旁，如图 3-38 所示。这种方式的好处是大大减少了建筑费用，可降低基建和设备（登机桥等）投资，并有着不受限制的扩展余地，因而提高航站楼利用率。但它的问题是机坪上运行的车辆增加，机场上的服务工作人员增加，旅客登机的时间增加，而且也增加了上、下车及下雨和刮风等外界天气对旅客的影响。为了解决后面两个问题，美国有些机场使用了移动登机桥，在汽车底盘上装上大型的可升降的车厢，旅客登车后，运至飞机旁边，车厢可升至机门相同高度，旅客直接进入飞机。

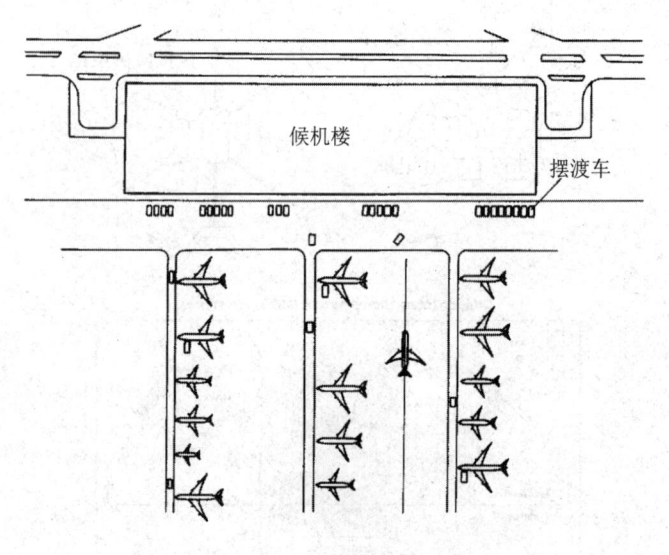

图3-38　运送式航站楼

各种形式的航站楼并不是单一固定的，实际上，许多机场并非单一地采用上述基本布局或方案，而是多种基本形式的组合。例如上海浦东国际机场是分散式多个单元组合的，既有直线式的又卫星厅式的，但当客流量增大时，超过的部分就采用远距离的登机坪来解决。关于航站楼水平布局设计概念的演变和组合，如图 4-39 所示。显然，水平布局方案有多种选择，设计者必须全面、综合地考虑各个因素，方能做出技术上合理的方案。

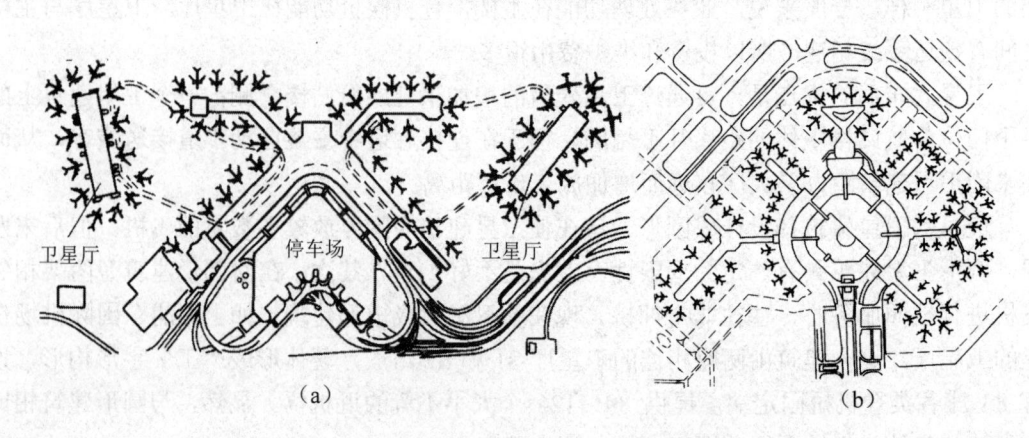

图3-39　综合式航站楼（芝加哥奥黑尔机场）

(c)

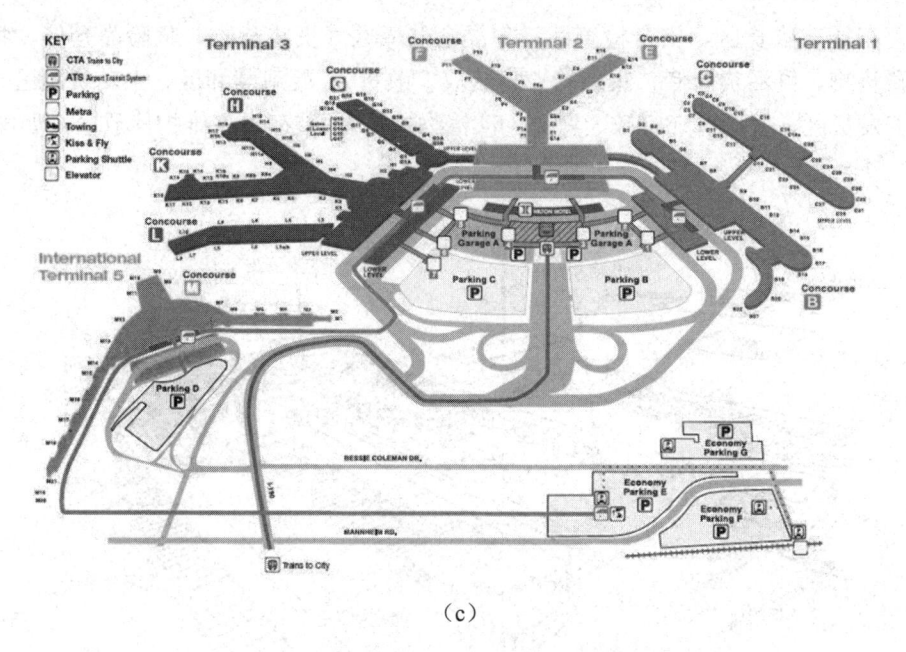

图3-39 综合式航站楼（芝加哥奥黑尔机场）（续）

二、货运站

机场货运站的布局与当前各种货运运输模式有关，大、中、小各类机场的货运站建设必须结合当地航空货运的特点，不求统一模式。

当前，世界主要机场的航空货运模式主要有三种：第一种是两个机场之间的直达航空货运运输模式；第二种是机场之间的点式货运中转模式；第三种是货运枢纽网络中转运输模式。

1. 两个机场之间的航空货运直达运输模式

第一种是由基地航空公司为代表的两点式运输模式。例如，东航（上海浦东国际机场为基地）、汉莎航空（法兰克福国际机场为基地）利用其公司通航点多的优势，开展以基地机场为中心，通航点机场为终端，开展两点运输模式。货代公司将货物委托航空公司运输，航空公司作为货运承运人负责两个机场之间的货物运输，货物到达机场后，由货代公司负责将货物运输到客户。这种运输方式主要以客机腹舱带货的方式进行，货量大的航线也采用全货机运输。

两点式运输模式的特点是：第一，利用客机航班密度大的特点，货运及时。第二，可以充分利用客机腹舱带货，增加客运的边际利润。货量大的航线，则布局全货机航班运输。第三，这种模式航空公司一般不直接提供全程物流服务，地面运输由第三方负责，不利于提供货运服务品质、效率。

目前我国绝大数机场货物运输均属于航空货运直达运输模式。这类机场布局如同法兰克福国际机场的货物集散站。货运站可以分为以下几个区域：货物运输专用道路、顾客服务处、停车场、收货区、安全检查区、各类仓储库区（贵重货物、危险品仓储、特殊货物、冷藏货物、鲜活货仓储、集装箱、集装板、散货）、配载装卸区、中转货运区、进港货物区、发货区、管理区（行政、海关、动植物检疫）、装卸设备维护停放区，如图3-40所示。

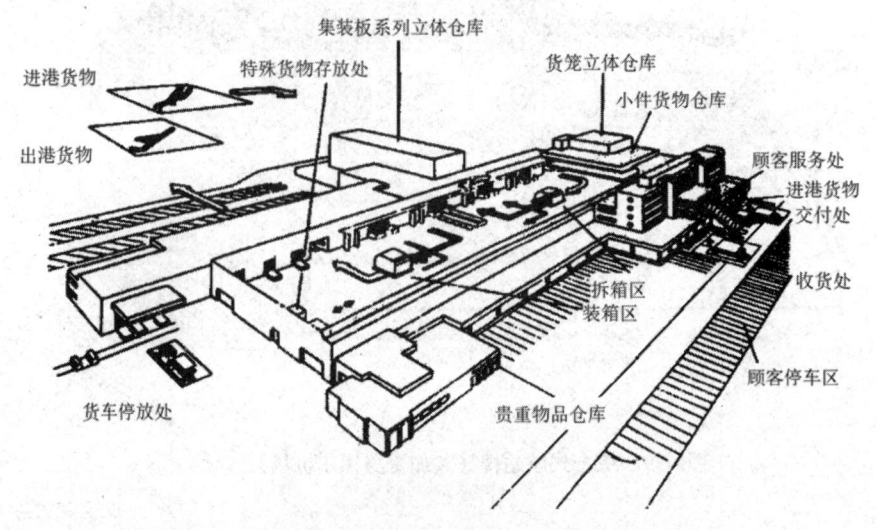

图3-40　法兰克福国际机场汉莎航空公司货物集散站

　　货运站建筑设计，必须充分而全面地考虑建筑物的使用功能。综合办公楼应考虑到方面的业务需要和顾客的方便，与顾客有关的服务区，办理手续柜台应尽可能集中。货仓规模应与货流量和货流特性相适应，使之能发挥预期的调配空、陆侧货流量的作用。货仓应适合所存货物种类，便于仓储设备的安装、运行和维修，便于货物的运输、码放、保护和监管。除配有一般的建筑设备外，货舱还要做好防火、保安等方面的设计。对特别繁忙机场的大型货仓，应注意使货仓的位置、进出口、仓储设备与货物运输工具、车辆等能进行良好衔接、配合，以确保出现高峰货流时货仓的吞吐能力。对特种货物，应考虑设计相应的建筑设施（如危险品库、冷库等），如图3-41所示。

图3-41　机场仓储设备

2. 机场之间的航空货运点式中转模式

点式中转模式则是快递公司利用大型机场通航点多的优势，通常有一个中心机场，以通航点机场为终端，以客机腹舱带货的方式开展的一种航空货运中转模式。每个通航点终端机场作为航空货物集、散点，开展集货和散货服务。航空货物通常不直接空运到目的地机场，而是先空运到中心机场，然后在中心机场与其他集散点搜集的货物经过集拼作业，再空运到目的地机场。

这种运输模式的优点是货物运输速度快、效率高，如果充分利用客机腹舱带货的优势，可以大幅度降低航空货运成本。这种运输模式的缺点是协调起来比较困难，因腹舱带货涉及多家航空公司（机场通航点非一家航空公司实施），而且中转衔接需要机场的大力支持，否则难以实施。因此，由中心机场来实施点式中转模式是比较合适的选择。

3. 枢纽网络中转运输模式

枢纽网络中转运输模式是以 UPS、FedEx、DHL、TNT 等快递公司为代表的航空货运枢纽两个端点以上的网络中转运输模式。它们有自己的货运机队，主要以全货机进行货物运输。通过在全球设置国际转运中心、区域转运中心，实现空地联运，提供门到门、全程物流运输服务。

航空物流既不是传统意义上的航空货运企业，也不是一般人简单理解的传统航空货运服务的延伸，它是现代信息时代的新兴行业，其运营模式也不仅仅是"飞机+卡车"的简单加法，而是以信息技术为基础，以客户需求为中心，结合生产企业的供应链管理，配合生产厂商设计出以"一站式""门到门"服务为特征的一体化物流解决方案，为客户企业提供原料和产品的供应、生产、运输、仓储、销售等服务，并结合成有机整体的优质高效的个性化综合物流服务。著名的航空物流企业有美国联合包裹（UPS）、美国联邦快递（FedEx）（见图 3-42）、德国敦豪（DHL）、荷兰天地物流（TNT）等。

图3-42　美国孟菲斯机场FedEx转运中心

航空货运枢纽网络运输模式有三个特点：优点是通航点之间运输线路不是唯一的，存在两个以上的运输线路，可以统筹运输线路和匹配运力；运输效率高。缺点是部分货物的运输时间较长（中转），货运成本费用也高。

大型枢纽机场必须改变传统的航空货运模式，加快基本建设，按现代物流要求货运站建造一体化货物处理中心，引进大型航空物流企业，成为本地区的国内或国际货运枢纽。

航空货运枢纽网络运输模式依靠人力是无法进行运营管理的，UPS、FedEx、DHL 等公司无一例外都建立了自己的计算机网络和电子通信系统，UPS 甚至用技术手段，结合派送货物的数量来规划每个司机的送货线路。这些先进的网络及通信系统是这些（快递）物流公司的核心竞争力。

一体化货物处理中心就是运用互联网技术、自动分拣技术等先进的科技手段和设备对航空货物进港、出港、库存、分拣、包装、配送、查验、报关、报检及其信息进行有效的计划、执行和控制的物流活动。典型的一体化处理中心主要包括：自动化立体仓储系统，自动输送系统（包括移动机器人系统 AGVS），自动识别系统和自动分拣系统，自动化标签系统，电子通关系统，以及自动称重、自动体积测量、自动打板等作业系统的其他自动报关、报检辅助系统，航空货运处理信息系统，等等。如图 3-43 所示。

图3-43　UPS科隆波恩机场转运中心自动分拣设备

中国快递龙头企业顺丰正在中国中部的鄂州顺丰机场建立一个超级转运中心，打造一个能够比肩孟菲斯的货运专业枢纽，支撑起顺丰承运高端快递业务的基础，如图 3-44 所示。自 1993 年成立以来，顺丰构建了强大的物流"底盘"。截至 2015 年，顺丰有 3.8 万名员工，拥有 39 架全货机，每周 700 个航段，覆盖国内与地区 28 个航点，1.6 万个网点，5 万辆车和 400 多处中转设备。

图3-44　中国顺丰快递超级转运中心（效果图）

三、政府驻场机构

国际机场是国家重要的出入境口岸,在出入境管理方面必须符合我国有关法律、法规的规定。联检单位就是按照国家法律、法规的规定,设置的相应机构(海关、边防、检验检疫),也是国际机场运营的必要条件。机场管理机构要为联检单位在航站楼内提供以下机构必要的工作场所和必需的服务设施。

(一)海关

海关是国家对出入境的物品和运输工具进行检查并征收关税的监督管理机构。其主要职能是依法对进出境的运输工具、货物、行李物品、邮递物品和其他物品进行监督管理,征收关税和其他费用,查缉走私,编制海关统计并办理其他海关业务。

(二)边防

国家公安部在对外开放口岸设置边防检查站,依法对出入境人员、交通运输工具及其携带、载运的行李物品、货物等实施检查监督,是维护国家主权、保卫国家安全、方便合法入出境的必要手段,是国家整个保卫工作的重要组成部分。其主要职能是依法对出入境人员的护照、证件进行查验;对出入境的交通工具进行检查;查缉和制止非法人员出入境活动,防止非法偷渡以及对边防查控等实行管理。

(三)检验检疫

2018 年 3 月,根据第十三届全国人民代表大会第一次会议批准的国务院机构改革方案,将国家质量监督检验检疫总局的职责整合,将国家质量监督检验检疫总局的出入境检验检疫管理职责和队伍划入海关总署。

检验检疫是根据国家有关法律规定,用科学技术手段和管理手段,对出入境的人员、交通工具、集装箱、行李、货物、邮件等实施检疫查验、传染病监测、卫生监督和必要的卫生处理。动植物检疫是对进出境的动植物、动植物的产品及其法律规定的应检货物、物品、运输工具实施检疫,防止各种动物危险性传染病、寄生虫病,植物危险性病、虫、杂草传入国境,保护我国农、林、牧、渔业生产安全和人民身体健康,维护我国国际信誉,促进外贸发展的一种强制性措施。

(四)维护社会治安部门(公安)

机场公安部门的职责是维护空港地区(包括航站楼在内)的社会治安。机场属地化管理后,机场公安机构也随机场移交给地方政府,机场接受当地市公安局的领导。机场地区治安情况如何,直接影响着机场的运营、安全和服务质量。

四、其他服务机构

航站楼是人流和物流的汇集中心与集散地,是多种交通枢纽的结合点,这为航站楼创造了许多商机。因此，航站楼内往往集中了许多服务性机构，如商场、免税店、书店、计时旅馆、餐馆、旅游企业、娱乐中心、地面交通、银行、邮电等单位，这些服务性机构为旅客和用户提供了许多便利，成为航站楼的一个组成部分。

第四节 地面交通区

一、综合交通纳入城市规划

随着我国经济社会的持续快速发展，综合交通运输体系建设进入关键期。就全国机场整体而言，目前机场与其他交通运输方式的相互衔接性还不够强。一方面，机场与其他交通基础设施网络的建设缺乏综合协调，降低了综合交通的整体效率；另一方面，机场作为城市重要的交通枢纽，与城市交通系统衔接不畅，削弱了航空高效快速的优势。

（一）树立综合交通运输体系理念

发挥好机场的应有作用，要树立现代综合交通运输体系理念。当代世界交通运输业的发展出现了两大重要发展趋势：一方面，随着世界新技术的发展，交通运输业广泛采用新技术，提高了运输工具和设备现代化以及运输管理信息化水平；另一方面，由于运输方式的多样化、运输过程的统一化，各种运输方式朝着分工协作、协调配合、互为补充的综合运输体系方向发展。从总体看，我国交通运输发展的长期战略目标是：以市场为导向，以可持续发展为前提，建立客运快速化、货运物流化的智能型现代综合交通运输体系。

这几年来，我国高速公路快速发展，八纵八横高速铁路建设、民用航空发展每年以10%以上的速度增长，从总体发展趋势讲，各种运输方式各有优势，相互竞争只会使各自找准目标市场，进一步清晰未来发展定位。民航作为最快捷和增长最快的交通运输方式，在远途运输和高附加值运输方面具有不可替代的优势，有利于推动我国现代综合交通运输体系建设。建设由民航、高速公路、高速铁路组成的大城市间旅客快速交通运输系统，是我国现代综合运输体系建设的重要组成部分。我国民航首先要主动融入现代综合运输体系，这对促进我国现代综合运输体系发展具有重大意义，对民航自身发展也具有积极而深远的影响。

就全国机场整体而言，机场与其他交通运输方式的相互衔接性还不太强，旅客进出机场的地面交通方式还不太便捷，机场服务和辐射的区域范围还不够广，一定程度上影响了机场整体功能的发挥。现代综合交通理念整体规划均是以机场为枢纽，把航空、铁路、公路有机结合起来，使机场与铁路干线网络、公路干线网络、城市轨道交通相连接，形成相互衔接、优势互补的一体化综合交通体系。

（二）以城市规划为先导

《若干意见》指出："要按照建设综合交通运输体系的原则，确保机场与其他交通运输方式的有效衔接。"从国家层面明确了民用机场是综合交通运输体系的重要组成部分，对民航来说具有重要意义。

机场交通规划应与周边交通规划相衔接。随着全球化进程的加速，航空港高效的时间利用率及其高度叠加的服务功能日益显著。从越来越多的枢纽机场规划实例来看，合理、便捷、高效的交通规划是实现这些功能的重要保障。客货的高效运转，除了依赖机场场区内的地面交通外，还要与机场最大辐射半径内的周边综合交通体系连成一片，通过高速公路、轨道交通、机场联络轨道线、城际轨道、高速铁路等方式对接。目前，空地结合、港城联动、综合交通运输理念作为机场规划内涵外延的体现，还需要多方进行密切沟通和协商，打破行业和地区壁垒。

要确保机场与其他交通运输方式的有效衔接，离不开民航和相关部门以及各地方政府的沟通协作。作为机场的行业监管部门，民航局将主动指导并协助地方政府制定本地区的民航发展规划，确保民航规划与地方的经济社会发展规划、城乡建设规划、土地利用规划等相衔接；引导地方政府将机场纳入地区综合交通体系建设，重视区域现代综合运输体系的整体规划，在新建和改扩建机场时，预留与其他交通方式衔接的空间；着眼于综合交通运输体系的建立，建设以大型机场为核心的综合交通枢纽，完善机场与高速公路、城市轨道、城际铁路的衔接，提高机场通达能力、便捷换乘能力和辐射能力，方便旅客和货物在机场的快捷集散。

机场规划选址一定要与其他交通方式紧密衔接，修建、迁建或改扩建机场不是为了竞争，而是为了更加便民、绿色出行。目前，我国的交通运输体系规划建设比较滞后，导致机场服务和辐射的区域范围不够广，在一定程度上影响了机场整体功能的发挥，更制约了机场周边临空经济和产业园的形成与发展。如有的城市尚未开通至机场的公交线路；有的机场高速收费较高；还有的机场道路等级较低，极易造成交通堵塞，等等。地面交通衔接不畅，严重影响机场航空正常运营，机场选址必须考虑与空地交通衔接问题。众所周知，航空出行的特点是自 A 市区至 A 郊区（地面）、A 郊区至 B 郊区（航空）、B 郊区至 B 市区（地面）。由于交通不便，除了要面临可能的交通堵塞或换乘车烦恼，还要经过严格烦琐的安检程序，既费精力又费时间。而高铁出行的模式则是自 A 市区至 B 市区，中间很少需要换乘，安检也不太复杂，在中短途出行中，优势极其明显。据估算，旅客乘坐运行速度高达 350 km/h 的京沪高铁，只需 4 小时即可实现在京沪间的旅行，这也是为何广州至武汉、郑州至西安、武汉至南京、南昌至武汉和京沪线上，民航运输受到实质性冲击的原因。高铁的开通虽对国内航空业造成一定程度的影响，但不会从根本上改变全球航空大都市的大趋势。我们如能在安全和噪声可控的条件下，采取将机场选址更加邻近城区、提高机场安检效率、保证航班时刻准点、提升服务质量等主动有效应对措施，压缩旅客出行时间，必将大大提升航空运输的竞争力。总之，建立紧凑合理的空地一体化综合交通体系，实现地面与机场的无缝衔接，是大交通共赢之举。

二、大型机场应规划建设一体化综合交通枢纽

衣食住行，人之根本。实现人和物的位移是"行"的具体体现，也是交通运输的意义

所在，更是人们的根本需求。交通运输包括铁路、公路、民航、水运、邮政、管道等多种方式。交通枢纽的建设，能有效融合多种运输方式，实现资源的集中利用，使人与物的位移更加快捷、方便。

《若干意见》中还对机场建设提出了具体要求："注重机场配套设施规划与建设，配套完善旅客服务、航空货运集散、油料供应等基础设施，大型机场应规划建设一体化综合交通枢纽。"

建设大型国际航空枢纽，是一项复杂的系统工程。其中，构建四通八达的航空网络，是航空公司优化航线结构的产物，而构建便捷的空地换乘方式，需要建立以机场为核心的现代综合交通运输体系。因此，世界上重要的国际城市，既是大型国际航空枢纽，也是地面综合交通运输枢纽。事实上，各种运输方式各有优势，分工协作、互为补充是大势所趋。但与轨道交通等其他地面交通运输方式不同，机场建设选址具有特定要求，不可能建在城市中心，打造以机场为核心的城郊型综合交通运输枢纽，是建设区域现代综合交通运输体系的发展趋势。

上海虹桥综合交通枢纽是立体综合交通枢纽的典型代表。上海是我国重要的经济中心、航运中心和贸易中心，根据国家战略部署，上海将逐步建成社会主义现代化国际大都市，国际经济、金融、贸易、航运中心。上海市依托虹桥机场打造国内乃至世界上最大的综合交通枢纽，自2010年3月16日正式投入运营以来，已经产生了巨大的社会、经济效益。上海虹桥综合交通枢纽东起外环线A20，西至铁路外环线，北起北翟路，南至沪青平高速，枢纽面积26 km^2，规划范围达86 km^2。虹桥交通枢纽连接了沪宁、沪杭和沪苏浙高速公路，是上海市区与长三角地区交通衔接的门户，汇集了航空、铁路和高速公路三大运输体系，同时还将汇集5条地铁线，是目前世界上独一无二的囊括空中、地面和地下多种交通方式的立体式交通集运体系。从地铁虹桥东站至虹桥西站大约500 m的距离，就可以搭乘高速铁路、飞机、地铁、城际巴士等，到任何想去的地方。

上海虹桥综合交通枢纽总投资超过474亿元人民币，总占地面积超过1.3 km^2，相当于3个天安门广场的面积，站房总建筑面积约24万平方米。目前整个交通枢纽集散客流量为48万人次/日。到2020年，预计为110万人次/日。

虹桥综合交通枢纽建设将加强上海与长三角城市群、长三角与国内城市之间的联系，为长三角提供更强的国内外联系。方便的空、陆、轨中转的实现，不仅使长三角进入上海的一日交通圈，而且通过虹桥、浦东两个机场使全国甚至东亚都进入上海的一日交通圈，这将大幅提升上海及长三角城市群的国际地位和经济能级，成为拥有机场、高铁、城际铁路、高速大巴等多种交通方式。亚洲最大的综合交通枢纽——上海虹桥综合交通枢纽已经成为上海乃至长三角地区重要的出行门户。

近年来，各地区加快推进机场配套交通运输体系建设。云南省的昆明长水国际机场以航空枢纽为核心，就是按照现代综合交通运输理念整体规划建设的。深圳宝安国际机场、成都双流国际机场的扩建工程，也同步规划建设机场综合交通体系。河南省政府大力推进"以航空为核心，建立多式联运的航空运输枢纽"计划，三条城际铁路引入机场。河北省结合石家庄正定国际机场改（扩）建、京石高速铁路建设，规划建设机场综合交通枢纽，对驶入机场方向的直通车单向免收高速公路通行费。陕西省正在建设西安咸阳国际机场地面综合交通枢纽工程项目，同时建设西安至机场的城际铁路快线。湖南省加紧推进以长沙黄花国际机场为核心的综合交通体系规划建设项目。当前各级政府高度重视区域现代综合运输体系的整体规划，一些新建以及改（扩）建机场在规划上要预留与快速交通方式衔接的空间，逐步改善现有机场的地面交通条件，要将高速公路、城市公交、城铁等接入机场，这对促进我国现代综合运输体系发展具有重大意义，对放大民航作用具有积极而深远的影响。

三、空地联运

打造综合交通枢纽，不仅把各种交通方式引入机场，更重要的是加强机场与其他交通运输方式的相互衔接，空地联运就是一个突破口。近年来，各航空公司和机场日益重视打造航空枢纽，不断增强各大枢纽城市对周边城市的辐射带动能力。随着乘坐飞机出行的旅客数量不断增加，航空运输衔接短途地面运输的联运市场需求也不断增加。

在国航的支持下，以信息化系统平台为支撑的国内第一条空地联运线路在北京和天津之间开通，由北京民航通力公司承运。当时，北京航信采用虚拟航班的模式将地面运输段代入系统。例如，为天津至北京的地面旅程设定航班号CA901，在旅客购买客票时，该地面航段会以"虚拟航班"的形式出现在旅客的行程单上。旅客可以通过订票系统一次性购买通往目的地的机票和大巴票，凭借联程行程单或购票证件即可办理乘车手续，大大提高了购票和出行的效率。

自2010年年底上线以来，北京航信的地空联运系统已经陆续在国航、海航、山航、川航等多家航空公司投产实施。截至2017年年底，共在全国50余个城市的60多条线路投产，为超过15万人次旅客提供了地空联运的便利与实惠。

上海在空铁联运方面也进行了调研和尝试，东方航空和上海铁路局联合推出了"空铁联运"产品。如果空铁联运的模式和服务能够完全成为长三角旅客到达上海两个机场的常态方式，必将提高上海机场的辐射能力和竞争力，实现长三角机场体系的合理分工协作，使得长三角的运输结构和空域资源利用更趋合理。

目前，"航空+铁路""铁路+公路""航空+水运"等跨运输方式的旅客联程运输服务在我国已经普遍存在。但由于不同运输方式在客票格式、运价制定标准、客票结算、客票清算、行李运输、服务保障等方面存在显著差异，目前仅能以两家采用不同运输方式运营的企业签订双边联运协议的办法，开展有着极强限制性的旅客联程运输，在跨两种运输方式以上的旅客联程运输方面，我国还停留在旅客自行安排行程、分别购票和被动接驳的"隔离式"联程运输阶段。由此带来的因前段运输不稳定而出现的后段运输变动的难题，极大地影响了旅客的出行体验，这也是我国倡导实现大交通一体化发展亟待解决的问题。

空地联运将促进我国多种交通运输方式的统筹和协调发展，促进基于大交通体系的行业核心资源优化配置，全面增强交通服务经济发展的能力，突破不同运输方式接驳中"最后一千米"的发展瓶颈。由于空地联运涉及铁路和航空等不同的交通方式，横贯不同的行政地域，并要求机场、航空公司、铁路和物流等众多行业的共同参与。因此，就要求空地联运服务中所涉及的各个方面，打破行业和地域上的限制，齐心协力推动、形成各方互惠互利、共赢的合作模式。

第五节 临空经济区

临空经济区是依托航空枢纽和现代综合交通运输体系，提供高时效、高质量、高附加值的产品和服务，集聚发展航空运输业、高端制造业和现代服务业而形成的特殊经济区域，是民航业与区域经济相互融合、相互促进、相互提升的重要载体。在新经济时期，许多国家和地区出于转变经济发展方式的需要，纷纷把临空经济作为经济发展的新引擎，大力进行临空经济区建设，以期通过加速临空经济发展实现发展方式的转变。

现代化的机场不再是一个传统意义上的旅客和货邮的集散地，它首先应该是一个商业中心、购物中心。它不仅能够吸引航空旅客，还将吸引当地居民和旅游观光者。机场还将是一个能够为工业产品和出口商品等航空货物提供中转服务的枢纽。与此同时，机场不仅仅是一个公益性基础设施，更为重要的是它还要作为一个经济实体而存在。

我国航空运输的持续快速发展，不仅可为大众出行提供便利和快捷的运输服务，还是一个地区发展经济、改善民生的动力，更促使各地依托航空运输网络，构建以机场为节点的综合交通运输体系，延伸产业链条规划发展临空产业，打造新兴产业群，形成民航业与区域经济良性互动、合作共赢的局面。机场及其周边地区会逐步发展成为一个临空经济区或者说一座"航空城"。机场成为一个地区经济活动的核心，可以起到地区经济发展的发动机的重要作用。

据统计，美国现有 490 座国际民航机场，以机场为依托形成的临空经济区所产生的 GDP 已占全国 GDP 的 8%。目前我国临空经济区发展已取得了一些积极成效。截至 2014 年年底，我国有 62 座城市依托 54 座机场规划或建设了 63 个临空经济区。其中，旅客吞吐量在 1 000 万人次以上的机场所在地区全部规划了临空经济区，旅客吞吐量在 500 万～1 000 万人次的机场中，有 81.8%的所在地区规划了临空经济区。北京、天津、上海、广州等地临空经济已进入相对成熟的发展阶段，成都、郑州、重庆、杭州、深圳等地则进入相对快速发展的阶段，形成了以民用机场为支撑的航空核心产业、航空关联产业、航空延伸产业等类型的临空产业区，对推动区域经济社会发展发挥了重要作用。

一、临空经济区的规划

临空经济区域规划合理，不仅有利于自身管理运营，提高生产效率，还有利于发挥机场对相关产业链的聚集效应，带来保税区、物流区、高附加值产品加工区、与航空产业相关制造业等的聚集，并通过汇集经济社会中的各种资源和信息，对区域经济社会发展产生强大的催化效应和辐射作用。

临空经济区必须以航空枢纽机场为依托。只有具有一定规模的航空运输才能够带动临空经济的形成和发展。因为临空经济成功发展受两个基本要素的影响：一是硬件条件，机场自身完备的设施和机场周边边界的地面交通，以及良好的商务设施情况；二是软件条件，即机场的发展战略及自身定位，机场所在区域经济发展的均衡和产业结构的合理布局、配套的文化科研机构、绿色的自然环境以及政府的政策支持缺一不可。

近年来，在全球经济一体化快速推进的过程中，临空经济已经成为提高区域经济竞争力、促进跨越式发展的重要驱动力，发展前景十分广阔。建立临空经济区，发展临空经济，已经成为各地的共识，各地纷纷学习效仿规划创建临港经济区。然而，也有部分机场的"鸡肋效应"突出。一些机场规模小，客货运输能力有限，服务半径小，亏损严重，运输机场的功能和效益难以匹配，更难以起到区域经济发展的"引擎"作用。

为推动临空经济示范区健康有序发展，2015年7月国家发展改革委与民航局联合出台了《关于临空经济示范区建设发展的指导意见》（以下简称《指导意见》），明确了临空经济示范区建设发展的总体要求、设立条件、申报程序、建设任务、职责分工、监督考核。

根据《指导意见》，临空经济示范区建设发展将按照党中央、国务院决策部署，重点依托大型航空枢纽，遵循航空经济发展规律，引导和推进高端制造业、现代服务业集聚发展，构建以航空运输为基础、航空关联产业为支撑的产业体系，推动低污染、低环境风险产业与城市融合协调发展，把临空经济示范区建设成为现代产业基地、区域物流中心、科技创新引擎和开放合作平台，为促进区域经济社会发展和经济发展方式转变提供有力支撑。

《指导意见》明确了申报设立临空经济示范区包括航空港经济综合试验区、航空经济示范区等应具备的四个条件：一是应符合区域发展总体战略、新型城镇化战略和优化经济发展空间格局的总体要求，符合全国主体功能区规划和相关土地利用总体规划、城乡规划，资源环境承载能力较强，行政区划清晰明确；二是原则上在直辖市、省会城市、计划单列市，或者其他区位优越、物流便利、开放型经济发展水平较高的大城市布局；三是所在地机场年货邮吞吐量应在10万吨以上或年客流量达1 000万人次以上，空域条件较好，现代交通运输体系较为完善，便于开展联程联运和陆空衔接，有一家以上的基地航空公司或若干家大型物流公司入驻，适当考虑通用航空基础好、航空制造业发展潜力大的地区；四是所在地机场周边现有产业园区基础良好，特色突出，产业结构合理，临空指向性强，基础设施和管理服务体系比较完善，周边货运集疏运网络系统与机场货运能力相匹配，有利于承接与集聚发展相关的产业。

（一）基本原则

《指导意见》指出，临空经济示范区建设发展应遵循以下五个基本原则。

（1）统筹规划、优化布局。认真总结既有经验，客观分析现实条件，结合国家战略安排和区域发展需要，统筹考虑全国民用机场布局和机场总体规划，优化整体布局，推动资源优化配置与要素合理流动，促进有序开发。

（2）集约节约、保护耕地。落实最严格的耕地保护制度和节约用地制度，严控新增建设用地占用耕地，统筹新增建设用地和存量挖潜，优化开发利用格局，提高土地使用效率，促进土地利用模式创新。

（3）因地制宜、分类指导。加强规划和政策引导，立足比较优势，突出区域特色，合理确定发展方向和重点，把握准入标准，推动经济结构转型升级，防止低水平重复建设。

（4）有力有序、稳步推进。严格控制总量、重视发展质量、适度超前布点，统筹考虑各地经济发展水平，成熟一个，推进一个，明确职责分工，加强督促检查和跟踪指导。

（5）改革创新、先行先试。遵循市场经济规律，推进重点领域和关键环节改革，在管理体制和运行机制等方面先行先试，着力提高对外开放水平，发挥示范带动作用。

（二）建设任务

《指导意见》提出了临空经济示范区的五大建设任务，具体如下。

（1）优化空间发展布局，促进区域协同发展。按照节约集约发展理念，推进"多规合一"，规范空间开发秩序，着力推进与城市规划、交通基础设施规划以及区域规划的有机衔接，统筹考虑包括航空港区、综合服务区、产业集聚区、现代物流区、生态防护区等在内的功能分区，形成畅通高效的交通网络、绿色宜居的生活环境、集约有序的城市空间。

（2）推进航空枢纽建设，构建立体交通系统。提升机场客货运功能，加快航空货运仓储设施和货运转运中心建设，完善物流转运设施，提高货物换装的便捷性和兼容性，拓展优化航线网络，完善陆路、水路交通运输体系，加快发展多式联运，促进航空、公路、铁路、水运等多种运输方式高效衔接、互动发展，打造"门到门"快速运输系统，提高客货运中转效率和机场服务水平。

（3）发展优势特色产业，构建高端产业体系。依托航空货运网络，发挥产业和市场优势，积极引进发展航空设备制造及维修、电子信息等高端制造业，发展壮大航空物流、专业会展、电子商务等现代服务业，促进专业化分工和社会化协作，打造各具特色的产业集群，推动产业创新升级，形成以航空运输为基础、航空关联产业为支撑的高端产业体系。

（4）提升开放门户功能，辐射带动区域发展。创新对外开放体制机制，推进民航管理先行先试，研究推进航权开放，加快航空口岸建设，促进通关便利化，构建国际化营商环境，提升参与国际产业分工层次，建设富有活力的开放新高地；发挥交通、产业和开放优势，强化产业集聚和综合服务功能，延伸面向周边区域的产业链和服务链，实现更大范围、更广领域、更高层次的资源配置，促进合作共赢。

（5）加强生态环境保护，促进绿色低碳循环发展。统筹处理好经济发展和生态环境保护的关系，坚持生态优先，严格建设项目及产业准入门槛，严禁开展不符合功能定位的开发建设，大力发展循环经济，尽量使用存量建设用地，强化用地开发强度、土地投资强度等用地指标的整体控制，促进资源节约集约利用，提高能源资源利用效率，控制主要污染物排放总量，加强环境风险防范和应急处置，推动形成绿色低碳的生产生活方式，着力改善生态质量。

二、国家临空经济示范区

我国自 2013 年 3 月至 2017 年年初四年间，从不同层次批复了 6 个国家临空经济示范区的设立，其中国务院批复 1 个：郑州航空港经济综合实验区，剩下 5 个都是国家发展改革委和民航局联合批复的：华东地区的青岛胶东临空经济示范区、西南地区的重庆临空经济示范区、华北地区的北京大兴国际机场临空经济示范区、华东地区的上海虹桥临空经济示范区和华南地区的广州临空经济示范区。选择若干条件成熟的临空经济示范区开展试点示范，有利于发挥比较优势、挖掘内需增长潜力、促进产业转型升级、增强辐射带动作用，对于促进民航业发展、优化我国经济发展格局、全方位深化对外开放、加快转变经济发展方式具有十分重要的意义。以下重点介绍三个临空经济示范区。

（一）郑州航空港经济综合实验区

2013 年 3 月，国务院正式批复《郑州航空港经济综合实验区发展规划（2013—2025 年）》，国内首个航空港经济综合实验区正式落户郑州，这也是我国华中地区首个国家临空经济示范区。规划面积 415 km²，是集航空、高铁、城际铁路、地铁、高速公路于一体的综合枢纽，是以郑州新郑国际机场附近的新郑综合保税区为核心的航空经济体和航空都市区。根据规划，郑州航空港经济综合实验区将建设成"国际航空物流中心、以航空经济为引领的现代产业基地、内陆地区对外开放重要门户、现代航空都市、中原经济区核心增长极"。郑州航空港经济综合实验区能纳入国家战略，既是河南发展的需要，也是国内产业转型升级的需要。沿海地区传统制造业的兴起，支撑了中国在过去 30 年的快速发展，但未来继续增长的空间很小。在发展高端制造业方面，国家需要有新的突破口，而发展以航空为依托的临空经济则是很好的机遇。

在实验区获批后，郑州航空港经济综合实验区迅速完成机构组建，为实验区各项事业开展提供有力的组织保障；争取政策支持，为实验区的快速发展扫清政策体制障碍；规划先行，完成了《郑州航空港经济综合实验区发展规划（2013—2025 年）》编制工作。根据规划，按照建设大枢纽、发展大物流、培育大产业、塑造大都市的总体发展思路，建设国际航空物流中心、以航空经济为引领的现代产业基地、内陆地区对外开放的重要门户、现代航空都市、中原经济区核心增长极的战略定位，以"一核领三区、两廊系三心、两轴连三环"为空间布局。其中"一核领三区"是以郑州新郑国际机场为核心，规划了北部城市综合服务区、东部临港型商贸交易区、南部高端制造区；"两廊系三心"是在穿越实验区的南水北调干渠与小清河生态廊道间规划了公共文化航空金融中心、生产性服务中心和航空会展交易中心；"两轴连三环"是以穿越实验区东西南北的两条主干道为发展轴，将三条以机场为中心的环道连接起来。重点发展航空产业、高端制造业和现代服务业三大产业。

郑州航空港经济实验区的设立，对郑州乃至河南发展具有划时代的重大意义：它为身处内陆的河南插上一双腾飞的翅膀，具备了弯道赶超沿海城市的开放机遇，使河南站在发展的新起点上，可以俯瞰全球，放眼未来；它打开了中原经济区建设的战略突破口，使中原崛起的梦想走进现实，使国家东部带动西部经济发展有了强大纽带；它打造了河南经济结构转型升级的新平台和经济发展的新引擎。

（二）上海虹桥临空经济示范区

2017年1月，国家发改委、国家民航局批准上海市长宁区建立上海虹桥临空经济示范区。上海虹桥临空经济示范区是我国华东地区第二个获批的国家级临空经济示范区，依托上海虹桥国际机场，规划范围占地面积 13.89 km²，其中上海虹桥国际机场运营作业区占地 7.15 km²。未来的上海虹桥临空经济示范区将建设成为国际航空枢纽、全球航空企业总部基地、高端临空服务业集聚区、全国公务机运营基地和低碳绿色发展区。

上海虹桥国际机场占据了上海虹桥临空经济示范区一半的面积，目前总部设在示范区，并以上海虹桥国际机场为主运营机场的基地航空公司，占落户上海的基地航空公司总量的 60%；另一重要组成部分则是拥有 20 余年历史的上海虹桥临空经济园区，已集聚了信息服务业和现代物流业两大产业，还拥有航空管理、飞机销售、航空客运、航空货运、飞机维修、航空保障、通用航空服务、航空票务分销等航空相关业务企业百余家。截至 2019 年 8 月，园区入驻企业已达 1 000 余家，其中总部型企业约 30 家，世界 500 强企业 10 家。除此之外，航空资源集聚、航空服务业快速发展、航空资源配置能力迅速提升，尤其是"十三五"期间，示范区内的航空服务业年均增速将力争达到 12%以上，税收占全区税收比重也将力争超越 20%，最终建成比较优势突出、产业体系完整、形态功能完善、辐射带动力强的国家级示范区。

随着各项政策的颁布和落实，虹桥地区将会借助上海虹桥临空经济示范区的发展进入高速发展的快车道，这也更加有利于片区临空产业的不断积聚、推动产业结构的升级和对外开放功能的提升，同时也为该地区区域经济的发展带来新的机遇。

（三）广州临空经济示范区

2017年1月，国家发展改革委、国家民航局联合印发《关于支持广州、上海虹桥临空经济示范区建设的复函》，同意广州设立临空经济示范区，这标志着我国华南地区国家临空经济示范区成功设立。示范区以广州白云国际机场为依托，规划总面积共 135.5 km²，其中机场区域面积 41.64 km²。广州市政府将围绕国家重要中心城市建设，加快构建枢纽型网络城市，着眼提高全球资源配置能力，强化三大战略枢纽功能，重点将国际航空枢纽打造成广州新的动力源和增长极，使广州临空经济示范区成为枢纽功能完善、临空产业集聚、体制机制创新的新兴功能区域。

目前示范区内的广州白云国际机场已入驻南方航空、九元航空等主基地航空公司和 86 家航空公司，开通国际航线 136 条，通达全球 242 个航点，其中国际及地区航点 95 个。示范区内临空产业集聚效应明显，新科宇航飞机维修 G2 机库项目竣工验收，广州空港经济区总部经济园、中澳新韩自贸产业园、穗佳华南空陆联运集散枢纽、白云机场商务航空服务基地等重大项目相继开工，圆通速递、苏宁云商等 13 家企业将陆续入驻。通关便利化水平不断提高，推动了旅客智能分类便捷通关、"互联网+空港 e 通"、电商质量信息溯源、关检"三个一"查验、一站式作业、电商联动监管等改革项目，落实 24 小时国际过境旅客免办边检手续和 72 小时过境免签政策，成为全国首个空港口岸查验配套服务费改革试点示范区。

在广州市新型城市化快速发展的大背景下，空港经济区未来 20 年将形成圈层的发展带动效应，提出以"大范围研究，小范围启动"的总体规划原则，落实空港经济区 966 km² 研究范围、439 km² 的总体规划范围；合理对接广州主城、花都、白云、萝岗、清远等周边城、区；结合北站、大田物流港的发展预期，充分发挥临空经济为特征的产业集聚优势；形成"港城一体、空铁一体、三港联动"的总体发展策略；构建"一心三廊、三港七区"的整体空间格局。

广州临空经济示范区建设，将有利于提升广州白云国际机场作为全球航空枢纽的国际竞争力，推动民航国际化战略实施；有利于带动珠三角地区在更高层次和更宽领域参与全球产业分工，探索航空经济带动区域产业转型升级的新路径，为广东省乃至全国其他地区在临空经济领域的改革发展提供重要借鉴。

三、临空经济必须以航空为主线

发展空港经济，一是要因地制宜，即依据不同城市的经济、文化等特征差异化发展；二是要有选择性，不是什么产业都可以在机场周边发展，也不是每个机场都可以发展这种新型经济形态。建设枢纽空港经济区可供选择的产业主要有：第一类是直接与航空运输相关的服务性产业，如航空餐饮住宿与食品业、航空物流业、航空工程维修业、航油航材供应业、航空培训中心等。这些服务业随机场航空运输产业链的延伸而在机场周边形成。第二类是利用大型机场的区位优势和机场与城市间的综合交通优势而延伸发展的会展经济、旅游经济、总部经济、金融服务经济以及汽车出租、文化娱乐和购物等产业。第三类是利用航空货运快速性、安全性和口岸通关的便捷功能，发展对时效性要求高、技术含量和附加值高的高新技术产业，如电子信息技术业、邮件包裹快递业、创汇农业和花卉业以及高档服装业等。

临空经济正在吸引五大产业。中国不同地区发展水平的不同，吸引的产业特点不尽相同。

（1）航空产业。航空产业主要分为两个行业：一个是航空制造业；另一个是航空运输服务业。例如，2007 年空客 A320 总装线落户天津后，上下游近 100 家航空制造企业落户天津机场周边，正在形成一个产业集群。青岛航空制造产业区位于核心区西部，总面积约 25 km²，重点发展航空机电与零部件、飞机内饰件、航空电子仪器等航空关键制造业，配套发展机场专用设备、航空设备维修、航空特种装备、航空模具加工、航空食品精深加工等航空关联产业。与此同时，规划发展航空运输服务业，如航空器制造、租赁、航空从业人员培训，航油服务，航空食品生产，地面保障服务，机票分销代理，航空物流货运代理，旅游代理，机上文化传媒等。

（2）航空物流业。航空物流业在临空经济区发展的模式就是利用机场口岸的功能，同时利用机场周边物流基地的保税功能，真正实现港区联动。重庆临空物流区打造国际快件集散中心、辐射全国的欧洲商品分拨中心和主城最大的城市配送基地。预计到 2020 年，国际货物吞吐量达到 50 万吨以上，成为内陆地区重要的综合物流枢纽。

（3）高科技产品制造业。在吸引这类产业方面，青岛航空制造产业区显得非常明显，卫星导航、智能装备、精密机械、3D 打印等高端制造业等知名企业纷纷入驻于此。

（4）国际商务会展业。主要是总部经济和会展经济，现在北京市顺义区正在规划的国门商务区就是一个代表，其在机场南侧，规划总面积 19.65 km²。临空经济区正成为首都东部发展带最具经济活力的新增长极。

（5）康体娱乐休闲业。康体娱乐休闲业无论对于转机旅客，还是机场旁边的工作人员来说都是非常必要的。青岛临港经济区中专门规划一块航空特色社区，位于核心区东部李哥庄镇域，规划面积 4 km²，发展居住、综合商贸、特色餐饮、健康养生等产业。现在两种产业同时驱动，临空制造业和特色现代服务业将成为固定的发展形态。

要建设一个成功的临空经济区，必须做到以下六点：第一，要有准确的战略定位。"一流的政府要战略，二流的政府要政策，三流的政府要项目。当地临空经济能否发展得好，一个关键因素在于政府制定战略是否到位。"第二，要准确把握"一带一路"倡议的产业转移。"郑州航空港经济综合实验区能够成功的重要原因就是把握了全球产业价值链的转移方向，以及中国东部产业向中西部转移的方向，从而将郑州成功纳入全球产业价值链的体系当中。"第三，要严格遵循临空经济的科学发展规律，即港、产、城互动发展的关系。在中国 60 多个临空经济区中，港与产、港与城、产与城的关系并不顺畅。第四，要通过产业集群化和高端化方式，发挥临空经济区的产业竞争优势。第五，要建立阶段化、区块化的企业遴选机制。第六，要进行国际化的基础设施、生态环境建设。

思考题

1. 机场的主要功能是什么？
2. 机场空侧陆侧如何划分？分别由哪个部门管理？
3. 飞行区、飞行活动区以及飞行转运区三个概念如何区分？
4. 跑道数量和方位确定受哪些因素影响？
5. 多跑道机场如何合理使用跑道？
6. 跑道号的作用有哪些？如何确定？
7. 跑道长度应满足哪些飞行要求？
8. 如何应用飞机的 ACN 数值与跑道 PCN 数值？
9. 机坪上有哪些安全标志线？
10. 仪表着陆系统由哪些设备组成？各具有什么功能？
11. 对照图 3-25，说出各导航灯的名称和作用。
12. 对照图 3-30，说出跑道标志的名称和作用。
13. 机场净空区如何划分？净空管理对象有哪些？

14. 现代化航站楼应具备哪些特征？
15. 单元式航站楼的优缺点有哪些？
16. 航站楼空侧布局的类型和特点有哪些？
17. 一般货运集散站应划分成哪些区域？
18. 结合大型航空物流企业实例，航空货运枢纽网络运输模式应用哪些技术？
19. 民航如何适应综合交通运输体系发展趋势？
20. 机场交通规划如何与城市规划相衔接？
21. 空地联运中亟待解决的问题有哪些？
22. 建设临港经济区应遵循哪些规则？
23. 临港经济主导产业有哪些？

运 行 篇

第四章　民用机场飞行区运行管理
第五章　民用机场地面运行管理
第六章　民用机场安全管理

第四章
民用机场飞行区运行管理

通过本章的学习,您将了解以下知识点:
1. 机场运行管理的内容;
2. 机场运行指挥中心的地位和作用;
3. 机场容量与运行的关系;
4. 机坪管理管制改革的内容和效果;
5. 飞机地面管理的总要求;
6. 场务运行管理的主要工作内容;
7. 如何防治外来物(FOD);
8. 如何防止地面车辆人员的跑道侵入;
9. 净空保护区域内禁止的活动内容。

为了保障飞机安全起飞和降落,机场运行指挥中心代表机场当局全面负责机场的运行管理工作,从飞行地面运行指挥、飞机地面运行保障、飞机监护、跑道管理和维护、机坪管理、导航设备管理到净空管理等各个环节,精心组织全体员工、正确指挥、沟通协调和实时控制,全面完成机场以安全为目标的各项运行任务。

第一节 论 述

一、机场运行管理的定义

运营管理包括运行管理和经营管理两个方面。机场运行管理是指为了保障飞机安全起飞和降落,满足航空公司、旅客及货主的需求,运用管理职能(计划、组织、控制、激励和领导)合理地优化机场资源(人力、物力、财力和信息),为航空运输生产提供有序、高效的地面保障和全面、优质的机场服务。

通过有效的管理和监督手段,充分利用机场各种资源,统一对机场的生产运行保障工作进行组织、指挥、协调和控制,准确掌握和传递各个生产环节之间的信息,理顺各生产保障部门或单位的工作关系,并及时处理生产运行保障中出现的各种问题,实时监控生产运行保障过程,从而使机场的生产运行保障工作能够按照各自相应的服务内容、标准和程序有序地进行,提高生产效率,实现机场为服务对象提供安全、正常服务的目的。

二、机场运行管理的内容

机场运行管理内容从机场系统来划分可以分为飞行区运行管理和机场地面运行管理。
飞行区运行管理主要围绕飞机飞行活动(劳动工具)开展,涉及飞行运行指挥、飞机飞行保障、飞机监护、跑道管理和维护、机坪管理、导航设备管理、净空管理等。

机场地面运行管理主要围绕旅客运输航班保障活动（劳动对象）展开，涉及航班信息、机位分配、航班保障、旅客流程、地面运输设备、物流管理等。这部分内容由第五章论述。

机场运行管理的内容可以分为空侧、航站楼区、安全保卫和应急救援四个部分。

（1）空侧。实行净空管理，保障飞机运行安全，对飞行区内的车辆运行实行严格管理，防止任何航空地面事故的发生，为计划外的特殊航班安排机位和提供服务。

（2）航站楼区。要保证进出航站楼的道路安全和通畅，要杜绝机场从业人员和旅客妨碍安全生产的违规行为，引导他们遵纪守法。管理好驻港各单位的经营活动和协调好与政府机构之间的关系。

（3）安全保卫。严守机场安全底线，禁止旅客擅自进入飞行活动区，重点把握好登机门和联检区域的安全检查，在紧急情况下，组织和疏散人群，保护人民群众的人身安全和机场财产。

（4）应急救援。时刻准备着，一旦机场发生航空事故、失火等重大事件时要紧急组织救援行动。

三、机场运行管理的安全目标

机场运行管理的安全目标是整个机场安全管理体系的组成部分。机场管理机构应当每年对机场的运行安全状况组织一次评估，内容包括机场管理机构和驻场运行保障单位履行职责情况以及机场设施设备的状况。对评估中发现的安全隐患、薄弱环节，相关单位应当提出整改计划，并制订出下一年度的安全运行管理目标。因为每个机场所面临的安全形势各不相同，在安全薄弱环节上存在较大差异，所以安全管理目标不求统一。但制订出来的目标有以下特点：第一，具有可测量性，也就是说，可以通过一组数据对它进行评定；第二，目标要有一定的难度系数，也就是说，需要通过一定的努力才能完成；第三，目标要有可控性，也就是说，通过自身努力可以达到的，而不是那种自身不具备完成的能力的；第四，目标要有时效性和阶段性，也就是说，目标的完成不能是无限期的，要有单位时间的要求。

以上海机场集团为例，其安全运行主要目标如下。

（1）杜绝因机场原因导致的飞行事故。

（2）在确保人、机安全前提下，杜绝因机场原因导致的劫机、炸机事件。

（3）杜绝因机场原因导致的重大航空地面安全事故。

（4）杜绝因机场原因导致的特大航空器维修事故。

（5）因机场原因造成的事故征候万架次率不超过 0.1，因机场责任原因造成的鸟击事故征候万架次率不超过 0.3。其中，上海浦东机场鸟击事故征候不超过 4 起；上海虹桥机场鸟击事故征候不超过 2 起。

（6）因机场机务保障原因导致的飞行事故征候万架次率不超过 0.45。

（7）因机场航油保障原因导致的飞行事故征候万架次率不超过 0.01。

（8）避免因机场场道、飞行区秩序保障原因导致的飞机复飞，力争不发生飞行区车辆与飞机危险接近的事件。因责任原因导致的车辆与飞机抢道，股份公司不超过 3 起；虹桥公司不超过 2 起；实业公司、公安分局、物流事业部各不超过 1 起。

（9）杜绝机坪、油库火灾事故，杜绝站坪调度楼、候机楼、停车库等重要设施内发生影响航班生产秩序的重大火灾事故。直接财产损失在 5 000 元及以上的一般火灾，股份公司、虹桥公司各不超过 2 起；实业公司、物流事业部各不超过 1 起（芦苇着火除外）。

（10）杜绝机场责任原因导致的外来人员非法登机事件。无证人员进入控制区事件，上海浦东国际机场不超过 7 起；上海虹桥国际机场不超过 4 起。

（11）因机场责任原因导致的航班延误所占的比例，上海浦东国际机场不超过航班延误总量的 1.5%（联检原因除外）；上海虹桥国际机场不超过航班延误总量的 1%。

（12）杜绝群死群伤恶性交通事故，交通事故死亡数两场不超过 10 人。

（13）因安检原因导致的翻舱检查、旅客下机重新检查，上海浦东国际机场不超过 3 起；上海虹桥国际机场不超过 2 起。

（14）杜绝因机场责任原因导致的员工工伤死亡事故。

（15）因机场责任原因的信息系统故障影响航班正常运行，上海浦东国际机场不超过 2 起，上海虹桥国际机场不超过 1 起。

（16）因机场责任原因不能按规定正常供电、供汽、供暖、供冷、供水，影响航班正常运行的，两场各不超过 2 起。

目标中的民用航空器飞行事故征候，是指航空器飞行实施过程中发生的未构成飞行员事故或航空地面事故，但与航空器运行有关，影响或者可能影响飞行安全的事件。

四、创建机场运行新模式

进入 21 世纪，随着我国经济和民航业的飞速发展，我国机场将开始面临多条跑道和多座航站楼运行的局面，机场运行管理的复杂性、风险性和专业性的特点将更为突出。机场的规模和业务量日益扩大，在航班地面保障过程中如何确保安全、正常、高效地实施系统化管理，做好机场本单位及驻场各单位的协调配合等工作，确保机场各类资源的合理、优化利用，是大型枢纽机场正常运行的重要问题。

枢纽机场对现有的运行模式进行调整与更新势在必行，而改革的方向将会与国际上比较通用的、成熟的欧美模式接轨，在这种模式下，机场运行指挥部门将代表机场管理部门全面负责管理机场的运行控制。对整个机场的运行效率、服务质量和安全保障能力进行集中监控和统一协调管理，按其功能、范围、地域及专业进行划分，形成机场运行指挥中心（AOC）、航站区运控中心（TOC）、交通信息中心（TIC）、市政设施管理中心（UMC）和公安指挥中心（PCC）五个运行管理中心，并按照各自分工，互相协调配合，对机场航班生产运行、安全和服务质量管理实施全面的、无缝隙的组织和控制管理。

机场运行指挥中心是枢纽机场的现场运行指挥部门，管理范围主要包括机场运行现场和飞行区安全运行管理。它是机场运行管理和应急指挥的核心，是机场日常航班安全生产和旅客服务现场的最高协调管理机构，主要负责：整个枢纽机场航班生产运行的监控、指挥和协调，航班信息的统一收集、发布和更改；飞行区资源的分配管理，包括飞机桥位、登机门的资源分配、重大活动的组织、突发事件的处理以及应急救援指挥等。机场运行指挥中心在机场运行中的地位、作用、职责在下文详述。

航站区运控中心是机场航站区运行的区域管理者，是候机楼内日常运营、安全生产和服务保障的核心机构，是整个候机楼现场运行的指挥中心。TOC 是航空公司客运的保障和支持中心，是驻楼单位和旅客遇到困难时的协调和指导中心。TOC 对整个航站区的日常运营和航站区内各驻楼单位进行统一管理。TOC 与旅客的联系最多、最频繁、最直接，实施区域化管理后，通过席位管理，高效协调各专业支持部门，可为旅客提供便捷、舒适、全方位的服务。旅客如在候机区域有任何意见或需求，都可以通过现场服务人员或拨打服务热线，由 TOC 负责协调各单位予以解决，从而避免了旅客遇到问题时不知道该找哪个部门解决的情况。

交通信息中心负责协调和监管停车楼、出租车排队系统以及机场场区内的道路资源、交通流程、标志标识、磁悬浮、公交、长途、出租车站点等。TIC 作为航站区陆侧交通监控的指挥主体，主要通过信息采集、传递来掌控停车楼、出租车排队系统、航站区主干道及公共交通的运作情况，按照职权范围协同相关单位及各行政执法部门确保场区的正常运行，共同负责突发事件的应急联动指挥。

市政设施管理中心主要负责其他中心之外的市政设施运行监管，与机场外相关市政部门的协调联系。

公安指挥中心的主要职责是对机场运行涉及的公安安全保卫工作和其他警务活动进行指挥协调和参谋、辅助决策，行使城市应急联动中心机场分中心的指挥调度职责，为机场地区应急事件的处置提供指挥和信息平台。

五、机场运行指挥中心

（一）机场运行指挥中心的地位和作用

机场运行指挥中心是现代民用机场航班现场作业指挥调度的中心、信息流程管理中心，又是机场特殊情况下的应急救援指挥中心，并代表机场对机坪运行实施具体管理。机场运行指挥部门就是机场运行的神经中枢，它担负着机场运行的组织、指挥、协调、控制和应急救援指挥的重要职责。

机场运行指挥中心的主要工作是发挥指挥枢纽的作用、参谋助手的作用和对外协调的作用。

（1）指挥枢纽的作用。机场以运行指挥部门为核心将生产运行网络、通讯信息网络、组织指挥网络、安全保障网络、应急救援网络整合为统一的机场运行管理体系，实施统一的组织指挥。

（2）参谋助手的作用。运行指挥部门在实施机场生产运行的管理和指挥中，可真实、全面地掌握机场生产保障的现状和信息，以及机场各生产保障单位的工作状态和存在问题，及时向机场领导反馈，为领导决策提供依据和参考意见，并将机场领导的决定和指令及时下达到各生产保障部门。

（3）对外协调的作用。运行指挥部门作为机场生产运行的指挥平台，除对机场本身各部门进行组织、指挥和控制外，还必须与地方政府各部门以及驻机场运作的各航空公司、空中交通管制部门、联检单位、其他与机场生产运行有关的单位和人员进行协调。运行指挥部门的工作协调和服务保障质量直接代表了机场的形象，并对机场生产运行的安全、正常、高效发挥着重要的作用。

近十几年来，随着民航业的迅速发展，机场所承担的运营任务越来越繁重，机场运行指挥部门在机场运营中起到的作用越来越突出，将代表机场管理部门全面负责管理机场的运行控制，机场运行指挥部门的指挥协调能力直接反映出机场的运行管理水平，机场现场运行指挥部门服务水平的高低将直接影响机场的市场竞争力和效益。

在国外，尤其是欧美机场也都有相当于机场运行指挥中心的机构和机场运行指挥人员。例如，在欧洲最为繁忙的机场之一的德国法兰克福国际机场，旅客吞吐量已超过5 000 万人次，其机场运行指挥中心有员工 900 多名，担负着机场的指挥、协调任务，是法兰克福国际机场运行的核心部门。

（二）机场运行指挥中心的职责

为保证运行安全和效率，大型枢纽机场多采用运行控制中心模式。核心模式是"集中指挥+分级管理"，如图 4-1 所示。集中指挥体现在由 AOC 统一管理整个机场关键性的业务，负责各种中心之间的协调、应急事件的统一指挥；各中心指挥所属区域的日常运行、服务与安全。分级管理体现在 AOC、各中心指挥体系下各部门的管理与运作。下面介绍一下机场运行指挥中心的设置和职责。

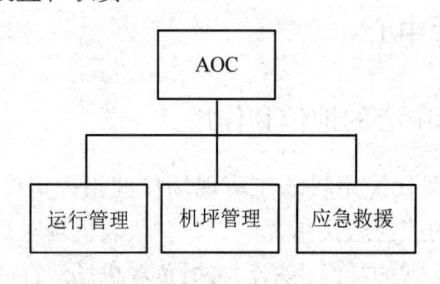

图4-1 运行指挥机构设置

1. 运行指挥工作职责

（1）根据各航空公司提供的航班计划，编制本机场每天的航班预报，并通过机场运营管理系统向各保障单位（部门）发布。

（2）负责收集、传递各种运行动态信息。

（3）负责本场的停机位、登机门和行李传送带等各种运行资源的分配与调整。

（4）掌握、记录飞行动态和航班信息，及时调整航班信息并向相关单位（部门）发布。

（5）负责发布航班生产、保障服务指令。

（6）参与专机、重要飞行、VIP等重要航班的保障工作。

（7）监听塔台与机组的对话，如获悉发生异常情况，立即按有关程序处置、报告。

（8）紧急情况发生时，负责应急救援工作启动与协调。

（9）监督机场代理航班的保障过程，协调航班生产工作，报告航班生产异常情况。

（10）负责与航管部门、航空公司及驻场单位等的协调工作，交流航班生产、保障服务信息。

（11）负责统计机场代理航班的正常率，填写有关工作台账、报表。

（12）负责收集航班服务保障情况，分析造成航班延误的原因。

2. 机坪管理工作职责

（1）负责对飞行活动区的管理和指挥、协调工作。

（2）负责飞行区车辆设备停放的管理。

（3）负责飞行区内不停航施工的监督管理工作。

（4）掌握飞行活动区内航空器、人员、车辆的动态，保证机坪运行安全、正常。

（5）检查、监督停机坪内人员、车辆、设备设施的运作情况和机坪标志的完整性以及机坪卫生状况。

（6）及时制止、处置可能危及飞行安全和航空地面安全的各种行为。

（7）参与组织指挥应急救援工作。

（8）负责向上级及时报告飞行区运行和航班生产的异常情况。

（9）根据机坪运行情况，及时向相关服务保障单位发布机坪运行动态指令。

3. 应急指挥工作职责

（1）紧急事件发生时，负责向有关单位（部门）通报信息，按规定程序启动应急救援程序。

（2）在应急救援行动的准备和实施阶段，负责对各单位应答、驰救的全面协调、指挥，并发出行动指令。

（3）与航空器所属企业建立并保持联系，索取有关资料数据，并向领导小组报告有关情况。

（4）负责组织、协调物资保障组及有关单位，为救援行动提供必需的支援服务。

（5）收集有关应急救援信息，提出具体处置方案供领导小组决策。

（6）根据领导小组的决策，下达具体的指令，实施救援指挥。

（7）负责机场应急救援工作的组织、协调。

（8）负责与相关单位签订应急救援互助协议。

（9）负责策划、组织实施应急救援演练，并进行总结、评估。

（10）负责检查各单位（部门）的应急救援工作的落实情况。

（11）负责完善《机场应急救援手册》的内容，确保能够迅速、有效地实施救援工作。

第二节　机场容量和运行

一、机场容量

机场容量是机场资源中最重要的物质保障基础。机场的容量直接决定了机场是否能满足当地及国家经济的发展需求，因此，机场的高效运行能发挥机场容量的最大潜能，对于机场的发展极其重要。

在许多航空运输旅程中，飞机在快速特性方面的相对优点已被机场地面通道、航站体系和空中飞行延误而大大地削弱了。根本来说，机场系统的拥挤和延误的产生是由于机场系统容量的不足，航空需求超过了机场系统的容量，而实际上，即使航空需求没有达到机场系统的容量，延误也可能产生，这是由航空需求的非连续性，即需求的波动性造成的，根据交通运输领域的实际经验，当航空需求达到或超过系统的75%时，延误即开始显著增加，而当需求与容量之比为1时，延误呈指数增长。

机场运行就是依据机场地面空中交通容量，在满足管制规则要求条件下，最大限度地利用机场系统的容量，保障空中交通在机场安全、快捷、有序地流动。因此，机场容量评估是有效提高机场容量、改善机场空中交通阻塞状况的基础和前提。

机场体系容量的有效性一般是以其有效地处理运输能力的每一个环节来衡量的。容量的大小是整个机场系统每个环节发挥作用的综合结果。所以机场体系的性能有赖于该体系的各个组成部分，因而有必要通过对这些组成部分做出评价，以确定机场体系的能力。机场体系是由空域、地面飞行区、航站区、地面运输区组成的，每个部分都是影响机场容量的关键环节。

"木桶"法则揭示了一只沿口不齐的木桶，它盛水的多少，不在于木桶上那块最长的木板，而在于木桶上最短的那块木板。要使木桶多盛水（提高水桶的整体效应），需要的不是去增加最长的那块木板长度，而是下功夫依次补齐木桶上最短的那些木板。在综合体系中如要求有顺序地利用一组设施的场合，该体系的整体效率通常被效率最差的组成部分的特性所限制。机场容量也是如此，要提高机场体系的容量，就必须狠抓薄弱环节，否则机场体系整体效率就会受到影响。

二、容量的定义

机场的容量是指机场系统各项设施在一定时段内（通常为1小时，也可为1年或1天）处理的交通量（飞机起降架次、旅客的流量、货物的吞吐量等）的最大能力。在飞行区内，跑道或滑行道的容量为单位时间内可能容纳的最大飞机运行次数。

当交通量增加到一定程度时，容易造成航班的延误，导致飞机排队等候起飞或在等待区等候降落。由于机场并非全天任何时间都很繁忙,如果延误可以任意延长的话,几乎可以把任何数量的飞机都安排下来。因而必须对延误的时间做一个规定,机场的容量才有实际的意义,机场的容量有以下两个定义。

(1)名义容量。名义容量又称为极限容量,是指不考虑飞机的延误,即飞机等候着一架接一架的起飞或降落,单位时间所能允许的起降次数,这是就机场性能而言的最大的工作或生产容量。为了实现极限容量,必须对该设施连续不断地供应均衡的运输对象。然而,由于运输要求的变化和波动,实际上很难达到这一点,除了救灾或军事行动很少有这样的情况在机场发生。

因而,在运输需求量接近极限容量时,运输对象必然会因等待通过而出现延误。需求量越接近于极限容量,平均延误时间越长。延误造成经济损失,延误多少也反映了服务水平高低和服务质量好坏。

(2)实际容量。依据某个可接受的服务水平,即在规定出飞机可容许的平均延误时间限制后(20世纪60年代FAA(美国联邦航空管理局)规定门槛值:每次飞机运行平均延误为 4 分钟),机场所能允许的运行架次所确定的容量,称作实际容量。并且规定当延误超出门槛值时,跑道系统达到它的容量最大值。凭经验估计,实际容量大约是极限容量的75%~90%。

允许延误的时间越长,机场的实际容量越高,如图 4-2 所示。允许延误时间的确定取决于好几个因素:首先要考虑到机场一些基本的非可控因素,例如风的大小和方向的变化、天气的变化及飞机的性能限制;其次要考虑减少延误的措施在经济上的效益,技术上是否可行,因而允许延误时间的规定是一个综合考虑后的政策选择。一般的大机场允许延误时间为4或5分钟。以此为根据决定机场的实际容量。

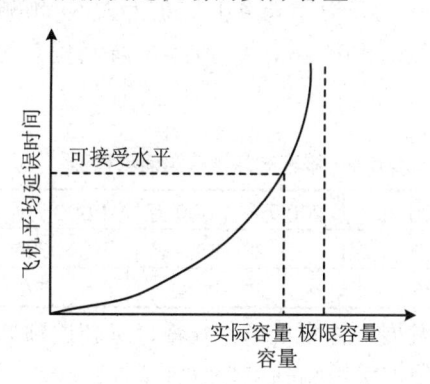

图4-2 延误时间和容量的关系

三、容量和运行

机场系统各项设施的容量和延误,可单独地进行分析,而系统的容量决定于最受限制的设施的容量。系统的总延误则为各组成部分(设施)延误的总和。

（一）飞行区的容量

飞行区的容量是指某一空管单元（跑道、扇区、终端区等）在一定的系统结构（空域结构、飞行程序等）、管制规则和安全等级下，考虑可变因素（飞机流配置、人为因素、气象因素等）的影响，该管制单元在单位时间内所提供或者能提供的航空器服务架次。飞行区的地面容量是空中交通流量管理的重要组成部分，包括一般进近到跑道、通过滑行道到停机位。滑行道部分的容量通常要比跑道或机坪—门位部分的容量大得多。多数机场把跑道、滑行道和门位的运行认为是相互独立的部分进行。整个飞行区的容量为跑道容量、滑行道容量和停机位容量，取这三者的最小值就是该机场的容量极限值。一般情况下，滑行道的通行能力都大于跑道的通行能力。仅在滑行道同跑道相交时，有可能出现其通行能力小于跑道通行能力的情况。所以跑道容量是决定机场地面容量最为重要的因素，因为跑道作为机场中最容易形成瓶颈的子系统往往决定了整个机场的容量水平。

跑道系统的容量取决于许多不同的因素，主要包括：① 跑道的数目和构形；② ATM系统（Air Traffic Management，空中交通管理）管理下的飞机间隔要求；③ 能见度、云层和降水量；④ 风向和风速；⑤ 使用该机场的机型组合；⑥ 每条跑道的运行组合（到达/出发/混合运行）和运行的先后顺序；⑦ 从跑道到滑行道的位置和类型；⑧ 与噪声和其他环境因素有关的限制。

（二）航站楼容量

候机楼容量是根据建设前机场的年吞吐量和航站楼的高峰小时旅客量预测数据，然后根据机场的年吞吐量对照民用机场工程项目建设标准，确定旅客航站楼建筑面积指标。例如，预测国内年旅客量是 100 万，对照表 4-1 "50 万人次<预测年旅客量<200 万人次"，对应的就是国内旅客人均面积 20～26 m^2。最终，航站楼总面积=预测高峰小时人次×（20～26）。

表 4-1 旅客航站楼建筑面积指标　　　　　　　　　　　　　单位：m^2/人

旅客航站区指标	50 万～200 万	200 万～1 000 万	1 000 万～2 000 万	>2 000 万
国际及港澳台	28～35	28～35	35～40	35～40
国内部分	20～26	20～26	26～30	26～30

但随着航空运输的飞速发展，许多机场吞吐量远远超过预期指标，造成航站楼人均面积（容量）缩水、拥挤，已经严重影响到正常航班运行。

（三）地面交通系统容量

机场交通规划应与周边交通规划相衔接。从越来越多枢纽机场规划实例来看，合理、便捷、高效的交通规划是实现这些功能的重要保障。客货的高效运转，除了依赖机场场区内的地面交通外，还要与机场最大辐射半径内的周边综合交通体系连成一片，通过高速公路、轨道交通、机场联络轨道线、城际轨道、高速铁路等方式对接。目前，空地结合、港城联动、综合交通运输理念作为机场规划内涵外延的体现，还需要多方进行密切沟通和协商，打破行业和地区壁垒。这部分内容在第三章内已叙述。

四、提高机场容量措施

这几年，我国民航发展势头强劲，各省区域性枢纽机场旅客运输量和货邮吞吐量不断攀升，部分省市一些旅游热点城市的航班更是出现"一票难求"的现象，发展需求日趋旺盛。2017 年，武汉天河国际机场共完成旅客吞吐量 2 312.9 万人次，货邮吞吐量 18.5 万吨，同比分别增长 11.4%、5.5%；杭州萧山国际机场完成旅客吞吐量 3 557.0 万人次、货邮吞吐量 58.9 万吨，同比分别增长 12.6%和 20.8%；昆明长水国际机场两项指标也均刷新 2016 年的纪录，再创新高。在以上这些机场快速发展的同时，我国的空域条件和机场现有设施设备已经无法满足民航快速发展的需要。在供需矛盾日益突出的情况下，扩容增效成为机场突破发展瓶颈的必然途径。

机场扩容增效，简而言之，包括外延式扩张和内涵式增长两方面。外延式扩张主要是指机场改扩建工程的建设，而内涵式增长主要包括机场服务质量的提高、组织结构的优化、运营管理水平和专业人员素质的提升等。

（一）加快改扩建步伐，提升机场容量

加快提升既有机场容量，一是要积极推进机场改扩建工程，提高机场保障能力；二是要解决容量受限机场的发展问题。由于自然条件限制和城市的发展需要，一批中小机场需要迁建，如秦皇岛、锦州、泸州、延安等地的机场。在航空需求量较大的大城市，需要建设第二机场，如成都、青岛、大连、厦门等。广州白云国际机场第二航站楼已于 2018 年 4 月启用，T2 航站楼的总建筑面积达 65.87 万 m^2，比 T1 航站楼增加了 28 万 m^2，两个航站楼加起来已超过 100 万 m^2。

近两年，为满足日趋旺盛的发展需求，各省政府积极投入资金对现有机场进行改扩建，在完善机场基础设施建设、扩大机场容纳量上下了不少功夫。如武汉天河国际机场三期工程建设，按满足年旅客吞吐量 3 500 万人次、货邮吞吐量 44 万吨、年起飞架次 40.4 万架次进行设计，第三航站楼已于 2017 年 8 月 31 日开始启用；长沙市政府加快建设步伐，完成长沙黄花国际机场二期改扩建工程，本期规划扩建第 3 跑道，新建东航站区 T3 航站楼，单体建筑面积达 50 万 m^2，预计到 2030 年旅客年吞吐量将达到 6 000 万人次，使 2 号航站楼总建筑面积成为老航站楼的 6 倍，跑道、滑行道各延长 600 米。

建设新跑道、快速脱离道、滑行道、联络道、机坪和相关保障设施。建设新跑道是在现有机场的基础上增加容量最直接的方法。据统计，目前国内吞吐量排名前十的机场都有 2 条以上（包括 2 条）跑道。其中，北京首都国际机场和广州白云国际机场各有 3 条跑道，上海浦东国际机场第 4 跑道 2015 年 3 月 28 日投入使用，成为中国唯一一个拥有 4 条跑道的机场。上海虹桥国际机场、成都双流国际机场、深圳宝安国际机场、昆明长水国际机场、重庆江北国际机场、西安咸阳国际机场和杭州萧山国际机场等机场开启了"双跑道运行"模式。除了吞吐量前十名的机场之外，南京禄口国际机场和天津滨海国际机场也是

双跑道运行的。

（二）以挖潜增效的方式进行扩容增长

机场"扩容"侧重于外延式扩张，而"增效"则更多地依托内涵式增长。机场除了投入资金改善硬件设施之外，更应该从内部着手，在转变发展方式和理念、提升机场管理水平、完善航站楼服务，以及加强与空管部门、航空公司的沟通协作等方面努力，提高运行效率，发展内涵式增长。

在硬件条件容量无法增加的情况下，改进管理，减少延误，提高利用率，走发展内涵式增长道路。航站楼人满为患的局面可以从以下几方面着手改善：改进旅客在候机楼内的流程，能大大提高候机楼容量的利用率；适当压缩主楼的长度；优化行李系统方案和行李安检方式，使行李系统和安检流程简捷有效；充分考虑安检、联检、候机等各类功能区域的场地面积和需求；与机场、联检单位和航空公司充分沟通，进一步优化简化主流程，避免旅客走回头路，减少旅客步行距离；结合流程安排，适当调整功能布局；整合中转、过境和经停流上的资源；合理调整使用远机位的旅客流程；商业设施的布局须充分考虑旅客的主流程等措施。

在飞行区除了改扩建机场提升飞行区等级、扩大停机坪面积、增加停机位外，也注重从内部挖掘增长，采用 PBN（Performance Based Navigation，基于性能的导航）运行等新技术，在机场飞行终端区域内实施航线进离场分流，有效提高机场安全运行水平和飞行效率。在管理上加大人力资源投入和培训力度，使指挥队伍和监察队伍专业化，提升运行管理和指挥能力。

在控制流量、减少延误方面，以下有些方法在积极减少延误的同时提高了机场的流量，有些则是消极的，如对机场的使用加以限制以保证飞行的安全和效益，虽然这样避免了机场的拥挤，但是却没有增加机场的流量。

1. 机场的分流

航班的拥挤主要出现在一些繁忙的大机场，因为这些机场占了大部分的空运量。可是一般来说，在这些大的机场周围又会散布着中小型机场，由于地理位置或使用条件的差别，这些中小型机场往往利用率不高，把一些小型飞机和通用航空飞机在高峰期的一些航班安排到这些中小机场会大大减轻主要机场的运输压力，但是这种安排必须要同时改善中小机场的地面交通网络并提供服务便利和价格上的优势，否则航空公司由于从市场条件考虑可能会减少飞行次数，从而抑制航空运输的发展。天津滨海国际机场、石家庄正定国际机场积极为北京首都国际机场分流，南通兴东国际机场为上海两个机场分流，都取得了较好效果。

在一些经济发达地区，常常有几个机场集中在一起，由于习惯、不大的地理距离差别或其他原因，造成这些机场中有的机场过度紧张，而其他机场则不能充分利用。例如，我国在珠江口上有五个大机场，其中珠海金湾机场的利用率严重不足，而其他机场如深圳宝安国际机场和香港国际机场常有拥挤现象。如果能使这些空闲机场充分发挥作用，会节约大量投资，这要由政府、机场和航空公司共同协调和努力。

2. 限制进港飞机类型

对一些大的机场只允许一定尺寸、速度和性能限制以上的飞机进港，会使机场的使用间隔缩短，增加旅客和货物的吞吐量，同时也有一些机场限制大型、远程飞机的使用，也会提高机场的效率。

3. 分配限额

为了保证繁忙机场的安全并达到对噪声的限制要求，国外有些机场，如世界上最繁忙的芝加哥奥黑尔国际机场，实行高峰时间限额分配，把这段时间通过一个委员会分配给各个航空公司，这样就会使飞行有序地进行，不会出现过长的延误或不必要的拥挤。但这种方法的缺点是在条件变化时，如航空公司航线改变，有新航空公司使用这一机场时，不能灵活反应，同时也会使机场不能有效地使用。

4. 用经济杠杆控制需求

前面几种方法都是使用行政手段来控制机场的容量和延误，在市场经济条件下，机场也可以用经济手段控制，具体如下。

（1）调整价格。现在的起降费是按飞机质量计费的，和使用机场的时间无关，而且只占航空公司运行费用的一小部分（2%～3%）。有些远程航班，或运送大量旅客的航班飞机的起降时间和延误对于航班的效益影响十分严重，因而航空公司宁愿多支付一定的附加费用来保证航班在高峰时间出发或到达。作为机场一方，规定不同时间的使用费用不同，一方面会减轻高峰时间的拥挤，另一方面也会使资源利用更为合理。例如，伦敦希思罗机场从 1972 年开始实行高峰时间附加费，在夏季从早 8 时到下午 1 时，其他季节从上午 9 时到 11 时对起降的飞机加收附加费，从而使它的高峰拥挤状况得到缓解。

（2）拍卖时间段。这是价格调整法的进一步发展，把高峰时间分割成不同的时间段，按照各个使用者的需要进行拍卖，把这段时间的使用权给予出价最高者。

使用经济手段来调节高峰时的流量能合理分配资源，对机场来说在保持流量的情况下还增加了一定收入，但是它同时也会带来一些问题。首先是合理收费问题，由于有些航班（尤其是国际航班）有特定的时间要求，这就有可能使航空公司被迫接受不合理的收费。其次是这种方法某种程度上有利于大航空公司或老牌航空公司，因为它们的财力雄厚而且在一定的区域内有较广泛的关系和运作经验，可以在这种竞争中占据有利位置。此外拍卖时间段的方法如果不加以控制，这一段时间的起降权就可能被买到的公司垄断或倒卖。因而经济手段控制的办法，要同时有政府的管理和控制，同时要对高峰时间的需求和延误进行深入的研究，从而制定出合理的使用价格体系。

针对我国大型枢纽机场航班时刻日趋紧张的情况，民航局已经启动了航班时刻资源市场配置改革试点工作。根据民航局制订的《航班时刻资源市场配置改革试点方案》，在广州白云国际机场开展"时刻拍卖"模式的初级市场改革试点，在上海浦东国际机场开展"时刻抽签+使用费"模式的初级市场改革试点。两个机场的成功的改革经验将在全国范围内推广。

第三节　机坪运行管理

一、机坪运行管理

按国际民航组织颁布的附件十四"机场"的有关标准，机坪管理就是在机坪上对飞机和地面车辆运行实施管理。机坪系统的管理范畴包括入口管理、设备、车辆（交通）、机坪保洁与维护、机坪标志、线路与照明、机位分配、飞机引导、泊位系统、廊桥系统、飞机监护、现场作业管理、站坪秩序管理、站坪施工管理等。

机坪管理原则：机坪运行管理遵循"安全第一，正常飞行，优质服务"的原则，建立和维护良好的机坪运行秩序，确保机坪技术状况持续地符合《民用机场飞行区技术标准》的要求，保障地面服务工作的正常进行。

机坪运行管理的目标是防止因机场原因导致航空地面安全事故的发生，机坪运行管理的职能部门是机场运行指挥中心。机坪管理要充分发挥作为机场运行指挥中心的功能，使之成为一个行之有效的、及时的、完整的指挥系统。

二、飞行活动区的安全

近年来，中国民航坚守飞行安全底线，坚持持续安全发展，进一步健全安全法规体系、队伍管理体系、安全责任体系和安全管控举措，行业基础进一步被夯实。自党的十八大以来，我国民航安全水平大幅提高，全行业未发生航空运输重大安全事故，安全水平世界领先，百万架次重大事故率均低于世界平均水平。2013—2017 年，我国民航运输航空百万小时重大事故率为 0，同期世界平均水平约为 0.087 2，其中美国为 0.022 0；我国民航百万架次重大事故率为 0，同期世界平均水平为 0.174 5，其中美国为 0.048 0；我国民航亿客千米死亡人数为 0，同期世界平均水平为 0.007 4。

这些数字我们只是作为一个参照，绝不能把它当成放松航空安全工作的一个理由。多年来，我们可以说是以如履薄冰的态度对待民航安全工作的。2017 年中国民航平均每天的航班是 10 000 多个，平均每天飞机起降 2 万多架次，这样大的航空流量，飞行区的安全工作的压力可想而知。

民航历史上，因快速发展导致飞行区事故频发、机毁人亡的事例不胜枚举。殷鉴不远，应慎之又慎。

案例　飞机起落架轮胎脱落　客机高难度备降

2018 年 8 月 28 日中午，首都航空航班号为 JD5759 原定由北京飞往澳门的客机，在澳门机场降落未成功复飞，并宣布 MAYDAY 状态（紧急状态），开应答机 7 700，报告左发和起落架故障，请求备降深圳。客机在深圳宝安国际机场经过一次低空通场后，选择在深圳 34 号跑道落地，后才发现前起落架两个轮胎全部缺失。飞机在跑道上紧急疏散旅客，旅客撤离完毕，撤离中 5 名旅客身体不适送医院检查。其间，深圳宝安国际机场启动应急机制，34 号跑道关闭四个半小时才重新开放。在此期间，深圳宝安国际机场大量航班延误。

案例　厦航 MF8667 偏出跑道事件

2018 年 8 月 16 日，厦航 MF8667 厦门—马尼拉航班于北京时间 23：55 在马尼拉机场降落滑行时，发生偏出跑道事件，起落架和发动机受损，机上 157 名旅客和 8 名机组人员全部安全撤离，无人员受伤。

案例　旅客登机时机头突着地

2007 年 7 月 1 日 17：10，北京至迪拜航线的国航 CA941 次航班乘客正在登机，大部分机组人员已经就位，部分乘客已经进入机舱，波音 767 客机前部起落架突然意外收起，飞机机身猛地一震，紧接着机头前倾重重地摔在地上。伴随着乘客的尖叫，部分正在登机的乘客摔倒在舷梯上，机舱内部分乘客也因此摔倒。导致机上 5 名机组人员和 3 名旅客摔倒受伤。

事故发生后，机场工作人员迅速赶到现场，发现飞机的前起落架已经收起，机头砸在地上后底部有些变形。飞机开始漏油，两侧机翼下的发动机也已经贴地。

案例　国航客机滑行时爆胎紧急制动

2007 年 7 月 23 日 17：00 左右，本应飞往旧金山的国航 CA985 客机仍停在北京首都国际机场东跑道上。在起飞前驾驶员突然发现异常，经机组人员检查发现主轮胎爆裂，机上乘客被疏散后该航班被推迟。

2018 年 8 月 20 日，民航局召开全行业航空安全电视电话会，通报厦航"8·16"偏出跑道事件情况，并对下一步安全工作提出要求。民航局提出四点要求：一是认清形势，居"险"思危，守牢飞行安全底线。二是把控节奏，管控风险，处理好"四个关系"。加大对航空公司超时运行、疲劳作业、人岗不匹配等违章违规行为的查处力度。三是深化"三基"建设，加强一线人员能力和资质管理。四是突出重点，继续做好安全大检查工作。

近期以来民航飞行小事故不断的情况要给予高度重视，"安全第一"这根弦不能有任何放松，各项责任制必须严格落实到位；强调在当前民航运输增长很快、各种极端天气多发的形势下，安全问题的警钟务必一敲再敲，消除一切隐患，确保飞行安全。

机场飞行活动区的安全问题一直是民航和社会各界高度关注的焦点。各机场为此高度重视，从各类事件中吸取教训，进行深入细致剖析，针对机场的实际情况及时采取行之有效的对策，消除隐患，确保安全。

三、航空地面事故的范围和等级

（一）航空地面事故的定义

航空地面事故是指在机场活动区和机库内发生航空器、车辆、设备、设施损坏，造成直接经济损失人民币 30 万元（含）以上或致人重伤、死亡。

（二）航空地面事故的范围

航空地面事故的范围如下。

（1）航空器与航空器、车辆、设备、设施碰撞造成航空器及车辆、设备、设施损坏或致人死亡。

（2）航空器在牵引过程中造成航空器及设备、设施损坏或致人死亡。

（3）航空器不依靠自身动力而移动造成航空器及设备、设施损坏或致人死亡。

（4）航空器在检查和操纵过程中造成航空器及设备、设施损坏或致人死亡。

（5）航空器在维护和维修过程中造成航空器及设备、设施损坏或致人死亡。

（6）工作人员在值勤和服务过程中造成航空器及设备、设施损坏或致人死亡。

（7）航空器在开车、试车、滑行（直升机飞移）过程中造成航空器及设备、设施损坏或致人死亡。

（8）车辆与车辆、设备、设施相撞造成车辆及设备、设施损坏或致人死亡。

（9）车辆与设备在运行过程中致使人员死亡。

（10）在装卸货物、行李、邮件和航空食品过程中造成航空器及设备、设施损坏或致人死亡。

（11）旅客在登、离机过程中造成航空器及设备、设施损坏或致人死亡。

（12）航空器失火、爆炸造成航空器及设备、设施损坏或致人死亡。

（13）加油设备、设施失火、爆炸造成航空器及设备、设施损坏或致人死亡。

（14）在加油、抽油过程中造成航空器损坏或因航油溢出引起失火、爆炸造成航空器及设备、设施损坏或致人死亡。

（15）车辆、设备、设施失火、爆炸造成航空器及设备、设施损坏或致人死亡。

（16）载运的物品失火、爆炸造成航空器及设备、设施损坏或致人死亡。

（17）载运的货物发生外溢、泄漏，活体动物逃逸造成航空器及设备、设施损坏或致人死亡。

（18）外来物致使航空器损坏。

（19）航空器、设备、设施意外损坏。

（三）事故等级划分

1. 特别重大航空地面事故

凡属下列情况之一者为特别重大航空地面事故。

(1) 死亡人数 4 人（含）以上。
(2) 直接经济损失 500 万元（含）以上。

2. 重大航空地面事故

凡属下列情况之一者为重大航空地面事故。
(1) 死亡人数 3 人（含）以下。
(2) 直接经济损失 100 万元（含）至 500 万元。

3. 一般航空地面事故

凡属下列情况之一者为一般航空地面事故。
(1) 造成人员重伤。
(2) 直接经济损失 30 万元（含）至 100 万元。

四、现行机坪运行模式重大改革

（一）现行机坪运行模式

我们知道空中交通管制指挥一般分为三个层次：塔台管制、进近管制和区域管制。塔台管制员负责航空器在起飞阶段的地面滑行和起飞；对于进港的飞机，负责指挥 500 m 以下、10 km 以内的飞行、降落和地面滑行。

大型机场，如北京首都国际机场、广州白云国际机场和上海浦东国际机场，往往有多条跑道运行。这类机场通常把塔台管制的工作划分为两部分：地面管制席和塔台管制（起降管制）席。地面管制席的管制员主要负责跑道之外的地面上所有航空器的运动。在繁忙的机坪上随时有飞机在运动，还有地面车辆、行人的移动。地面管制席的管制员负责给出飞机开车许可、进入滑行道许可，防止滑行途中和其他飞机、车辆、地面障碍物等相碰撞；对于到达的飞机，当飞机脱离跑道进入滑行道后，安排其按规定路线运行至停机位。塔台管制（起降管制）席的管制员，其任务是给出飞机的起飞或着陆许可，安排飞机的起降顺序，安排合理的飞机放行间隔，保证安全。机场运行指挥中心无法对机坪上的飞行器运行实行指挥，仅仅起到协调作用。

近年来，随着民航运输的快速发展，航班量不断增长，机场地面交通流量也越来越大，机坪运行环境日趋复杂，地面管制冲突也随之更加突出，空管塔台对航空器实行机坪运行管理的问题和矛盾日益突出。原来由空管塔台实行航空器机坪运行管理的模式无法满足现实需要。《2017 年民航机场生产统计公报》显示，2017 年我国 229 座民用机场全年旅客吞吐量以平均 12.9%的速度增长，全年共计完成旅客吞吐量 11.47 亿人次。枢纽机场如北京首都国际机场吞吐量突破 9 500 万人次，上海两场合计突破 1 亿人次。客流量的持续增加也带来了机场吞吐量饱和、机场保障资源无法满足快速增长的航班量需要等问题。除枢纽机场外，诸多千万级机场也面临类似困境。以南京禄口国际机场为例，其 T2 航站楼的设计客流量为 1 800 万人次，而 2017 年客流量已经突破 2 582 万人次。类似的情况在三亚等地也不鲜见。航空业务量的持续高速增长为航空运输系统带来了巨大的运行和管理压力，航班延误和机场拥堵现象日益严重，带来了经济、社会及环境等多重负面影响。我国机场目前正在经历从量变到质变的过程，要顺利实现这个过程，就需要全面提高效率，提升管理水平。

（二）机坪运行模式的重大变革

目前，我国民航在机场地面运行管理方面与航空发达国家或地区相比还存在较大差距。就其深层次原因，是近几年民航行业发展速度过快，而其配套基础建设难以适应行业飞速发展需要。机场地面交通运行优化是短期内缓解运行冲突、减小滑行成本、降低环境污染的重要途径，无论在经济层面还是环境层面都有着重要的意义。优化策略有助于加速场面运行，降低关键点的冲突与延误，有效提升场面运行容量。

为此民航局下达《关于推进航空器机坪运行管理移交机场管理机构工作的通知》，航空器机坪管制移交工作是顺应当前民航发展变化而进行的一次民航运行模式的重大变革，也是民航局针对提高机场运行效率、减少航班延误的重要举措之一。航空器机坪运行管制移交，主要是将航空器机坪运行指挥权由空管移交给机场机坪运行管理机构。这样既有利于我们优化航空器地面滑行路径，灵活分配机坪资源，也有助于进一步优化航空器拖曳管理。航空器机坪运行指挥权由空管系统移交给机场机坪运行管理机构，可带动停机位利用率提高、航班时刻增加、航班起降量增加、客流量增加。通过机坪管制移交，还可以逐步建立起以机场为主导的地面运行管理体系，提升机场的话语权，进一步提高机场运行管理的效率。

截至 2017 年 10 月，杭州、福州、南京、厦门、郑州、深圳、海口七个城市的机场已全部或部分完成移交工作。机坪管制移交后，在减少航空器滑行冲突、缩短航空器地面滑行等待时间、提高廊桥使用率、提升机坪运行效率、改善航班放行正常率等方面发挥了重要作用。北京大兴国际机场、成都天府国际机场、青岛胶东国际机场等正在建设中的大型机场均列入航空器机坪管制移交机场名单；现有 15 个双跑道或多跑道机场、到 2020 年预计年旅客吞吐量超过 1 000 万人次的机场以及停机坪存在塔台视线遮蔽的机场等全部列入机坪管制移交机场名单。重点机场要在 2019 年年初完成机坪管制移交工作，其他机场到 2019 年年底全部完成。

资源仍然是中国民航高速扩张道路上最大的瓶颈。在从民航大国到民航强国转变的过程中，解决需求增加与资源不足之间的矛盾也成为决定中国的航空运输业能否持续快速发展的关键因素。机坪管制从空管移交给机场是厘清管理主体、提高机场运行效率、解决需求与地面资源矛盾的一个有效体制安排。

（三）空管塔台与机场指挥中心的航空器管制移交程序

为了确保飞机地面运行安全，必须做好空管塔台与机场指挥中心的航空器管制移交工作，移交程序如下。

（1）空管塔台指挥进港航空器落地脱离跑道后滑行至协议移交道口外移交给机场指挥

中心，由机场指挥中心负责指挥该航空器滑入机坪和滑行进位。

（2）机场指挥中心负责离港航空器由机坪滑行协议移交道口等待点移交给空管塔台，由空管塔台负责离港航空器上滑行道滑行。

（3）进港航空器落地脱离跑道后需要从协议移交点之外的道口滑进机坪，空管塔台与机场指挥中心双方协调并明确滑行路线。

（4）离港航空器需要从协议移交点之外的道口由机坪上滑行道滑行，机场指挥中心与空管塔台双方协调并明确滑行路线。

（四）机场机坪管制改革后成效显著

2015年5月13日，随着机坪管制正式投入运行，机坪运行管理职能由空管全部转移到机场，杭州萧山国际机场成为全国第一家完全实现机坪运行管制责任移交的机场，也成为机坪管制国内实践的先行者和开拓者。移交后，空管主要负责航空器起飞、着陆、脱离跑道和放行许可；机场机坪管制负责航空器推出、开车、滑行、拖曳工作。航空器机坪运行在运行效率、服务质量、安全裕度和管理建设方面均取得了显著成效。

机坪运行管理移交很好地解决了不可视机坪运行存在的诸多问题和隐患，既保证了航空器在机场机动区和停机坪的运行安全和效率，又有利于机场资源合理配置，发挥机场管理机构的主体作用，促进机场、空管、航空公司协同运行水平提升，为机场容量、安全裕度、运行效率预留了提升空间。

航班在机场的运行保障工作中涉及的单位错综复杂，传统的机坪管理概念和手段面临很大风险，由机场管理机构负责航空器机坪运行管理，能够实现机坪资源的整合，提高航班的保障效率。从航班服务角度出发，前期旅客托运、登机等程序复杂、烦琐，为的就是保障航班准点起飞。机坪塔台的成立，使机场在地面运行保障方面一体化，从而使机务、引导车、地服、机坪指挥更好地衔接。虽然起飞时间还需要听从空管塔台安排，但无疑机场公司在地面服务这块将更加得心应手。

通过机坪管制对地面滑行飞机灵活指挥，减少拖曳飞机滑行慢和地面滑行指挥矛盾多的情况，提高了航班靠桥率、旅客和航空公司的满意度；减少机位拖飞机等待时间和机坪施工申请时间，避免造成人力成本和设备资源浪费；机坪管制牵头优化了推出方案，增加推出等待线，提高跑道利用率，提高机坪利用率；协调空管对有起飞时间的航班做到早推开、早移交、早放飞，提升航班正常率，减轻空管负担。

五、现场指挥

（一）机场运行指挥中心

从飞机降落的那一刻起，严密监视着飞机滑行、进场、停稳、下客的整个过程，解决飞机的运行冲突。这就是机场运行管理部生产指挥中心的日常工作。

机场运行指挥中心配有生产集成调度系统、电报系统、电话系统、二次雷达、机场地理信息系统、监控系统、大屏控制系统等多套系统。指挥员可以通过 24 个大屏幕和分布在机场各个部位的上千个探头,第一时间了解整个机场的航班保障运行状况和生产信息,在最短的时间内对航班生产运行进行最有效的控制。

运行指挥中心除了居中的指挥中心席位以外,指挥中心的大厅里还分别配备了各个航空公司、塔台等机场对外单位协调席,以及机务调度、地服调度、油料调度、配餐调度多个保障单位调度席,还有一个应急会议室。当有紧急事件发生时,指挥中心可以在第一时间启动应急机制,各联席单位进驻指挥大厅,听从应急处置领导小组的指示,保证机场在最短的时间内恢复运行,做到资源的公开与共享,提高工作效率。

机位资源分配席主要工作是根据航班动态进行机位调配,确保航空器安全停放,并对航班保障的全过程实行监控,向站调通报航班机位安排情况。为了缓解机位紧张的问题,指挥中心可以从四个方面布局优化:一是对所有机位的长度和翼展进行梳理,细化机位的使用规则;二是督促机场各保障车辆按照合理顺序进行航班保障作业;三是协调油料供应单位,避免因加油车作业而影响相邻机位飞机的停放到位;四是机坪施工和改造造成的滑行线、行车道改变,各保障单位应认真贯彻执行。

(二)技术保障是机坪管理的基础

加强技术保障是进一步提高安全性和运行效率的核心。高速增长的航班量和地面保障资源,已经无法使用人来协同和指挥,必须依靠技术来提高指挥效率,提高安全系数。

目前中国大型机场的基础技术设施并不完善,如有很多机场还没有场监雷达设备、多点定位设备,中国的航空器还未强制普及 ADS-B(Automata Dependent Surveillance-Braadcast 的缩写,即广播式自动相关监视)设备等,这些基础设施需要加快建设。

"十三五"时期,民航局将重点推进航空器跟踪监控系统建设"三步走"计划,争取在年内实现 95%的运输机场具备 PBN(Performance Based Navigation,PBN,即基于性能的导航,是指特定空域下得到了适当的导航设施支持的运行,PBN 运行可以不依靠地面导航台,使用卫星导航作为导航源,有提高安全运行水平、提升机场和航路容量、提高经济效益、有利于节能环保等优点。)

程序,至少 75%的运输机场全面实施 PBN 运行;积极推进机场 ADS-B 建设。

ADS-B 技术用于机场地面活动区,可以较低成本实现航空器的场面活动监视。在繁忙机场,即使装置了场面监视雷达,也难以完全覆盖航站楼的各向停机位,空中交通管理"登机门到登机门"的管理预期一直难以成为现实。利用 ADS-B 技术,通过接收和处理 ADS-B 广播信息,将活动航空器的监视从空中一直延伸到机场登机桥,因此能辅助场面监视雷达,实现"门到门"的空中交通管理。甚至可以不依赖场面监视雷达,实现机场地面移动目标的管理。

同时,需要持续将 ASDE-X(Airport Surface Detection Equipment,Model X,X 型机场地面交通探测系统)、A-CDM(Airport Collaborative Decision Making 机场智能运行协同决策系统)等国际上成熟的机坪管理技术工具原理引入国内,帮助中国机场真正掌握这些技术,用技术工具管理好机坪运行。

六、飞机地面运行管理

飞机活动包括空中飞行活动和地面活动两大部分。空中飞行活动包括以下几个阶段：滑行、起飞、爬升、巡航、下降、着陆、滑行、停靠等。空中活动由空中交通管制部门负责指挥。飞机地面活动是指飞机在机坪与滑行道滑行、引导、牵移、停靠、试车等作业活动。飞机地面活动在改革前由机场运行指挥中心负责运行管理，但飞机所有的活动（包括地面活动）都必须得到空中交通管理部门许可，方可执行。改革后全部由机场运行指挥中心负责运行管理。

（一）飞机地面活动管理

飞机地面活动必须经空中交通管制部门或机场运行指挥中心同意后，按指定的滑行路线滑行、牵移，同时须与空中交通管制部门保持不间断的地面通信联络。如飞机需要试车，必须到指定地点试车，试车前须向运行指挥中心申请，不得超过有关规定，严禁在非指定地点试车。未经航空公司领导或地面代理公司领导同意和机场运行指挥中心许可，严禁飞机利用自身动力倒退。飞机离港地面滑行时，发动机所产生的废气、喷气或螺旋桨尾流不得对任何人或结构、财产造成损坏和构成危险，如达不到上述条件时，必须关闭发动机，使用牵引车拖至安全滑行线。任何类型的航空器试车，必须有专人负责试车现场的安全监控，并且应当根据试车种类设置醒目的"试车危险区"警示标志。无关人员和车辆不得进入试车危险区。飞机舱内有乘客时一般不能进行加油，确有特殊情况，需带客加油时，必须采取安全保护措施后，才可进行带客加油。

（二）飞机滑行、停靠管理

飞机进港由地面指挥人员负责指挥飞机滑行、停靠，指挥人员除严格按照民航局下发的《民用航空器飞机维修标准》执行指挥外，还须经有关部门培训取得信号指挥操作合格证后，方可指挥飞机的滑行、停靠。

指挥人员必须在飞机预计到达前 15 分钟到停机现场，保证飞机滑行线路和停机场地无杂物和障碍物，保证灭火瓶、轮挡和通话耳机等设备处于良好的状态。飞机进入机坪时，指挥人员应位于飞机驾驶员能明显观测到的位置指挥飞机，必要时可增设引导员、引导车。在机群密集、转弯处、翼尖附近应设监护员，所有地面引导、指挥人员应穿着有明显标志的工作服。白天指挥飞机的使用信号板（一面为深黄色，另一面为红黄相间的方块图案），夜间使用能发光的指挥棒。

飞机进港停靠近机位，现代化机场采用自动泊位引导系统，小规模机场则由人工指挥飞机滑行到位。停靠远机位、货机位、维修机位的飞机则由人工指挥其进离机位。

1. 航空器进入机位前，该机位应当保持的状态

（1）除负责航空器入位协调的人员外，各类人员、车辆、设备、货物和行李均应当位于划定的机位安全线区域外或机位作业等待区内。

（2）车辆、设备必须制动或固定；有液压装置的保障作业车辆、设备，必须确保其液压装置处于回缩状态。

（3）保障作业车辆在等待时，驾驶员应当随车等候；所有设备必须有人看守；廊桥活动端必须处于廊桥回位点。

在航空器处于安全靠泊状态后，接机人员应当向廊桥操作人员或客梯车驾驶员发出可以对接航空器的指令。廊桥操作人员或客梯车驾驶员接到此指令后，方可操作廊桥或客梯车对接航空器。

2. 航空器安全靠泊状态应当满足的条件

（1）发动机关闭。
（2）防撞灯关闭。
（3）轮挡按规范放置。
（4）航空器刹车松开。

3. 航空器滑出或被推出机位前，送机人员必须确认的事项

（1）除牵引车外的其他车辆、设备及人员等均已撤离至机位安全区域外。
（2）廊桥已撤至廊桥回位点。

飞机退离机位时，指挥员站在机头左或右前方，当飞机驾驶员发出请求滑行信号时，指挥员经观察确认可以滑出，及时指挥飞机滑出。靠登机桥飞机先用拖车将飞机推出桥位，再拖至滑行线上，撤离所有车辆和设备，并确认滑行线路内无障碍时，指挥飞机按滑行路线滑出停机坪。

飞机滑出时指挥人员应观察发动机、起落架、舱门及 APU（Auxiliary Power Unit，辅助动力装置）情况，当飞机全部滑出后方可撤离。

案例　北京首都国际机场两机相蹭

2006年8月27日11:00左右，东方航空公司一架从北京飞往宁波的空中客车A320客机，和南方航空公司一架从广州抵达北京的波音777客机，在北京首都国际机场地面滑行时发生刮碰，东航客机的垂直尾翼和南航客机的右侧大翼都受到不同程度的损坏，但没有造成人员伤亡。民航华北管理局对飞机发生刮碰的原因进行了调查。两架飞机执行的北京—宁波、北京—广州航班都被延误，东航和南航随即安排旅客改乘其他航班出行。

案例　上海虹桥国际机场一架民航班机机翼撞上油罐车

2005年2月10日16:30左右，一架从舟山到上海的东航客机在上海虹桥国际机场降落，飞机刚滑行到一半时，突然来了一个急刹车，接着是"轰"的一声巨响。左边机翼不慎撞上停在跑道旁的油罐车，导致机翼受损。机上乘客有惊无险，在机场滞留约30分钟后，安全离开现场。

案例　国航一架客机在上海浦东国际机场停机越线，发动机吸入异物受损

2004年8月30日上午，中国国际航空公司一架波音747飞机从北京飞往上海，执行

CA1935 航班的飞行任务。在 9：40 抵达上海浦东国际机场时，不知何种原因飞机停机时超越了停机线，紧靠廊桥的一根空调管子被飞机发动机巨大吸力吸入，导致发动机受损。

案例　机坪尾喷流事故

2001 年 4 月 10 日 7：32，CA1215 航班，2554 号飞机在北京首都国际机场 232 机位推出后，在 M3 口右转弯由南向北滑行时，尾流将停在 231 机位的 CA1609 航班，2948 号飞机向西南方向吹偏 30°，前起落架距停机线 2.4 m，机头翘起与廊桥相撞，廊桥左侧顶棚被划破约 15 cm，该机前舱门受损，无法关闭，廊桥可正常使用，此事故造成受损飞机航班取消，但无人员受伤（当时风向 280°，风速 9 m/s）。

（三）飞机地面牵引

飞机离港或移动时，地面牵引是一项十分重要又频繁的工作，为了避免发生撞机事故，地面牵引飞机时要严格按照民航总局的规定执行。

整个牵引工作由指挥员、机舱操纵刹车员、牵引车驾驶员、现场监护员组成牵引飞机工作小组。现场监护员视飞机机型大小配备，D 类型（含 D 类型）以上的机型两名；C 类型（含 C 类型）以下的机型一名。

指挥员应持有飞机维修人员上岗证并经值班主任（班组长）授权；在牵引飞机中负责驾驶舱操纵刹车的人员应由机组人员、代理公司机务人员或经专业操作培训并经机务部授权的维修人员担任；牵引车驾驶员必须持有国家交通部门颁发的 B 级以上的驾驶执照和牵引车上岗合格证，并熟悉牵引飞机的程序、所牵引飞机有关的技术要求（如维修手册中转弯角度、牵引速度、翼展、高度等）和机场内的各种指示灯、标志线。

在整个牵引过程中，指挥牵引的机务人员应按要求佩戴通话设备，在牵引前检查牵引杆连接是否正常；牵引中与牵引车驾驶员和机舱刹车操纵人员保持联络，确保飞机行进中的安全，当联络中断时，应停止牵引飞机，直至恢复联络后再继续牵引。机舱操纵刹车人员应熟悉驾驶舱相关设备的使用方法，飞机牵引过程中，应始终与指挥员保持联络，遇有紧急情况时，应及时使用刹车。牵引车驾驶员按飞机规定路线及地面标志牵引飞机，牵引时应缓步启动，并缓慢地使牵引车减速或停止；遇有紧急情况时及时停止牵引。监护员负责观察飞机各个部位与障碍物的距离，确保飞机安全通过障碍物，在紧急情况下使用有效联络工具通知牵引驾驶员停止牵引。

防止飞机牵引发生事故，指挥员和牵引车驾驶员必须控制牵引速度。在开阔地区直线行驶速度不应超过 10 km/h，夜间和特殊天气时不应超过 5 km/h；通过有障碍、拥挤区域、有坡度地带的速度不应超过 1.5 km/h；转弯和进入停机位置的速度，不应超过 3 km/h。牵引飞机的转弯角度，遵照相关机型维护手册中的规定执行。

牵引飞机过程中，应按标志线行驶，牵引中的飞机与停放的飞机及移动中的障碍物的净距满足下列要求时方可通过。

（1）翼展在 24 m 以下的飞机，净距不小于 3 m。

（2）翼展在 24 m（含）至 36 m 的飞机，净距不小于 4.5 m。

（3）翼展在 36 m（含）及其以上的飞机，净距不小于 7.5 m。

达不到以上标准而又必须牵引时，则应在 2 名以上现场监护人员的监护下，以小于规定的牵引速度和转弯角度缓慢通过。

遇到特殊情况时应注意以下几点。

（1）遇有大风（风速超过该机型的牵引限速时）或在大雾、大雨、大雪的复杂气象条件下，如牵引车驾驶员不能清晰地看清机翼翼尖和监护人员或者超过牵引条件时，禁止牵引。

（2）在牵引飞机过程中，不允许人员上、下牵引车和飞机机舱。

（3）由于道面冰雪使牵引车打滑时，应清除冰雪后，方可牵引飞机。

（4）牵引飞机进入停机位位置时，牵引车前保障杆或最前端到达第一条前轮停机线前，牵引车驾驶员必须看清指挥人员指挥信号，无指挥人员或未看清指挥信号时不得继续再向前牵引。

案例　机坪人员伤亡事故

1997 年 8 月 9 日，中国北方航空公司 A300 飞机从机位推出，外场维修分部外航维修科朱某、机械员丁某和国航地服拖车驾驶员共同执行任务，丁某在飞机左侧（戴耳机），当飞机推出 20 多米时，丁某面朝下摔倒，前起落架左轮将其左臂及左腿压断，随后送医院经抢救无效死亡，构成重大航空地面事故。

（四）飞机引导

近年来，航空器误滑、错入机位的事件在国内机场频繁发生，严重影响着民航安全，同时也为机场运行保障工作敲响了警钟。

飞机误滑，对于机场而言存在极大的安全隐患，不像开车走错路可以在前方找出口，飞机一旦"走错路"，很可能出现"大飞机"进入"窄"滑行道，或是"大飞机"进入"小机位"的情况。特别是对于一些组合机位，若"大飞机"误滑入了组合机位中的"小机位"，很可能发生飞机剐蹭的事故，影响机场整体安全运行秩序。

为杜绝航空器误滑、错入机位等不安全事件的发生，必须标本兼治，从源头上守住航空器滑行的各道安全关口。航空器误滑的原因有很多，如机场飞行区地面标志缺失、不清晰或与技术标准不符等，机位更换频繁、信息通报不及时或信息传递不对称、在机位变更后的指挥和保障环节上出现失误等。

案例　日航客机在上海浦东国际机场误撞灯柱

2000 年 8 月 29 日 11：50，日本航空公司一架波音 747 飞机在上海浦东国际机场降落滑行时，由于 JL791 航班机组没按原定的路线滑行，结果碰到了跑道旁的灯柱，造成右机翼断裂 2 m 多长，幸无人员伤亡。事件发生后，日航取消了当天飞往东京的班机，部分旅客换乘到大阪的飞机，还有的旅客则等候当天飞往东京的航班。这架飞机停靠在上海浦东国际机场维修，半个月后重新投入运营。

不少大型机场停机位很多，站坪上的车辆、飞机运动情况复杂，为了有效防止出现运行冲突，防止航空器误滑、错入机位，保障飞机地面运行的安全，每次当飞机顺利降落在跑道上后，就需要引导车对飞机实施引导。

引导车的涂装一般都是黄色的，在后风挡上贴着明显的反光标志字样或者荧光灯屏显示的"FOLLOW ME"。另外引导车的车顶上都有黄色的警示灯，当引导车在等待飞机或者非执勤状态时警示灯是关闭的，开始实施引导工作时警示灯才会打开。车里有车载电台，驾驶员随时监听航班运行情况，在管制员指定的机坪入口处等待进港航班，引导车是塔台上站坪管制员的有效助手，它们将管制员的管制指令在飞机机组面前真实地展示出来，机组只要跟着相应的引导车就可以安全滑到停机位。引导车的运行权限很大，因为管制员发出的滑行指令只能精细到具体的滑行道和跑道，但在站坪上由于滑行路线情况比较复杂，引导车就会根据实际站坪运行情况进行滑行路线的选择，对于在飞机计划滑行路线上未能及时发现引导车的车辆和人员鸣笛进行提醒。飞机引导到位后引导车就会关闭车顶警示灯迅速脱离飞机滑行路线。

如果航空器型别、注册号或航班计划变更时，航空器营运人应当立即向空中交通管理部门和机场管理机构通报。否则引导车也会发生引导失误，航空器误滑、错入机位将造成巨大损失。

案例 机坪飞机与障碍物相撞

1993 年 6 月 13 日，国航 747 飞机在乌鲁木齐地窝堡国际机场着陆后滑向机坪，在引导车引导下，机组按线滑行，滑向第二灯塔杆时，左翼碰到灯塔杆，损坏翼尖外侧约 20~30 cm，机坪滑行黄线距灯塔杆只有 29.4 m，而 747 飞机单翼展为 29.84 m，必然造成机翼撞灯塔杆。

如果当机组在航空器进入设置目视泊位引导系统的机位时，发现有疑问的引导指示，或进入由人工引导入位的机位时发现地面协调员未就位，应当立即停止航空器滑行，及时通报空中交通管理部门，并应当保持发动机运转，等待后续处置。空中交通管理部门应当及时通知机场运行部门进行处理。飞机在引导车的引导下来到接近廊桥位置后，由机务工作人员通过语音和手势将飞机引导到停机位，连接上廊桥乘客就能顺利下机了。

（五）S-MAN（场面管理技术）

随着机场交通流量的增长、布局的日益复杂化，以及越来越多的机场在低能见度条件下进行航班运行，仅靠管制员在监控中心监视整个机场场面的方式已经无法满足日益增长的航班需求。这种落后的方式往往会导致机场的流量下降、飞机等待时间变长、飞机难以降落、飞机能耗增加、安全性降低等弊病，已经成为目前民航业发展面临的一大难题。

场面管理系统的落后容易导致在低能见度或高复杂度情况下航班取消、延误或发生事故。由于飞机起飞和降落时主要通过塔台管制员和机长的人工交流进行导航控制，飞机在滑行过程中，会发生停错机坪或滑入未经空中交通管制员许可的区域；在起飞过程中，飞机可能未经空中交通管制员许可便开始起飞，将其他飞机的起飞命令当成自身的起飞命令，或与其他飞机在跑道上有交叉；在着陆时，飞机可能未经空中交通管制员许可便开始着陆，在错误的跑道上着陆，或着陆后在跑道交叉路口滑向错误的滑行道。

为解决这个问题，我国引入国际先进的场面管理技术（Surface Management，S-MAN），帮助机场提高场面管理水平。这是一套先进的轻量级先进机场场面引导和控制系统（A-SMGCS），能够提高机场安全性和效率，降低飞机起飞、降落、滑行过程中的能耗和时间，提高航空公司的服务品质，达到国际航空运输协会定义的 A-SMGCS 四级水平。

S-MAN 系统是由不同功能单元组成的模块化系统，无论机场平面在何种密度、能见度或其他复杂度条件下，它都能为飞机和车辆安全、有序、迅速地移动提供支持。它通过一套集成的系统和灯光控制系统，实现飞机滑行路径创建和分配的最优化。在飞机进入滑行道时，它能自动打开飞机前方的绿色滑行道灯，为飞行员指示正确的滑行路径，进行可视化的引导，如图 4-3 所示。

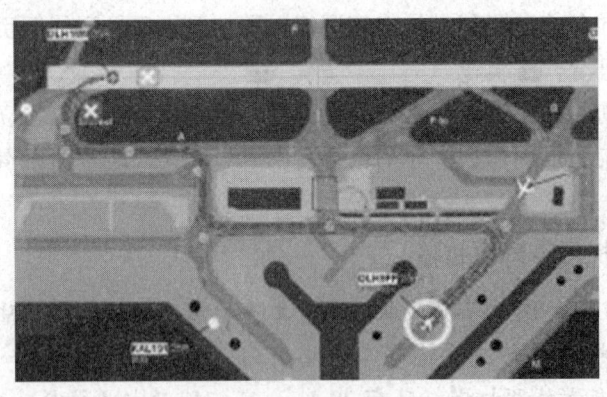

图4-3 S-MAN系统可视化的引导

S-MAN 系统的智能引导能非常有效地减少跑道入侵或飞机驶入错误滑行道等情况的出现，从而增加交通流量，保证飞机的连续滑行，同时减少飞机排队等待的时间和次数，进而减少二氧化碳的排放。

七、航空器除冰雪管理

飞机在起飞、降落和空中飞行的各个阶段都会受到气象条件的影响，而冬季对航空安全影响最大的天气就是冻雨和雪，包括冰粒、雪霰以及雨夹雪。如果霜、冰、雪附着在飞机上，飞机就无法起飞，机务人员先要进行除冰作业，除冰半小时内就得起飞。所以每年冬季除冰、防冰工作是飞机维护中的一项重要工作。之所以称其重要，是因为它关系到飞机的冬季飞行安全。

鉴于航空运输业的特殊性，为保障旅客安全出行，民航总局针对飞机积冰出台了相关的规定，明确指出：当有霜、雪或者冰附着在飞机机翼、操纵面、螺旋桨、发动机进气口或者其他重要表面上时，需要进行除冰工作，否则任何人不得使飞机起飞。

民航历史上曾发生过多起飞机结冰导致的航空事故，飞机除冰已然成为机场和航空公司共同关注的重要问题。1986 年 12 月 15 日，安-24RV 型飞机在兰州坠毁，其失事原因为飞机结冰导致 2 号发动机停车；同年，英国航空公司一架飞机失事，其原因为供油系统结冰；1992 年 3 月 22 日，全美航空公司 405 号班机失事，调查人员发现机场采取的除冰措施不符合规范。这些血淋淋的空难，使冬季的飞机除冰工作成为民航保障飞行安全的一部分。

从专业角度来说，飞机外表面的冰、雪、霜污染会使飞机的气动外形产生变化，即使极少的霜也能够造成阻力增加、升力减少，严重时会引起飞机失速。飞机受污染会导致操纵效能降低和在起飞离地过程中出现非指令迎角变化和滚转，使飞行姿态难以控制，影响飞行安全。积冰的分布不均衡可能破坏飞机的安定性，致使飞行进入不稳定状态。因此，机务维修人员必须在特定的时间内对飞机进行除防冰作业，以保证飞机的安全飞行。

除了利用除冰液的除冰方式外，国外也有采用红外线除冰的做法，利用集束式安装的大功率红外发生器发射的红外线照射到飞机身上，加热机身融化冰雪来实现除冰作业。

八、飞机监护

飞机监护是地面安全保障空防工作中的最后一道关口，主要工作是对每架飞机在机坪停留期间进行安全监控，检查上下飞机人员的证件，对飞机周围 30 m 范围进行监控，确保飞机在机坪停留期间的安全。

飞机监护工作一年四季都在停机坪上，特别是在数九寒天，监护人员不仅要忍受凛冽寒风的吹打，而且还要热心做好旅客服务，工作不敢有一丝一毫的疏漏，密切注视飞机周围人员的一举一动，严格按照作业要求，检查每一位从岗前通过人员的证件，默默守护着每一架飞机。

北京首都国际机场创新飞机监护模式，构建"三位一体"区域监护网。现在各机场实行的是"一对一（即一人监护一架飞机）"的航空器监护模式，北京首都国际机场实行的区域监护，采用的是固定值守、巡视检查和视频监控相结合的"三位一体"全新区域监护模式。固定值守岗位上的监护人员不再需要站立于机坪上对航空器进行监护，在固定值守岗亭里利用强光手电和望远镜就可以完成航空器监护工作，而且一人最多可守卫看护 4 个机位。这既改善了监护人员的工作环境，也在很大程度上扩大了监护的范围，节省了人力。对于为区域监护设置的巡视检查岗位，由巡视人员驾驶汽车对航空器进行监护，并增配了用于现场应急处置的设备工具。处于动态巡视状态的汽车缩短了紧急情况下的响应时间，可有效提高应急处置的效率。此外，后台增设的视频监控席位可实现对停机位的全景监控，既可以监视机位上的航空器保障情况，又能够监督固定值守岗位和巡视检查岗位上的人员工作状态。

航空器区域监护是保证航空器在机坪短暂停留期间免遭未经准许的干扰的重要航空安保措施，更发挥了各岗位的联动作用，融合人防、技防手段，全面提高安全管控能力，使防御模式实现由"点"到"面"的转变。优化区域监护流程、推动建立全方位、立体化的安全防控机制等措施，持续做好远机位航空器区域监护的系列准备工作，为确保机场飞行区的持续安全、顺畅、平稳运行奠定了基础。

第四节　场务运行管理

一、场务管理范围

飞行区的场道基础设施是保障飞行安全的基本条件，由机场场务管理部门实施管理。

场务管理必须准确理解和积极贯彻执行民航局制订的有关飞行区场地安全的规定、要求，及时组织落实各项管理措施，使机场飞行区场地处于适航状态。

1. 主要职责

负责飞行区场地管理、维护工作，确保道面及其设施、设备的清洁、正常和完好，使之始终保持适航状态，为航空器起降安全提供可靠保证。

2. 主要工作内容

（1）应当根据跑道、滑行道和机坪道面的破损类型、部位等情况制定道面紧急抢修预案。道面出现破损时，应当及时按照抢修预案进行修补，尽量减少道面破损和修补对机场运行的影响。

（2）制定飞行区场地及其相关设施、设备的管理制度，负责飞行区内各类区域划分、标志线刷新和警示标志牌的日常维护。

（3）组织实施飞行区内的跑道、滑行道、停机坪、服务道、巡场道、土质区、排水系统、围界等场道设施的日常维护维修工作。

（4）负责飞行区场地清扫、保持道面清洁、防止外来物入侵、除冰扫雪、疏通排水系统。

（5）执行跑道、滑行道日常巡视检查及维护规定，开车或步行巡视检查跑道、滑行道；负责跑道摩擦系数的定期测试及对跑道除胶；负责专机、劫机、备降、迫降等突发航班的场道应急保障。

（6）负责组织实施飞行区内土质区的割草、碾压工作，确保草高和土质区密实度指标符合民航规定标准。

（7）负责本部门各种车辆、机械设备的管理，保证其性能安全可靠。

二、道面的维护

道面包括跑道、滑行道和停机坪的道面，其中最重要的是跑道道面。飞机在跑道上高速运动，任何小的裂缝或隆起都有可能造成爆胎或对起落架的损害，从而引发重大事故。

案例　泰国普吉国际机场因跑道发现多处裂痕关闭 2 天

2018 年 2 月 25 日，泰国普吉国际机场由于飞行跑道出现多处裂痕，覆盖面积近

100 m²，需要紧急关闭维修，因此在 2 月 26—27 日关闭机场，启动紧急修复方案。其间，上百架次航班全部停飞。

案例　马尼拉国际机场的主跑道因出现裂缝而紧急关闭

2016 年 7 月 18 日，菲律宾首都马尼拉国际机场的主跑道因出现裂缝而紧急关闭，致使上百架次进出港航班受到影响，数十架次航班被迫取消。当天上午，马尼拉国际机场工作人员在主跑道沥青道面上发现微小裂缝，由于飞机频繁起降，裂缝最后扩大成为一块 12.7 cm 深、1 m 宽、9 m 长的浅坑。为防止造成安全事故，从当天 16：30 开始，马尼拉国际机场管理局下令临时关闭该跑道，对其进行修缮。当日晚间，马尼拉国际机场管理局宣布受损的主跑道修缮完毕，所有航站楼的航班起降陆续恢复。当天，马尼拉国际机场至少有 129 架次进出港航班受影响，14 架次国际航班、41 架次国内航班被迫取消，20 多架次抵港航班被临时调整到克拉克国际机场降落。

道面的维护包括以下四个方面。

（一）修补道面的裂缝和测试强度

大型机场的跑道都使用混凝土道面，它是刚性的，承载能力强，但在温度变化时它的膨胀和收缩会引起很大内应力。因而混凝土道面在一定距离都留有伸缩缝。冬天混凝土收缩，伸缩缝变宽，这时水和沙就会进入缝中，当水冻结时就会产生很大的压力，使伸缩缝边缘开裂，随后雨水就可以渗入混凝土底层，使整块道面出现裂缝、隆起或伸缩缝变宽。跑道维护人员要定期目视检查跑道的表面，在春季要增加检查次数，及时修补。由于跑道不均匀下沉，也会造成裂缝。

每隔一定时期要对跑道的强度和性能进行检验，目前常用振动法来测定跑道的性能。这个方法不破坏跑道，只是靠振动波的传播和反射来测定跑道的性能，在振动法不能确定的地方，有时用打孔、切槽等破坏性检验来做补充检测。

水泥混凝土道面出现松散、剥落、断裂、破损等现象，或者沥青混凝土道面出现轮辙、裂缝、坑洞、鼓包、泛油等破损现象时，应当在发现后 24 小时内予以修补或者处理。水泥混凝土道面必须完整、平坦，3 m 范围内的高低差不得大于 10 mm；板块接缝错台不得大于 5 mm；道面接缝封灌完好。沥青混凝土道面必须完整、平坦，3 m 范围内的高低差不得大于 15 mm。

（二）跑道摩擦系数测试及维护

为了防止飞机滑出跑道，水泥混凝土跑道道面采用人工拉毛、毛槽结合施工工艺，一般要求道面粗糙度为 0.8~1.2mm（填石法），用萨勃 9000 表面摩阻测试车实测跑道表面摩擦系数为 0.5 以上。跑道开放运行期间下雪时，应当根据雪情确定测试跑道摩擦系数的时间间隔，并及时对跑道进行除冰雪作业，保证跑道摩擦系数不低于 0.30。道面的摩擦力会因道面的磨损、积水和污染而变化。

机场应配备跑道摩擦系数测试设备。按规定跑道日航空器起降架次大于 210 架次的，测试跑道摩擦系数的频率应不少于每周 1 次，遇大雨或者跑道结冰积雪，在跑道上施洒除冰液或颗粒，航空器偏出、冲出跑道的情况后，应当立即测试跑道摩擦系数。

道面的磨损可以用及时的修补来解决，方法是在跑道道面上开出跑道安全槽，这些槽深只有 6~7 mm，间隔为 30 mm，它可以使道面上的水排干净，也可以排出由于轮胎摩擦造成的水蒸气和热量。

当接地带跑道中线两侧被橡胶覆盖 80%左右，并且橡胶呈现光泽时，应当及时除胶。跑道污染主要是由于油漆、废物和轮胎上的橡胶颗粒黏附造成的，其中最主要的是橡胶黏附，它是由于飞机在降落后制动时摩擦产生的大量热量，使轮胎的橡胶颗粒黏附在道面上，这将大大降低道面的摩擦系数。清除这种污染也比较费力，目前采用的方法有以下四种。

（1）高压水冲洗。水压在 300 标准大气压（1 标准大气压=1.013×10^5 Pa）以上而且只能在 5℃以上的气温中进行。

（2）化学溶剂溶解。这种方法很有效，但容易引起环境污染问题。

（3）高速机械刷除。这种方法的设备比较昂贵。

（4）超声波清洗。这是一种新的方法，成本不高，效果较好。

（三）日常巡视保持跑道清洁

跑道安全是机场运行的核心安全。机场道面，尤其是跑道道面须清除污染和杂物，以保证飞机的运行安全。所谓污染物是指沉积或存留在道面上的物质，如雪、冰、积水、泥、砂、灰尘、滑油和橡胶等，这些物质对于路面的制动性能是不利的。杂物指松散的石头、沙子、纸屑、木头、铁屑以及路面建筑材料的碎屑等。杂物对运行颇为有害，它们会损坏飞机的结构和发动机，干扰破坏飞行系统的正常工作。

风沙，或在飞机起飞时发动机喷气吹起的灰尘，都会使跑道不清洁。跑道上如果有散落的东西，哪怕是一块小小的沙石，如果被发动机随着空气一起吸进去，就会打坏发动机，造成很大的损失。特别是对于发动机离地面比较近的飞机，这种危险就更大。有的散落物还可能戳坏飞机的轮胎，或者贴附在同跑道面平齐的灯具上，影响正常照明。道面应当保持清洁，道面上有泥浆、污物、砂子、松散颗粒、垃圾、燃油、润滑油及其他污物时，应当立即清除。

在一些繁忙的机场，每 2 小时就要检查一次。而在那些不太繁忙的机场，可能仅在清晨机场开始运行前检查，天黑以前再简单检查。对任何机场每日跑道开放使用前，机场管理机构应当对跑道进行一次全面检查。一般都在清晨飞机运行前进行，此时有足够的日光可以看清任何物体。通常，当机场收到发现障碍物报告或者出现了非正常条件或者事件之后，例如飞机意外事故时，都要进行特殊检查。

案例 "协和"号飞机空难

2000 年 7 月 25 日下午，法国当地时间 16：44，一架法国航空公司编号为 4590 的"协和"号飞机，从巴黎戴高乐机场起飞不到 2 分钟就拖着长长的火焰，向左一偏几乎垂直地撞到了机场附近一个小镇的一家旅馆中，机上109名乘客和机组人员以及地面5人不幸遇难。这就是震惊世界的"7·25"空难。

据事故调查报告说，这次事故的罪魁祸首是跑道上有一块从另一架飞机上掉下来的约40 cm长的金属碎片。正是这块金属碎片使轮胎爆裂，机轮的金属碎片像炮弹似的打破了机翼和机翼上的油箱，造成燃油大量泄漏起火。飞机左机翼上方起火后又导致发动机丧失动力，并危及飞机的操纵面。

（四）场道除雪和除冰

下雪和结冰是跑道正常使用和飞行安全的一大威胁。由于强冷空气的入侵，当地气温急剧下降，所降雨雪遇到低温，特别是气温低于0℃时，雨雪会在跑道面上迅速冻结成冰层，飞机轮胎与冰层间摩擦力很小，起飞降落的飞机在有结冰的跑道面上不易保持方向，极易冲出跑道。飞行手册上规定，跑道上有结冰时禁止飞机起降。

有一点要切记，尽管我们对道面的除冰除雪已非常重视，但时常有看起来已经干爽、清洁的跑道摩阻力大大降低的情况发生。

案例 地面结冰致两起飞机滑出跑道

2016年12月13日上午，新疆乌鲁木齐地窝堡国际机场发生两起飞机滑出跑道事件，事件中无人员伤亡。12月13日9:30左右，一架上海航空公司，航班号为FM9220的波音737-800（注册号：B-5370）型飞机，在乌鲁木齐地窝堡国际机场推出滑行后，在转弯过程中因地面结冰，机组操作不当致前轮滑出滑行道事故。

在事发后的10:00左右，乌鲁木齐地窝堡国际机场再次发生滑出跑道的事故。发生事故的飞机为航班号CZ3436的南方航空深圳分公司的空中客车A320（注册号：B-2391）型飞机，事发时，飞机发生侧滑，左主起落架偏出滑行道。

因此，一旦跑道结冰，机场有关部门必须立即采取紧急措施及时清除，确保飞机飞行安全。另外，有较大的降雪，如不及时清除，跑道积雪也将影响飞机的起飞和降落。当然，如果降雪持续时间过长，雪量过大，机场的积雪有可能来不及清除，势必会造成机场的关闭。除雪、除冰虽然很麻烦，却必须及时清除。把喷气发动机装在车上，用炽热的喷流除雪，是一种办法。现在，还有了专门的扫雪车。

机场应当根据本机场气候条件并参照过去5年的冰雪情况配备除冰雪设备。年旅客吞吐量500万人次以上的机场，除冰雪设备配备应当能够达到编队除雪，并且一次编队至少能清除跑道上40米宽范围的积雪，具备边下雪边清除跑道积雪的能力，保证机场持续开放运行；年旅客吞吐量在200万~500万人次的机场，除冰雪设备配备应当能保证雪停后1小时内机场可开放运行；年旅客吞吐量200万人次以下的机场，除冰雪设备配备应当能保证雪停后2小时内机场可开放运行；日航班量少于2班的机场，除冰雪设备配备应当能保证雪停后4小时内机场可开放运行。

三、外来物（FOD）的防治

（一）外来物的现状

近年来，民航机场外来物损伤航空器轮胎事件呈现居高不下的态势，已严重影响到航班的正常运营。FOD 又叫机场航空器活动区外来物，包括金属零件、石块、玻璃、塑料袋等在内的物品，甚至一张纸片都可称作 FOD。它们一旦出现在飞行区、跑道、机坪等机场关键区域，对航空安全极有可能造成相当大的威胁与破坏。喷气式飞机投入运行以来，飞机起降时速度快，喷气发动机动力大，在高速运转下吸入发动机的一小块塑料布就足以引起空中停车甚至坠毁，甚至一颗螺丝钉、一粒碎石子都可能划伤飞机轮胎或对重要零部件造成损害，后果不堪设想。

根据 FOD 历史统计数据分析，长沙黄花国际机场 2008 年共发现、清扫外来物 20 364 件；2009 年共发现、清扫外来物 24 151 件；2010 年共发现、清扫外来物 18 995 件。以 2010 年外来物统计数据来看，纸屑、槟榔渣、包装袋等低危外来物 16 790 件，占全年外来物的 88.4%；铁垫片、钥匙等中危外来物 312 件，占全年外来物的 1.6%；铁片、铁钉、螺杆、螺帽等高危外来物 1 893 件，占全年外来物的 10.0%。

从 FOD 数据库及清扫地点发现，其中高危外来物的来源主要集中在机坪廊桥下，其他地点较为分散。由此分析可知，机场外来物的来源主要是地面保障人员在保障过程中或保障任务后，不能严格执行外来物防控操作程序，FOD 防控意识不强，主观人为遗弃、丢落形成的外来物。

（二）防范从细节入手

产生外来物的原因有以下几方面：一是机坪工作人员 FOD 防控意识不强，有随意丢弃外来物的现象。从长沙黄花国际机场 FOD 数据库可知，纸屑、槟榔渣、包装袋等低危外来物占全年外来物总量的 85%以上，而随着航空运力的增长，接近航空器的勤务车辆、人员增多，车辆自身掉落金属零件、杂物及人员随手丢弃杂物的概率增大；二是随着机场飞机起降架次的增长，客观上造成跑道、滑行道、联络道、机坪被使用的时间越来越长，道面系统出现越来越多的损坏，加大了扎胎的风险；三是根据机场发展的需求，为提高机场等级而实施的新建、扩建、改建等升级工程不断，不停航施工持续进行，在飞行区遗留了大量的施工垃圾，同时，在施工时期，存在施工材料、工具遗落的问题，同样也加大了扎胎风险。

针对外来物来源广泛、源头复杂的实际情况，应在源头上防范外来物可能造成的危害。例如，对内场上千辆机动车和非机动车实施年检年审制度，检验不合格的车辆一律取消在机坪上的行驶资格，以切实起到防范作用。

此外，为杜绝其他金属物品遗落在机坪内，机务维修保障部门对所有工具包及里面的工具进行了编号，采取专人管理及领用制度，以防止丢失或遗漏。除了这些常规性举措外，杭州萧山国际机场在细微之处也动了脑筋，如对手电筒镜片进行贴膜，确保玻璃镜片破裂后也不会掉落到机坪；对轮挡小推车进行技术改进，将原先螺杆式固定撑脚改装成弹簧收放式撑脚等，从而有效杜绝了金属物品对航空器造成的潜在威胁。由于行李、货物在装卸运输过程中，极易产生包装纸屑和泡沫塑料等物品，机场派专人进行监装监卸。平时怕东西掉出来，都要用网罩罩住货物，下雨时还要在网罩下加层雨布。

第五节 跑 道 侵 入

一、概述

（一）跑道侵入的定义

随着民航业的快速发展，跑道侵入事件时有发生。国际民航组织（ICAO）关于跑道侵入（Runway Incursion）的定义是："在机场发生的任何航空器、车辆或人员误入指定用于航空器着陆和起飞的地面保护区的情况。"

根据 ICAO 和 FAA 的相关规定，跑道侵入危险等级可以划分为以下四个级别。

（1）A 级安全事故为危害最严重的机场事故，此种情形下，基本上一定会发生飞机碰撞事故，一般不能够有效避免，机场负责人员通常只能采取较为特别的处理方式来解决诸如此类的跑道侵入事故。

（2）B 级安全事故相较安全等级为一级的事故类型而言，属于较为严重的安全事故，如若产生此种情况，会致使间隔减少，增加可能碰撞的风险，以致事故发生后，一般只能选择采用相关的应急措施来削弱飞机碰撞的概率。

（3）C 级安全事故类型会导致间隔减少，但此种情况致使飞机发生碰撞的可能性较低，通常而言，机场管理人员能够有比较充足的时间处理事故、预防安全事故的发生。

（4）D 级安全事故类型虽然也属于跑道侵入的范畴，但一般界定为没有引发安全事故的事件类型，通常为相关人员及其他阻碍物，会在飞机起降过程中对其造成影响，但不会引发安全事故。

（二）跑道侵入的常见情况

（1）航空器或者车辆从正在着陆的航空器的前方穿越。

（2）航空器或者车辆从正在起飞的航空器的前方穿越。

（3）航空器或者车辆穿越跑道等待位置标志。

（4）航空器或者车辆不能确定其所在位置而误入使用跑道。

（5）航空器或者车辆由于无线电通话失误导致未按照空中交通管制指令操作。

（6）航空器从尚未脱离跑道的航空器或者车辆后方通过。

(三)造成跑道侵入的因素

目前,我国缺乏权威的统计数据。从美国民航方面 2013—2016 年的统计数据看,发生跑道侵入事件的数量在以每年约 10%的比例上升,2013—2016 年 9 月,分别发生了 1 200 次、1 300 次、1 400 次和 1 500 次跑道侵入事件。从发生的"跑道侵入事件"的责任方看,分别是 53%为飞行员错误造成的,29%为管制员错误造成的,17%为其他各类原因。可以看出,管制员和飞行员是造成跑道侵入事件的两大主要责任主体。一个机场的飞行量如果增长 20%,那么跑道侵入可能性会提高 140%。尤其是当飞行量增长而机场又出现不停航施工时,机场地面的管制运行和机场跑道的使用调配越来越复杂,防止跑道侵入的压力不断加大。

跑道侵入是由许多不同的因素引起的,包括机场复杂性、穿越跑道次数、空中交通量、管制员和飞行员之间的错误通信、飞行员缺乏机场情境意识、管制员和飞行员之间的执行和判断错误、机场内车辆等。本章重点讨论地面车辆及人员跑道侵入问题。

二、防止地面车辆及人员跑道侵入

目前民航局正在推进航空器机坪运行管理移交机场管理机构这项工作,如果全面实施,发生飞行区上"地面车辆跑道侵入",机场运行指挥机构就成了事故主要责任人之一。机场"跑道侵入"是目前航空运行最重要的危险源之一,几乎不可避免。无论是上海虹桥国际机场这样的 2 跑道的机场、北京首都国际机场 3 跑道的机场,还是更复杂的 7～8 条跑道的国外机场,都有发生"跑道侵入"事件的概率。

(一)地面车辆人员跑道侵入

我国大部分机场尚未把航空器机坪运行管理移交给机场管理机构,塔台管制员负责将航空器从其停机位引导到现用跑道,以及将航空器从跑道引导到停机位。这期间,管制员不仅要负责对航空器的管制,还要对工作人员和车辆进行管制。此时,如果出现间隔计算错误或者判断失误,遗忘航空器、跑道上的车辆或者人员,对航空器、车辆、人员或者其位置识别判断错误或者混淆等情况,就容易造成管制原因的跑道侵入。

案例 车辆侵入跑道

1. 1996 年 7 月 28 日,南航 757 飞机在兰州中川国际机场跑道由北向南着陆,在距地面高度 6～9 米时,机组和塔台同时发现跑道"T"字灯前 200 米处有一辆面包车正在由北向南行驶,飞机在距地面 3 米高度上从汽车顶上拉起,复飞后安全落地。经查,该车为机场修建处场务工作人员驾驶,在未与塔台联系,也未带对讲机的情况下,擅自进入跑道。

2. 1998 年 1 月 15 日,北京首都国际机场地区连续下雪,6:00,场务队通知跑道开放,但机场管理处领导发现滑行道某些地方仍有雪,便安排一辆吹雪车再去除雪,机场场务队吹雪车因长时间工作，警示灯不亮，在吹雪车吹完撤离过程中，与 6：10 在机场着陆滑跑的瑞士航空公司 747 飞机剐蹭，瑞航飞机发动机蒙皮有一道 120 cm 的划痕。

3. 2000 年 11 月 15 日，东航安徽公司 MD90 飞机预计 14 日 23：57 在上海虹桥国际机场降落，由于上海虹桥国际机场指挥处值班人员未认真核对航班计划，漏掉东航飞机动态，也未与塔台联系，盲目指挥巡道车上跑道，致使飞机在 15 日 00：29 落地后滑跑过程中，右襟翼与巡道车顶部照明灯碰撞，飞机右翼轻微受损，巡道车顶部照明灯被撞坏。

4. 2012 年 2 月 7 日 15：10，太原武宿国际机场导航维护人员要求进入 31 号跑道进行仪表着陆设备外场信号测试工作，预定测试位置在 31 号跑道入口端线与跑道左边界线交叉处。塔台管制员了解具体工作地点、时间后，指挥其等待。导航维护人员对讲机申请可不可以上跑道，塔台答复："等会儿。"导航维护人员误听为"上吧"。导航工作人员到达 31 号跑道端道肩进行测试工作。约 5 分钟后，看见一架飞机经滑行道滑行过来，三名导航工作人员停止测试工作，撤离测试位置。跑道外的 MU2403 航班报告跑道左侧跑道边缘入口处有人。管制员发现此情况后，立即指挥准备进跑道的 MU2403 原地等待。

5. 2015 年 1 月 14 日 12：22，济南遥强国际机场塔台接到机组反映主滑行道上有鸟类尸体，助管席管制员联系机场现场指挥中心，要求清理鸟类尸体，指挥中心向场务驱鸟人员通报跑道北头主滑上有鸟类尸体。双方对鸟类尸体位置描述的理解出现歧义，助管席管制员指示鸟类尸体位置在平行滑行道上，驱鸟人员理解为在跑道上。助管席管制员联系驱鸟人员，询问为什么没有去清理鸟类尸体，驱鸟人员回答说看到有飞机滑行，无法进入，助管席管制员答复说那里没有飞机，等处理完鸟类尸体再让飞机滑行，随后驱鸟人员开车从北下滑台位置往西直接进入跑道北端寻找鸟类尸体，塔台带班主任用望远镜观察到驱鸟车辆在跑道上，通报管制席管制员，管制席指挥首都航空 JD5517 复飞，最低下降高度为无线电高度 83.8 m，避免了重大事故发生。

（二）防止地面车辆及人员跑道侵入措施

为了防止地面车辆及人员跑道侵入，应从以下几个方面采取保障措施。

1. 建立进出跑道的工作制度和协调机制

机场管理机构积极配合空中交通管制单位确定车辆、人员与塔台管制员之间联系的规范通话用语和各类进出跑道、滑行道作业车辆的呼号。确定每日巡视检查的次数和时间；跑道、滑行道巡视检查和通报程序；巡视检查过程中发生紧急情况时的处置程序；等等。

2. 对工作人员的基本要求

未经塔台管制员许可，任何人员、车辆不得进入运行中的跑道、滑行道；任何人员、车辆进入跑道、滑行道时，应当直接报告塔台管制员，并在塔台管制员限定的时间内退出跑道、滑行道。退出后，应当直接报告塔台管制员；塔台管制员、作业人员应当使用规范的通话用语进行联系。

3. 对车辆的要求

进入活动区的车辆的车身应当喷涂单位名称和标识，在顶端安装符合标准的黄色障碍灯并在工作期间始终开启。进入跑道、滑行道的车辆、人员应当配备无线电通信设备，以便与塔台保持不间断的无线电双向联系。进入跑道、滑行道的车辆应当具有明确的车辆呼号，如"场务""灯光""驱鸟""消防""应急"等。对跑道进行日常巡视检查的车辆应配备机场平面图，图中应标明作业路线、进入或退出跑道的位置报告点、主要注意事项和应急处置办法。

4. 进入跑道的申请

车辆及人员进入跑道作业前，应当向塔台管制单位申请，报告呼号、当前等待位置、预计行驶路线、预计滞留时间等信息，并确认跑道运行方向。得到塔台管制员的许可后，车辆及人员方可进入跑道。

5. 实施跑道作业

进入跑道的工作人员进行下车作业或者检查时，应随身携带对讲机与塔台保持联系，离开车辆的距离不得超过 100 m，确保车辆处于运行状态并始终开启车辆顶部的障碍灯和车辆大灯。当塔台管制员要求作业或者检查人员撤离时，人员及车辆应当立即撤离至管制员指定的位置，撤离后，要及时通知塔台。再次进入跑道之前应当再次申请并获得塔台管制员的许可。

6. 其他要求

在实施机场低能见度程序运行时，不得对跑道、滑行道进行常规的巡视检查。对于多跑道机场，不得同时对多条跑道进行巡视检查。有条件的机场应当对塔台管制员与地面车辆的无线电通话进行录音，录音应当保留 30 天。涉及事件调查的录音，按照事件调查单位的要求进行保存。

第六节　机场导航设施管理

一、目视助航设施的检验评估

目视助航设施包括风向标、各类道面（含机坪）标志、引导标记牌、助航灯光系统（含机坪照明）。各类标志物、标志线应当清晰有效，颜色正确；助航灯光系统和可供夜间使用的引导标记牌的光强、颜色有效完好。

为了保障飞行安全，机场管理机构应当按照以下频次或情况对机场目视助航设施进行检验评估，以避免因滑行道引导灯光、标志物、标志线、标记牌等指示不清、设置位置不当产生混淆或错误指引，造成航空器误滑或者人员、车辆误入跑道、滑行道的事件。检验评估人员由飞行员、管制员、勤务保障作业人员、机场管理机构人员组成。对于检验评估发现的问题，机场管理机构应当及时采取整改措施。

检验评估频次如下。

（1）每三年。

（2）新开航机场或机场启用新跑道、滑行道、机坪、机位前以及运行三个月内。

（3）机场发生航空器误滑，人员、车辆误入跑道、滑行道等事件时。

（4）机场管理机构接到飞行员、管制员、勤务保障作业人员反映滑行引导灯光、标志物、标志线、标记牌等指示不清，容易产生混淆或者影响运行效率时。

二、目视助航灯光系统的维护

目视助航灯光是安装在跑道两旁、跑道延长线、滑行道、联络道等处的大功率卤钨灯，有着飞机"外眼"的美誉。在阴、雨、雾、雪等低能见度的复杂天气条件下，它是引导飞机起降的重要辅助手段，而在晚上则必须有助航灯光的引导，飞机才能安全起降。

（一）巡视维护

机场助航灯安装在飞行区，巡视就是维护人员的基本工作，维护就是对助航灯进行维修和保养。不论寒冬酷暑，不论狂风暴雨，不论白昼黑夜，一旦发生故障，要火速处理，如果不能及时排除，将导致飞机无法起降，甚至关闭机场。

第一是保障供电。按规定，夜航灯光开启后若设备出现故障，要用最短的时间修复，如果回路断电则要在 15 秒内恢复。因此要做好备用发电机的定期检查、维护和试运行工作，使其持续保持适用状态。每周至少应进行备用发电机的 30 分钟加载试验，每月至少应进行备用发电机的 1 小时加载试验，进行一次主供电源与备用电源之间及主、备用电源与备用柴油发电机之间切换的传动试验。

第二是全部灯亮。为了保证进近、跑道、滑行道灯光系统和顺序闪光灯系统每一盏灯的正常运行，巡视、维护检查项目应不低于以下要求。

（1）日维护。更换失效的灯泡和破损的玻璃透镜，确保透镜的干净、清洁，检查各个亮度等级上调光器输出电流是否符合技术标准。

（2）年维护。灯具紧固件的紧固，灯具锈蚀部分的处理，灯具仰角、水平的检查和调整，插接件的连接可靠性检查，并检查每个灯组的支架及基础情况。

（3）不定期维护。在大风和大雪后可能对助航灯光系统正常运行造成影响时，应当对助航灯光系统进行检查，并调整各类灯具的仰角及水平；清除遮蔽灯光的草或积雪。

助航灯巡视、维护工作是一项十分艰苦的工作。每天一清早值班人员打开并监控部分助航灯光，每隔 1 小时对调光设备巡查 1 次。夜航结束后，值班人员上跑道对所有灯光进行巡视维修，若发现故障就要立即维修。助航灯光在外场经受风吹雨淋日晒，维修保障起来十分困难，夏季高温加上照明产生的热量，嵌在跑道里的中线灯膨胀拔不出来，只能用大铁锤锤；冬季灯具上冻，也要先用铁锤敲打；跑道上的沙尘会蒙住灯罩，要定期洗刷清理；如在围界外河道上安装了进近灯，要涉过河爬上 5～6 m 的杆子维修。

（二）智慧防盗

机场助航灯电缆被盗现象时有发生，厦门高崎国际机场曾在短短十几天内就发生了两起助航灯具电缆被盗案件，直接对厦门航空安全构成威胁。

机场人深感忧虑的是，导航灯具是重要的民航安全保障设施，将直接为在空中接近机场的飞机提供准确的高度、方向等指示信息，一旦发生问题将直接危及人民生命和财产安全；同时，助航灯光桥架上有高压电源，窃贼随便进入桥架极可能导致人身安全事故。

如果有人攀登灯塔或者盗割电缆，让导航灯"瞎了眼"的话，极有可能使飞机发生事故。由于飞机跑道较长，导航灯塔一般安装在机场围栏之外，监控难度较大。重庆机场曾出现过导航灯电缆被盗割事件，致使航班延误。现机场研制的新型数字式导航灯电缆视频防盗系统投入使用后，这套智能系统能自动报警，如果有人做出攀登的动作或者接触灯塔时面部紧张的话，智能报警终端的人体生物探测器便会立即发出 110 dB 的警报声，并向监控中心报警，同时会向值班人员和机场公安发送手机短消息，即使监控室无人值守也能报警。这一系统投入使用后提高了巡视效率，保障了安全。

（三）环境监察

环境监察就是监察机场周围路灯设置，防止高亮度的路灯误导飞行。

目前高速公路上的高杆灯和低柱灯，一般采用的灯泡都是从意大利进口的，高杆灯功率有 1 000 W，而低柱灯的功率也有 250 W。目前机场上的目视助航灯系统所用的灯泡也都是高质量的，但所用的进近灯和跑道灯功率均为 200 W。尽管机场上的灯距只有 60 m，高速公路上的灯与灯之间距离为 100 m 以上，机场上灯的密度大于高速公路上灯的密度，但是每当飞机在几千米或数百米的高空飞行时，飞行员向地面观察，只能看到灯光带，并不能看出灯与灯之间的间距。更何况高速公路上的灯光瓦数都比机场上的灯光瓦数大，光强度也大。容易误导飞行员驾驶。

案例　机场高速多次误导飞行员

1996 年某天晚上，南京大校场机场，一架中国国际航空公司由北京飞往南京的 1503 航班到达南京，由于当时南京城市及绕城公路灯光强度大，加上该飞机场跑道设备差，灯光较暗，而 1503 航班的飞行员在准备着陆时，又误以为绕城公路灯光为跑道灯，于是飞机从高空一路降落，直奔绕城公路而来。正当飞机欲降落在绕城公路上时，被机场空中管制员发现，及时提醒，飞机上飞行员迅速拉起操纵杆，飞机拉起复飞，避免了一场险情，最后飞机安全降落。

2002 年，安徽某机场，当天夜里机场管制员误以为航班已结束，人为关闭了助航灯光，致使华东五省地的飞机到达机场时，误将机场附近的高速公路强灯光看作飞机降落时的跑道灯光，所幸发现及时，飞机复飞才未出现险情。

在武汉，曾经有一架大型客机，夜间准备在武汉机场降落时，同样是当时机场跑道灯光亮度不如武汉大桥灯光的亮度，飞行员将大桥误认为机场跑道，飞机险些降落在长江大桥上。

机场因高速公路上或其他地方的灯光误导飞行员产生险情的情况时有发生。每个机场都与高速公路相衔接，这是一个回避不了的事实，不仅武汉、南京，全国各地机场都是类似情况。所以监察工作必须从机场规划和机场周围高速公路设计时就开始介入。

第七节 净空管理

一、净空管理

近年来，民航事业发展的同时，一些影响民航净空保护、威胁民航安全的活动也日益增多。1996年施行的《民用航空法》对民用机场净空保护做了原则性规定，对保障飞行安全起到了重要作用。但随着城市建设的发展，特别是城市高层建筑越来越高的发展趋势，影响民用机场净空保护的新情况不断出现。因此，为了消除影响飞行安全的活动和行为，保障民航安全，促进民航事业持续、稳定和健康发展，2009年颁布的《民用机场管理条例》将《民用航空法》中关于民用机场净空保护的原则性规定具体化，并予以补充和完善。

（一）机场净空的概念和范围

机场净空区也叫机场净空保护区域，是指为保障航空器在机场安全起飞和降落，按照机场净空障碍物限制图的要求划设的一定空间范围。我国目前对于民用机场净空保护区域划定的标准主要依据《民用机场飞行区技术标准》和《国际民用航空公约》附件14的要求。从飞行程序设计和飞行安全的角度考虑，障碍物是影响飞行安全的首要因素，需要进行严格的评估和控制。由于每个民用机场所处的地形地貌并不相同，因此，不同民用机场的净空范围也会有所不同。

净空区的底部是椭圆形的，并由此向外、向上呈立体状延伸。同时，在跑道的两端向外划出一个通道，这个通道的底面叫进近面，由这个水平面也向上延伸形成一条空中通道。飞机在起飞、爬升、巡航、下降、着陆阶段也不能出现空中及地面障碍物。因此，我国大多数机场将净空保护区的范围规划为机场跑道中心线两侧各10 km、跑道两端各20 km。

机场净空区是供飞机起降专用的，未经航空管理部门批准，任何其他建筑物和障碍物均不得进入这个区域，就连风筝、浓烟、强光、飞鸟等也严禁进入机场净空区，甚至对接近机场净空区的楼房、烟囱等在高度上都有限制，并且在其顶部还要涂上红白相间的颜色，装上灯光或闪光灯，目的在于便于驾驶员识别，防止碰撞。

（二）机场净空保护区域的划定

关于民用机场净空保护区域由谁划定，《民用航空法》并无明确规定。由于民用机场净空问题与城市规划、城乡规划密不可分，而《城乡规划法》规定，县级以上地方人民政府城乡规划主管部门负责本行政区域内的城乡规划管理工作。城乡规划主管部门在制定城乡规划时考虑民用机场净空保护问题，有利于从源头避免违规建筑物、构筑物对机场净空的不利影响。因此，条例规定城乡规划主管部门应当参与到民用机场净空保护区域的划定。另外，考虑到民用机场净空保护的专业性较强，在机场净空保护区域的划定上必须严格按照民用机场净空保护的技术标准来进行。在这方面，民用航空管理部门应当发挥其行业监管作用。因此，条例规定，由地区民用航空管理机构和有关地方人民政府按照国家有关规定共同划定民用机场净空保护区域。

（三）民用机场净空保护区域内禁止的活动

民用机场是专供民用航空器起飞、降落、滑行、停放以及进行其他活动使用的划定区域，是民用航空器运行安全的重要保障。因此，在民用机场净空保护区域内保持无障碍的空域，使准备使用该民用机场的航空器能够安全运行，是国际民航组织和世界各国民航管理部门共同关注的问题。很多国家都通过立法的形式明确了在民用机场净空保护区域内应当禁止的活动，我国的《民用机场管理条例》根据保护民用机场净空的需要，从以下几个方面规定了在民用机场净空保护区域内禁止的活动。

（1）禁止从事影响民用机场净空保护区空气能见度的活动。民用航空器在起飞和降落的过程中，需要驾驶员通过目视飞行的方式，借助目视助航设施来完成。在这种情况下，对民用机场空气能见度的要求较高，如果民用机场净空区内有大量烟雾、粉尘、火焰、废气，势必影响空气的能见度，使航空器驾驶员难以发现机场灯光、标志等目视助航设施，影响飞机起飞和降落的安全。

（2）禁止从事对民用航空器可能产生损害的危险活动。民用航空器在民用机场净空保护区域内的飞行高度较低，如果在该区域内修建靶场或者设置强烈爆炸物仓库，靶场演习过程中或者爆炸物仓库发生意外，很可能损害飞行中航空器的安全，也可能对停放在机场内的航空器造成损害，因此应当禁止此类活动。

（3）禁止从事影响民用机场目视助航设施或者影响飞行员视线的活动。《国际民用航空公约》附件 14 对机场目视助航设施的标准有非常详细的规定，《民用机场飞行区技术标准》对我国民用机场信号灯的颜色、跑道标志颜色等也做了详细规定。民用航空器驾驶员需要借助目视助航设施起降和滑行，如果设置类似的灯光或标志，或者设置遮挡飞行员视线的灯光、标志或者物质，很容易使飞行员因为视线不清或者产生混淆，影响飞行安全。

（4）禁止种植不符合规定的植物。超出机场净空障碍物限制面的植物也属于障碍物体，《民用机场飞行区技术标准》规定："任何物体，经航行部门研究认为对飞机活动地区上或内水平面和锥形面范围内的空间的飞机有危害时，应视为障碍物，尽可能将其移除。"不符合规定的植物不仅对飞行中的航空器有危害，还可能影响机场灯光、标志等目视助航设施的使用。因此，本条例对在机场净空保护区域内种植影响飞行安全及目视助航设施使用的植物的行为予以禁止。

（5）禁止在民用机场放飞影响飞行安全的鸟类，升放无人驾驶的自由气球，系留气球和其他升空物体。鸟害一直是威胁民航飞行安全的重要因素，飞鸟撞击航空器事件在世界范围内屡有发生，我国也多次发生此类事件。据国际民航组织统计，90%的鸟击事件发生在机场或者机场附近。因此，在机场净空保护区域内应当禁止放飞鸟类动物。此外，无人驾驶的自由气球、系留气球和其他升空物体（例如风筝），都会给飞行中的航空器造成威胁，因此，此类升放活动也应当在禁止之列。

（6）焚烧产生大量烟雾的农作物秸秆、垃圾等物质，或者燃放烟花、焰火。烟雾能使机场上空能见度降低，在机场净空保护区域内焚烧农作物秸秆、垃圾或者燃放烟花、焰火，其产生的烟雾容易笼罩机场，导致机场能见度下降。我国已发生多起因为机场被烟雾包围，飞机按规定程序对准跑道准备降落时，因为无法看清机场地面标志而不得不备降到其他机场的事件，严重的甚至造成机场被迫停止运营，进港航班被迫取消。因此，为保障民航飞行安全，此类行为应当禁止。

（7）在民用机场围界外 5 m 范围内，搭建建筑物、种植树木，或者从事挖掘、堆积物体等影响民用机场运营安全的活动。机场围界是保障民航飞行安全的重要设施，围界起着把飞行区与外界隔离的作用，设置机场围界的主要目的是有效防止无关人员及牲畜进入飞行区，确保飞行安全。在临近机场围界的区域搭建建筑物、种植树木，或者从事挖掘、堆积物体等活动，有可能会给非法进入飞行区创造条件，这不仅影响机场的安全运行，也不利于机场的净空保护，给飞行安全带来隐患。因此，条例规定在民用机场围界外 5 m 的范围内禁止从事上述活动。

（8）其他影响民用机场净空的行为。尽管上述七项规定已经较为具体，但是仍不可能涵盖所有应当在民用机场净空保护区域内禁止的活动，而且随着社会的发展，还有可能出现新的影响机场净空保护、威胁民航飞行安全的活动，例如无人机的广泛应用。因此，条例规定在机场净空保护区域内禁止的活动还包括国务院民用航空主管部门认定的其他影响民用机场净空的行为。

（四）机场净空保护区域公布于众

民用机场净空保护区域的划定是净空保护的前提，而公告保护区域范围则是相关政府部门以及社会公众自觉遵守净空保护规定的条件。如果社会公众尚不知晓某一特定区域属于民用机场净空保护区域，就无法遵守国家关于机场净空保护的规定。如果某些单位或者个人从事了违反国家关于机场净空保护所禁止的活动，不仅对飞行安全会带来很多不利影响，而且事后采取补救措施往往也会付出较大代价。因此，通过便于公众了解的方式向社会公众公布民用机场净空保护区域，对于保护民用机场净空，保证民用航空器运行安全意义重大。需要说明的是，民用机场净空保护是一项长期工作，不仅仅限于公布净空保护区域范围，地方人民政府、民用航空管理部门、机场管理机构应当做好日常宣传工作，定期向相关政府部门和社会公众宣传民用机场净空保护的法律法规。

二、超标建筑物

城市建筑物超标影响飞机起飞降落有效飞行空域。根据民航相关规定，在民用机场净空保护区划定的区域内，一般不得修建高出原地面 30 m 且高出机场标高 150 m 的建（构）筑物和设施（简称高大建筑物）。净空保护区外在特殊情况下，修建超过规定范围的超高建筑物或者高大建筑物的，地方人民政府应当征得机场管理机构的书面同意，并报地区民用航空管理机构审批。

随着城市建设的发展，民用机场与城市中心的距离越来越近，并且在发展临空经济、打造航空城的过程中，机场周围新建了各类建筑物，部分建筑物处于机场净空保护区范围内，却没有按照规定限制高度，直接影响到飞行安全。有些人认为，飞机起降是在机场进行的，机场周围净空环境对飞行安全影响不大。殊不知，航班起降必须按规定的航线飞行，航线周围空间条件的好坏直接关系到飞行安全。当机场净空条件受到破坏或达不到标准时，会严重影响飞机的起降安全。例如，在净空范围内出现超高建筑物就破坏了飞行的净空条件，进而导致严重的不安全事件。在恶劣的天气条件下，超高建筑物会影响机场目视助航设施的正常运作，甚至可能发生飞机与建筑物相撞而机毁人亡的惨剧。

2012 年民航局在全国范围内开展净空超高障碍物排查，结果发现问题十分严重。华北局对所辖地区 24 个机场以是否超出国际民航组织附件 14 规定作为判断依据，其中 17 个机场共查出 152 个超高或疑似超高障碍物。超高障碍物由于涉及多方利益，要反复与地方政府、建设单位、施工单位协调沟通，才能解决问题。整个中南地区的净空安全同样令人担忧，共发现新增超高障碍物 146 处，涉及 16 个机场。民航华东地区管理局在排查过程中，共发现净空保护区限制面内新增超高障碍物 262 处，涉及 30 个机场。

2010 年 10 月天津市津汉公路北侧新建的 200 千伏高压线路，采用高压架空，线塔高度在 33.9～47 m，线塔贯穿于天津机场第一、二跑道北端进近面内，距机场路道约 2～3 km。按照《航空无线电导航台电磁环境要求》以及国际民航组织附件 10 要求，线塔高度和电磁幅度严重影响机场第一、二跑道的进近程序和电磁环境。该项目未经民航机场管理部门审批同意，也未获市规划部门审批，纯属违章建设。华北局将其定位为特别重大安全隐患，提高机场天气标准，暂停机场 24 架次高峰小时容量。为此，天津市高度重视，市长办公会决定斥资 2.4 亿元进行整改，到 2012 年 9 月完成整改。

2012 年，民航在排查中发现，武汉天河国际机场跑道主降方向发现 2 处超高的移动信号发射塔；跑道北侧导航站旁边新建了一座垃圾场，影响电磁环境，导致机场北侧导航站一度关闭；机场附近的盘龙城区域有多栋建筑物超过机场远期规划净空控制高度。

2012 年四川绵阳涪城万达广场由于建筑物过高，超过绵阳机场的净空限制面和控制面，导致机场关闭夜航半年之久，机场每日损失接近 20 万元。三亚凤凰国际机场因为亚太国际会议中心超机场净空限制面，提高了机场运行标准；广西梧州长洲岛机场因为机场周边建筑物超高 67 处，关闭了夜航，跑道单边限制运行。此前，我国包头二里半机场、海口美兰国际机场也曾出现过因机场周边建筑物超高问题被迫关闭的事件。机场关闭，带来的是航班无法起降，旅客不满，也对社会资源造成了极大的浪费，将直接影响到机场吞吐量的增加和新航线的开辟，阻碍机场的可持续发展。

三、鸟害控制

（一）鸟害升级为"A"类航空灾难

随着民航事业的高速发展，鸟击航空器事件逐年上升，它已成为世界航空运输的三大灾难之一，是世界航空业面对的共同问题。鸟类飞行无法受到人为控制，因此避免航班遭受飞鸟撞击也成为全球航空界眼下面临的最大难题。有资料显示，全世界每年大约发生 1 万次鸟撞飞机事件。当鸟与飞机相向飞行时，虽然鸟飞行的速度不会很快，但是飞机的飞行速度很快，因此鸟对飞机造成的撞击强度会非常大。自 1960 年以来，世界范围内由于飞鸟的撞击至少造成了 78 架民用飞机损失、201 人丧生、250 架军用飞机损失、120 名飞行员丧生。

来自中国民航鸟击航空器信息网上的数据显示，2013 年，全国各机场、航空公司和飞机维修公司等共上报在中国大陆地区发生的鸟击事件超过 1 000 起，由于鸟击造成的事故征候（严重威胁飞行安全但未构成飞行事故或航空地面事故）已达到全部飞行事故征候的 27%以上。鸟击已成为第一大航空器事故征候类型。

飞机的起飞和降落过程是最容易发生鸟击的阶段，大部分鸟类飞行高度在 4 000 m 以下，因而超过 90%的鸟击发生在机场和机场附近空域，50%发生在低于 30 m 的空域，因为麻雀、鸽子等常见鸟类的飞行高度大多 100 m 以下。而航班飞至 800～1 000 m 高空时，还有可能遇到鹰或秃鹫，仅有 1%发生在超过 760 米的高空。飞机起飞或降落如果把鸟吸入发动机或与鸟相撞都会造成一定的危险。

大鸟撞飞机，冲击力可达百吨。一只小鸟能够撼动一架飞机，很多人感到不可思议，实际上，一只 0.45 kg 的小鸟撞在时速为 80 km 的飞机上，会产生 153 kg 的冲击力；一只 7 kg 的大鸟撞在时速为 960 km 的飞机上，冲击力会达到 144 吨。受鸟类飞行高度的影响，鸟击事故多发生在飞行的起飞和下降阶段。鉴于鸟击的危害性，国际航空联合会已把鸟害升级为"A"类航空灾难。

由于导航的需要，这些设备的防护罩包括风挡玻璃机械强度大多较其他部位差，更容易在受到鸟击后损坏，导致飞行器失去导航系统的指引，在起降过程中发生失事事故。

鸟击对飞行器动力系统的破坏所造成的后果更为直接。对于螺旋桨飞机，鸟击会导致桨叶变形乃至折断，使得飞机动力下降。对于喷气式飞机，发动机切线旋转速度高达 450 m/s，小鸟一旦被吸入发动机内就会变成无情的"杀手"。如果风扇叶片被鸟击断，碎片会随气流向后甩入飞机其他关键部位，或者卡住发动机，使发动机停机乃至起火。对飞行器动力系统的破坏常常是致命的，会直接导致飞机失速坠毁，造成更严重的后果。

之所以"鸟撞"日益严重，主要有两方面的原因：首先，由于人们环保意识不断提高，各种鸟类的数量急剧增加；其次，随着高科技的发展，发动机的动力越来越大，而噪声却越来越小。B737 发动机的进气量为 320 kg/s，B747 发动机的进气量为 820 kg/s，B777 发动机的进气量为 1 420 kg/s。显然，只要鸟类稍微接近发动机就会被吸入。

除了导航系统和动力系统，鸟击还会对飞行器的其他部件造成破坏，如机翼、尾舵、表面喷漆等。

无论哪个部位受到鸟类撞击,都会影响飞机飞行。如果鸟类被吸入发动机,航班安全将无法保障。但如果鸟类击中的是起落架轮胎或机身其他部位,那么飞行仍有可能继续。

美国联邦航空局的数据表明,美国民航飞机的鸟撞损失每年高达 2.6 亿美元。在考虑航空器停机损失的情况下,间接损失超过直接损失。鸟击发生后,航空公司要进行机械维修,重新调配飞机进行二次起降,这些无疑都增加了运营成本。间接损失一般为直接损失的 4 倍。数据显示,在世界各地发生的机毁人亡事故中,有 20%是飞鸟撞击飞机造成的。可见,飞鸟对飞行安全构成了巨大威胁。

(二)鸟类动物撞击飞行器案例

2018 年 3 月 22 日,一架中国国际航空公司 CA103 客机,中午从天津飞抵香港途中遭遇鸟击,飞机头部被撞穿一个 1 m×1 m 的大洞,雷达罩被砸穿。所幸客机于 13:24 安全着陆,机上无人受伤,如图 4-4 所示。

图4-4　CA103航班737-800客机途中遭遇鸟击

2016 年 1 月 19 日,一架纳米比亚航空公司的客机在降落过程中与飞鸟发生碰撞,这起碰撞事件在飞机的底部护板上留下了破洞。

2013 年 7 月 28 日 19:30 左右,上海虹桥国际机场飞往烟台机场的 MU5547 航班刚刚起飞五六分钟,在 1 500 m 的高空处,飞机突然发出异响。不少乘客听到声响后,开始以为是起落架收起的声音,还没怎么注意。但随即舱内传来烤焦的味道,大家开始不安起来。电路短路、设备故障,不管哪种情况发生后果都不堪设想。乘客任先生马上向空姐报告情况。机长得知该情况后马上决定返航,所幸飞机最终安全着陆。机场地勤人员检查后通知乘客,称飞机遭受了鸟击,右边发动机有血迹,还有被撞的凹陷损伤。

据记载,1975 年,一架 DC-10 飞机在美国肯尼迪国际机场起飞,一群海鸥被吸入巨大的发动机里,飞机爆炸坠毁。1996 年 9 月 22 日,美国空军一架由 B707 改装的军用飞机从阿拉斯加州的爱尔蒙多夫空军基地 5 号跑道起飞时,撞上了 30 多只加拿大鹅。瞬间发动机火光冲天,飞机坠毁在机场附近的洼地里,空勤人员全部遇难。

（三）鸟击防范工作

1. 改善鸟类栖息的环境

由于鸟击发生的地区不确定，时间不确定，飞行阶段不确定，飞行高度不确定，鸟的种类不确定，因此，鸟击防范工作就必须是全方位、立体式、纵横交互作用的。

我们应该知道鸟击防范工作的重点不是被动的驱、赶、射杀，而应该从基本做起，从源头出发，主抓招引鸟类的生态环境治理，找出招引鸟类的原因，然后加以治理。当然强调环境治理，并不是说采用设备驱鸟，因为设备驱鸟并不是万能的，而鸟儿们的意志力又是坚决的，它们前赴后继，驱赶走了再回来，射杀了一只还有一群，因此机场要做到防范和减少鸟击，关键就是要做好机场及周边地区的生态环境调研工作，并加以治理，使鸟儿根本就不会来到此地。

成功的鸟类控制方案并不依赖于鸟类驱赶，而首先在于要造就一个不利于鸟类栖息的环境。上海浦东国际机场为了改善自然生态环境，在机场以东 11 km 的长江口九段沙种青引鸟，开辟新的适合鸟类生息的生态环境，改变候鸟迁徙路线，从根本上消除机场鸟撞隐患。

北京首都国际机场从鸟类食物链入手及生态环境综合治理方面取得可喜成果。工作人员通过对机场周围环境进行调研，研究草的种类、树的种类，包括主要草种、树种可能在何时节吸引何种昆虫，进而吸引何种鸟类，还要确定机场及其周边地区的主要啮齿类动物，在各季节可能吸引的主要鸟种，并结合收集到的鸟击事件信息，确定机场及其周边地区的主要危险鸟种，包括主要危险鸟种的习性、不同季节在机场不同区域的活动时间、飞行路线、飞行高度和主要危险鸟种的主要防范季节；至于环境治理方面，主要是研究在机场内进行鸟类栖息地改造和主动的鸟类管理，加强生态环境的日常监测和治理，科学地控制草高，适时地做好灭鼠灭虫工作，减少吸引鸟类的各种因素。

2. 驱鸟方法

尽管人们采取各种措施阻止鸟类进入机场，但仍有一些鸟会成群结队地光顾机场。因此，有必要采取更有效的措施来驱赶鸟类。我国机场各种驱鸟方式、手段、特点汇总如表 4-2 所示。

表 4-2 我国机场各种驱鸟方式

驱鸟方式	手 段	特 点
听觉	爆竹弹发射器	把类似过年过节时燃放的烟花弹装在地面的发射器上，在飞机起降前燃放
	驱鸟车	把几个驱鸟设备集成在一辆车上，驱鸟员开着驱鸟车巡场
	定向声波	把大分贝的声音集束在一个方向，定向声音使声音的传播距离加大，分贝增强
	超声波语音	利用声波音效发出仿真天敌、同类的警告和悲鸣声
	电子爆音声波	利用特殊的刺激超声波驱鸟
	煤气炮	利用灌装液体煤气爆炸时发声音恐吓鸟类

续表

驱鸟方式	手 段	特 点
视觉	大型激光器（禁止）	在低光条件下，利用 532 nm/500 MW/150 mm 的绿色激光束，像一根绿色大棒子一样在机场的低空区域来回挥舞，适合夜航驱鸟（注：机场内禁止使用激光器）
	小型激光枪（禁止）	驱鸟人员手持激光枪，发射绿色或红色的激光束，驱赶鸟类（注：机场内禁止使用激光器）
	稻草人	采用最传统的稻草人驱鸟，把稻草做成人的模样，迎风转动时忽闪忽闪来驱鸟
	恐怖眼	在氢气球上画上让鸟害怕的图案，悬挂于机场草地中
	充气人	在鼓风机上套一套防止漏气的人形材料，立于机场中，人形材料随着鼓风机的吸气和鼓起而站立或倒下
	防鸟风车	采用转动式和反光式驱鸟措施，反射太阳光使鸟类受惊而逃跑
捕杀	猎枪	直接猎杀目标鸟类，以防危害航空安全
	粘鸟网	透明的丝织的鸟网，固定于鸟杆上，鸟类飞过时会被粘住
	猛禽	饲养老鹰及类似猛禽，并训练其捕杀或驱赶其他鸟类
化学	驱鸟剂	在研究鸟类的嗅觉后研制一种拥有特殊气味的化学药剂，喷在草地上后，使鸟类厌恶这种气味
	氨水	用氨水挥发出的刺激气味熏走小鸟
	农药	喷洒鸟类厌恶的农药，使鸟类闻到气味后远离机场
	动物粪便	用狮子、老虎等猛兽的新鲜粪便的"独特"气味吓走鸟类
	绝种药物	研制化学药剂，把此药剂添加到饲料中后，鸟类吃了会产下不能孵化的无效卵，防止鸟类繁殖
生态	割草	修剪草地，控制机场中草的高度，移去鸟类藏身之地
	杀虫	喷洒农药，灭除草地的昆虫，使杂草和植物开花结果减少
	绘制鸟类地图	结合各个机场及周围的生态特点，绘制鸟类活动热点地区及主要危害鸟类的地图，供驱鸟人员学习
预警	探鸟雷达	实时给机场鸟控人员提供机场里面及机场周围有害鸟类的活动水平和准确位置。它就像机场里面的一个电子望远镜，能够全方位地、持续地、更远地探测鸟情

四、电磁波干扰

民用机场的净空和电磁环境直接关系航空运输安全。近年来，在民用机场以及周边地区非法设置无线电台（站）等侵害民用机场净空和电磁环境的行为，严重影响了民用航空器的飞行安全。据统计，近年来，无线电干扰事件呈"井喷式"增长。仅一个季度，华北地区就发生了 546 次，同比增加了 293 次。

民用航空无线电专用频率电磁干扰主要是指民用航空所用的无线电专用频率受到其他无线电设备的干扰，导致信号接收异常甚至无法接收信号的现象。之所以将其称为"隐形杀手"，是因为相对于恶劣天气、机械故障、人为差错等引发飞行事故的因素来说，电磁干扰不仅飘忽不定、难以捉摸,而且随时都有可能在最繁忙、最紧张的航路上给航空安全带来致命一击。据悉,美国国家航空航天局(NASA)航空安全报告系统的多份意见书都引用了一些可能是无线电干扰所引发的空难报告。

如果民航空管区域管制专用指挥频率出现严重干扰,不时有不明信号干扰打断管制指挥,管制员不能与飞行员进行正常无线电联络,就无法实施正常指挥。而对于飞行员来说,极易导致错听、误听地面指挥命令的情况发生,甚至可能因此与地面指挥人员失去联系,给飞行安全带来极大威胁,严重时甚至会造成空难。不妨举个例子,在同一时间内,如果有两架飞机正在对向飞行,这时,就需要地面指挥及时下达一道指令,调控一架飞机的飞行高度和飞行时间,使得两架飞机在高度和时间上错开。如果在这个关键时刻,航空专用频率突然受到干扰,地面指令不能上达,危险瞬间就有可能发生。

案例

2015年1月9日深夜,大连周水子国际机场导航信号受不明电磁干扰,导致机场当天夜间4个着陆航班盲降信号不稳定,影响后续航班正常运行。大连市无线电管理委员会经过排查,初步判断干扰源为晚间播放药品等"黑广告"的非法电台。"黑电台"的影响半径为300 km,也就是半小时的航程,正是飞机起飞降落最危险的阶段。如果地面完全听不见呼叫,飞机有可能处于"失联"状态,威胁飞行安全。

案例

2013年11月23日,一架飞机刚从成都双流国际机场离地升空,等待地面塔台的下一步指令。本来无线电话筒里传来的声音应当是"CA4107,高度3 300 m出走廊,金堂报告",可飞行员在接听指令时听到的却是出租车司机"晚上吃蹄花还是羊肉汤"的闲聊,并伴有严重的杂音。

案例

2014年3月,一架飞机在飞临山东聊城上空时,突然受到一段较强的不明电波干扰,无法与地面进行通信。

干扰民航地空通话的主要源头有三种:广播电台、无绳电话和寻呼机台的发射机功率超标。受经济利益和节约成本观念的影响,一些广播电台往往擅自加大功率,私设中转台,扩大覆盖范围,或不装滤波器,有的是设备老化,出现杂音干扰。还有一些电台并没有经过国家备案和注册,属非法搭建的电台,其发射机频率杂散,指标严重不合格,没有达到国家相关部门的要求标准,成为干扰民航空中交通管制主用指挥频率的主要原因。此外,还有部分干扰源也不容小觑,如出租车公司非法架设的出租车插转台,因其发射机频率杂散指标严重不合格,也会对民航频率造成干扰。

为了进一步加强民用机场净空和电磁环境保护,《民用机场管理条例》规定:民用机场所在地地方无线电管理机构应当会同地区民用航空管理机构划定民用机场电磁环境保护区域,并向社会公布;在民用航空无线电台(站)电磁环境保护区域内,禁止从事修建架空高压输电线、架空金属线、铁路、公路、电力排灌站,禁止存放金属堆积物以及掘土、采砂、采石等改变地形地貌的活动；民用航空无线电专用频率受到干扰时，机场管理机构和民用航空管理部门应当立即采取排查措施，及时消除；无法消除的，应当通报民用机场所在地地方无线电管理机构，接到通报的无线电管理机构应当采取措施，依法查处。

五、烟雾

焚烧农作物秸秆、垃圾等物质产生的大量烟雾影响飞行视线，不但给飞机白天的起飞降落增加了难度，夜晚更是让飞行人员难以操控，一旦操作失误，便会带来机毁人亡的灾难，后果不堪设想。

田里留的麦垛秸秆，它是成行的，每隔一段距离就留一个堆，一般这个距离还比较相等，每个火堆都出现火花以后，特别是在高空飞行时，容易对飞机驾驶员形成一种误导，好像这就是跑道一样。

每当秋收秋种接近尾声，农作物秸秆的焚烧一直是人们关注的焦点。2002年秋，西安周边的农田里，当地农民大量焚烧收获过的农作物秸秆，滚滚的浓烟遮天蔽日，部分地方的能见度只有几百米，西安咸阳国际机场的飞行安全受到了严重的威胁，机场几次与所在地的咸阳渭城区的领导进行紧急协商。

2005年6月6日傍晚，安徽合肥街头烟雾弥漫，浓烟导致合肥骆岗国际机场的两个进港航班迫降南京禄口国际机场，而同样的事情，2002年在西安也曾发生过。

焚烧农作物秸秆是一个禁而不止的"老大难"问题，每年的4月、5月、8月、9月是浙江宁波附近村民焚烧稻草、蔺草的集中时间段，焚烧产生的大量烟雾直接影响到飞机起降时的低空能见度。2005年，曾经发生过一起一架从香港飞来宁波的航班因为下降时受到烟雾的影响而被迫返航的事件。

近年各地政府纷纷出台严格的禁烧令，但是情况并没有好转。从2017年9月20日到11月15日，环保部卫星环境应用中心共监测到全国的秸秆焚烧火点3 638个，比2016年同期增加了约73%。京津冀及周边地区在高压禁烧政策之下，发现的火点有所下降。但东北地区的情况却变得越来越严重，监测到黑龙江有1 994个火点，增加了约41%，吉林有898个火点，更是增加了783%。焚烧秸秆会产生颗粒物、一氧化碳、二氧化碳等污染物，在扩散条件不利的情况下，不仅会对大气造成污染，而且烧秸秆烟雾会笼罩该地附近的城市、机场，影响到航班正常起降。

六、无人机

（一）无人机是净空安全面临的新问题

小型无人机的真正发展时间不超过10年，近年来，民用无人机迎来井喷式发展，从有成熟产品到现在不过几年时间，而它的应用，除了现已大范围应用于航拍外，在搜寻救援、警用巡逻、物流快递等领域都发挥着作用。民用无人机已经深入到日常生活中的各个领域。据预计，未来 20 年，全球无人机市场将达到 900 亿美元，如此庞大的市场引得全球瞩目。在无人机蓬勃发展的同时，随之而来的无人机安全问题也变得日益严峻。无人机炸机、撞上建筑物等伤及百姓的事件时有发生，面临着立法、航空安全等方面的争议与挑战。

现在很多无人机的飞行高度可达五六千米，如果进入航班起降的航路，后果不堪设想。但是，许多市民在操控无人机时，往往存在使用上不分区域、不分范围的情况，再加上法律意识淡薄，这些行为将对航班安全构成严重威胁。

2016 年 6 月 11 日，波兰华沙国际机场发生无人机干扰民航客机降落事件，造成机场停止飞机降落长达半小时。而就在同一天，迪拜国际机场也因无人机活动的干扰，被迫关闭空域、停止飞机起降长达 69 分钟。

2016 年 5 月 28 日傍晚，在成都双流国际机场东跑道航班起降空域就发生了一起无人机阻碍航班正常起降的事件。据了解，当天 18：20，民航西南空管局塔台的工作人员在雷达上发现东跑道上空，以及成都市龙泉区柏阁寺上空有无人机在活动，而且该无人机的飞行高度约 3 000 m，恰与航班飞行高度一致。为保证民航安全，18：20—19：40，成都双流国际机场停止了东跑道所有航班的运行，直接造成 55 个已安排在东跑道起降的航班不能正常进港和起飞离港。到 19：40，工作人员在雷达上没有再发现无人机的踪迹后，才决定恢复东跑道的运行，航班得以正常起降。

最近关于无人机干扰机场正常运作的消息越来越频繁，巴德学院此前公布的一组检测数据显示，2013 年 12 月 17 日—2015 年 9 月 12 日，无人机、遥控飞机与民航客机共发生了 327 起危险接近事件，其中 28 次导致航班为了避免与无人机相撞而改变航线。

（二）无人机立法管理

根据民航局的规定，目前民用无人机驾驶员管理共分为三类：第一类，重量小于等于 7 kg 的微型无人机，飞行范围在视距内半径 500 m、相对高度低于 120 m 范围内的，无须证照管理；第二类，在视距内运行的空机重量大于 7 kg 的无人机、在隔离空域内超视距运行的所有无人机，以及在融合空域内运行的重量小于等于 116 kg 的无人机都须纳入行业管理；第三类，在融合空域运行的大于 116 kg 的无人机则必须全部纳入民航局管理。

2016 年，民航局为了进一步规范无人机的运行管理，促进无人机健康、有序发展，出台了《轻小无人机运行规定（试行）》（以下简称《运行规定》），以大数据和"互联网+"为依托，对"低、慢、小"无人机运行实施放管结合的细化分类管理，进一步规范轻小型无人机的飞行秩序，确保运行安全。

《运行规定》明确了民用无人机的定义和分类，引入了无人机云的数据化管理，并分别在无人机驾驶员的操作资质、无人机的飞行空域等方面提出了运行管理要求。

《运行规定》明确，民用无人机驾驶员必须具备相应民用无人机等级的驾驶执照，不得酒驾，不得在受到任何药物影响及其工作能力对飞行安全造成影响的情况下驾驶无人机。民用无人机机长对无人机的运行直接负责，应做好飞行前的准备工作，避免无人机在运行时进入限制区域。

《运行规定》强调,无论在视距内运行还是在视距外运行,各类民用无人机必须将航路优先权让予其他民用航空器,不能危害空域的其他使用者和地面人员的财产安全。

七、不明飞行物

在《民用机场管理条例》中,明确规定禁止在民用机场升放无人驾驶的自由气球、系留气球和其他升空物体。但是,这几年机场却常被"骚扰"。特别是每年的节假日,气球、烟花、孔明灯等"不速之客"一齐来"捣乱",严重危及飞行安全。燃放升空的孔明灯以及在空中飘的风筝等一旦进入机场净空区,可能在视觉上对飞行员造成干扰。特别是孔明灯由铁制的框架制成,一旦与高速飞行的飞机相撞或者被吸入飞机的发动机内,后果不堪设想。

(一)无人驾驶自由气球、系留气球

能影响到航班飞行的气球主要有两类:一类是气象探空气球;另一类是商业广告气球。气象探空气球主要用于气象科学研究,施放地点固定(全国现有 120 多个施放点),气球规格和质量规范,且施放活动比较规律,因而管理起来比较容易,对航班几乎没有什么影响;而商业广告气球和风筝,存在着施放地点不固定、规格和质量不规范、施放活动没有规律的特点,管理起来很难,对航班的影响也最大。

随着社会经济的发展,近几年,商业广告气球的使用量激增,气球也越放越大;各地的风筝节也有增多的趋势,风筝的规格尺寸越做越大,放飞的高度也越来越高。广州每天都有"黑气球"升空,但由于一直没有相关的法律法规制约,部门监管也很不严格,再加上广州平均每天都有 200 多家公司开业,庆典气球有着极大的需求空间,目前仍有许多公司私自出租升放气球,所以常常会出现气球"不听话"失控飞走,这给飞行安全带来了极大的威胁。据专家介绍,大型广告气球一旦失控升空,就会成为杀伤力极强的"空中炸弹"。失控后的气球最高能飞到 12 000 m,且飘忽不定,民航管制员无法利用雷达探测到气球的具体位置,因而很难指挥飞机避让,尤其是空域繁忙或夜间飞行时,这些气球若碰上飞机,很有可能被卷入发动机,造成发动机熄火,其后果不堪设想。

(二)孔明灯

每逢佳节,写上心愿和祝福,高放孔明灯,是不少年轻人喜爱的祈福方式。然而,这种"浪漫"的举动背后却隐藏着不少安全隐患。

孔明灯落到哪里都是灾难。孔明灯属于明火,外焰温度高达 300℃,而一般纸张可燃温度是 130℃,普通木材的可燃温度在 250~300℃。放飞后的孔明灯飘浮不定,无法进行人为的预判和控制。试想一下,如果孔明灯飘落在树上、草地上,甚至掉到液化气站和加油站等火情严管地带,极有可能引发重大事故。

2012 年 6 月 29 日下午,有风筝入侵成都双流国际机场跑道净空空域。净空管理员目测到风筝距离道面高度只有约 200 m,与西跑道起飞的飞机爬升高度相近。接到报告后,

塔台和指挥室立即发出指令：停止使用西跑道。这使得原计划从西跑道起飞的 8 个出港航班只好从东跑道起飞，西跑道因此停用 44 分钟。

孔明灯还可能危及飞行器，因为燃放升空的孔明灯可以达到飞机的飞行高度，倘若高速飞行的飞机由于云雾遮挡等原因无法发现，而与其相撞或被飞机发动机吸入，轻则危及飞行安全，重则机毁人亡。2015 年 1 月 1 日，曼谷航空一架空客 A320 客机在清迈国际机场降落时，机场上空发现多盏孔明灯，其中一盏燃烧升空的孔明灯被吸进了飞机引擎内。所幸飞行员处置得当，飞机安全落地，未造成意外事故。

2015 年 2 月 25 日晚，由北京南苑机场飞往湖北襄阳刘集机场的 KN5809 号航班接近襄阳刘集机场南远台，准备降落。当飞机距离地面仅有 900 m 时，机场工作人员发现机场跑道南边上空出现了 3 盏孔明灯，威胁到降落飞机的安全。机场塔台接到报告后，立即与该航班取得联系，指挥其终止向机场方向下降飞行，并要求其由 900 m 高度拉升至 1200 m，在南远台上空盘旋等待。直到孔明灯自行飘离跑道南部上空后，该航班才停止盘旋，重新降落。

（三）不明飞行物管理

很多空中飞行物的威力都很大。形象地说，它们就相当于一个飞行的燃烧弹，如果撞上高速飞行的飞机，或者卷入飞机的发动机内，很容易造成机毁人亡的严重后果。对于这些随着气流飘来的"异物"，除了可以用驱鸟枪射击，加速它的降落外，基本上没有更好的办法。而一旦遇到合适的气流和条件，气球、孔明灯等甚至可以飘行几十千米，危及航路上的飞机。这些问题都让民航机构感到非常棘手，亟待有效解决。

正是因为燃放孔明灯的危害极大，全国大部分地区已出台规定，明令禁止制售、燃放孔明灯，要求任何单位和个人严禁在城市建成区、文物景点周边、加油加气站、油库、燃气储备站、可燃物资仓库、森林防火重点区、机场净空控制区等场所销售、燃放孔明灯。《民用机场管理条例》第四十九条第（五）款规定，禁止在民用机场净空保护区域内"放飞影响飞行安全的鸟类，升放无人驾驶的自由气球、系留气球和其他升空物体"。毫无疑问，孔明灯属于法律法规禁止在机场净空保护区域内放飞的升空物，而且根据《民用航空法》和《民用机场管理条例》的相关规定，各地也以地方法规形式把禁放孔明灯的内容固化为具体的法规条文，如《湖北省民用机场净空安全保护条例》第十一条第（八）款、《云南省民用运输机场保护条例》第十八条第（四）款等，就明确禁止在机场净空保护区域内放飞孔明灯等。对于违反规定并拒不改正的，依据我国《消防法》《治安管理处罚法》，公安机关将依法予以处罚。

思考题

1. 机场运行管理的定义是什么？
2. 飞行区运行管理包括哪些内容？
3. 枢纽机场运行新模式的组织机构如何设置？

4. 机场运行指挥中心的职责有哪些？
5. 名义容量和实际容量的区别有哪些？
6. 如何提高机场容量？有哪些措施？
7. 机坪系统管理范畴包括哪些内容？
8. 枢纽机场机坪运行模式改革的目的是什么？
9. 飞机地面活动的总体要求是什么？
10. 为什么要进行航空器除冰雪？
11. 飞机区域监护模式的特点是什么？
12. 场务运行管理工作的主要内容有哪些？
13. 道面维护包括哪些方面？
14. 什么是外来物？如何防治？
15. 简述跑道侵入的定义和常见情况。
16. 如何防止地面车辆及人员跑道侵入？
17. 目视助航设施有哪些？
18. 目视助航灯系统如何维护？
19. 简述机场净空概念和管理范围。
20. 在民用机场净空保护区内禁止哪些活动？
21. 鸟击防范工作如何进行生态环境治理？
22. 无人机是净空安全面临的新问题，如何管理？
23. 不明飞行物的危害性表现在哪几方面？

第五章

民用机场地面运行管理

通过本章的学习，您将了解以下知识点：
1. 机场航班信息管理流程；
2. 机位分配的基本原则；
3. 候机楼的总体布局；
4. 旅客乘机流程；
5. 如何降低行李处理不当率；
6. 旅客地面服务内容和要求；
7. 地勤保障人员管理；
8. 地勤保障特种车辆管理。

本章内容是以机场陆侧航站楼为中心，以旅客为对象，研究机场地面运行的管理方法。优质旅客地面服务体现在航站楼的各个方面，合理简洁的总体布局、功能齐全的服务设施、畅通无阻的乘机流程、爱人如己的服务理念，全面安全的地面保障措施，让每一位过往旅客充分享受机场所提供的最佳服务体验。

第一节 航班运行管理

一、航班

（一）航班的定义及分类

1. 航班的定义

飞机从始发航站起飞，经过中间的经停站，最后到达终点站的经营性运输飞行叫作航班。

2. 航班的分类

航班按不同的性质有多种分类方法。

（1）按经营区域，航班可以分为国际航班、国内航班和地区航班。

始发站、经停站或终点站中有一站以上在本国国境以外的称为国际航班（包括国内国际混飞航班）。

始发站、经停站或终点站全部在一国境内的称为国内航班。

我国国内航班的始发站、经停站或终点站中有一站在中国香港、中国澳门或中国台湾的称国内航班。

始发站、经停站或终点站中有一站在一国内有特殊安排的地区中的航班称为地区航班，如美国至波多黎各等。

（2）按经营时间，航班分为定期航班和不定期航班。

定期航班是指列入航班时刻表有固定时间运行的航班。定期航班又分为长期定期航班及季节性定期航班。长期定期航班在我国执行的时间为两年，在此期间内班期、时刻、航班号不能随意更改，要确保航班的正常性，如有旅客，不论人数多少都要飞行，如遇特殊情况需要改变也必须事先通报，并取得批准。

季节性定期航班是指根据季节不同有不同时刻、班期安排的航班。航班的时刻和班次按季节进行重新安排，我国按冬春、夏秋，一年安排两次。

不定期航班也称为包机飞行，是没有固定时刻的运输飞行，是根据临时性任务进行的航班安排。

一个航空公司的主要业务和信誉建立在定期航班的基础上，因而空管部门、签派部门和机场在航班安排发生矛盾时，优先的次序为长期定期航班、季节性定期航班，最后是不定期航班。

（二）航班时刻表

1. 航班时刻表

航班时刻表是航空运输企业（航空公司、机场、各保障单位）生产活动的整个流程的安排计划，对于企业内部它是运输企业每日生产活动的安排和组织的依据，企业围绕着它来调配运力，安排人员，进行协调和管理。对于社会它是向用户（单位和个人）提供服务信息和销售竞争的手段。旅客根据航班时刻表提供的航班时刻、机型、服务内容来选择他要乘坐的航空公司、飞机和航班。航班时刻表要根据季节和市场需求来进行调整或修正，在我国每年制定两次，每年 4—10 月使用夏秋季航班时刻表，每年 11 月至第二年 3 月使用冬春季时刻表，如图 5-1 所示。

时刻表包括始发站名称、航班号、终点站名称、起飞时刻、到达时刻、机型、座舱等级、服务项目等内容。它是按始发站的第一个拼音字母顺序的先后编排的，同时应注意使用的时间是 24 小时的全时制，即没有上下午之分，时钟是由 0 时计算到 24 时，在有时差的地区，表上所列的都是当地时间。

2. 航班号

按照一定的方法给每一个航班一个编号，这样旅客和工作人员便于区别和管理，这个号码叫作航班号。

（1）国内航班号的编排。国内航班号的编排由航空公司的两字代码加 4 位数字或 3 位数字组成，航空公司代码由国际民航组织规定公布。后面的 4 位数字第一位代表航空公司的基地所在地区，第二位表示航班的基地外终点所在地区（1 为华北，2 为西北，3 为中南，4 为西南，5 为华东，6 为东北，8 为厦门，9 为新疆），第三位、第四位表示这次航班的序号，单数表示由基地出发向外飞的去程航班，双数表示飞回基地的回程航班。

例如，CA1202，西安—北京航班，CA 是中国国际航空公司，第一位数字 1 表示华北地区，国航的基地在北京，属华北地区；第二位数 2 表示航班的基地外终点在西北地区，西安属西北地区；02 为航班序号，其中末位 2 表示是回程航班。

再如，MU5305，上海—广州航班，MU 为东方航空公司代码，5 代表上海所在的华东地区，3 代表广州所在的中南地区，05 为序号，单数是去程航班。

班期 Days	离站 Dep	到达 Arr	航班号 Flight	机型 A/C	经停 Stop	注 R
BEIJING 北京 TO 至						
RANGOON 仰光 RGN						
..3....	0805	1300	CA905	733	1	
ROME 罗马 ROM						
.2..5..	0950	1615	AZ793	M1F	1	
..3.6..	1050	1701	CA939	74M	1	
SAN FRANCISCO 旧金山 SFO						
1234567	1045	0830	UA852	747	1	
.2..5..	1340	1205	CA985	74E	1	
.34.6..	1410	1205	CA985	74E	1	
*..3...7	1810	1350	MU581	M11	—	
SANYA 三亚 SYX						
1.3.5..	1750	2240	CJ6712	M82	1	
.2...6.	1750	2240	CJ6702	M82	1	
......7	1750	2240	CJ6716	M82	1	
SENDAI 仙台 SDJ						
.2..5..	0845	1430	CA923	733	1	
SEOUL 汉城 SEL						
1234567	0940	1220	CA123	767	—	(1)(3)74L
12.45.7	1220	1520	OZ332	767	—	(1)737
123.567	1300	1600	KE852	AB6	—	(1)M83
....6..	1345	1635	FX0080	M1F		CG
.234...	1420	1705	FX0080	M1F		CG
SERI BEGAWAN 斯里巴加湾市 BWN						
...4...	0740	1300	BI622	763	—	
1......	1050	1610	BI620	763	—	
SHANGHAI 上海 SHA						
1.3.5..	0720	0915	SR198	747	—	
...4...	0750	0935	CA9011	74F		CG
....5..	0750	0945	CA929	74E		
12..567	0800	0955	CA921	767		763
..3....	0800	0955	CA949	74E		
...4...	0800	0955	CA921	767		
*.2.....	0810	1000	MU5162	AB6		
...4...	0810	1015	OS591	340	—	28/10—26/3
.....6.	0810	1015	OS591	340	—	28/10—26/3
......7	0810	1010	CA935	74E		
1234...	0830	1025	CA929	74E		(3)74L
1234567	0840	1035	CA1501	74L		
...4..7	0900	1100	MU5162	AB6		

图5-1 航班时刻表

根据航班号可以很快地了解到航班的执行公司、飞往地点及方向，这对管理机构和乘客都非常方便。

（2）国际航班号的编排。国际航班号的编排由航空公司代码加 3 位数字组成，第一位数字表示航空公司，后两位是航班序号，单数为去程，双数为回程。

例如，CA982，纽约—北京航班，是中国国际航空公司承运的回程航班。

不过，如果套用以上规律，可能发现无法解释 CA1852 次航班（台州至北京）的真实线路了。随着新兴航空公司和航班量越来越多，很多航班号已经无法套用原来的规律了。虽然航班号不再有严格规律了，但也并非"无迹可寻"，至少还有两点是没有改变的：一是两字代码仍然代表航空公司；二是第三位、第四位仍旧为航班序号。同样，单数代表由基地出发向外飞的航班，双数代表飞回基地的回程航班。

最新国内部分航空公司航班号分配表如表 5-1 所示。

表 5-1　国内部分航空公司航班号分配表

航空公司（ICAO 代码）	航班号片段
中国国际航空公司（CCA）	1000—1999、4000—4999、8201—8300
中国南方航空公司（CSN）	3000—3999、6000—6999、8301—8500
中国东方航空公司（CES）	2000—2999、5000—5999、9001—9760
四川航空公司（CSC）	8501—8999
厦门航空公司（CXA）	8000—8500
成都航空公司（UEA）	2200—2250、2701—2770、6661—6680
西藏航空公司（TBA）	9800—9879
瑞丽航空公司（RLH）	6501—6540

虽然大多数航班号都为两字代码加 4 个阿拉伯数字，但也有些航班号数字后面还跟着字母。如果航班因为天气、机械故障等延误、备降、取消，需要补班飞行，为区分原航班和补班航班，航空公司会将原航班号最后一个数字变成字母。

（三）航班作业流程

组织一个航班并保证它的正点飞行，要有航空公司的多个部门相互配合。

维修部门要对飞机进行维修和检查，决定飞机是否能飞行；按照飞机使用说明书上的规定对飞机进行维修保养，确保飞机处于安全状态；根据不同航线市场的旅客需求特点，对飞机座位布局进行改装适应市场的需求，提高航空公司的收益。

航务部门收集到达机场和航路上的天气情况预报；安排机组和制订飞行计划，把这个计划通知导航和航管部门做好准备；机长根据各种情报和信息做出飞行计划并与有关人员商讨；及时向下一航站通报飞行动态；机长在临起飞前对飞机重要部分的安全检查；等等。

乘务部门检查机上服务设备、机上供应品准备情况，迎接旅客登机；等等。

销售部门开拓市场，做好营销和销售机票，办理货物托运。

供应部门清洁、上水；飞机加油。

配餐部门根据旅客人数将餐食和机供品装入飞机等。

运输部门为旅客办理手续，旅客通过安检，登机，货运部把货物和行李装入机舱，计算载重和平衡，由货舱单和旅客名单以及平衡图组成随机文件交付机长审核，拍发有关电报等。经放行后，飞机才可以起飞。

飞机到站后，又重复这一过程，飞往下一站。这个工作流程如图 5-2 和图 5-3 所示，从图上可以看出整个流程一环紧扣一环，形成一个工作链。任何一环脱节都会影响到航班的正常运行，如果有任何的改动，也会影响到各个不同的部门的工作。各个部门协调配合得好，就会缩短在机场的经停时间，提高机场正点率。

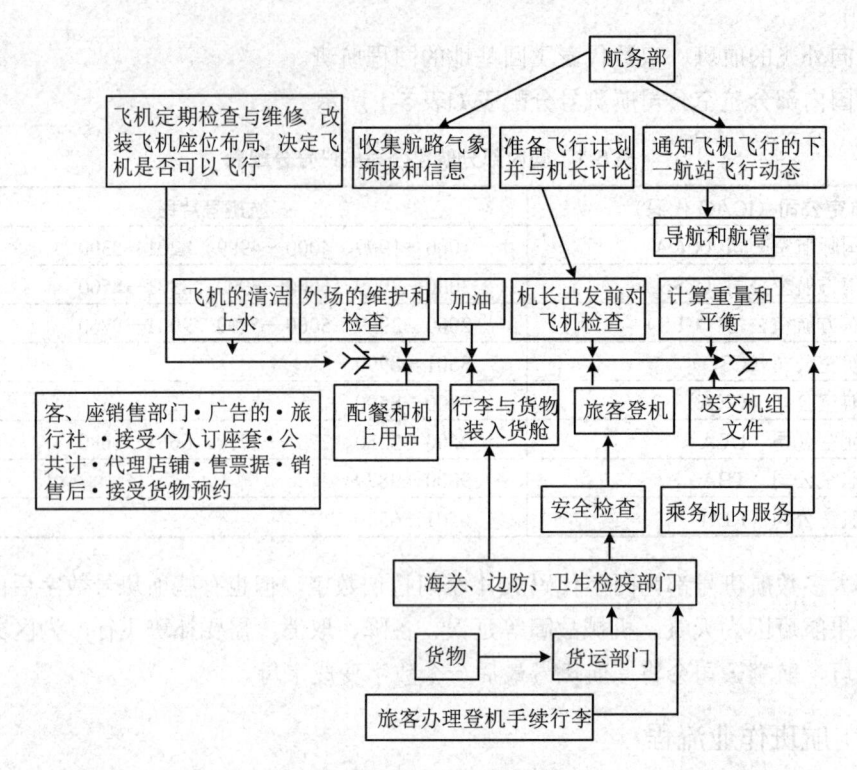

图5-2 航班作业流程图

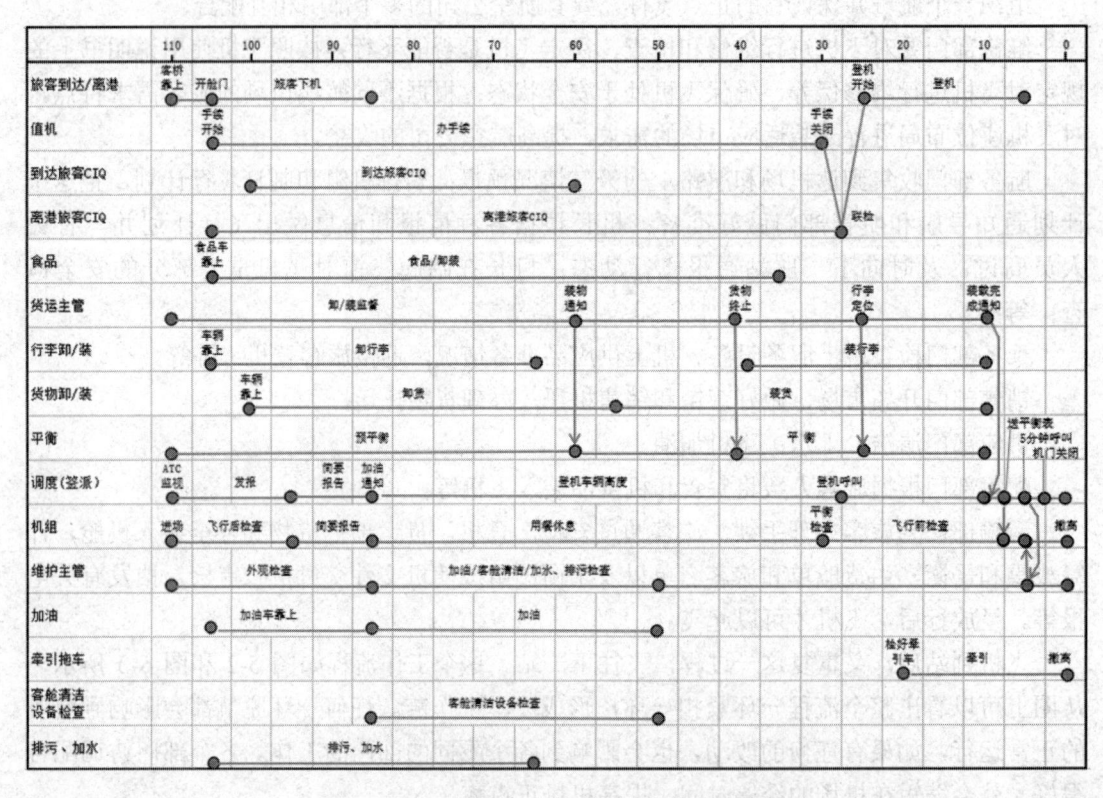

图5-3 B747飞机110分钟过站停场作业进程图

二、航班信息管理

（一）航班信息在机场管理中的意义

信息对于航空运输而言，显得格外重要。由于航空运输具有快速、机动的特性，民航的安全飞行与管理、飞机的适航性与维修、公司的营销与航班组织等，都离不开来自相关方面的信息。信息是航班营运必不可少的组成部分，是民航生产活动的先决条件。由于航空器在高空飞行，飞行中的飞机与地面、地面与地面必须保持通畅的信息联系，通过信息采集、集成和传播，从而形成航班营运的指挥系统。飞机飞行时，地面通过地空移动通信向机组传递天气信息、机场信息、航行情报；飞机紧急情况时，机组向空中交通管制中心发出故障信息、紧急救援信息，每一条信息都是至关重要、刻不容缓的。因此，民航运输对于信息的需求与利用，比其他行业显得更直接、更迫切、更关键。

航班信息水平已成为衡量机场管理水平和竞争能力的重要标志。航班信息的正确性、及时性对机场的安全水平、服务质量、经济效益以及管理决策水平等方面的影响至关重要。民航从很大程度上讲，是为旅客服务的。向旅客提供准确及时的航班信息，为旅客提供优质服务是机场的一项重要工作内容，其质量好坏，直接影响着机场、航空公司的形象和声誉，这正是服务行业赖以生存的基础，也直接关系到机场管理水平和工作效率。

（二）航班信息的形式

航班信息按其传递特征分为文献信息、口头信息和实物信息三种，按其存储与否可分为记录信息与非记录信息。信息在一定时空范围内的传递依附于文献、实物以及声音等载体。

文献是记录有知识信息的载体，是主要的信息源，人类知识得以长期保存、广泛传播、不断累积繁衍是基于文献这一基本形式。因此，文献信息是信息的重要组成部分。民航文献是记录有民航生产技术信息的载体。民航文献是规范民航营运活动的准则，是飞行安全及其管理的基础和依据，也是传递国际民航动态、信息的中介和工具。因此，文献信息对民航业是不可缺少的重要信息源。

民航非文献信息，是指通过交谈、观测以及电话、电报、电传、载波通信、微波传输、卫星通信等现代化传输手段获取的口头或图像信息。这些信息是在特定的时间段内需要迅速做出反应的实时信息。如航班飞机离港之前，涉及机场客运调度、天气预报、航行调度、机务维护、油料供应、货运行李调度、客车、客桥、现场指挥、平衡配载、特种车辆等，只有通过信息的传递，才能使之形成有机的运行整体。任何一个环节出现纰漏，都会影响航班的正常或对飞行安全造成严重的威胁。

综上所述，民航文献信息与民航非文献信息具有同等重要的意义，都应给予高度的重视，并把握两种信息之间的相互转化。非文献信息源有时需转换成文献信息源的形式，以便有效地存储、保留和利用。

（三）航班管理信息系统的分类

1. 运行指挥系统

运行指挥系统是对飞机在机场停靠期间地面各保障工作进行调度的系统，包括采集航班起飞、降落、预达、延误、更换飞机、增加、删除及取消航班等信息。根据这些信息可更改飞机号，调整航班衔接，根据航班的到港时间可预计航班的离港时间，根据机型、机位及航班到、离时间可合理分配机位。具体信息包括以下几方面。

（1）航班资料。包括航班号、国籍、航空公司代码、机型、航线代码。

（2）航班时间。它包括办理乘机手续的时间、航班预计的登机时间、航班预计的起飞时间、航班的飞行时间、航班预计的到达时间。

（3）气象预报。出发港和到达港的天气状况、航路沿线区域的天气状况。

（4）航行管制。空中管制状态、航线变更、航班备降、航班取消等。

（5）机务保障。飞机的状态、检修的时间、更换机型等。

（6）机场状况。专机包机、突发事件、机场设施保障等。

2. 航班信息传播系统

航班信息传播系统是利用运行指挥系统和离港系统的信息向工作人员和旅客发布航班信息，是一个信息传播的系统。该系统通过移动互联网、手机 App 软件、机场内各种 LED 屏、电视、航班信息显示器及语音广播向旅客发布航班起降、延误、取消、上客、值机、登机信息。旅客也可以通过航班信息查询系统、电话自动问询系统、多媒体查询系统了解航班动态。

3. 离港信息系统

离港信息系统属于旅客服务系统，它通过订座系统获取旅客名单，办理旅客的值机手续，系统能自动根据订座的纪录编号与数据库中的旅客信息进行比对，可以有效地防止持假票和超售的旅客登机；系统可以根据配载要求自动或手动地分配座位，并可以办理团体票、儿童票、婴儿票相关业务，旅客的行李与座位信息将同时存入计算机，必要时（如落下旅客时）可以查询旅客的座位及有无托运行李等信息，保证航班的正常起飞；系统打印出有条形码的登机牌附有航班号、日期和旅客座位等信息，旅客登机时通过扫描条形码，确认旅客登机状态，同时，调度室和值机部门的工作人员可以随时掌握旅客的实时动态。

（四）向公众传播航班信息的媒介

信息传播是连接航空企业和旅客的纽带，是相互了解、相互合作的桥梁。信息不能独立存在，它必须依附于某个特定的载体方能显示。信息的物质载体称为传播媒介，凡载有信息的任何物体都可以视为传播媒介。

1. 智能化媒介

机场早期的信息传播方式非常简陋，信息传播主要是靠人工广播和公告牌；或旅客需到达指定地点，向工作人员询问后才能获得有关信息。这种方式在航班量不多的情况下，勉强可以满足要求，但旅客数量增加时，就容易由于信息不畅通造成航班延误，甚至影响飞行安全。

随着民航信息化建设的进一步加快，高新技术给旅客带来了更加便捷、舒适的出行体验，也为航空公司、机场等的安全、有序运行提供了支撑。如今，"互联网+"、大数据、云计算、人工智能等技术理念，在"智慧机场"的建设中被广泛使用。

在互联网时代到来时，人们曾经感慨一切都在数字化。而如今，一切都在移动化。在这个移动互联网时代，智能手机几乎可以代替一切，有关衣食住用行的所有问题人们几乎都可以在手机上解决。截至 2017 年 12 月，中国手机网民规模达 7.72 亿人，网民中使用手机上网人群的占比由 2016 年的 95.1%提升至 97.5%。在移动互联网大潮中，民航业自然也不甘落后。各大机场、航空公司和旅行服务平台纷纷推出各种手机官方应用 App，让旅客足不出户就可以买到机票，值机服务在网上就能搞定，一些航班信息查询应用程序问世，主打行程信息查询功能，甚至乘坐的航班是否准点也能通过 App 查询。而随着众多航空服务类 App 功能的不断多元化，人们开始更多地接受并采用这种新兴的航班信息方式，App 已然成为移动互联网时代的民航服务新宠。

2. 传统媒介

在信息化时代，传统媒介仍保持着一定的优势，不可取代。传统信息传播的媒介有以下几种。

（1）广播系统。机场的广播系统是一种最重要的信息发布手段，在航班登机和到达时将进行航班广播，在旅客候机时还播放背景音乐或服务公约。早期的广播均采用人工播音，音调、语气甚至用语都难以达到规范一致。目前的多媒体语音自动广播系统，按照统一民航用语标准，通过计算机进行语音合成，可自动播出中、英、日等多种语言，提高了服务质量，减少了差错。

（2）航班动态显示系统。航班信息显示系统为旅客提供提示和引导功能。由计算机控制的航班显示系统有四种方式，即等离子液晶显示、电视终端显示、翻板显示和 LED 显示。

等离子液晶显示和电视终端显示系统都采用电视机作为显示终端，滚动播出进出港航班、国内国际航班，在航班间隔休息时间还可以转播电视节目，具有信号稳定、成本较低、安装灵活的特点，通常分布在机场的不同位置。

翻板显示系统采用计算机控制的同步电机，转动黑色塑料片，显示航班信息，形式壮观，并且可用闭路电视显示，常安装在机场的候机大厅等显要位置。

LED 显示系统是目前市面上应用最多的信息显示媒体，在机场处处可见，分别可显示字符、文字、图形等信息，是显示内容最灵活多样的一种方式，用于机场办理乘机手续、候机引导、登机引导、行李提取及动态显示。

（3）信息公告牌、指示牌。候机楼许多公共区域树立了各种各样的公告牌、指示牌，向旅客宣传运输知识、运输规定、乘机须知、违禁品的种类、办理各类乘机手续的程序、民航运输服务承诺、服务标准以及各类场所的平面示意图、指示牌、引导牌。引导旅客进入机场进出港大厅即可到达相应柜台，按公告要求办理各种手续。

（4）报刊。民航的报刊是常见的旅客乘机读物，具有信息量大、时效性强的特点。它及时地向乘客报道国内外新闻，介绍民航日新月异的建设成就，传播航空知识，宣传乘机常识，刊登各地的旅游风情及其丰富多彩的艺术品，是旅客休闲的良好读物。民航报刊有《中国民航报》《今日民航》以及各类航空公司和航空港刊物等。

（5）航班时刻表。航班时刻表每年发行两次，公布中外各航空公司的航班时刻表，是旅客旅行的必备手册。它包括三方面的内容：一是班期时刻，其中有使用说明、航班索引和详细的航班时刻表（班期、离站时间、到达时间、航班号、机型、经停和备注）；二是乘坐国内外航班的旅客须知，其中介绍订座、购票、行李、责任和权利等知识；三是介绍航空企业、售票地点、联系电话、机型等。

（6）广告宣传。候机楼的广阔空间为广告宣传提供了良好场所，公益广告、航空运输广告、航空商业广告等都会向旅客传递各种信息。

（7）电话自动问讯系统。电话自动问讯系统是供旅客查询航班信息的一种辅助手段，旅客拨通机场问讯电话后，语音提示，二次拨号，输入航班号或航班到达站的城市区号，计算机自动回答该航班的动态信息。

（五）机场航班信息管理流程

航班信息管理部门是机场运行指挥中心，由它负责所有航班信息以及诸如值机柜台、停机位等固定资源的营运管理。机场各生产营运保障单位、部门值班、调度、监控人员通过各自的系统终端获取航班信息，并且通知一线航班保障人员。航班生产保障信息的传递是以计算机信息集成系统为依托，通过计算机信息系统的生成、集成、发布来实现航班信息的流转。

由于工作的职责不同，各驻场单位掌握的生产运营信息也不相同，例如，机场管理机构掌握运输机场的一些整体运营信息；航空运输企业掌握本公司的航班计划和航班动态；空中交通管理部门掌握航空器起降信息等。因此，机场管理机构、航空运输企业、空中交通管理部门等驻场单位要建立信息共享机制，相互提供必要的生产运营信息，可以使旅客和货主及时全面地了解航班的运行状态，这对于提高运输机场、航空运输企业的整体服务水平，保障旅客、货主的知情权具有非常重要的意义。

运输机场是一个统一的运行整体，各驻场单位之间是一个分工协作的关系，任何一个驻场单位都不可能脱离其他单位独立运行，不可避免地要依赖于其他单位的支持，生产运营信息共享就是其中一个重要内容，共享相关生产运营信息有助于加强各驻场单位之间的配合，提高运输机场的运营效率。

机场作为统一协调运输机场的生产运营的管理机构，应由机场管理机构来负责建立信息共享机制，整合资源，在一个平台上打造运行信息监控系统。统一对外公布渠道，使各驻场单位、旅客能够通过最便捷的渠道获取相关信息。因此，航空运输企业、空中交通管理部门等相关驻场单位应按共享要求及时、准确地向机场管理机构提供航班计划、航班动态等生产信息，由机场管理机构根据机场的实际需要加以整理后发布，保证各生产保障单位、旅客和机场其他用户及时获得所需信息。

信息是运输机场运营中产生的,是与保障旅客、货主的知情权直接相关的,也是机场管理机构及各驻场单位提供服务时所必须承担的义务,因此,机场管理机构及各驻场单位在收集、提供信息时不得收取任何费用,任何单位和个人也不得将这些信息用于商业用途。

1. 航班信息的来源

机场通过计算机信息集成系统自动收集航班信息,包括航班计划信息、航班动态信息、气象信息等,在正常情况下航班信息通过集成系统从系统内部、外部各信息接口自动取得,在非正常情况下(计算机发生故障)空管部门和航空公司通过有线电话和对讲机等手段将航班信息通报机场信息管理中心。每天 20:00 前,次日的航班信息会陆续从空管局、航空公司的数据传输接口汇入,经过集成系统处理后,生成计划表下达到各个子系统,如资源分配系统、航班显示系统、客桥系统、安检系统等,在子系统管理员的操作下,相关信息按时如约出现在各处显示屏上,如图 5-4 所示。

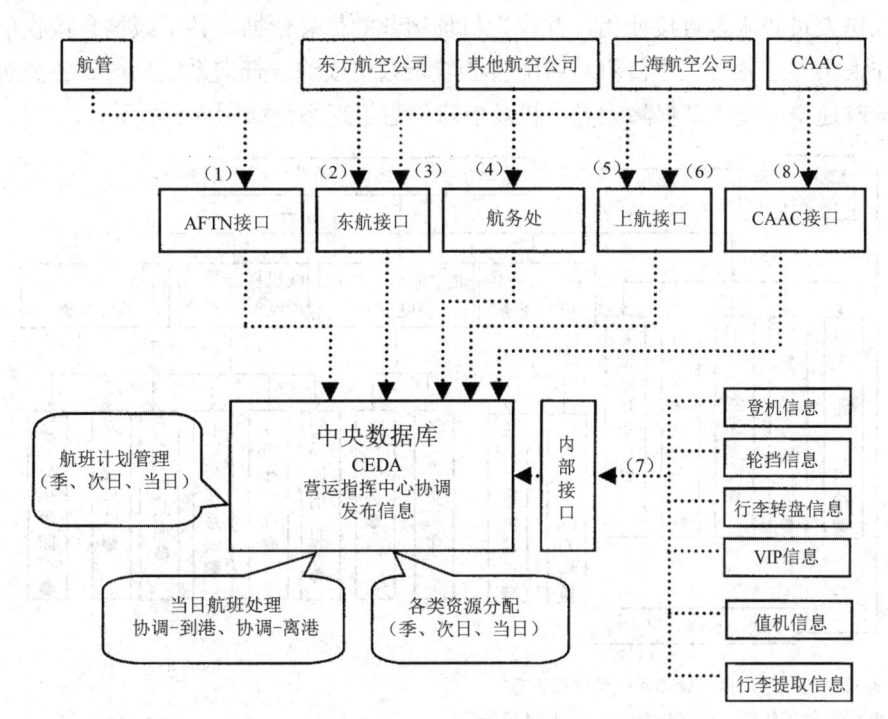

图5-4 上海浦东国际机场航班信息获取流程图

注:CAAC 是中国民用航空局,AFTN 是航空固定电信网。

主要航班信息源如下。

(1)机场管理部门提供资源分配信息、登机信息、泊位轮挡信息、行李转盘信息、离港值机信息、VIP 信息、行李提取信息等。

(2)航空公司或地面代理公司提供季和中长期航班计划信息、航班动态信息、旅客信息、离港信息、登机信息、当日航班处理信息。

(3)空中交通管制部门提供航班计划信息、航班动态信息、气象信息和各地机场信息等。

2. 航班信息的发布

尽管集成系统对数据的收集已经越来越自动化，现在的信息集成系统已从单一的航班信息显示转化为综合信息发布系统。对于机场运行控制中心来说，仍然需要各子系统对大量的数据信息进行手工维护和核对。每一条航班动态信息都有一条或几条不同的信息来源途径。由于各种原因，这些不同来源的航班信息可能出现偏差，就需要进行分辨，以保证航班信息的准确性。随着机场后台视频监控系统的广泛应用，如机型、机位等静态信息可以借助视频监控图片识别系统进行获取。而航班实际起降时刻等动态信息，则需要数据传输链条上的每个环节反馈精准及时，并且要经过运行控制中心数据处理席位的认真核对。

每一条信息的发布，都要经过系统严格筛选甄别、后台工作人员确认、一线人员动态更新维护等多道"工序"，才得以在大屏幕上呈现给旅客。

一旦信息确认完毕，旅客服务、航班保障、资源分配信息等即自动发布到各子系统，提供给工作人员和旅客直接使用，并作为机场运营的信息依据。各下级信息接收单位和部门的工作人员通过各自工作值班点所配备的航班系统或综合查询系统来得到各类航班运行信息，同时通报一线生产保障人员。机场航班信息管理系统如图 5-5 所示。

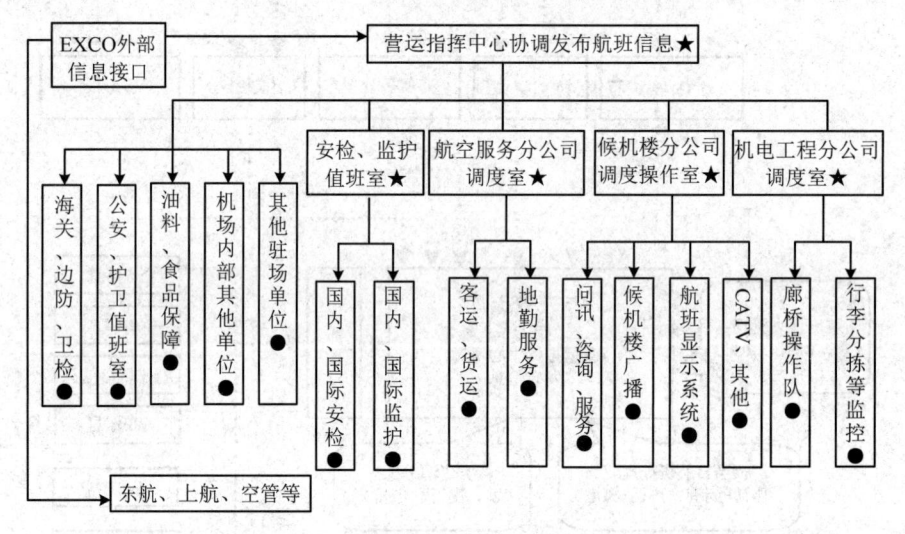

★ 配备使用航班信息管理系统调度值班室
● 配备使用航班信息综合查询系统调度值班室

图5-5 机场航班信息管理系统

（六）信息安全

机场信息系统是国家的关键基础设施，一旦出现信息安全问题，将影响每天数万至数十万人次的出行。在国内外信息安全形势日趋严峻的情况下，机场将信息安全管理视为工作的重中之重，构建并完善信息安全管理体系和技术防控体系，应用新技术创新管理模式，不断提高信息安全管理水平。

有效的技术防控是保证管理措施到位的重要"基石"。为此，各机场积极探索信息安全技术的实际应用，提高信息安全保障能力，确保机场信息系统安全运行万无一失。

近年来，各机场不断完善技术防控体系，面对复杂的网络系统与业务系统，在网络之间进行逻辑隔离，通过用户访问控制、身份认证、安全监控、运维审计等技术措施予以安全防护，在网络的关键节点上构建了防火墙、防病毒及入侵检测等信息安全系统。多重技术体系的构建，既能"防内"，又能"防外"，使恶意用户"进不来、拿不走、看不懂、改不了、赖不掉"，全面保障信息系统安全平稳运行。

此外，各机场通过网管、运维监控平台等系统的配合，对异常流量及系统安全态势进行实时监控，以应对机场面临的接口众多、用户复杂、流程严密、业务连续要求极高等严苛考验。

三、机位分配

停机位是机场运行的核心资源之一，大量的物资和人员都需要依赖停机位的分配方案进行调度。停机位分配方案对机场和航空公司的运行效率有着直接的影响，对机场提高服务质量有着重要意义，它关系到整个机场的系统运作。

机坪机位应当由机场管理机构统一管理。机场管理机构应当合理调配机位，最大限度地利用廊桥和机位资源，方便旅客，方便地勤保障，尽可能减少因机位的临时调整给旅客及生产保障单位带来的影响，公平地为各航空运输企业提供服务。大型机场为各航空运输企业提供的机位应当相对固定，可为航空公司设置专用航站楼或专用候机区域。

（一）机位调配的基本原则

机位调配的基本原则如下。
（1）发生紧急情况或执行急救等特殊任务的航空器优先于其他航空器。
（2）正常航班优先于不正常航班。
（3）大型航空器优先于中小型航空器。
（4）国际航班优先于国内航班。

当机场发生应急救援、航班大面积延误、航班长时间延误、恶劣气象条件、专机保障以及航空器故障等情况时，机场管理机构有权指令航空运输企业或其代理人将航空器移动到指定位置。拒绝按指令移动航空器的，机场管理机构可强行移动该航空器，所发生的费用由航空运输企业或者其代理人承担。

机位分为近机位（靠廊桥）和远机位（需摆渡）。停在远机位，致使旅客拎着行李上下客梯，乘坐摆渡车，特别是老弱病残旅客，感到非常不便。走廊桥相比需要搭乘摆渡车的远机位更方便快捷。

（二）科学合理分配机位

当有限的廊桥数遇上不断增长的航班量，捉襟见肘的情形就会屡屡发生，这时，如何合理分配机位、提高飞机靠桥率就显得尤为重要。科学管理廊桥资源、持续保证较高的始发航班正常率，这正是机场运行中心资源分配面临的任务和挑战。

在正常的情况下，机场运行指挥中心根据航班计划，对每一天的进出港的航班都会事先分配好机位，机位分配相对稳定，一旦遇到航班延误、流量控制、特殊运输任务，机场运行指挥中心会根据机位分配原则做相应的调整。

在资源十分紧张的情况下，民用机场应该本着公正、高效优质服务的目的对各航空公司所提出的飞机停靠要求提供最大的方便，只要条件许可，尽量满足其需要。

上海虹桥国际机场在机型与机位相匹配的基础上，机位分配上遵循以下原则。

（1）全年在本机场运行的航空公司应优先于某个季度运行的航空公司。

（2）对于条件相等的新航班，承租人应比非承租人优先。

（3）货机不得使用登机桥和旅客候机楼内的设施。

（4）停靠机桥位时，一般按先专机、后要客飞机、再一般航班的原则。

（5）机桥位紧张时，通常采用国内航班让国际航班、小型机让大型机、不正常航班让正常航班的原则。

（6）发生紧急情况或执行急救等特殊任务飞机优先于其他飞机。

（7）飞机的进港或离港时间延误超过 15 分钟（含）以上的必须报运行指挥中心，由运行指挥中心根据情况重新指派停靠位。

（8）过夜飞机的停靠位由运行指挥中心调度安排。

（9）日常生产运行中，以运行指挥中心的决定为最终决定。

案例　昆明长水国际机场机位分配新模式

昆明长水国际机场航站楼现有廊桥68个、远机位42个。机场每日航班量超过800架次，重大节假日的航班还要更多。如何不断保持并提高航班靠桥率，从而提高服务质量，这一直是资源分配席努力想攻克的难题。针对靠桥率，资源分配席曾对航空公司和各保障单位做过一些需求调查。几乎所有运营的航空公司都提出了一致的需求：① 飞机要靠桥，不停放在远机位；② 集中区域安排各个公司飞机停放；③ 不停放在保障受限制的临时机位区域。然而，"迎难而上、科学发展"是每个长水人不敢忘的团队精神。资源分配席通过不断摸索航班运行规律，积极调查各保障单位的工作需求，优化资源分配流程，最终总结、细化了一套适合机场运行规律的、有效的资源分配工作新模式。

（1）缩短飞机停靠廊桥时间间隔。同一廊桥安排前后航班的时间间隔从 30 分钟缩短至20 分钟甚至更短。长水常准系统预警时间间隔提示改为20 分钟。

（2）航空器分区域交错停放。在分配机位时，尽量实现"交叉空格"式分配，将计划起飞时间相近的航空器分区域"交叉空格"式安排，避免同一区域内的航空器出现拥挤，航空器推出时堵挡滑行道导致排队等候的情况，缩短了航空器的推开、滑出时间。

（3）机位冲突尽量就近调整。机位预先分配利用"交叉空格"式分配方法后，在机位安排需要临时变化时，临近机位就会留出空余机位，安排在就近的停机位，减少因机位调整给旅客和保障单位带来的不便，提高机场保障运行效率。

（4）预先对航空公司进行跨区域分配。机场指廊呈 Y 形，综合考虑到航空公司集中区域停放的要求、停场过夜数量的限制、飞机机务维护和地面服务需求，资源分配席为各个航空公司划定了相对固定的机位资源片区，在航班高峰时段，预先对航空公司飞机进行跨区域分配，同时协调好各地面保障单位。

（5）监控长水常准机位预警系统。长水常准系统航班时刻两次修订时间准确性可以达到 95%，准确的系统数据支持对提高航班靠桥率起到了关键作用。

（6）统筹安排各类廊桥维护季检维护工作。对于时间短、影响小的维护作业尽量抓紧时间协调，并尽量将作业时间安排在夜间航班较少的时段，减少对廊桥使用的影响。

（7）加强和空管地面指挥的沟通。为减少航空器机位停放不恰当或其他原因造成飞机地面滑行时间过长的情况，资源分配席一旦发现问题将第一时间报告空管，积极和空管地面指挥沟通协调，做到传递信息及时通畅，解决问题合理有效，最大限度地减少航班延误。

第二节　候机楼运行管理

航站楼是旅客和行李转运的重要场所，其功能就是迎送到达（进港）和离开（出港）的旅客，同时，处理好旅客的行李。

候机楼运行管理就是通过候机楼总体合理布局，发挥每个区域功能运行的最大效率，保证旅客和行李在畅通无阻的流程中完成各项手续，实现陆侧和空侧交通方式的转换，顺利到达旅途的终点。

航站楼区包括航站楼建筑本身以及航站楼登机门与登机机坪的结合部及旅客出入航站楼的车道边，航站楼是地面交通和空中交通的结合部，是机场对旅客服务的中心地区。航空旅行的旅客，根据其旅行是否跨越国界，可分为国际旅客和国内旅客。

国内、国际旅客可以进一步分为以下四类。

（1）出发旅客。这些旅客通过城市地面交通系统抵达航站楼，然后经过办票、交运行李等程序，准备登机离港。

（2）到达旅客。他们在机场结束航空旅行，下机后到航站楼，提取行李，再经有关程序后离开航站楼，转入地面交通。

（3）中转旅客。这些旅客只在机场转机，即由一个到达航班换乘另一个出发航班。这类旅客可以再细分为四种：① 国内转国内；② 国内转国际；③ 国际转国内；④ 国际转国际。其中，③ 类旅客较多。

（4）过境旅客。这类旅客所乘航班只在机场做短暂停留，旅客可以下飞机到过境候机室休息，准备登机。

上述四类旅客中，中转和过境旅客只在空侧进出航站楼，不与地面交通发生联系。过境旅客无行李的转运问题。在航站楼中，不同类型旅客的乘机流程是有明显差异的。

枢纽机场作为为国际旅客提供服务的场所，必须满足国际民航组织对于国际机场旅客候机楼的最低标准，包括 60 分钟、45 分钟离场和到达处理时间，以及其他中转到达、中转衔接、步行距离、标志、航班信息显示、广播等推荐措施和要求。

从中型、大型机场运行效率方面的要求来看，在旅客服务方面，关键的运行效率指标包括：拥挤程度；排队时间；旅客服务速度；值机手续；证件检查手续；中转衔接时间；步行距离——任何两项手续间的距离；楼层变化——最少，同时提供辅助设施；信息系统——清晰的航班信息显示、标志牌和广播系统。

为保证候机楼运行的高效和有序，应当合理控制和管理远机位，国际民航组织现在已经开始对国际机场使用远机位提出要求。根据旅客吞吐量增长速度，适时对候机楼进行改建、扩建，保证在中长期时间内，在高峰小时期间，80%的旅客可以通过廊桥登机。

一、候机楼总体布局

航站楼总体布局，从客流来划分，可以分为值机区域、候机区域、到达区域、中转区域、行李转运区域，如图5-6和图5-7所示。

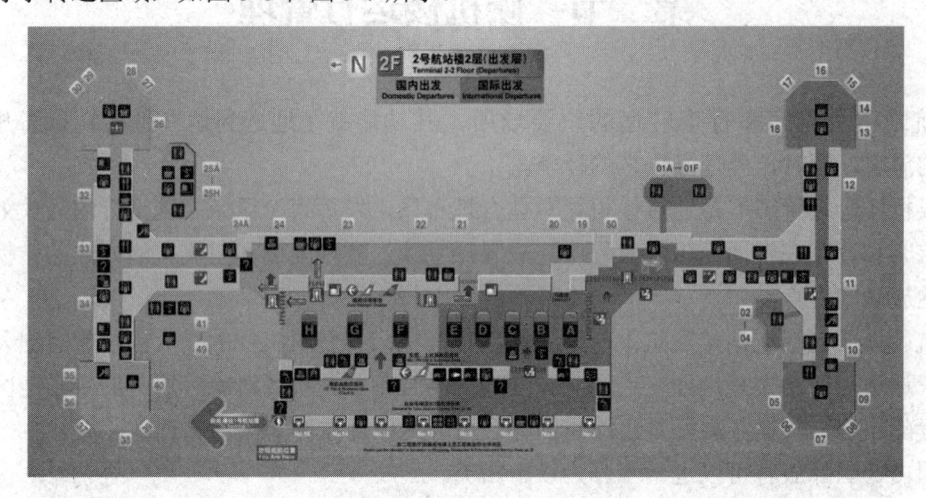

图5-6 北京首都国际机场第二航站楼出发区域平面分布图

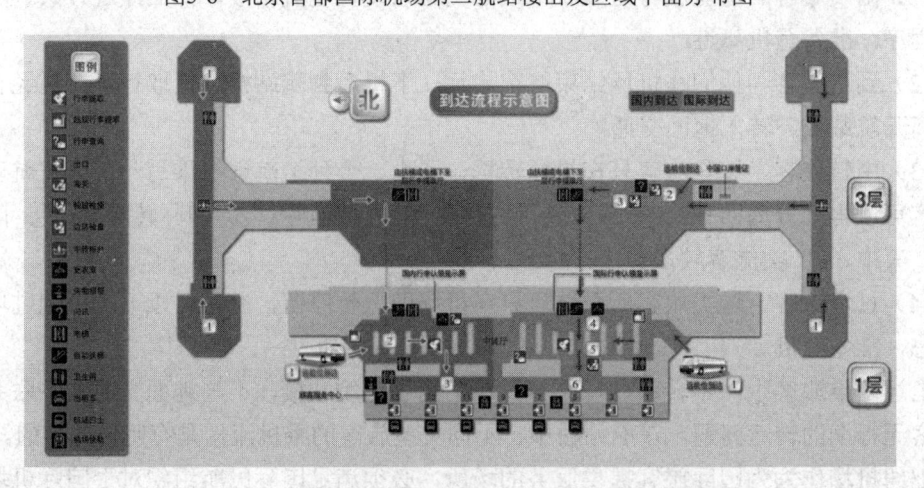

图5-7 北京首都国际机场第二航站楼到达区域平面分布图

航站楼布局从航线来划分：国际区域、国内区域。

航站楼布局从功能上来划分：旅客服务区、管理服务区。

（一）航站楼旅客服务区域的组成

航站楼旅客服务区域的组成如下。

（1）办理登记托运行李手续的出发大厅。

（2）安检、海关、边防、检疫的联检大厅。

（3）登机前的候机大厅：头等舱公务舱旅客休息室、VIP休息室、吸烟室等。

（4）行李提取处：行李查询处、行李传送转盘。

（5）迎送旅客活动大厅：问询处。

（6）旅客饮食区：包括供水处、饭店、厨房等。

（7）公共服务区：邮电局、行李寄存处、失物招领处、卫生间、医疗设施。

（8）商业服务区：各种商店、银行、免税店、旅游服务处、酒店旅馆服务处、租车柜台。

（二）航站楼管理服务区域的组成

航站楼管理服务区域的组成如下。

（1）机场管理区：包括机场行政办公室，后勤的办公和工作场所；紧急救援设施；消防、救援的工作人员和设备的场地。

（2）航空公司营运区：包括营运办公室、签派室等。

（3）政府机构办公区：包括民航主管管理部门、卫生部门、海关、环保、边防检查部门的办公区域。

（三）航站楼内的服务设施

航站楼作为生产场所，为了保证其优质高效的服务质量，除了具备运输机场基本服务设施之外，还应当具备相应的配套设施，如餐饮、医疗急救等设施。配备相应的服务设施和场所是运输机场的基本要求，有助于提升运输机场的整体运作水平，有助于扩展运输机场的盈利渠道，也有助于改善运输机场的服务形象。

完善配套设施是机场管理机构的责任。因此，机场管理机构应当组织航空运输企业及其他驻场单位为旅客配备符合国家标准的候机设施，同时还应当提供相应的服务，满足旅客因乘机而产生的其他服务需求，如餐饮服务、医疗服务等。候机设施主要包括值机柜台、安检通道、登机口、问询柜台、售票柜台、行李转盘、旅客休息区、卫生间、行李寄存处等。餐饮设施主要指的是在机场内为旅客提供饮食服务的餐厅、食品店、快餐店、咖啡厅和茶座等店铺。医疗设施主要是指机场应当配备一定的医疗设施和医疗人员，当在机场范围内出现突发事件时给予及时的紧急救护。当然，机场的医疗设施不可能与正规医院相比，它主要还是偏重于意外伤害的应急抢救治疗，遇到无法处理的疑难病症时，还是应当及时送到正规医院救治。运输机场应当依据《民用机场服务质量标准》等民航局规定的标准，结合本机场的规模和实际需要来配备设施和设备。

航站楼内设置如下必需设施。

（1）各种指示牌，这些标牌要规范、齐全、醒目。

（2）旅客乘机流程图、航班动态显示、广播设备；在服务场所要有旅客须知、保险须知、班车须知，要公布收票标准、投诉电话，要设置意见箱（簿）。

（3）设贵宾休息室或头等舱休息室。

（4）公用电话，其中航站机场要有市内公用电话；省级机场要有市内和国内长途电话；国际机场要有市内、国内和国际电话。

（5）足够数量的行李推车供旅客使用，并配备相应数量的搬运工，且设置为残疾人服务的专用设备。

（6）国际机场应设自动问询和航班动态显示系统。

（7）应设问询处、补票窗口、行李寄存处和旅客遗失物品招领处，并为旅客提供足够的饮水设备及饮用水。隔离厅内要有电视或阅报栏。

（8）旅客上下航空器应有登机桥或摆渡车、廊桥，使用率应达95%以上。

机场服务的多样性是未来机场发展的趋势。除了以上设施之外，有条件的机场还可以配备其他方便旅客出行的设施场所，如免税店、宾馆、银行、通信设施等，如图5-8所示。

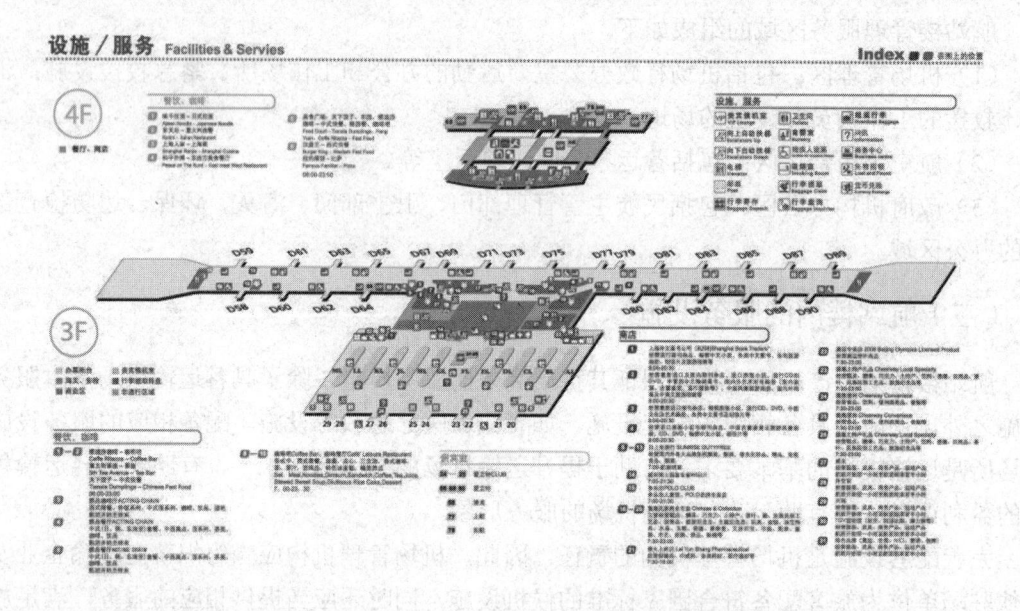

图5-8 上海浦东国际机场第二航站楼服务设施布局

二、旅客流程

航站楼的旅客都是按照出发和到达有目的地流动的，在设计航站楼时必须很好地安排旅客流通的方向和空间，这样才能充分利用空间，使旅客顺利地到达要去的地方，不致造成拥挤和混乱。

目前通用的安排方式是把出发（离港）和到达（入港）分别安置在上、下两层，上层为出发，下层为到达，这样互不干扰又可以互相联系。由于国内旅客和国际旅客所要办理的手续不同，通常把这两部分旅客分别安排在同一航站楼的两个区域，或者分别安排在两个航站楼内，如图5-9所示。

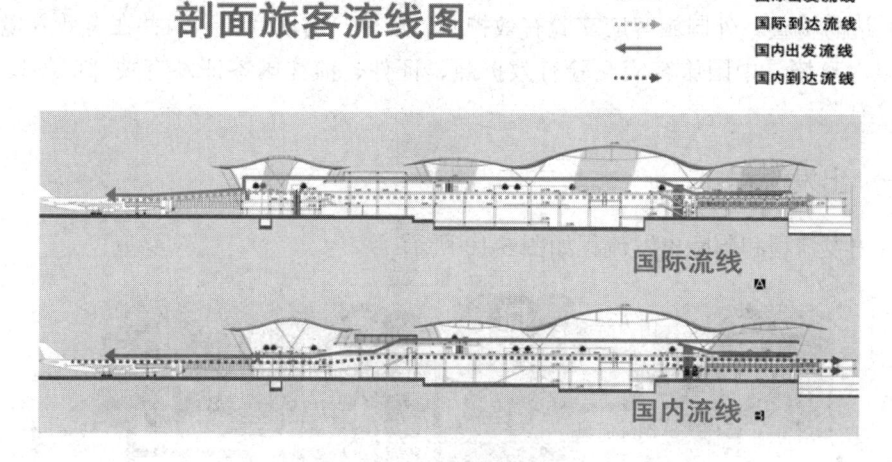

图5-9　上海浦东国际机场第二航站楼旅客流线图

旅客流程设计要考虑三方面因素。

（1）国内旅客手续简单，占用航站楼的时间少，但流量较大，因而国内旅客候机区的候机面积较小而通道比较宽。

（2）国际旅客要办理护照、检疫等手续，行李也较多，在航站楼内停留的时间长，同时还要在免税店购物，因而国际旅客的候机区要相应扩大候机室的面积，而通道面积要求较小。

（3）中转旅客是等候衔接航班的旅客，一般不到航站楼外活动，所以要专门安排他们的流动路线，当国内转国际航班或国际转国内航班的旅客较多时流动路线比较复杂，如果流量较大，机场管理部门就应该适当考虑安排专门的流动线路。

国内旅客乘机的基本流程有以下几个步骤。

（1）办理登机手续。准备上飞机（离港）的旅客，进入航站楼的出发大厅。航空公司按照计算机旅客订座系统的信息，把某一航班实际登机的旅客记录下来，确定每个旅客的座位，发给旅客登机牌。同时，把旅客托运的行李核收下来，发给旅客行李托运证。对于托运的行李，在送走之前，还要进行安全检查。

（2）安全检查。办完登机手续后，旅客就可以携带手提行李，通过安全检查，进入候机厅等候上飞机。

（3）候机及登机。旅客按指定的登机门上飞机。

（4）到达及提取行李。下飞机（到达）的旅客，从登机桥的另一个通道进入行李提取大厅。没有托运行李的旅客，就直接出航站楼。有托运行李的旅客，在这里等候提取行李后离开。

国际旅客在安全检查以前还需增加以下几个联检环节。

（1）海关出境检查。若有物品申报，应走红色通道，办理海关手续；如果没有，应走绿色通道。

（2）办理卫生检疫手续。出国一年以上的中国籍旅客，应提供有效的健康证明；如果前往某一疫区的旅客，应提供必要的免疫预防疫苗的接种证明。

（3）边防检查。外国旅客应交验有效护照、证件、出境登记卡，并在有效入境签证上规定期限内离境。中国旅客应交验有效护照、证件、前往国签证及有关部门签发的出国证明。

（一）出发流程

国内出发流程和国际出发流程如图 5-10 所示。

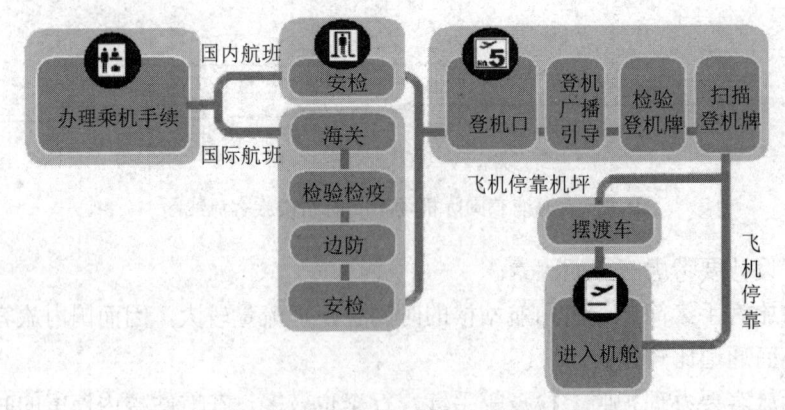

图5-10　国内、国际旅客出发流程图

1. 国内出发

旅客地面交通→出发大厅→办理登机手续→托运行李（含托运行李安全检查）→联检区域办理安全检查（个人及手提行李）→国内出发候机厅→检查登机牌→登机（远机位旅客转驳车登机）。

2. 国际出发

旅客地面交通→出发大厅→办理登机手续→托运行李（含托运行李安全检查）→联检区域办理海关申报、检验检疫、边防出境护照检查→安检手续（个人及手提行李）→国际候机厅候机→检查登机牌→登机（远机位旅客转驳车登机）。

（二）到达流程

国内到达流程和国际到达流程如图 5-11 所示。

1. 国内到达

旅客下机进入到达通道（远机位旅客下机转驳车进入到达通道）→行李提取大厅提取行李→行李票标签查验→迎客大厅出口→按照指示牌乘相应的交通工具，如图 5-11 所示。

2. 国际到达

旅客下机进入到达通道（远机位旅客下机转驳车进入到达通道）→国际联检区办理相关联检手续→检验检疫→边防入境护照签证检查→行李提取大厅提取行李→海关行李检查→行李标签检查→迎客大厅出口→按照指示牌乘相应的交通工具，如图5-11所示。

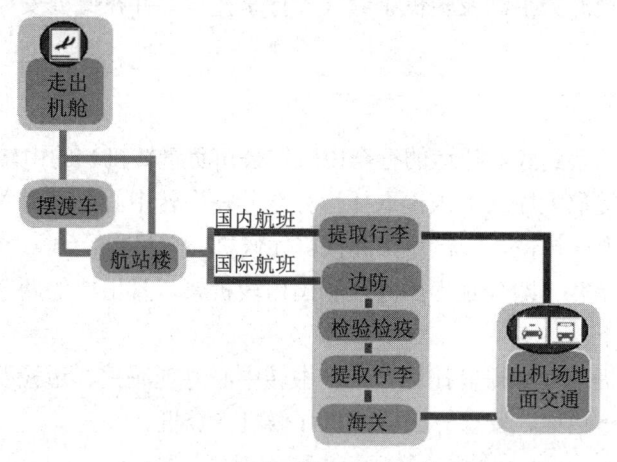

图5-11　国内、国际旅客到达流程图

（三）旅客中转流程

旅客中转流程非常复杂，一般流程如图5-12所示。

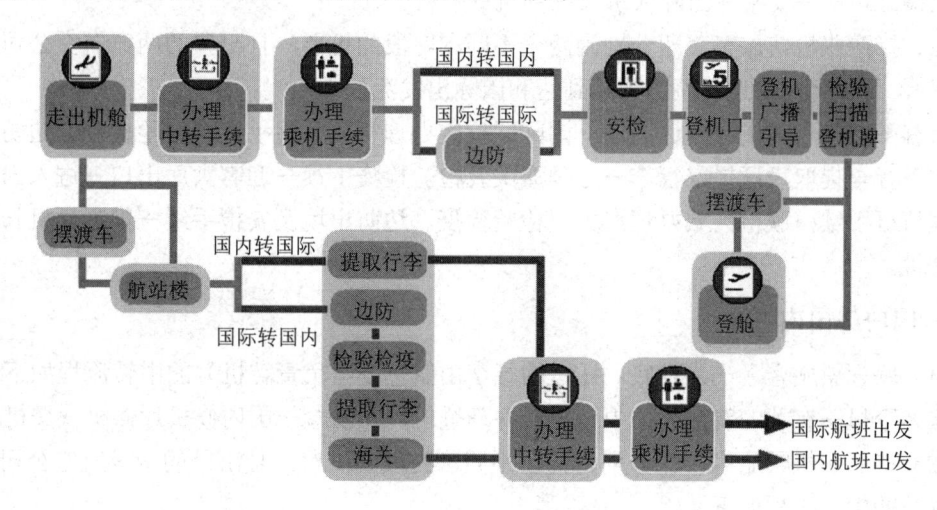

图5-12　国内、国际旅客中转流程图

枢纽机场涉及多种情形。如国际转国内、国内转国际、国际转国际、国内转国内、混合航班；其中又分联程、非联程、有无行李等情况。

1. 国际转国内

（1）联程旅客（一票到底，托运的行李由航空公司负责转机）的中转流程如下。

旅客下机→办理相关联检手续（检验检疫、边防入境，无须提取托运行李）→中转中心办理海关手续及转机手续（并在此处安检）→国内候机厅候机→登机。

（2）持两张机票旅客（即分别为国际段和国内段机票，且出票的两家航空公司之间无协议）的中转流程如下。

旅客下机→国际联检区办理联检手续（检验检疫、边防入境）→行李提取大厅提取托运行李→中转中心办理海关手续及转机手续（含行李托运，并在此处安检）→国内候机厅候机→登机。

2. 国内转国际

（1）联程旅客（一票到底，托运的行李由航空公司负责转机）的中转流程如下。

旅客下机→行李提取大厅（无须提取托运行李）→中转中心办理海关、检验检疫手续及转机手续→专用通道→边检、安检→国际候机厅候机→登机。

（2）持两张机票旅客（即分别为国际段和国内段机票，且出票的两家航空公司之间无协议）的中转流程如下。

旅客下机→行李提取大厅提取托运行李→中转中心办理海关、边检及转机手续（含行李托运）→专用通道→边检、安检→国际候机厅候机→登机。

3. 国际转国际

（1）联程旅客（一票到底，托运的行李由航空公司负责转机）的中转流程如下。

旅客下机→国际抵港通道的签转处办理登机牌→（海关、检验检疫）专用通道至国际出发联检区边检→安检→国际候机长廊候机→登机。

（2）持两张机票旅客（即分别为两个不同国际段的机票，且出票的两家航空公司之间无协议），即旅客需经过完整的国际到达和国际出发流程。

旅客下机→进入国际到达通道→国际联检区办理相关联检手续（检验检疫、边防入境手续）→行李提取大厅提取行李→办理海关及检验检疫手续→迎客大厅出口→进入出发大厅办理值机手续→联检区域办理海关、检验检疫、边防出境及安检手续→国际候机长廊候机→登机。

4. 国内转国内

（1）联程票旅客（一票到底，托运的行李由航空公司负责转机）的中转流程如下。

旅客下机→有关的航空公司中转柜台办理登机牌→安检→国内候机厅候机→登机。

（2）持两张机票旅客（即分别为两个不同国内段的机票，且出票的两家航空公司之间无协议）的中转流程如下。

旅客下机→国内行李提取厅提取行李→经行李票查验进入迎客大厅出口→旅客进入值机大厅办理值机手续→联检区域办理安检手续→进入国内长廊候机→登机。

（四）经停航班流程

1. 国际-本站-国际

经停旅客下机→封闭的候机室候机→按登机时间登机离港。

2. 国内－本站－国内

经停旅客下机→国内候机→与本站国内出发旅客汇合→按登机时间登机离港。

（五）混合航班流程

1. 国内－本站－国际

（1）上一航段至国际的旅客纳入本站国内转国际流程。
（2）到本站的旅客纳入国内到达流程。
（3）本站至国际的旅客纳入国际出发流程。

2. 国际－本站－国内

（1）国际到本站的旅客纳入国际到达流程。
（2）国际至下一航段的旅客纳入国际转国内流程。
（3）本站至下一航段的旅客纳入国内出发流程。

3. 本站－国内－国际

（1）本站至国内的旅客纳入国内出发流程。
（2）本站至国际的旅客在国际办票岛办理登机牌后，汇入国内正常出发旅客流程。

4. 国际－国内－本站

（1）国际段的旅客纳入国际到达流程。
（2）国内段的旅客纳入国内到达流程。

三、旅客服务区域管理

（一）突出航空公司主导地位

旅客服务区域包括出发大厅、联检大厅、候机大厅。一般来说，航站区的旅客服务按专业分工由航空公司和机场管理部门及相关政府部门负责。世界上大部分国家的主要航空枢纽，都存在着各航空公司之间不同程度的竞争。尤其是在航站楼区域内，航空公司特别希望突出自己的形象。在航站区，旅客除与由政府管理的公共卫生、海关和边防部门这些明显的特殊部门有所接触外，几乎一直是与航空公司接触。基于这种情况，在由航空公司使用的硬件设备的规划和设计中，其扮演着十分重要的角色。个别航空公司甚至自行构建设施，例如，位于纽约肯尼迪国际机场的联合航空公司与环球航空公司的航站楼；又如上海浦东国际机场第一航站楼大部分场地租赁给东方航空公司、北京首都国际机场第二航站楼租赁给中国国际航空公司。

全球较通行的做法是：航站楼内的指定区域可租赁给航空公司，而位于停机坪区域的大部分地面服务工作则由机场管理部门、专业的服务代理机构或另一航空公司来完成。目前，在一些国际机场还配置了公共用户终端设备，租赁给机场业务较少的航空公司使用，值机柜台职员可以通过公共用户终端设备与航空公司的计算机进行通讯。使用公共用户终端系统可以大量地减少机场所需要的值机服务柜台的数量。输送旅客的客梯车和登机桥可以以协议的形式长期租赁给航空公司，并由其管理经营，也可以由机场管理部门或由服务代理机构交付一定的租金后进行管理经营。

（二）采用新技术更新服务设施

自 2006 年我国首次推出自助值机服务以来，自助值机更是成为越来越多旅客的出行首选。2015 年国航又推出了"全自助值机+托运行李"一站式服务产品，则是其在自助服务领域的一个新的里程碑。旅客可以同时完成登机牌和托运行李的办理，所托运的行李直接导入行李传送带进行自动传递，实现了完全自助服务目标，不仅办理手续方便快捷，更缩短了排队等候时间，把时间还给旅客。

采用新的值机和行李托运模式是一举多得的好事，既让旅客乘坐飞机的流程变得更便捷，节省旅客更多出行时间，又为航空公司节省一笔可观的地服成本，使得机票价格拥有更大的下调空间。从机场管理部门的角度出发，新值机和行李托运模式的最大得益者恐怕是机场。减少大量旅客在值机大厅的拥挤和停留时间，提高值机能力，既可以避免对基础设施产生过大的压力，把旅客向商业区域疏散，达到提高收益的目的，也可以根据机场的流程更好地控制值机柜台所占用的资源，优化资源的共享，并在现有的资源设施基础上引入更多的航空公司客户，提供更优质的服务。在国内许多大中型机场，值机柜台前的旅客等候区占用了航站楼相当大的空间。

四、中转管理

（一）枢纽机场中转能力评估

机场中转，是指旅客因没有直达目的地的航班，选择从某地机场进行换乘至目的地的一种变通方式。航班数据机构"飞常准"发布了一项基于全球客运航班数据测算的"机场连通性指数"，用于评估机场作为中转枢纽的能力。连通性指数是基于全球航班数据，通过计算机场所有可行的航班衔接，并且使得可行航班衔接在枢纽机场满足最短中转时间和最长中转时间的条件，得到"机场连通性指数"，指数越高说明机场的中转能力越强。

该指数排行显示，美国机场的中转水平较高，2017 年在全球连通性指数排名前五十的机场中占据 12 个。中国有 4 个机场进入前五十，分别为香港国际机场、上海浦东国际机场、北京首都国际机场和广州白云国际机场，如表 1-12 所示。

根据上海机场集团此前发布的历史数据，上海浦东国际机场 2015 年中转旅客超过 600 万人次，平均每天超过 1.6 万人通过上海浦东国际机场转机前往世界各地，在内地机场中继续排名第一。

2015 年，作为上海基地的东方航空公司在上海浦东国际机场的中转旅客达 240 多万人次，同比增加 27.81%。相当于在浦东机场出发旅客总量的 23.98%。更重要的是，这些旅客中与国际属性相关的占 88.64%。中转业务的提升离不开机场的配合、流程的优化、设施的改造、地面资源的投入，机场与航空公司共同将上海打造成世界级航空枢纽。

不仅中转人数持续增长，东航的中转产品也日益丰富。目前，在上海浦东国际机场，东航已实现国内转国内、国际转国际、国内转国际、国际转国内四大类别的中转。自 2009 年以来，其通程航班、联盟中转、直接过境等新型中转产品不断推出。

如今，在东航每年 200 多万人次的中转旅客中，有近一半是"通程航班"客源。"通程航班"堪称东航最便捷、最受旅客欢迎的中转模式。选择这一产品的中转旅客，可以在始发站一次性办理始发及后续航班的乘机手续，并可以直接在目的地提取托运行李。此项业务目前已开通 37 个国内站点、32 个国际站点，涵盖欧洲、美国、大洋洲、东南亚及国内各主要城市。为了借助联盟成员航空公司的航线网络优势，进一步增强上海浦东国际机场的竞争力，东航先后与中华航空、美国达美航空、法国航空、荷兰皇家航空四家天合联盟航空公司合作，推出"天合中转"产品，通过连续打印登机牌、行李直挂等模式，共同服务各自中转旅客。

2012 年 3 月，东航"国际转国际 24 小时直接过境免边检手续"项目在上海浦东国际机场试点。根据试点，旅客当日搭乘东航国际航班进港，并在浦东 1 号航站楼继续转机乘坐东航国际航班出港，可免办边检手续（由航空公司代办）。这提升了旅客的中转体验。目前，欧美旅客经由上海浦东国际机场往返澳大利亚等方向，已经成为东航重要的国际客源。

（二）提高中转服务水平

目前，中国枢纽机场可能存在的问题是中转流程问题，国内机场缺乏中转柜台和服务引导，对中转旅客的信息传递得不及时，中转期间需要走很长的路才能到新的登机口，比较麻烦。上海浦东国际机场可能还处于国内转国际或者国际转国内这样的门户中转，而例如韩国仁川国际机场已经上升到了国际转国际的水平，无论从枢纽的中转能力还是中转旅客的占比都要远超上海。

在出行选择中转航班时，如果考虑不周可能遇上误机的情况，尤其是在两段航程时间间隔很近时，一旦上一段航程发生延误就会导致转机时间不足，旅客只能选择改签，有时还要面临延期出发或耽误后续行程的问题。针对这一情况，北京南航地服中转特服部推出了"急转管家"服务。此项举措针对南航北京转机时间不足的旅客，部门上下通力配合，以保障旅客快速转机。航班到站前，中转调度员根据离港系统中显示的转机旅客的实际情况进行判断，并在群中发布中转不正常航班信息。当日值班班长根据发布的航班信息，对转机成功概率较高的旅客进行筛选，然后根据班组现场情况提供"急转管家"服务。每一位"中转急转接机管家"都是经过挑选的对业务熟悉的优秀员工，他们首先根据系统中旅客的联系方式，利用南航高端工作短信平台向旅客发送急转服务短信提示，以便旅客在落地后第一时间了解自己的转机情况。"急转接机管家"会在登机口或者机位处通过广播和摆放姓名提示板等方式锁定中转旅客，引导其快速转机。在时间紧迫或者国际转国际的情况下，工作人员会提前帮助旅客办好登机牌，在接机的同时查验证件并发放登机牌，从而有效节省旅客再次通过海关安检的时间。此项服务的推出大大方便了急转旅客的出行。

北京南航地服推出"安卡无忧"行李协查服务。工作人员提前查询转机旅客信息，在值机或接机时获取旅客签字授权，协助转机旅客检查行李中的禁限带物品。这样既可以免除旅客二次进出隔离区，节约时间，又能进一步确保旅客与行李同机抵达目的地。

上海浦东国际机场东航新设计的中转厅便利如同地铁换乘。中转旅客无须地面服务人员的引导，顺着中转厅的标志，便可自行登上后续航班。除了口岸出入境检查外，没有其他人工程序。上海浦东国际机场 1 号航站楼新中转厅按照这样的设计流程投用后，东航中转旅客便能享受到这些便利。对于新中转厅唯一涉及人工手续的出入境环节，东航也正与相关联检单位共同打造自助通道，持有电子护照的旅客今后可自行完成出入境流程。

比起客流，行李物流是民航中转难度更大的环节。由于新中转厅根据东航需求嵌入了行李系统，旅客不必在前一个航班到达后自己提取托运行李交海关查验，只需要在等候区座椅上休息，行李会另行自动送检。海关提示检查无误后，旅客便可离开。这一行李系统已在 2018 年上线自动分拣功能，使识别出入境行李、送达海关的速度进一步加快。

中国在建设枢纽航线网络中推动全网全通，与主基地所在的机场全面合作，精细打造贴合旅客需求的中转枢纽，力推枢纽航线网络建设的宏大蓝图。

五、行李管理

行李作为"不会说话的旅客"，需要经过包装、装卸、运输、分拣等"旅程"，才能再次回到主人身边。这位"不会说话的旅客"也有它的需求，即"别让我受伤""别耽误我上飞机"。行李处理系统由机场管理部门建设，机场管理部门也承担起运行管理的重任。为了满足它的这两个需求，机场管理部门应从整合资源、优化程序、落实细节、加强盯防、用好"大数据"等来提高行李保障效率，使"不会说话的旅客"更加满意、贴心。

随着科学技术的应用，全球行李处理不当率在持续下降，但 2015 年仍有约 2 300 万件不当处理行李，每丢失一件行李，航空公司就得为此花费 100 美元。行业为此付出了 23 亿美元的代价。地区表现存在很大差异，2015 年，欧洲航空公司行李处理不当率是每千名旅客 7.8 件，亚洲航空公司则是 2.02 件。北美航空公司 2015 年行李处理不当率是每千名旅客 3.24 件。据 SITA 相关研究，2015 年不当处理的行李中，只有 6.1%的行李是因真正遗失或遭窃而无法归还给旅客的，14.8%的行李遭到毁坏，79.1%的行李延迟到达。

2017 年，乘坐飞机出行的全球旅客总人数达 41 亿人次，预计这个数字在 2030 年还将翻一番，达到 70 亿人次。旅客人数的增加也意味着将有更多的行李需要处理。如何提高行李处理系统的效率和运送准确率已经引起了业界人士普遍的关注。

1. 行李流程

每个机场都必须完成一定量的行李作业任务。无论机场大小，这些作业任务基本相似，差异主要表现在作业的手段和程序上。行李作业通常分为两大类：出发（离港）和到达（到港）。

出发流程如下：携带行李到办票柜台处。准备托运→办票，对托运行李贴标签和称重→对托运行李安检→运送行李到达空侧行李厅→行李分类和装载入航空专用集装箱→运送行李到客机所在区域→行李装载入飞机。

到达流程如下：从飞机中卸货→运送行李到空侧行李厅→行李分类→安放到行李提取装置上→输送到行李提取区→通知旅客提取行李→从行李提取区提取行李。

在上述行李流程中往往忽略了中转的环节。即便是管理再规范、严格的机场和航空公司，托运行李丢失的情况也可能发生，尤其是经过长途飞行，又必须转机的情况下，或者因为衔接处理不及时，让行李搭错了航班；有时航班延误后，留给旅客的时间足以使其赶上转乘航班，但行李转运所需时间却不够，人已经上了飞机，而行李依然滞留在当地，丢失行李的现象更为常见。转机旅客的行李最容易出现被不当处理的情况，这也是大型枢纽机场特别关注的问题。2015年，约45%的行李延误是由于转机时处理不当导致，所以行李转机是行业痛点，也是需要得到重点关注的领域。

2. 建设高效行李处理系统

随着航空运输量骤增，机场必须新建高效行李处理系统。行李处理系统是一套集机械传送、电气控制、信息管理、网络通信、工业监控等技术于一体的综合系统。其规模庞大，结构复杂，涉及众多业务系统和保障流程，是航站楼内涉及技术较复杂、投资较大的系统之一。一个典型枢纽机场的行李系统仅输送机总长度就可能有数十千米，布线总长超过100 km。该系统与航空安全保障息息相关，是保证航班准点率的关键系统。

北京首都国际机场3号航站楼行李系统采用国际最先进的自动分拣和高速传输系统，自动化程度高，监控系统完备，容错能力强。传输速度最高达10 m/s，高峰小时处理行李近2万件。行李处理系统由出港、中转、进港行李处理系统和行李空筐回送系统、早交行李存储系统等组成，覆盖了T3C、T3E及连接T3C与T3E行李隧道的相应区域，占地面积约12万m^2，系统总长度约70 km。3号航站楼的行李系统安装了世界上最先进的无线射频身份识别系统，行李在运送过程中走到哪里都会被监控和锁定。同时，为了航空安全，T3的行李系统还安装五级安检系统，即使最细小、隐蔽的违禁物品也逃不过该系统的排查。还有17个大型的行李提取转盘，航空公司只要将行李运到分拣口，系统只需要4.5分钟就可以将这些行李传送到行李提取转盘，这也大大减少了旅客等待提取行李的时间。

3. 推广行李物联网技术

随着航空客票电子化的实现，无托运行李旅客已经可以实现自助旅行，但受制于行李服务环节的人工服务，严重影响了有托运行李旅客的航空出行体验。在此基础上应用物联网技术，能够极大地提高行李自助托运的效率，实现行李提取流程个性化，实现行李位置追踪可视化，显著提高行李服务质量和效率。

伦敦希思罗机场的激光扫描仪覆盖了整个机场，借此项物联网技术，这里的航空公司便可以非常精确地追踪行李走向。罗马菲乌米奇诺国际机场更是通过采用新的行李信息和管理系统跟踪行李，仅两年时间就将不当处理行李数量减少了七成。

很多航空公司正致力于提供端对端的行李追踪服务。在一些机场和一些航班上，已经能做到对托运行李进行实时监管，并将行李状态及时告知旅客。美国航空公司的旅客通过智能手机 App 就可以追踪自己托运行李的位置，这款应用程序让航空公司工作人员和旅客对行李走向做到心中有数。达美航空公司宣布投资 5 000 万美元，用于应用无线射频识别技术（Radio Frequency Identification，RFID），在 2016 年年底面向所有航班推出全新的行李跟踪系统，将行李准确运送率由 95%提高至 99.9%。

物联网技术还能够使旅客在到达机场前完成相关信息的录入或者关联。旅客在行李自助托运前，仅需完成交运这个唯一的步骤，就可以提升自助托运的便捷性。到达目的地后，旅客最想做的就是以最快的速度离开机场。对于托运了行李的旅客，物联网技术的应用可以颠覆现有的行李提取流程，如果旅客不急需行李内物品并且愿意支付相关费用，可以引入第三方物流公司直接将行李送到旅客的最终目的地，如市区酒店、办公室、住宅或者旅客指定的任何地方。此外，物联网技术的应用可以实现行李位置追踪可视化，增加旅客对托运行李的"安全感"是提升旅客出行体验的有效方法。当旅客更加信任航空行李运输时，将会有更多的旅客选择托运而非随身携带行李，超重行李费增加和旅客上下飞机效率提高将给航空公司带来价值。

4. 行李装卸

行李运输装卸效率高低主要受行李运输设备停放位置远近、运输车辆等待位置、运输路由是否畅通、行李装卸作业开始时间等因素影响。为确保旅客行李的完好性，机场重点是督促驻场单位加强行李装卸规范性操作，并从人员、流程、软硬件等方面分别加强监管。

在行李流程中有三个环节容易导致旅客行李被损坏：一是行李处理系统自身的限制，如行李卡在传送带上，或是被钩子挂住，等等；二是行李在运送途中由于集中处理，可能受到挤压；三是装卸工不当操作使行李受损。

针对易碎易腐等特殊行李，在托运行李时向客人说明相关运输规则后，应严格按照要求粘贴易碎标志，并单独进行传输；行李分拣，装卸员工严格遵循重不压轻、大不压小、木不压纸的原则，在分拣、装卸过程中轻拿轻放，防止行李在搬运过程中出现破损。

遇上大风天气，应在行李运输散斗上加固网兜，避免行李在运输途中出现遗失现象；在雨雪天气，要在行李运输车上加盖两层塑料布，防止雨雪打湿行李；配置便携式除雪机，快速清扫散斗、传送带等设备上的积水积雪，保证行李传输过程中的清洁。同时，加强行李装卸现场的监控，尤其是贵重物品操作现场，确保旅客行李操作安全；强化机下司机与操作人员的双签复核制度，落实航班信息核对机制，保证行李运输安全；配合航空公司核对旅客提取行李的行李条信息，确保行李交付安全。

六、标识管理

各类标识是机场候机楼内不可或缺的内容，对于方便旅客成行、提高服务效率、提高机场的美观程度乃至文化品位作用明显。伴随着我国机场旅客吞吐量的不断增长和枢纽建设的不断推进，科学合理的标志设计显得更加重要。

在设计机场设施的功能和布局时就应考虑创建一个图形标志系统。该系统中的图形标志应使用 BG10001\MH0005 中的图形符号。在图形系统中应明确所有关键性的点（如连接、交叉等），在这些点上需要设置进一步的导向信息。当距离很长或布局复杂时，即使没有关键的点，导向信息也应以适当的间隔被重复。应注意在两个或更多场所之间的转换区域设置标志，以保证从一个场所到另一个场所的顺利转换。设置图形标志时，应对视觉效果、人的高度及其所处的位置、安装标志的可能性等进行综合分析，并应在现场验证分析结果，如果需要，应对图形标志进行调整使其适合实际情况。特别重视导向标志的设置。设置导向标志往往比设置位置标志更重要。在保证提供良好的导向信息的前提下，应使设置的数量保持在最低限度。应尽可能消除来自周围环境的消极干扰。广告应与图形标志系统各要素具有明显不同的视觉效果，并且设置在某个严格限定的区域。

导向系统各要素说明如下。

（1）标志说明图（见图 5-13）：列出某场所使用的全部图形标志，并在其旁边给出中英文含义的一种综合标志图。

图5-13　标志说明图

（2）平面布置图（见图 5-14）：提供在某区域中的服务或服务设施所处地点的鸟瞰图。

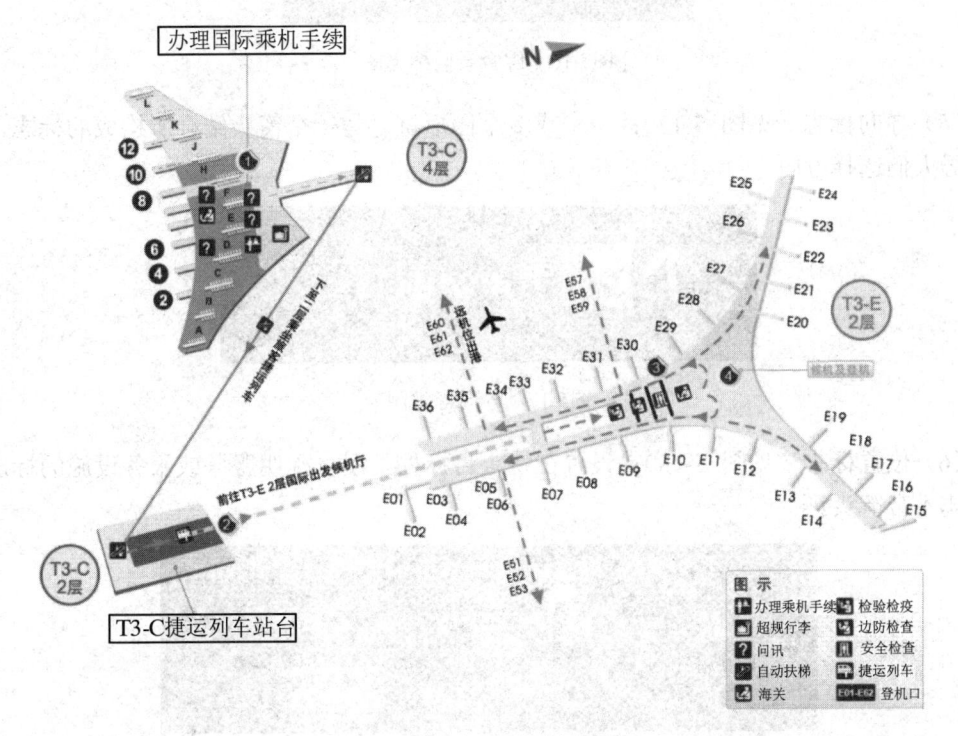

图 5-14　平面布置图

（3）导流图（见图 5-15）：指导人们顺利乘机的流程图。

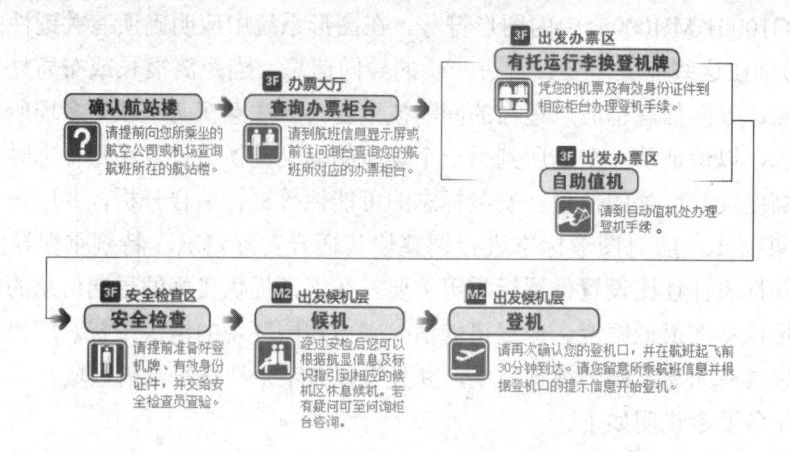

图5-15 导流图

（4）综合导向标志（见图 5-16）：引导人们选择不同方向的服务或服务设施的导向标志，由多个符号和多个箭头组成。

图5-16 综合导向标志图

（5）导向标志（见图 5-17）：一个或多个图形符号与一个箭头结合所构成的标志，用以引导人们选择方向。

图5-17 导向标志图

（6）位置标志（见图 5-18）：设置在特定目标处，用以标明服务或服务设施的标志，该标志不带箭头。

图5-18 位置标志图

（7）指示标志（见图 5-19）：指示某种行为的标志。民航标示中指示标志如下：旅客止步、禁止吸烟、禁止携带托运武器、禁止携带托运易燃及易爆物品、禁止携带托运剧毒物品及有害液体、禁止携带托运放射性及磁性物品等。

图5-19 指示标志图

（8）流程标志（见图 5-20）：表示旅客乘机过程中需要经过的服务或服务设施的标志。民航标志中流程标志如下：出发、到达、问讯、售票、行李手推车、办理乘机手续、托运行李检查、安全检查、行李提取、行李查询、边防检查、卫生检疫、动植物检验检疫、海关、红色通道、绿色通道、候机厅、头等舱候机室、贵宾候机室、中转联程、登机口。

图5-20 流程标志图

（9）非流程标志（见图 5-21）：表示旅客乘机时不一定经过的服务或服务设施的标志。民航标志中非流程标志如下：洗手间、男性、女性、育婴室、商店、电报、结账、宾馆服务、租车服务、地铁、停车场、直升机场、飞机场、急救、安全保卫、饮用水、邮政、电话、货币兑换、失物招领、行李寄存、西餐、中餐、快餐、酒吧、咖啡、花卉、书报、舞厅、入口、出口、楼梯、上楼楼梯、下楼楼梯、向上自动扶梯、向下自动扶梯、水平步道、电梯、残疾人电梯、残疾人。

图5-21 非流程标志图

第三节 旅客地面服务

一、旅客地面服务概述

（一）地面服务的范畴

旅客地面服务是指从旅客离港之前或到达之后，在机场内航空公司、机场管理部门、联检单位等为旅客提供的所有服务，包括导乘服务、值机服务、问询服务、联检服务、安检服务、购物就餐服务、贵宾服务、登机服务、行李运输、行李查询服务等。本节所指的地面服务是指机场管辖范畴内为旅客提供的服务项目，它包括导乘服务、红帽子服务、手推车服务、问询服务、特殊旅客服务、联检服务、中转服务、机场贵宾服务等。

（二）旅客的分类

机场的旅客来自于社会各个阶层，来自于不同国家，由于每个旅客因职业、健康状况、生活方式、风俗习惯以及旅行目的不同，对机场的服务会提出不同的要求。故有必要对旅客进行分类，了解他们的需求，开展有的放矢的服务。

1. 按航线分为国内航线旅客和国际航线旅客

乘坐国内航线（包括国际航线国内段）进行旅行的中外旅客称为国内航线旅客；乘坐国际航班的中外旅客称为国际航线旅客。办理乘机手续国内航线旅客比国际航线旅客简单，不需要边防、海关和防疫机构检查。

2. 按旅客身份分为重要旅客（要客）和普通旅客

要客一般是指我国党和国家领导人、外国政府首脑以及我国政府中的正、副部长，省、自治区、直辖市一级的党政领导人，外国政府的部长、副部长、外国大使以及国际上的知名人士等。接待要客主要是保证座位、专人迎送、主动征询意见和要求，安排到贵宾室休息并首先登机等特殊服务。

3. 按年龄可分为婴儿、儿童（包括无人陪伴儿童）、一般旅客、老年旅客

12 周岁以下的是儿童，两周岁以下为婴儿，无人陪伴儿童是指年龄在 5～12 周岁的无成人陪伴、单独乘机的儿童。这是近年来民航延伸服务内容，是为使儿童独自乘机旅行而推出的一项特色服务。无人陪伴的儿童到达机场后由民航派专人帮助其过安检、候机，并引导其上飞机。近来一些航空公司继"无人陪伴儿童"服务后，又推出了"无人陪伴老人"服务。

老年旅客，体弱多病，服务员应主动了解其困难和要求，提供必要工具（如担架、轮椅、行李车等），安排老年人休息室，提供方便（如先或后验票上机），给予热情照应（搀扶、帮助提行李、推轮椅、抬担架等）。

4. 按国籍分为外国旅客和中国旅客以及港澳台同胞

外国旅客是具有境外护照，在国内旅行的旅客（包括长期侨居国外，但未加入居住国国籍的华侨）。港澳台同胞是指居住在我国港澳台地区的中国人。

5. 按民族分为一般旅客和少数民族旅客

少数民族是指除了汉族以外的 55 个民族的中国人。对于少数民族的旅客，要认真贯彻党和国家的民族政策，尊重少数民族的风俗习惯。

6. 按组织形式分为团体旅客和散客

团体旅客是指人数在 10 人以上（包括 10 人）航程、乘机日期和航班相同的团体。他们购票一般开一张团体票。团体旅客行李运输是一种特殊服务项目，应与一般旅客分开单独进行办理。

旅游团体行李收运，除严格执行一般行李和普通团体行李收运的规定外，还要进一步明确旅游部门和航空运输部门的责任。旅游部门对旅游者交运的行李，必须先由旅客自己上锁和加封。各环节应检查上锁和封条以及破损情况，发现有问题应在交接单上详细注明。

其他按旅行性质可以分为公务旅客、旅游旅客、旅行旅客；按购买机票的等级可以分为头等舱旅客、公务舱旅客、经济舱旅客。

二、旅客导乘和接待

在较大规模的国际机场里，可以在机场入口处设立旅客导乘岗位，热情接待中外旅客和引导旅客办理各种乘机手续。导乘员也可以由行李服务员（红帽子）替代，有的机场在候机楼休息大厅里设立流动岗位，穿着醒目制服或身佩红绸带、举着"FOLLOW ME"牌子的流动导乘员为不知所措的旅客解决各种困难。

导乘员的职责是热情接待中外旅客，帮助旅客搬运行李，介绍候机楼内各类服务设

施，宣传旅客乘机须知，解答和解释旅客提出的各种问题，引导旅客办理各种乘机手续，引领重要客人、头等舱旅客到指定地点休息。

在候机楼工作的导乘员在上岗前，要做好仪表仪容的自我检查，做到仪表整洁、仪容端庄。上岗后，要做到精神饱满、面带微笑、全神贯注，随时做好迎送宾客的准备。见到宾客到达机场，应主动上前彬彬有礼地问候，表示热忱的欢迎，对外宾用外语，对内宾说普通话，语言清晰。凡遇老、弱、病、残、幼的旅客要适度搀扶，倍加关心。对第一次乘坐飞机或第一次来当地旅行的旅客要热情介绍候机楼各种服务设施，方便旅客办理乘机手续，积极宣传民航的各种乘机规定，避免产生误会。

对要求帮助搬运行李的旅客应主动帮助其从车上卸下行李，问清行李件数，同时记下旅客乘坐到机场的车辆号码，以便万一有差错时，可据此迅速查找行李下落。对旅客的行李物品要轻拿轻放，对贵重易碎的物品，切忌毫不在乎地随地乱丢或叠起、重压。帮助旅客提携行李物品时，既要主动热情，也要充分尊重旅客的意愿。凡旅客自己亲自提携的物品，就不能过分热情地去强行要求帮助提携。

主动引领旅客到值机柜台前办理乘机手续，按旅客的要求托运行李并放到传送带上，离开旅客时，把行李物品当面向旅客交接清楚，切勿向旅客索取小费。若遇旅客问询，应礼貌地给予回答，如不能确切地告知时，应请同事帮忙或请问询处解决，决不可将错误的或不肯定的信息传递给旅客。办完乘机手续后，要引领重要客人或头等舱旅客到休息室休息，也可以主动帮助旅客提携随身行李，送旅客乘电梯或扶梯时，应礼让旅客先入电梯，不得自己先行，到达时也应示意旅客先出电梯。

对漏机、误机的旅客，尤其是听不懂中、英、日语言的外宾，更要主动提供帮助，引导他们顺利登上飞机。在旅客因误解、不满而投诉时，要以诚恳的态度听取旅客意见，不得中途打断，更不能回避，置之不理。

案例　红马甲志愿者服务

在多数机场航站楼车道边出发大厅门口都有一抹红色，身穿"红马甲"乐于助人的志愿者，也有负责托运行李和保障航班的工作人员，他们用温馨的微笑、专业的知识和周到的服务，帮助旅客解决在航站楼中遇到的各种问题，为旅客提供全方位的问讯和帮扶服务。他们为安全把关、为服务把关，他们践行着自己的承诺，用心为旅客提供真情服务。经过多年的品牌塑造，"红马甲"早已被旅客所熟知，成了中国各大机场名扬世界的名片。

北京首都国际机场的"红马甲"品牌建设是从2011年开始的。2016年国际机场协会（ACI）发布了2016年度全球机场服务质量旅客服务最佳机场奖项名单，中国8家机场上榜，其中北京首都国际机场获得全球旅客吞吐量4 000万级以上最佳机场第三名、亚太地区最佳机场第三名，并连续多年上榜。这与"红马甲"的努力是分不开的。

"红马甲"品牌的理念是：愉悦服务，愉悦体验。行动准则是：微笑关注，高效协助。这准确地践行了首都机场"爱人如己、爱己达人"的服务理念，同时也蕴含了服务"双赢"的价值观——员工努力为旅客打造贴心愉悦的服务体验，在为旅客创造价值的过程中，员工也能感受到个人价值的提升以及被信任的幸福愉悦。

在日常工作中，北京首都国际机场服务大使（流动岗）、志愿者身着红马甲，为旅客提供多语言问讯和指引服务，为 65 岁以上的老人、残疾人、孕妇等特殊旅客提供温馨服务，包括免费轮椅、免费婴儿手推车、行李搬运、电瓶车、航站楼间接送等，还为 65 岁以上独自出行的老人提供爱心陪伴服务。在出现大面积航班延误时，由机场服务大使、志愿者及航站楼管理部门工作人员共同组成红马甲服务团队，为旅客提供问讯、指引以及其他保障服务。

在"红马甲"品牌塑造的过程中，机场管理机构系统地开展了服务产品塑造、品牌文化塑造和品牌传播营销，通过阶段性规划，一步步完善了服务产品，增强了品牌影响力。

机场管理机构制定了主动服务的标准，要求与客人距离 5 m 时眼神接触并面带微笑，2 m 时主动问好，10 秒内给旅客反馈，等等，并统一梳理了现场服务流程和岗位服务标准。

"红马甲"品牌的优势在于，通过机场各单位的联动机制高效地为旅客解决问题。为此，机场管理机构与各驻场单位沟通协调，赋予"红马甲"更多的权限，简化流程，解决了许多服务工作中的问题。现在"红马甲"可直接为旅客协调轮椅服务，现场代叫电瓶车等，服务变得简单高效。

三、手推车服务

在忙忙碌碌的机场，有一样容易被旅客忽视却又离不开的工具——行李手推车。但就是这个不起眼的手推车，成为上海虹桥国际机场品牌服务的名片，在 2015 年二季度国际机场协会（ACI）全球机场旅客满意度测评中，上海虹桥国际机场"虹式手推车服务"，被全球旅客以 4.97 分的高分评为"全球第一"。

在全球几千家机场中，能使旅客满意度高达 4.97（满分 5 分）的高分，只有韩国仁川国际机场曾做到过一次。当时，上海虹桥国际机场曾专程"拜师取经"。如今，"师父"专程来访，对上海虹桥国际机场的服务赞不绝口。其实秘诀只有一个——细节。这几年手推车发生的每个变化，其实都来自于手推车管理团队同事们的观察，旅客登机、出站、取车的流程是动态的，细节也是动态的，随旅客需求的变化而变，是改进所有服务细节的源泉。

对旅客而言，手推车服务好不好，关键看需要时能否"手到车来"，马上推到一辆"好推"的车。正是基于这种体察旅客需求的服务理念，2010 年，上海虹桥国际机场推出了"虹式"手推车服务；2011 年上海虹桥国际机场率先推出手推车在行李转盘围圈式摆放，让旅客提取行李更方便；出发层车道边设 204 个摆放点，布满上海虹桥国际机场第一、第二航站楼的出发车道；手推车之间拉开间距，使旅客一手就可以拿到。2013 年，围圈式摆放升级为顺旅客行进路线 45°摆放；2014 年至今，手推车 45°摆放覆盖范围扩展到出发车道边，还提出鱼骨形无死角取车摆放法、到达廊桥口车辆全覆盖。

他们经过无数次观察与试验，发现 45°角摆放是最适合旅客取车、放行李的角度，每排不超过 5 辆，增加排列数量也可以避免旅客排队取车的问题。这样设计经测算，可使航班高峰期旅客取车效率提升近50%。

改变，有时意味着比过去做得更多。如将车辆拉松一项，这项原本把车推到指定地点就完成的工作，现在必须将车再次一辆辆松开刹车、拉出一定距离，推车时再并拢靠紧，工作内容增加不止一倍。

还有更多细节需要关注，为了推车时合理避让旅客行走路线，他们每次必须跟在旅客后面推行，不得强行超越。每次运送数量也有规定，小车16辆，大车8辆，确保可以及时刹车，避免造成擦碰事故。

有时，手推车管理员们还摇身一变成为移动的问询台。员工都是"多面手"，一面是手推车管理员，一面是品牌代言人。"请问，我要换机场大巴，怎么走？""我这航班在哪里换票？"时不时有旅客会拉住手推车管理员们问这样的问题，他们都会耐心、细心地解答，这不仅是首看、首问责任制对他们的要求，在他们眼中，这也是他们的一份责任，因为他们除了是手推车管理员之外，也是虹桥机场的服务人员，是"虹式服务"的代言人。

将来应用新技术来保障机场手推车供应，如新加坡樟宜国际机场采用新自动化系统，以更有效地确保有足够手推车供应给下机乘客。采用影像分析技术，探测机场候机楼区内各手推车停放处有多少手推车，再配合机场航班抵达的资料，通知工作人员哪一处必须及时填补更多手推车。

四、问询服务

旅客走进机场候机楼，往往最先接触到的就是问询员。作为机场服务的最前沿，问询员们每天要处理数以万计的旅客问询事务，在满足旅客信息需要的同时，也检验着机场的服务水平。比较繁忙的民用机场的候机楼都应设立问询处，回答旅客的问询，宣传、介绍民航有关运输业务规定，帮助旅客解决困难，掌握航班动态，协助接待单位做好迎送工作。

问询服务工作一定要选派熟悉业务、有较丰富的社会生活经验、懂得当地方言和英语常用会话、热爱旅客服务工作的同志担任。

问询处要备有电话，计算机，航班进、出港登记本，值班记录本，旅客遗失物品登记本，航班时刻表，运价表，《航空旅客须知》及火车轮船时刻表，当地交通路线图，日历，时钟，并备有书写用具，等等。值班人员应根据调度室通报，将飞行动态及时填入航班进、出港登记本，并与航行调度部门和运输生产调度部门保持经常联系，加强协作配合，以便准确地回答问询。

问询处服务员要熟悉有关运输业务规定（如有关本站的航空运价、班期时刻和客货运输主要规定），熟悉当地交通、宾馆和主要机关、团体、游览点等情况，积极协助旅客解决旅行中遇到的困难。

随时能热情地接待每一位中外旅客，做到有问必答、百问不厌。自己能作答的，不能让别人来回答。答复问询要有礼貌，要耐心、细致、及时、准确，不讲旅客不懂的术语和简语，要防止"一问三不知"，也不能说"也许""大概"之类没有把握或含糊不清的话。

当面回答旅客的问询时,服务员应起立,面向旅客作答,不得一面工作,一面答话。对电话问询,服务人员在接电话时,应先向对方报单位及姓名,要边听边记,避免让旅客重复发问。对函电问询,首先要拟出文稿,并经领导审阅批复后及时回复。

对一时不能肯回定答的问询,应请对方留下电话号码、姓名及单位名称,并在《值班登记本》上进行记载;待有确切的答复后,应及时通知对方。对旅客提出的不合理要求,要冷静处理;不得指责旅客,不得发脾气乃至吵架。对涉及保密范围的问题,要婉言解释,不作答复。对难以处理或重大的问题,必须立即报告上级领导处理。

案例　全国金牌窗口——问询"翔音"组

航站区现场问讯岗位是上海浦东国际机场的重要窗口岗位之一,主要负责为旅客提供候机楼内方位指引、当日客运航班查询、乘机疑难问题解答及"爱心通道"等特色服务。多年来,通过全体员工的努力,精心打造了"翔音"品牌这一全国金牌窗口形象,先后获得了"全国五一劳动奖状"等12个全国级荣誉、18个上海市级荣誉。

为了做好问询工作,"翔音"组主动倾听旅客意见,通过问卷、现场访谈等形式了解旅客需求,找寻旅客期望与体验之间的差距,明确旅客对服务多元化、多层次的需求。

统计显示,旅客的迫切需求主要以想了解航班和航空公司信息为主。从这两项旅客关注度最高的需求出发,"翔音"组强化了自己的服务内涵。

2017年上海浦东国际机场客流突破7 000万人次,这对"翔音"服务人员来说是一个新的起点,小小的问询柜台是机场服务的一个缩影,通过这个窗口,能传递机场对旅客的关爱。站在新的起点上,"翔音"组将继续尽自己所能,通过亲切的问候和细微的关心,让旅客感受到浦东机场那一抹亮丽的红色。

五、特殊旅客服务

特殊旅客是指承运人需给予特别礼遇,或需给予特别照顾,或需符合承运人规定的运输条件方可承运的旅客。特殊旅客包括重要旅客、无成人陪伴儿童、病残旅客、孕妇、婴儿、盲人、犯人以及受载运限制的旅客。特殊旅客分为两个群体:一是重要旅客(VIP);二是特殊需求的旅客。

目前北京首都国际机场旅客需在航班起飞前一个半小时打电话至3号航站楼旅客服务中心或现场提出申请,出示身份证登记后便可享受如下免费特殊旅客服务。

(1)提供轮椅使用服务。为行动不便且未申请航空公司特殊服务的旅客提供免费的轮椅使用。

(2)团队残障旅客的团队保障服务。航空公司及残疾人团体可通过服务中心调动国门大使提供从登机口到车道边的全程服务。

(3)陪伴服务。为特殊群体旅客提供进、出港流程全程陪送服务;需为旅行社团队或自组团队旅客人数10人,乘坐同一航班,前往同一目的地;在流程上,可为旅客提供引导、值机手续、协助办理、安检快速通行等服务。

（4）国际/港、澳、台团队旅客快速出境服务。需为旅行社团队或自组团队旅客人数≥25人，乘坐同一航班，前往同一目的地；在流程上，可为旅客提供海关（限2号航站楼）、边检快速通行等服务。

（一）VIP旅客精心呵护

民航要客（VIP）服务是机场旅客地面服务工作的一个重要组成部分。随着改革开放的不断深入，经济、社会、文化等各项事业的不断进步，要客服务在民航服务中的重要性日显突出。在外事接待上，要客服务工作的好坏直接代表着国家的形象；在内宾接待上，要客服务作为整个领导、贵宾接待工作的重要环节，与确保领导干部公务活动顺利完成、促进地方经济建设关系密切；同时，要客服务也是向国内外各界高层人士展示当代民航风采的重要窗口。

从机场贵宾通道出入的旅客，一般具有一定的社会、经济地位，他们与一般旅客相比，除了对便捷、顺畅的共性需求外，更在意出行的舒适度和尊贵的心理感受，甚至出入机场还希望具有私密性。一般来说，机场VIP旅客出行机会多，可谓见多识广，这一旅客群体对机场服务，特别是对服务人员的综合素质提出了更高的要求。

机场贵宾服务的对象细分，可分为政要贵宾与商务贵宾、普通贵宾与特殊贵宾（老人、儿童或行动不便的人士等）、正常情境中的贵宾与突发事件中的贵宾等。

头等舱、公务舱旅客是各航空公司的"座上宾"，也自然是机场精心呵护的重要群体。各机场在头等舱、公务舱候机室积极推行个性化特色服务，不断细化服务标准，为政府要员、各界名流和商务旅客在"起航"前提供了一处温馨的港湾。

对于政要贵宾，安排其在贵宾休息厅候机，在完成程序性服务后退至工作间或拉开适当距离，尽量减少在要客交谈和打电话时的干扰，以保持要客所在空间的私密性；对于商务贵宾，在安排其在厅内等候休息时，多主动询问旅客的需求，以彰显旅客的尊贵；对于老人、儿童或行动不便的特殊旅客，在服务中强调热情、亲和，注意观察并为旅客提供周到的特殊服务。总之，对不同贵宾要善于从不同服务对象的特性出发，提供对方乐于接受的个性化服务。

头等舱、公务舱旅客大多对休息室的静音条件比较看重，他们往往希望在登机前能静静地小憩一阵，或不受干扰地处理一些公务。因此，登机信息的传递不能如同候机大厅一样用广播通知，而是要靠服务人员的口头提示。头等舱的服务员在通知旅客登机的方式上同以往相比有很大的改进。以往登机时，服务员只能站在休息室门口，口头通知航班上客信息，尤其旅客较多时，无可避免地影响到其他暂未上客的航班旅客的休息。如今，服务员会根据休息卡上的"内部标记"，逐一、准确地找到每一位需即时登机的旅客，有针对性地轻声向其提示登机信息。

为了防止VIP、头等舱、公务舱旅客因休息而漏乘的严重差错发生，服务人员采取了许多有效的应对措施。目前，在深圳宝安国际机场B楼头等舱安装了安检检索图像系统。当登机一开始，服务员可在该系统中输入航班号和旅客座位号，即时准确地查到旅客的相貌、特征、穿着以及姓名，并可据此实现对VIP等贵宾提供温馨的称谓服务或在未登机时的联动查找。这一服务方式推行以来，避免了因航班高峰时段旅客较多，服务员无法准确识别即时上客航班旅客，核实上客信息而在厅内通播上客信息或逐一询问旅客所带来的弊端。

在同质性很强的航空服务领域，服务的个性化会在竞争中脱颖而出。贵宾服务就是对每一位旅客都要实现全程的关注，让关注的目光时刻可以捕捉到旅客的需求，服务在旅客开口之前，真正体现"贵宾之贵"。贵宾服务工作人员会根据要客的个人特点，提供个性化的细微服务。许多机场将重要的VIP旅客资料输入计算机，把他们喜欢喝什么、吃什么甚至爱听什么音乐都纳入体系，在VIP旅客到达机场前，服务员就对这位旅客的喜好了如指掌了，也就可以有针对性地提供优质的服务。例如，某位客人的腰椎不好，就主动递上毛毯垫在其腰后；某位客人喝咖啡不喜欢加糖、加牛奶，就直接送上他喜欢的黑咖啡。无论VIP旅客走到哪里，要客服务员都能准确地叫出他的姓氏，并提供给他周到的VIP服务。

（二）无人陪伴儿童（Unaccompanied Minor，UM）全程关爱

办理无人陪伴儿童服务，首先需要旅客在预计出发日期提前3～7天向航空公司提出申请，由儿童的父母或监护人填写"无成人陪伴儿童乘机申请书（UM FOLDER）"，内容包括儿童姓名、年龄、始发地、目的地、航班号、日期、送站人和接站人姓名、电话、地址、儿童的特殊情况等项目。

柜台重交接保无误。在乘机当天，无人陪伴儿童必须在家长的带领下前往值机柜台办理值机手续。在办理手续的同时，值机员工将根据计算机系统中无人陪伴信息提示，联系专职照顾无人陪伴儿童的员工前往柜台，与家长交接，并进行信息记录。主要记录内容包括孩子姓名、年龄、始发地、目的地、护送到机场的人（父亲、母亲或监护人），目的站的迎接人姓名、地址、电话，并签字确认。在交接之后，专职服务人员将全程照看、协助无人陪伴儿童通过边防检查、安全检查和来到登机口候机等候、登机，直到飞机顺利起飞。

服务无缝隙更安全。地面服务人员与机组交接后，机组会指定专人对无人陪伴儿童在整个航程中给予周到的服务，并在餐饮及上洗手间时给予指引协助。航班到达后，机组会专门将无人陪伴儿童交接给地面人员并签字确认。地面人员会全程带领无人陪伴儿童下机，并帮助提取托运行李。

航班落地后，接领人在到达站出示有效身份证件，经核对无误后方可将孩子领走。如果孩子的接站人没有到，地面工作人员将联系孩子的家人，确认接站人位置，最终确保将孩子送到接站人面前。

在服务中应注意以下事项。

（1）无人陪伴儿童不能使用自助登机设备，必须到柜台办理登机手续。同时家长在办理完相关手续后，最好不要马上离开，在接到服务人员电话通知确定飞机起飞后再离开，以免特殊情况发生，如孩子怕生、不愿登机、航班取消、返航等。

（2）根据中国民用航空局的规定，在孩子的手提和托运行李中，不得携带在运输过程中对健康、安全、财产或环境构成危险的物品或物质，即民航相关规定禁带的九大类危险品。

在国际航班 UM 的服务过程中，机场地服会把小旅客作为"特中特"旅客予以重点对待。为了给小旅客提供更加细致、温暖的服务，机场特意从特服部挑选女员工，甚至是"妈妈级"的员工进行无成人陪伴儿童的服务工作，让小旅客在出行过程中充分感受到工作人员的"爱心、耐心、细心"，从而消除一些孤独感和陌生感。同时，在接到 UM 服务通知之前，特服的工作人员会提前了解小旅客的国籍、语言、习惯、所去往城市的奇闻趣事、民俗民风，以及外籍小旅客在中国的居住时间和感兴趣的事物，并且会安排外语流利的工作人员进行全程陪护。

（三）孕妇旅客

事实上，孕妇是可以坐飞机的。尽管孕期会出现恶心呕吐、血压升高等不适症状，但只要准妈妈怀孕时的状况一切正常，就可以像往常一样，放心地乘坐飞机。按规定，怀孕 32 周或不足 32 周的孕妇，除医生诊断不适宜乘机外，可以按一般旅客运输。怀孕超过 32 周的孕妇应在乘机前 72 小时之内去医院（县级或县级以上资质医院）开具适宜乘机的诊断证明书，并经指定的医院盖章和该院医生签字后方能生效。以下几种情况，航空公司一般不予承运：一是怀孕 35 周（含）以上者；二是预产日期在 4 周（含）以内者；三是预产期临近但无法确定准确日期，已知为多胎分娩或预计有分娩并发症者；四是产后不足 7 天者。

如预产期在 4 周以内或预产期不确定，但已知为多胎分娩或预测将要分娩者，航空公司一般不予接受运输。如有特殊情况需要乘机，旅客应在乘机前 72 小时内向航空公司提交由医生签字和医疗单位盖章的诊断证明书，并且一式两份。其内容应包括姓名、年龄、怀孕日期、预产期、旅行航程、旅行日期以及适宜乘机的证明和机上需要哪些特殊照顾等信息。同时，旅客需填写《特殊旅客乘机申请书》，一式两份，经承运人同意后方可购票乘机。

售票人员及机场服务人员应劝说准妈妈们，在孕期的"头 3 月"和"尾 3 月"最好不要乘机。怀孕早期（头 3 个月）是早孕反应（如恶心、呕吐、食欲不振等）最重的时期，也是胎儿器官形成的关键时期。胎儿的生长发育还不稳定，容易发生流产；因为飞机起降时的气压差、超重与失重以及遭遇高空气流时飞机的颠簸，都会使准妈妈们和腹中胎儿感到不适，易导致流产或早产。而怀孕中期（4 个月至 6 个月），属于相对稳定时期，孕妇的精神状态较好。在这个阶段，孕吐的现象已经过去，流产的风险也相对降低。到了怀孕晚期（后 3 个月），旅途中的意外有可能诱发子宫收缩、早产、胎盘早期剥离等严重并发症。此外，孕妇在飞机上长时间不活动，再加上增大的子宫压迫血管会影响血液回流，易导致血栓的形成。如果在怀孕早期有先兆流产的情况，怀孕晚期又合并高血压、蛋白尿、水肿、糖尿病等，乘飞机出行更易增加危险性。2012 年一名准妈妈乘坐飞机由武汉前往广州，在起飞阶段突然流产，飞机紧急终止飞行，孕妇在经紧急医学处置后被送往医院进一步救治。

（四）残障人士的服务

做好残障人士航空运输服务工作，是落实《中华人民共和国残疾人保障法》《中华人民共和国消费者权益保护法》，保护残疾人出行权益的切实举措，也是航空运输服务工作的重要内容。随着社会各项公共服务设施及体制的陆续完善，残障人士的权利得到了越来越全面和周到的保障。在日常生活中，残障人士平日的出行也越来越方便，他们可以选择飞机等各种不同的交通方式。

残障人士乘机不同于普通人，他们在乘坐飞机出行的过程中，往往对机场和客舱内的设备、服务有特殊的要求。而让他们实现无障碍通行，也是摆在民航业面前的一个重要课题。

机场是残障旅客乘机出行时的必经场所，需要为残障旅客提供人员和设备上的双重保障。民航局2009年制定了《民用机场旅客航站区无障碍设施设备配置标准》，要求机场在航站楼出发厅设置为残疾人服务的问讯柜台，为残疾人提供问询、引导等服务；要根据《无障碍环境建设条例》和《民用机场旅客航站区无障碍设施设备配置标准》的要求，配备残疾人停车位、轮椅等无障碍辅助设备。无障碍设施有盲道及扶手盲文、无障碍卫生间、低位柜台、低位电话、车道边招援呼叫器、残障人士专用座椅、无障碍电梯、无障碍饮水机、残障人士专用车位、登机口闪烁提示灯、无障碍通道等。

导盲犬的运输：目前，我国有盲人1 731万，然而，仅有35只导盲犬为盲人提供服务。由于导盲犬在中国还是一个新生事物，盲人携带导盲犬出行会遇到重重阻碍，很多时候甚至还不如独自出行方便。另外，和导盲犬共同乘坐飞机也不是易事。

根据《残疾人航空运输办法（试行）》规定，携带导盲犬进入客舱无须购票，应在订座时提出申请，最迟不能晚于航班离站时间前72小时。具体到各航空公司，携带导盲犬乘机的购票规定大同小异：必须在航班起飞前72小时或48小时，在直属售票处或营业部提出订座申请，填写《特殊旅客申请表》，旅客购买经济舱机票；须提供有效的导盲犬身份证、驯养证、工作证、免疫证、检疫合格证等书面证件。

出发当天，导盲犬和其使用者须至少提前2小时到达机场办理登机手续。旅客首先要到承运航空公司的值班主任柜台确认申请，然后前往特殊旅客值机柜台办理值机。在办理手续时，旅客须出示导盲犬身份证、驯养证、工作证、检疫证、消毒证明等书面证件，经工作人员审核后即可打印登机牌。

（五）担架旅客

2016年以来，民航行业连续发生机上旅客突发疾病救治、残疾旅客客舱服务以及人体捐献器官航空运输等服务事件，引发社会广泛关注。航空公司、机场作为一个普通的运输企业，理应承担相应的社会责任，特别是在救死扶伤、抗洪抢险、满足国家和社会公众对突发事件的处理等方面发挥积极的作用，充分体现"人民航空为人民"的民航服务宗旨。目前，许多有特殊需求的旅客都看重航空运输的快捷性，经常向航空公司或航空公司代理人（机场）提出申请，希望能满足其特殊要求，这使航空公司承担的社会责任越来越大。由于航空运输业对特殊旅客（尤其是担架旅客）的承运有严格的保障要求，因此，并不是所有特殊旅客的要求都能得到满足。如果在航空公司与旅客之间未能实现良好的沟通，那就很容易给二者都造成不必要的损失，有损航空企业的形象。

担架旅客乘飞机必须提前申请。担架旅客坐飞机往往需要拆除部分机上座位并配备特殊的航空担架，因为普通医用担架是不符合民航适航规定的；同时，担架旅客要出具96小时内医院《诊断证明书》，病情严重的旅客应出具起飞前48小时以内填开的《诊断证明书》，并要附署主治医师以上级别的医护人员签署意见。乘机前，担架旅客一定要确认自己是否适合航空运输，盲目地乘坐飞机有可能给自己造成更大的伤害。对于担架旅客，各航空公司都会制定相应的运输规定，以南航为例：

（1）担架旅客订座不得迟于航班起飞前72小时。在航班起飞前72小时内的担架旅客的申请，在航班运行管理部门答复可安排的情况下，方可接收。

（2）每架飞机上的担架旅客仅限1名。如果航班上接收了担架旅客，则不再接受其他病残旅客。

（3）担架旅客必须至少由1名医生或护理人员陪同。经医生证明，不需要医务护理时，可由其家属或监护人员陪同。

（4）担架旅客只能安排在经济舱，安置担架附近的空余座位，前一排或相邻一列座位，一般不再售票。

（5）担架旅客的票价，由担架旅客的个人票价和担架附加票价两个部分组成。陪伴人员票价根据实际乘坐的座位等级适用票价计收。

（6）担架附加票价：不论安放担架需占用的座位数额多少，均按下列办法计收：对旅客使用担架的航段，加收5个成人单程经济舱普通票价（不另加收税费）。

（7）如旅客取消旅行，担架附加票价全款退还。

（8）担架旅客的免费行李额为120 kg，陪伴人员的免费行李额则按所付票价的座位等级计算。

案例　被蛇咬伤包机飞上海求救

2005年11月7日12：50左右，蔡先生像往常一样在自己的农场里玩蛇。突然，一条约1 kg重的蛇朝他蹿过去，咬住蔡先生的左手。凭借多年玩蛇的经验，蔡先生一眼认出咬他的正是含有剧毒的五步蛇。蔡先生家住烟台，30岁，是上海中达客运有限公司负责上海至烟台的班线承包经理。

被五步蛇咬伤后，蔡先生就立即通知了家人。家人急忙打电话给烟台当地医院，结果被告知只有上海、广州这样的大城市医院里才有治疗五步蛇剧毒的血清。

于是蔡先生立即向远在上海的同事袁先生电话求助。接到求助电话后，袁先生于当日1：30左右，一边安排人员向上海各大医院打听血清的信息，一边与上海机场指挥中心联系，预订下午由烟台至上海的最早时间的航班。袁先生随后获知，从烟台飞往上海最早的一班飞机也要等到15：20。在这种情况下，袁先生决定联系山东航空公司包机，尽快救治蔡先生。

经过较短时间后，山东航空公司出动了一架庞巴迪70座商务机参与抢救行动。当日

14：10左右，所包专机从烟台机场起飞。袁先生则与120取得联系，决定等专机抵沪后，就立即将蔡先生送往上海龙华医院。15：15，飞机抵达上海虹桥国际机场，早在机场内等候的120急救车将蔡先生及时送往指定医院。15：46，蔡先生及时被送进龙华医院急诊室，经过医院及时抢救，痊愈出院。

六、联检服务

有这样一类旅客，或因为堵车，或因为其他原因，导致在乘坐飞机出行时可能晚到机场几分钟，他们就是业内所称的晚到旅客。目前，像这样的晚到旅客可能会感觉到越来越方便，因为有"特色服务"可以帮其快速登机。

对于晚到旅客，很多机场都会"网开一面"。例如，有的机场推出了晚到旅客快速登机服务，每天可帮助百余人次的晚到旅客登机；有的机场在值机柜台关闭后，让晚到一步的旅客优先过安检通道；有的机场在为晚到旅客办理乘机手续的同时，会在旅客胸前粘贴"晚到旅客"标志牌，方便旅客得到最便捷的服务，快速登机。

旅客晚到的现象，每个机场甚至是每一个航班都可能出现。尽管民航业一直倡导每位旅客按时登机，但是因为诸多客观因素，"晚到"现象是难以避免的。以往，晚到旅客要么登不了机，要么只能选择改签。这种结果可能会影响晚到旅客的情绪，加剧一部分旅客对民航业的不理解。如今，对于无法避免的旅客晚到行为，晚到旅客绿色通道在多个机场被"打通"，无疑是急人之所急，最大限度地服务了旅客，体现了民航业以人为本的服务理念。对于那些因为客观原因而晚到的旅客来说，可谓是"雪中送炭"。绿色通道不仅避免了晚到旅客与服务人员之间不必要的摩擦，而且实实在在地让晚到旅客少了几分顾虑。

在安检处，由于一些旅客对乘机携带液态物品的要求了解不多，常常携带超量的液态化妆品登机。根据中国民用航空局发布的《关于禁止旅客随身携带液态物品乘坐国内航班的公告》，每位旅客可携带的液态化妆品每种限带1瓶，瓶的容量必须小于100 mL。被安检查出后，好的结果是交由送行人员带回或者暂存；时间允许的，还可以办理托运。而无送行人员又不想暂存、不想托运或者来不及去办理托运的，只有选择舍弃。"每当我们看到旅客难舍的表情，心里也不好受，毕竟一些化妆品价格不菲。"珠海金湾机场安检站同志们想出了为旅客提供容量刚好是100 mL的空化妆瓶的服务举措，现在有了空瓶子，超量携带液态化妆品的旅客都能带走100 mL。在安检口只见一位女旅客在安检员的协助下，小心翼翼地将自己携带的液态化妆品倒入空瓶。让旅客快乐出行，既解决了旅客的燃眉之急，又保证了旅客携带物品符合相关规定，还提高了安检服务质量。一个小小的空化妆瓶，让旅客感动和满足，如此贴心的服务举措，换来了旅客更多的赞许。

第四节 地勤保障

旅客在每一次乘坐飞机抵离机场时，除了能够直观、直接地感受值机、托运行李等服务之外，实际上也在享受着一些"看不见的服务"，如飞机停泊期间的供油、旅客下机登机、行李搬运、餐食供应、机身清洁等地面保障服务。在机场里，参与提供这些"看不见的服务"的单位众多、程序复杂、覆盖面广、作业标准不统一，管理难度较大。第三节旅客地面服务和本节地面勤务保障都是机场运输保障的重要组成部分。

机场的正常运行除了旅客服务之外，还需要供水、供电、供气、通信等多个部门的配合协作，连同为航空器提供地面勤务和应急保障等要素一起，都是机场正常运行的重要保证。

一、概述

地勤保障全称为地面勤务保障，是指一系列的地面车辆和设施为飞机的出港、进港、经停提供地勤服务。这些服务都有一定的时限，这样可以提高飞机的利用率，也可以增加机场的效益。这些服务包括上、下旅客，装卸货物，供应食品及其他用品，供水、加燃油及清除垃圾。

在候机楼里，通过玻璃窗可以看到外面有许多各式各样的车辆在奔跑，如图5-22所示。飞机着陆之后、起飞之前，地勤保障要完成许多工作。

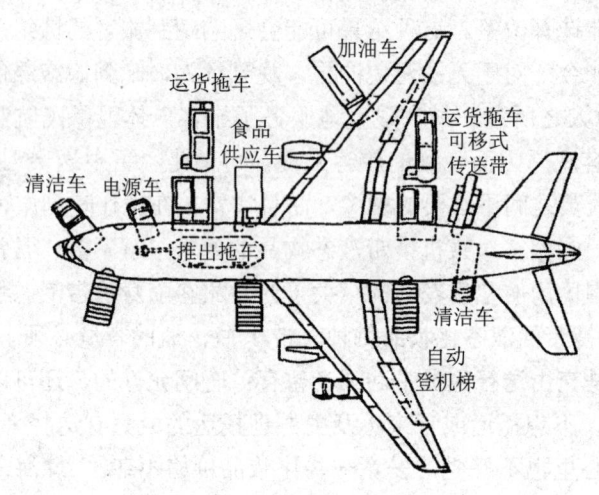

图5-22 机场地勤保障

（一）机场地勤保障项目

大部分进港和离港的飞机在停机坪上或多或少都需要一些服务，其中大部分服务是由航空公司驻场或机场工程师负责。当需要完成的工作任务比较繁杂时，许多工作就必须同步进行了。

1. 登机服务

旅客要上下飞机，有登机桥的地方可以用登机桥，没有登机桥的地方，就要用摆渡车把上飞机的旅客从候机楼送到飞机旁边，把下飞机的旅客从飞机旁边接回候机楼。

2. 故障处理

飞机机长在技术记录中已经报告的小型故障和不需要飞机停止飞行的小型故障，在航空公司驻站工程师的监督下进行处理。

3. 加油

有专门负责提供添加油料的工程师，该工程师负责监督飞机添加油料的过程，确保以安全的方式为飞机提供正确数量的无污染油料。油料供应可以来自移动油罐车，也可以来自停机坪液压加油系统。

4. 机轮和轮胎检查

通过目测对机轮和轮胎进行物理检查，以确定在最近一次的起降周期中没有发生损坏，而且轮胎仍然可以使用。

5. 动力供应（供电供气）

虽然许多飞机有辅助动力装置（APU），基于地面环境因素的考虑，某些机场严格限制使用 APU，为了减少燃料消耗和降低停机坪噪音，由机场为其提供动力（提供电源和压缩空气），这已成为动力供应的趋势。地面设备主要分为两种：地面车载电源、空调设备和地面桥载电源、空调设备。

6. 除冰和清洗

除冰清洁车是一辆典型的多用途车，它可以向机身和机翼喷洒除冰液，还可以清洗飞机，重点清洗的是驾驶舱窗户、机翼、发动机舱和客舱窗户。这种自驱动的液体罐车有一个平稳的升降平台，可以对普通的和宽机身的飞机实施喷淋等维护工作。某些机场在其离港跑道出口附近设计了专用的除冰停机区，飞机滑行穿过巨大的门式除冰台架，就可以除去机身上的冰。而且该设备还可以回收除冰液，并可以循环利用除冰液。

7. 机舱的制冷、供暖

飞机常常需要在停机坪上停留一段时间，在多数气候条件下，可以不启动 APU。但为了使飞机机舱内能保持一个适宜的温度，会通过机场地面空调设备向机舱提供暖气或制冷。

8. 供水清污

在停机坪上通过车载的专用泵压设备，从外部对飞机卫生间的储存容器进行处理。与此同时，饮用水和发动机用的纯净水也同时被加满充足。

9. 机上服务

在对飞机进行外部维护的同时，还要对飞机的内部进行维护，主要任务是清洁和餐食供应。要获得较高程度的舱内清洁，需完成以下几项工作。

（1）更换床单、枕头和座椅的头部靠垫。

（2）真空吸尘和用香波清洗地毯。

（3）清除烟灰缸和去除全部杂物、废屑。

（4）配备新的座椅靠背罩。

（5）清洁、配备新的厨房和卫生用品。

（6）清洗所有平滑的地方，包括扶手。

10. 餐食供应

飞行途中的旅客餐食由机场航空食品公司提供。餐食供应操作标准非常严格，从餐食来源到送至旅客手中的全过程，都必须全部符合国际认可的卫生标准。如果在航班途经的航站餐食供应达不到质量或卫生标准，飞机上供应的餐食则要从航空公司的主要基地带过来。餐食供应由航空食品车进行装载操作。

（二）机场地勤保障特种车辆

每项地勤保障工作都有特种车辆提供保障，特种车辆种类很多，如图5-23所示。

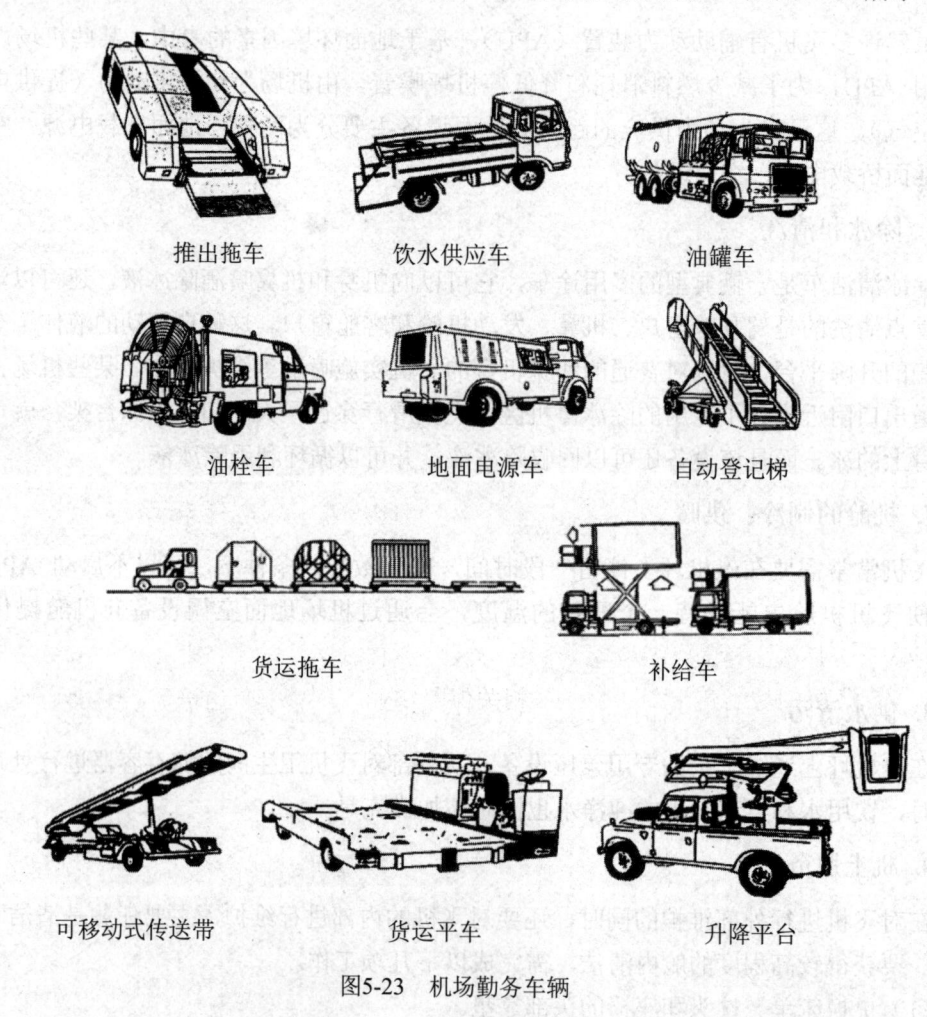

推出拖车　　　　饮水供应车　　　　油罐车

油栓车　　　　地面电源车　　　　自动登记梯

货运拖车　　　　补给车

可移动式传送带　　　　货运平车　　　　升降平台

图5-23　机场勤务车辆

（1）推出拖车（牵引车）。在指廊式或卫星式的机坪，飞机是机头向里停在停机位上的，因而飞机必须倒退出机位，这时要借助推出拖车把飞机推出机位，重型拖车可以把大型飞机推出，它的高度可以调整以适应不同机体的高度。

（2）饮水供应车。为飞机供应饮用水，可以携带数吨水。

（3）加油车。分为两种，一种是油罐车，装有 10 吨以上燃油，上面有加油臂，1 分钟可泵油 4 000 L；另一种是油栓车，它把机场供油系统在机坪上的供油栓和飞机的加油孔连在一起，在 10 分钟内可以为波音 747 这样的飞机把油装满。

（4）地面电源车。飞机停放在地面，关闭了辅助动力装置（APU），远机位由这种车辆供电，用于启动发动机、照明和空调。

（5）自动登机梯。在没有登机桥的机坪上供旅客上下。

（6）货运拖车。由牵引车拖动，运送行李和小件货物。

（7）补给车（食品车）。可以载运食品供应人员和把补充的各种物品送上飞机。这种车辆通常是在一个标准卡车底盘上加装上车篷制成的全封闭式货车车体，该车体可以由卡车发动机驱动的液压式剪形升降机实现升降。有两种不同类型：低空升降食品车，用于舱门门槛高在 3.5 m 以下的窄体式飞机；高空升降食品车，用于宽体式喷气式飞机。

（8）可移动式传送带。在飞机装卸行李时，它可以大大提高工作效率。

（9）货运平车。用于放集装箱或集装货板，它的车体平面离地不到 0.5 m，易于和传送带联合作业。

（10）升降平台。用于清理或维护飞机外部，它的升降高度可达 12 m，保证能达到飞机外部各个部位，分为液压式和构架式，构架式价格低，但不能到达空间比较小的地方。

（11）清洁车。把机上厕所污水和其他杂物清除。

二、地勤保障管理

（一）地勤保障人员管理

所有在机坪从事地勤保障作业的人员，均应当接受机场运行安全知识、场内道路交通管理、岗位作业规程等方面的培训，并经考试合格后，方可在机坪从事相应的保障工作。

机场管理机构应当建立在空侧从事相关保障作业的所有人员的培训、考核记录档案，相关保障单位也应当建立本单位人员的培训、考核记录档案。

地勤保障人员的生产行为规范如下。

（1）所有在机坪从事地勤保障的人员，均应当按规定佩戴工作证件，穿着工作服，并配有反光标识。未经机场管理机构批准，任何人员不得在机坪内从事与保障作业无关的活动。

（2）任何工作人员饮酒或含酒精的饮料、处在麻醉剂或对作业有影响的药物作用下不得进入机坪作业。

（3）机坪内未设专用人行通道，工作人员按照车辆行驶路线行走，严禁穿越机坪。行进时应注意观察车辆和航空器的活动，并主动避让。

（4）机坪内禁止吸烟（包括各类车辆内、航空器内、旅客登机桥上、行李处理区和飞机维修区以及有禁止吸烟标志的区域）。

（5）需要在机坪内进行与保障无直接关系的活动，应事先与现场指挥室联系，确定活动范围。

（6）机坪内配备的消防灭火器材和设施，使用后应及时放回原位，禁止任何人员擅自挪动或阻挡。

（7）廊桥操作人员在操作廊桥活动时，应注意观察。廊桥保障作业完成后必须将活动端完全收回到位，并停放在红色活动区域内划设的廊桥停放区内。任何人员、车辆、设备不得进入廊桥活动区域或从廊桥活动端下方穿越，防止影响廊桥正常运行。

（8）在航空器进入机位过程中，任何人员和车辆不得从航空器和接机指挥人员之间穿行。

（9）机位安全线（红色）用于标注飞机停放的安全区域，即在飞机进入、推出时该区域内除机务人员和拖车外不得有其他人员和车辆。

（10）对航空器进行保障作业应遵守以下规定。

① 廊桥机位附近设置有作业等待区，该区域仅限保障该机位最近停放的航空器的各种车辆、设备临时使用，作业完毕后不得占用该区域。作业等待区分类划设了各类车辆、设备的停放位置，车辆、设备应整齐地停放在各自区域内等待作业。

② 保障车辆、设备必须避让在航空器旁工作的工作人员。

③ 航空器进入机位处于安全停泊状态，机务指挥人员发出可以对接的手势，并且廊桥或客梯车对接航空器完成后，各类保障车辆才能进入机位安全线区域进行保障作业（特殊情况下电源车除外）。

④ 在设置有地面管线加油井的机位，应当使用管线车为航空器提供加油保障作业。其他车辆、设备应当主动避让加油车，保证加油车前方紧急通道的畅通。

⑤ 靠近飞机作业的车辆倒车时，驾驶员应先确认倒车线上有无障碍，并由专人在车辆后方指挥以确保安全。

⑥ 保障车辆、设备在为航空器提供地面保障作业时，不得影响相邻机位及航空器滑行道的使用。

（11）当机位放置有机位不适用标志时，表明该机位不适于航空器停放。任何单位和人员不得损坏、挪用、遮挡该标志。

（12）机位配电箱安装有油料紧急停泵按钮（红色），任何人不得擅自触碰。

（13）机位附近放置有反光锥形筒标志，除机务人员正常使用外，任何人员不得擅自挪用。使用完毕后，应将反光锥形筒标志重叠回收放置至指定的位置。在收到现场指挥室通报本场风力超过 5 级的告警时，不使用反光锥形筒标志，已使用的应立即收回。发现反光锥形筒标志损坏或缺失应及时报告现场指挥室。

（14）有故障或已报废的车辆、设备应当及时移出机坪。

（15）在有航空器活动期间，人员、车辆进入跑道、滑行道和联络道区域应遵守下列规定。

① 人员、车辆在进入以上区域之前，应先向指挥室通报并向塔台申请，在得到许可后方可进入。

② 必须使用 800 MHz 对讲机与塔台和指挥室保持不间断的通讯联系。

③ 人员、车辆退出以上区域时，应当确保无任何物品遗失在经过区域，完全脱离后，必须立即向塔台报告。

④ 人员、车辆脱离后再次进入必须重新申请。

（二）加强机坪安全运行整治

机坪是地勤保障工作的主要工作场所，具有运行繁忙、特种车辆众多、事故易发的特点，给机场的安全运行保障带来很大的考验。为了进一步增强地勤保障人员的按章操作意识，各机场要不放过任何一个安全风险，运用现场日常监察、专项联合检查、后台视频监控的"三位一体"安全管控模式，持续性、常态化查找现场问题，消除安全隐患。

在现场日常监察方面，以航班各项保障作业、机坪交通、车辆及设备性能、外来物防范等工作为重点，加大了对人员和车辆的检查及违规惩治力度；在专项联合检查方面，与各驻场单位建立了联合监察常态化机制，定期组织开展"号脉"行动，查找安全隐患，消除安全风险；在后台视频监控方面，机场组织主要保障单位参与联席值班并建立了违章倒查机制，定期将违章操作视频发送给相关单位，进行违章倒查，确保有错必查、查必有果。

同时在整治当中重视保障作业标准化建设。航空器地勤保障工作流程复杂，涉及的保障单位、人员、车辆、设备多且管理难度大。

这方面北京首都国际机场有很好的经验。为优化现行的保障作业程序，持续提高机坪运行安全管理水平，北京首都国际机场曾于 2016 年开展过"三阶段"的航空器地面保障作业标准化行动。在准备阶段，通过摸底调查机坪运行现状，制订了标准化工作推进计划，成立了标准化工作推进小组；在推进实施阶段，对涵盖飞机作业、旅客作业和行李货邮作业等 3 大类 11 分项的航空器地面保障作业程序，按照工序分别进行了量化分解，编写了《首都机场航空器地面保障标准化作业手册》；在总结提升阶段，通过收集各一线员工在应用标准化程序过程中遇到的问题或难点，进一步提高了《首都机场航空器地面保障标准化作业手册》的实用性和可操作性。通过开展标准化行动，不仅为各单位开展内部安全管理和程序对标提供了参考，同时也为完善一线操作岗位管理体系提供了很好支持，使机坪运行安全保障工作更加科学、规范、高效。

标准化作业是通过对保障作业流程进行筛选提炼，剔除多余的、低效能的、可替换的环节，保留并精炼关键环节，保证作业流程整体综合最优、最高效、最安全。以机务保障为例，在《机务操作标准作业程序》中，将安全锥筒从客舱侧摆放调整为优先从货舱侧摆放，保证了行李类车辆能够优先进入机位参与保障。这一标准化操作环节，使行李提取时间缩短了 1~2 分钟。

目前，北京首都国际机场的航空器配餐、廊桥对接与撤离、远机位旅客监护等业务均已实施了流程标准化操作，并且其对应单位自执行标准化工作以来，均未发生过人为原因不安全事件，典型的机下违章操作数量同比减少了10%，标准化作业的推广给机坪整体运行安全带来了效益。

（三）飞机停机位置的设施和区域

1. 停机位置引导设施

除远距离登机坪外，在登机的停机位置都需要一定的设施帮助驾驶员把飞机停放在准确的位置，让登机桥能和机门连接。在停机位置处，侧面有侧标志板，画有各种机型的停机指示线，如图5-24所示，当驾驶员左肩对准所驾驶机型的指示线时，飞机机门的位置就对准了登机桥。此外还有停机对准系统，驾驶员由前方的灯光显示，判断机头是否对正滑入停机位的方向，在停机位的前方滑行道上还铺有压力传感垫，飞机前轮压上传感垫之后，在机头前方的显示板上会显示出前轮停放位置的偏差。在远处机坪停放的飞机，有专门的停机坪调度员引导飞机进入正确的停机位置。

图5-24 各种机型的停机指示线

2. 登机桥

登机桥（又称为廊桥）是登机口与飞机舱门的联络通道。登机桥是一个活动的走廊，是以金属外壳或透明材料做的密封通道，桥本身可水平转动，它是可以前后伸缩的，并且有液压机构调整高度，以适应不同的机型，当飞机停稳后，登机桥和机门相连，旅客就可以通过登机桥直接由航站楼进出飞机，如图5-25所示。采用登机桥，可以使下机、登机的旅客免受天气、气候、飞机噪声、发动机喷气吹袭等因素影响，也便于机场工作人员对出发、到达旅客客流进行组织和疏导。

图5-25 装有地面桥载电源、空调设备的登机桥

3. 廊桥活动区

在廊桥活动端移动范围内应当采用红色线条设置廊桥活动区，禁止任何车辆和设备进入。廊桥活动区内应当标示廊桥回位点。廊桥处在非工作状态时，应当将廊桥停留在廊桥回位点。廊桥操作人员进行靠桥、撤桥作业时，禁止其他人员进入廊桥活动端，如图 5-26 所示。

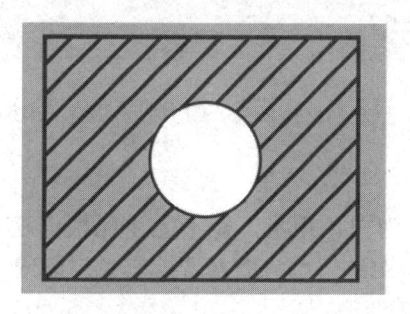

图5-26　廊桥活动区标志（图中的灰底为原道面颜色）

4. 作业等待区

机坪上可以划设作业等待区，用以规范飞机入位前各类作业设备的等待停放位置。作业等待区分"常规作业等待区"和"临时作业等待区"两种形式，如图 5-27 所示。"常规作业等待区"允许设备在飞机进、出机位期间持续停放，通常用于"自滑进、顶推出"机位；"临时作业等待区"只允许设备在飞机入位前临时停放，完成作业后则应撤出该区域，以允许飞机从该区域通过，通常用于"自滑进出"机位。

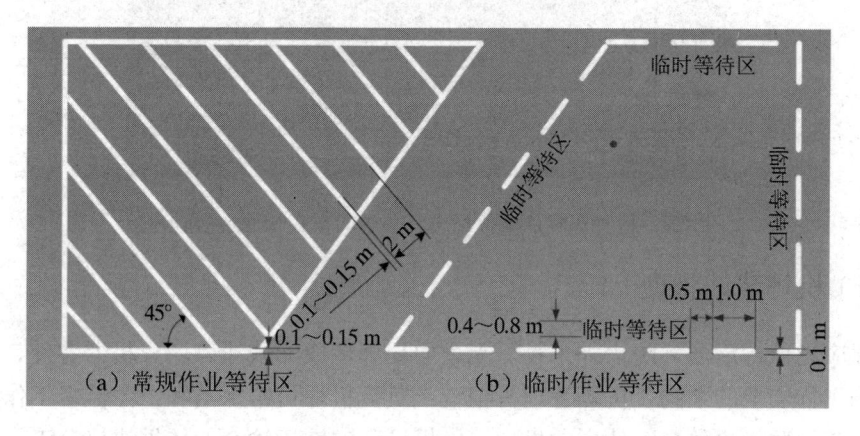

图5-27　作业等待区标志（图中的灰底为原道面颜色）

5. 设备摆放区

设备摆放区用于摆放高度为 1.5 m（含）以下的小型设备（包括氮气瓶、千斤顶、六级以下小型工作梯、放水设备、非动力电源车等）的区域。该区域标志为白色矩形框，矩形长和宽不确定；框内有一处或多处"设备区"字样。设备摆放区标志的位置、形状和尺寸应以施划的图纸为准，如图 5-28 所示。

251

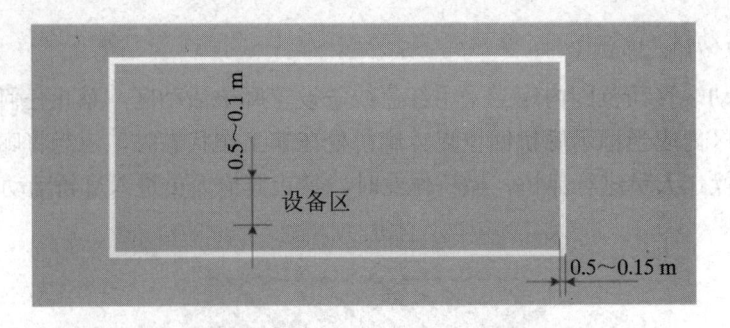

图5-28 设备摆放区标志（图中的灰底为原道面颜色）

6. 特种车辆停车区

特种车辆停车位标志应为白色矩形，矩形大小应根据摆放车辆确定，矩形内应标注"××车专用位"字样。若对车辆停车方向有特殊要求，应增设停车方向指引标志，如图5-29所示。

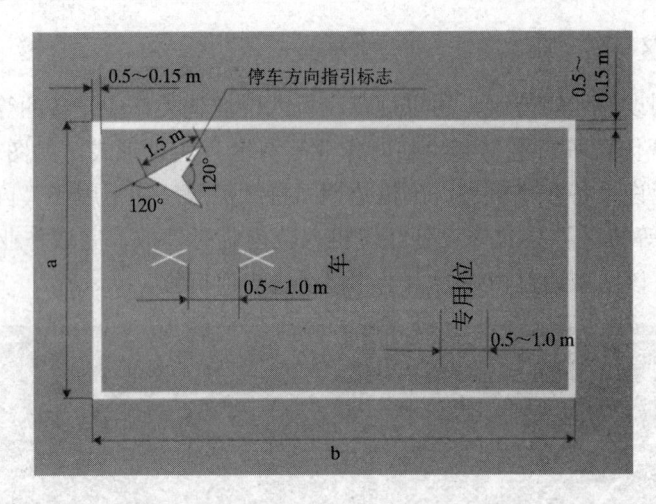

图5-29 特种车辆停车位标志（图中的灰底为原道面颜色）

（四）机坪清洁管理

机坪应当保持清洁，防止外来物。无道面损坏造成的残渣碎屑、机器零件、纸张以及其他影响飞行安全的杂物。机场管理机构统一负责机坪日常保洁和卫生监督工作。航空运输企业及其他驻场单位自行使用的机坪，由机场和航空运输企业依据协议分工，确定机坪日常保洁及卫生监督责任。在机坪内不得进行垃圾分拣。

机场管理机构应当在机坪上适当位置设置有盖的废弃物容器。任何人不得随地丢弃废物。机坪保障作业人员发现垃圾或废弃物应当主动拾起，并放入垃圾桶。运输或临时存放垃圾或废弃物时，应当加以遮盖，不得泄漏或逸出。

易燃液体应当用专用容器盛装，并不得倒入飞行区排水系统内。各类油料、污水、有毒有害物及其他废弃物不得直接排放在机坪上。发现污染物时应当及时进行清除，对于在地面上形成液态残留物的油料，应当先回收再清洗。

（五）机坪消防管理

机场应当在机坪内适当位置设置醒目的"禁止烟火"标志，并公布火警报警电话号码。未经机场管理机构批准，任何人不得在飞行区内动用明火、释放烟雾和粉尘。机坪内禁止吸烟。机场应当按照《民用航空运输机场消防站消防装备配备标准》《民用航空运输机场飞行区消防设施运行标准》和《民用航空器维修地面安全》第 10 部分"机坪防火"的规定为机坪配备相应的消防设施设备，并定期检查。

各单位应当按照《民用航空器维修地面安全》的要求，为在机坪运行的勤务车辆和服务设备上配备灭火器。任何单位和人员不得损坏、擅自挪动机坪消防设施设备。机坪内的消防通道和消防设施设备应当予以醒目标识。车辆或设备的摆放不得影响消防通道、消防设备以及应急逃生通道的使用。

任何人员发现机坪内出现火情或火灾隐患时，均应当立即报告消防部门，并应当在消防部门到达现场前先行采取灭火措施。机坪内火灾扑灭后，相关单位及人员应当保护好火灾现场，并及时报告公安消防管理部门，由公安消防管理部门进行火灾事故勘查。

在飞行区设置特种车辆加油站或在机坪上为特种车辆提供流动加油服务作业的，机场应当事先取得民航局同意。

三、登机桥作业

登机桥由旋转平台、内通道、外通道、电缆输送机构、升降机构、行走机构、接机口、调平机构、安全靴、遮蓬机构等十部分主要结构所组成。

登机桥是用以连接候机厅与飞机之间的可移动升降的通道。每次与飞机对接或撤离，都需要与航空器直接接触，直接影响到飞机的安全，是机场运行管理中唯一的 A 级设备。所以机场对登机桥操作都制定有严格的规章制度。

（1）严格按规定停靠的机型使用登机桥。各登机桥所规定的机型停靠线为该机、桥位允许停靠的机型。如增加新机型，需使用登机桥的航空公司应提前向机场运行指挥中心提出申请，并提供该飞机的几何参数，经核准后方可使用。运行指挥中心在批准新机型停靠时，核准左右停机间隔，根据登机桥停靠有关规定，确保两机安全间隔和前后安全距离在规定范围之内。

（2）飞机在停靠近机位时按泊位引导系统的指示修正方向并停机，地面机位人员严密监视飞机动向，一旦发现泊位引导系统发生故障，而引导有较大误差时，使用紧急 STOP 按钮或用人工指挥停机。防止飞机冲线而造成不安全因素。

（3）登机桥管理部门应在航班到达之前 10 分钟完成对登机桥运转状况的检查。非登机操作人员及非专业人员不准擅自启动登机桥设备和开启登机桥。

在通常情况下，飞机降落后需要地面工作人员引导其滑行至停机位，飞机滑行完毕停稳后再由乘务长下达解除滑梯预位口令，乘务员按程序操作。之后，地面工作人员将对飞机进行检查并放置轮挡、反光锥筒等，待确定飞机可以靠接廊桥后通过手势示意，登机桥操作员对飞机进行靠接。

登机桥操作员确认飞机已停稳，轮挡放好，飞机发动机已熄火停车，廊桥活动区域内没有障碍物，飞机舱门处在关闭状态，飞机停机位在停机线允许的范围内开始操作登机桥。登机桥操作员在廊桥前端的操作台上操作按钮和摇杆，使廊桥通道伸缩、升降、左右摇摆，实现廊桥接机口与客舱门的对接。在操作过程中，登机桥操作员还要随时观察仪表数据，反复调整廊桥的方向、角度和高度，在靠接时要保证廊桥接机口地板与客舱门地板大致呈水平方向，地板前缘距飞机机身 1～5 cm，并且低于客舱门下沿 10～15 cm，所以操作员都具备非常高超的操作能力和观察能力。

廊桥是个"大家伙"，拥有几十米长的钢结构伸缩通道，最轻的也要 20 吨左右。为了避免廊桥在运行过程中剐蹭到飞机，对廊桥的行进速度也是有要求的。首先，登机桥操作员要严格遵循"缓慢起动、中速行驶、缓慢接近飞机"的原则，并且为了提高安全裕度，廊桥在出厂时就增设了限速装置，在距离飞机机身约 50 cm 时行进速度会自动减慢。

廊桥接机口与客舱门对接好之后放下接机口遮蓬，为旅客挡住风雨或烈日的侵扰。靠接工作完成后，工作人员通过敲击飞机舱门通知乘务员，乘务员在确认正常靠接后方可开启舱门，并引导旅客有秩序地离开飞机。

（4）收到地面机务部门的撤桥指令后，确认廊桥空调管缩回，飞机舱门已关闭，廊桥活动区域内没有障碍物，400 Hz 电源线已从飞机上撤离，电缆已被出悬挂机构收紧，且锁桥机构已解除后，登机桥操作员操作廊桥安全撤离。

当靠桥的出港飞机在本场出现故障时，待旅客下完机后，登机桥可撤离飞机，待故障排除后，由航空公司或代理公司临时申请再靠桥。如故障排除时间需 2 小时以上的，则该机应退出桥位。按运行指挥中心临时指定机位停靠。

（5）根据登机桥设计和飞机舱门布局，原则上每架飞机相对只停靠一个登机门，如需使用双机门时，在使用前向地面运行指挥中心提出申请。桥位一经分配妥当，一般不再改变。遇特殊情况时，可应急更改机桥位，并立即通知有关部门。

案例　飞机停靠错误停机位

机场很多停机位只能停靠特定的机型，有些停机位是无法停下大型客机的。例如，在某停机位，只能停波音 767 以下飞机，这时如果调度一架波音 777 飞机进机位时，则可能发生廊桥无法停靠飞机，旅客无法下机，甚至其他飞机滑行时与该错误停机位飞机发生剐蹭等严重问题。一旦机位分配不当，也会酿成重大航空地面安全事故。

2000 年 7 月 24 日，国航大连周水子国际机场将 CA 952 航班 B 747-200/B 2450 号飞机误发成 B 737/B 2954 号飞机，机场运行管理部将该机安排在 219 机位，飞机到达北京首都国际机场后，机长看到显示屏显示为 B 737-300 机型，与塔台联系后，显示屏改为 B 747-200 机型，但没有进机位的引导指示，机组往里滑时，被机务发现，及时制止，飞机滑过停机线 5 m，向右偏移 0.5 m，机身距前廊桥不到 3 m。

案例　机坪泊位系统引导事故

1996 年 6 月 14 日，国航 747 SP 飞机在斯德哥尔摩阿兰达国际机场落地后，滑向 17 号停机位，未到停机线时，左机翼与廊桥相撞，经查，机翼距机身 2 m 处被撞一个洞，面积为 1.5 m×0.5 m。原因是地面指挥员将 747 SP 机型误为 747 COMB 机型输入显示器。直接损失 51.5 万美元，构成重大航空地面事故。

案例　机坪飞机与廊桥相撞

2000 年 9 月 30 日 22：40，北京首都国际机场清洁人员告诉机场廊桥工作人员说要清洗 231 廊桥，要求廊桥工作人员将桥向前伸出，23：00，廊桥工作人员在未认真了解飞机靠桥信息的情况下，将桥向前伸出，23：18，执行 CA1406 航班的 B767/2556 号飞机进入 231 机位，国航机务指挥人员在未认真观察的情况下，指挥飞机滑入，造成飞机左发 11 点钟处与廊桥右侧相撞，飞机和廊桥均轻微受损。

四、机坪车辆及设施设备管理

（一）车辆停放

因保障作业需要放置于机坪内的特种车辆（含拖把）、集装箱、行李和集装箱托盘等特种设备，应当停泊或放置于指定的白色设备停放区和车辆停放区内。作业人员离开后，车辆、设备应当保持制动状态，并将启动钥匙与车辆、设备分离存放。保障工作结束后，各保障部门应当及时将所用设备放回原区域，并摆放整齐。

（二）车辆管理和行驶要求

随着民用机场客货流量的增加，在工作需要进入机场航空器活动区的车辆、人员增加很快，危及飞行安全和机动车辆撞坏航空器的事故时有发生。为将民用机场航空器活动区的事故降至最低限度，以保护旅客权益，加强机场内场生产环境的安全，保障民航运输生产的安全，适应民航事业的发展，必须对民用机场航空器活动区内的道路交通进行管理。

1. 驾驶员车辆在航空器活动区行驶时应当遵守的规定

（1）按指定的通行道口进入航空器活动区，接受值勤人员的查验。

（2）机场管理机构可根据本机场的实际情况，实行分区限速管理，但最高时速不得超过 25 km。

（3）行驶到客机坪、停机坪、滑行道交叉路口时，停车观察航空器动态，在确认安全后，方可通行。

（4）遇有航空器滑行或被拖行时，在航空器一侧安全距离外避让，不得在滑行的航空器前 200 m 内穿行或 50 m 内尾随、穿行。

（5）行李车拖挂托盘行驶时，挂长 3.4 m、宽 2.5 m 的大托盘不得超过 4 个，长 1.9 m、宽 1.8 m 的小托盘不得超过 6 个。拖挂的货物重量不得超过拖车的最高载量。行李车在拖挂托盘行驶时不得倒车。

（6）机动车辆穿行跑道、滑行道、联络道或在跑道、滑行道、联络道作业时，应当事先征得空中管制部门或机场管理机构同意，按指定的时间、区域、路线穿行或作业。

（7）驶入跑道、滑行道、联络道作业的机动车辆应当配备能与塔台保持不间断通讯联络的双向有效的通信设备，作业人员应当按规定穿戴反光服饰。

航空器活动区机动车辆行驶路线的设定：航空器活动区道路应当按照国家有关标准设置道路交通标志、标线。航空器活动区内的车辆、行人应当按照交通标志、标线通行。

2. 机动车辆管理

（1）所有在航空器活动区内保障航班生产的车辆必须经机场公安部门登记注册，申请办理控制区车辆通行证。无车辆通行证的车辆禁止进入航空器活动区。

（2）因工作需要进入航空器活动区的非生产用车须经机场公安交巡警部门审核批准并办理机场车辆通行证后，经指定门口经过安检后才准进入。

（3）需进入航空器活动区迎送 VIP 旅客的车辆，严格按照公安部、民航总局及当地政府部门的规定执行。

（4）凡进入航空器活动区的车辆，其制动器、转向灯、后视镜和灯光装置必须保持完整有效，检验不合格的车辆不得驶入航空器活动区，并严格按照指定的大门进入航空器活动区。

（5）依据《民用机场航空器活动区机动车车牌样式》及《民用机场航空器活动区机动车行驶证样式》规定，由负责机场治安的公安部门统一制发车辆号牌及飞机活动区车辆行驶证。

（6）在航空器活动区行驶的所有车辆必须配备有效的灭火器材。

3. 车辆行驶要求

（1）所有内场车驾驶员必须经机场公安交巡警部门考核并颁发内场驾驶执照后，方可在航空器活动区内驾车行驶。进入航空器活动区的车辆必须遵循避让飞机的原则。

（2）进入航空器活动区的车辆必须严格按规定行车道行驶，行驶车速不得超过 25 km/h，接近飞机时车速不得超过 5 km/h。

（3）在行车道交叉道口或行车道与飞机滑行道交叉点前设有 STOP 标志，任何车辆在通过 STOP 线之前必须提前减速，加强观察，确认无航空器滑行后，方可继续行驶。

（4）在夜间及低能见度时进入航空器活动区的车辆，必须启用黄色警示灯。

（5）超高车辆的行驶：高度在禁高标志线（一般在 4~4.2 m）以下的车辆，在固定廊桥下行驶时，必须贴近中心线，高度在禁高标志线以上（4.2 m）的车辆禁止在固定廊桥下行驶。

4. 临时执行公务的车辆管理

（1）凡需进入航空器活动区临时执行公务的车辆，事前必须向运行指挥中心提出申请，并经机场公安部门审核同意后，在机场工作人员带领下，由指定大门经过安检后方可进入。

（2）外来车辆在航空器活动区内行驶必须执行航空器活动区车辆行驶规定。在夜间或低能见度时必须启用双跳灯或黄色警示灯。

5. 车辆及有关设备摆放

（1）航空器活动区内车辆必须按指定的停车位置停放。与航班生产有关的设备按规定区域排列整齐，不得越线摆放。

（2）在"斑马线"内严禁停放车辆和设备。

（3）远机位出发、到达门前只供摆渡车临时停放，为上、下旅客服务。

6. 车辆接近飞机

（1）车辆在接近飞机时必须由专人指挥，轮挡应随车轮拖动，随时准备上轮挡起作用。

（2）车辆在接近飞机时须严格按规定速度 5 km/h 行驶，在距飞机 10 m 外点刹车，以确保刹车有效。

（3）严禁车辆在飞机的任何部位下穿越停放，执行任务的特种车辆按有关规定执行。

（4）客梯车、装卸车辆须遵循先升起后接近、先撤离后降下的操作规程，不得在前后移动的同时操纵升降。

（5）除客梯车、食品车外，其他车辆距飞机不得小于 20 cm。

（6）严禁无关人员和未经培训的人员操作车辆靠近飞机。

（7）车辆停靠飞机时，驾驶人员不得离开车辆的工作现场。

案例　特种车司机马齐岭

　　北京首都国际机场驾驶员马齐岭接到指令后到达机位旁的特种车辆停车位后，马齐岭首先对车辆进行细致入微的检查。确认车况一切正常后，他登上平台车，发动了车辆。先将车辆驶入等待区，待飞机到位，确定符合对靠要求后，他驾驶车辆朝飞机驶去。红线外一次停车、距飞机 5 m 处二次停车测试制动，对靠飞机，打开舱门，升起平台，与舱门接驳呈水平直线，每一个动作都一丝不苟，每一个步骤都严格遵守平台车作业规程。马齐岭有条不紊地拨动着各个操作键，娴熟地操控着平台上下移动，将集装箱传入货舱。

　　马齐岭做到特种车辆对接航空器时的速度不得超过 5 km/h。特种车辆对接航空器前，必须在距航空器 5 m 的距离时先试刹车，确认刹车良好后方可实施对接。特种车辆对接航空器时，应当与航空器发动机、舱门保持适当的安全距离。特种车辆对接航空器后，应当处在制动状态，并设置轮挡。特种车辆在机坪行驶路线、固定停放点之外倒车应当有人指挥，指挥信号和意图应当明确，确保安全。

　　凭借精湛的技术、过硬的业务素质，马齐岭完成多次重大专包机保障任务，并经常作为业务骨干被派往外航站进行业务交流与指导。业精于勤，行成于思。马齐岭对各个环节看似轻松、一气呵成的操控，却是日复一日、年复一年的反复操作所练就的精进技艺。时刻把安全和规范放在首位，正是一名驾驶员职业生涯永葆健康的源泉。马齐岭是这样说的，更是这样做的。

五、设施设备安全运行

民航的生产运营是一个链条，供电、供水、供气哪个环节出了问题，整个链条就会受到影响。但是近年来，设施设备故障导致的风险事件时有发生，对此应该引起全行业足够的重视。针对设施设备运行中的风险防范问题，设施设备的日常维护和维修管理要做到规范化、程序化，各单位对凡是涉及安全生产运营的设施设备每天都要有人值班，都要有值班日记和检查单。要进一步加大设施设备投入，对设施设备一定要按照其使用寿命到期更换，不能超期服役，坚决不能让设施设备"带病"工作。随着航空运营设备越来越先进，功能越来越完善，相应地，发生故障后带来的风险也越来越大。对此，全行业要有一个清醒的认识，要提高警觉，加强防范，要及时查排隐患，确保安全。

案例 成都双流国际机场全场停电

2009年8月11日10：14，成都双流国际机场全场停电，机场被迫关闭3小时，造成148个航班延误，近万名旅客滞留。此次全场停电是由于供电设备突发故障所致。

故障发生后，民航西南地区管理局领导迅速赶到事故现场，召集驻场单位召开协调会，部署应急工作和旅客安抚服务工作。成都市政府有关领导也及时赶赴事故现场，调集市、县电力部门最强的工程技术人员，协助机场开展抢修排故工作。四川省机场集团公司立即启动应急预案，启用备份油机发电，保证机场飞行区助航灯光、空管指挥塔台的供电，确保了故障发生后已在空中飞行和等待起飞航班的安全起降；及时组织力量调查故障原因，抢修故障设备；及时向旅客通报情况，缓解旅客焦躁情绪；公安局出动全部警力维护候机楼内外秩序。

15：05，经过5小时的全力排故，机场供电恢复正常。随后，机场与航空公司、驻场其他单位通力协作，通宵营运，将滞留旅客安全送往目的地。15：17，随着恢复供电后的第一架航班起飞，成都双流国际机场全面恢复正常。

此次事件严重影响了生产秩序和航班正常，给旅客带来了很大的不便，造成了极大的影响。四川机场集团将严格按照有关程序查找事故原因，认真总结本次事故教训，进一步强化措施，排查隐患，杜绝类似事件的再次发生，确保机场的安全正常运行。

（一）高度重视设施设备运行风险

机场设施设备故障导致的风险事件暴露出的问题，从表面上看是机场设施设备维护不当和备份设备配置不足的问题，而从更深层次来看，此类事件暴露了部分机场重建设、轻投入的倾向性问题。各地对于机场的安全运营，特别是建成之后的设施设备投入等方面的重视程度是不够的。还应当看到，此类事件不但会影响到民航的服务质量，如果处理不当，还有可能引发其他一系列相关问题。民航各单位对此要有所警觉，高度重视。

民航机场的特点是大规模化、连续化和自动化，各环节之间相互联系、相互制约。例如，信息系统和行李处理系统出现故障，将会影响到旅客的候机与登机，行李无法快速准确地送达离港的飞机及旅客手中，进而造成航班延误；在大型枢纽机场，机场发生航班延误后会引起其他相关机场的延误；旅客登机桥的随动系统可靠性发生问题，将直接影响到飞机机身的安全；一些与飞机对接的特种车辆的安全防撞设施的可靠性及灵敏度出现问题时，也会造成对飞机机身的安全影响，进而导致航班延误。特别是机场电力供应、信息管理的安全可靠性，对机场运行更是至关重要。所以，机场设备的任何一个环节出现故障，都将影响到机场的航班正常。

（二）完善设施设备管理

一是依法规范，加强管理，统一领导，分级负责，切实履行安全主体责任，完善内部安全审计制度，强化规章制度的执行力和管理效能。二是居安思危，预防为主，健全机场设备安全管理系统，持续地、有序地进行机场设备安全隐患排查治理工作。三是以人为本，依靠科技，提高素质。加大对人力资源和机场设施设备的投入，在人、财、物等资源配置上重点解决机场设备安全与机场生产快速增长的矛盾，缓解机场设备安全运行保障压力。总之，在机场设备维护与管理中，践行持续安全理念，高度重视设施设备的运行风险，防患于未然，不断完善机场设备安全管理，建立健全科学、高效的机场设备安全管理机制，不断提高机场设备运行保障能力，增强机场设备运行保障的持续有效性和可靠性，确保机场生产运行始终处于安全稳定协调的可控状态。

思考题

1. 航班时刻表的作用有哪些？
2. 航班信息在机场管理中的意义有哪些？
3. 航班信息的非文献形式具有哪些特点？
4. 机场运行指挥系统需要哪些方面的航班信息？
5. 为什么机场营运指挥中心是航班信息管理部门？
6. 通过计算机信息集成系统自动收集哪些航班信息？来源于哪些部门？
7. 虹桥机场在机位调配上遵循哪些原则？
8. 什么是候机楼运行管理？
9. 航站楼旅客服务区域由哪几个功能区组成？
10. 简述旅客乘机的基本流程。
11. 枢纽机场中转旅客可以细分为哪几种情形？
12. 枢纽机场如何提高中转服务水平？
13. 行李物联网技术有哪些优点？
14. 如何提高行李装卸质量？
15. 简述旅客地面服务的范畴。
16. 首都机场"红马甲"理念是什么？如何实践？
17. "虹式手推车服务"凭借什么被评为"全球第一"？
18. 特殊旅客是指哪些群体？

19. 简述民航要客（VIP）服务的重要性。
20. 无人陪伴儿童服务应注意哪些事项？
21. 我们应为残障人士乘机提供哪些服务？
22. 什么是地勤保障？有哪些项目？
23. 地勤保障人员的生产行为规范要求有哪些？
24. 机坪车辆管理和行驶要求有哪些？
25. 机场设施设备存在哪些风险？
26. 如何完善设施设备管理？

第六章

民用机场安全管理

通过本章的学习，您将了解以下知识点：
1. 安全是永恒的主题；
2. 安全管理的方针政策；
3. 空防安全的主要内容；
4. 发生群体事件的主要原因；
5. 危险品是航空货运中的薄弱环节。

航空运输安全事关国家安全、国家战略，安全永远是民航的根基。虽然我们取得了令人瞩目的成绩，但国内国际形势告诫我们，要居安思危，决不能掉以轻心。空防安全、运行安全、群防安全、货运安全仍是我们民航管理的薄弱环节，我们还有许多工作要做。必须深入贯彻党中央的指示，抓紧、抓好、抓出成效，让全国人民放心。

第一节 安全管理理论和实践

一、安全是永恒主题

安全是民航的根基。党和国家领导人高度重视民航安全，多次对民航安全工作做出重要批示。习近平总书记 2014 年在对民航安全工作的重要批示中强调"航空运输安全事关国家安全、国家战略"。同时他又指出，"民航业是重要的战略产业，要始终坚持安全第一，严格行业管理，强化科技支撑，着力提升运输质量和国际竞争力，更好服务国家发展战略，更好满足广大人民群众的需求。"

近年来，全行业牢固树立和全面落实持续安全理念，安全发展基础不断加强，中国民航安全水平跃居世界前列。在我国民航安全工作踏上新台阶、行业发展进入新常态之时，民航系统职工要牢记中央领导同志的殷切嘱托，指导思想统一到中央领导同志对民航安全工作的重要批示精神上来，时刻保持头脑清醒，高度警觉，始终把确保安全作为民航工作的重中之重，切实抓紧、抓好、抓出成效。

必须贯彻落实持续安全理念。安全是民航发展的基石，机场安全是永恒主题，没有安全便没有民航的一切，这是民航行业最本质的特点，也是行业发展必须遵循的规律。因此，在任何情况下，我们都要敬畏这个特点，遵循这个规律，狠抓安全不放松。目前，我国民航运输飞行每百万小时的重大事故率已经低于世界平均水平，安全程度较高。安全发展至现阶段，要推进全行业迈向更高水平，就不能简单、被动、分割地谈安全，而要积极、主动、系统地抓安全，在实践中不断深化对安全发展规律的认识，在建设保障持续安全的长效机制上下功夫。

民航业是一个系统性很强的行业，确保航空安全是大系统、宽领域、多环节、多层次工作共同作用的结果。在航空运输日常安全运行过程中，机场是民航运输体系中（航空公司、机场、空管）三大安全生产运行主体之一，涉及的运行单位类型和数量远超过航空公司和空管，运行复杂。机场安全工作包括了航空器运行安全、空防安全及反恐、消防安全、应急救援、信息安全等，这些工作由于涉及面广、安全链条长、环节多、内容琐碎，管理起来也存在一定难度。机场系统在地面安全、空防安全中发挥的作用愈加重要，安全生产运行的组织管理工作要求将更加紧密、科学、有效。机场安全，是国家航空活动安全管理系统的重要组成部分。

同时，机场是航空旅客和货物的重要集散地，是人员密集场所，是多单位集中运行平台，机场的安全工作，直接关系旅客、货物的运输安全，甚至可以说直接关系家庭和企业的安全。每一位旅客背后都有一个家庭，每一票货物背后都有一家企业和生产它们的劳动者。同时，机场是城市的一个窗口，是重要的公共基础设施。一旦在机场发生不安全事件，会造成极其恶劣的社会影响。机场安全工作的好坏，直接关系机场的自身发展，关系社会公众利益，甚至关系社会和谐稳定。

二、中国民航安全发展面临的挑战

"十二五"期间，民航业坚持持续安全理念，安全工作注重常态化，安全法规体系、队伍管理体系、安全责任体系等进一步健全，安全管理取得了长期效益。五年来，中国民航安全水平大幅提升，未发生运输航空事故。亿客千米死亡人数十年滚动值从"十一五"末的 0.009 降至目前的 0.001，降幅达 89%；运输航空百万架次重大事故率十年滚动值从"十一五"末的 0.19 降至目前的 0.04，降幅达 79%；运输航空百万小时重大事故率十年滚动值为 0.02，亿客千米死亡人数十年滚动值为 0.001，均远远低于同期世界平均水平。截至 2017 年 12 月，中国民航已经连续安全飞行 88 个月没有发生飞行事故，累计安全飞行 5 682 万小时，与此同时，中国航空运输已连续 15 年没有发生空防事故，个别非法干扰事件也依法得到处置。

中国民航安全业绩如此之好，克服困难如此之多，归结到一点，就是严肃认真地贯彻"安全第一、预防为主、综合治理"的方针，坚持不懈地构建和完善航空安全保障体系。

中国有这样的警语："生于忧患，死于安乐。"中国航空运输保证安全的良好业绩只能说明过去，不能代表未来。应清醒地认识到，实现航空安全的更高境界，道路还很漫长，"十三五"期间，我们所面临的现实挑战依然十分严峻。这主要体现在以下四个方面。

（一）行业快速发展使安全管理面临挑战

"十三五"期间，我国民航仍然是全球民航业增长速度最快、潜力最大的航空运输市场之一，行业规模将持续扩大，运行系统的复杂性持续增强，空域资源、航班时刻资源、机场保障资源和关键人力资源短缺的问题将进一步凸显，发展与安全保障能力不足的矛盾持续存在。同时，随着行业的发展，需求不断增加、新问题不断涌现成为航空安全的一种常态。我们注意到，我国机场特别是部分中小机场安全基础比较薄弱，安全设施设备投入不足，对全员系统性业务和安全培训还比较缺乏，安全管理水平仍处于相对落后状态。这几年来，随着民航的快速发展，机场不停航施工与飞行安全之间的矛盾日益突出，鸟击航空器事件时有发生，跑道侵入事件增多。

（二）改革和创新过程中安全管理存在新风险

随着我国改革开放的深化和国民经济的发展，民航发展内外环境出现了新趋势，民航企业的战略选择趋向多样化和差异化。航空企业变革重组频繁，民航管理环境从简单转向复杂，给安全管理带来新的风险。还有控股航空公司实施统一运行后运行模式和监管方式变革所衍生出来的安全风险，通航安全管理能力与通航发展现实需求之间的矛盾等，都是可以预见的问题。机场属地化管理后，我国机场安全运行又面临着新情况、新问题。例如，由于公安、空管、机场管理体制等问题，在安全管理的责、权、利统一方面，都是需要认真研究解决的新问题。

（三）依法治国对航空安全工作提出了新要求

目前，民航现行的法律法规和规章中仍有法条不全、操作性不强、处罚手段和力度不够的问题。从法规执行层面来看，一些单位和从业人员严格落实规章制度的主动性不够，监管部门权责不清、揽权推责等问题也仍未根除，一些旅客法律意识和守法自觉性不高，对民航安全运行的特点和突发事件处置缺乏必要的了解。这些问题都对航空安全工作提出了新要求。

（四）国际形势变化使安全管理面临新挑战

"一带一路"的构想将给民航国际化发展带来更多机遇，但我国航班"飞出去"的过程中，也面临着国际上一些局势动荡、受战争影响或存在严重威胁的区域带来的安全风险。与此同时，国外航空公司越来越多地"飞进来"，但其安全管理和保障能力却参差不齐，这就对我们的安全监管、事件调查和应急救援等能力提出了新的挑战。近年来，世界范围内的爆恐活动呈现抬头的趋势，各国安全面临恐怖主义的严重威胁，我国境内的恐怖活动也时有发生，已经对我国民航安全构成了严重的事实威胁，以反恐为重点的民航安保工作已经成为国家总体安全的重要组成部分。加强机场安保的顶层设计，充分应用法律政策、管理、科技、信息化等先进技术和综合手段，进一步提高我国机场的安全检查能力，构建立体化的机场治安防控体系，积极防范、主动应对恐怖威胁，打击严重暴力犯罪，确保亿万旅客生命和财产的安全，一直是我们需要持续应对的现实课题及新常态，也是我们需要共同履行的历史使命。

三、安全管理的方针政策

（一）民航业安全管理的指导思想

民航业安全管理的指导思想：为了更好地实施民航"十三五"规划，以习近平新时代中国特色社会主义思想为引领，牢固树立安全生产"红线"意识和"底线"思维，继续推进持续安全战略，增强安全管理的法治思维和法治方式，加强安全管理的统筹规划，完善安全保障体系，加快监管方式转型，狠抓安全风险防控，加快安全科技创新，依法推进民航持续安全发展。

民航业安全管理的工作思路：以落实安全责任和提高综合治理能力为主线，以解决问题为导向，以资质管理和规章遵守为关键，以风险管控为抓手，创新行业监管，提高保障能力，实现"十三五"民航安全战略发展。

民航业安全管理的主要目标是：杜绝重特大运输航空事故，防止劫机、炸机和恐怖袭击事件，杜绝空防安全责任事故，防止重大航空地面事故和特大航空维修事故。

（二）正确处理好四大关系

认真贯彻落实习近平总书记对民航安全工作做出的重要批示精神，站在国家战略和国家安全的高度，坚持不懈、毫不动摇地抓好航空安全。要始终保持清醒头脑，毫不动摇地坚持"安全第一"的原则，正确处理安全与发展、安全与效益、安全与正常、安全与服务的关系。

1. 发展必须服从安全

这些年来，全行业安全发展总体平稳。我国民航运输飞机由2010年的1 597架增至2018年年底的3 639架，净增2 042架；通用航空飞机由2010年的1 010架增至2018年年底的2 495架，净增1 485架。运输机场由2010年的175个增至2018年的235个，净增60个。"十二五"期间运输总周转量、旅客运输量、货邮运输量年均分别增长9.6%、10.4%、2.3%，但是，我们切不可头脑发热、沾沾自喜。事实上，关键资源不足、保障能力不强、安全基础不牢，仍然是民航行业发展长期面临的挑战。针对我国航空运输市场持续旺盛，一些航空公司不顾自身的安全保障能力，超裕度运行、超能力发展等问题，在各种场合敲响了警钟，要求全行业保持清醒的头脑，强调"三个力戒、三个防止"，即：力戒骄傲自满，防止麻痹思想；力戒盲目乐观，防止心中无数；力戒驭下不严，防止管理松懈。当前，我国航空运输需求强劲，行业发展迅速，预计到"十三五"末，运输机场和民航机队将大幅增加。随着规模不断扩大，安全压力越来越大，我们要始终把安全当作一把"铁尺"，切实处理好行业准入、经营许可、机队与机场规划、发展速度等源头性和关键性问题。

要着重把握好安全保障能力与发展速度规模的关系。既要保证安全保障能力的进一步提高，又要促进发展速度规模的进一步扩大；既要抢市场、抓正点、降成本，又必须杜绝压缩安全裕度、降低运行标准、忽视安全投入等问题的发生。各航空企业谋划自身发展，也要加强安全保障能力评估，要防止企业盲目铺摊子、乱扩张，避免摊子过大超出管控能力。不仅仅要考虑自身的安全保障能力，更要考虑航空公司、机场、空管单位的运行保障能力，确保中国民航在科学发展的轨道上持续前行。

2. 效益必须服从安全

把握好坚持"安全第一"与追求效益最大化的关系。抢市场不能压缩安全裕度，抓正点不能降低运行标准，降成本不能忽视安全投入。安全与效益并不对立，而是相辅相成。安全好，为效益最大化奠定了基础；效益好，又为安全投入提供了物质支撑。抓安全工作，在投入上一定要"算大账"，满足安全生产运行的基础性投入，增加提高安全水平的附加性投入。

安全和效益的关系体现在方方面面。例如，一些机场在容量已经饱和的情况下，仍然千方百计地要求放量，增加航线航班，不仅规章要求的备降机位保证不了，夜里连联络道、滑行道都停满了飞机，这种情况下航空地面安全怎么保证？又如，规章明确规定：乘务员的主要职责是保证客舱安全。但有的航空公司在空中搞活动、卖商品，乘务员变成了"售货员"，主要精力都去琢磨怎么完成公司的销售指标，哪里还有心思去履行安全职责？这种现象必须要坚决制止。

要坚决防止一味地抢市场、抓效益，而满负荷甚至超负荷组织运输生产、超裕度使用人力资源，各企事业单位减开支绝不能减少安全投入，降成本绝不能降低安全水平。

3. 正常必须服从安全

航班延误问题已成为舆论关注的焦点。国务院督查严，民航局抓得紧，各单位付出巨大努力，遏制住了航班正常率下滑的趋势，2017年全年正常率达到71%，其中11月航班正常率达到84.59%，为102个月以来新高。大力整治航班延误十分必要，但必须以安全为前提，正常必须服从安全。

抓正常要坚持运行标准，避免违章蛮干。例如，在复杂天气情况下，机组该绕飞的绕飞，该返航的返航，该备降的备降，该复飞的复飞，绝不能为了抢时间而触碰安全红线。特别是在大面积航班延误的情况下，生产秩序和运行流程容易被打乱，面对旅客压力，更要保持清醒头脑，坚持规章标准，有序地组织运行。各机场要坚持运行标准，统筹做好安全与正点工作。在航班延误，尤其是航班大面积延误的情况下，更要勇于坚持规章标准，有序地组织生产运行。

航班延误问题，根源在于航空运输快速发展与保障资源不足。目前，全国前50个大机场中有26个机场处于饱和状态。预计到2020年，旅客吞吐量超过1 000万人次的机场将达到40个，其中10个将超过5 000万人次，保障压力更大，要把提高资源保障能力作为"十三五"的重点任务。

4. 服务必须服从安全

安全是真情服务的基础和保证。"有了安全不等于有了一切，但没有安全就没有了一切。"这是每位民航人藏在心中的一句话，强调的是无论在什么情况下，都要正确地处理好安全与服务的关系，摆正安全与服务的关系。当安全与服务发生冲突时，要无条件地服从安全。例如，在提供客舱服务时，要严格执行"滑行期间客舱乘务员不得从事与安全无关的工作，只能履行安全职责"，制定的服务标准要"确保起飞后20分钟或平飞至落地前

30 分钟能完成所有的旅客服务程序""飞机进入下降阶段后不应再为旅客提供餐饮服务"等规定；在面对无成人陪伴儿童、担架旅客、患病旅客、孕妇等特殊旅客时，应该突出对旅客安全的考虑，牢记服务工作的第一要务是保证旅客的人身安全，飞行安全重于服务。优质服务是行业的品牌，对于旅客来说，安全出行是第一需求，安全就是民航最好的服务品牌。

没有安全就没有发展，没有安全就没有民生，没有安全就没有幸福。民航各企业事业单位要进一步强化底线思维和红线意识，把安全生产作为持续发展的重中之重，把安全生产作为实现持续发展的优先战略来筹划，指导落实安全主体责任作为持续发展的长效机制来建设。安全工作必须百日紧，不可一日松。当安全与效益、正常、服务等工作发生冲突时，必须绝对优先保证安全工作。当安全与发展出现矛盾时，切不可只顾一时的发展。安全没有后悔药，发展却有换挡期。唯此，持续发展才有底气，前进步伐才能稳健。

第二节 空 防 安 全

为深入贯彻落实习近平总书记"安全隐患零容忍"的指示要求，要继续保持机场平稳向好的总体安全态势，必须从"空防安全、运行安全、群体性事件"三个重点守住机场安全底线。运行安全的内容已在第四章"民用机场飞行区运行管理"及第五章"民用机场地面运行管理"做了详细论述，从本节开始，分别对"空防安全""群防安全"以及"货运安全"理论和实践做进一步探讨。

一、空防安全概述

（一）空防安全的定义

空防安全的定义：为了有效预防和制止人为地非法干扰民用航空的犯罪与行为，保证民用航空活动安全、正常、高效运行所进行的计划、组织、指挥、协调、控制，以及所采取的法律规范的总和。

1983 年 10 月 4 日，在民航局《关于严防阶级敌人劫持、破坏飞机的通知》中，第一次明确提出了"空防安全"这一新的概念，同年 12 月 4 日，在民航局下发的《中国民用航空局关于保证安全的决定》中，首次提出"民航各级主要领导一定要把保证飞行安全和空防安全作为自己的中心任务"。将"确保人机安全"明确规定为保证空防安全的"最高原则"。美国发生"9·11"事件之后，空防安全的目标已由保护人机安全上升到保卫国家安全，空防工作全面国际化。2001 年 3 月，成立了国家处置劫机事件领导小组，作为国家的常设机构，并制定下发了《国家处置劫机事件总体预案》，明确提出了空防安全的目的是最大限度地保证乘客、机组人员和航空器的安全，维护国家整体利益和安全，并且对空防安全的范围、基本原则、组织指挥、情况报告、基本程序做出了新的规定，使中国空防安全工作进入了一个崭新的阶段。

2017年，民航系统各单位在严峻复杂的形势下，紧紧围绕空防安全工作重点，强化措施，严密防范，连续实现第15个空防安全年。从历史经验中我们已经认识到包括飞行安全、空防安全、群防安全在内的航空安全是国家战略和国家安全的重要组成部分。做好民航空防安全工作，一是提高认识。民航航空运输具有国际性强、开放性高、影响性大的特点，因此全行业要充分认识并深刻理解空防安全的重要性，切实盯紧、盯住空防安全。二是顺应国际、国内形势变化，空防安全工作要打主动仗。要从国际化视野、非传统安全视野和新常态视野看待空防安全，重新审视民航空防安全工作。三是加强领导，进一步把空防安全工作落到实处。空防安全工作就是要"防在地面，胜在空中"，机场要加强空防安全工作的组织领导，做到思想重视、加强研究、加大投入、关爱队伍，打造一支忠诚、干练、干净、担当、奉献的空防安全队伍。

（二）空防安全的主要内容

民航的空防安全工作的主要内容如下。

（1）预防和打击破坏机场地面设施，进而实施破坏航空器正常运行的行为。对地面进行管制，防止无关人员进入机场特殊区域。

（2）预防通过在交运的行李或者货物中夹带危险物品，危及航空器运行安全的行为。

（3）预防飞行中的航空器受到不法行为干扰，打击危及航空器运行安全的行为。

（4）预防和打击在空中实施劫持航空器、机上乘客或工作人员，要求改变航线的行为，或利用劫持的航空器及机上人质来要挟政府，达到劫持者非法目的的行为，甚至将航空器作为攻击性武器，攻击地面目标的行为。

（三）机场空防系统组成

机场空防系统主要由以下几部分组成：安全检查系统、视频监控系统、门禁系统（或称出入口控制系统）、防盗报警系统、周界电子防范系统、火灾报警系统、巡更系统和公共广播系统等。防盗报警因规模较小，且一般多与视频监控联动，通常都纳入监控系统中。

安检是机场安全管理的第一道关。安检设施是机场必备的系统，任何身份不明的人或危险品上了飞机，都有可能给航空安全带来巨大隐患。目前几乎所有机场都配备了先进的X光机安检系统和爆炸物安检设备。

视频监控系统是机场安防系统的重要组成部分，前端点数多、分布广是机场安防系统的共同特点。

门禁控制系统是机场出入管理重要的技术手段，大型机场门禁控制点一般在500个以上，如北京首都国际机场T3航站楼安装设置门禁点达935个。门禁控制系统主要集中在通道隔离区、工作区、机房等，通常采用内置TCP/IP的门禁控制器，目前机场门禁系统主要使用的是IC卡识别方式。

大型航空枢纽机场就像一座"城"，地域大、飞行区大、候机楼大、客货流量大、飞机起降量大，如果只靠人来进行安全管理，很难奏效，必须借助先进的技术防范手段，做到早发现、早制止，把不安全因素消灭在萌芽状态。可以说，如果没有安防系统做支撑，机场的安全运营难以想象。

二、安全检查系统

安检是机场空防的关键与核心，是机场持续安全的重要防线。自1981年4月1日起，中国民航开始对国际航班实施安全检查，后逐步扩展到所有国内和地区航班。安检体制也先后经历了由公安边防、武装警察到民航部门管理的过程。1991年11月6日，国务院正式批准民航机场安全检查由公安机关移交民航部门管理，要求组建工作在5个月内完成，标志着中国的安全检查工作从此由公安武警部门移交民航实施。民航安检至今走过近30年，这些年里，其发展由小到大，由弱到强，经受住了历史的洗礼和考验，为捍卫空防安全，保障旅客生命财产以及航空器的安全，发挥了极其重要的作用。

中国民航空防安全工作的实践证明：民航安检是空防安全的守护神，安检工作是民航空防安全的生命线，民航空防安全的基础在地面，关键在安检。不管是在哪个发展时期，民航安检始终以确保安全为最高目标，忠实地践行"安全第一、预防为主"的民航安全工作方针，为我国民航的安全与发展，为保卫广大中外航空旅客的生命财产安全，发挥了不可替代的突出作用，做出了不可磨灭的卓越贡献。

中国民航空防安全工作的实践证明：安检政策措施是促进安检工作规范化建设的重要依据。民航安检工作事关国家安全，事关人民生命财产安全，事关民用航空的安全与发展。其特殊的工作使命要求安检措施必须科学严密，安检人员必须严格依法实施检查工作。1994年出台了《民用航空安全检查规则（试行）》规范性文件；1995年出台了《中华人民共和国民用航空法》，其中对安检工作首次以法律形式进行了明确，标志着民航安检工作正式步入法制化轨道；1996年出台了《中华人民共和国民用航空安全保卫条例》，赋予了安检部门执行勤务的权利，明确规定"乘坐民用航空器的旅客和其他人员及其携带的行李物品，必须接受安全检查"；1999年出台了《中国民用航空安全检查规则》，对安检勤务的组织实施等进行了具体规范。

美国"9·11"事件后，为应对日益严峻的安全风险，中国民航相继出台了"禁液令""禁火令"等一系列应对措施，充分发挥了安检地面防堵的特殊作用，将一大批安全风险和隐患查堵在地面，消灭在萌芽状态。

（一）安检隐患危机四伏

IATA统计，全球每日选择飞行的旅客超过1 000万人次。2017年，全球机场旅客总吞吐量第一次超过40亿人次。

美国自"9·11"事件爆发以后，美国机场安检工作由联邦政府接管，旅客要脱鞋、解下皮带、脱下夹克、交出通信设备等。机场安全更引起各国政府的高度重视和国际社会的极大关注。为确保机场和航空运输安全，各大机场不断加大安检和安防系统建设力度，安防系统不断升级,各种高科技安防技术和产品,特别是先进的安检设备、指纹、虹膜、人脸识别、裸检、智能图像分析技术等,都不断地应用到机场安防系统中。在这样高压势态下,安全隐患始终处于高发状态。在"十二五"收官之年,2015 年全年,我国民航安保系统共检查旅客 4.7 亿人次,检查旅客托运行李 2.5 亿件次,检查航空货物、邮件和快件 4.92 亿件,查获易燃易爆物品 22.1 万件、管制刀具 23 万件,侦破刑事案件 1 017 起,查处治安案件 2.6 万起,处置违规和不文明旅客行为 947 起,处置编造虚假恐怖威胁信息非法干扰事件 61 起。

案例　俄罗斯空客 A321 客机的坠毁

2015 年 10 月 31 日,俄罗斯科加雷姆航空公司客机 A321(航班号 7K9268)原计划从埃及飞往俄罗斯圣彼得堡,在埃及西奈半岛中部坠毁。这架客机载有 217 名乘客和 7 名机组人员,其中包括 25 个孩子,共计 224 人,乘客大部分为俄罗斯人。俄罗斯空客 A321 客机的坠毁,除了那些指向飞机藏有炸弹导致俄客机失事的分析之外,沙姆沙伊赫机场安检工作也被外界纷纷指责为失事原因之一。曾有数名在该机场搭乘过航班的旅客回忆了其内部散漫的安保状况:安检人员玩手机游戏和睡觉的现象屡见不鲜,行李扫描检查更是形同虚设。在全球反恐大形势下,安全检查绝对来不得半点虚假马虎。

案例　深航客机人为纵火事件

2015 年 7 月 26 日 1:00 左右,深航一架由台州飞往广州的 ZH9648 航班在降落过程中,发生一起乘客非法纵火事件。一名旅客企图破坏机舱设施,干扰航班,被当场抓获。飞机在广州白云国际机场第三跑道安全着陆,机上 95 名旅客和 9 名机组人员被紧急疏散。截至当日 4:00,事件没有造成人员死亡,有 2 人轻伤被送往医院救治。台州市民航局局长杨友德被免职,机场停运。

在这起事件中,人们最关注的一个问题是:涉事男子是如何将刀具、打火机等违禁品带上飞机的。这暴露了台州机场在安检上的重大漏洞,也给全国机场敲响了警钟。机场安检工作中主要面临新型危险违禁物品种类多、数量大、查验难度大,内部人员管控不到位、管理难度大等挑战。而目前我国机场安检工作主要存在以下几个方面的问题:一是安检的漏检事件频发,人员流动性大,安检人员队伍和技能难以保持稳定;二是培训方式比较单一;三是安检设施设备管理不足;四是安检管理不到位,基础性文件操作性不强、全面性不够,管理不够全面细致,质量控制工作开展不到位。

(二)安检等级的分类

针对不同时期、不同形势,安检采取不同的防范措施。从安全检查标准上基本可以分为四个级别:一级到四级。一级是最普通的,四级是最高级的。

一级就是我们平常经历的普通级别一般的证照检查。

二级检查基本上是奥运会、世博会的标准,这个主要在一级基础上增加一个开包率。开包率要求不低于 50%,并且脱鞋、解腰带要求不低于 30%。同时要在安检口增加安检人员,在登机口也要增加安检人员。

三级是在二级的基础上在登机口增加抽查安检，一般是 10%左右。

四级就是最高级了。这个级别就是指开包率 100%，包括脱鞋都是所有乘客 100%检查。另外，在登机口要重新检查一遍，在空中还要增加安检人员。

（三）安全利益高于一切

民航安检工作与社会公众生命财产密切相关，事关国家安全。随着民航空防安全形势日益严峻，不断发展变化的民航运输对民航安检工作提出了更高要求。近年来，民航空防安全形势不断变化，禁限物品目录也根据形势不断调整，安检程序也在不断升级。在安检通道中，不时会发生旅客不愿意配合安检员开箱安检的情况。有些旅客认为开箱安检过于严格烦琐，有些则认为已经扫描过还要开箱检查是"多此一举"。但这些看似烦琐的检查正是源于对旅客安全的关注，对空防安全的重视。安检历史证明，我们现行的每一项安检规定都是有其必要性的，每一次的安检升级都是用生命和血泪换来的经验教训。新颁布的《民用航空安全检查规则》中第三十七条对实施开箱包检查予以确定，用法律的形式规范了安检要求，既有助于社会公众对安检工作的理解和配合，也有助于最大限度地保证旅客生命安全。

安检对旅客来说可能只是一道程序，但对整个空防安全来说则是重要的防线。它让危险远离，把安全带给每一位旅客。它不仅需要安检员时刻保持对安全的敬畏，"火眼金睛"不放过任何违禁品，也需要每一位旅客对安检程序的理解配合，将看似烦琐复杂的安检步骤看成自己乘机安全系数最大化的有力保证。做好安检工作，不仅要求安检员们的安检项目、安检标准更加统一，也同样需要安检员们的真情服务。只有在安检中让安全和服务共存，旅客才能够更理解安检工作，配合安检工作。每一项安检规定都来自深刻的教训。很多旅客都抱怨安检麻烦，这不能带那不能带；明明把东西拿出来了还要重新检查；执行规定呆板、不变通、程序烦琐。在安全问题面前，旅客的一时等待换来的是旅途的顺利；一时烦琐换来的是自身和他人的安心与安全。机场安检的全面升级，实则顺应了世界航空业安全标准不断提高的发展趋势。

作为一名普通旅客，难免会对"危险物品"认知不足，难免会存"侥幸利己"之心携带或藏匿违禁品，试图蒙混过关。机场安检作为飞行安全的最后一道防线，必须严防死守。我们或许会因为不能携带的充电宝而抱怨，或许会因为超标扔掉的香水而心疼，或许会因为被反复开箱翻查而愤怒。但是，事实证明，全面加强机场安保才能确保空防工作万无一失。

旅客更多适应和配合严格安检，从中积累经验并找到高效过检的办法，认识新的安检设备设施，增强安全检查意识，既为安全增添保障，也能体验不焦躁、不懊恼的旅行乐趣；多理解安保安检人员，他们每一天平均 2 000 次弯腰起身，重复性的动作，高强度、精神紧绷的工作状态，实为不易。

（四）加强安检队伍建设

1. 建设一支坚强有力的安检队伍

坚强有力的安检队伍是促进民航安检持续健康发展的核心力量。经过几代民航安检人的不懈努力和执着追求，今天的中国民航安检已经达到了国际民航的先进水平，创造的工作业绩被发达国家所称道，许多安检措施、标准和经验被国际民航组织推荐，被许多国家和地区借鉴。近几年来民航安检系统已与美国、欧盟、澳大利亚、新加坡等建立了合作交流机制，始终保持与先进水平看齐，与发达国家同步。中国民航安检人决心继续以直面风险和困难的勇气、不断拼搏和创新的精神、严谨和扎实的态度，忠实履行神圣使命，牢牢守住空防安全的生命线。

2. 不辱使命默默奉献

民航安检从组建之日起，国家就赋予了其"防止危及航空安全的危险品、违禁品进入民用航空器，保障民用航空器及其所载人员、财产安全"的神圣使命。安检队伍是以青年为主的队伍，活力四射，但也是一支成熟可靠的队伍。面对巨大的工作压力，安检人员以爱岗敬业、甘于奉献的高尚情操，默默无闻地坚守在工作岗位上，认真履行着安全守护者的庄严承诺，每年查控20余万件危险品、违禁品；面对出现的威胁和困难，安检人员以临危不惧、勇于担当的优秀品质，面对挑战不退缩，危难时刻显身手，涌现出一大批先进事迹和人物，为民航安检工作树立了光辉的典范。

3. 人才培训

要确保空防安全、提升服务品质，根本性因素是人。只有人的能力增强了，综合素质提高了，业务技能水平提升了，才能将工作落到实处。树立"品质化发展立足在安全，关键在人才，重点在培训"的理念。建立完善的培训体系。根据人才培养和岗位晋升规划，针对不同阶段的不同岗位和不同层级的人员，编制安保培训大纲，定向课程设计，确保安检岗位培训的针对性和符合性，建立起"系统性"的培训体系。

（五）安全检查防范手段现代化

精良高效的安检设备是促进民航安防工作不断走向现代化的助推器。科学技术是第一生产力，也是实现安全目标与提高效率高度统一的最重要手段和条件。民航安检工作就是科技与人员的最佳结合。20年来，中国民航高度重视并积极致力于科学技术在安检工作中的投入和应用，安检技术手段和设施设备的不断升级换代促进了安检工作效率和可靠性的提高。从最初的民用机场围界不规范、不完善，到如今采用统一标准的全封闭隔离和防入侵周界报警系统；从简易的X光机、安全门和手持金属探测器，到如今的大型货物安检仪、CTX检查仪、液体探测仪、痕量爆炸物探测器和多层次综合安检系统；从费时费力的人工安检数据统计方式，到如今的高速安检信息系统，无不体现出新科技、新技术在民航安检领域的"开花结果"。以下介绍几种国内外先进的安检手段。

1. 敌意检测机

自从以色列采用了行为模式分析安检方式后，负责安检的探员们每天都要向旅客提出大量尖锐的问题以发现其中潜在的危险。现在，利用"敌意检测机"就可以自动完成这项检查，加快了安检速度。

有研究表明，每个人在跟随着一点去追踪屏幕上的简单图案时，其眼球都会呈现某种独特的曲折图案，这套识别系统比一般的指纹或虹膜识别系统要安全得多。新型身份系统就是基于人们对屏幕上移动物体的眼动反应研发的。

眼动反应设备衍生出的敌意检测装置可以同时测定受试者皮肤的温度、心率、出汗、血压和呼吸变化等 14 项参数。当这套设备开始运行时，为了划设一条"生物基准线"，所有这些读数几乎都是在瞬间采集完毕的。在随后 30 秒内，机器将显示一个使那些涉及恐怖主义的受试者出现反应的刺激主题，而普通人对此主题并无反应。

相关测试显示，在不得不进行检查的情况下，这一系统可以对任何一名在机场乘坐航班的旅客进行检查，并且不会减慢登机前检查的速度。与常见的安检相比，在这个系统中，旅客不需要接受全身扫描，也不需要接受烦琐的安检，在接受机器的眼部扫描并确认无误后便可登机。在以色列，安检人员每天平均工作时间常常长达 10 多个小时，若使用这套系统，便能极大地提高工作效率，使安检人员能够专心提高其在危险品甄别和心理识别上的专业技能。

2. 虹膜识别系统

2011 年 10 月，英国人类识别系统有限公司（HRS）将其研发的带有 MFlow 追踪系统的电子门与 InSight 虹膜扫描仪整合，安装在英国伦敦盖特威克机场南航站楼内。

旅客只需站在电子门前，将登机牌放在读卡区，同时看向闸门右上方写有"请看这里"的扫描镜头，只需几秒钟，电子门就会将旅客的虹膜代码写入登机牌内，并打开挡板，让旅客进入安检区域。

在进入候机区域和登机时，旅客需要再次进行虹膜扫描，确保是本人进入或离开机场。

根据盖特威克机场的统计数据显示，每一秒钟就有一名旅客完成安检进入候机区域，旅客排队安检不超过 5 分钟，效率提高了 25%。

虹膜扫描仪的投入使用能够提高机场的运作效率，节约运行成本。对于时间敏感性较高的国际旅客而言，缩短安检时间能使他们保持愉悦的心情，会有更多的休息、就餐和购物时间，也将为机场带来更多的商业零售收入。

3. "生物测定法"测定身份

从 2015 年开始，"美国入境者及移民身份显示技术"（US-VISIT）开始正式应用。美国 115 个机场开始采用"生物测定法"检查入境者，美国检查人员为他们留下指纹并拍下样貌，然后将其与有关数据库核对，整个过程只需要 3 秒钟。这种指纹扫描仪上面有一块能放下一根手指的地方，入境者只需将手指放在上面，扫描仪即可获得清晰的指纹。

4. "空气浴"吹落危险品

"空气浴"也是美国已采取的一种检查旅客是否携带爆炸物或毒品的新手段。这是一套由 40 个空气喷气机组成的系统,可以将旅客衣物上或者身体上的任何微小颗粒吹落。这些微小颗粒掉到地板上的通风口中,立刻与 40 多种不同类型的爆炸物质进行比对分析。整个过程只需要 20 秒钟时间。入境者将感觉到自头顶吹来了一阵风。

5. 毫米波人体三维扫描成像安检门

IATA 智能安检项目的开发重点应主要针对如何提高扫描旅客、行李和货物的效率,如何改进手持扫描设备上来。近年来,国内的安检越来越严格,总能引起人们的热议。限制繁多的各项安检规定会让有些旅客感觉不耐烦,而越来越"透明"的安检技术也会让注重隐私的旅客大为恼怒。严苛的规定在为航空安全"保驾护航"的同时,如何才能最大限度地提升旅客的乘机体验呢?很多机场着手引进和使用新设备,采用新方法进行安检。三维扫描类产品的应用,就是其中的一种趋势。

2015 年年底,由中国航天科工集团公司三院 35 所研发的毫米波人体三维扫描成像安检门,在乌鲁木齐地窝堡国际机场、北京首都国际机场 T2 航站楼等地完成安装。这是国内首次由民航主管部门组织的毫米波安检的正式使用。

毫米波安检是一种兼顾安检有效性与体制安全性的新型安检途径,可以在两秒内实现对衣物下、皮肤上所有材质藏匿物的"透视",极大地提高了安检效率和准确率。

这种技术具有强大的物体分析能力和图像处理能力,能揭开被其他物体遮挡的可疑物"面纱",让操作员快速轻易地辨认出可疑物品。该系统利用无害的非电离,能在几秒钟内显示清晰的图像。对于很多难于检测出的液体、陶瓷、毒品、塑料等非金属物品,其也能收到高清晰成像的效果。这样一来,物品检测精度得到了极大提高,可以达到毫米级,检测成功率达到 85%以上。

安检门可能带来的隐私保护和辐射问题,一直是旅客在过安检时特别在意的。该设备具备完备的隐私保护功能,只显示人形影像上的可疑物品,不显示任何被检人员的隐私信息。不仅如此,该安检门还达到了极高的安检通过率,且被检人员与随身物品可以同步接受安检。

最为重要的是,设备产生的超小功率的电磁波辐射不会对人体产生危害。其辐射功率不及手机电磁波辐射的 1%。

三、围界系统

(一)围界防范系统为机场扎起安全"篱笆"

机场飞行区围界用于将飞行控制区与公共区进行有效隔离,如图 6-1 所示。其是防止任何人员从围界进入飞行控制区对空防造成影响而采取的一种物理防范设施。因此,围界应具备一定的防攀扒、防钻入功能。

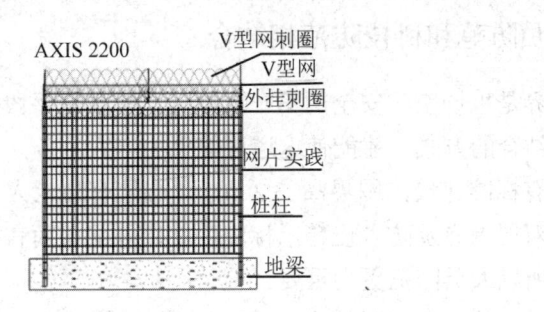

图6-1 正式围界样式

机场飞行区围界依据各区域特点及使用时限不同,分为正式围界、临时围界和其他围界(防窥板),如图 6-2 所示。

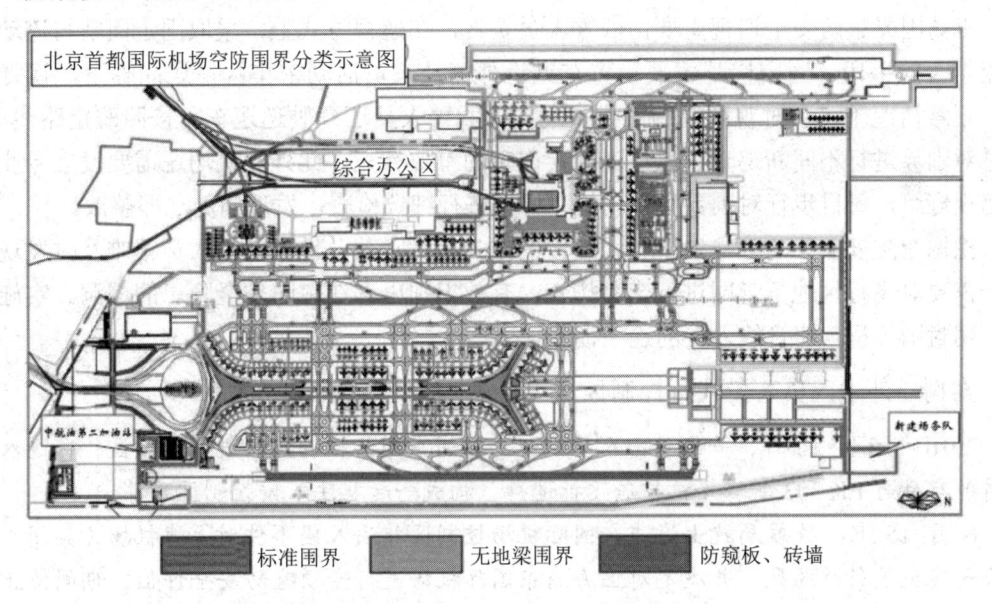

图6-2 北京首都国际机场空防围界分类示意图

即使这样的围界系统,篱笆还是有漏洞。据不完全统计,在世界范围内,每年都会发生 5~10 起利用飞机起落架舱偷渡事件。这不仅涉及机场管理的方方面面,也暴露出这些机场在技术层面上存在的漏洞。

众所周知,机场周界往往连绵十几甚至几十千米,环境复杂,防范起来非常困难,单一的探测设备很难满足要求,因此必须使用多种技术的探测设备,形成立体的防护及探测网。国内机场目前采用的大都是振动光纤、辐射电缆、红外对射、张力围栏、高压脉冲等第二代"信号驱动"型技术手段,不可避免地存在漏警、误警现象。由我国自主研发的第三代机场周界安防系统已广泛应用,这套基于传感器网络的第三代目标驱动型周界防入侵系统,抗干扰能力强,误警和漏警率极低,为机场周界堵漏洞、防入侵带来了革命性的技术创新。

(二) 人员防范和科技防范相结合

飞行区围界是机场空防安全的第一道屏障。科技是手段，人防是智慧。采取人员防范和科技防范相结合的方式，才能使这道屏障更加牢固。

机场按现有标准建设，围界高 3.2 m，顶端装有防止人员攀爬的滚刺，部分人员密集活动区处装有双层围界及防入侵警示标牌，就硬件配备而言，还是无法对强行入侵人员做到彻底阻拦，所以人员防范更为重要。

在重要区域加装"飞行区禁止翻越"警告牌，在部分空防高危地带加装激光对射系统及围界声光报警系统，组建威慑—发现—制止的安防层次。在所有正式通道口加装视频监控及硬盘录像机，便于远程监控及入侵事件的后续调查处理。对所有通道门加装门禁系统，使隔离区证件与系统有效结合。

机场围界空防安全巡视主要由武警人员负责，在巡视方式上，采取固定岗哨与流动作业相结合的手段。固定岗哨主要设置在跑道外侧及人员活动密集区，居高临下，视野开阔，正常情况下可实时观察周边的人员动向。武警人员还驾驶巡逻车，按照既定路线 24 小时对围界进行不间断巡查，以作为固定岗哨的有效补充。此外，机场还需要设立专业围界巡视班组，每日步行对围界硬件设施完好性进行细致检查，发现问题立即整改。

挖掘空防安全死角。从地下管线入侵的方式相对隐蔽，地表巡视人员很难及时发现。机场需要对飞行区地下管网进行全面排查，有效识别出存在空防安全隐患的漏洞。实施地下管网封围工程，将管线入侵的途径彻底切断。

案例 外来人员入侵飞行控制区

2016 年 5 月 26 日，一名外来人员翻越上海浦东国际机场围界进入控制区，并进入阿联酋航空公司 EK 303 航班飞机货舱飞抵迪拜，构成一起非法入侵控制区事件。

6 月 15 日，民航局就上海浦东国际机场控制区非法入侵事件对上海机场（集团）有限公司实施了行政约见，并决定对上海浦东国际机场进行专项空防安全评估，期间停止受理上海浦东机场的国内加班、包机和新增航线航班申请，还将依法对上海国际机场股份有限公司进行行政处罚。这是民航局首次因为空防安全问题对行政相对人实施行政约见。

民航局副局长李健严肃指出，"5·26"非法入侵控制区事件，性质严重，影响恶劣。他要求上海浦东国际机场深刻吸取教训，清醒认识问题的严重性；充分认识形势，提高做好安全工作的责任心和紧迫感；狠抓问题整改，切实履行好空防安全主体责任。特别是要以控制区管理为重点，对空防安全系统做一次彻底的梳理，对照相关法律、规章、标准逐项比对系统建设、手册方案、设施设备、岗位设置等各个环节的落实情况，充分发挥人防、物防、技防的联动效应，持续强化人防工作力度，坚决避免再次出现监控真空和防控死角，确保空防安全。李健同时要求民航监管和地方综合监管双管齐下，靠前监管，从严监管，综合运用多种监管手段共同履行好安全生产监管职责。

四、视频监控系统

（一）视频监控明察秋毫

视频监控系统是机场安防系统的重要组成部分。大型国际机场一般由主跑道、航站楼、航管中心、货运中心、消防中心、汽车库、航空食品厂、物业楼、边检楼和海关等多单位及各自管辖的区域所组成，这些单位和区域都需要进行安全监控。

前端点数多、分布广是机场安防监控的共同特点。机场周界、航站楼进出通道、机场内部各个通道、安检区、候机厅、登机桥、行李提取厅、飞行区、停车库、电梯、扶梯、机房、公共区域等要害部位都需要设置监控摄像机，因而机场往往摄像头密布。以北京首都国际机场为例，单 T3 航站楼内就安装有约 2 300 台摄像机，设立监控中心、分控室、值班室 30 个，视频监控工作站 128 个；上海浦东国际机场 T2 航站楼监控摄像机也达到 2 000 多个，共设 12 个视频汇聚接入机房和 18 个分控中心。

机场监控摄像机最密集的区域要属安检通道，一路安检通道，一般都会安装 3~5 只摄像机，有些还会安装拍照针孔摄像头。部分特殊监控点位还配置了高灵敏度的拾音器进行视音频同步录制，保证了事件完整回溯，满足了特定监控需要。

（二）智能视频监控技术

安防技术的不断发展和成熟，为机场安防建设提供了强大的技术支撑，也刺激着机场安防建设新需求的不断增长，如图像行为分析技术近年在机场安防建设中就得到了很好的应用。

众所周知，机场监控系统是一个非常庞大的系统，动辄几百上千个监控点，单靠人员监控往往无法满足安全监控需要，必须借助更为先进的智能监控手段。

智能视频监控技术源自计算机视觉技术，视频分析技术中最常用的功能就是"入侵探测"，它能够对视频监控画面进行实时跟踪分析，通过将场景中背景和目标分离，分析并追踪在摄像机场景内出现的目标，自动探测在某些特定场所或特定时间内进入或离开某一区域的可疑物体和人的反常行为，系统会自动发出报警，监控工作站自动弹出报警信息并发出警示音。图像智能分析技术目前已经在国内一些机场得到不同程度的应用，上海浦东国际机场 T2 航站楼早在设计建设中就引入了动态视频侦测技术。

智能视频监控的优势就在于它可以一天 24 小时不间断地对监控区域进行监控和图像分析，使安保人员从"死盯"监视器的单调工作中解脱出来。相对于人员监看图像画面，智能监控可靠性更高，能够有效地提高监控和报警精确度，大大降低了误报和漏报现象的发生。

可以预见，智能分析及其他安防新技术（如虹膜、人脸识别等）在未来机场安防系统建设中必将会得到更广泛的应用，从而为航空运输安全保驾护航。

（三）视频监控系统的技术要求

按照"以点带面、大场景跟踪、卡口目标检测和识别"的监控原则，监控范围内对人的清晰度要求分为以下两个层次。

（1）第一层次清晰度要求：人员基本特征识别，要求能分清楚男女，看清肢体动作，有短暂遮挡情况下目标的持续跟踪。

在这种清晰度下要求实现持续静态全覆盖的区域包括以下几个。

① 航站楼前人行道、车道边。
② 航站楼内公共活动区、小件行李寄存处、电梯口、卫生间门前。
③ 安检工作区、旅客反向通道。
④ 空陆侧隔离设施、门禁系统通行口的内外两侧。
⑤ 可以俯视航空器活动区、安检工作现场的陆侧区域。
⑥ 连通空侧和陆侧的检修通道、燃料通道、综合管廊等的出入口。
⑦ 航空器维修区。
⑧ 办理货运手续区、货物安检区、货物存放区。
⑨ 要害部位的出入口、重要工作区域和与公共区域的隔离设施。
⑩ 一类、二类机场的围界（夜间图像质量应不低于移动物体识别的要求）等。

在这种清晰度下要求实现全覆盖的区域包括以下几个。

① 候机隔离区。
② 行李传送和提取区域。
③ 航空器停机位、隔离停机位。
④ 下穿跑道或滑行道的隧道或立体交叉区域。
⑤ 设在航站楼地下的停车场和车辆通道等。

（2）第二层次清晰度要求：人脸特征识别，要求图像能清晰地反映人的脸部正面特征，以满足人眼或计算机自动识别、比对的要求。

要求满足这种清晰度的区域有以下四个：航站楼出入口、乘机手续办理柜台、安全检查通道验证柜台和登机口。

对车辆的监控图像要求能清晰地反映车型、颜色和车辆号牌，图像清晰度可满足车辆号牌识别的要求。应满足这种清晰度要求的区域有：所有进出机场的道口、驶向和驶离航站楼的路口、停车场出入口和进出航空器活动区的道口等。

根据公安部的要求，新建、改建、扩建机场必须采用高清摄像机，机场监控系统采用的摄像机主要包括一体化室内球形摄像机、一体化室外球形摄像机、一体化室外云台摄像机、室内半球固定摄像机、电梯摄像机、室内固定枪式彩色摄像机、室内云台变焦彩色摄像机等多种类型。机场周界和飞行区监控需要选用具有夜视功能的红外摄像机。此外，机场还需要安装少量大型云台瞭望摄像机，以实现大范围和全景监控。

五、机场门禁系统

门禁系统的目的在于对机场运行环境的安全防范管理，实现控制和掌握人员流动动态、制止非法入侵、管理内部人员、规范外部人员行为等多项功能，确保机场范围内的安全。体现集成管理的理念，将监控、门禁、报警、消防等各系统集成到一个平台下，进行统一的管理和调度，实现实时的联动。机场门禁系统可将证件的数据及授权数据在线同步到区域控制或通信服务器后，下载到门禁系统的现场控制器存储，持证人通过刷卡及验证密码进入相应的受控制的工作区域，通过统一的门禁管理平台进行管理，以有效提升机场门禁系统的管理效率和资源效用，确保机场安全、有序地运营。

门禁系统要采用复合识别控制方式，要采用具有生物特征识别或密码输入功能的身份验证设备，也就是证件加生物识别或者证件加密码输入的方式控制通道的开启。

当前，随着射频和生物识别技术的不断发展和成熟，为机场门禁系统建设提供了强大的技术支撑。

门禁控制系统主要集中在通道隔离区、工作区、机房等，系统采用分散式的联网控制，中心实时监测，持卡人凭卡，根据所获得的授权，自动进出设防区域。门禁管理软件设置访问权限和管理记录，时刻自动记录人员的出入情况。通常采用内置 TCP/IP 的门禁控制器，目前机场门禁系统主要使用的是 IC 卡识别方式。

门禁控制系统在机场的应用主要体现在对系统的稳定性、数据库、集成性需求上。按照设计要求，门禁系统须与视频监控系统（甚至消防系统）联动，以便对门禁系统的报警事件、异常事件、日常情况进行视频复核。门禁系统的任务主要是对旅客活动区域和工作区之间的通道门、登机门，工作区域到停机坪之间的通道门，各重要机房通道门等进行出入控制管理，每个通道门都安装有读卡器，出入者持 IC 卡凭权限进出。

北京首都国际机场在国内率先启用人脸识别门禁系统进行工作人员的证件查验。人脸识别技术具有国际领先水平，能够在 1 秒钟之内完成被检人员面部特征的识别，并能与后台数据进行比对，快速、准确地核实被检人员的身份，错误识别率仅为 0.01%，准确率远远高于传统的人工证件查验，能够有效地弥补人工证件查验存在的不足。随着技术的不断成熟，机场门禁系统将会越来越先进。

六、机场安防报警子系统

报警子系统在机场整个安防系统中占的比例相对不大（北京首都国际机场 T3 航站楼的报警点 150 个），但也十分重要。因为机场安防更注重的是事前、事中发现，以便及时制止事件的发生。报警子系统一般须与监控系统联动，因此通常都纳入监控系统中。报警系统的应用一般仅限于机场航站楼内，与航站楼的弱电集成系统、消防报警系统、公共广播电视、楼宇自控系统功能联动和集成。机场安保部门一般会将机场分为几个区域，在各区域按照需要安装密度不等的报警探测器，报警主机设置在航站楼的监控中心，报警分控设置在航站楼公安分控中心，使用计算机数据通信方式将监控中心的报警主机与公安分控中心的计算机联系起来，公安分控中心以 PC 为人机界面在后台控制，管理监控中心的报警主机。整个报警系统采用报警主机（每台带 120 路总线式报警探测器、8 路本地探测器），接收各报警点的报警信号。

在机场安全防范中，仅仅依靠视频监控系统是一种被动防范，而通过报警与视频监控的集成互联，可以提高机场整个安防系统的应用和管理效率。因而，报警子系统也是机场安防的重要组成部分。

七、机场安防公共广播子系统

公共广播系统也是整个机场安防系统的一部分，兼顾消防紧急广播，其主要功能是在机场航站楼的各公共区和办公区分别播放机场的航班动态信息、机场业务信息、特别通告和紧急事件等，具有背景音乐功能。广播方式可以是人工播音，也可以是数字语音合成自动播音。整个系统的所有设备设置在消防中心，而广播中心、保安中心、指挥中心能通过话筒对各区域进行各类信息的广播。

公共广播系统需要与消防报警系统联动，且消防中心能够通过火灾区域产生的控制信号自动实现紧急广播模式。

机场公共广播系统一般采用集散型分布设计，广播源分优先级，紧急广播具有最高优先权。在紧急情况下，所有响应区域的正常广播将被自动切断，取而代之的是来自消防中心的紧急广播，以便消防指挥员利用广播系统指挥和引导乘客及所有人员紧急疏散，安全脱离现场，防止现场秩序混乱。而其他广播区的广播可以正常广播，不受干扰。

当紧急广播启动时，业务广播、背景音乐广播等自动处于静音状态。当遇到停电及紧急情况发生时，系统可用电池供电，确保广播系统正常工作。

第三节 群防安全

一、群防安全概述

群体性事件是指由某些社会矛盾引发，特定群体或不特定多数人聚合临时形成的偶合群体，以人民内部矛盾的形式，通过没有合法依据的规模性聚集，对社会造成负面影响的群体活动的事件。表现为发生多数人语言冲突或肢体行为冲突，或表达诉求和主张，或直接争取和维护自身利益，或发泄不满、制造影响等群体行为，还包括恐怖分子在机场公共区域制造恐怖事件，因而对社会秩序和社会稳定造成重大负面影响的各种事件。

机场群体性事件是一种可能引发危害社会治安的非法集体活动，是一种危机性社会事件。某些利益要求相同或相近的旅客个体在利益受损或不能得到满足并受到策动后，采取非法集会、静坐请愿、集体罢飞、集体围攻等行为冲击机场要害部门和其他要害部位，严重者甚至集体冲上停机坪阻挠飞机飞行，或者集体械斗，集体打、砸、抢。

防范群体性事件发生，是机场安全的底线。底线是不可逾越的红线，是由量变到质变的临界值。底线一旦被突破，事物性质就会发生根本改变，就会出现不可接受的结果。保证机场持续安全，就是要保证机场安全始终处于公众可接受的范围内。

二、易发群体事件

（一）事由

1. 政治原因：制造恐怖破坏安定局面

恐怖主义是指通过暴力、破坏、恐吓等手段，制造社会恐慌、危害公共安全、侵犯人身财产，或者胁迫国家机关、国际组织，以实现其政治、意识形态等目的的主张和行为。

当前，在国内外反恐形势的大背景下，民航面临的恐怖主义威胁日益突出，而且恐怖袭击的方式和手段趋向多样化，对做好各项反恐工作提出了更高要求。一是清醒认识民航始终处于反恐前沿，时刻绷紧反恐这根弦。民航运输因其敏感性、脆弱性、高价值性、高开放性等特点，且对其的恐怖袭击往往能够产生极强的"恐怖效应"，一直都被视作恐怖袭击的重要目标。

针对我国民航的恐怖袭击事件有 2008 年的"3·07"事件、2012 年的"6·29"事件等，虽均未得逞，但表明了针对我国民航的恐怖主义袭击并不遥远；而且，从近年来国内破获的多起暴恐案件来看，一些案件的恐怖分子曾将民航作为袭击目标，进行了相关"踩点"。这提示我们要充分认识民航面临恐怖主义形势的严峻性、复杂性和长期性，要始终把反恐工作放在更加突出的位置，特别是我们的民航基层公安机关和各相关单位，应时刻绷紧反恐这根弦，随时做好反恐工作的各项准备。

2. 航班延误：不正当诉求激化矛盾

随着国民经济的持续快速发展、人们旅行理念的改变和民航大众化战略的深入推进，选择乘坐民航客机出行的旅客越来越多。与此同时，"任性"的旅客也不断增多，不文明行为时常在机场内发生。有的旅客面对雷雨等意外天气原因造成的航班延误，"任性"打骂工作人员，甚至砸坏柜台、计算机等候机楼设施；有的旅客对服务稍不如意，便"任性"地辱骂工作人员，往工作人员身上泼开水者有之，摔打物品者有之，强悍地动手殴打工作人员亦有之……这些不文明行为，有时在国内机场发生，有时也在国外机场上演，以致网民大呼"丢人丢到国外去了"。2018 年 1 月 24 日晚，由于天气原因导致航班延误 24 小时，滞留在日本东京成田国际机场的一百多名中国旅客因此和机场人员发生冲突，期间中国旅客高唱歌曲。中国驻日本大使馆就此发布公告，提醒出游公民，廉价航空公司属低成本运营，事先会与乘客签署相关免责协议，被告知会出现航班延误无法及时改签、不负责乘客食宿等情况，公民在购买机票时应仔细阅读购票协议。大使馆还提醒，遇到突发情况请理性看待，避免过度维权或卷入不必要的法律纠纷。

3. 个人原因：法盲违法任性

"任性"旅客的存在，不文明行为的多次发生，原因是多方面的。就旅客而言，有的是法治观念淡薄，有的是个人修养不足，有的是"顾客就是上帝"思想作祟，有的是不了解相关法律法规；就航空公司、机场而言，有的是服务不到位，有的是服务政策有偏向。

例如，一些航空公司、机场长期奉行服务导向型政策，遇到"闹事"旅客，担心造成诸如航班延误、旅客投诉、形象和效益受损等一连串后果，不敢拿起法律武器维护自己的合法权益，往往息事宁人，甚至花钱买平安，这些做法反而纵容了"任性"旅客的违法维权行为。此外，对相关的法律法规宣传不够，协作机制不够健全，对"机闹"行为打击不力，也为"任性"旅客滋事提供了温床。

这些"任性"旅客的不文明行为，并非只是道德层面的冲动，有些已经严重危及航空安全，并涉嫌违法。对"任性"行为进行规束，让"任性"旅客受到惩戒，使其付出应有的代价，这也体现了对公共安全的保障、对法律尊严的维护和对其他乘客权利的尊重。

2018年5月5日中国航空运输协会正式发布了第15批民航旅客不文明行为记录，共有13人上榜，其中的11人被记录不文明行为两年。

该批记录涵盖的时间范围为2018年3月1日～3月31日，虽然上榜人数较少，但不文明程度较以往更为严重。

13起不文明行为中的7起发生在客舱内，涵盖了谎称携带炸弹、骚扰其他旅客、攻击乘务人员、争执斗殴等严重扰乱航空运输秩序/客舱安全秩序行为，最为严重的1起更是在骚扰乘务员后攻击安全员，上述旅客因为自己的行为分别被行政拘留5～12天。根据《民航旅客不文明行为记录管理办法（试行）》，他们的不文明行为记录期限也都为两年。其他被记录两年的不文明行为则包括在航站楼内殴打他人、冲闯到达厅并攻击安检人员、在登机口谎称携带炸弹等。

依据《民航旅客不文明行为记录管理办法（试行）》，民航旅客有堵塞、强占、冲击值机柜台、安检通道及登机口（通道）等11种具体行为及其他扰乱航空运输秩序、已造成严重社会不良影响或依据相关法律、法规、民航规章应予以处罚的行为，均应被列入民航旅客不文明行为记录。其中，已造成严重社会不良影响但未受到行政处罚的，旅客不文明行为记录期限为一年；受到行政处罚的，旅客不文明行为记录期限为两年。

4. 机场主体责任：不到位

做好机场安全工作，要坚守不发生因机场主体责任原因造成的重大旅客群体性事件这一底线。近年来，旅客群体性事件在中国民航时有发生。发生群体性事件固然有旅客的原因，但也值得民航单位反思。大多数群体性事件都源于旅客对民航服务不满意，矛盾激化导致与工作人员的冲突升级。如果机场能够为旅客多做一些工作、多提供一些服务，这些群体性事件是可以避免的。特别是在一些服务设施设备并不完善的机场，这种服务更显得很必要。例如，在航班延误时，机场可以为旅客提供热水，为老弱病残人群提供必要的帮助。在2009年7月1日颁布实施的《民用机场管理条例》中，明确了机场的社会公共基础设施定位。公共基础设施就必须具有公益性，要为公众提供服务。不发生责任原因造成的重大旅客群体性事件，这既是做好机场安全工作的要求，也是由机场社会公共基础设施的定位所决定的。

（二）易发区域

1. 公共区域

随着安检措施的日趋完善，劫机、炸机的难度不断加大，恐怖分子逐渐将袭击范围扩大至机场公共区域及周边的重点要害部位等设施。2007 年，美国联邦调查局宣布挫败一起针对纽约肯尼迪国际机场的恐怖袭击事件，恐怖嫌犯企图袭击机场的航空油料储存罐和输油管道。2011 年，"1·24"莫斯科多莫杰多沃国际机场恐怖袭击事件，恐怖分子就选择在机场国际到达区行李提取处实施爆炸。2016 年 3 月 22 日上午，比利时布鲁塞尔扎芬特姆国际机场和欧盟总部附近的马尔贝克地铁站发生爆炸，共造成至少 35 人不幸罹难，超过 300 人受伤。

这种由"机"到"场"的目标选择，进一步加大了民航安全防范难度，提醒我们必须在"反劫机、防炸机"的基础上，还要"防袭击"，进一步加强公共区防范和要害部位安全的保护工作。从手段上来看，随着科技的不断进步，针对民航的恐怖袭击手段也不断复杂化、高科技化，自杀式袭击等极端行为方式也时有发生，手段更加残忍，影响更为恶劣。

我们仔细观察不难发现，无论是 2016 年的布鲁塞尔扎芬特姆国际机场爆炸事件，还是 2011 年莫斯科多莫杰多沃国际机场到达大厅的致命袭击，其共同点在于发生地都是在机场的公共区域。这不同于传统的机场控制区，该区域也属于机场安全较为薄弱的部分，同时人员密集程度和流动性丝毫不低于机场隔离区。为此，我们有必要转变安全管理理念，实行"两手抓"，一手抓机场控制区的安全管理，一手抓机场公共区域的安全防控。只要把地面的安全威胁减小到最少，那么空防安全事故的概率将极大地降低。

案例　上海浦东国际机场发生爆燃案

2016 年 6 月 12 日，上海浦东国际机场 T2 航站楼国际出发 C 岛值机柜台发生一起爆燃案件，一男子从随身携带的背包内拿出用啤酒瓶自制的爆炸物丢至值机柜台前，啤酒瓶发生爆燃后，该男子从背包中取出匕首，划割自己颈部后倒地，伤情危重。现场另有 4 名旅客（其中一名为菲律宾籍）被爆燃的玻璃瓶碎片轻微划伤，送医治疗。

2. 安检区域

面对机场增设防爆检测，安检人员须执行严格的安全检查，作为旅客应予配合，因为严格的安全检查意味着危险品更难以进入航站楼，不法分子更无机可乘，旅客乘机更加安全、放心。但有些人发牢骚：安检程序如此复杂，这得耽误多少时间呢？有些旅客因为随身带了"禁止携带"或者"限量携带"的东西而与安检人员发生冲突的事件屡见不鲜。有两方面原因：一方面，部分旅客对于安检的认识还有待提高，应多从自己携带的物品和行为是否会给他人带来不便甚至危险，是否会影响到其他旅客正常安检等角度来考虑问题。另一方面，一些旅客养成不按规矩出牌却还理直气壮的恶习，并且逐渐形成了"反正带了不该带的东西，又舍不得丢，怎么都得试着过安检，实在不行再闹"的想法。身为旅客，应该清楚遵守民航规章制度是保证自己以及他人旅行顺畅、安全的重要手段。倘若对工作人员不满，应该理性寻求解决办法，而不是把愤怒当作解决问题的手段。而民航相关单位也应该严格按照民航规章制度办事，对于违反规章制度又劝阻不改的旅客坚决予以严惩。

经常坐飞机的旅客应该都知道，机场安检对于随身携带的物品有相关规定，而机场内广播也会中英文不间断播放关于随身携带物品的相关规定，但仍有很多旅客将违禁物品随身携带过检。对此，机场为旅客提供了无偿的违禁物品安检暂存服务，旅客可免费存放30天允许存放的违禁物品。但由于部分旅客的不理解，常会出现旅客大声吵闹且拒不配合的情况，一度影响了安检现场的秩序，更严重影响了其他旅客的过检速度。

如果旅客带上飞机的液体可燃，飞机在起落期间的压力变化比较大，可能导致可燃性气体的密度发生变化，从而发生泄漏并引发安全事故。如果液体是有毒的，一旦流出或挥发，后果不堪设想。航空安全"红线"谁都不能触碰，所以对旅客携带违禁品上机的行为，民航管理部门严令禁止，各保障部门也在严格执行规定。

3. 登机口与机坪区域

夏季是民航运输生产的旺季，也正是我国极端天气多发的季节。我国沿海地区夏季多台风，内陆地区多雷暴天气，天气变化给民航航班的正常运行增加了难度。民航从来都是将安全放在第一位的，天气条件不满足适航标准，飞机就一定不会起飞。选择乘飞机出行的旅客都是看中了其快捷性，可恶劣天气一来，航班延误，快捷性就受到了影响，旅客心生不满，情绪激动，于是大闹候机楼，甚至冲上停机坪，扰乱了民航正常运行秩序。

民航支持并鼓励旅客通过正当渠道、采取正当手段维护自身权益。但旅客情绪一激动，往往只想着自身的权益，而忽略了他人的权益。例如，拒不登机阻碍舱门关闭的旅客，耽误了航班上其他旅客的时间，侵犯了其他旅客的权益，也影响到航空公司后续航班，给航空公司造成了经济损失。这类旅客往往没有意识到，自己的维权行为触犯了法律法规，必须接受惩罚。维权也要依法依规，也必须行为合理。

案例

2010年5月6日，华南航线空域出现大范围暴雨云团，广州白云国际机场航班大面积延误，少数旅客出现过激行为，机场多个登机口设备全部被砸坏，服务台电话被砸，值机岛多台计算机显示器、行李称重显示器被毁；近10名工作人员因在向旅客解释时被围攻和殴打而导致不同程度受伤，多名服务员被旅客泼饮料吐唾沫；部分旅客更是冲击办公室、抢夺对讲机。据不完全统计，从6日15:00至7日14:00，共发生类似事件20多起。

2013年3月27日，原定3月26日20:20起飞的广州至三亚的航班因为广州天气原因延误，机上150余名旅客在机上等待期间，部分旅客不顾民航工作人员的劝阻，强行走出客舱，两名女性旅客周某和唐某带领20余名旅客强行冲到停机坪，之后在现场民警和工作人员的劝阻下回到客舱。但一个小时后，因为起飞时间还无法确定，周某和唐某再次鼓动旅客走上停机坪，还边走边叫："往前走，继续往前走。"试图冲击跑道，现场工作人员再次对其进行劝阻，但是周某和唐某情绪激动，屡次推搡谩骂工作人员，甚至对公安民警扬言："我今天就是想试试你们的底线。"在劝阻无效后，为了避免事态进一步恶化，现场民警果断将周某、唐某和另一名带头闹事者李某带离现场进行调查。随后，在工作人员的劝说下其他旅客返回客舱，但是由于冲击停机坪引发的混乱造成航班再次延误，飞机于凌晨 3：25 才起飞。

2016 年 5 月，在兰州中川国际机场出现了惊人一幕：原定 15：00 起飞的兰州—合肥—青岛的 QW9852 航班，因有旅客行李中带有违禁品，二次安检后由于过了航班截载时间，三名乘客不顾民航工作人员的劝阻，强行冲到停机坪，致航班延误 1 小时。发生该情况后，机场公安局立即出警进行了处置。

冲闯停机坪是很危险的。众所周知，机坪是用于飞机起降和滑行的。按照民航部门的安全要求，当飞机降落时，停机位周边不允许出现任何物体和行人，哪怕是一只小鸟，其可能被高速旋转的发动机吸入，酿成严重的后果。届时已不是多等几个小时便能解决的问题了，很可能威胁乘客的生命安全。

此外，突然闯入停机坪的旅客很可能影响正在起降的航班，使飞行员的操作出现失误。到那时，危及的便不是一个人的生命安全，而是航班上数百名旅客及机组人员的生命安全，这种后果是谁都无法承受的。

冲闯停机坪是要受到法律制裁的。《中华人民共和国治安管理处罚法》第二十三条规定：非法拦截或者强登、扒乘机动车、船舶、航空器以及其他交通工具，影响交通工具正常行驶的，要处以警告或者 200 元以下罚款；情节较重的，处 5 日以上 10 日以下拘留，可以并处 500 元以下罚款。《中华人民共和国民用航空安全保卫条例》第十六条规定：机场内禁止随意穿越航空器跑道、滑行道；强行登、占航空器。违反所列行为，构成违反治安管理行为的，由民航公安机关依照《中华人民共和国治安管理处罚法》有关规定予以处罚。

没能赶上航班，旅客焦急的心情值得同情与理解。但越是在这种情况下，越要理性寻求解决问题的方法。俗话说得好：冲动是魔鬼。如果不能学会控制自己的情绪与行为，一时头脑发热，带来的可能是无法弥补的后果。为了自己与他人的安全，为了避免触碰法律的底线，切不可拿生命当儿戏。

（三）群体的分类

1. 恐怖分子

纵观近些年来国际、国内发生的恐怖事件，由于国际局势动荡引发的社会面"蝴蝶效应"局势，以及国内社会问题复杂化，个别人采取极端行为，其中有很大一部分把目标直接指向民航，尤其是在一些重大运输保障活动期间，使民航面临着前所未有的空防安全压力和挑战。

2. 法盲旅客

在法制社会中，每个人都具有双重身份，既是"自然人"，也是"社会人"。每个人的所作所为，不仅要对自己负责，还必须对社会负责，以不侵害他人和社会的利益为前提。同样，民航业也有相应的法律法规，其目的就是确保民航正常、健康、有序地发展。旅客作为消费者，被法律赋予了相应的权利，但如果这些权利被无限放大，甚至触犯了民航的法律法规，侵害其他旅客和民航企业、从业人员的利益，那么就突破了法律的红线。殴打辱骂民航工作人员、打砸机场设施设备、扰乱机场和航空器秩序、破坏航空器及其设施等影响机场和航空器运行秩序及安全的行为，均触犯了法律，理应受到法律的严惩。

每当违法旅客被处罚时，总是万分后悔，也没有想到自己的行为会有如此严重的后果，以至于触犯了法律。这体现出当前旅客的民航法律意识淡薄。人们知道故意伤害他人是犯罪行为，却在航班延误时，肆意殴打民航工作人员；人们知道劫机、炸机属于暴力犯罪，性质恶劣、后果严重，却不曾想到藏匿火种或携带管制刀具一样危害了民航安全和广大旅客的生命财产安全。

然而，还有一部分旅客并非不知法，而是明知故犯、心存侥幸。如藏匿打火机、火柴，有此类行为的旅客很清楚地知道民航的相关规定，但为了个人的一点儿私欲，不惜以身试法。这种故意而为之的行为一经发现，将移交公安机关处理。

案例

2018 年 2 月 10 日，刘某在客舱内谎称机上有炸弹，严重扰乱航空运输秩序。后对该名违法旅客做出行政拘留 10 日的处理。根据《民航旅客不文明行为记录管理办法（试行）》，上述旅客不文明行为记录期限为两年。

2018 年 2 月 23 日，曲某乘坐 9C8967 次航班，不配合超规行李托运工作，并谎称携带爆炸物，严重扰乱航空运输秩序。对该名违法旅客做出行政拘留 5 日的处理。根据《民航旅客不文明行为记录管理办法（试行）》，该旅客不文明行为记录期限为两年。

3. 不文明旅客

航空旅行，安全第一，必须讲规矩、守规章。在数以亿计的航空旅客中，尽管"任性"不文明旅客是绝对少数，但其"任性"行为往往具有不小的负面示范效应，有时甚至会坏"一锅汤"，不仅破坏安全规矩和公共秩序，而且还影响所在国的形象。对于那些不讲规矩、不守规章的"任性"旅客，民航方面要主动作为，依法采取有力措施，让他们讲规矩、守规章，且不可助长他们的"顾客就是上帝"思想，放纵他们的"任性"行为，让他们把候机楼当作闹市大街，把客舱当作自家客厅，把讲理变成比嗓门，把维权当成秀肌肉，破坏安全规矩，扰乱公共秩序，挑战法律尊严，影响航空安全，侵犯其他旅客的权利。

案例

2018 年 2 月 12 日，陈某不按照规定托运行李，并霸占验证台，影响他人过检并辱骂安检人员，严重扰乱安检秩序。对该名违法旅客做出行政罚款 200 元的处理。根据《民航旅客不文明行为记录管理办法（试行）》，该旅客不文明行为记录期限为一年。

2018 年 2 月 14 日，郭某乘坐 CA1625 次航班，在通过安检时不配合安检工作，并殴打安检人员，严重扰乱安检秩序。对该名违法旅客做出行政罚款 500 元的处理。根据《民航旅客不文明行为记录管理办法（试行）》，该旅客不文明行为记录期限为一年。

三、群体事件的防范策略

(一)形成群防群治的"大反恐"格局

2015年12月27日,十二届全国人大常委会第十八次会议审议通过《中华人民共和国反恐怖主义法》(以下简称《反恐怖主义法》),并于2018年进行了修正。

《反恐怖主义法》明确了反恐怖主义工作的基本原则、工作机制和责任分工。《反恐怖主义法》明确"国家将反恐怖主义纳入国家安全战略",提出将综合治理、专群结合,分工负责、联动配合,防范为主、惩防结合,先发制敌、保持主动,法治和人权保障,全民反恐作为反恐怖主义工作的基本原则,形成全民参与、群防群治的反恐格局,兼顾打击与保护、公正与效率,坚持依法防范和惩治恐怖主义。

(1)综合治理,落实反恐主体责任形成"大反恐"格局。民航基层各单位作为反恐工作的责任主体,应认真贯彻落实《反恐怖主义法》和民航局《关于进一步加强反恐怖工作的意见》有关要求,切实履行主体责任,加强综合治理、专群结合,形成全民参与、全民反恐、群防群治的"大反恐"格局。机场管理机构应依托航空安保委员会成立反恐怖工作领导机构,建立健全机场安全管理体系,为反恐工作和恐怖事件的处置提供必要的支持保障,落实航站楼及其他区域的反恐措施,及时消除各类安全隐患。机场安检机构应充分发挥空防安全和反恐工作"第一道防线"的作用,落实旅客人身和货物行李的安全检查工作,及时发现各类可疑人员和可疑物品,做好航站楼出入口的防爆安检工作,并要与机场公安机关建立联动协作机制,共同做好反恐防范工作。民航各基层单位,尤其是反恐防范重点目标单位,应把反恐工作放在更加重要的位置,勇于担当,敢于负责,将反恐工作纳入到单位的重要议事日程中,建立定期研究、分析反恐工作的长效机制。

(2)机场公安机关应主动作为,发挥反恐主力军作用。机场公安机关是民航机场地面公共安全的管理主体,是维护航空安全、空防安全和反恐工作的主力军。突出空防安全和反恐工作这一核心。空防安全是机场公安机关的核心职能,应充分发挥综合协调和主力军作用,将空防反恐工作与各项警务工作相融合、相贯通,开展各项公安工作都要从维护空防安全和做好反恐工作的角度进行审视及统筹。特别是要将反恐工作作为空防安全的核心内容和主旨,以"防劫机、防炸机、防袭击"为重点,严密防范暴力恐怖活动,突出体制机制和能力建设这一根本。抓住《反恐怖主义法》出台的契机,发挥推手作用,完善反恐怖工作体制机制。特别是推动成立反恐情报信息与应急处突指挥中心,密切与机场运行、航空运输、空中安保、驻场武警等单位的配合,加强与地方公安机关的协作,形成统一指挥、反应灵敏、高效联动的反恐应急常态化工作机制。

(3)防患于未然,做好应急处置突发事件准备工作。做好应急处置突发事件准备是应对随时可能发生恐怖袭击的重要保障。坚持预则立、不预则废,想全想细想万一,抓紧抓实抓具体,切实做细做实应急处置突发事件预案。进一步完善反恐应急工作机制,建立以机场公安机关为主体,安检、消防、护卫、保卫、救护等部门配合的反恐怖应急处置联动机制。适时开展桌面及实战演练,加强情境式、对抗性练兵,不断增强动员能力、指挥调度能力、实战应对能力、通信保障能力，确保一旦发生突发事件能够快速响应、有效应对、妥善处置。

（二）宣传解释文明执法

安检工作以安全和服务为主，而在服务工作中，除了严格遵循礼仪礼节、文明用语之外，解释说明工作非常重要。合理的解释不仅可以使旅客配合安全检查，还能对相关法律法规起到宣传作用。

经常遇到旅客不理解、不配合检查工作，他们往往认为很多规定都不合理，如为什么水、酱料、蜂蜜这些日常食品都不能携带？为什么想带点腐乳、鸡枞油之类的云南特产送给朋友都不行？为什么不能带把小刀削水果？为什么要脱鞋、解裤带接受检查？诸如此类的细节问题如果不能给旅客一个合理的解释，就会给旅客留下安检人员既粗暴又不近人情的印象。所以解释很重要，切不可不由分说，只告诉旅客一句"不能带"就完事，那样很容易引发矛盾。而在繁忙的检查工作中，要把相关规定一一向旅客陈述也是不现实的。因此，解释说明应当简洁、有力，突出重点，就事论事。经常有旅客因为购票、行李托运等不太顺利，到安检处刚好压了一肚子火，再遇上有些物品不能被带上飞机，情绪就爆发了，不断向安检人员宣泄各种怒气。安检人员不要被旅客情绪所干扰，应冷静地听完旅客的陈述，找出问题的重点，再善意地提醒旅客："我们先来解决眼前的问题好吗？否则耽误了您的乘机时间就不好了。"

要具备较高的职业修养。一名好的安检人员应当能控制好自己的情绪，无论遇到什么事，都不应当在岗位上表现出自己的喜怒哀乐，应保持平和、节制、不慌不忙的工作态度。有些工作经验不足的安检人员，遇到旅客发火不配合，甚至刁难，容易被带入不良情绪中，不但问题解决不了，自己也憋了一肚子气，从而影响检查工作。应当事先就想到，与人打交道可能会有各种各样的问题，要以专业的工作态度来对待。情绪平稳了，向旅客解释时才能做到条理清晰、不卑不亢。

熟悉行业法律规章，解答问题有理有据。这是最基础的要求，作为民航安保人员、执法人员，必须熟练掌握民航法律法规、检查规则，才能在旅客提出质疑时给出合理的解答，让旅客心服口服。如果对相关规定不熟悉，解释时东扯西拉，遇到懂法的旅客提出疑问便张口结舌，这就难以让人信服了。

服务态度要好。对不能携带上飞机的物品，态度要坚定，语气要和蔼。要让旅客感受到，规定虽然死板，但安检员的态度确实让人无可挑剔。对不能带的物品，要快速、明确给出旅客建议，不能让旅客觉得无所适从。例如，经常有旅客对不能带一些普通的生活用品感到困惑，如打火机、小刀等，可以向旅客解释："我们理解您的心情，但是飞机作为一种特殊的运输工具，也许很不起眼的一些物品都有可能干扰它的正常飞行，为了您在飞机上的安全万无一失，请您配合检查。"还有一些人喜欢向检查人员说情，希望网开一面，表示下次绝不再带此类物品的旅客，但安检人员可以用"这件物品是绝对不能携带的，但是可以为您办理暂存"等话语向其坚决表明态度。

（三）发生不正常航班要强化主体责任

首先就是不正常航班的应急服务问题。自 2010 年开始的大面积航班延误治理工作，让所有航空公司与机场都为此制订了"完善"的应急预案。但是，这些预案在实际运行的过程中，总会受各种因素的制约，出现部分失效的问题，尤其是出现了信息通报与沟通、服务备份与调整等问题。在上海浦东国际机场旅客冲进机坪的事件中，之所以出现旅客"数上数下飞机"的问题，恐怕就是因为民航服务系统的内部信息沟通与通报存在障碍。

其次是服务现场的情绪控制问题。应该说，处于延误服务现场的工作人员需要有非常巧妙的服务技巧与较高的服务能力。因此，有很多企业在考虑延误服务管理问题时，都会想到抽调有经验的服务人员组成服务小组，制订详细的服务方案与应急措施。然而，当我们完全独立于民航服务这一身份之外，站在第三方的角度来看这些方案与措施时，总觉得它可能缺少一些人性化的东西：一方面是对旅客的需求估计不足，或是分析有遗漏；另一方面，则是未能考虑到现场服务人员的心理压力与服务应急可能需要的资源问题。因此，就这一点而言，要想有效控制现场情绪，我们要做的恐怕还有很多。

再次是服务现场的秩序维护问题。在类似的恶性事件发生时，无论是航空公司的服务人员，还是机场的服务人员，如果想强行制止，就可能导致人与人的冲突事件。因此，要想有效阻止类似事件的发生，最好的办法就是让具有治安管理与处罚权力的机场公安人员及时到场，而不是"等待出警"。但是，在机场公安已从民航系统脱离的今天，这种理想状态的出现可能是一种"奢望"。

最后就是关于服务监管与改进的问题。上海浦东国际机场的恶性事件并非是首次发生的触犯航空安全法规的事件。但是，此前鲜有监管部门对类似事件进行调查或采取相应处罚措施的消息传出，由此也就导致了"事了即了"的现状，一次次的恶性事件并没有为行业服务水平的提高带来多少推动作用。

（四）依法惩治违法犯罪行为

随着民航大众化战略的实施，越来越多的百姓能够乘坐飞机出行。机上纵火、机上滋事、谎报险情等各类威胁航空安全的违法犯罪行为时有发生。我们虽然不可能完全杜绝旅客的违法行为，但要通过多方努力尽可能减少此类事件的发生。一方面，民航有关部门要加大法律法规的宣传力度，通过新闻媒体、网络等公共空间和公共媒介向旅客阐明违法后果，形成震慑效果；另一方面，当机场发生违法犯罪案件时，该出手时就出手，依法惩治。

依靠法治，才能维护权益，才能维护秩序，才能保障安全，这些既适用于乘客，也适用于民航业。只有把讲文明视为价值追求，把讲法治、守规矩作为行为准则，并身体力行，才能使航空旅行更加放心、顺心和舒心。

《中国民用航空局公安局关于维护民用航空秩序保障航空运输安全的通告》（以下简称《通告》）2015 年 8 月正式发布，再次明确旅客、货物托运人和收货人以及其他进入机场的人员，应当遵守民用航空安全管理的法律、法规和规章。民航公安机关将继续按照从重从快的原则，严厉打击扰乱民航运输秩序、危害航空运输安全的各类违法犯罪行为。

根据《通告》，机场内和航空器内严禁以下十一种行为：在机场内，堵塞、强占、冲击值机柜台、安检通道及登机口（通道）；违反规定进入机坪、跑道和滑行道；强行登（占）、拦截航空器；攀（钻）越、损毁机场防护围界及其他安全防护设施；在航空器内，冲闯航空器驾驶舱；对机组人员实施人身攻击或威胁实施此类攻击；盗窃、故意损坏或者擅自移动救生物品等航空设施设备，或强行打开应急舱门；妨碍机组人员履行职责；在使用中的航空器内使用可能影响导航系统正常功能的电子设备；抢占座位、行李舱（架）；吸烟（含电子香烟）、使用火种。

《通告》明确禁止的三类扰乱公共航空运输企业运营秩序的行为包括：使用伪造、变造的居民身份证或冒用他人的居民身份证购票、登机；使用伪造、变造的身份证明文件或冒用他人的身份证明文件购票、登机；利用客票交运或者捎带非旅客本人的行李物品。

此外，《通告》再次明确，乘坐民用航空器禁止随身携带或者交运下列物品：枪支、弹药、军械、警械、弩、匕首等国家管制器具，易燃、易爆、有毒、腐蚀性、放射性等危险物质，国务院民用航空主管部门规定的其他禁止随身携带或者交运的物品。托运货物、邮件和行李时，禁止下列行为：匿报、谎报货物品名、性质；谎报货物、行李重量；在普通货物中夹带危险物品，或者在危险物品中夹带禁止配装的物品。《通告》强调，禁止编造、故意传播虚假恐怖信息，严重扰乱民航正常运输秩序的行为。

民航局公安局特别提醒，对于违反《通告》规定的，民航公安机关将根据《中华人民共和国治安管理处罚法》《中华人民共和国居民身份证法》《中华人民共和国民用航空安全保卫条例》给予警告、罚款、拘留的处罚；构成犯罪的，依照《中华人民共和国刑法》追究刑事责任；给单位或者个人造成财产损失的，依法承担赔偿责任。

案例　虚假信息"零容忍"

2015年8月16日下午，在家无所事事的小铭（化名）无意中在"百度贴吧"看到网友讨论如何向航空公司投诉服务质量问题的帖子和各家航空公司的客服电话，其中就包括中国南方航空公司南宁售票处的客服电话。小铭心想，这种客服电话估计也就与"10086"差不多，打过去怎么说都不会产生严重后果。随即，一时兴起的小铭拿起自己的手机，拨打了南航售票处的电话，并对客服人员谎称："我在飞机上放了一枚炸弹。"随后立即挂断电话。

接听到威胁电话的中国南方航空公司南宁分公司立即启动紧急预案程序并向机场公安部门报了警。经过公安部门做的大量情报研判工作，终于锁定发出威胁信息的源头，南宁机场公安分局立即组织警力前往小铭所在地对其进行抓捕。当天17：00，小铭被其父亲送往公安机关配合调查。小铭因涉嫌编造、故意传播恐怖信息被刑事拘留。

案例　大闹候机楼

2015年8月4日，深圳宝安国际机场HU7706航班旅客许某某拒不登机阻碍舱门关闭近半小时，被深圳机场公安局处以行政拘留7日的处罚。2015年8月17日，重庆江北国际机场旅客刘某因航班延误扰乱机场秩序，被机场公安局处以行政拘留10日的处罚。2018年夏天，民航公安机关处理了多起类似事件。这类事件往往发生在航班延误后，旅客心生不满，情绪激动，于是大闹候机楼，这种行为扰乱了民航正常运行秩序，最终受到了处罚。

第四节 货运安全

一、血的教训

天津港"8·12"瑞海公司危险品仓库特别重大火灾爆炸事故是一起发生在天津市滨海新区的重大安全事故。2015 年 8 月 12 日 23：30 左右，位于天津市滨海新区天津港的瑞海公司危险品仓库发生火灾爆炸事故，造成 165 人遇难，8 人失踪，798 人受伤，304 幢建筑物、12 428 辆商品汽车、7 533 个集装箱受损。截至 2015 年 12 月 10 日，依据《企业职工伤亡事故经济损失统计标准》等标准和规定统计，事故已核定的直接经济损失68.66 亿元。经国务院调查组认定，天津港"8·12"瑞海公司危险品仓库特别重大火灾爆炸事故是一起特别重大的生产安全责任事故。

二、深入贯彻落实安全生产重要指示

天津港"8·12"瑞海公司危险品仓库特别重大火灾爆炸事故发生后，中共中央总书记、国家主席、中央军委主席习近平对切实做好安全生产工作高度重视，8 月 15 日再次做出重要指示。

习近平指出，确保安全生产、维护社会安定、保障人民群众安居乐业是各级党委和政府必须承担好的重要责任。天津港"8·12"瑞海公司危险品仓库特别重大火灾爆炸事故以及近期一些地方接二连三发生的重大安全生产事故，再次暴露出安全生产领域存在突出问题、面临严峻形势。血的教训极其深刻，必须牢牢吸取。各级党委和政府要牢固树立安全发展理念，坚持人民利益至上，始终把安全生产放在首要位置，切实维护人民群众的生命财产安全。要坚决落实安全生产责任制，切实做到党政同责、一岗双责、失职追责。要健全预警应急机制，加大安全监管执法力度，深入排查和有效化解各类安全生产风险，提高安全生产保障水平，努力推动安全生产形势实现根本好转。各生产单位要强化安全生产第一意识，落实安全生产主体责任，加强安全生产基础能力建设，坚决遏制重特大安全生产事故发生。

中共中央政治局常委、国务院总理李克强做出重要批示，指出安全生产事关人民群众的生命财产安全，事关经济发展和社会稳定大局。近期，一些地方相继发生重特大安全生产事故，特别是天津港"8·12"瑞海公司危险品仓库特别重大火灾爆炸事故造成重大人员伤亡，损失极其惨重，教训极为深刻，警钟震耳。各地区、各部门要以对人民群众生命高度负责的态度，切实落实和强化安全生产主体责任，全面开展各类隐患排查，特别是要坚决打好危化品和易燃易爆物品等安全专项整治攻坚战，采取有力有效措施加快薄弱环节整改，形成长效机制，切实防范各类重大事故发生。

2015年8月16日，民航局召开紧急会议，传达学习习近平总书记、李克强总理关于切实做好安全生产工作重要批示指示精神，并就深入贯彻落实中央领导重要批示指示精神、进一步做好民航安全生产进行了研究和部署。切实落实行业监管职责，结合民航行业特点和实际，对行业安全生产大检查进行督查，实现全覆盖、突出重点、抓住核心、落实责任，力求取得实效。坚持以问题为导向，对行业安全生产工作中存在的风险点和隐患深入细致进行排查，航空货物运输、机场油料仓储供应是安全生产的重点环节和重点单位。

三、航空货物运输安全

（一）航空危险品

航空危险品是指在航空运输中，能对健康、安全、财产或环境构成危险，并在国际民用航空组织发布的现行有效的《危险物品安全航空运输技术细则》的危险品清单中列明或根据此细则进行分类的物品或物质。危险品根据性质不同可分为九大类，即爆炸物品，气体，易燃液体，易燃固体、自燃物质和遇水释放易燃气体的物质，氧化剂和有机过氧化物，毒性物质和传染性物质，放射性物质，腐蚀性物质，杂项危险物品。以航空运输危险品第9类中的磁铁为例，如果大量磁铁在充磁状态运输时不做好彻底的屏蔽处理，极有可能干扰飞机上各种仪表的正常工作，危害飞行安全。

根据危险品的危险程度又可分为禁止空运的危险品、客机和货机均可载运的危险品以及仅限货机运输的危险品。

航空运输中常见的禁止空运的危险品有以下几类。

（1）钢瓶气罐类，属于危险品，往往具有易燃、深冷、高压、腐蚀、有毒等危害。

（2）枪械、剑弩、管制刀具、子弹等，属于违禁品，往往具有杀伤性。

（3）化学试剂、油漆、燃料等，由于其易燃特性，航空运输是禁止的。

（4）锂电池、蓄电池、充电宝、带电池类的产品，如平衡车等，IATA规定很大一部分只能按照危险品收运甚至有的要禁运。

（5）一些野营用品、探险用品、救生用品，很多也是航空运输中禁运的。

（二）货物运输风险和隐患

鉴于航空运输的安全性和特殊性，民航对货物、货主或者托运人均有严格的规定和要求，但是总有一些货主、托运人以及货运代理人存有侥幸心理，在空运货物、邮件中夹带危险品、违禁品。一旦危险品被带上飞机或者装入货舱，极有可能带来不可预料的严重后果。

案例

2014年，西安咸阳国际机场一名旅客行李箱内携带的充电宝发生爆炸。

2013年4月15日，内蒙古乌海机场在一家快递公司的货物中查获仿真枪打火机、子弹、匕首等违禁品、危险品，这是内蒙古乌海机场首次查获在货物中夹带危险品。虽然民航局多次下发相关规定和要求，不得在货物中夹带危险品、违禁品，但此类事件却一再发生，严重危及我国的航空运输安全。

2012年10月22日，南航CZ6524航班降落在大连周水子国际机场后，货物起火燃烧。经调查认定，货物起火源于包裹内的耐风火柴自燃。根据民航运输相关规定，火柴属于禁运危险品，按规定是无法进行航空运输的。但是货物托运单上的品名并没有标明有火柴，此行为属于在普通货物中夹带危险品。

2011年，国航一架北京飞往上海的航班在飞行中，行李舱中的行李起火，后经调查是旅客行李箱中的摄像机锂电池发生自燃。

这些事件暴露出目前我国货运代理人管理上的漏洞，以及对严格执行危险品货物运输规定和坚决落实航空安全措施没有真正重视。2010年3月至2012年12月，共有46家单位存在危险品航空运输违规行为并受到行政处罚。其中，涉及在普通货物中夹带危险品的单位共17家，占总数的37%。

充电宝引起的安全事件频发。由此可见，锂电池及充电宝已经成为航空运输的潜在隐患之一。锂作为活跃性较强的金属，遇热或挤压、碰撞都容易引发自燃。同时，其在过度充电以及放电的过程中容易出现短路，产生高温，引发自燃。当充电宝上的USB接口铜片与其他金属物品发生摩擦时，也可能引起自燃。在进入电子信息化时代后，锂电池的使用已经非常普遍，如果处置不当，航空运输将危机四伏。

在国际民航组织发布的《危险物品安全航空运输技术细则》和我国施行的《中华人民共和国民用航空危险品运输管理规定》中，锂电池均被列为危险品，只能在手提行李中携带或随身携带，严禁放入托运行李中运输。

2001年"9·11"事件以后，各国有针对性地加大了对旅客和行李的安检力度，但是对于航空运输货物的安全保障却未能同步跟进，特别是在全货机运输货物的安全举措上存在不足，从而让恐怖分子有机可乘，抓住了这一漏洞策划了新的恐怖袭击事件。

（三）航空货运安全须从源头治理

空防安全是航空运输业发展的命脉，因此，不仅要预防和打击机场地面设施以及飞行中的航空器受到破坏和不法行为干扰，也要严防在交运的行李或货物中夹带危险品等危及航空器运行安全的行为。民航局两次通报存在危险品航空运输违规行为的情况表明，在普通货物中夹带危险品的行为给民航运行安全以及空防安全带来了极大隐患。一旦发生爆炸、燃烧和气体、液体泄漏等事故，势必将威胁到人民群众的生命、财产安全，更将使国家蒙受巨大的经济损失，并带来负面的社会影响。

航空货运是民航运输业的重要组成部分。由于货物从发货人交付到收货人提取，中间需要经过快递公司或物流公司、货运代理人、机场或航空公司货站等多个环节，经手人更是复杂多样，如图6-3所示。因此，为了杜绝航空货运非法夹带危险品，对货运链条中任何一个环节都不能放松警惕，而前端环节更是重中之重。

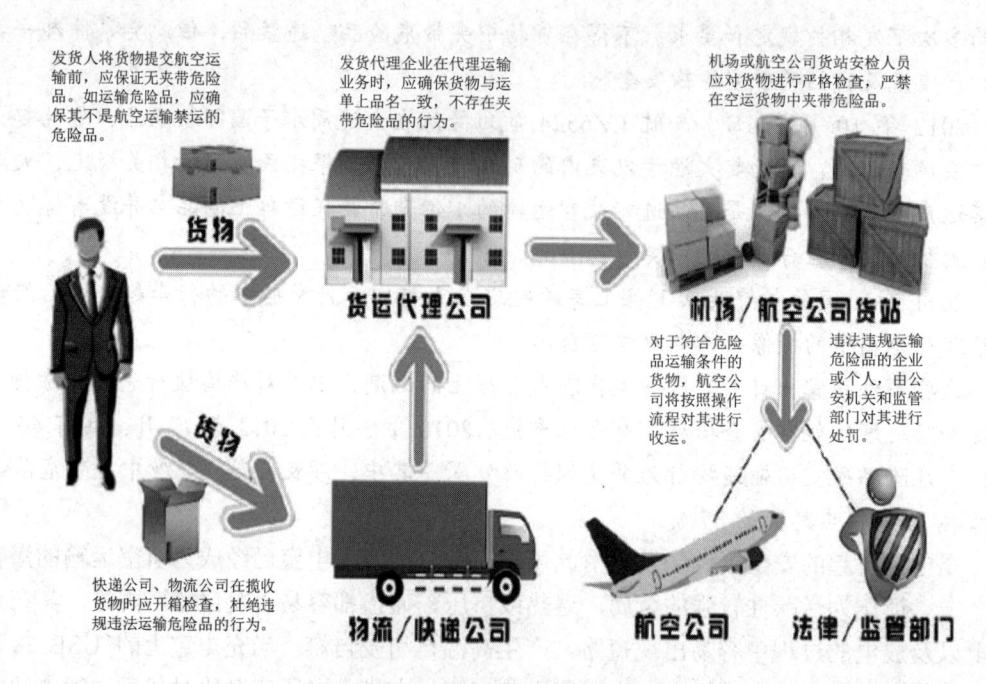

图6-3 航空危险品运输控制流程图

为了进一步加强危险品航空运输安全管理，运输企业要确保危险品航空运输的仓储安全，加强货物邮件的收运检查和安全检查，切实加强对危险品航空运输安全的监督检查，确保危险品航空运输安全。

1. 确保危险品航空运输的仓储安全

各航空公司、机场公司、地面服务代理人要高度重视危险品航空运输仓储安全，切实加强危险品仓储安全管理。一是坚决杜绝在航空货运站内存储不符合航空运输要求的危险品包装件；二是按照危险品航空运输的相关要求，对可能互相发生危险反应的危险品包装件严格隔离存放；三是确保危险品包装件存储区域和存储仓库的设施设备工作正常，避免由于设施设备损坏导致危险品包装件破损、泄露；四是做好危险品仓储安全管理人员的培训工作，切实提高人员的安全意识，掌握危险品仓储及应急的相关知识；五是做好应急处置工作，针对可能出现的事故，制订切实有效的应急处置预案。

2. 加强货物邮件的收运检查和安全检查

各航空公司、机场公司、地面服务代理人在收运货物邮件时，应当依据托运书、货运单和航空邮件品名清单所列货物和邮件的具体情况，对货物和邮件进行核实检查。对疑似含有危险品的，在排除怀疑前不得收运。各安检机构要按照安全检查的相关要求，对货物和邮件认真进行安全检查。对经过 X 射线安全检查存有疑点或 X 射线图像与托运书、货运单或航空邮件品名清单所列品名不符的货物和邮件，应当采取开箱检查等其他检查方式。对于发现在普通货物中夹带危险品、伪报匿报品名运输危险品的，要移交机场公安机关或当地民航管理部门处置。中国航空运输协会（以下简称中航协）应加强对货运销售代理人的管理，要求其在收运货物时，对货物及其包装进行查验，确保托运的货物与货运单上的品名相符，包装符合运输要求。同时要加强对货运销售代理人的监督检查，严厉查处在普通货物中夹带危险品以及伪报匿报品名运输危险品行为。

3. 有效防范旅客携带锂电池及充电宝乘机的安全风险

各航空公司、机场公司、地面服务代理人要认真查找旅客携带锂电池及充电宝乘机安全管理的薄弱环节，重点做好旅客携带锂电池及充电宝乘机安全的宣传告知。要通过柜台询问、摆放和张贴宣传资料、机上广播、候机楼内设置实物展示柜、播放安全宣传片、发放宣传资料等多种途径，全方位引导和提示广大旅客自觉遵守携带锂电池及充电宝乘机的规定。要加强旅客安检工作，坚决制止旅客携带不符合规定的锂电池和充电宝乘机，坚决制止旅客在托运行李中夹带锂电池和充电宝。

4. 切实加强对危险品航空运输安全的监督检查

各地区管理局、监管局要立即开展辖区内危险品航空运输安全的专项检查，重点检查危险品航空运输仓储安全、货物邮件的收运和安全检查、人员培训以及旅客携带锂电池及充电宝乘机的风险防范工作，确保危险品航空运输安全。对存在安全隐患的单位，各地区管理局、监管局要督促其立即整改并跟踪整改情况，对问题严重的单位，要停业整顿。

四、机场航空燃油安全管理

航空燃油是航空运输生产中最重要的生产要素，在民用机场内从事航空燃油供应企业的资质、油品质量、操作流程和安全管理制度直接关系到飞行安全和机场运行安全。

航空燃油是指为民用航空器及其部件提供动力、能量转换并适应航空器各种性能的特殊油品包括航空煤油和航空汽油。航空燃油与航空油料并不能等同，航空油料是为航空器及其部件提供动力、润滑、能量转换并适应航空器各种性能的特殊油品，包括航空燃油、航空润滑油、航空特种液等。

（一）合法经营许可

航空燃油作为成品油的一个品种，同时又属于危险化学品，在民用机场内从事航空燃油供应业务需要同时取得成品油经营许可和危险化学品经营许可。

（1）成品油经营许可。成品油经营许可包括成品油批发经营许可、成品油仓储经营许可和成品油零售经营许可。申请从事成品油批发经营的企业，应当向所在地省级人民政府商务行政主管部门提出申请。省级人民政府商务行政主管部门审查后，将初步审查意见及申请材料上报商务部，由商务部决定是否给予成品油批发经营许可。申请从事成品油批发经营的企业应当具有稳定的成品油供应渠道，注册资本不低于 3 000 万元人民币的中国法人，库容不低于 10 000 m^3 的成品油油库，并且油库建设符合有关规范，还要具备接卸成品油的输送管道、铁路专用线或成品油水运码头等设施，以及专业技术人员、安全管理制度等条件。

（2）危险化学品经营许可。危险化学品如果在生产、经营、储存、运输、使用等环节处置不当，极易发生生产安全事故，因此，我国对危险化学品实施经营许可制度。《危险化学品安全管理条例》规定，国家对危险化学品经营销售实行许可制度。未经许可，任何单位和个人都不得经营销售危险化学品。

（二）标准的设施、设备

配备符合标准、与经营业务规模相适应的航空燃油供应设施、设备。航空燃油供应设施、设备主要包括航空卸油站、储油库、输油管线、航空运油车、航空加油车、机坪加油系统及航空加油站等。航空燃油供应设施设备的采购、设计、制造、安装、使用、检测、维修、改造等环节均应当符合标准，满足安全要求。

这里所规定的符合标准，包括国家标准和行业标准。目前我国关于航空燃油供应设施设备的标准多为民航行业标准，包括《民用航空油料设备完好技术规范》《民用航空燃料质量控制和操作程序》等标准中关于油料运输、储存和加注设备的规定。

航空燃油供应设施、设备除符合有关标准外，还应当与航空燃油供应企业的经营业务规模相适应。

（三）健全的管理制度

建立健全航空燃油供应安全管理制度、油品检测和监控体系。在民用机场内从事航空燃油供应的企业，应当根据国家、民航局的有关规定，结合本单位的实际，制定各项安全管理规章制度、操作规程、作业程序、应急程序。《民用航空燃料质量控制和操作程序》规定了航空燃料在验收、接收、中转、储存、加注、检验等环节的质量控制程序和要求，为航空燃油供应企业在大、中型民用机场中转油库、机场油库和航空加油站加强航空燃油的质量控制提出了行业标准。

除了建章立制外，航空燃油供应企业还应当建立航空燃油油品检测和质量监控体系，配备与业务量相适应的航空燃油计量、检测设施设备，对油品质量进行适时检测；同时还要制定在接收、中转、储存、发出、加注、检验等各个环节的质量管理程序和要求。

（四）充实专业技术管理人才

充实与经营业务相适应的专业技术和管理人员。这里的"专业技术和管理人员"主要指航空燃油供应企业从事油料保管、飞机加油、计量统计、电器仪表、特种设备修理、航空油料储运等工作的人员。按照国家有关规定，这些人员所从事的工种属于特有工种，必须经专门的安全作业培训，取得航油特有工种资格证书，方可上岗作业。

航空燃油企业应当对从业人员进行安全生产教育和培训，保证从业人员具备必要的安全生产知识，熟悉有关的安全生产规章制度、安全操作规程和重大事件应急处置预案，掌握本岗位的安全操作技能。未经安全生产教育和培训合格的从业人员，不得上岗作业。航空燃油企业的管理人员必须具备相应的安全生产知识和管理能力。

思考题

1. 如何认识"航空运输安全事关国家安全、国家战略"的重大意义？
2. 简述民航业安全管理的指导思想。
3. 为什么我们所面临的现实挑战依然十分严峻？
4. 如何处理发展与安全的关系？
5. 简述空防安全的定义及其主要内容。
6. 机场空防系统由哪几部分组成？
7. 目前我国机场安检工作主要存在哪些问题？
8. 如何加强安检队伍的建设？
9. 在围界系统防范中如何做到人员防范和科技防范相结合？
10. 视频监控系统的要求有哪些？
11. 什么是群体性事件？
12. 哪些因素会诱发群体性事件？
13. 群体性事件的防范策略有哪些？
14. 从哪几个方面加强危险品航空运输安全管理？

管 理 篇

第七章　民用机场经营管理
第八章　民用机场服务管理
第九章　智慧机场
第十章　绿色机场

第七章

民用机场经营管理

通过本章的学习，您将了解以下知识点：
1. 经营型向管理型转变是机场发展的必然之路；
2. 民用机场管理目标；
3. 民用机场指标体系；
4. 机场特许经营权管理；
5. 拓展非航空业务。

机场公益性定位决定了机场以实现社会公益目标为己任、以企业经营目标为导向的发展方向。随着经济体制改革的深入，由直接经营型向管理型转变，是实现机场资源价值最大化的必由之路。成功经验表明机场特许经营是实现机场经营模式转变，形成具有专业化、商业化的管理型机场的有效途径。大力发展非航空业务，拓展机场经营发展空间，努力培育新的利润增长点，为航空旅客打造一个完美机场。

第一节　经营管理方式转变

一、由经营型向管理型转变

中国民航的机场经营在计划经济的体制下走过了几十年的路程，为国民经济发展做出了重要的贡献。然而，随着市场经济体制的建立和现代企业制度的发展，传统机制也显露出越来越多的弊端，严重阻碍了企业的可持续发展，当今世界上先进的大型机场和国内枢纽机场探索的成功经验告诉我们，由直接经营型向管理型转变，是实现机场资源价值最大化的必由之路。

机场管理机构是运输机场的管理者，主要是履行管理机场的职责，应当主要致力于保障机场安全生产运行，提高机场整体服务水平，提高机场整体运营效率。多年来，民航局一直在推动机场管理机构由经营型向管理型转变。

机场管理机构由经营型向管理型转变是机场发展的必然之路，这是因为一方面机场管理机构负有保障运输机场运行安全的职责，其应当将主要精力放在主营业务上，对于其他业务则可以通过引进专业化的服务提供商的办法来经营；另一方面，机场管理机构在运输机场有一定的自然垄断地位，有可能会利用自己的垄断地位，限制基地航空公司代理其他航空公司的业务，个别机场甚至限制基地航空公司自营地面服务业务，或者要求在本场运作的非基地航空公司只能选择本机场提供的地面服务。在运行资源的分配及使用方面，机场自然也会优先考虑自己的地面服务公司。机场和航空公司是航空运输业的两大主体，两者分工不同，但根本利益一致，是相互依存的关系。我们应该看到，由于历史的原因，我国大部分机场直接或者间接从事地面服务等经营活动，与航空公司在地面服务等业务上相互竞争，出现了相互关系不顺、经营业务重叠、设施重复投资以及资源浪费等问题。另外，双方在机场收费、航班延误处置、紧缺资源分配使用等方面，也存在着一些不同认识。目前，有关机场以及航油公司对航空公司欠费和不签订收费协议问题反应比较强烈。机场和航空公司关系不顺，已影响了民航整体运行效率，一定程度上制约了我国航空运输业的健康发展，限制了地面服务等业务的公平竞争，不利于运输机场地面服务业务专业化的发展，也不利于运输机场服务水平的提高，从而可能损害旅客、货主的正当权益。

目前，美国以及欧洲的大部分机场管理机构一般将其自身职责定位于机场规划、建设、安全和运行等管理性业务，不直接参与直接面对旅客、货主和航空公司的零售、餐饮、航空地面服务等经营性活动，而这些业务要么引入竞争机制选择专业化公司进行经营，要么由航空公司自营，机场管理机构则通过制定机场运营标准、服务标准、规章制度和有效的监管来控制经营者的质量和效益。与中国机场和航空业务联系紧密程度相比，美国机场有点像"甩手掌柜"，它们通常会制定各种类型代理公司的标准和职责，符合相关要求的公司就可以进入机场开业，进而和航空公司发生关系。甚至连一些航站楼也交给代理公司管理，再加上跑道归属于FAA，机场方的主要功能就是前期的建设，运营时收取各种租金，然后再投资进行机场改扩建。

目前民航局在借鉴国外先进管理经验的基础上，根据自愿加引导的基本原则，规定了机场范围内的零售、餐饮、航空地面服务等经营性业务可以采取有偿转让经营权的方式经营，对于是否采取上述方式经营，则由机场管理机构根据本机场的实际情况自主决定。

二、机场将成为一个公共航空平台

在我国民航发展的初级阶段，航空性业务的第三方市场尚未成熟，缺少专门从事航空性业务的专业化公司，机场管理机构还必须自行承担"吞吐服务"职能，由所属客运部、安检站、货运部、机务部等部门或客运公司、安保公司、货运公司、机务工程公司等公司化部门具体负责某一项"吞吐服务"产品。而在非航空性业务领域，较为成熟的专业化公司已经进入民航市场，并积累了一定的经验，具备了一定的核心能力。从长远看，当航空性业务第三方市场成熟时，机场管理机构将退出直接经营领域，届时，机场将成为一个公共航空平台。

正如阿里巴巴不开淘宝店一样，未来的机场也将不再从事任何航空性业务或非航空性业务的具体经营，而是转型为公共航空平台的塑造者。在这个航空平台上，旅客和航空公司、地面服务公司等履行航空客运合同，货主和航空货运公司、货运代理人等履行航空货运合同，航空公司与地面服务公司、航空维修公司履行地面代理协议、机务维修协议，旅客和零售公司履行买卖合同，广告主与广告公司履行广告代理合同……而机场管理机构的主要职能则是平台管理规则的制定者和裁判者。

在这个公共航空平台上，为旅客、货主和航空公司等客户服务的是航空性业务和非航空性业务的各类专业化公司。这些专业化公司凭借在某一领域的核心竞争力，形成比较优势，为特定的客户提供服务。公共航空平台不是一枝独秀的盆栽，而是百花齐放的花园，各类客户的多样化需求都可以充分满足。这样的多样化、高品质服务目标是由机场管理机构通过多个具有独特核心竞争力的专业化公司来实现的。

退出直接经营领域,并不代表机场管理机构不再具备企业属性,而是通过战略转型变为平台公司。平台公司的商业模式,和目前机场处于从经营性向管理型的转型期相比,是管理型机场的 2.0 版。平台公司除了股权收益、租赁收益、转让经营权收益等常规性收益外,更多的是靠创新商业模式获得增值收益。例如,机场管理机构通过搭建信息平台,掌握旅客的大数据,开展旅客分类特征分析、消费动机分析、旅客购买行为分析、旅客忠诚行为分析,通过分析可以得出旅客的消费特点、消费习惯,从而为专业化公司开展更加具有针对性的营销工作提供支持并从中获益。再如,借助物联网技术,开发航站楼内旅客指南终端,除了具备为旅客办理乘机手续提供指南的基本功能外,还可以推荐乘机流程上的店铺,显示出这家店铺到登机口的距离、需要多长时间能够到达登机口等信息。这不仅能提高"吞吐服务"的品质,还能从店铺推荐中获得收益。

机场管理机构将航空性业务和非航空性业务交由专业化公司经营,一方面提高了机场专业化经营水平;另一方面也为机场发展临空经济拓展出更大空间。机场作为公共基础设施,与生俱来的责任和使命就是为区域调整经济结构、优化转型升级服务。通过做大做强航空平台,不断延伸航空产业链,引来更多的人流、物流、资金流、信息流,甚至通过航空平台将一座城市与全世界连通起来,为区域经济社会发展插上腾飞的翅膀。

机场未来的发展方向是搭建公共航空平台,机场管理机构要致力于成为平台管理规则的制定者和裁判者。在这个可以大有作为的平台上,战略转型后的机场管理机构将与众多具有独特核心竞争力的专业化公司协同发展、共生共赢。

三、民用机场的管理目标

在市场经济时代,过去机场经营管理的目标是追求股东价值最大化,现在经营理念要发生根本性的转型、转变。追求企业本身的利益最大化的同时,机场要为社会做贡献,为人民做实事,实现社会利益最大化。机场的经营应该是一种公益性和收益性并存,以公益性为主的模式,而收益性经营是为了保证机场经营效率,以实现公众利益最大化,更好地实现机场的公益性。所以民用机场管理目标可分为社会公益目标和企业经营目标。

(一)机场的社会公益目标

机场的社会公益目标:关注社会需求,倡行中国服务,致力于推动社会安全经济发展。

机场的建设是不以盈利为目的的(世界各国政府的共同观点),而是以地区经济社会发展、改革开放、适应国际需求、实现国家或行业整体目标及服务社会公众为出发点而建设运营。虽然机场随着规模的扩大和吞吐量的增长可以实现盈利,但从其建设的根本目的而言,仍主要是为了改善交通条件,通过枢纽辐射带动相关产业发展,促进地方经济的发展。

中国企业坚持以中华优秀传统文化为基石,秉承"计利当计天下之大利"的中国式商道精神，用商业行为、商业产品和商业服务造福于天下众生，始终把能够为社会和他人做出贡献作为民航事业的初衷。"造福于人类的幸福与世界的和平"的社会责任理念，深刻反映了民航人对人类文明、企业与社会关系、中华传统文化的新认识和新把握。

机场的公益性绩效应主要从服务能力和成本管理两个方面来制定指标进行评价。

机场的公益性直接体现在对公众的服务上。对公众的服务能力又可以从硬件与软件两个方面来衡量。

机场的硬件设施主要可分为空侧与陆侧两部分，空侧包含跑道、滑行道、停机坪与助航设备等设施，陆侧设施则有联外道路系统、停车场与航站楼等设施。由于机场设施将直接影响客货装卸转运业务，直接关系到旅客和航空公司、货物代理等驻场单位的利益，因此，机场设施的容量、稳定性等指标将是公益性指标体系的重要组成部分。

机场的软件方面是指机场的服务水平，以及旅客、航空公司、货物代理公司等机场使用者对机场所提供服务的满意程度。对于软件方面的绩效考核，可以使用旅客或驻场单位满意度、使用机场设备平均等待时间、转机行李处理时间、机场关联服务（如酒店、休闲、购物等）的便利程度等指标。

机场对成本的管理控制将直接决定旅客、驻场单位等机场使用者的花费，因此机场在保证服务的同时尽量缩减成本也是公益性的具体体现。在这方面，可以用空侧费率、非空侧费率、每生产单位的运营成本等指标来加以衡量。

（二）机场的企业经营目标

机场的企业经营目标：服从区域经济的发展，不断提高机场的盈利能力，实现机场资源价值最大化。

我国对民用机场定位为公共基础设施。机场作为公共基础设施，具有公益性和收益性双重特征，机场在保障公益性基础上，要追求收益最大化，努力实现机场自身盈利。一要增收节支。一方面要加大航线航班开发力度，争取更多航空公司多飞航线，以增加航空主营业务收入；要结合机场实际，灵活运用商业手段，在维护机场正常运营的同时，加大非航空性收入的创收。另一方面要加强成本控制，通过管理创新、技术创新，节约日常性的水电气成本开支，严格控制非生产性开支，严格控制设施设备维修成本。二要盘活资产。对机场的航站楼、场区等不动产要尽可能充分利用，提高利用率，提升机场资产的收益率，特别是对一些启用新航站楼的机场。对老航站楼要科学处置，采用租赁、销售等方式，发挥资产的效益，防止闲置。要加强固定资产管理，充分发挥固定资产的效能。要强化企业的内部监督，防止国有资产流失。三要加强财务管理。要实施全面预算管理，预算要科学合理透明，要加强资金管控，开展经常性和阶段性的审计和监督，防止资金违规使用。要不断优化完善财务管理制度，实现财务管理的精细化，财务管理渗透到机场的各个生产经营领域，充分挖掘财务管理价值，引导机场经营活动的健康发展，使经济效益和企业价值最大化。

企业经营目标评价指标属于收益性指标，在具有消费的非竞争性与受益的非排他性的同时，机场又可以通过对特定消费者的收费来弥补投资，获得一定的经济补偿，即兼有公共消费与私人消费的特点。机场收入主要包括航空主营业务收入和非航空业务收入。随着航空运输业的快速发展，机场的运营规模不断扩大，当机场的航班量、吞吐量达到一定水平时，就可以实现正收益。机场企业化经营比企业性管理更有效率，政府可以转移社会成本让机场承担。

四、机场经营性业务范围

一般而言，运输机场业务主要分为以下三大类。

（1）包括机场整体规划、机场设施管理、飞行区规划与管理、航站区规划与管理、机场建设、机场运营管理、人员培训等机场核心业务。

（2）包括客票销售、旅客值机、特服、配载、货运代理、货站经营、站坪服务、飞机维护/维修、特勤车辆、配餐、航油供应、机场交通、安全检查、行李分拣、问询、广播、航显、离港、飞机监护、场道维护、场区清洁、场区绿化、垃圾、污水处理、医疗救护、能源供应、其他社会职能等服务业务在内的机场地面服务和保障性业务。

（3）包括商品零售、餐饮、停车、汽车租赁、广告、商务中心、会员俱乐部、贵宾休息室、业务用房和场地出租、电信、宾馆、其他商业延伸及增值服务等业务在内的机场商业活动。

第一类属于运输机场的核心业务，是机场管理机构实施安全管理的核心内容。机场管理机构应当将主要精力放在第一类业务的管理上，以保证运输机场的运行安全。与之相对的，第二类部分业务和第三类业务属于经营性业务，但第二类业务是保障机场顺畅运行的配套业务，第三类业务则属于一般意义上的商业业务。因此，国务院民用航空主管部门需要根据机场范围内经营性业务的不同种类及其对民用航空活动的影响，具体划定需要规制的经营性业务的范围。

五、经营权的转让

民航局近年来一直在推动机场管理机构由经营型向管理型转变，鼓励机场管理机构将机场范围内的零售、餐饮、航空地面服务等经营性业务采取以特许经营权的方式有偿转让给其他专业经营实体进行经营，而机场管理机构退出相关业务，提高机场运行管理的专业化程度。但是，我国幅员辽阔，各个机场的实际情况各不相同。大中型机场吞吐量大，客货源充足，机场内的零售、餐饮、航空地面服务等经营性业务市场较广，盈利能力较强。机场管理机构、航空公司以及其他服务提供商在机场内从事此类经营性业务的积极性高。而小机场吞吐量有限，航班数量少，客流量小，零售、餐饮、航空地面服务等经营性业务盈利困难，除机场管理机构外，很少有其他地面服务提供商愿意进驻从事此类业务的经营。因此，民航局不可能就机场内的零售、餐饮、航空地面服务等业务规定一个统一的经营模式，而是采取"自愿与引导"的原则，允许机场管理机构根据本机场的实际情况自主选择经营模式，可以由机场管理机构自己经营，也可以通过转让经营权的方式由其他服务提供商经营。如机场管理机构选择转让经营权方式经营的情况下，机场必须退出相关经营,相关经营性业务不再由机场直接提供,机场管理机构需要采取措施保证相关业务的服务水平,维护旅客、货主和航空公司的合法权益;如果容许机场管理机构继续经营有偿转让经营权的业务,让受让经营权的服务提供商和作为管理者的机场同台竞争,将破坏竞争环境,妨碍机场经营性业务的长期发展。机场管理机构自主选择权既维护了公平的竞争环境,也在一定程度上尊重了企业的经营自主权。

运输机场需要必要的资金支持来保证其正常运转,经营性业务是运输机场的重要收入来源。对于转让这些经营性业务的,机场管理机构可以与受让方签订协议收取合理的转让费用。机场管理机构应当与取得经营权的企业签订协议,明确服务标准、收费水平、安全规范和责任归属等事项。转让以上四类事项关系到运输机场的服务水平和安全要求,在协议中明确这些内容,有助于促进受让经营权企业符合运输机场的安全运行要求,提供优质合理的服务。当然,除了上述事项外,协议还应当包括转让费、转让期限、履行方式、违约责任、争议解决方法等内容,明确协议双方的权利义务。该协议也是机场管理机构进行机场运行管理的重要依据,可以避免机场管理机构与受让经营权企业之间的纠纷,因此,条例明确要求机场管理机构有偿转让经营权的,必须与受让企业签订协议明确相关事项。

六、机场内部拥有的资源

依托自身的优势资源,挖掘各项资源的经营潜力,培育自身的核心竞争力,已成为加强和提高机场经营管理水平、改善机场经营效益的当务之急。机场作为具有自然垄断性的特殊行业,其核心资源既包括各类有形资源,也包括企业独有的无形资源。

(一)有形资源

1. 飞机起降权资源

飞机起降权资源是机场企业最核心的有形资源,机场行业进入壁垒较大,由于地域条件的限制,航空公司一般对飞机起降无选择权。目前我国机场的非航空性业务经营水平不高,飞机起降费收入在机场总收入比重中仍占有主导地位。

飞机起降资源利用直接反映到我们通常说的起降费、服务费收入上。飞机起降权资源是机场最核心的资源,由于地域条件限制,航空公司一般对飞机起降没有选择权;而由于机场航空延伸服务业务经营水平还不高,目前飞机起降等收入占机场总收入的比重较高,也就是说,目前机场的起降资源利用率还是比较充分的。对于有容量问题的机场,航班时刻是非常稀缺的资源,制订航班时刻表也是一个复杂的问题。为了解决当前我国一些大型机场时刻资源紧缺的问题,中国民用航空局在 2015 年 12 月发布了《民航局关于印发〈航班时刻资源市场配置改革试点方案〉及做好改革试点相关工作的通知》。通过创新改革,使市场在航班时刻资源配置中起决定性作用,促进航班时刻配置的公平、效率和竞争。促进航班时刻资源的公开公平配置,保证不同所有制和不同规模的航空公司依法平等使用航班时刻资源,公平参与航空市场竞争。提高航班时刻资源配置效率,优化空中交通秩序,提升民航运行品质。

2. 土地级差资源

机场土地根据使用性质分为三大区，即飞行区、航站区和延伸区。由于机场安全和发展的需要，一般而言，机场都占有较多的土地，这些土地有一定的开发价值和商业价值，并且机场拥有对这些土地资源进行经营规划的特许经营权。实际上，由于大型机场大都属于上市公司，土地使用必须从代表政府的机场集团手中进行租赁，另外，更加重要的是，由于早期民航改革初期，政企不分，在民航一体化框架下，航空公司、航油公司、维修公司以及机场公司的权益分割不清，导致众多土地被非机场公司（包括航空公司、航油公司以及维修公司等）无偿占有，机场土地被无偿转让，更重要的是，机场部分丧失了对土地的经营管理规划权（目前货站/航油公司/维修公司的经营权益在有些机场中并未得到体现）。由于发展的需要，机场普遍留有大量的航空预留地，未来土地资源的利用将进一步提高，包括机场附近的房地产业务。

3. 候机楼物业资源

机场候机楼物业资源是指候机楼内的所有场所，包括贵宾室、各类用房（如业务用房、商业用房、机务用房、仓库用房）、各类柜台（如值机柜台、售票柜台、保险柜台、宾馆柜台）等。主要顾客群体包括航空公司、保险公司、商户、银行、邮局等驻场单位。这一资源有较大的稀缺性和垄断性，是机场企业另一项重要的收入来源。

4. 机场商业资源

机场不仅仅是物流中心，还拥有庞大的客流量，机场更是商业中心；机场通过在候机楼区域设立国内外商品市场，可以经营商业附加值较高的各类世界名牌免税品和国内传统商品，所以机场拥有的较强消费购买力意味着机场的商业资源应该有很高的市场价值。商业性收入往往占机场非航空性业务收入的相当比重，充分利用商业资源，可以为机场企业获得较大的非主营业务收入。国外机场如英国机场管理局以及德国法兰克福国际机场以其出色的商业管理创造出商业性收入占总收入比重超过60%的业绩；目前国内机场对零售商贸业务采用的固定租金加营业额浮动租金的模式实际上就是特许经营权转让费，可以预计国内机场的商业服务资源仍有进一步的开发空间。

5. 机场区域内的广告资源

机场是一个地区的进出门户，具有极大的广告媒体价值。当地政府授予机场广告专营权，授权机场进行候机楼内外的广告代理业务；机场拥有场区所有广告资源，可以灵活地通过自营或特许经营的形式盘活资源，获得广告收益。

6. 地面代理服务资源

机场的地面代理服务包括为航空公司提供旅客运输地面服务、货物运输地面服务、站坪服务等一揽子服务。目前机场许多地面代理业务由航空公司无偿经营，机场部分丧失了经营收费权；很明显，北京首都国际机场的地面服务业协议明确规定了机场对地面服务业务拥有的特许经营权，无论是对地面服务进行参股经营还是对外招标，机场都应该首先获得特许经营权，如此机场对资源的控制才能得到保证，另外，通过特许经营权实施，机场也将能够为航空公司提供更加中性化的服务，能够引入运营商的竞争，有利于航空业务的发展。

7. 航空客货销售代理资源

客货代理是一项高收入、高利润的经营项目，机场凭借这一优势，开展航空客货运代理业务具有比较优势。随着我国枢纽机场航空吞吐量的高速增长，未来客货代理业务的前景将更加广阔。同时，机场还可以将航空货运代理业务纳入发展机场周边航空产业、建设航空物流中心的整体发展战略中。

在机场的各项资源中，飞机起降权资源是机场平时最强调的资源，也是利用率最高的部分，业务量增长将能够使机场盈利能力上升；候机楼物业资源、机场商业资源和机场广告资源经营相对成熟，但仍然有进一步的成长空间；土地级差资源、地面服务资源和航空客货销售代理资源作为新兴资源，未来增长潜力较大。

（二）无形资源

1. 品牌资源

品牌就是资产，品牌资源是在市场经济环境中生存和发展以及战胜竞争对手的根本。随着国内境外游、对外商务往来需求日益扩大，航空业不断发展，各航空公司市场竞争日益激烈，机场在当地拥有较高的知名度与美誉度，每一个机场都会为自己设计一个明显新颖的 LOGO，注入全新的品牌内涵，以提升原有品牌形象，完成从航空经营属性到服务属性的蜕变，从而建立更具国际化的强势品牌印记，为客户提供更具价值的全新品牌形象。机场品牌成为重要的无形资源。

2. 人力资源

机场从筹备、建设至运营过程中，培养和聚集了一大批机场专业技术和经营管理人才，形成了良好的员工队伍结构。加上多年的人才内部培训和外部引进，使员工队伍整体素质有了明显的提高，成为机场今后发展的重要资源。

3. 企业文化精神

世界上一切资源都可以枯竭，只有一种资源可以生生不息，那就是文化。企业文化是一种哲学思想、立本理念，它包含文化主旨、愿景、使命、核心价值观和企业精神等方方面面。它是企业员工所具有的共同内心态度、思想境界和理想追求，它表达着企业的精神风貌和企业的风气。企业文化是团结全体员工心往一处想、劲往一处使的精神纽带，它促使企业形成艰苦奋斗、踏实宽厚的精神力量。在这些企业文化引领下，民航人在不断地奋斗，开拓进取，迎难而上，逐步走出困境，实现跨越式发展。

第二节　机场指标体系

一、机场指标体系构建

机场评价发展的现状，需要构建相应的指标体系用以描述机场发展并对其进行度量，揭示机场发展水平和速度，以及出现问题时及时对问题进行预警。指标体系浓缩了机场发展水平系统中重要且具代表性的信息，是机场管理和实践的基础。指标体系的建立将为机场运营管理系统设立基准，为预测未来发展趋势、系统预警和评价、目标绩效衡量等奠定基础。

为了全面地反映经济、社会和环境状态，结合机场现有实际情况，指标体系可以分为机场社会公益目标指标体系、机场经济目标指标体系和环境系统指标体系为主体的指标框架，并对每一系统进行详细分析，以尽可能全面地描述机场可持续发展的状态。

（一）机场社会公益目标指标体系

在现代市场经济条件下，企业在注重自身发展的同时，必须尽责履行社会责任，做合格的企业公司。就民航机场而言，本身的属性决定了要比其他市场主体承担更多的社会公益责任，除了作为提供交通运输的便利设施，在区域经济繁荣、社会发展以及政治稳定等方面也发挥着不可替代的重要作用。

民航机场是有着较强社会公益性的基础设施机场。机场作为航空运输的起点和终点，不仅仅是提供交通运输的便利设施，更是经济社会发展的发动机。在促进经济发展方面，机场对于商业经营、贸易发展、资本流动、劳动力市场发展以及旅游、高科技等其他相关行业的发展有着显著的促进作用。在促进社会进步方面，机场提供的航空运输提高了人类生活质量，加强了国家之间的联系，进而减少了贫困，使社会得以持续发展，此外，机场对于国防安全、外交也有着积极的意义。

我国民航机场从机场对当地的经济贡献、机场对周边社会经济的影响、机场对当地支柱产业的带动作用、机场对城市竞争力的提升意义四个方面进行社会效益评价。

1. 民航机场对当地的经济贡献指标

可以按照产业链关系将经济效益划分为直接经济效益、间接经济效益和引致经济效益。直接经济效益由机场直接经济活动产生，即由机场凭借其核心资产提供核心业务所创造，主要为飞机起降、飞机停场、客货进出港；间接经济效益由机场间接经济活动产生，即由机场核心业务产业链上下游业务所创造，主要为空中交通管制、航空客货运输、航空保障服务、航空延伸服务、航空维修和飞行员培训；引致经济效益由机场直接、间接经济活动从业人员的生活消费的活动所创造，主要是为这些人员提供食品饮料、休闲娱乐、交通、服装、日常用品等。

主要的指标建议采用直接提供的就业数、直接创造的 GDP、间接创造的 GDP、引致的 GDP 等指标。

2. 民航机场对周边社会经济的影响指标

以民航机场为核心，周边产业群的配合形成了现代临空经济圈或航空城。可以划分为四个层次：航空核心运作区（机场范围内）、航空城中心圈及航空自由港区（约 5 km 半径范围）、机场关联型产业区（约 10 km 半径范围）、外围辐射区（约 30~50 km 半径范围）。对离机场不同半径区域的相关指标数据进行比较，主要指标建议考虑：GDP、就业、工业产值、每平方米土地价格、产业结构等。

3. 民航机场对当地支柱产业的带动作用指标

我国各地经济发展情况差异较大，各地民航机场可以根据当地实际情况，根据民航机场对当地支柱产业的带动作用进行评价。主要指标可以采用每百万航空旅客提供的相关产业 GDP 以及其他定性指标，如企业选址、产品销售、商务往来、外资流入、旅游业等。

4. 民航机场对城市竞争力的提升意义指标

民航机场作为重要的基础设施，对提升城市形象意义重大，各地民航机场可以通过市场问卷调查和实地调研对民航机场提升城市竞争力发挥的作用进行评估，主要指标可以采用旅客满意度、货主满意度、驻场单位满意度、机场周边居民满意度以及其他相关指标。

（二）机场经济目标指标体系

结合机场的特点和属性，将经济系统分为发展水平指标体系、经济运营指标体系、财务指标体系和人力资源指标体系。

1. 发展水平指标体系

发展规模系统主要包括机场性质（国际、国内）、机场等级、机场占地面积、机场容量（年客、货吞吐量设计标准）、高峰小时（设计标准）、跑道条数、起降架次（设计能力）、仪表着陆系统等级、候机楼（数量、面积）、值机柜台（固定、自助）数量、安检通道数量、运行开放时间、电梯扶梯步梯数量、停机坪面积、停机位数量（近机位、远机位）、登机门数量、货运区面积、驻场航空公司数量、周航班数量（国际、国内）、通航城市数量、航线条数（国际、国内）、地面交通方式（火车、轨道、公交）、停车场（面积、车位）、商业营业面积等。

2. 经济运营指标体系

经济运营指标体系主要包括客运指标、货运指标、航班指标、运行效率指标、安全生产指标以及服务质量指标。

客运指标主要包括旅客吞吐量（国内、港澳台、国际、中转）、旅客吞吐量同比增长率与全国平均增长率的比值、每架次航班平均载客人数、正班客座率、中转旅客人数、各航空公司中转人数、旅客周转量。

货运指标主要包括货邮吞吐量、货邮吞吐量同比增长率与全国平均增长率的比值、每架次航班平均载货吨数、正班载运率，全货机起降架次、全货机航班平均载货吨数、货邮周转量。

航班指标主要包括航班起降架次、航班放行正常率、航班起降架次同比增长率、航班起降架次同比增长率与全国增长率的比值、航班计划执行率、运输总周转量。

运行效率指标主要包括机场空间和拥挤程度（跑道容量、机位数量、候机楼容量）、延误时间、客货地面处理速度（航空器过站时间、旅客、货物离场和到达处理时间）、顺畅方便的处理流程、各种突发事件反应效率、各种设备、基础设施存在的缺陷。

安全生产指标主要包括航班飞行事故数、严重事故征候万次率。

服务质量指标主要包括 ACI 得分、旅客满意度、全球航空货运卓越评比（排名）、旅客投诉数量、旅客有效投诉量、百万旅客医务人员数、万旅客商业营业额。

3. 财务指标体系

结合机场现有财务系统及调研结果，财务系统主要包括总收入、总成本、净利润总额、财务风险等。机场运营总收入主要包括航空性收入、货运服务收入、系统设备使用收入、代理服务收入、租赁收入、贵宾服务收入、能源转供收入、其他收入等。机场运营总成本包括运行成本、人工成本、摊销成本、燃料动力成本、经营成本、办公经费、税金支出、财务费用、其他业务支出、其他支出等。机场净利润总额=总收入+投资收益-总支出-所得税-少数股东损益-未确认投资损失。机场财务风险主要包括债务风险、现金流风险、盈利能力风险、投资风险。

4. 人力资源指标体系

人力资源系统指标体系包括人员总数、人员年龄结构、人员技术结构、人员变动、人员培训和人员岗位结构等。

（三）环境系统指标体系

环境系统主要包括资源能源系统、生态环境系统、外围交通系统。资源能源系统包括能源系统和土地资源系统。

1. 能源系统指标

机场能源消耗主要包括电、天然气、汽油、柴油，其中电和天然气是主要消耗能源。按总体划分原则，能源指标分为综合能耗总量、综合能耗同比增长率、单位综合能耗（万旅客）、单位综合能耗同比变化率、万起降吨位综合能耗、万起降吨位综合能耗同比增长率。

2. 土地资源系统指标

土地资源是不可能再生的稀缺资源，节约用地事关国计民生和社会稳定。上海机场提出"通过选址而不占或少占良田、减少拆迁、通过合理规划而集约利用、节省土地"是机场可持续发展"资源节约"的重要内容。土地资源系统指标主要包括单位占地面积旅客吞吐量、单位占地面积货邮吞吐量、单位占地面积飞机起降架次、单位占地面积近机位数。这四个指标分别从机场总体客运能力的年旅客吞吐量、机场总体货运能力的年货邮吞吐量、跑道运输能力的起降架次和机坪能力的机位土地要求各个角度，进而评价机场土地使用的集约程度。

3. 生态环境系统指标

机场生态环境系统主要是指大气污染、废水、噪声、固废、环境保护等。

4. 外围交通系统指标

外围交通系统包括集散方式、平均换乘时间、平均到达时间、离场平均等候时间、外部集散道路的拥堵度、高峰期关键交叉口通行能力、外部集散道路饱和度、停车位数、泊车位数。

二、国外机场运营效率指标体系介绍

民用机场是国民经济的重要基础设施之一，它不仅可以促进经济的发展，推动产业结构优化升级，拉动旅游、外贸、现代服务业等相关产业的发展，还可以加强国际交流、促进社会融合，构建完备的社会化分工服务和应急救援体系。美国于1977年开始对民航运输业的经济效益进行评估，随后很多国家都开展了类似的研究。国际民航组织（ICAO）于2007年颁布了292号文件，建议各国采用投入产出分析法来分析民航对当地经济社会的贡献。

1. 航空运输研究协会（ATRS）机场效率的投入产出指标

航空运输研究协会机场效率的投入产出指标如表7-1所示。

表7-1 航空运输研究协会机场效率的投入产出指标

	投　入	产　出
指标	运营成本/万元	运营收益/万元
	员工人数	飞机起降架次
	登机门数	通用航空情况
	跑道数	旅客吞吐量
		货邮吞吐量

2. 航空运输研究协会机场效率评价指标

航空运输研究协会机场效率评价指标如表7-2所示。

表7-2 航空运输研究协会机场效率评价指标

一级指标	二级指标	指标含义
1. 机场容量及交通容量	1.1 空中容量	评价机场设施及周边交通情况
	1.2 候机楼容量	
	1.3 职工数量	
	1.4 交通容量	
	1.5 机场连接性	
2. 机场生产率及效率绩效	2.1 产出及投入	反映机场各项资源生产率
	2.2 部分生产率测评	
	2.3 变动因素和全要素生产率及生产效率	
	2.4 影响生产力的各因素	
	2.5 变动因素和全要素生产率分解及生产效率	
3. 机场成本绩效	3.1 机场成本结构	评价机场的成本水平
	3.2 单位成本	
	3.3 影响单位成本的因素	
	3.4 成本竞争力	

续表

一级指标	二级指标	指标含义
4. 机场财务绩效	4.1 收益份额	反映机场的财务状况和水平
	4.2 收益产出	
	4.3 财务利润指标	

3. 机场竞争力指标体系

机场竞争力指标体系以上海为例，如表 7-3 所示。

表 7-3　上海世界级航空枢纽主要指标比较表（举例）

指标	上海 2012 年	国际先进 2012 年
1. 城市航空客运量	8 279 万人次/年	伦敦 1.34 亿人次/年
2. 城市机场航空货运量	336 万吨/年	中国香港 417 万吨/年
3. 城市机场体系	一市两场	伦敦、纽约分别由 5 个、3 个机场组成城市机场体系，各有分工
4. 通达性	定期航班通航全球 239 个城市	法兰克福国际机场定期航班通航全球 266 个城市
5. 便捷性	国际航点平均 15 班/周	中国香港国际航点平均 25 班/周
6. 旅客中转衔接时间（MCT）	120 min（国际与国内互转）	东京成田国际机场、中国香港国际机场和仁川国际机场的国际与国内互转 MCT 分别为 45 min、50 min 和 60 min
7. 航班正常率	上海浦东国际机场 83%、上海虹桥国际机场 89.2%	90%以上（根据行业规划）
8. ACI 旅客满意度	上海浦东国际机场全球第 4，上海虹桥国际机场全球第 22	全球前三为新加坡樟宜国际机场、仁川国际机场、北京首都国际机场
9. ACE 货运满意度	上海浦东国际机场全球第 15	2012 年中国香港国际机场全球第 2，新加坡樟宜国际机场全球第 5
10. 旅客空空中转率	9.61%	15%～20%（根据城市航运规划）
11. 货邮空空中转率	3%～5%	仁川国际机场 45%，中国香港国际机场 55%
12. 货物平均清关天数	2.34	仁川 1 天，中国香港 0 天
13. 客运信息化程度	已建成先进的生产信息系统，初建 App 平台	德国的主要机场已建立基于 CDM 的协同生产决策系统，并面向公众开放
14. 货运信息化程度	货站、航企、代理、海关等各自建成信息系统，但系统未全面对接，数据不能提交和共享	中国香港国际机场建设了综合电子数据联通系统，与主要货运经营商及香港海关的系统连接 仁川国际机场的 AIRCIS 系统整合涵盖了货物和物流信息系统

续表

指　标	上海 2012 年	国际先进 2012 年
15. 临空经济开发区港联动	上海浦东国际机场西货运区纳入中国（上海）自由贸易试验区	仁川国际机场与地方政府、航空公司共同制订分阶段、分功能区域的开发计划

三、收入与成本

机场收费改革是深化民航改革的重要环节，近几年，民航局先后印发了《关于进一步深化民航改革工作的意见》（民航发〔2016〕40 号）以及《中国民用航空局关于推进民航运输价格和收费机制改革的实施意见》（民航发〔2015〕132 号）。通过机场收费制度的改革，第一，初步确立机场收费管理体制和收费形成机制的必要途径，有利于发挥市场配置资源的基础性作用；第二，机场是具有社会公益性的基础设施，是航空运输系统的重要组成部分，机场收费改革有利于理顺机场管理机构与航空公司之间的利益关系，促进民航协调发展；第三，机场收费改革有利于吸收、借鉴国际民航业的先进制度和管理模式，逐步与国际接轨；第四，机场收费改革有利于逐步解决国内外航空公司收费标准差别待遇问题，使我国航空公司更好地适应民航业天空开放和世界经济全球化发展环境的必然要求；第五，机场收费改革进一步明确政府管理职责，有利于政府加强监管，规范市场秩序。

为贯彻落实上述两个文件的精神，按照保证安全、提高效率、鼓励竞争、促进通航的要求，发挥市场在资源配置中的决定性作用和更好发挥政府作用，进一步提高民用机场综合保障能力和服务质量，2017 年 1 月民航局印发了《关于印发民用机场收费标准调整方案的通知》，综合考虑了国内机场的成本变动状况、资源稀缺程度和用户承受能力等因素，按照"成本回收、公开透明、非歧视性、用户协商"的原则，调整机场收费标准，不断完善机场收费形成机制。目标是进一步调整机场分类和管理方式，理顺收费结构，合理确定收费标准，扩大实行市场调节价的非航空性业务重要收费项目范围，加强机场收费监管，逐步建立与民航体制相适应的机场收费管理体制和定价机制。该方案自 2017 年 4 月 1 日起实施。

（一）机场的收入

1. 机场分类目录

按照民用机场业务量将全国机场划分为三类，即一类 1 级机场、一类 2 级机场、二类机场、三类机场四个级别，实施分类收费，如表 7-4 所示。

表 7-4　机场分类目录

机场类别	机场
一类 1 级	北京首都国际机场、上海浦东国际机场、广州白云国际机场 3 个机场
一类 2 级	深圳宝安国际机场、成都双流国际机场、上海虹桥国际机场 3 个机场

续表

机场类别	机 场
二类	昆明长水国际机场、重庆江北国际机场、西安咸阳国际机场、杭州萧山国际机场、厦门高崎国际机场、南京禄口国际机场、郑州新郑国际机场、武汉天河国际机场、青岛流亭国际机场、乌鲁木齐地窝堡国际机场、长沙黄花国际机场、海口美兰国际机场、三亚凤凰国际机场、天津滨海国际机场、大连周水子国际机场、哈尔滨太平国际机场、贵阳龙洞堡国际机场、沈阳桃仙国际机场、福州长乐国际机场、南宁吴圩国际机场 20 个机场
三类	除上述一、二类机场以外的机场

（1）一类机场是指单个机场换算旅客吞吐量占全国机场换算旅客吞吐量的 4%（含）以上的机场。其中，国际及港澳地区航线换算旅客吞吐量占其机场全部换算旅客吞吐量的 25%（含）以上的机场为一类 1 级机场，其他为一类 2 级机场。

（2）二类机场是指单个机场换算旅客吞吐量占全国机场换算旅客吞吐量的 1%（含）~4%的机场。

（3）三类机场是指单个机场换算旅客吞吐量占全国机场换算旅客吞吐量的 1%以下的机场。

2. 机场收费项目

按照《关于印发民用机场收费改革方案的通知》（民航发〔2007〕158 号）和《关于印发民用机场收费改革实施方案的通知》（民航发〔2007〕159 号）两个文件的定义，在我国，航空性业务仅指与飞机、旅客及货物服务直接关联的基础性业务，包括起降服务、停场服务、客桥服务、旅客服务及安检服务五种服务。其余类似地面服务或是延伸的商业、物流服务等，都属于非航空性业务。非航空性业务又分为非航空性业务重要收费项目（包括头等舱、公务舱休息室出租、办公室出租、售补票柜台出租、值机柜台出租、地面服务收费五项内容）和非航空性业务其他收费项目。其中，航空性业务收费项目、非航空性业务重要收费项目的收费标准实行政府指导价，由民航总局会同国家发展改革委综合考虑机场管理机构或服务提供方提供设施及服务的合理成本、用户的承受能力等因素核定基准价。基准价一般不作上浮，下浮幅度由机场管理机构或服务提供方与用户在政府规定的浮动幅度内，根据提供设施和服务水平的差异程度协商确定具体标准。非航空性业务其他收费，原则上以市场调节价为主，市场竞争不充分的收费项目的收费标准，将依据《中华人民共和国价格法》，按照定价目录来管理，如表 7-5 所示。

表 7-5 收费项目划分

分 类		收 费 项 目
航空性业务		起降费、停场费、客桥费、旅客服务费及安检费
非航空性业务	非航空性业务重要收费项目	头等舱、公务舱休息室出租、办公室出租、售补票柜台出租、值机柜台出租、地面服务收费
	非航空性业务其他收费项目	除了以上项目外其他所有收费项目

（1）航空性业务收费。航空性业务收费包括起降费、停场费、客桥费、旅客服务费及安检费。具体收费项目如表 7-6 所示。

表 7-6　航空性业务收费项目

项　目	内　涵
起降费	机场管理机构为保障航空器安全起降，为航空器提供跑道、滑行道、助航灯光、飞行区安全保障（围栏、保安、应急救援、消防和防汛）、驱鸟及除草，航空器活动区道面维护及保障（含跑道、机坪的清扫及除胶等）设施和服务所收取的费用
停场费	机场管理机构为航空器提供停放机位及安全警卫、监护、泊位引导系统等设施及服务所收取的费用
客桥费	机场管理机构为航空公司提供旅客登机桥及服务所收取的费用
旅客服务费	机场管理机构为旅客提供航站楼内综合设施及服务、航站楼前道路保障等相关设施及服务所收取的费用。包括航班信息显示系统、电视监控系统、航站楼内道路交通（轨道、公共汽车）、电梯、楼内保洁绿化、问询、失物招领、行李处理、航班进离港动态信息显示、电视显示、广播、照明、空调、冷暖气、供水系统；电子钟及其控制、自动门、自动步道、消防设施、紧急出口等设备设施；饮水、手推车等设施及服务
安检费	机场管理机构为旅客与行李安全检查提供的设备及服务，以及机场管理机构或航空公司为货物和邮件安全检查提供的设备及服务所收取的费用

内地航空公司内地航班的地面服务收费标准基准价按照《民用机场收费改革实施方案》执行；国际及港澳航班的地面服务收费实行市场调节价。

（2）非航空性业务重要收费。

① 非航空性业务重要收费项目。非航空性业务重要收费项目包括头等舱、公务舱休息室出租，办公室出租，售补票柜台出租，值机柜台出租，地面服务收费，等等，如表 7-7 所示。

表 7-7　非航空性业务重要收费项目

项　目	内　涵
头等舱、公务舱休息室出租	机场管理机构向航空公司或地面服务提供方出租头等舱、公务舱，用于向头等舱、公务舱乘客或常规旅客提供候机服务所收取的费用
办公室出租	机场管理机构向航空公司或地面服务提供方出租办公室，用于工作人员日常办公使用所收取的费用
售补票柜台出租	机场管理机构向航空公司或机票业务经营商出租售补票柜台，用于办理售票、补票、改签等机票业务所收取的费用
值机柜台出租	机场管理机构向航空公司或地面服务提供方出租值机柜台，用于办理旅客交运行李、换取登机牌等登机手续所收取的费用
地面服务收费	机场管理机构或地面服务提供方向航空公司提供包括一般代理服务、配载和通信、集装设备管理、旅客与行李服务、货物和邮件服务、客梯、装卸和地面运输服务、飞机服务、维修服务等服务所收取的费用

② 非航空性业务重要收费项目的收费标准基准价。非航空性业务重要收费项目（不包括国际及港澳航班的地面服务收费）的收费标准按《民用机场收费改革实施方案》执行，基准价一般不作上浮，下浮幅度由机场管理机构或服务提供方根据其提供设施和服务水平的差异程度与用户协商确定。

③ 非航空性业务其他收费项目。除了非航空性业务重要收费项目之外，其他收费项目都归在非航空性业务其他收费项目之内。

（二）机场的成本

机场是资本密集型的投资项目，但由于机场的体制差异，投资渠道、方式及资本金比例不同，机场管理部门介入的业务面不同，导致不同国家和地区的机场成本构成大不相同，甚至在同一国家，由于体制的差异也带来成本构成的很大差异。

根据机场的投资及运营特点，我们可以把机场运营总成本分为资本性成本和机场运行成本两部分。

资本性成本主要是财务费用和机场提取的折旧费用，财务费用一般是指发行债券的利息费用或贷款的利息，本金还款任务通常由政府部门承担。机场的投资体制及国家的财政金融政策决定了这一成本的高低。计提折旧：跑道、停机坪和房屋建筑计提年限为30~40年，地勤服务的辅助车辆为6~12年，机械设备为10~14年。

机场运行成本是机场在运行过程中发生的费用，包括人工成本、摊销成本、燃料动力成本、经营成本、办公经费、税金支出、其他业务支出、其他支出等。

机场运行成本的特点有以下几项。

（1）一次性投入成本较大、资金回报周期长，即资金周转慢、资金回报率低，承担了社会职能和发展地方经济的作用，是社会公益性行业，也是非盈利为主要目的的行业。

（2）维修成本较大。由于机场地域广、价值高、技术含量大，跑道、停机坪设施安全系数要求严格，所以维护费用在机场生产性开支中占较大的比例。

（3）机场成本中人工成本相对较高，这主要是中国机场业是经营职能和管理职能、服务职能、企业职能与政府职能兼有，使得管理成本和人工成本居高不下。

（4）机场企业远离市区。一些历史原因造成机场内小社会现象比较严重，机场承担了大量的社会化功能，也增加了大量的成本投入。

（5）机场企业二级部门生产环节相对独立性强，资产相互替代性弱，流动资金需求量大，资金成本高。

（三）财务指标体系

机场财务指标分为成本和收益两部分。机场运营成本指标除了要考虑机场的成本结构以外，还要考察单位成本指标与影响单位成本的因素。收益指标包含了机场的收益结构以及单位收益指标和利润指标。

1. 机场成本绩效

（1）机场成本构成。
① 劳动力成本占总成本的比重。
② 财务费用成本占总成本的比重。
（2）单位成本构成。
① 单位旅客吞吐量劳动力成本。
② 单位货邮吞吐量劳动力成本。
③ 单位工作量单元劳动力成本。

④ 单位旅客吞吐量总变动成本。
⑤ 单位货邮吞吐量总变动成本。
⑥ 单位工作量单元总变动成本。
⑦ 单位变动成本指标。

（3）影响单位成本的因素。
① 投入总成本。
② 单位可变成本与劳动力价格。
③ 单位可变成本与服务质量。
④ 单位可变成本与机场规模。
⑤ 单位可变成本与机场特性。

2. 机场财务绩效

（1）收益占总收益的比重。
① 非航空性收益比重。
② 特许经营权收益比重。
③ 停车收益比重。

（2）收益产生构成。
① 单位吞吐量的航空性收益。
② 单位旅客吞吐量的非航空性收益。
③ 单位旅客的总收益。
④ 单位吞吐量的总收益。
⑤ 单位工作量单元的总收益。
⑥ 单位员工的总收益。
⑦ 收益指标。

（3）经济获利能力。
① 净收入。
② 利润边际。
③ 流通比率。
④ 资产回报。
⑤ 股份回报。
⑥ 债务资产比率。
⑦ 负债率。

第三节　机场特许经营权

机场的收入来源分为两个部分：航空性业务收入和非航空性业务收入。在非航空性业务收入中，绝大部分又来源于候机楼商业特许经营收入。以新加坡樟宜国际机场为例，2010 年，非航空收入已占整个机场收入的 60%以上。而在整个非航空性业务收入中，候机楼商业特许经营收入又占到了 76%，成为机场最重要的收入来源之一。然而，国内的大部分机场候机楼的特许经营收入只占机场总收入的 10%～20%。有专业人士认为，由于历史原因，国内机场的候机楼特许经营收入在机场收入中只占极小的份额，中国机场零售未充分开发，至少有一半的商业价值正在流失。

一、机场特许经营权

（一）定义

机场特许经营权是指机场管理部门将自己拥有的土地使用权、机场航空运输业务保障服务平台资源、商业资源（统称为机场资源）所有权和处置权以"特许经营权"的方式物化，以许可证的形式准许符合标准的承运人（航空公司）和运营商使用，承运人和运营商使用机场资源按照一定的规则，开展航空客、货运输业务、商业活动及相关派生业务，并向机场支付相应的费用。

《民用机场管理条例》第三十八条明确规定："机场范围内的零售、餐饮、航空地面服务等经营性业务采取有偿转让经营权的方式经营的，机场管理机构应当按照国务院民用航空主管部门的规定与取得经营权的企业签订协议，明确服务标准、收费水平、安全规范和责任等事项。对于采取有偿转让经营权的方式经营的业务，机场管理机构及其关联企业不得参与经营。"这应该是对机场作为基础设施定位的一种延伸。公共基础设施，主张的是社会价值最大化，而不是企业价值最大化或股东价值最大化，其经营模式的创新应以国际民航组织主张的"最佳商业做法"与"服务水平协议"为基础。

由于机场各项业务的性质不同，其特许经营运作也呈现出不同的特征。国际上可分机场特许专营和一般性机场特许经营两种模式，二者在机场的不同业务中所占的比重不同。当然，这种划分只是相对的，不能将其截然分开。

机场特许专营主要是针对机场航空性主营业务中可允许转让部分项目，以及非航空性业务重要项目，有偿转让经营权的受让方，必须是具有民航局认可的航空运输业务运行资质、具有专业化水平的相关企业。

一般性机场特许经营权主要针对机场非航空性业务其他项目，常见的是机场增值业务或新业务，将商品零售、餐饮、停车、汽车租赁、广告及宾馆等实行特许经营。可向社会开放，通过招投标形式选择受让方。

实施机场特许经营是实现机场经营模式转变，形成具有专业化、商业化的管理型机场的有效途径。目前这种形式已经成为全球的主流方式之一。可以说，许多机场已经成功地实施了此战略，并且取得了良好的效果。

（二）机场特许经营权来源的实质

机场特许经营权来源于机场管理部门对机场范围内公共资源的独占和垄断。从本质上说，是全体公民通过政府授予的。

机场特许经营权依托于机场资源，机场资源是机场特许经营权的基础。机场资源是指机场内的航空运输保障服务体系，主要包括机场的基础设施资源、信息服务资源、服务环境资源以及由以上资源派生出来的商业市场资源，这些资源是机场所特有的、其他方无法拥有和提供的专用资源。

首先，机场管理部门具备整合机场资源的能力。机场特许经营权是一种资源体系，只有通过有机结合和整体联动运行才能发挥资源效应。机场管理部门拥有多年经营运作机场的经验，在人员、体制、设施和文化等方面，更具备统一调配使用机场资源的能力。

其次，在专业化分工的发展趋势下，机场管理部门更具适宜性。机场资源与运力资源共同创造了航空运输市场的价值，二者缺一不可。开发航空客、货运输市场有两个必备条件：有承运人（航空公司）为航空客、货运输市场提供运力资源；有机场为航空客、货运输提供最基本的服务保障平台资源。两种资源共同作用，才能产生航空市场效益。在世界民航业专业化分工的大趋势下，各国涌现出一大批专业航空业务服务公司，一些跨国性的甚至全球性的服务公司也开始出现。

从机场长远发展的角度看，机场管理部门适宜拥有机场特许经营权。机场属地化改革后，机场的经营管理模式将进行重大调整，从过去的既营造区域经济服务平台也直接从事航空地面服务代理业务，经过机场管理部门逐步淡出航空地面服务代理业务直接经营的短暂过渡，转变为重点建设和经营机场设施、信息、环境三大服务平台。通过实施特许经营，从混合经营型模式向平台服务型经营模式过渡。

最后，从美国、欧洲、新加坡等航空发达国家的实践看，市场经济自然发展演化的结果，形成的都是由机场管理部门成为机场特许经营权的所有者。通过开展机场特许经营，可以把机场大量客流、货流、飞机流的市场资源优势转化为机场的经济效益优势。机场特许经营作为机场的一种新型经营模式，是机场提升经营能力和盈利水平的有效手段，是机场经营发展的重要趋势之一。这些国家的机场一般不直接从事经营性活动，将机场管理机构的职责定位为机场的规划、发展、安全和运行管理，不直接参与面对旅客、货主和航空公司的地面服务和商业服务等经营性业务。世界机场经营发展史已经告诉我们，实行机场特许经营是经济发展到一定阶段的必然要求，它符合经济发展规律和趋势，也是我国民用机场业发展的必由之路。

二、机场特许经营项目

参照国际民航组织航空运输委员会 1986 年编辑的《机场经济手册》和国际民航组织理事会发布的《理事会致各缔约国关于机场和航路航空导航设施收费的声明（9082 号文件）》中，对机场业务结构的划分和对"特许经营"业务的建议，结合我国机场现有业务构成状况及调整趋势分析，可以对我国民用机场特许经营适用的机场业务范围界定如下：主要包括两大类业务，一类是航空性业务机场特许专营权项目，另一类是非航空性业务机场特许经营权项目。

（一）机场特许专营权项目

机场特许专营是机场特许经营的一种特殊形式，其特点是有一定程度的排他性，是严格控制经营者数量的特许经营。机场管理部门在实施特许专营时承诺，一定期间、地域或运量条件下控制经营者的数量，仅由一个或固定数量的几个经营者经营，以保证受许方的利益。受许方拥有一定程度的排他性经营权，机场管理部门则收取相对较高的特许专营费。同时，机场管理部门对专营商提供的服务类型做出限制性或引导性规定；专营商只能提供机场规定的服务，并接受机场的监管。

机场特许专营主要应用在航空业务和机场建设项目中，如停机坪、航油、跑道、滑行道、机务维修、航空货站等具有投入大、回收期长、主要使用机场土地等特点的业务，一般都被列为机场特许专营项目，被授予较长的经营期限。

机场地面代理服务业务也属于机场特许专营权项目，既是国外机场的稳定收入来源，也成为机场国际化扩张的业务保证。机场地面代理服务是指在正常的航空器运行状态下，航空器进出机坪所必需的服务，机场地面代理服务是附着在机场各种设施设备之上的各种劳动（或者服务），其中包括航空器航线维护，但是一般不包括航空器维修。机场地面代理服务的范围主要包括一般代理，配载和通信，集装设备管理，旅客和行李服务，货物和邮件服务，廊桥、客梯、装卸和地面运输服务、飞机服务、维修服务，航空配餐和航空油料。在国外机场，地面代理服务业务一般是由专业化代理公司和该机场主要航空公司组建的地面代理公司共同承担，机场管理部门一般不直接参与该项业务的经营。

特别是地面代理服务业务，必须有两家以上的企业经营，数量甚至可以达到3～4家，各经营者之间相互竞争。在新加坡樟宜国际机场有两家地勤服务公司，主要从事飞机飞行区服务、客运代理业务、货站经营业务、航空配餐业务。这两家公司均由多个股东组成。地面代理服务公司必须保证中立地位，从而保证向航空公司提供公平的服务，避免单个股东经营造成垄断的局面。同一机场的地面代理业务经营者，无论是专业化地面代理公司还是由基地航空公司组建的地面代理公司，都必须向机场交纳一定的特许经营费。此外，机场还与地面代理公司建立了良好的特许经营合作关系，该机场一旦管理输出至其他海外机场，其地面代理合作伙伴的业务也会随之延伸到海外机场。

例如，中国香港国际机场将部分航空业务（包括机场地面服务代理、航空燃油、航空配餐服务）作为机场专营项目来运营。又如，日本成田国际机场管理局拥有园区内部的主要物流设施（如货站、货物大楼和仓库等），拥有专营权的日航、国际航空物流货站公司（IACT）负责向航空公司提供服务。作为回报，日航和IACT每年向机场管理部门缴纳专营费，这一费用和其他设施出租的费用占成田国际机场收入的31%。

机场大型建设项目通常也采取特许专营的形式。在机场大型项目的融资过程中，机场管理部门将较长期限的土地使用权和项目经营权通过合同授予运营商，从中收取特许专营费用，由被许可企业建设、经营，期限届满后土地使用权及其地上设施归机场管理部门所有，这种模式的经营期限一般较长。

例如，中国香港国际机场通过招标的方式，将机场内的货运站、酒店的建设权和运营权授予运营商。又如，新加坡樟宜国际机场管理部门运用专营权对机场物流园区（ALPS）除仓储外的其他所有航空货运业务活动进行管理。机场的 8 座货站、2 座速递货运中心由两家地面代理机构——新加坡机场货运服务处（SATS）和樟宜国际机场服务处（CIAS）投资兴建并营运，机场负责提供土地。SATS 和 CIAS 在营运期间需付给新加坡樟宜国际机场专营权费。

特许专营模式的优点是可以有效利用各专营商的能力和专业技术，特别是在一些核心业务上的专业能力，如货站业务的营运者需要具备强大的专业技术支持和多年积累而来的行业经验。同时，利用专营权能很好地将营运风险和责任转移给专营商。这种业务模型被世界各大机场广泛采用，也是最主要的一种管理模式。

（二）机场特许经营权项目

在机场特许经营模式下，经营者取得经营牌照或经营许可，机场主要提供以获取经济收益为目的的机场非航空性业务项目，国际机场最常见的特许经营项目有：食品、饮料的特许经营，各种商店，银行/外币兑换，出租车服务，汽车租赁，机场广告，机场与市区间的公共交通服务，免税店，美发理发店，旅客/汽车旅馆，非饮食自动售货服务，纪念品商店。这些项目的特点是竞争性较强、特许时间较短、灵活性较大，可以引入多家运营商经营。

综合国际先进机场的现状，特许经营被普遍应用于以下业务。

（1）免税零售业务。绝大多数机场通过招标或者出售零售网点的方式实行零售业务的特许经营，这种方式一般都签署租赁协议或以特许经营协议的形式实现。需要强调的是，在协议中对租金的约定往往是与承租商收入相关的，即不采取单纯的固定租金模式，而是采取固定租金加营业收入提成的动态模式。这里，租金的实质就是特许经营权转让费。

（2）候机楼内餐饮娱乐业务。与免税零售业务类似，国外许多机场均将候机楼内餐饮娱乐项目列为特许经营项目。国外机场的餐饮营业面积分布很广，占候机楼的面积比例较高。同时，候机楼内的娱乐项目经营种类繁多，如游乐园、电影院等。因此，国外机场通过对这些项目的特许经营权转让，可以获取十分高昂的经济收益。

（3）广告业务。国外机场，尤其是美国的机场一般将机场区域内的广告业务转交给专业化的广告公司经营。在明确机场广告经营权归机场所有的前提下，专业化广告公司必须向机场交纳广告特许经营费。

在机场非航空性业务的特许经营中，机场管理部门可以选择多家运营商从事机场的业务，而自己则对机场业务进行整体规划。机场特许经营的运营商可以在一个机场进行特许经营业务，也可以在多个机场拓展业务。

机场非航空业务特许经营来源于启用机场必备设施设备所带来的稳定的客流、货流以及机场延伸区的商业机会等经营资源，性质上趋近于商业特许经营。

三、国内机场按经营现状分段实施

我国机场有着不同于国外机场的特点,如大多数机场在下放前都脱胎于旧的民航管理体制,因而,机场与民航管理局、航空公司、油料公司的相互之间的责、权、利关系存在不够清晰的地方;国有资产在机场领域占绝对控制地位;多数机场的建设由机场、航空公司、航管、油料分别投资特定项目,这在客观上造成机场特许经营权的相对不完整性,但是,机场管理部门作为整个机场业主的定位并不应该受到任何影响。

以上特点决定我国机场在实施机场特许经营权时,需要根据自身情况分阶段推进。

对机场管理部门自身无争议的资源权利,可首先推进,如机场非航空性业务其他项目:候机楼商业、机场广告等。

对有小争议的资源权利,可先行协调后再予实施,如基地航空公司在基地机场的旅客过夜用房,按照国家规定,只能接待航空公司自身的内部人员,如需对外营业,必须首先获得机场管理部门的许可。

对有较大争议的资源权利,就结合民航体制改革步伐加以积极推进,如机场飞行区的航油供应管网由机场管理部门收购(该管网本应属于机场特有基础设施,如机场不能收购,也就保留对其实施特许经营管理的权利)、天然形成的基地航空公司在基地机场的特许经营等问题。

由机场管理部门筹资、开发建设的新机场,必须按一切机场资源归机场的原则进行管理,土地使用权完全归机场管理部门所有,机场管理部门拥有完整的机场经营权,对机场进行整体规划,各驻场单位,包括航空公司、油料公司、飞机维修公司等则向机场管理部门租赁土地、自行建设或租赁房屋,用于满足公司自身的需求。

四、机场特许经营应遵循的原则

(一)机场特许专营权的准入原则

为确保机场航空业务的健康开展,对机场特许专营权的准入对象应有严格的限制和规定。对于航空企业经营许可证范围内的业务应仅限于具有相关资质和能力的航空企业(包括航空公司、机场及其他航空企业)来经营,非航空企业不应被赋予此项经营权。

对于与机场土地、物权相关联的业务,机场的经营权是相对的,它不应排斥以该机场为基地的航空公司从事相同业务的权利。基地航空公司是经过民航局批准的,它们以购买和租赁等方式获得相应的土地等物权的使用权,就可以不需要取得许可从事在机场范围内的与本公司航空主营相关的业务。

(二)机场特许经营权的开放原则

机场业是具有非常明显的自然垄断性质的行业,机场应实施管理职能与经营职能的分离,淡化经营性职能,强化管理性职能,真正做到由经营型向管理型的转变,实施机场经营权开放的原则。若不能做到这一点，机场继续利用自身的垄断地位，则不可能通过特许经营权的发放引进真正的市场竞争机制。

应改进机场服务体系与运营指导思想，形成开放的、适度竞争的格局。机场的最终服务对象是航空公司和旅客，从根本上说，航空公司也是机场的客户，机场的生产运营应围绕如何配合航空公司为旅客提供乘机便利、满足旅客的多样化需求等问题上。作为机场管理方，应集中精力从事计划、设计、融资、建设、运营和维护工作。在大力提倡服务和合作理念的前提下，围绕航空业务为航空公司的日常运营工作提供必备的资源与各项软、硬件保障。

（三）政府监督原则

机场公司基本属国有资产，产权关系尚未得到根本解决，机场的最终所有者是国家而不是任何个人或企业。国家作为国有资产的最终所有者，应该对机场开展非主营业务中所涉及的重大资产行为予以考核监督。特别要注意的是，长期以来，我国公共行政管理中严重存在重实体、轻程序的现象，往往在事后才去解决，而不是将问题的隐患在事先予以消除，这样就大大加重了行政成本与市场交易成本。在具体实践中，政府的监督，关键不在于对对某一具体企业的行为的管制，而在于事先制定公平、公开的"市场进入规则"，在这一规则下，由特许经营权许可者与被许可者在不受干预的环境中进行协商谈判，决定特许经营的方式与细节。

机场在收取特许经营费之后，容易对特许经营受许人的经营缺乏管理，这样就容易造成特许经营者利用机场相对具有垄断性的资源，提高服务价格，损害消费者利益。对于这种情况，民航管理部门、当地政府管理机构在事前要多方征求意见，设计可操作的方案，立足于预防；事后要进行价格监督，保障机场非航空性业务的市场秩序。

五、实施步骤和要求

（一）确定机场特许经营权范围

凡是使用到机场资源，需要机场进行统一管理，并且有可能形成竞争环境的经营项目都可以作为特许经营项目，主要包括机场地面服务代理、航空燃油、商业、银行、出租车、汽车租赁、机场广告、公共汽车、旅客班车、免税店、宾馆等一系列经营项目。而其他一些诸如货站、配餐等由各航空公司或其他经营者自己投资经营的项目，机场就没有特许经营的权力了。

对航空公司来说，经营航空客货运输业务，必然要在机场区域内对自己的飞机、旅客、货物进行保障，开展各种航空服务业务，这是航空公司运输服务价值链上的一个环节。因此，航空公司在自身的服务价值链上开展各项航空服务业务是不以盈利为目的的，不在机场特许经营范围内。

（二）机场特许经营的招投标

机场特许经营权的法律性质属于民事权利的转让，在转让方式上应采取公开招标的方式，招标要按照《中华人民共和国招标投标法》规定的程序进行。机场特许经营权由机场资源的法定代表实施授予，法定代表一般为机场管理部门。机场管理部门对运营商的选取通过市场化的招标方式来进行，整个招标过程完全公开透明。

机场实施特许经营的一个基本前提是，机场管理部门不参与任何直接经营活动，与具体业务经营单位彻底脱钩，不存在任何股权或直接利益关系。

机场管理部门通过公开招标，按业务选择具体的经营单位。首先由承运人和运营商向机场管理部门提出申请，机场管理部门根据经营准入标准及规则对申请人的资质进行审核，对于符合经营准入标准及规则的申请人，机场管理部门与其签订特许经营合同并发放许可证，申请人即获得了某项机场业务的特许经营权。受许人必须按限定的业务范围在规定期限内从事特许经营活动，并向特许人交纳特许经营费。

（三）谈判及合同订立

在机场特许经营合同签订之前，双方的洽商、谈判尤为重要。一旦选定运营商后，机场特许经营的授予方和受许方将会就具体经营事宜进行谈判。在谈判中，双方需要涉及以后的合作方向、利润分配、权益保护、管理权限、合作时长、合同签订、合约解除等众多问题。尤其在机场专营权项目的谈判上，因涉及工程较大，历时将较长。

航空发达国家和地区的机场特许经营是依靠正式合同来维系的。这就要求双方强调法制，依法对特许经营合同加以规范。在订立各种特许经营合同前，会对各种管理模式进行深入研究，并指出如何管理、如何立法。在合同订立上，机场管理部门拥有主动权，机场的特许经营合同的条款基本上是由特许人制定的，运营商必须服从特许经营合同的约定，同时可以在谈判中强调对一些合同条款的要求。

（四）机场特许经营的管控

机场特许经营的管控包括两个方面：一是价格；二是质量。

1. 价格管控模式

对商品和服务的价格管控是机场特许经营管理的重要内容之一，其主要模式包括以下几种。

（1）在机场特许经营的管理中，对于某些业务，机场管理部门会实行价格控制，采取由机场管理部门定价，或机场管理部门与运营商共同制定价格等方式来实现机场的价格管理。

（2）在机场特许经营的管理中，通过引入竞争机制来实现价格管控的手段很常见。对于某项业务，机场管理部门选择两个以上运营商同时提供服务，并采取措施鼓励竞争，以防止价格垄断。

（3）机场管理部门还可以通过成立旅客投诉机构来处理旅客与运营商之间的矛盾，也便于对运营商的服务质量及价格进行监管。

2. 质量管控模式

综观航空发达国家和地区的机场对特许经营运营商的服务管理，一般是通过机场管理部门在运营商招募和经营管理中制定统一的服务标准，由机场管理部门充当服务设计者来实现的。

同时，航空发达国家和地区的机场都会成立旅客投诉机构，以处理旅客与运营商的矛盾，也便于对运营商的服务质量进行监督。

（五）机场特许经营的收费

特许经营收费是机场收入的重要组成部分，国际民航组织在机场收费体系中认为：机场应当在机场设施内尽可能地开发非航空性商业活动，以取得特许经营收入和租金。

但是，机场特许经营收费的目的不是仅仅为机场管理部门带来高额收入。根据《机场经济手册》所述：在试图通过提高特许经营费来增加机场收入时，建议要谨慎行事，以避免特许权受让人的零售价过高。因此，特许经营并非机场公司为获取不合理的高额收入所增设的收费项目，其数额仍需要根据市场规律合理地确定。降低特许经营费有利于提高机场的竞争能力并吸引更多的航空公司。因此，国际机场有降低特许经营费的趋向。

在机场特许经营收费中，普遍流行收益共享机制。特许经营费的收取通常采取最低保障费额与按营业收入的一定比例计费相结合的形式，目的是使机场管理部门与特许经营商在一定程度上实现风险共担、收益共享，共同做大做强机场的市场。

第四节　非航空性业务

一、非航空性业务收入打造完美机场

（一）机场非航空性业务的发展趋势

2015 年国际机场协会机场经济报道的数据显示，2014 年全球机场的年收入，平均有 40%来自于非航空性业务收入，其市场规模已经超过了 4 000 亿元人民币。这些与航空无关的非航空性业务收入已是机场收入的重要组成部分，它可以让机场的收入更具多样性。

同航空主营业务收入相比，非航空性业务收入的净利润率更高。或者人们会认为机场的餐饮是非航空性业务收入的大头，但其实不然，比起机场零售，机场的餐饮收入只能算是九牛一毛。

2014 年统计数据显示，零售业占了机场非航空性业务收入的 28%，停车费收入占了 22%，仅此两项就已经占了非航空性业务收入的半壁江山。此外，物业租金占 15%，汽车租赁占 7%，大家认为会占大头的餐饮服务仅占 6%，广告占 3%，公共充电设施服务占 3%，如图 7-1 所示。

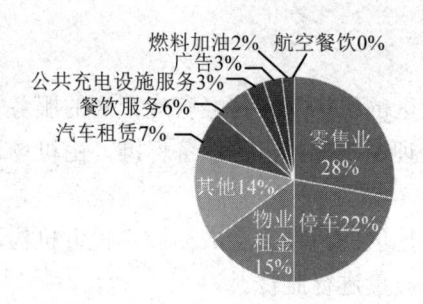

图7-1　2014年非航空性业务收入项目比重分析图

（二）我国机场紧跟世界潮流

我国机场非航空性业务占比不断提高，且与航空性业务相比，非航空性业务具有更强的盈利能力。未来 5～10 年，在国内机场市场化加速的背景下，随着各机场新航站楼紧锣密鼓地建设，非航空性业务将得到更大的释放，以零售、餐饮、广告、便利业务为主的商业收入，将成为非航空性业务的核心和主要增长点。

尽管市场潜力巨大，与国际机场相比国内机场在零售业务上的收入显得相形见绌。全国范围来看，2017 年中国航空出行客流量约 11 亿人次，机场服务收入超过 150 亿元，平均每人消费 13.6 元；全球航空出行客流量约 75 亿人次，全球机场总销售额超过 11 250 亿元，人均消费 150 元。从我国大型国际枢纽机场非航空性业务收入看，2017 年上海浦东国际机场 43.4 亿元，占其总收入的 53.81%，北京首都国际机场 44.7 亿元，占其总收入的 46.72%，广州白云国际机场 29 亿元，占其总收入的 43%。

尽管潜力十分巨大，但与国际先进机场相比，国内机场在零售业上的收入却显得相形见绌。美国和欧洲的主要国际枢纽机场的非航空性业务收入（主要为机场零售收入）一般占其总收入的 60%～70%。国内机场非航空性业务发展水平整体较低。

随着未来几年国内机场业的高速发展、机场运营者对机场零售业务的不断重视和研究的深入，中国候机楼零售业必将成为一座有待深入挖掘的"金矿"。

（三）旅客至上，非航空性业务收入打造完美机场

发展非航空性业务，关键在于牢固树立资源开发科学化和资源管理精细化的理念，统筹加强非航空性业务资源规划、开发和综合管理，走相关多元化发展道路，使有限的宝贵资源切实得到科学有效的利用。发掘非航空性业务资源价值，提升收益贡献，营造出行综合体验，提升客户满意度，大力促进机场建设。通过大数据利用，挖掘进出港旅客的价值，充分利用现有资源延伸产业链，发展新的非航空性业务，提升资源利用效率和价值，充分利用特色资源和优势，拓展非航空性产业发展空间，努力培育新的利润增长点。

要让旅客感觉到机场不仅是等候飞机的地方，还是一个有趣的场所，在这里可以吃、喝、玩、乐，也可以闲逛。史基浦机场（即阿姆斯特丹国际机场）首先提出了 Airport City（机场城市）的概念，其关注的焦点是：让旅客在机场拥有最舒适的体验。到过史基浦机场的旅客，感觉印象深刻，可是这么多服务都免费供应，那机场如何增加航空之外的

收入呢？史基浦机场的营销目标是：希望史基浦机场成为人们偏爱的欧洲机场。机场提供了友好的环境，为的是吸引旅客能拜访商业区，并且希望旅客能消费，从而增加机场的非航空性业务收入。史基浦机场的理念是：我们不认为机场只是飞机起降的地方，我们更把它看成一个城市，为旅行者提供任何真正城市所供应的服务，而且是全天24小时的。

为了实现机场零售的收入最大化，史基浦机场通过调研对候机楼的空侧和陆侧分别应设立多大的商业区、设在哪儿、需要包括哪些商品、如何布置、商业区需要产生多少营业额和收入、乘客流和机场建筑要怎样调整等提出详细方案。让旅客花更多钱的方法之一就是更好地理解旅客，提供他们更需要的商品和服务，旅客的消费趋势就是价值所在。

案例　广州白云国际机场挖掘非航空性业务潜力，打造多元空港商城

随着打造世界级枢纽机场战略的实施，广州白云国际机场年旅客吞吐量从转场当年的2 000万人次，到如今突破6 500万人次，有效催生了商贸、广告、餐饮、停车场等非航空性业务的需求。2017年，广州白云国际机场非航空性业务收入达到29亿元，接近营业总收入的43%。

国内首家在航站楼开设电影院、国内率先实行餐饮价格星级管理制度、国内首家在航站楼内提供行李托运自助值机一体化值机服务、国内首家在航站楼内设置邮局、国内首家在航站楼内设计名酒专卖店……广州白云国际机场的非航空性业务在国内民航创下了多个第一。

转场十多年来，广州白云国际机场商业面积从2004年超过1.65万 m^2 扩增到现在的超过2.8万 m^2，候机楼驻场商户72家，各类广告位1 000多个，停车位3 800多个，非航空性业务收入年均增长超过10%。

推行精细化管理，"非航空性业务意识"不断深化，我们向国际先进机场看齐，与欧洲知名机场商业经营管理公司史基浦合作，并对非航空性业务的商业布局、业态结构进行调整，提出了走规模化、连锁化、专业化、品牌化的经营道路。

以下从商业、广告、停车三个非航空性业务收入最大项目展开讨论。

二、商业

（一）规划

随着机场地区"港、产、城"一体化综合开发模式的引进，大型航站楼综合商业区的设计更加引人注目，要大幅度提高候机楼的商业特许经营收入，最重要的就是要对候机楼的商业进行整体规划。在进行候机楼商业规划时，需要把握以下四项基本原则。

（1）与候机楼整体规划相适应的原则。作为候机楼规划的一部分，在开始建设时就要将商业规划纳入其中，这也是对候机楼规划整体性的完善。作为机场非航空性业务收入中最重要的一部分，商业对完善机场功能、提升机场形象、增加机场收入、体现所在地的城市特色上发挥着重要的作用。通过科学的、整体的商业规划，可以引导候机楼内的商业网点向分布合理、规模适度、功能齐全、竞争有序、便利旅客的方向发展。这样，既可以避免重复施工造成的浪费，又为意向商家进场装修节省了时间。

在机场规划上，还应改变传统观念，即在安检之后才让旅客有购物休闲的地点。其实在安检之前，完全可以设置商业设施。史基浦机场的购物区域包括两个部分，分别是"史基浦广场购物中心"和"史基浦世界大道"，前者位于边检之前，面积为 5 300 m^2，后者在边检之后，面积为 11 000 m^2。二者共拥有 121 家零售店。

（2）以人为本的原则。这个原则体现了商业的服务功能。满足不同旅客的不同需求是规划的出发点和最终目标。旅客在候机楼里最希望买到什么东西？要解决这个问题，必须要做大量的调查研究工作。通过大数据云计算对旅客调研的统计，我们可以知道各类商业业态在候机楼整体商业中所占的比例。在商业招商时保持适当的结构比例，既可以避免商品同质化的倾向，又能够让各类商业业态在充分的竞争中得到发展。

机场的顾客源并非是单一的。从到机场的目的划分，可以将机场人群分为航空旅客、机场员工以及接机送机者；从交通方式划分，有坐飞机来机场转机的旅客，有乘公共交通设施来到机场登机的旅客，还有坐出租车来机场的旅客。另外，如根据不同国籍以及在机场不同的逗留时间，又可以划分出不同的顾客群。这些不同的划分方式都形成了多种多样的顾客群，他们都有不同的产品需求。机场在开展零售业务之前，要充分考虑这些因素。

（3）优化结构的原则。候机楼的商业布局首先必须服从于航空运输和航空安全，而不能本末倒置。因此，商业布局就受到了物业条件的制约。在旅客主要的人行通道上和安全疏散口，不能够随意设置商业网点；而在人流动线的两边，则是商业布局的最佳场地。我们可以学习新加坡樟宜国际机场商业布局方法，在核心地段，也就是商业资源价值比较高的区域，摒弃传统的带状单面临街的商业的布局，采用岛式商业团聚的布局形态，集中设置能够提升机场形象和收益的品牌商品；对功能性的服务项目，则分散设置在人流动线的两边，以满足旅客即时购买和随性购物的需要。而对一些能够吸引旅客的主力业态商品和旅客指牌销售的商品，则可以设置在人流动线的终点，这样能够起到引导人流、带动沿线商铺商品销售的目的。

（4）适度超前的原则。任何一个新候机楼的设计与建设，本身都是为了满足未来一段时间内旅客吞吐容量的扩张，因此商业规划必须预留足够的空间位置，以适应将来发展的需要。现在，消费者越来越重视购物体验。纯粹购物将会带来视觉的疲劳，因此购物环境的营造越来越被重视。候机楼内的光线、声音、颜色、气味、温度、湿度，甚至一定空间中的人群密度，都会给旅客带来不同的心境，从而影响其购物决策。在新加坡樟宜国际机场 T3 候机楼内，机场管理部门着力营造一种东南亚热带雨林式氛围，候机楼内有蝴蝶园、胡姬园等五大园区，有设计别致的瀑布景观等四大景观区域，这在视觉、触觉和嗅觉上很好地改善了候机旅客的购物体验。

当然，国内枢纽机场在规划的过程中还可以考虑一些大型公司的商务需求，如设置会议中心、商业办公中心和商务型酒店。因为一些跨国公司的总裁为了节省成本和时间，往往喜欢把会议放在机场进行。而记者也了解到，在亚特兰大国际机场的执行会议中心，跨国公司的领导齐聚于此是一件很平常的事情，有几千个跨国企业曾在这里召开会议，有时甚至还把新闻发布会也搬到了机场，这样总裁们开完会后，就可以直接登机飞往下一个目的地。

（二）营销策略

1. 机场零售是给人们带来欢乐的业务

现如今，国际上一些著名机场，如新加坡樟宜国际机场、澳大利亚悉尼机场、香港国际机场等，他们的非航空性业务收入已经占到了总收入的 50%以上。它们成功的秘诀之一就是——照顾到旅客的点滴感受，努力为旅客提供优质服务。机场的零售业务是给人们带来欢乐的业务。

在香港国际机场的零售理念中，非常重视提高旅客的体验。"如果能够给旅客带来欢乐，旅客就愿意在你的机场登机，那么机场收入也就无忧了。"

在荷兰，史基浦机场已经不是单纯的登机场所，而成了荷兰百姓周末放松休闲的地方。就当地人而言，平常也喜欢在机场逛一逛，坐一坐，可能一点东西也不购买，但机场温暖愉悦的气氛，会让人感到放松。在中国的许多机场中，感受不到温暖愉悦的氛围，这也许是国内机场零售业务一直不能前行的主要原因。

成立于 1983 年的迪拜免税店自一开始成立，就始终坚持两大理念：一是为旅客提供一流的服务；二是让旅客喜欢迪拜和迪拜国际机场。自 1984 年起，对比旅客吞吐量每年 9.87%的平均增长率，免税店的销售收入每年保持在 17.66%的高增长率。机场尽量为旅客提供轻松的购物环境，为在迪拜国际机场免税区购买的商品提供退换货服务——不管旅客飞到了世界任何角落，如果旅客对购买的商品不满意，机场会派一家快递公司为其提供上门服务。快递公司把商品送回迪拜国际机场后，再根据顾客的需要更换或退货。这项服务的费用由迪拜国际机场免税区承担。顾客非常喜欢这项服务，而这也鼓励了他们在此购物。此外，机场还在出发区雇用了两名会多国语言的员工，他们除了销售商品以外，还为乘客解答所有问题，机场相信如果乘客感觉轻松自在就能消费更多。

2. 让零售业务充分暴露在旅客眼皮底下

如果你有机会走进香港国际机场、新加坡樟宜国际机场、迪拜国际机场或者荷兰史基浦机场，你立即就会感受到热烈而温暖的气氛，在这种氛围中，你会不知不觉地消费。

要做好机场零售，一定要善于优化购物环境，营造购物氛围。迪拜国际机场基本上没有购物"死角"，每一个零售区域都充分暴露在旅客眼皮底下。在迪拜国际机场的 1 号和 2 号航站楼，旅客只有走过零售区域，才能最终登机。

在迪拜国际机场的电子产品主题购物区域中，用蓝色的光点缀着整个区域，旅客一进入这一主题区，立即就有被这个区域包围的感觉，而应接不暇的促销产品充分调动了旅客的消费欲望。对于烟酒、食品以及甜品——这些旅客喜欢在机场购买的产品，则被设在离结账台最近的位置，方便旅客购买。由于化妆品和香水产品占到了免税品总收入的 18%，因此机场非常注重对化妆品和香水区域的装修设计，注重灯光、柜台以及产品的整体搭配。另外，在迪拜国际机场，还特地辟出了一块区域，供零售商进行主题促销以及新产品的宣传，几乎一年 365 天，旅客都能赶上零售商的促销活动。

旅客只有在舒服的环境下，才会增加消费欲望，因此，零售区域一定要与整体布局相协调。在香港国际机场，整个机场被设计成一个大型购物商场。

虽然这些机场非常注重机场零售区域的开发，但不等于不给旅客提供免费休息的场所。在香港国际机场租金最高的一块地，已经被设计成免费休息的区域。其原因就是只有让男性乘客在这个区域放松地等待、看报，他们的太太才可以放心地消费购物。而在史基浦机场的中转区域放置了许多舒适的躺椅，供中转旅客使用。

3. 转变"餐饮价格过高"，经营理念势在必行

国内机场里的商铺，相对国外机场来说，在数量和种类上确实少了些，经营规模也不大，而且商品价格偏高，有的商品价格比市面价格不只高出一点点，而是高出一大截，甚至高出一两倍。而在韩国首尔国际机场、日本东京成田国际机场以及大阪的关西国际机场购买的"万宝路"香烟、"大福抹茶"和"小町饼粘食"，却比要在市内商场购买便宜一些，加上免去的税款，共便宜约10%。

在国内机场候机环境评价中，旅客的抱怨主要集中在餐饮上。旅客对餐饮的满意度比较低，这几年消费者针对机场餐饮物价高的抱怨不绝于耳。国内很多机场，如乌鲁木齐地窝堡国际机场、西安咸阳国际机场、济南遥墙国际机场、襄阳刘集机场等也都被旅客抱怨过。因此，针对旅客和网友认为的"机场餐饮价格高"这项"机场之罪"，国内机场很有必要深刻反思。当然，在此期间，一些机场为了平抑机场餐饮高价格采取过多种手段。但从现实效果来看，作用并不是很大。解决价格过高的问题，关键是改变机场经营观念。

在新加坡樟宜国际机场，机场针对餐饮场所，如酒吧、咖啡厅、快餐等，都是按照水电费的多少来确定租金高低的。水电费用得多，机场租金就收得多。但机场最贵的一杯咖啡也才1.1新加坡元，折合人民币6元，机场员工买一杯咖啡是0.5新加坡元。所以，国内所有机场，不要在咖啡和面条上赚钱，旅客吃一碗面条很贵，就会认为机场所有的东西都是贵的，这样就不会在机场买东西了。如果说机场能够做到一碗面条卖15元钱，那这个机场的商业就有救了。

物美而价廉，常常能够刺激人们的购买欲望。在大阪的关西国际机场，曾有30多人在机场里买了四五百盒"大福抹茶"以及"小町饼粘食"之类的吃食，把一个小商铺货架上的货几乎都给买光了。其实，在机场里买东西，还可以省去在别处购买的一路携带之苦。因此，一旦机场商铺里的商品价格比其他商场的价格便宜，乘飞机旅行的人们是宁可在机场里购买，也不愿意舍近求远地跑到别处去买的。从这个意义上说，机场商铺对于民航旅客购买力的获取应当是其他商场无法企及的。然而，我国一些机场商铺的经营者却活生生地把这个资源的一部分或者大部分给丢掉了，致使大部分机场商铺的经营情况不是太好。东京成田国际机场商铺的经营者大概深得其道，把机场的商铺面积一再地扩大，不仅占了机场三层楼的一部分，而且把整个四层楼都开辟成了商铺，其规模之大令人惊叹，且生意也做得异常火爆。

"薄利多销"自古以来就是一种非常智慧的经商之道。虽然每件商品可能获利不多，但若是卖得多了，经济效益自然就大了。同时，商铺的声誉还会产生"滚雪球"的效应，

当商铺以"物美价廉"和"薄利多销"而闻名时,名声会越传越远,人们自会慕名而来,商家自然顾客盈门。而在商铺以质劣价高而受人诟病之后,恶名也会越传越远,结果必然是门可罗雀。这就面临着是良性循环还是恶性循环的问题了。

由此看来,机场商铺生意的盈亏,表面上看是个物价高低的问题,而实质上是商家的经营理念问题。懂得薄利多销、明白要赢得市场必须首先赢得人心和声誉的经营者,才能在激烈的市场竞争中稳操胜券,才能吸引更多的顾客。

三、广告

广告业务也是机场非航空性业务的重要组成部分。机场管理部门需要对整个航站楼的广告资源进行统一规划、统一经营、统一管理。通过媒体改造,淘汰陈旧媒体,实现"三增三减",即"减陈旧形式、减遮挡、减空置媒体""增新媒体、增高端品牌媒体、增特色媒体"。在提升媒体价值的同时,美化了机场整体形象,还原了机场原有的视觉亮点。机场根据新兴技术不断推出创新媒体,提升航站楼核心媒体的价值,并且创新地将广告与机场服务功能相结合,增加功能性广告媒体,为旅客提供功能性服务。

(一)机场广告的优势

随着社会经济的发展,未来选择航空方式出行的人将会越来越多,机场户外媒体的覆盖人群也将由此增多。聪明的广告主们也希望自己的产品和服务能在一流的环境内展示。机场的客户群和展示环境让众多广告客户及品牌趋之若鹜,他们一定会更加看重机场这一投放渠道。

一般而言,民用机场客流层次较高且含金量较高。从商业价值角度分析可归类为:财政金融决策层、名贵商品消费层、旅游度假休闲层、各级政府领导层、各界名流社交层、时尚趋势倡导层、高新科技使用层等。在一些被调查的机场中,一大部分旅行者是频繁的商业飞人。其中,32%是女性,68%是男性,年龄段在 25~65 岁。他们是富有且有影响力的人;40%的人在一年中旅行超过 9 次。大部分人在机场花费至少两小时,这就是户外广告商的良机。

此外,相比其他媒体而言,机场广告媒体的覆盖率、重复率、触及率、毛感点、累积视听人数、连续性、针对性、效益效果都远远高于其他广告媒体,对于企业决策、时尚潮流的导向、名贵品牌的消费等方面都具有相当的影响力。其特点主要表现在以下几方面。

(1)效用优势,也叫效率优势。机场广告媒体之所以能成为最具效用、最有价值的媒体,是因为庞大的客流量、高层次的消费群体、广告高频率的曝光机会等,这些都有利于迅速增强品牌知名度,可在短期内提升品牌形象。大部分旅客反对如电视广告、广播等媒体的广告,认为越少越好。然而,当涉及机场时,广告却成了这个美丽空间的一部分。专家认为:尽管机场有一个特殊的功能,即需要凡事有效率,但缺少了广告的色彩和动态性也会变得很呆板。人们看广告是机场体验的一部分,飞行的一个关键部分就是接触新文化和新体验。机场是达到这个目的的通道,并且提供了一个完美的机会和可接受的观众交流。

（2）价格优势，也叫效益优势。机场广告具有最大的价格优势。据统计资料显示，机场人流量的巨大潜力在于传播数量与媒体投放折算的千人成本的性价比很高，使得机场广告具有价格优势。

（3）空间优势，也叫场地优势和网络优势。机场广告具有较大的空间优势。从单个机场来看，户内广告的覆盖区域、累积视听人数、连续性、针对性较高，户外广告的受众角度、媒体角度、高度、尺寸、能见角度、材质、高度指数、能见指数、材质指数同样较高。这些很容易满足广告媒体选择时的要求，具有明显的空间优势。从整个机场行业来看，民用机场布局具有得天独厚的优势，具有典型的网状辐射特征，非常有利于商品形象的全国推广。

（4）时间优势，也叫长时或重复优势。由于旅客在机场逗留时间较长，机场广告的长时效能使其重复率、触及率、毛感点高，容易引起消费者对于品牌的认知兴趣，可以培养客户对品牌的忠诚度。

（二）机场广告的种类

机场广告（不含机上媒体和航空宣传业务用品媒体）主要分为户外广告和室内广告两大类，其具体表现形式有灯箱广告、挂画广告、粘贴广告、行李手推车广告、商品展览、信息专柜等。现在的机场广告已跳出传统意义上的候机楼登机走廊上的灯箱广告的形式，以更为多元化的方式呈现。如数字化媒体、促销活动和体验营销、墙体海报、赞助广告、标志性建筑，都为灯箱广告增光添彩。

虽然数字化媒体投入已有数年之久，但其商业应用还有待加强。随着技术、成本需求的降低以及广告客户的认同，让数字电子广告成为大中型机场的必备元素，并急速拉升销售份额，使收益上升。如何把握数字化媒体给机场广告带来的商机，这不仅仅是机场广告从业人员要考虑的问题，更是机场运营高管们和广告主们需要深刻研究的课题之一。在此过程中，最重要的是懂得旅客的心理。清楚了解旅客的心理需求，机场才能与广告主就品牌广告宣传更好地进行媒体创意。经过深入研究表明，旅客在观看广告的过程中，最看重三个方面，即互动度、参与感以及广告媒体的高科技含量值。因此，在广告的投入过程中是否包含了上述内容，将成为衡量广告投放是否成功的一个关键因素。

市场调查表明，好的数字化媒体创意会让动态广告比静态广告更加引人注目，再同时加上工作人员的介入，使人印象更加深刻。而静态广告，旅客只需用眼睛观看。全球最大的免税零售集团——世界机场免税零售集团（WDF）一向重视广告投放的娱乐性和互动性。他们曾在英国伯明翰国际机场进行过雅诗兰黛香水的广告推广：一方面，通过电子触摸屏、平板电脑等多种数字媒体的不断播放演示；另一方面，现场促销人员细致入微的讲解使得旅客对雅诗兰黛品牌越来越了解。推广活动实施6周后，雅诗兰黛在机场的总销售量比6周前增加了41%。此后研究人士发现，促销人员的讲解使旅客在观看广告过程中对品牌的了解起到了关键作用。因此，广告主和机场在利用新媒体传播广告时，工作人员的适当配备也是非常重要的。

数字化媒体作为一种有效的新兴媒体，有别于电视媒体以及静态海报。广告客户，或者更准确地说，那些创意十足的广告公司，已经着手开拓高效的电子屏广告业务。而且，电子屏广告可以通过远程操作完成内容更新，因此投放成本也会降低。此外，还有一项优势就是广告内容可以迎合特定旅客群而随时变更，拉动零售渗透。

（三）机场广告迎来移动互联网时代新机遇

移动互联网正在改变中国甚至全球广告产业的格局。随着消费者在移动终端上花费的时间越来越长，媒介消费越来越碎片化，内容丰富、形式灵活的移动广告应运而生。对比传统广告行业，移动广告虽然发展时间较短，但是移动终端技术发展却是一日千里，且极具颠覆性的表现方式，给大众以及整个营销界带来非常多的惊喜，成为我国广告行业变革发展的推动力，也为机场广告的发展带来了新的机遇。

移动互联网的飞速发展重新定义了广告产业链之间的关系，广告主发起、广告公司策划制作、媒体部门发布的单线传播模式，被多维度交互式的传播所替代。在这种背景下，机场广告面临着挑战。

随着移动互联网技术的迅速发展，传统媒体风光不再，移动互联网的传播时效远远超过传统媒体。在广告媒体投放方面，互联网广告也有赶超电视媒体的趋势。

网络技术的发展带来了传播时代的进步，手机等移动终端设备的普及以及移动互联网的快速发展，使机场广告受众的注意力不再集中于广告媒体，而是向移动终端设备转移。旅客注意力分流，越来越多的人成为"低头一族"。随着"低头一族"的不断壮大，机场广告受众逐渐流失，严重影响了机场广告的传播效果。

科技的发展使机场广告朝着数字化、网络化方向发展。越来越多的机场广告牌已经被电子屏幕所取代，客户能远程遥控更换屏幕上的内容，随时随地让广告宣传配合企业的销售活动。消费者可以通过手机与广告进行互动，具有娱乐性的广告会更加吸引受众的注意力。

机场广告将更加注重机场整体体验的统一。在移动互联网时代，机场广告不再单纯只是广告，而是要向多功能终端发展，要更加注重旅客整体消费体验的统一。未来的机场广告将更多地与服务设施相结合，网络与服务终端合而为一，在进行广告宣传的同时，提高旅客在机场候机时的愉悦感，给旅客留下更美好的旅行体验。

机场广告将更加精准。在移动互联网环境下，广告主的广告投放从追求高覆盖率向追求高精准性转移。移动网络与传统媒体相结合，广告效果将得以有效监控，而监测数据也使广告信息传播更具针对性。移动互联技术的发展推动了精准营销的发展。未来的机场广告可以通过大数据营销提高线下广告投放的精准性，增强同客户的议价能力，从而带动媒体价值的提升。

四、停车

机场停车收入对于机场来说，是机场收入一个非常关键的组成部分。目前在各机场，停车收入已经占了机场整体收入相当大的比重，占 2014 年全球机场非航空性业务收入中的22%。在过去的几十年中，技术的进步使机场的停车收费管理发生了很大的变化。不断增长的旅客需求，互联网日渐深入个人生活，不断加强的航空安保要求，机场非航空性业务收入增长的必要性，这些因素都使机场停车管理成为一个复杂而又充满竞争的行业。

（一）停车场的作用

机场运输是一个综合体系，由航空运输和地面运输两大部分组成，航空运输需要地面运输的接驳才能构成一个完整的机场运输体系。一直以来，国内机场地面旅客运输形式单一，主要依靠汽车接驳一种方式。随着我国机场业的发展，地面运输方式发生了较大变化，火车、轨道交通、自驾车、出租车、公交车、机场巴士、旅游巴士、酒店接送车等各种接驳车辆相继出现，尤其私家车呈现井喷式发展，接驳方式的多样化并没有改变国内机场地面旅客运输以汽车为主的现状，出租车、自驾车依然占据着65%~85%的旅客份额，是机场空陆运输对接的主要运输工具，而且还增加了机场地面交通管理的难度。

停车场是机场空运与陆运连接的交汇点，也是连接航站楼与联外交通运输系统不可缺少的节点。停车场作为地面交通流程的核心部分，是进出机场车流和客流接驳的中枢。停车场是疏导机场交通的有效渠道。由于机场航站区内道路交通容量有限，大量接送机车辆的涌入如果没有得到及时有效的疏导，必然会导致航站楼区域交通堵塞，而停车场功能和作用的完全发挥，将有效疏导航站区地面交通，从根本上解决航站区地面停车乱、停车难及交通拥堵等问题。汽车接驳方式，要求机场管理部门要高度重视和发挥停车场的功能和作用，高效有序地调度和引导进出机场的接驳车辆，简化机场地面交通流程，从而有效地提升机场空地对接的效率。

（二）合理规划地面接驳流程

目前国内机场联外交通接驳方式主要还是以汽车为主，停车场流程实际上成为机场空运与陆运对接的枢纽。停车场是疏导机场交通的有效渠道。由于机场航站区内道路交通容量有限，大量接送机车辆的涌入如果没有得到及时有效的疏导，必然会导致航站楼区域交通堵塞，必须合理规划地面接驳流程，有效疏导航站区地面交通，从根本上解决航站区地面停车乱、停车难及交通拥堵等问题。

机场停车场除了要方便停车外，更重要的还在于要方便旅客从停车场到航站楼或从航站楼到停车场。因此，停车不是机场停车场最主要的用途和目的，机场停车场在规划建设及运营管理上必须重点关注停车后的流程，即旅客停车后前往航站楼出发或接送旅客的流程，这个流程连接性越强，就越能发挥机场停车场的功能和作用。由于机场停车场重点关注接送旅客以及出行旅客的流程，因此对便捷性要求很高，其方便程度将直接决定旅客是否愿意将车辆驶入停车场，而车辆是否进入停车场，又将直接影响机场交通流程的疏导效果和顺畅程度。西安咸阳国际机场进出停车场流程图如图7-2所示。

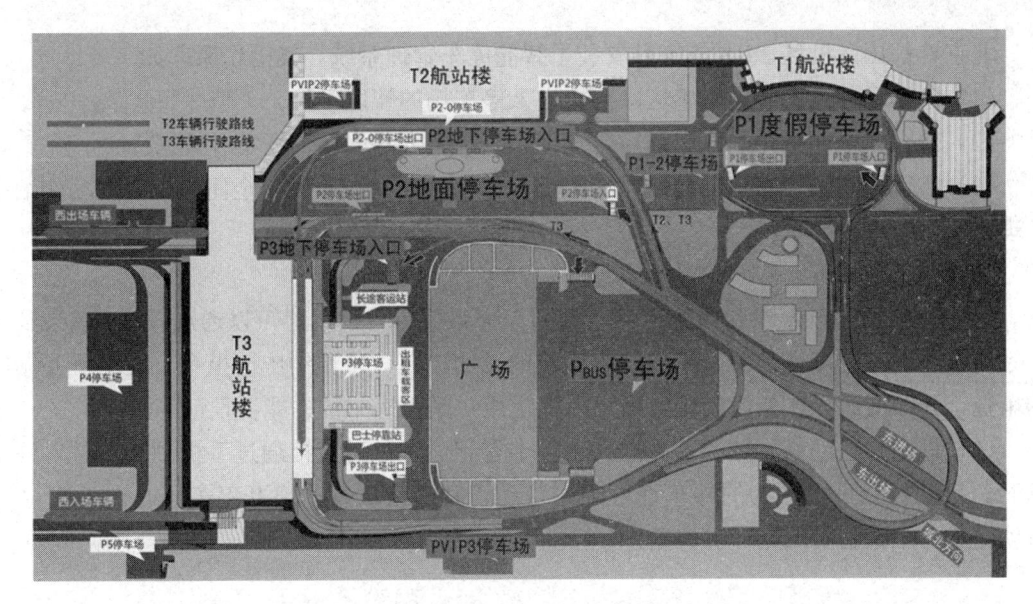

图7-2　西安咸阳国际机场进出停车场流程图

（三）推行特许经营模式实现机场停车资源价值最大化

停车场是机场的重要资源，更是优质资源。从国际主流机场停车场经营模式来看，推行特许经营模式不但更有利于机场停车场的运营管理，也是实现机场停车资源价值最大化的重要途径。全球大部分机场都钟情于特许经营外包机场停车管理服务。向外承包机场的停车管理服务，是因为承包停车管理服务的是专业供应商，他们在这方面是专家，有利于提高效率减少成本支出。国外机场的操作表明，停车场收入可以使机场总收入大幅度提升，国外大型机场停车场收入一般占机场总收入的 10%。而国内各大停车场收入远远达不到这个水平，如 2017 年客流量最大的北京首都国际机场停车收入占总收入的比例仅 1.6%（占非航空性业务收入的 4.3%）。此外，特许经营模式的推行，将全面整合机场范围内的停车场资源，引入更加专业的停车场运营商：一方面，可以有效地减少国内大型机场停车场资源多头管理和停车场资源流失的现象，有利于实现机场停车场资源收益的最大化；另一方面，专业运营商的加入也减少了在自然垄断的情况下机场自行经营的种种弊端，有利于降低机场停车场的运营成本，提升机场停车场运营管理的专业化、市场化操作水平，减少因停车场管理问题所导致的影响机场社会效益的问题。

（四）先进的停车管理系统

先进的停车管理系统应包括进出停车场的管理、自动和手动的付费系统以及相关的控制和监控软件。采取先进的停车管理系统的一个主要好处就是，运营商和机场都可以对交通流量有熟悉的掌握。通过停车系统管理得出的大数据对于预测未来需求有非常大的帮助，可以帮助运营商在一年中的不同季节，根据旅客流量的多少来制定不同层级的收费制度，特别是在旅游高峰时期，不仅可以通过提高停车位的收费增加收入，还能保证机场的停车设施不会超负荷运转。

北京首都国际机场 2018 年 5 月安装了智能停车管理系统。其工作原理如下。

（1）停车场通过安装地磁感应，连接进入停车场的智能手机。

（2）建立一个一体化的停车场后台管理系统，整合各大停车场实时数据。

（3）实现停车场停车自动导航、在线支付停车费的智能服务，全面铺设全自动化泊车管理系统，合理疏导车流。

其功能特点如下。

（1）停车场的出入识别系统都连接到同一个系统后台，用户可以通过 App 登录到这个系统查看所有停车场信息，系统接收用户的预约申请，将预约申请指令下发至所要预约的车位，并即时将操作结果反馈给用户，提示用户是否有车位、能否预订等情况。

（2）进出口自动识别放行，无须人工取卡登记。车位可直接通过手机预约，进入停车场时，自动扫描手机预约的停车许可证，自动识别身份放行。离开停车场时，手机 App 自动结算费用，付费成功即可离开。

思考题

1. 为什么说大型枢纽机场由经营型向管理型转变是机场发展的必然之路？
2. 机场如何成为一个公共航空平台？
3. 民用机场的社会公益目标是什么？如何评价？
4. 民用机场企业的经营目标是什么？如何评价？
5. 机场经营性业务范围有哪些？
6. 机场拥有哪些核心资源？
7. 机场指标体系由哪三个主体指标组成？
8. 机场社会公益目标可以从哪几方面指标进行评价？
9. 机场运行指标体系包括哪些方面？
10. 什么是航空性业务？包括哪些项目？
11. 什么是非航空性业务？包括哪些重要收费项目？
12. 机场成本有哪些特点？
13. 机场特许经营权的定义是什么？
14. 机场特许专营权包括哪些项目？具有哪些特点？
15. 机场特许经营应遵循哪些原则？
16. 简述非航空性业务的发展趋势。
17. 机场商业项目如何规划？
18. 简述机场广告优势。
19. 停车场的作用有哪些？

第八章

民用机场服务管理

通过本章的学习，您将了解以下知识点：
1. 机场服务与服务质量；
2. 民航服务质量的指导意见；
3. 真情服务的内涵；
4. 航班延误旅客服务；
5. 服务质量评价与监督。

提高服务质量是为了更好地满足广大人民群众的需求。真情服务是民航作为服务行业的本质要求，是全心全意为人民服务的宗旨的根本体现。航班正常性是民航运输质量的集中体现，更事关人民大众的切身利益，我们要不遗余力地补齐"服务品质"这块短板。通过服务质量评价体系与监督机制，进一步提升民航服务质量，推动民航高质量发展，为民航强国建设提供有力支撑和坚强保障。

第一节 机场服务质量

2015年，习近平总书记对民航工作做出重要批示："民航业是重要的战略产业，要始终坚持安全第一，严格行业管理，强化科技支撑，着力提升运输质量和国际竞争力，更好服务国家发展战略，更好满足广大人民群众需求。"这既是对多年来中国民航努力实施大众化战略的肯定和鼓舞，也是对中国民航要进一步提升服务质量提出了殷切期望和巨大鞭策。我们要以习近平总书记对民航工作重要指示批示作为基本原则，始终把真情服务作为底线要求，始终把航班正常率作为服务品质的重要标志，始终把提高服务质量作为更好满足广大人民群众需求的出发点和落脚点。

一、概述

定义：服务是指为他人做事，并使他人从中受益的一种有偿或无偿的活动。其不以实物形式而以提供劳动的形式满足他人某种特殊需要。

国际标准化组织把服务定义为：为满足顾客的需要，供方和顾客之间接触的活动以及供方内部活动所产生的结果。

（一）机场服务的含义

1. 服务是一种商品

民航作为第三产业、服务性行业，其本质属性、最终产品就是服务。民航运输和其他运输方式一样，它并不生产具有实物形态的物质产品，而是提供一种使旅客和货物在一定时间内发生空间位移的服务。提供这种服务的过程就是民航运输生产产品的过程，也就是顾客的消费过程。在乘客到达终点站并提取了行李或货主提取了货物之后，这种服务（或生产或产品的消费）过程也就随之结束。因此，航空运输产品是无形的，既不能储存，也不能转让，是一个过程。这个过程是从顾客咨询、订座、购票开始，到最终到达目的机场并离开机场的全过程。

在市场经济的条件下，服务是产品，也是商品。机场的服务与旅客的关系也是一种商品交换的关系。服务的市场价格是由所有向旅客提供的服务产品的环境、场所、工具、资金以及劳动力价格所决定的，这些构成了服务产品的成本。通过服务取得合理的利润，是企业采取这一行为的动力，也是市场经济条件下企业核心竞争力的重要因素。

然而，服务又不是简单的商品。机场的服务还是社会道德的承载者。服务是一种为他人提供方便的行为，不管它的性质是不是商品，都在一定程度上反映了社会道德积极和谐的方面。因此，用"给多少钱干多少活"的观点对待服务工作是不对的，也是做不好服务工作的。机场服务的核心是真情服务，是社会道德。而服务产品的商品性质，则是真情服务与社会道德在市场条件下的载体。它所提供的范围并不是真情服务与社会道德的全部范围。在可能和需要的情况下，真情服务与社会道德所规范的行为，是可以远超出服务产品的范围的。这种真情服务，不仅要表现在提供服务的个体，更要表现在提供服务的整体。从这个意义上说，真情服务是做好机场服务工作的原动力。

2. 机场服务是一种体验

飞行是一种航空产品，更是一种服务体验。机场作为航空旅行中重要的体验环节，机场候机楼的服务体验也至关重要。在此，由衷地希望在旅客出行极为便利、航空票价更为低廉的今天，机场的服务也能摒弃程序化、烦琐化的旧模式，更为人性化、独立化，找出自身的亮点，树立自身的形象和品牌。现在世界级机场都用自身的服务亮出招牌，包装自己、展示自己、营销自己，让旅客在计划行程时永远把你作为其中的一站，真正打造"机场之家"的感觉，用更快速、简便、舒适的服务，让自己为国人、世界所称赞！

3. 服务趋向多元化、个性化

随着国内航空消费结构的不断改变，随着国家对外开放的不断扩大，我国航空市场的消费需求也日趋多元化，个性化需求快速增长。而服务本身，则开始贯穿于企业创造价值的全部过程。服务的本质是体验，而体验的最佳答案是愉悦。不同年龄、不同国籍的旅客，消费习惯各异，消费需求五花八门，对服务的要求也越来越高。作为一个大型国际航空枢纽，只有及时转变服务理念，不断创新服务内容和手段，在细节上下足功夫，才能给旅客留下难忘的旅途体验，才能提高旅客的满意度、忠诚度。

（二）航空运输服务质量

1. 定义

机场服务是整个民航运输服务链中的一个环节。民航运输服务质量包含了机场服务质量的内容。民航运输服务质量是指"提供民航运输产品（服务）满足顾客需求能力的特征和特性的总体反映"。

由于民航运输产品的生产和消费的特殊性，其产品质量的衡量标准和指标与其他有形物质产品不同。属于服务产品的质量，一般指提供能够满足顾客需求所具备的服务内容、服务态度、服务技能、服务效果、服务的周到和及时程度以及价格等特性。衡量这类产品的质量，不仅取决于提供的服务本身具备的要求和特性，而且由于这类产品质量的标准是一些不可以完全量化的指标，因此很大程度上还取决于大多数顾客的满意程度。

2. 特性

民航运输生产的产品质量是"以安全为中心的优质服务"。具体来说，民航运输产品的质量具备以下几个特性。

（1）安全性（Safety）。民航运输是一种特殊的运输方式，它借助于飞机这种现代交通工具，将旅客和货物在一定时间内从空中快速运送到目的地。整个运送过程必须保障旅客安全、货物无损。这是民航运输产品的第一个重要质量要求。衡量这一质量的优劣通常采用每百万飞行小时发生重大事故的次数（旅客安全运输率）、安全飞行率和货运损失赔偿率等几个指标。具体计算方法如下：

每百万飞行小时发生重大事故的次数=(年重大事故的次数/年百万飞行小时)×100%

安全飞行率=[周期内安全飞行（起落）架次/周期内实际飞行（起落）架次]×100%

货运损失赔偿率=(周期内货运赔偿金额/周期内货运总收入)×100%

（2）正常率（Punctuality）。航空运输最主要的特点就是速度快。因此，旅客运输正点始发和货物按期运达是民航运输产品质量的另一个重要指标。对于旅客运输来说，就是正点始发和正点到达、中转等候时间以及飞机调配的及时程度等。我们知道，影响民航旅客运输正点率的因素很多，目前主要考核始发正点率指标：

报告期航班正点率=(报告期正常始发航班数/报告期始发航班总数)×100%

报告期平均延误时间=报告期延误时间总和/报告期延误航班次数

对于货物运输来说，影响正点率的因素有货物的地面运输、发运、中转等。通常采用货物的按期运达率指标考核：

报告期运达超期率=(报告期超期货物吨数/报告期运输货物总吨数)×100%

（3）舒适性（Performance）。民航旅客运输的舒适性，主要反映在两方面：一是环境的舒适性，包括地面的购票环境、机场候机环境以及空中的乘坐环境等；二是服务，如态度、便利、周到、及时等。

由于一般无法使用量化指标来直接衡量旅客运输舒适性的程度，航空运输企业通常通过旅客或顾客的投诉情况来反映。

投诉率=[服务质量投诉件数/吞吐量（万人）]×100%

对于民航货物运输，主要质量指标就是货物或行李运输的完好率，如货物在仓储、装卸和运输过程中完好无损，以及货物交运和提取时的服务态度、便利程度等。货物运输可以通过货物吨位损差率来考核。

货损率=[货物损坏吨（件）数/货物运输总吨（件）数]×100%

货差率=[货物差错吨（件）数/货物运输总吨（件）数]×100%

（4）便捷性（Convenience）。便捷性是指旅客购票、进港、登机、中转、离港和货物交运、提取时的方便程度。

（5）经济性（Economy）。民航运输产品的质量还反映在运输价格上，就是物美之时价要廉。以上四项用于考核产品是否"物美"，而经济性则考核"价廉"程度。与其他产品一样，要价格好，才有市场竞争性。在生产过程中，必须充分合理利用资源，运量多，速度快，质量好，费用省，才能降低生产成本，提高经济效益。

民航服务应满足以上旅客对安全、正常、舒适、便捷、经济等方面的需求。从需求角度来看，马斯洛需求理论包含了五个层次：生理需求（衣食住行）、安全需求、社会需求、尊重需求、自我价值实现需求。如果再进行归类划分，可以将正常需求与安全需求划为服务的理性需求，它属于传统的产品范畴，是产品的基本属性；舒适、便捷、经济可划为服务的感性需求，更多地属于精神情感层面的范畴。

根据马斯洛需求理论，我们可将民航服务分成两大类服务：一是基础服务；二是创新服务。基础服务包括安全和正常，是满足旅客的理性需求，解决旅客出行的基本需求。创新服务包括便捷和舒适，是满足旅客的感性需求，是优化旅客出行体验。

二、机场服务质量概况

（一）我国航空运输服务质量管理进程

从周恩来总理最早提出的"保证安全第一，改善服务工作，争取飞行正常"的重要指示至今，历届中央领导都对民航工作给予高度重视，对民航安全和民航服务给予殷切期望。习近平总书记在对民航工作的重要批示中明确指出，民航业要"更好地满足广大人民群众需求"。民航局"十三五"提出要坚持"飞行安全、廉政安全、真情服务"三条底线，努力做好各项工作。真情服务是民航作为服务行业的本质要求，是全心全意为人民服务宗旨的根本体现，是坚持飞行安全、廉政安全的出发点和终极目标。这既是在民航发展新阶段落实"人民航空为人民"的需要，更是民航全行业各单位"全心全意为人民服务"的具体体现。民航只有不遗余力地补齐"服务品质"这块短板，才能实现社会满意、人民满意的民航行业发展目标，才能更好地服务国家发展战略，更好地满足广大人民群众的需求。

民航局高度重视服务工作，从 2016 年局党组提出真情服务的工作底线以来，2016 年民航局在全行业开展了民航服务质量提升的专项行动，2017 年开展了民航服务质量规范的专项行动，2018 年开展民航服务质量建设专项行动。民航提升服务质量是抓手，也体现了民航局党组对全行业服务的重视。通过查找民航服务的痛点问题，补齐民航服务的短板。每年一个工作主题，每年一次提升行动，每年民航的服务工作都上了一个新的台阶。

在 2018 年全国民航工作会上，局党组又根据十九大精神做出了推动民航高质量发展、开启民航强国建设新征程的战略谋划。在这个基础之上，民航服务质量的重要性又更加凸显出来。民航业本身就是交通运输服务行业,高质量发展的核心体现就是服务质量,服务质量成为推动民航强国建设、助力民航高质量发展的核心动力。

(二)民航服务与世界仍有较大差距

尽管如此,我们也要看到民航服务的许多不足。随着经济社会的发展,旅客对航空运输的需求呈现出多元化、差异化的特点,民航还不能完全满足不同地域不同旅客的多种航空需求;民航的航班正常保障能力有待进一步增强,航班延误后的服务保障和快速处置能力还不尽如人意,距离旅客、公众和社会的要求还有较大的差距。我们要头脑清醒,认识明确,对服务工作绝不能掉以轻心,更不可盲目乐观。要深刻领会中央领导同志的重要批示精神,切实严格管理,对症下药,进一步提升行业服务质量水平。

尽管"航空式服务"一直是高水平服务的代名词,民航服务也一直是各行各业学习的榜样和标杆,但我们还是应该清醒地认识到,自身在服务方面仍存在"短板"。如航班正常问题、票务问题和行李运输问题等一直是社会诟病的焦点。从消费者事务中心受理旅客投诉情况看,2015年这三个方面的投诉量占到全部投诉的90%左右。还有餐食问题,旅客的抱怨也是比较多的。我们还可以从以下三个不同机构对机场的评选结果看出我们与世界之间的差距。

1. 2017年我国25个民用机场的质量评价结果

2017年,机场服务质量评价工作在全国25家机场展开。包括吞吐量200万~1 000万的21家机场以及抽样选取的4家吞吐量100万以下的小机场。在地理分布上,25个机场覆盖了华北、东北、华东、中南、西南和西北六个区域。

2017年民用机场服务质量评价结果:参评的21个200万以上级机场服务质量综合得分为82.2分。其中,专业评价得分为79.79分,旅客满意度得分为89.74分,航空公司满意度得分为95.45分,机场放行正常得分为73.2分,如图8-1所示。

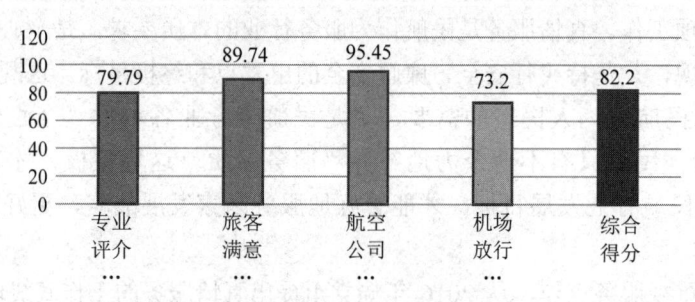

图8-1 2017年民用机场服务质量评价结果

2. 2018年世界著名航空咨询机构Skytrax最佳机场评选结果

世界著名航空咨询机构Skytrax从1999年开始进行机场问卷调查,2017年向100个国家共1 373万名旅客发出问卷调查,了解他们对全球约500个机场在登机、过境程序及购物等方面的评价。2018年3月22日凌晨(北京时间)在瑞典斯德哥尔摩举行的旅客航厦博览会议（Passenger Terminal EXPO）上，宣布 2018 年世界最佳机场 100 强排名结果，世界最佳机场前十名分别是新加坡樟宜国际机场、首尔仁川国际机场、东京羽田国际机场、香港国际机场、多哈哈马德国际机场、慕尼黑国际机场、名古屋中部国际机场、伦敦希思罗国际机场、苏黎世国际机场、法兰克福国际机场。前十名均为亚洲和欧洲机场，北美洲、南美洲和非洲机场没有进入前 10 名，如图 8-2 所示。

图8-2 2018年Skytrax最佳机场评选结果

新加坡樟宜国际机场连续六年荣登 Skytrax "世界最佳机场"的榜首。樟宜机场已第九次获此殊荣，这是英国咨询集团 Skytrax 世界机场排行榜的首个"六连冠"纪录。Skytrax 总裁普莱斯特德（Edward Plaisted）说，新加坡樟宜国际机场能连续六年在这项年度评选中夺冠是"极为优秀的成绩"，也凸显它的受欢迎程度。他说："新加坡樟宜国际机场非常专注于提供舒适且方便的机场体验，并不断开发新产品与服务。获选为世界最佳机场是对为机场贡献的所有工作人员的肯定。"

2018 年，在世界最佳机场前 100 强中，中国（包括港澳台）共有 9 家机场上榜，其中内地 7 家。香港国际机场排名第 4（2017 年排名第 5），台湾桃园国际机场排名第 15（2017 年排名第 21），上海虹桥国际机场排名第 18（2017 年也是排名第 18），北京首都国际机场排名第 33（2017 年排名第 25），海口美兰国际机场排名第 35（2017 年排名第 48），西安咸阳国际机场排名第 38（2017 年排名第 45），成都双流国际机场排名第 60（2017 年排名第 56），三亚凤凰国际机场排名第 81（2017 年排名第 78），深圳宝安国际机场排名第 84（2017 年排名第 78）。而中国内地三大枢纽中的上海浦东国际机场、广州白云国际机场未能上榜。

3. 国际机场协会（ACI）公布 2017 年机场服务品质调查结果

自 2006 年起，国际机场协会（ACI）开始进行全球机场服务质量（ASQ）评比，2017 年度以 42 种语言，在全球 82 个国家、地区的 343 座机场进行了旅客满意度调查，其中全球最大的 100 座机场几乎全部参与其中，年度总计执行超过 61 万份问卷，是全球唯一在旅行当日调查的评比计划。这些机场 2017 年服务的旅客数量超过 38 亿人次，占全球旅客量半数以上。

ACI 全球机场旅客满意度测评项目按季度开展，测评问卷分为交通往来、办理登机手续、护照/身份证检查、安检、方向指示、机场服务/设施、机场环境和入境服务 8 个大类、往来机场的地面交通工具、停车设施是否方便充足、停车场收费是否物有所值、手推行李车是否方便充足、办票排队的等候时间、办票人员的工作效率、办票人员是否有礼貌和乐于助人、护照/身份证检查的等候时间、检查人员是否有礼貌和乐于助人、安检人员是否有礼貌和乐于助人、安检是否彻底、安检的等候时间、是否感到安全和安心等 34 项指标。

该项目采取自愿申请的方式，参加机场以季度为周期，按照统一的规则，在一定时间内发放内容相同的调查表（每季度 350 份），各自进行调查，调查表统一寄到 ACI 瑞士总部进行统计、分析，ACI 定期发布季度和年度调查报告。

国际机场协会（ACI）的旅客满意度测评不仅已经成为衡量全球机场业服务质量最权威的指标，还成为各参评机场提高服务质量的有效手段。

2018 年 3 月 6 日，国际机场协会（ACI）公布 2017 年机场服务质量调查（ASQ）结果，评选出全球最佳机场各个奖项，印度、中国多家机场榜上有名，排名位居前列。其中 4 000 万级以上机场中，印度孟买国际机场、德里国际机场并列第一，中国北京首都国际机场、上海浦东国际机场则并列第二，中国台湾地区桃园国际机场排名第三，而新加坡樟宜国际机场、韩国仁川国际机场（未参与）、香港国际机场等多个榜单上的最佳机场并未进入该榜。根据这份榜单，印度机场表现最为亮眼，拿下多个第一名，而且共有 11 个印度机场进入最佳和进步最快榜单，如图 8-3 所示。

图8-3 2017年评选出全球最佳机场（4 000万级）

三、提升民航服务质量的指导意见

在总结把握近几年民航服务工作提升的工作基础上，2018 年 1 月一个重要的政策性文件《关于进一步提升民航服务质量的指导意见》正式发布。

民航强国建设的本质是推动高质量发展。服务质量是民航高质量发展的集中体现，提升服务质量是民航高质量发展的必然要求。近年来，民航秉承"真情服务"理念，持续改善服务质量，不断提升服务水平。但是随着人民生活水平的提高，人民群众对民航服务种类、服务范围、服务能力和服务水平的要求也越来越高，民航服务供给不平衡、不充分问题逐渐凸显。特别是航班正常、延误处置、行李运输、票务服务、餐饮服务等方面存在诸多短板，民航服务的传统优势和品牌影响力正在减弱。

（一）提升民航服务质量的指导思想

为深入贯彻党的十九大精神，进一步提升民航服务质量，推动民航高质量发展，更好地满足人民群众日益增长的航空运输需求，大力践行当代民航精神，聚焦人民群众需求和关切点，抓重点、补短板、促创新，不断提升服务质量，增强人民群众对民航服务的满意度和获得感，为民航强国建设提供有力支撑和坚强保障。

（二）提升民航服务质量的基本原则

1. 坚持高质量发展方向

要正确处理安全与服务的关系；要正确处理发展与服务的关系；要始终把服务质量、航班正常等因素作为衡量民航发展质量的关键指标，使行业沿高质量发展轨道前行。

2. 坚持以人民为中心

民航服务的根本目的是满足人民群众的航空运输需求。要把广大人民群众的满意度和获得感作为评价民航服务的主要标准。

3. 坚持运行单位为主体

航空公司、机场、空管、服务保障企业等运行单位是提升民航服务质量的主体。要充分激发各运行单位提升服务质量的内生动力；要不断加强民航服务的系统性建设，共同打造优质高效、衔接顺畅的民航服务供应链。

4. 坚持改革创新为动力

改革创新是提升民航服务质量的动力源。要从人民群众最关注、行业发展最迫切的问题入手，以新技术、新理念、新业态带动各种创新要素向服务供给端集聚，推进民航服务质量快速提升。

（三）提升民航服务质量的主要目标

第一阶段，提质增效阶段。重点解决人民群众不断增长的航空运输服务需求和民航服务能力不足之间的矛盾。到 2020 年，初步建成系统完善的航班正常保障体系，航班正常水平稳步提升，全行业航班正常率达到 80%以上，机场始发航班正常率达到 85%以上；民航服务主体的服务质量管控能力和创新能力显著加强；旅客投诉率、行李运输差错率明显下降，旅客满意度明显提升；具有系统完善的民航服务质量法规标准及监管体系；服务基础设施建设力度不断加大；全行业服务从业人员服务意识和综合素质显著提升。

2018 年民航航班正常和服务工作目标：全年正常率达到 75%以上，机场始发航班正常率达到 80%以上，旅客投诉率、行李运输差错率明显下降，民航服务主体的质量管控能力和创新能力显著增强，旅客满意度明显提升。

第二阶段，超越跨越阶段。到 2035 年，民航服务要全方位满足人民日益增长的航空服务需求，涌现出一批服务质量国际领先，能够代表中国服务品牌的民航企业，中国民航服务进入世界民航服务先进行列。

第三阶段，国际领先阶段。至 21 世纪中叶，形成高效、便捷、舒适、绿色、和谐的民航服务供给体系，中国民航的服务产品、服务标准、服务理念得到国际普遍认可，中国民航服务水平全面进入国际前列。

第二节 真情服务

真情服务，重在真，意在情。所谓"真"，就是求真务实的工作态度；所谓"情"，就是以人民的利益为出发点；"用真情"是民航服务的底线。

一、真情服务的本质要求

民航真情服务的内涵是：用民航服务的真情，创造旅客优悦体验的实感。同时，其外延丰富，具体是：民航工作应在立足"安全第一"的同时，用真情把优悦服务传递给民航旅客和民航员工，积极践行"人民航空为人民"的行业宗旨，努力将民航打造成交通运输业真情服务标杆和旗帜。从文化角度看，真情服务反映的是民航人大力弘扬中华民族传统美德，为人真诚、待人用心、做事实在、讲究情感、遵守规则、注重协作的工作状态，以及自觉奉献、敢打硬仗、关键时刻挺身而出的优秀品格。从行业角度看，真情服务作为民航工作的内在要求，既强调了民航作为服务性行业的共性，又凸显了真情在民航优质服务中的核心作用。

（一）真情服务宗旨——"人民航空为人民"

民航服务品质直接关系到民生，影响到民心。建机场"为了谁"，归根结底，是为了广大人民群众出行方便快捷，因此我们要牢固树立"发展为了人民"的理念。中国民航是交通运输行业的重要组成部分，它服务于人民大众最基础的生活所需，属于"衣食住行"中必不可少的"行"的范畴。民航也是一座城市、一个地区和一个国家对外联络和交流的重要窗口，人们通过一个地方的民航发展、民航形象和民航服务能够初步判断当地的经济社会发展水平和人文素养，所以民航又是服务社会和人民群众的、具有鲜明服务特征的窗口行业。民航服务品质直接关系到民生，影响到民心。

机场的基本功能就是服务旅客，服务社会大众。民航机场要继续落实中央精神，不忘初心、牢记使命，大力倡导和践行"人民航空为人民"的真情服务理念。机场要结合自身情况，秉承"真心、热心、用心"的服务原则，为广大人民群众提供优质的航空服务，把党的全心全意为人民服务的根本宗旨真正落到实处。

（二）真情服务是促进民航业发展的本质要求

当前我们在国际、国内两个市场上面临的压力还是非常巨大的。应对国际、国内竞争，最主要的是提高民航竞争力，而民航服务水平正是民航竞争力的根本体现。只有开展真情服务，不断提高服务品质，才能有效应对纷繁复杂的竞争，才能逐步实现由民航大国向民航强国迈进。

真情服务就是着眼于民航应当担当的政治责任，着眼于民航行业的本质要求，着眼于民航行业的持续健康发展，具有现实而长远的重大意义，当前和今后一段时期，民航业仍处于快速发展的战略机遇期，但同时民航服务供给与人民群众需求还有较大矛盾，服务品质不高已经成为行业发展的短板。在这种形势下，真情服务的提出具有十分重大的意义。

（三）真情服务就是要满足广大人民群众需求

民航作为第三产业、服务型行业，其本质属性、最终产品就是服务。向社会提供安全、优质和高效的航空运输服务，是机场存在的本质要求和内在价值；为广大旅客提供满意度高的服务，是全行业践行"全心全意为人民服务"宗旨意识的具体体现。机场讲真情服务，就是把真心放在旅客身上，设身处地为旅客着想，为他们提供细致周到的服务。

真情服务要把满足广大旅客和航空公司的需求作为工作的落脚点。机场通过优化资源配置、提高服务功能、提高管理水平，保障广大旅客与航空公司享受基本服务；通过协调各方、沟通信息、组织管理和提高运行效率，保障各项工作到位。机场要把广大旅客和航空公司是否满意作为衡量机场服务水平的基本标准。

真情服务就是真诚、真实、真心地尊重、关注旅客的需求。机场讲真情服务，就是把真心放在旅客身上，设身处地为旅客着想，不把"特殊情况"当理由，不把"有困难"当借口，时刻把旅客的利益放在心中，把旅客的满意作为工作的标准，把旅客的冷暖挂在心上，主动把方便留给旅客，把困难留给自己，真诚服务旅客，换来旅客的真心理解；真情对待旅客，赢得旅客的谅解和认同。

二、先进服务理念引领真情服务

先进的理念是真情服务的灵魂。首先，理念是意识层面的东西，是经过深入思考，具有系统性、全面和深刻性的意识；其次，理念也是一种观念，一种精神，它不仅仅是对现实问题的思考，更重要的是面向未来，对将来有所展望，要具有一定的预见性和前瞻性。所以，理念是一种对未来深入思考、系统谋划、科学预见的理性思维，而不仅仅是一种思想或一种意识。真情服务要求树立先进理念，不断加强共同价值追求，强化服务意识，用真诚的态度和贴心的温度诠释真情服务精髓，赢得广大旅客对机场服务的口碑。

（一）坚守真情服务底线的理念

无论在发展中遇到什么问题，需要解决什么问题，民航都要坚持"飞行安全、廉政安全、真情服务"三个底线，努力做好各项工作，更好服务国家发展战略，更好满足广大人民群众需求。坚持真情服务底线，以旅客利益为出发点，始终把旅客满意作为服务标准，是民航工作不懈的追求。什么是底线，底线就是不可逾越的红线。

民航局党组提出了要"坚持真情服务底线"，要想得到旅客的认可，就必须尽力满足旅客的不同要求，切实改进服务工作，提升旅客服务体验。"真情服务"不是一句空泛的口号，必须要落到实处，经得起严格的检验。

坚持真情服务底线，要求我们必须内化于心，外化于行。真情服务，体现在一个"真"字上。虚情假意往往让人排斥，只有真心付出，真诚以待，才能收获真心的感谢与回报。要想提升旅客满意度，获得旅客的好评，我们就必须真心付出。在服务态度和细节上，要发自内心地为旅客服务，让旅客感受到民航服务的真心诚意。没有感情，再灿烂的微笑也难免虚假；没有感情，再高的服务技巧也难免冷漠。只有将"真情服务"内化于心，才能外化于行。真情是驱使机场主动服务的原动力。

坚持真情服务底线，要求我们必须换位思考，将心比心。换位思考就是站在对方的角度来考虑问题，把对方的事当成自己的事。在服务过程中，应站在旅客的角度想问题，仔细考虑自己作为旅客出行时，需要民航提供哪些周到而便捷的服务，这样就会积极主动起来。

（二）坚持平等服务的理念

平等服务即向所有旅客、航空公司提供平等的基本服务。机场高效运转需要建立系统完整、协调联动的服务体系。我们把服务好航空公司及各驻场单位作为己任，共同打造资源共享、风险共担、合作共赢的发展共同体。机场通过优化资源配置，完善服务功能，提高管理水平，着力保障广大旅客与航空公司普遍均等地享受机场的基本服务；通过协调各方，主动沟通，加强机制建设，提升机场运行效率，全力做好各种复杂情况下的航班服务和保障工作。

平等服务从来不排斥特色服务。直面旅客，一切以旅客为根本出发点，把旅客当成自己的亲人来服务。发挥民航"精尊细美"的服务特色，坚持六勤（脑勤、嘴勤、腿勤、手勤、眼勤、耳勤）、五心（真心、诚心、热心、细心、耐心）、四美（心灵美、语言美、行为美、形象美）、三不怕（不怕脏、不怕累、不怕烦）的服务标准。无论是白天或晚上、高端或普通、正常或不正常、领导交代或不交代，服务品质要完全一样，对所有旅客要一视同仁。这才是平等服务的最高境界。

平等服务从来不排斥特殊关照服务。在民航服务工作中，工作人员会有重点地关照特殊旅客。特殊关照那些由于其身体和精神状况需要被特殊照料的旅客，如婴儿、儿童、孕妇、残障旅客和老年旅客等。针对残疾人必须保证他们享受正常人一样的平等服务，针对行动不便的老人、怀抱婴儿的旅客、残障人士和孕妇等特殊旅客，提供免费轮椅、无障碍车位、免费行李搬运、进出港免费陪送等特殊服务。

（三）崇尚人文关怀服务的理念

强化机场服务的人文关怀。让广大旅客感受到航空出行的便利和温馨是机场工作人员的心愿。我国机场致力于建设一支诚信、友善、专业的服务团队，为旅客提供安全、便捷、顺畅的机场服务。根据地域特点、风俗习惯、气候变化，以及各类旅客群体，特别是根据老、幼、病、孕、伤残旅客的不同需求，优化出行流程，细化服务项目，做到把方便留给旅客，把困难留给自己，让广大旅客享有舒心、放心、安心的出行体验。

"老吾老以及人之老，幼吾幼以及人之幼"，机场秉承"以诚为本，以客为尊"的服务文化理念，把旅客当亲人，当无人陪伴儿童的好阿姨，做老年旅客的好儿女，当病残旅客的好护理，打造"微笑、优雅、专业、自信"的服务职业形象，用实际行动为旅客提供真情服务。

人文关怀强调的是尊重生命、敬畏生命。北京首都国际机场曾经发生过的"急救门"事件中，使我们懂得生命高于一切。面对不同困难等级的事件时，在场救助人员的态度也要从"用心服务"升级到"全力以赴"。在遭遇突发事件、危及生命的时刻，任何原因都不能成为我们不尽全力抢救的借口。2015年10月人体器官转运绿色通道受阻事件，促使我们再次向社会承诺打通人体器官转运绿色通道是民航义不容辞的责任。民航是速度最快的交通运输方式，在保障时效性高的运输中不可替代。人体器官捐献与移植是一场生命与时间的赛跑，对运输时效要求极高，航空运输是最佳方式。2016年2月25日，中国民用航空局印发《关于进一步做好特殊航空运输服务工作的通知》指出："人体捐献器官航空运输是民航业履行社会责任的重要体现。民航各单位要充分认识人体捐献器官航空运输的重要性，在保证航空安全的前提下，提供便捷、顺畅、高效的运输服务。"

案例 4小时当72小时用，他把不可能变成可能

在南航河南分公司，有这么一位员工，他把不可能变成可能，用"不抛弃、不放弃"的服务理念，积极协调，地空联动4小时，终于让海南旅客顺利返乡进行救治。他就是小蔡。

"您好，我们是海南人，到河南出差，其中一位同事意外小腿骨折了，急需乘坐今天南航17:10起飞的CZ3995航班回海南治疗，请帮忙申请一个担架，行吗？只要能走，花多少钱都行。"当日12:50，已加班1小时20分钟的蔡守琦准备去吃午餐时，忽然接到一位旅客的求助电话。原来是4位海南旅客到河南出差，其中一位意外小腿骨折，急需手术，考虑到术后要静养一段时间，于是，在医院简单处理后决定回海南进行手术治疗。

小蔡对旅客说："南航规定，担架旅客须提前72小时申请，现在离航班起飞只有4小时20分钟，时间紧迫，我只能尽力争取。"此刻已是13:20，在无法按照正常程序申请的情况下，小蔡直接拨通签派室值班电话，并向值班同事说明详细情况，得到的答复是时间来不及，无法保障。无奈小蔡只好拨通旅客电话说明情况，当客人得到无法承运的答复时，用深沉哀求的语气说："蔡先生，您给帮帮忙吧，这事是今天刚发生的，72小时前谁能预料到呢。现在伤员急需做接骨手术，晚了就有可能留下后遗症，我代表伤员全家向您致谢了，请您再想想办法吧。"小蔡听后感同身受，挂掉旅客电话后就直接拨通了当日值班经理的电话。电话接通后，小蔡没问对方是谁，就自报家门并把事情的来龙去脉讲得清清楚楚。值班经理听到此事后高度重视，立刻协调相关部门，要求特事特办。

14：00，小蔡得到可以承运的答复。此时，小蔡又开始担心旅客赶不上飞机，他赶忙给旅客打电话，并要求每半小时和他们通一次电话，动态掌握旅客是否能赶上航班。

14：30，小蔡在为旅客出票的同时，与地面服务保障部联系，协调机场保障程序。考虑到舱门有点窄，小蔡随即又拨通了机场急救中心的电话，为客人要了一辆救护车待命，准备载客人进停机坪，用食品车送客人进舱。为了能让旅客顺利乘机，小蔡反复推演各个环节，每隔半个小时就拨通旅客的电话，了解其行车路线和方位。

16：00，小蔡又拨通了旅客的电话，当了解到旅客刚从洛郑高速转入机场通道时，他心里很紧张。虽然执行航班延误了，但因为还有好多手续要补办，生怕某一环节出错导致旅客不能顺利登机。16：45，旅客一行4人终于赶到了机场，地保部临时保障组早已待命多时，接到旅客后，及时为旅客办理了所需的各项手续。17：20，延误的CZ3995终于落地，机务人员迅速为伤员安装了担架。18：20，伤员终于在地面人员的共同努力下，被抬进了客舱里。

19：00，小蔡总算可以安心下班回家了。21：28，手机短信铃声响起，当小蔡看到是旅客带着南航人的祝福，平安落地后的感谢短信时，他悬着的沉甸甸的心终于可以放下了。

三、创新是真情服务的生命力

创新是服务的生命力。十几年来，机场服务"一直被模仿，从未被超越"。其他单位效仿机场的服务内容，但却始终难以达到机场服务的水平。机场与机场之间，既会相互学习服务内容，也会相互较量服务水平。你家推出了新的服务举措，我家"拿来"再加以改进，并且各家机场都充分调动员工的积极性，在服务举措上不断推陈出新。不同机场的服务则是看似同质化，仔细观察又会发现各有特色，各有千秋。在这种不断效仿与创新的过程中，全国机场的服务水平整体上了一个新台阶，进入了良性循环的通道。而对机场来说，服务工作已经是一项需要不断创新、不断超越的工作。如何创新，提供几条建议供参考。

（一）从航空运输上下游连接点上拓展服务产品

机场是航空运输的节点，旅客旅行从机场开始，到机场结束，这种旧思路已被综合交通的布局所打破，机场是综合交通的枢纽，航空运输仅仅是旅客整个交通组成中的一部分。开拓创新思路从大交通层面上拓展市场。从 2007 年开始,重庆江北国际机场成为国内第一家"吃螃蟹"的机场——将长途汽车站引进机场。在此后的 5 年时间里,重庆江北国际机场又相继将轨道交通、水运航线和铁路引进到机场,实现了空铁、空水、空轨以及空陆联运。仅航空和汽车联运一项,重庆江北国际机场就开通了重庆至周边区县的长途客运班线路 40 条,每天发车 200 余班。旅客通过快捷的地面交通体系进入重庆江北国际机场,给周边旅客带来了极大的便利。重庆江北国际机场的这一项服务,很快引起了全国各地机场的效仿。这种效仿的结果就是,全国省会城市周边的旅客出行更加方便了。

这样方便旅客的服务举措在各地机场层出不穷。2010 年 12 月北京推出"畅行地空"产品后,上海、广州、成都三地机场随后也同时推广了该项空中飞行与地面运输相结合的革新服务。此后,上海长途西站的部分班次汽车以虚拟航班的形式进入国航订座系统,旅客在预订机票的同时,也能买到上海至苏州、无锡、宁波的汽车票。国航首推的此项服务在真正意义上实现了一票通达,实现了空地联运,同时也为国航的航线枢纽网络建设注入了新的活力。

(二)用智能化技术代替现有的服务手段

长期以来,北京首都国际机场致力于打造具有影响力的"中国服务"品牌,秉承"愉悦服务、愉悦体验"的服务理念,紧紧抓住"互联网+机场"的发展趋势,努力开发贴心便利的服务产品,搭建旅客互动平台,为机场商业、机场广告、机场餐饮、便利类服务等提供新的服务渠道。机场陆续推出了预订休息室、预订特殊旅客陪伴、预订电瓶车接送服务等线上预订线下服务,让原有线下服务更广泛地同旅客接触;此外,北京首都国际机场还搭建了客户关系平台,通过互联网实现了客户实时交互,并运用大数据策略,着手研发旅客在接受安检、等待出租车等环节上排队等候时间展示功能,满足旅客个性化服务需求。

东京羽田国际机场为了提高礼宾服务水平,还为一线服务人员配备了 30 台 iPad,以便为旅客提供个性化服务。iPad 的搜索系统可以为旅客提供精确的信息服务。一线工作人员可以通过数据分析,协助找寻在航站楼里走失的儿童。所有服务人员无论身处何地都可以浏览信息。一旦发生紧急情况,有关信息也会同时发送到所有平板电脑上。

(三)从差异化、个性化上深挖服务潜力

个性化体验是旅客对于机场的新要求。每位旅客都是不同的,对服务的需求也是不一样的。我们要把每一位消费者看作独特的个人,进而满足他们的个性化需要。现在要求机场运营方更深入地了解消费者的需求和期望,并且更进一步来提供有针对性的产品和服务。

在提供更好的服务体验方面,越来越多的机场正在变得富有想象力,强调服务的重要性,开发独特的产品和服务,使乘客的旅途更加轻松和愉快。

实际上,在很多专家和旅客看来,机场提升旅客体验应该从三方面来做:服务流程科学合理、服务设施安全可靠、服务环境舒适宜人。

例如，荷兰阿姆斯特丹国际机场就展示了如何让体验和机场运营一起发挥作用，通过在安保方面的创新减少旅客压力和环境的压迫感。新的设计支持消费者提前准备安检，加快排队速度，还包括一个旅客休整区，让旅客能够更加方便地整理通过安检的行李。

（四）推陈出新更上一层楼提高服务质量

十几年来，机场在服务产品上不断推陈出新，建立新标准，推动服务质量更上一层楼。安检作为机场展示服务的重要窗口，也应该让旅客感受到民航较高的服务水平。一方面，安检需要更加规范的安检程序，更加统一的标准，以确保旅客的安全，但另一方面，毋庸置疑，确保机场和旅客的飞行安全是安检给旅客提供的最好服务，没有安全就谈不上服务。但民航应该站在行业性质的高度看待这一问题，人性化的安检真情服务也非常重要。推陈出新，调整修订后的新《民用航空安全检查规则》2017年1月1日开始执行，对残疾人安检、对安有心脏起搏器等特殊旅客的安检都有了更加人性化的规定，如"携带贵重物品以及残疾的旅客可以要求非公开安检""残疾旅客可要求非公开安检"等。这些新变化为旅客提供了更多的通行便利，也彰显了民航安检服务程序的人性化。更重要的是，这些规定更容易让旅客接受，有利于安检工作的正常开展。

2016年全国五一劳动奖章获得者沈莉用20多年温馨的服务，展示着民航人的真情风采，塑造着民航人的服务形象，传递着温馨、幸福的正能量，更闪烁着独有的民航服务劳动者的光辉。沈莉在工作中根据旅客的需求，以"推陈出新，化繁为简"为理念，推出既能提高工作效率，又能节省旅客宝贵时间的"登机口改签服务"。登机口改签就是旅客进入隔离区以后，如果来早了，也恰好有更早同目的地的航班还未起飞，便可以改签到更早的航班上去，这样旅客争取了更多时间，航班资源也得到了合理调配。

四、民航员工是真情服务的主体

（一）打造一支高素质的民航员工队伍

民航服务质量提升的最终目标是：在确保旅客安全运输的前提下，推进旅客乘机出行体验的全面提升。旅客出行体验提升的关键源自于为旅客提供各项服务的民航员工高超的业务能力和优越的职业表现。业务能力可以满足旅客出行的基本要求，而职业表现可以创造旅客出行的优越体验。优越职业表现源于员工的主人翁责任感和爱岗敬业精神。以人为本，给民航员工创造一个愉悦的外部和内部工作环境，是提升其职业表现的主要动力源。民航服务主体的特征已经改变，这群年轻人更加追求个性，更加重视认同和肯定。我们要从民航员工的视角去思考服务质量提升的路径，首先应帮助员工深刻地理解真情服务的重要性、紧迫性，使机场的最终目标转化为每一位员工自觉实践的工作目标；进一步提升民航服务质量，不能再依仗"冷冰冰"的处罚或扣钱，服务标准和考核方式应转向坚持以人为本，要有奖惩分明的激励机制；要尽可能地为员工解除后顾之忧，如工作生活中各种困难矛盾的处理、职业生涯的设计等；要加强员工之间思想和情感上的沟通，重视并努力创造公平、和谐的机场内部工作学习及成长环境。至高的服务标准也需要一个个普通人来将其呈现在服务对象面前,使其切实转为服务对象的完美消费体验。综上所述,人是关键,打造一支高素质的民航员工队伍,是坚持真情服务底线的人才基础。

(二)为机场员工提供优质服务

服务是一项将心比心的工作,没有满意的员工就没有满意的旅客。我们要广泛建立职工服务机构,配套相关设施和措施,做到"领导为员工服务、机关为一线服务、全员为旅客服务",树立起浓厚的内部服务文化。

作为机场的领导者,在一定意义上说,领导也是服务。在提高服务质量的整个工作链条中,领导为员工服务是重要的一环。新加坡、中国香港、韩国仁川等国家和地区先进机场的服务质量之所以做得好,能够持久,就是因为领导层能够善待员工,在关心员工的过程中培养他们对企业的归宿感和自豪感,使员工以积极主动的工作态度和乐观向上的精神面貌投入工作。因此,当机场的员工面向旅客和航空公司辛勤地提供优质服务的同时,机场领导既要考虑提高效率,又要想到可持续发展与队伍的稳定,想方设法做好为员工队伍,特别是一线员工的服务,帮助他们排忧解难,为他们的生产生活提供各种方便,增强企业的向心力和凝聚力,使员工真正感受到企业大家庭的温暖,把做好服务工作当成自己的事,身心愉快地投入工作,真心地为提高企业的服务质量贡献自己的才华与力量。

(三)标准化管理是培养员工成才的最佳捷径

员工服务理念、规范服务质量的培养是一个由表及里、长短期结合的艰巨过程。在服务提升的初期阶段,应从提升外在服务形象入手,面对旅客抱怨和服务短板,以解决问题为导向来推动服务提升,全面细化机场所有服务岗位规范,建立标准,随后建立长效机制固化成果,形成完整的服务管理制度体系和服务标准体系。

航空公司规范精准的服务管理,一直是我们机场学习的榜样。1997年,厦航颁发《营运总册》,首创了国内民航业的手册管理模式,得到了民航局的高度认可,后来也成为各航空公司的基础管理模式。如今,厦航各级各类规范化管理手册共有83种,约1 300万字,形成了公司全面管理的基础体系。2011年,厦航率先在业内发布《服务标准汇编》,约两万多字,涵盖"空、地"全流程760余条标准,详细规定了每个流程、每项服务的标准,甚至连水果都有"厦航切法",所有水果的形状、尺寸、摆放都"依册操作"。2014年,厦航推出100条空中微服务、78条精细的地面服务标准等,使"精心之处见真情,细微之处有感动"。在长期的规范化管理下,厦航建立了"真诚服务、微笑服务、一体式服务"等十大服务体系。例如,规范服务体系要求乘务员在机舱中要"3米之内有微笑,1米之内送问候,与旅客交流超过3句采用蹲式服务"等。2015年,厦航又投入上百万元建设行业领先的服务质量管理系统,运用科技手段,推进"顾客调查—趋势预判—服务预警—实时监控—动态改进"闭环管理,建立了"自我发现、自我评价、自我改进、自我完善"的全流程服务质量管理体系。

通过全员培训、日常检查、及时奖惩、绩效考核等标准化管理工作,促进员工养成良好的职业习惯，秉持"客户至上"的理念，以专业的形象、专业的技能和专业的态度，用心对待每一位客户，培养出一大批真情服务、值得骄傲的优秀员工。

第三节　航班不正常处置

真情服务的核心是航班正常。航班正常是对真情服务最基本的诠释。践行真情服务，首要问题是把航班正常性抓好。

一、概念

"航班正常"是指航空公司按照运输合同约定的时间将旅客运抵目的地。"航班延误"是指航空公司未能按照运输合同约定的时间将旅客运抵目的地。旅客所关心的是哪些航班属于不正常航班，关键是如何界定概念中的"约定的时间"。

（一）定义

根据交通运输部 2016 年 3 月颁布的《航班正常管理规定》，对航班不正常有以下几种不同的定义界定。

（1）符合下列条件之一的航班判定为正常航班。

① 在计划离港时间后 15 分钟（含，下同）之内离港，不发生滑回及起飞后不发生返航、备降等特殊情况。

② 不晚于计划到港时间后 15 分钟到港。

航班正常不再以航班的起飞、落地时间作为航班正常的判定标准，而是以航班的挡/撤轮挡时间作为判定标准。

（2）"航班延误"是指航班实际到港挡轮挡时间晚于计划到港时间超过 15 分钟的情况。

（3）"航班出港延误"是指航班实际出港撤轮挡时间晚于计划出港时间超过 15 分钟的情况。

（4）"航班取消"是指因预计航班延误而停止飞行计划或者因延误而导致停止飞行计划的情况。

（5）"机上延误"是指航班飞机关舱门后至起飞前或者降落后至开舱门前，旅客在航空器内等待超过机场规定的地面滑行时间的情况。

（6）"大面积航班延误"是指机场在某一时段内一定数量的进、出港航班延误或者取消，导致大量旅客滞留的情况。某一机场的大面积航班延误由机场管理机构根据航班量、机场保障能力等因素确定。

（二）治理航班延误必须走法制化道路

近些年，航班延误始终是困扰民航工作的一大问题。民航局自2008年起多次开展航班延误治理活动，制定了一系列治理航班延误的政策措施，收到了一定成效。但要建立航班正常工作的长效机制，必须走法制化的道路，通过立法将治理航班延误的政策措施转化为法规规章。

《航班正常管理规定》正式发布，并于2017年1月1日起正式实施。这是民航局第一部规范航班正常工作的经济类规章。《航班正常管理规定》是以《中华人民共和国民用航空法》《消费者权益保护法》《民用机场管理条例》为主要依据的，同时也借鉴了美国、欧盟相关民航法规规章，这有利于我国航班正常工作规定与国际先进做法保持一致，促进我国航班正常管理水平的提高。另外，由于规章的适用范围包括了在国内运行的外航和港澳台地区航空公司，因此，规章设定的义务性规范严格遵守了1999年《蒙特利尔公约》的要求。

《航班正常管理规定》从航班正常保障、延误处置、旅客投诉管理、监督管理、法律责任等各个方面，进一步明确了航空公司、机场、空管等航空运行主体的责任，为维护乘客合法的权益、保障正常航空运输秩序提供了法律依据。

《航班正常管理规定》用单行法规的形式为航班正常工作提供了最系统、最权威的法律依据，对有效减少航班延误，提高航班正常率，提升我国民航服务质量，维护消费者合法权益，保障航空运输秩序，提供了切实可行的法律保障。

（三）航班正常是行业战略发展的必然要求

航班延误是一个老大难问题。航班正常性是民航运输质量的集中体现。随着我国民航业的高速发展，航班延误问题变得越来越突出，它不仅影响民航的国际竞争力的提升，也影响民航与其他交通运输方式的竞争力，滞缓了中国民航向民航强国迈进的脚步，更事关民航乘客的切身利益。领导同志指出："航班正常工作既事关广大消费者的切身利益，也事关行业运行品质的提升、市场竞争力的优劣、社会形象评价的好坏。"此番表述从消费者权益的角度和行业发展的高度阐释了航班正常工作的重要性。航班正常表象是服务问题，实质是行业发展质量问题，必须站在行业发展战略的高度认识航班正常工作，着力系统谋划、精细管控、严格治理。

航班正常是一项长期复杂的系统性工作，必须树立系统思维，从民航发展的战略全局出发，系统谋划，综合施策，在系统管理上下功夫。要处理好安全、发展与正常的关系，实现安全、发展与正常相统一。始终在坚持安全第一的基础上，在生产高速发展的同时，不断提高航班正常率，提升行业运行品质；要处理好增长与质量的关系，实现增长与质量相协调。转变增长方式，提高资源利用效率，提高行业运行品质，增强企业竞争力；要处理好扩大规模与提升能力的关系，实现规模与能力相匹配。在航空运输规模持续扩大的新形势下，注重保障能力建设，使发展规模、航空安全与航班正常保障能力相匹配。同时，强化空中与地面、软件与硬件、人和物、局部和整体等相关因素的协同配合，把握关键环节，掌握决定因素，整体推进航班正常工作。

航班正常是真情服务工作的核心，是行业运行品质的集中体现，是民航应对竞争和外来挑战的核心竞争力。要秉承"发展为了人民"的理念，认真贯彻民航局"真情服务底线"的工作要求，不断增强做好民航服务质量和航班正常工作的紧迫感和责任感，努力提高航班运行效率和服务品质，为人民群众提供更加优质便捷的服务。当前行业快速发展和资源保障能力不足的矛盾更加突出，极端天气和军事活动对航班正常的影响不断增加，外部竞争更加激烈，航班正常和服务的痛点、短板仍然存在，人民群众对航班正常和服务的期待非常强烈。在严峻的形势和挑战面前要保持清醒认识，绝不能满足于已取得的成绩，更不能裹足不前，要用踏石留印、抓铁有痕的精神持续抓好航班正常和服务工作。必须抓住航班正常性这个"牛鼻子"，提升民航行业整体管理水平，更好地服务国家战略，发挥民航对经济社会发展的驱动作用；必须抓住提高思想认识这个"总开关"，站在行业发展的战略高度看清服务问题，必须把好顶层设计这个"方向盘"，继续围绕"资源能力是基础，信息畅通是核心，协同联动是根本，快速处置是关键"这四个关键环节开展工作，继续按照"系统谋划、精细管控、严格治理"的工作思路，深化改革，创新制度，补齐短板；必须开动各运行保障主体的"发动机"，激发各运行保障主体的内生动力，切实履行起主体责任，主动采取措施，不断优化，不断提高。

二、现状

运输服务质量的两个最基本的指标就是安全与效率。其中，效率指标最直接的反映就是我们所说的航班正常率，这关系到飞行安全和中国民航的整体运行品质，关系到社会的和谐稳定。我们要用踏石留印、抓铁有痕的精神继续抓好航班正常工作，使民航更好地服务国家战略，更好地满足广大民众出行需求。

航班正常一直是近年来中国民航狠抓不懈的一项工作。2014—2018年连续五年，民航局每年要召开一次民航服务质量和航班正常工作会。"十二五"期间，在航班量快速增长的情况下，中国民航积极开展挖潜增效，大力扩容增效，完成京昆、广兰、京广大通道建设，开展大型机场保障能力评估，推进协同决策系统建设，开展航班延误专项治理，服务标准、流程、设施、产品和消费者投诉机制进一步完善，服务质量得到明显改善。据统计，5年来（2011—2015年）中国民航的航班正常率平均为71.77%。

"十三五"开局之年，2016年航班正常工作交出满意答卷。民航系统着力提升航班运行服务品质，按照民航局的统一部署，致力于深化改革、创新制度、补齐短板，航班正常水平得到大提升，真情服务理念形成大氛围，服务质量管理形成大格局，服务提升行动形成大声势。在全国客运航空公司航班飞行总量同比增长9.06%、全国主要机场放行航班总量同比增长6.20%的情况下，实现全国航空公司航班正常率、机场放行正常率、时刻协调机场始发航班起飞正常率较大幅度提高。全国客运航空公司平均航班正常率为76.76%，同比提高8.43个百分点，继2013年之后再次回升至70%以上，也是自2012年起5年来最高的一年。未因航班延误处置不当引发重大社会影响事件。

2018年上半年航班正常水平的各项指标明显好于2017年。据"飞常准"大数据统计，2018年上半年中国大陆地区千万级机场的出港准点率中，乌鲁木齐地窝堡国际机场

84.21%、西安咸阳国际机场 82.10%和重庆江北国际机场、济南遥墙国际机场 81.02%位列前三甲。按实际出港航班量前三名，北京首都国际机场 68.44%，位列第 27 名，上海浦东国际机场 73.09%，位列第 17 名，广州白云国际机场 70.74%，位列第 22 名，如表 8-1 所示。2018 年上半年国内机场出港航班 222.7 万班次，同比增加 9.1%，其中 32 个千万级机场实际出港航班量为 168.5 万班次，占国内机场出港航班总量的 75.7%。

表 8-1　2018 年上半年中国大陆千万级机场出港准点率 TOP32

排名	三字码	机场	实际出港航班量	出港准点率/%	同比提升/%	起飞平均延误时长/分钟
1	URC	乌鲁木齐地窝堡国际机场	42 167	84.21	15.83	23.14
2	XIY	西安咸阳国际机场	79 768	82.10	5.44	23.38
3	CKG	重庆江北国际机场	71 823	81.02	3.90	22.76
4	LHW	兰州中川国际机场	26 555	79.20	2.12	22.66
5	DLC	大连周水子国际机场	34 458	78.73	2.71	26.11
6	TNA	济南遥墙国际机场	30 136	78.45	8.21	24.44
7	SHA	上海虹桥国际机场	64 995	78.41	27.54	26.33
8	CTU	成都双流国际机场	84 953	77.08	5.26	27.73
9	KMG	昆明长水国际机场	90 391	76.78	9.93	28.38
10	TYN	太原武宿国际机场	25 987	75.45	4.73	30.45
11	CSX	长沙黄花国际机场	44 445	74.75	8.75	29.22
12	WUH	武汉天河国际机场	44 754	74.55	5.85	28.97
13	HRB	哈尔滨太平国际机场	35 645	74.35	5.27	29.30
14	HET	呼和浩特白塔国际机场	24 472	74.33	3.87	28.63
15	HAK	海口美兰国际机场	41 777	74.18	7.97	28.86
16	SZX	深圳宝安国际机场	80 822	73.50	9.93	32.18
17	PVG	上海浦东国际机场	113 784	73.09	24.75	30.39
18	CGO	郑州新郑国际机场	49 540	73.06	3.32	30.87
19	KWE	贵阳龙洞堡国际机场	38 120	72.54	5.73	29.91
20	KHN	南昌昌北国际机场	26 714	72.30	3.31	31.47
21	SYX	三亚凤凰国际机场	29 935	70.78	7.76	32.43
22	CAN	广州白云国际机场	112 112	70.74	8.06	32.27
23	TAO	青岛流亭国际机场	43 189	70.25	3.78	30.41
24	CGQ	长春龙嘉国际机场	22 381	69.40	6.78	34.34
25	TSN	天津滨海国际机场	41 150	69.35	8.15	35.51
26	HGH	杭州萧山国际机场	63 333	68.97	19.59	36.19
27	PEK	北京首都国际机场	145 917	68.44	19.28	31.96
28	SHE	沈阳桃仙国际机场	33 006	67.70	2.61	34.87
29	NKG	南京禄口国际机场	49 933	66.79	14.81	38.56
30	FOC	福州长乐国际机场	26 970	66.73	7.75	34.79
31	NNG	南宁吴圩国际机场	26 850	66.01	6.46	36.40
32	XMN	厦门高崎国际机场	47 316	62.59	13.04	37.08

2018 年上半年中国大陆地区十大主要客运航空公司到港准点率最高的是中国东方航空集团有限公司，到港准点率 85.69%，到达平均延误时长 15.52 分钟。同比 2017 年准点率提升 TOP3 依次是上海航空股份有限公司（11.60%）、深圳航空有限责任公司（7.81%）、中国国际航空股份有限公司（7.70%），如表 8-2 所示。

表 8-2　2018 年上半年中国大陆地区十大主要航空公司到港准点率

排名	二字码	航空公司	实际到港航班量	到港准点率/%	同比提升/%	到达平均延误时长/分钟
1	MU	中国东方航空集团有限公司	363 036	85.69	7.34	15.52
2	CZ	中国南方航空股份有限公司	366 656	85.53	7.12	17.62
3	FM	上海航空股份有限公司	63 113	85.45	11.60	15.96
4	CA	中国国际航空股份有限公司	235 526	85.27	7.70	17.93
5	3U	四川航空股份有限公司	98 235	84.97	6.62	16.12
6	GS	天津航空有限责任公司	60 728	84.66	4.15	16.57
7	SC	山东航空股份有限公司	99 384	83.57	6.55	17.22
8	HU	海南航空股份有限公司	138 032	82.94	6.42	18.65
9	ZH	深圳航空有限责任公司	123 245	80.37	7.81	21.17
10	MF	厦门航空有限公司	111 066	79.04	6.17	20.95

从统计数据分析我国千万级机场和主要航空公司，与 2017 年相比均有提升，初见成效，但与全球准点率前十名的主要机场和航空公司相比还存在很大差距，如表 8-3、表 8-4 所示。

表 8-3　2018 年上半年全球机场出港准点率排名 TOP10

排名	三字码	机场	国家/地区	实际出港航班量	出港准点率/%	起飞平均延误时长/分钟
1	ITM	大阪伊丹国际机场	日本	36 057	94.81	12.38
2	CTS	新千岁机场	日本	40 384	93.09	8.15
3	HND	东京羽田国际机场	日本	123 814	87.98	19.43
4	PDX	波特兰国际机场	美国	46 737	87.90	16.25
5	HNL	檀香山火奴鲁鲁国际机场	美国	37 471	87.72	19.15
6	DOH	多哈哈马德国际机场	卡塔尔	48 060	86.57	19.50
7	CGH	圣保罗孔尼亚斯机场	巴西	45 543	85.97	17.24
8	KIX	关西国际机场	日本	44 013	85.44	19.63
9	FUK	福冈机场	日本	47 824	85.36	19.08
10	BNE	布里斯班机场	澳大利亚	46 711	85.13	19.41

表 8-4　2018 年上半年全球大型航空公司到港准点率排名 TOP10

排　名	二字码	航空公司	国家/地区	实际到港航班量	到港准点率/%	到达平均延误时长/分钟
1	JL	日本航空有限公司	日本	145 262	96.09	5.22
2	QR	卡塔尔航空公司	卡塔尔	84 722	95.89	5.32
3	NH	全日本航空有限公司	日本	220 129	95.81	5.16
4	JJ	巴西天马航空公司	巴西	91 254	95.56	4.82
5	EK	阿联酋航空集团	阿联酋	93 233	94.88	6.02
6	AS	阿拉斯加航空公司	美国	202 747	94.20	5.99
7	VA	维珍澳大利亚航空公司	澳大利亚	80 730	93.96	6.90
8	AZ	意大利航空公司	意大利	91 346	93.96	6.01
9	SU	俄罗斯航空公司	俄罗斯	160 940	93.89	8.01
10	IB	西班牙国家航空公司	西班牙	99 874	93.60	6.95

以上数据来源：VariFlight（飞常准）。

三、航班不正常的原因

为了巩固航班正常工作成果，进一步提高航班正常水平，民航局于 2018 年 3 月 30 日实施新版《民航航班正常性统计办法》。

值得关注的是，新版航班正常统计办法中民航局首次将航班统计范围从客货运的正常班、加班和包机扩大到客货运的定期航班和不定期航班，首次将不定期航班纳入航班正常性统计范围；新办法又把原来的航空器开关舱时间变更为航空器收松刹车时间；并根据机场跑道数量以及旅客吞吐量修订了机场地面滑行时间以及机型最小过站时间；此外，新办法还对早出港航班正常性统计时间、正常性统计表格等进行了明确、完善。

新版航班正常统计办法以航班的落地时间作为航班正常的判定标准，实际到港时间以航班入位后机组收起停留刹车时航空器自动拍发 ACARS 电报报告的时间为准。

不正常原因方面，新版航班正常统计办法把各类航班不正常原因分为天气、航空公司、流量、航班时刻安排、军事活动、空管、机场、联检、油料、离港系统、旅客、公共安全共 12 大类。具体内容规定如下。

（一）天气

① 天气条件低于机型最低飞行标准；② 天气条件低于机型最低运行标准；③ 天气条件低于机场最低运行标准；④ 因天气临时增减燃油或装卸货物；⑤ 因天气造成机场或航路通信导航设施损坏；⑥ 因天气导致跑道积水、积雪、积冰；⑦ 因天气改变航路；⑧ 因高空逆风造成实际运行时间超过标准航段运行时间；⑨ 航空器进行除冰、除雪或等待除冰、除雪；⑩ 天气原因造成航班合并、取消、返航、备降；⑪ 因天气原因（发展、生成、消散等阶段）造成空管或机场保障能力下降，导致流量控制；⑫ 其他天气原因。

（二）航空公司

① 公司计划；② 运行保障；③ 空勤组；④ 工程机务；⑤ 公司销售；⑥ 地面服务；⑦ 食品供应；⑧ 货物运输；⑨ 后勤保障；⑩ 代理机构；⑪ 擅自更改预先飞行计划；⑫ 计划过站时间小于《民航航班正常统计办法》中的附件 2（见表 8-5）中规定的机型最少过站时间；⑬ 其他航空公司原因。

表 8-5 机型最少过站时间　　　　　　　　　　　　　　（单位：分钟）

座 位 数	代 表 机 型	机　　场 两条及以上跑道或年旅客吞吐量超过 2000 万	其 他 机 场
60 座以下	EMB145、ATR72、CRJ200 等	40	30
61~150 座	CRJ700、E190、A319、B737（700 型以下）等	55	40
151~250 座	B737（700 型含以上）B757-200、A310、A320、A321 等	65	45
251~500 座	B747、B777、A300、A330、A340、MD11 等	75	65
500 位以上	A380	120	120

（三）流量

① 在非天气、军事活动等外界因素影响下，实际飞行量超过区域或终端区扇区保障能力；② 实际飞行量超过机场跑道、滑行道或停机坪保障能力；③ 通信、导航或监视设备校验造成保障能力下降。

（四）航班时刻安排

航班时刻安排超出民航局规定的机场航班时刻容量标准。

（五）军事活动

① 军航训练、转场、演习、科研项目等限制或禁止航班飞行，造成保障能力下降；② 军方专机禁航；③ 军事活动导致流量控制；④ 其他军事活动原因。

（六）空管

① 空管人为原因；② 空管系统所属设施设备故障；③ 气象服务未及时提供；④ 航行情报服务未及时提供或有误；⑤ 擅自降低保障能力；⑥ 其他空管原因。

（七）机场

① 机场跑道、滑行道等道面损坏；② 机场活动区有异物；③ 人、动物、车辆进入跑道或滑行道；④ 发生在飞机起飞阶段高度 100 m（含）以下或者进近阶段高度 60 m（含）以下，或与机组确认为机场责任范围内发生的鸟害；⑤ 机场所属设施、设备故障；⑥ 等待停机位或登机口分配；⑦ 机场原因导致飞机、保障车辆等待；⑧ 候机区秩序；

⑨ 机场运行信息发布不及时；⑩ 未及时开放、增开安检通道或安检设备故障；⑪ 机场施工造成保障能力下降；⑫ 机场净空条件不良造成保障能力下降；⑬ 机场或跑道宵禁造成保障能力下降；⑭ 机场所属拖车等保障设备到位不及时；⑮ 跑道查验；⑯ 其他机场原因。

（八）联检

① 因联检单位（边防、海关、检验检疫）原因未及时为旅客办理手续，造成旅客晚登机；② 其他联检原因。

（九）油料

① 未按计划供油；② 油品质量不符合规定要求；③ 加油设施设备故障；④ 加油时损坏飞机；⑤ 其他油料原因。

（十）离港系统

① 离港系统故障不能办理旅客登机手续，或离港系统运行效率降低造成旅客办理乘机手续时间延长；② 其他离港系统原因。

（十一）旅客

① 旅客晚到；② 登机手续不符合规定；③ 旅客突发疾病；④ 旅客丢失登机牌，重新办理手续；⑤ 旅客登机后要求下机，重新进行客舱及行李舱安全检查；⑥ 旅客拒绝登机或前段航班旅客霸占飞机；⑦ 其他旅客原因。

（十二）公共安全

① 突发情况占用空域、跑道或滑行道，造成保障能力下降；② 因举办大型活动或发生突发事件，造成保障能力下降或安检时间延长；③ 航班遭到劫持、爆炸威胁；④ 发生可能影响飞行安全的事件，如机场周边燃放烟花导致能见度下降，发现不明飞行物、气球、风筝等；⑤ 地震、海啸等自然灾害；⑥ 公共卫生事件；⑦ 其他公共安全原因。

为了厘清航班不正常原因，使处于航班运行各保障环节的单位根据自身掌握的信息充分表达意见，提高民航航班正常统计原始资料的公正性、客观性和准确性，建立航班正常统计核对机制和裁定机制。

航空公司、空管部门和机场要遵照统计办法，严格统计标准，加强沟通协调，合理判定原因。在规定的时限内上报各类统计报表，对于虚报、瞒报、拒报、迟报以及伪造、篡改统计资料的行为，一经查实要立即上报，并按照相关规定给予处罚。

根据民航局《民航航班正常统计办法》对2017年全年航班不正常进行统计，如表8-6所示。

表8-5　2017年航班不正常原因分类统计

指　标	占全部比例/%	同比增减/%
全部航空公司航班不正常原因	100.00	0.00
其中：天气原因	51.28	-5.24

续表

指　标	占全部比例/%	同比增减/%
航空公司原因	8.62	-0.92
空管原因（含流量原因）	7.72	-0.51
其他	32.38	6.67
主要航空公司航班不正常原因	100.00	0.00
其中：天气原因	51.47	-4.99
航空公司原因	9.26	-0.37
空管原因（含流量原因）	8.12	-0.17
其他	31.15	5.53

从表 8-6 统计数据中看到，2017 年，天气原因成为影响航空公司航班正常的主要因素及不正常航班的主要原因，占比 51.28%；航空公司自身原因和空管原因占不正常航班比例有所降低，但基本持平。全年航空公司原因造成的不正常航班比例同比下降 0.92%，空管原因造成的不正常航班比例下降 0.51%。

造成延误的原因主要包括天气原因、航空公司原因、空管原因及其他原因。这些原因中天气是很难把握的，我们现在能够把握、改进的是要在空管的管理和航空运营顺畅上下功夫，要在提高航空公司的运营能力上下功夫。

目前航班量快速增长与空域资源、地面保障资源不足的矛盾依然突出，极端天气等影响航班正常运行的客观因素也在不断加剧，航班正常工作的外部环境没有根本改善，要通过深化改革、创新制度、补齐短板，挖掘潜力，进一步巩固和扩大航班延误治理成果。航空公司要切实肩负起航班正常第一责任人的职责，处理好航班正常与生产、效益的关系，转变发展方式，摆脱盲目追求飞机利用率的情结，在正常与效益、速度与质量之间寻求平衡点。机场管理机构要摆脱不切实际的客货吞吐量崇拜，处理好增加吞吐量与提高保障能力的关系，增加吞吐量，一定要以提高保障能力和航班运行效率为前提，加大投资力度，使发展规模与保障水平相匹配。空管部门要强化服务意识，强化责任担当，主动作为，深挖内部潜力，把有限的空域用足、用好、用活。民航各地区管理局、监管局要正确把握定位，坚持三条底线，把确保飞行安全、维护消费者权益和促进健康发展作为工作的立足点和出发点，改进管理方式，切实提高监管能力，推动各项政策措施落实。

四、加大力度整治航班延误

近几年来，民航局认真回应社会公众对航班正常工作的强烈关切，持续采取行之有效的措施整治航班延误。2014 年提出"资源能力是基础、信息畅通是核心、协同联动是根本、快速处置是关键"的总体要求；2015 年提出"系统谋划、精细管控、严格治理"的工作思路，达到了行业共识；2016 年提出"唱响真情服务，提升民航服务和航班正常水平"的工作要求，遏制住了航班正常率不断下滑的趋势。要坚持真情服务底线，进一步增强做好民航服务和航班正常工作的责任感，巩固和扩大航班延误治理成果，着力打造民航服务质量新优势，促进民航服务和航班正常工作再上新台阶。

（一）系统谋划形成整体合力

"十二五"以来，民航一直保持快速发展的态势，关键资源不足依然是民航航班正常工作的瓶颈。在严峻的现实面前，航班正常工作只能眼睛向内、努力挖潜，着力系统谋划，加强空中与地面、软件与硬件、人和物、局部和整体的协同配合，形成整体合力。

（1）要加强空中和地面的协同配合。空地一体化是航班运行的特点。提高航班运行效率和航班正常率，拓展空域、优化空域结构、盘活空域存量非常重要，但是增加航站楼、跑道、滑行道、联络道、机坪、廊桥等地面保障资源也不可或缺，否则就会出现"跛脚"现象，影响航班运行效率。

（2）要加强硬件和软件的协同配合。航行新技术和信息化技术的应用、先进设备的使用在航班正常工作中的积极作用已显而易见，但还须完善相应的规章、标准，实施流程再造、机构重组、制度创新，做到软硬件协同配合，让软件的功能最大化。

（3）要加强人和物的协同配合。航班正常工作最终要落实到岗位责任，保障航班正常工作的各项措施及设施设备的应用也要靠人实现，要重视人文管理，建立激励约束机制，营造良好的航班正常文化氛围，调动人的主观能动性，让外因通过内因充分发挥作用。

（4）要加强局部和整体的协同配合。航班正常工作链条长，运行责任主体多，涉及环节多，各链条之间的关联度高，必须建立大局观。从空域结构调整、基础设施建设，到航线网络布局、航班计划安排，都要加强局部与整体的协同配合，形成整体合力。

（二）精细管控提升处置水平

航班量快速增长和资源能力短缺的矛盾短期内难以根本解决，在这种状况下做好航班正常工作，挑战极大，必须摒弃粗放的管理模式，着力航班运行的精细管控，向精细管控要空间、要效率、要正常，做到"数据分析、全程跟踪、持续改进、不断完善"。

（1）航空公司要不断优化航班运行链条，切实提升航班运行管控和航班延误处置水平。航空公司作为航班运行的组织者、实施者，应该切实履行航班正常工作主体责任。

① 要科学编排航班计划，定期优化调整航班编排，做到始发顺畅、过站充裕、航段从容、到站有保障，这是航班正常的基础。航空公司编排航班，不能只考虑飞机利用率，而不考虑地面保障、机组、维修等资源能力，影响航班正常率。

② 要优化航线网络，兼顾增强市场辐射力和航班正常率，流向要均衡，流量要匹配，衔接要紧密。从总体上看，"城市对"航线、直达航线有利于提高航班正常率，应尽量避免长距离跨区域的甩辫子航线以及经停点过多的航线。"轮辐式"航线网络虽然能够扩大市场覆盖面，但枢纽机场如遇恶劣天气，"航班波"带来的大量航班、旅客，也易给航班延误处置加大难度。因此，要在科学分析的基础上决定"航班波"的数量和时间段分布。

③ 要全程监控航班运行，做到监控到位、重点突出、协作紧密、决策权威。航空公司要有大运控意识，将飞行、维修、地面保障、旅客服务等工作与运行控制有效衔接，做

到所有运行航班监控的全覆盖，对外及时协调空管、机场、航油供应等单位，对内统一调配分子公司、外站、飞行、乘务、机务和地服等运行资源，切实提升航班运行管控能力。

④ 要切实提高不正常航班的处置能力，做到预案完备，预警持续，措施果断。近几年，各航空公司、机场在航班延误处置上做了很多努力，但也有一些单位责任心不强，甚至是对付式的，结果把旅客对付急了，把自己对付累了，把处置效果对付差了。服务不能"随性"，必须按规定把工作做细做实。

⑤ 要预留备份运力，做到应急有备，应对有序。备份运力是国外航空公司应对航班延误的普遍做法。美国达美航空公司在主要枢纽机场留有 20 架左右的备份运力，约占机队规模的 2.6%。欧洲低成本航空公司瑞安航空公司，旺季在主要机场备份 10 架飞机，占机队规模的 3.3%，并且常年备份 1 架飞机专门作运送飞机配件之用。2014 年达美航空公司航班正常率为 83.7%，瑞安航空航班正常率有些年份达到 90%以上，他们的做法非常值得国内航空公司借鉴。国内航空公司应该用高标准要求自己，自觉落实民航局关于备份运力的要求。

（2）机场管理机构要不断优化机场保障链条，积极提升航班运行保障能力。机场是航班运行环境和资源的提供者，要摒弃旁观者思想，切实向运行管理者、组织协调者、便利提供者的角色转变，通过不断优化航站区、飞行区的相关保障条件，持续提升航班运行保障能力，为航班正常运行提供有力支持。在航班正常性工作中，机场必须有为，而且大有可为。

① 要改进机场设施设备，创造优质运行环境。有些机场放行正常率偏低，低于 60%，主要原因之一就是保障设施设备严重不足。如果一门心思地只想增加航班，在增强保障能力方面没有积极作为，不但航班增加不上去，还会严重影响机场的形象和声誉。2015 年民航局出台了《民用机场航班运行保障设施设备配置指南》，各机场应该按要求增加机坪、拖车、客梯车、摆渡车、电源车、除冰雪车及通信设施等。旅客吞吐量 1 000 万人次以上的机场应该尽快推进二三类盲降系统建设。需要特别强调的是，机场配备设施设备，不但要能够保证日常航班运行的需要，更要能够满足处置大面积航班延误的需要。

② 要优化机坪管理，提升运行效率。随着航空运输快速发展，机场规模不断扩大、布局更加复杂，多跑道、多滑行道、多航站楼、多机坪的机场众多，大型机场地面交通流量大、密度高已呈常态化。机坪管理，特别是大型机场的机坪管理直接关系到航班正常，也体现着机场的管理水平。要积极推进航空器机坪运行管理移交工作，提高大型运输机场的运行效率。要最大限度地利用靠廊桥的停机位，提高飞机靠桥率，有效缩短地面保障时间。

③ 要细化应急预案，维护运行秩序。目前各大机场都制定了大面积航班延误应急预案，但一遇到大面积延误，处置仍显无序，说明应急预案的可操作性还需进一步增强，需要持续优化。应急预案要做到关键环节全覆盖，明确责任主体和工作流程，使每一项工作都有具体的承担单位、执行部门、人员、实施程序和执行标准。每经历一次大面积航班延误，都应该及时分析查找预案的漏洞和薄弱环节，对预案做出调整。

（3）空管部门要不断优化空管保障链条，主动提高气象预报水平、加速空中流量、精心组织协同放行。空管是航班运行的神经中枢,是提高整体航班运行效率的关键环节。

① 要继续优化空域环境。要制定全国统一的航路建设规划、终端区的结构调整方案,明确路线图和时间表。要加大与军方的协调力度,更多释放临时空域。要对现有空域结构,特别是繁忙空域进行调整,大力推进航路单向运行、大通道建设,千方百计地增加飞行容量。

② 要提高气象预报的及时性和准确性。极端天气预警对航班正常工作非常重要。空管部门应该加强与中国气象局在卫星资料、数值预报产品、雷达资料利用等方面的合作,组织力量开展技术攻关,解决预报提前量不够、预报不准确问题。

③ 要尽最大努力加速空中流量。保证安全并提高管制指挥效率,是衡量空管工作水平高低的一把尺子。民航局出台的《优化空中交通管制运行规范的暂行规定》对缩小航空器尾流间隔、提高地面滑行速度、减少航空器占用跑道时间、缩减航空器进近雷达管制间隔和起飞落地最小间隔等提出了明确要求,在加速空中流量、保障航班正常工作中发挥了重要作用。空管部门应该加强培训,建立合理的激励约束机制,在确保安全的前提下,进一步把这个规定落到实处,把有限的空域用足、用好、用活。

④ 要进一步完善航班协同放行机制。抓紧研究解决 CDM(Collborative Decision-Making,协同决策)系统存在的突出问题,尽快实施协同决策全国一体化,降低跳变率,充分发挥大面积航班延误时的协同放行作用。

(三)严格治理确保监管到位

民航政府管理部门既是航班正常管理政策法规的制定者,航班运行秩序的监督者,也是消费者权益的保护者。

(1)要像监管安全那样监管航班正常。各地区管理局、监管局必须像监管安全那样监管航班正常,必须突出针对性,提高督察效果。

① 要检查时刻执行情况。既要加强对航班时刻批复的督查和违规追责力度,又要加大对航空公司时刻执行情况的监督管理力度。

② 要检查机上长时间延误处置情况。机上长时间延误是旅客反映最强烈的问题,要加大检查和处罚力度。

③ 要检查大面积航班延误处置情况。重点检查对运行信息共享机制、协同放行机制、旅客服务协调机制运行情况、人员到位等情况。

④ 要检查公安执法情况。

(2)加大处罚力度,切实纠正违规行为。航班正常监管工作,最怕失之于软、失之于宽、失之于松。2013 年民航局关于《做好航班正常工作若干规定》《关于做好 2014 年航班正常工作的措施》和《关于做好 2015 年航班正常工作的措施》均明确了处罚条款,关键是处罚要落地。

一分部署,九分落实,一次处罚,胜过九次督导。民航行政管理部门加大了航班正常管理力度,采取行政约见、专项督查、通报批评、限制增量、取消航权时刻等手段,督促各单位落实民航局各项要求,提高航班正常率。对一些航班正常水平较低、航班延误处置工作不力的机场和航空公司采取了暂停加班、包机和新增航线航班申请，通报批评并责令限期整改等处罚，同时向社会公示，起到了很强的警示作用，也有效地推进了整改工作。

今后要多措并举，继续通过严格处罚，把各项规定落到实处，决不能让法规成为"稻草人"和"纸老虎"。除了取消时刻、罚款、限制增加航班、削减飞行小时等措施外，还要完善航班正常信息公开制度，接受社会监督，形成倒逼机制。

保证航班正常是一项复杂的系统工程，做好航班正常工作，必须处理好安全、发展与正常的关系，处理好增长与质量的关系，处理好扩大规模与提升能力的关系，把握关键环节，采取有力措施，整体推进，持之以恒，一抓到底。

五、航班延误后旅客服务

中国消费者协会、中国民用航空局运输司曾经联合做过一次调查，有 49.5%的旅客对航班延误后的服务不满意。航班延误后，机场往往成为旅客发泄不满的主要场所，容易出现殴打机场地勤工作人员、砸值机设备、罢乘、占机、拦跑道等过激行为。

一旦航班延误，不仅航空公司需要做好航班延误服务，机场同样需要投入精力做好航班延误服务。民航局明确规定机场管理机构在大面积航班延误处置中承担的主体责任，应当统一协调运输机场的生产运营，认为机场有必要在完善工作预案、健全设施设备、提高服务水平、加强人员培训方面把工作做得更加扎实。

（一）协同联动是根本

运输机场最基本的功能就是为旅客提供良好的进出港服务。航班的正常运行是加快运输机场吞吐速度、提高机场运行效率的重要前提。民航航班运行存在着运行链条长、辐射面广、工作环环相扣等特点，可谓牵一发而动全身。在航班延误时，航空公司、机场和空管能否提前预警，快速处置，内外协同，形成合力，对于减少连环延误起着关键作用。当一个航班有了预计起飞时刻后，航空公司能否快速组织旅客登机、机场的各种保障资源能否迅速到位，都直接影响着航班运行效率。如果各个流程都快速、高效，就有利于充分利用有限的时刻资源。而一旦个别环节出现了问题，就可能导致一系列连锁反应。因此，机场管理机构、航空运输企业及其他驻场单位应当采取有效措施加强协调和配合，共同保证航班正常运行。

机场联合驻场单位应共同组建机场协调机制。机场、航空公司、空管、保障等各民航单位参与机场大面积航班应急协调指挥机制，尽可能提前对预计大面积航班延误有比较科学的预判，提前向公众发布大面积航班延误的预警信息，建立各参与单位可提前采取相应措施的制度。2013 年 1 月 23 日，北京首都国际机场建立了大面积航班延误服务协调会商机制。在特殊天气或者重大保障活动时，华北空管局和北京首都国际机场、各航空公司会启动运管委应急会商机制和 CDM 非常态机制，统一协调各单位做好航班保障和旅客服务工作。在运管委应急会商现场，北京首都国际机场运管委各成员单位根据航班运行保障情况，协调长时间延误航班优先起飞。在 CDM 系统为起飞离港的航班提供运行次序后，各航空公司依据 CDM 系统时刻安排旅客登机，减少旅客机上等待时间，并减少飞机在机场活动区和机动区的延误，提高安全运行水平。

由华东局牵头于 2012 年启动了的航班运行协同决策系统 CDM。目前，华东地区 42 座机场都已经实施了 CDM 协同放行。可以说，CDM 放行在航班时刻预发布与减少航班滑行时间方面效果显著，航班放行延误 1 小时以上的情况大大减少，旅客群体性事件减少趋势明显，机坪资源利用率有效提升，节能减排成效显著。

2016 年 5 月，正式成立了"白云机场运行协调管理委员会"，制订《白云机场运行协调管理委员会工作方案》，明确工作宗旨、工作目标、组织架构、运作模式、工作机制等，将航空公司、空管、航油、海关、边检以及各地面服务保障单位的力量整合起来。由于机场加强了与航空公司的互动，服务保障及时，对缓解旅客不满情绪起到了积极的作用。

（二）信息畅通是核心

综观各机场发生的旅客打砸事件，大部分是由于航班信息通报滞后导致旅客不满而引发的。每当遭遇大面积航班延误时，客服电话打不通，网络信息查不到，柜台工作人员"一问三不知"，是旅客与机场和航空公司发生冲突越来越多的原因，甚至还多次发生地服人员被旅客殴打的极端事件。

然而，暴力并不是解决问题的有效途径。长时间的等待，无法及时得到确切的航班动态以及不及时的延误后续服务，让滞留的旅客大为恼火，并且让身处一线的工作人员承受着巨大的压力甚至是人身安全威胁。

其实，几乎所有的闹剧都与"能不能飞""什么时候飞"这些问题有关。这些看似简单的问题的答案，不仅普通旅客想知道，而且是机场和航空公司很多部门最想知道并且希望迅速传播的。北京首都国际机场曾进行过一次航班延误服务调查，调查显示，有 66% 的旅客认为航班变更及后续处置信息通知不及时。

在航班延误期间，旅客需要在短时间内做出行决策，是改签航班还是退票，是在机场等待还是选择去酒店休息。这时，相关信息的告知是否正确、及时、充分就显得尤为重要。随着科技的发展和互联网的普及，通过媒体、微博、微信等公共平台向旅客传递信息成为一种高效、及时的方式，为传统的电话或短信通知方式做出了有效补充。但这种传播方式并不能覆盖至每一位旅客，依然会有旅客没能及时收到信息。即便是在机场内，也不是所有旅客都能在第一时间获得退改签信息、天气信息、酒店信息等。

当发生航班延误时，旅客最怕的不是延误时间长，而是身处"信息孤岛"的茫然与慌张。由此可见，信息的透明、及时、准确决定了旅客能否逃离"孤岛"。机场、航空公司、空管看似是相对独立的单位，但在航班延误面前更要比平时团结协作。目前，在信息数据集成方面，CDM 以及 A-CDM 系统的应用促进了三方信息共享，有利于最大化地提高现有资源利用率，减少航班延误，提升旅客服务体验。

不仅如此，当旅客遇到天气造成的航班延误时，机场可以通过候机楼内的电视发布天气雷达图和天气预报，以更加科学、直观的方式向旅客传达航班延误的原因，同时这不失为一种科普。另外，旅客在航班延误后往往会选择退票或者改签，这就要求机场和航空公司事先制订各项预案,如为退改签旅客发放办理流程指引单,或设置相应的人工柜台;为计划前往酒店休息的旅客通过相关显示屏提供酒店信息,并设置标志牌或进行人工指引。

为此《航班正常管理规定》对航空公司、机场等运营主体在信息通告方面做出了具体规定,以确保旅客的知情权得到根本保障。

根据新规,在掌握航班出港延误或者取消信息后,民航各单位应当按照各自职责,做好以下信息通告工作。

(1)承运人应当在掌握航班状态变化信息之后的 30 分钟内,通过公共信息平台、网站、呼叫中心、短信、电话、广播等方式,及时、准确地向旅客发布航班出港延误或者取消信息,包括航班出港延误或者取消原因及航班动态。

(2)机场管理机构应当利用候机楼内的公共平台及时向旅客通告航班出港延误或者取消信息。

(3)航空销售代理人应当将承运人通告的航班出港延误或者取消的信息及时通告旅客。

新规实施后,旅客可以把心放在肚子里,飞还是不飞,什么时候飞,航空公司、机场等会尽可能地向旅客说清楚、讲明白。如果真的有客观原因无法说清具体起飞时间,按照规定,航空公司也会做好解释工作。旅客要求出具航班延误或者取消书面证明的,承运人也会及时提供。另外,如果旅客对承运人、机场管理机构、航空销售代理人通告的信息真实性有异议,还可以在旅行结束后向民航局确认。

广州白云国际机场为了从根本上解决信息滞后的问题,充分利用现场广播、传统媒体及手机客户端、微博、微信公众号、网络媒体等新媒体,向旅客和公众播报当前的天气情况、航班运行情况、航路情况、机场保障情况等,以及相关的服务提醒,保障旅客和社会公众的知情权;通过航站楼内的航班显示屏、广告屏幕、新闻直播间等媒介,向旅客普及民航知识,正面引导旅客理性对待航班延误。

北京首都国际机场旅客获取航班信息的主要方式有三种,即航延屏显、微信扫码和移动查询。在值机大厅内,旅客可以通过显示大屏及时获知航班实时信息(包括航班号、办理状态、延误原因、预计办理时间及飞机位置等)、北京及周边地区的卫星云图,以及直观获取航班及天气信息。同时,旅客可以扫描信息系统的微信二维码,登记航班号及手机号后,待航班开放办理手续时,旅客会收到与所乘航班相对应的短信告知;相关的航班及天气信息也会同步推送到"航延管家"手机端上,无论旅客身在何处,只要自助打开查询页面即可获知对应航班的最新动态。

信息畅通,重点还要放在航班延误,尤其是大面积航班延误出现之前,如果能发布准确的预警信息,提醒航空公司提早取消航班,就会有效地减少延误。

(三)快速处置是关键

1. 航空运输企业是航班延误的直接责任主体

首先要明确航空运输企业是航班延误的直接责任主体,因此,航空运输企业及其代理人应当按照有关法律规定和服务承诺为旅客提供相应的服务。根据《民用航空法》和《航班正常管理规定》，航班发生延误时，航空运输企业应当向旅客提供以下服务。

（1）由于机务维护、航班调配、机组等承运人自身原因，造成航班在始发地出港延误或者取消，承运人应当向旅客提供餐食或者住宿等服务。

（2）由于天气、突发事件、空中交通管制、安检以及旅客等非承运人原因，造成航班在始发地出港延误或者取消，承运人应当协助旅客安排餐食和住宿，费用由旅客自理。

（3）国内航班在经停地延误或者取消，无论何种原因，承运人均应当向经停旅客提供餐食或者住宿服务。

（4）国内航班发生备降，无论何种原因，承运人均应当向备降旅客提供餐食或者住宿服务。

（5）在航班出港延误或者取消时，承运人、航空销售代理人或者地面服务代理人应当优先为残疾人、老年人、孕妇、无成人陪伴儿童等需特别照料的旅客提供服务。

（6）机场管理机构应当在航站楼内为旅客提供医疗服务。

（7）航班延误或取消时，承运人应根据旅客的要求，优先安排旅客乘坐后续航班或签转其他承运人的航班，或者为旅客退票，并不得收取退票费，其中始发站应退还全部票款，经停地应退还未使用航段的全部票款。

2. 第一时间帮助旅客解决问题是快速处置的关键

随着航班延误不断发生，"首问责任制"也相继孕育而生。第一时间帮助旅客解决问题是快速处置的关键。所谓"首问责任制"是在机场候机楼内，当旅客遇到什么不清楚的，或者需要帮助，旅客不用再为找谁帮忙而发愁了。除了问讯台，旅客还可以询问任何一位佩戴工作牌的工作人员，工作人员会立刻为旅客做出答复。即便他不清楚，也会把旅客带到其他工作人员处，由他们帮助旅客解决问题。这就是各大机场推出的"首问责任制"。有了它，所有旅客都能在机场工作人员的陪同和帮助下解决烦恼。

在"首问负责制"的基础上，各机场又大力推行"首见负责制"，引导员工将"首见责任"牢记于心，见到、听到、遇到旅客有困难时，应该毫不犹豫地伸出援手，变被动服务为主动服务，变"要我服务"为"我要服务"。要求服务管理人员要关注服务现场、关注客户需求，不断改进服务工作，大力弘扬博爱宽容的仁爱精神，持之以恒地激发内在驱动力，层层传递正能量，用真情服务赢得航延旅客的赞誉和社会的认可，为企业赢得良好声誉。

3. "航延服务区"是爱心服务的创举

为了有针对性地搞好航延旅客服务，许多大型机场均开辟了"航延服务区"。广州白云国际机场积极响应"开放办机场"活动中推出的优化举措，在航站楼一层开辟了一个"航延服务区"。该区域可容纳近500名旅客，不包括其外围可利用的区域。当航空公司通过"航班延误服务系统"发布航班延误或取消信息后，广州白云国际机场会尽快为延误或取消航班的旅客安排住宿，并在航班延误电子显示屏上发布酒店安排情况，登机口工作人员在得到消息后，会将安排了住宿的旅客指引到"航延服务区"。自"航延服务区"设立以来，区域功能不断完善，除增设区域标志指引、灯光以及饮水设施、充电设施、自动售卖机等设施设备外，还增设了区域广播；为深入贯彻落实"真情服务"工作底线，更好地服务特殊旅客群体，广州白云国际机场还设置了"航延爱心专区"。

"航延服务区"麻雀虽小但五脏俱全，不但内部区域功能不断完善，而且恰好与地铁、大巴交通形成便利接驳，且周边就是就餐、休闲购物区，并毗邻急救中心，可兼顾满足旅客就餐、休息、交通等"一站式服务"需求。

在确定航班延误或取消后，在"航延服务区"旅客最关心的便是吃、住、行。在解决吃的方面，广州白云国际机场代理的航班主要由机场配餐公司——汉莎食品公司提供航班延误配餐，以满足 24 小时供应和保证餐食质量卫生安全的需求。在交通方面，广州白云国际机场空港快线是最主要的供应商，通过预警现场协同办公机制的建立已形成了良好互动。现场秩序方面，一旦出现航班大面积延误，机场公安局的公安干警会第一时间赶赴现场，维持秩序，回答旅客咨询，介绍相关法律法规知识。在解决住的方面，为确保滞留旅客及时疏散和妥当安置，广州白云国际机场与酒店合作，打造了航班延误酒店"三环"保障体系，根据到机场的距离划分为机场周边酒店、广州市区酒店以及广州市外围周边酒店。为最大限度地发挥"三环"保障体系的作用，明确了处置原则：一是待定航班安排在机场附近协议酒店，以随时流转；二是取消补班航班尽量安排到边缘储备圈酒店，要求通知至机场和航空公司当值人员，告知酒店储备状态、需多长时间、酒店位置等信息。

4. 航班延误机场阳光爱心服务洒满人间

航班延误往往是导致旅客与机场服务发生冲突的直接原因，如何提升航延服务成为考验民航服务的关键。为化解航延难题，更好地服务进出空港的旅客，宁波栎社国际机场航延服务的经验值得推广。宁波栎社国际机场成立了阳光服务组，以"一心帮助旅客"为服务宗旨，通过爱心、热心、用心、尽心、诚心"五心"服务为有困难的旅客和航班延误旅客提供帮助。成立至今，先后推出阳光爱心服务、航延前置服务、阳光导乘服务、晚到急助服务、外宾帮助、阳光一路通、微博与微信在线、阳光帮联动服务机制、民航"五进"、智能化服务系统十项服务新举措，大大方便了旅客的出行，其中航延前置服务在业内最具特色与品牌影响力。

阳光前置服务就是在航延矛盾爆发前，阳光服务就能及时做好滞留旅客的安顿工作，舒缓旅客烦躁情绪，在源头上缓解因航班延误而导致的旅客和航空公司以及机场之间的激烈冲突。每当机场的航班发生延误时，阳光前置员主动深入旅客当中，进行一对一、点对点的交流，让所有航班延误旅客享受到充分的信息知情权，得到足够的尊重和个性化处置。

六、保护消费者权益

旅客对民航服务的整体满意度高于其他交通运输方式，国内航空公司的万人投诉量远小于同期国内其他服务业。运输机场作为公共基础设施，应当为旅客和货主提供周到、便捷的服务，但是，机场运行涉及的部门众多，难免会发生一些旅客、货主与航空公司、地面服务代理公司等服务提供商之间的纠纷。我们也应该清醒地认识到，民航服务工作还有许多不尽如人意的地方。一是不正常航班所引发的服务投诉一直占有很高的投诉比例。二是票务问题投诉数量大幅增长，2017 年，民航局、民航局消费者事务中心和中国航空运输协会共受理航空消费者投诉 24 781 件。2017 年全年受理投诉总量比 2016 年增加 5 615 件，同比增长 29.3%。网络销售平台出售假机票、加价出售积分兑换机票导致旅客在国外不能登机，以及泄露购票人信息导致信息诈骗等恶性事件，给民航造成了极大的影响。三是行李运输投诉突出，行李错运、迟运、破损、被盗、丢失、赔偿标准低以及提取时间过长等是行李投诉的主要原因。四是餐饮质量投诉呈上升趋势，餐食品种单调、可选择性少、针对特殊人群的特殊餐食服务不到位仍是旅客投诉的重点。五是特殊航班、特殊旅客的服务不扎实所引发的投诉时有发生。

对服务纠纷，当事的服务提供商应当积极迅速地解决处理旅客、货主的问题，化解矛盾，提供优质高效的服务。在服务提供商不积极处理投诉或者旅客对处理结果不满意的情况下，民航管理部门作为行使机场行政管辖权的政府机构，机场管理机构作为运输机场生产运营的统一管理者，都有义务受理旅客和货主的投诉，并在规定日期内协调有关部门做出答复。

需要强调的是，与旅客、货主直接产生合同关系的是航空公司及其他服务提供商，航空公司及其他服务提供商是履行服务义务的直接责任主体，应当按照合同约定提供相关服务。服务过程中发生的纠纷，也应当建立本企业投诉受理机制，积极解决旅客、货主的各种问题。由于航空公司及其他服务提供商是纠纷的最终处理者，因此，旅客、货主在发生纠纷后，应当首先通过服务提供者的投诉处理机制与其进行协商解决。而民用航空管理部门和机场管理机构作为机场的监管者和管理者，更多的是履行一种服务监督的角色。对于经过协商之后仍无法解决的纠纷，旅客、货主可以通过公布的投诉渠道向机场管理机构或者民用航空管理部门投诉。其中，对机场管理机构的投诉，也可以向民用航空管理部门进行投诉。

（一）投诉

从历史统计数据显示，旅客对航班问题类的投诉占总投诉的 50%以上，投诉已经成为旅客在航班延误后最重要的维权手段。过去规范旅客投诉工作的依据是《公共航空运输服务消费者投诉管理办法》，效力级别低，适用范围无法涵盖外国承运人。同时，规范性文件不能设定法律责任，对被投诉主体缺乏约束力。基于以上考虑，2016 年出台的《航班正常管理规定》（以下简称《规定》）对服务提供商等主体的违法行为设定了法律责任。其中重点要求承运人做好航班延误或取消后的旅客服务工作，每一项都设定了法律责任，并对旅客投诉受理、处理等工作进行了规范，此次在《规定》中独立一章——旅客投诉管理，并将外国承运人和港澳台地区承运人共同纳入其中。

旅客在旅行中遇到问题，最好在第一时间向承运人和机场求助或投诉。如果其未能满足诉求，可以向消费者事务中心投诉，寻求解决。若旅客要求出具航班延误或者取消证明的，航空公司必须出具。《规定》适用范围为中国境内，包括外航和港澳台地区航空公司。若消费者发生投诉，国内航空公司要在 7 日内告知消费者是否受理投诉，10 日内处理完毕，外航和港澳台地区航空公司在 20 日内处理完毕，且必须具备中文受理能力。

对于航空公司、机场来说，经常要面对各式各样的旅客投诉。正确处理好旅客投诉，化解旅客的不满情绪，增进航空公司、机场和旅客之间的理解和信任，提高处理投诉的灵活性和艺术性，使航空公司、机场和旅客之间建立相互信任的关系，是我们长期以来不变的追求。

作为服务行业，出现投诉在所难免。出现投诉并不可怕，可怕的是对待投诉的消极态度。因为态度将决定一切。在收到投诉后，被投诉者无非有几种态度：第一种是气愤，这么挑剔的旅客真是少见！第二种是委屈，都已经道歉了，还想怎么样？第三种是急于辩解，推脱责任。第四种是麻木，听之任之。第五种是积极、主动、认真地查找不足，不断完善自我。

能真正保持第五种态度的当事人很不容易。毕竟，前四种态度其实是人的一种自我保护的本能。被投诉者担心被投诉后会遭到领导的批评和同事的议论，会使自我形象受到破坏。因此在出现投诉事件后，领导的态度在很大程度上影响着当事人的心态和行为取向。试想一下，当员工面对一个急躁、还未完全了解情况就猛批一顿的领导时，还能积极、主动地去查找不足吗？即便能，也只能是消极、被动地接受而已。

在投诉出现时，有的航空公司的处理方式是"当面一套背后一套"，当着旅客的面千道歉，万赔礼，只希望旅客能尽快撤诉，事后仍然没有任何改变。有的是把处理投诉的精力都放在部门之间相互推卸责任上，到最后不了了之。有的把投诉当成洪水猛兽，因为被投诉者可能会在大会小会上不断被批评。这些处理方式都是下下策，不利于航空公司的发展。上上策是当投诉出现时，用正确的心态去面对，用积极的方式去处理。

投诉是旅客送给航空公司的宝贵财富。航空公司应借此机会从旅客的视角去发现问题，用旅客的视角找出被忽略的细节，满足旅客的需要。在处理投诉时，航空公司应和旅客真诚交流，使其在出行时成为忠实旅客。有了这种心态，坏事才能变成好事。

（二）补偿

此前，当旅客遇到航班延误的情况时，航空公司往往会为旅客免费安排餐食和住宿。从历史性的角度看，早在 1996 年，民航局颁布的《中国民用航空旅客、行李国内运输规则》第五十八条规定："由于天气、突发事件、空中交通管制、安检以及旅客等非承运人原因，造成航班在始发地延误或取消，承运人应协助旅客安排餐食和住宿，费用可由旅客自理。"这次《航班正常管理规定》只是将以前的规定用法律的形式写进了规章中。所以，从现在开始，是否还有"免费午餐"可能就要根据不同情况而定了。除了天气、突发事件、空中交通管制、安检以及旅客等非承运人原因导致的航班延误或取消外，旅客均会享受到由航空公司提供的免费餐食或住宿服务。需要注意的是，这并不是说遇到上述几种原因导致的航班延误或取消，旅客就没人管了。一般来说，航空公司会尽可能地帮助旅客就近安排食宿，但是费用是需要旅客自己承担的。

关于要不要补偿旅客曾引起社会较大的争议，关键在于我们的关注点到底是航空安全更重要还是航空补偿更重要。的确，客运合同是承运人与旅客关于承运人将旅客及其行李安全运送到目的地的约定，所以规章也表示因航空公司方面引起的航班延误由航空公司进行补偿。但是，诸如天气原因，在出现雷阵雨、暴风雪的情况下，航空公司不起飞的首要目的是为了保证旅客的安全，避免航空安全事故。对于不可抗力导致的航班延误或者取消，国际上均明确航空公司可不担负相关费用。

为了充分保护旅客的知情权，同时不侵犯企业的自主经营权，《航班正常管理规定》明确规定，国内承运人是否对航班延误进行补偿、补偿条件、标准和方式等由航空公司自行决定。这样，旅客可以根据补偿的方案自主决定选哪家航空公司，真正实现航空运输市场化。

正式实施《航班正常管理规定》以后，国内绝大多数航空公司目前已制定航班延误赔偿标准，当遇到机务维护、航班调配、机组等航空公司自身原因造成的航班延误时，旅客可以得到相应的经济补偿。

民航局发布的《关于国内航空公司、机场实施<航班正常管理规定>相关工作情况的通告》显示，在目前已经公布补偿标准的国内 42 家航空公司中，最为普遍的补偿标准是：延误 4 个小时（含）以上不超过 8 个小时，每位旅客补偿人民币 200 元；延误 8 个小时（含）以上，每位旅客补偿人民币 400 元。

值得一提的是，如果乘坐的是低成本航空公司的航班，则要做好充分的心理准备。乌鲁木齐航空、西部航空、中国联航、春秋航空、广西北部湾航空、长安航空、九元航空、桂林航空等在出现航班延误或取消情况时，无论什么原因，均不对旅客进行经济补偿。

有的旅客会有疑惑：同样是承运人，在相同的情况下，有的承运人给予补偿，并公布了航班延误补偿标准，而有的承运人则可以不补偿？事实上，民航局对国内承运人就航班延误进行补偿并未做出强制规定，而是由国内承运人根据自身的条件，在制定并公布运输总条件时，对航班出港延误及取消后的旅客服务内容进行确认，并在购票环节明确告知旅客。这样旅客的知情权得到了充分的保障，在购票时依据自身的需求进行斟酌选择，以实现在乘机出行时的经济最优化。

第四节　服务质量评价体系与监督机制

一、民航服务标准体系

我国要对标民航服务管理先进国家，填补漏洞和空白，提高立法及修法的及时性，细化法律法规规定，以完善服务质量管理规章标准体系为抓手，推进民航服务质量管理体系建设。在《关于进一步提升民航服务质量的指导意见》中提出六大主要任务，首要任务就是完善民航服务质量标准体系。要制定未来三到五年的民航服务标准体系规划。评估、修订现有民航服务标准，根据行业服务质量提升需求，分阶段、有重点地制定新的行业标准。用 3 年时间建成比较完善的民航服务行业标准体系，逐步实现民航服务质量管理的标准化和规范化,推动部分行业标准成为国家标准。

改革开放以来,随着民航事业快速发展,航空运输产品日益丰富。为保护民航消费者权益,民航局历来比较重视航空运输服务质量工作,初步形成了民航服务质量行业监管体系。规章标准基本涵盖当前民航运输服务各个方面,截至 2016 年,涉及民航服务方面的法律 1 部、法规 2 部、规章 4 部、标准 50 个、规范性文件 8 个。

1996 年中国民用航空总局根据《中华人民共和国民用航空法》和《质量管理和质量体系要素第二部分:服务指南》(ISO 9004—2),制定了《公共航空运输服务质量标准》(GB/T16177—1996),2007 年 3 月 7 日重新修订。《公共航空运输服务质量》(GB/T 16177—2007)和《公共航空运输服务质量评定》(GB/T 18360—2001)作为我国民航运输产品质量评估的国家标准,自 2007 年 9 月 1 日同时正式实施,它们为全面提高航空运输服务质量提供了法律依据。2006 年 10 月 16 日,民航总局颁布了《民用机场服务质量》(MH/T 5104—2006),2013 年 3 月 13 日重新修订,更名为《民用运输机场服务质量》(MH/T 5104—2013),自 2013 年 6 月 1 日起正式实施。《民用运输机场服务质量》作为行业推荐性标准颁布实施,填补了我国民用机场没有统一的服务质量标准的空白。2016 年 12 月 12 日对《公共航空运输服务消费者投诉管理办法》进行了重新修订,正式下文贯彻执行。同时还制定了《残疾人航空运输管理办法》《人体捐献器官航空运输管理办法》《航班正常管理规定》《民航航班正常统计办法》等规章。这都是为了贯彻民航局党组"真情服务底线"要求,以实际行动践行"发展为了人民"理念,进一步规范和加强航空运输服务管理工作,切实将维护消费者合法权益落到实处,进一步切实维护航空消费者的合法权益而推出的重要措施。

在民航企业层面,机场管理机构、航空运输企业以及其他驻场单位等能够比较客观地处理安全和服务的关系,尊崇"安全是根,服务是魂"的经营理念,对服务质量管理工作相当重视,普遍建立了比较完善的服务质量管理系统,如国航建立了服务管理系统(CSM),东航建立了旅客满意度评价系统,南航建立了服务产品管理体系,海航建立了旅客之声(VOC),北京首都国际机场按照安全管理体系(SMS)的理念,建立了以客户为中心的服务管理体系(CSMS)。这些体系都包含了以下内容:一是比较完善的服务规范体系,包括服务管理总则、分则、管理规程、操作和服务规范手册等,如厦航的服务管理手册多达 83 种,被称为开展服务工作的"小宪法"。二是比较健全的服务管理架构,公司层面负责服务战略规划和规章标准的制订;服务质量管理部门负责质量指标分解及监控、旅客意见管理;服务质量监督员负责一线服务质量督查。三是比较严格的服务绩效考核,旅客满意度、行李差错率、航班正常性、旅客投诉率是主要服务考核指标。其中,海航建立了"服务底线清单"和"旅客超预期清单",加大服务责任考核力度。四是比较全面的服务管理维度,绝大部分航空企业都形成了由旅客、内部和第三方构成的服务质量满意度评价体系。

2016 年 3 月 25 日,我国 214 个民用运输机场向社会共同发布了《中国机场服务宣言》。向社会公开承诺,公布各项服务规范。服务规范包括机场值机流程、安全检查流程、行李托运以及提取流程、检验检疫流程。在服务规范中明确各项流程,有助于提高运输机场运营效率。除了机场服务程序的内容外，服务规范还明确各项服务应当达到的服务质量。例如，设立投诉热线，迅速处理旅客货主遇到的困难；提高办理值机手续效率；保证不超过安全检查最低时间要求；保证航站楼的清洁舒适、标识清晰；提供及时准确的航班信息；为特殊旅客提供轮椅、担架等特殊服务；维护机场内正常秩序；保证机场内商业服务明码标价；等等。同时，服务规范还对驻场各单位从业人员提出具体的服务要求，明确良好服务态度的要求、处理问题的时间要求以及相应的服务标准。

服务规范既是对机场管理机构、航空运输企业以及其他驻场单位自身的要求，也是对旅客和货主的承诺。对于公布的服务规范，机场管理机构、航空运输企业及其他驻场单位应当严格遵照执行，自觉接受社会各界的监督。对于各驻场单位从业人员违反服务规范的行为，旅客和货主有权根据本条例向民航管理部门或者机场管理机构投诉，民航管理部门或者机场管理机构收到旅客货主的投诉，应当及时予以协调，敦促有关驻场单位解决旅客和货主遇到的问题。

二、机场服务质量标准

现行的《民用运输机场服务质量》（MH/T 5104—2013）是 2007 年 1 月 1 日起正式实施的原《民用机场服务质量》（MH/T 5104—2006）修订版。作为行业推荐性标准颁布实施，填补了我国民用机场没有统一的服务质量标准的空白。

（一）标准的建立是机场质量发展的重要性标杆

民用航空运输业是一个服务行业。机场作为民用航空的重要组成部分，发展到今天，已经不仅仅是航空运输的地面保障设施，旅客和公众对机场服务水平的关注程度越来越高。世界上一些经营管理比较好的机场，如新加坡樟宜国际机场、我国香港国际机场以及欧洲的一些机场，都非常重视机场的服务品质。机场通过为航空公司、旅客和货主提供优质的服务，树立机场良好的形象和品牌，不但为自身带来了很高的商业价值，而且创造了很好的社会效益。

20 世纪 80 年代以来，全球机场业的商业化、私有化和自由化浪潮给机场管理和运营模式带来了深刻变革。第三方服务提供商对机场业务的参与进一步刺激了机场业的竞争和发展，世界各大机场也都在探索如何实现机场服务质量的标准化与专业化管理，各国政府对消费者利益的保护和机场对消费者服务的承诺进一步加强，从而使行业监管与行业自律变得日益重要。

改革开放以来，我国的机场经过大规模的建设和改造，基础设施等硬件条件得到了大幅度改善。但在软件方面，例如服务质量，总体上还不能满足旅客、航空公司不断提高的服务要求，并且与国际先进水平还有不小的差距。近几年，国内一些机场陆续推出了顾客服务承诺、服务标准、服务宪章等，但这些标准与承诺大多只涉及机场服务的某些方面，没有完整和系统地涵盖机场服务的全部内容，各机场承诺的内容、标准、要求差异也较大，缺乏全面性、系统性和规范性。《民用运输机场服务质量》的颁布，将为各机场结合自身实际制定本机场的服务标准、建立健全服务质量管理体系、实行标准化服务提供参考，对促进各机场树立以人为本的服务理念、规范服务质量管理、逐步与国际先进水平接轨、不断提高服务质量和管理水平具有重要作用。

（二）标准的基本原则

1. 以人为本，以顾客为导向原则

在日常管理中，管理者可能认为机场的服务很好，但顾客却不同意，那么机场就存在综合分析和评判。因此理解顾客期望什么及其影响因素，对于提高服务水平来说是至关重要的。故本标准不是从通常的以机场运营者/管理者的角度来制定标准，而是力求以人为本，从旅客、航空公司、货主等顾客的角度，以顾客的期望/需求和价值判断为视角，以顾客所能感受到和体验到的机场服务范畴为主来设定标准，如图8-4所示。

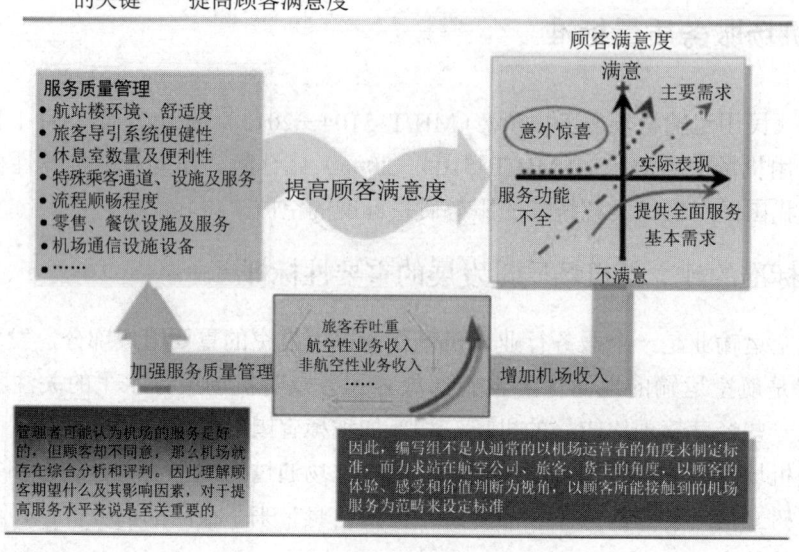

图8-4 "提高顾客满意度"示意图

2. 科学性和规范性原则

本标准充分借鉴和参考了国际、国家和行业标准以及国内外先进企业的服务标准，力求吸收国际上多年实践积累的先进经验和做法，强调标准的科学性和规范性，与国际接轨。所参考的主要标准有以下几种。

（1）国际标准（I）：ICAO、IATA、ACI、FAA等有关国际或地区性组织发布实施的民用机场服务标准及相关标准。

（2）国家标准（GB）：国家颁布实施的与民用机场服务有关的法律、法规、条例和标准。

（3）行业标准（MH）：民航总局颁布实施的有关规定和技术标准等。

（4）企业标准（C）：国内外一些机场和航空公司现行的、先进的服务标准、规范、

承诺、工作程序、操作规程和质量指标等。

3. 系统性与创新原则

（1）服务系统的分析与设计。本标准以机场服务流程为主线，由通用服务质量标准、旅客服务质量标准、航空器服务质量标准、货邮服务质量标准、行李服务质量标准五部分组成。

（2）关键指标的筛选与分级。本标准通过借鉴标准、服务质量评价实践和综合分析对比，确定机场服务系统中那些有效影响着顾客服务感受的关键服务指标（KPI）。同时运用层次分析法对这些KPI指标进行逻辑递延分级，使标准总体框架清晰、逻辑关系明确、指标分布层次合理。例如，"旅客服务质量标准"为一级指标，再层层往下延伸，分解为二、三、四、五级指标，如图8-5所示。

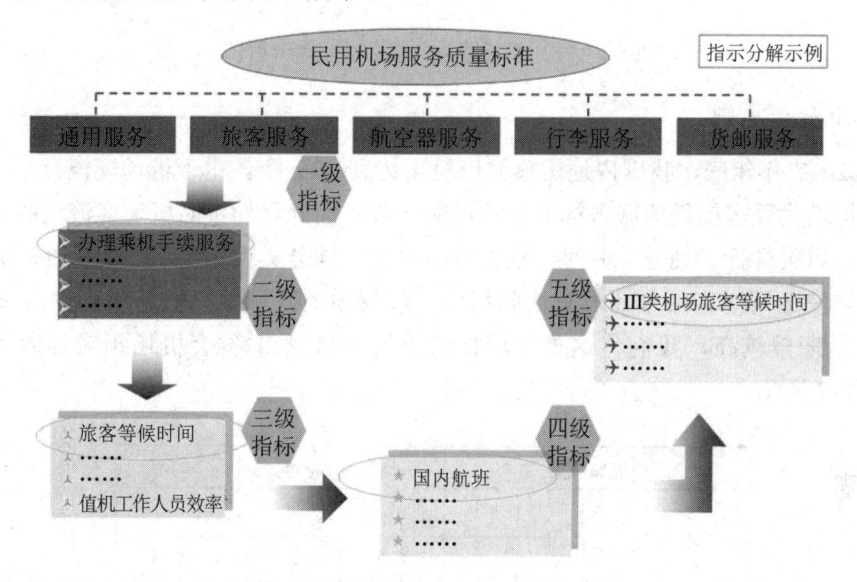

图8-5 民用机场服务质量标准总体框架图

（3）标准内容体现"五项标准元素""两大标准类别"。

"五项标准元素"根据各服务指标的具体情况，可从服务提供者、服务设施设备、服务规范与要求、时间/空间/效率、信息传递五个方面进行规范。"服务设施设备""时间/空间/效率"较多体现了客观或硬性服务质量的要求，尽量淡化服务设计角度，而从满足服务功能、强调设备设施完好率、安全性、便捷性与适用性等角度出发。"服务提供者""服务规范与要求""信息传递"较多体现了主观或软性管理的要求，强调工作人员的基本服务规范、岗位规范、服务态度、服务礼仪、服务资质和准入等。

"两大标准类别"。所有标准可分为两大类：主观标准和客观标准，两类标准并举。主观标准主要取决于顾客对机场服务表现的主观体验和判断，是定性和不可量化的，如员工服务态度。客观标准是对服务流程关键表现指标（KPI）的量化，是可具体测量的，如时间、空间要求，如图8-6所示。

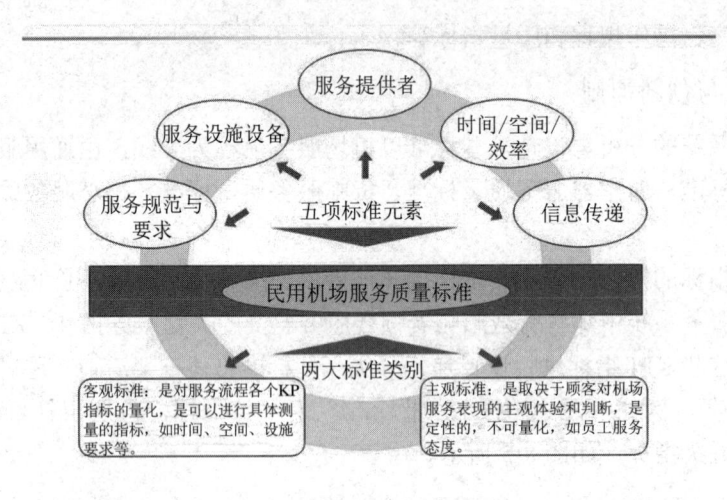

图8-6 民用机场服务质量标准元素分解图

4. 标准分类原则

截至 2017 年年底，我国内地运输航班机场达到 229 个。由于机场规模存在差异，不同规模的机场为顾客提供的服务标准也不可能一致。因此我们按照机场客流量的大小对机场按照Ⅰ～Ⅵ类进行了划分，并对一些关键指标按不同分类设定了不同的标准。同时考虑到旅客、航空公司对客流量还没有达到相应等级规模的区域枢纽机场和直辖市/省会机场的服务质量期望较高，我们将这类区域枢纽机场和直辖市/省会机场相应划入了较高等级，如图 8-7 所示。

机场分类		标准
依据： ▶民航总局行业规划 ▶机场客流量 ▶运营范围	Ⅰ类	=旅客吞吐量1 000万人次及以上（上海等门户枢纽机场）
	Ⅱ类	=旅客吞吐量500万~1 000万人次，包括不足500万旅客吞吐量的区域枢纽机场
	Ⅲ类	=旅客吞吐量100万~500万人次，包括不足100万旅客吞吐量的省会机场
	Ⅳ类	=旅客吞吐量50万~100万人次
	Ⅴ类	=旅客吞吐量10万~50万人次
	Ⅵ类	=旅客吞吐量10万人次以下

图8-7 民用机场分类标准

5. 实践原则

本标准的制定为各民用机场的服务质量管理和政府、社会公众对机场的监督提供了科学依据。但是如何根据本标准对机场服务质量进行科学的评价是一个全新的课题，2006年民航机场管理有限公司在制定《民用机场服务质量标准》的同时，也基于标准同步研发了《民用机场服务质量评价体系》，分为顾客满意度评价和管理成熟度评价两部分。

顾客满意度评价包括客观评价和主观评价。客观评价是根据本标准选取 KPI 指标进行现场测量，评价结果不受主观评判的影响。主观评价主要通过问卷调查等方式来了解顾客对机场服务质量的满意程度，包括旅客调查和航空公司调查等方式。主、客观评价相辅相成、相互印证，评价和统计方法直接与国际接轨。通过对评价结果的统计和相关性分析，来衡量机场服务质量状况。

而管理成熟度评价独立于顾客满意度评价，可以更深入地印证顾客满意度评价的结果，客观全面地评价机场服务管理能力，能帮助被评价机场识别服务管理薄弱环节，提出服务改善的潜力和空间，为决策及管理层提供科学的结论和有价值的信息，如图 8-8 和图 8-9 所示。

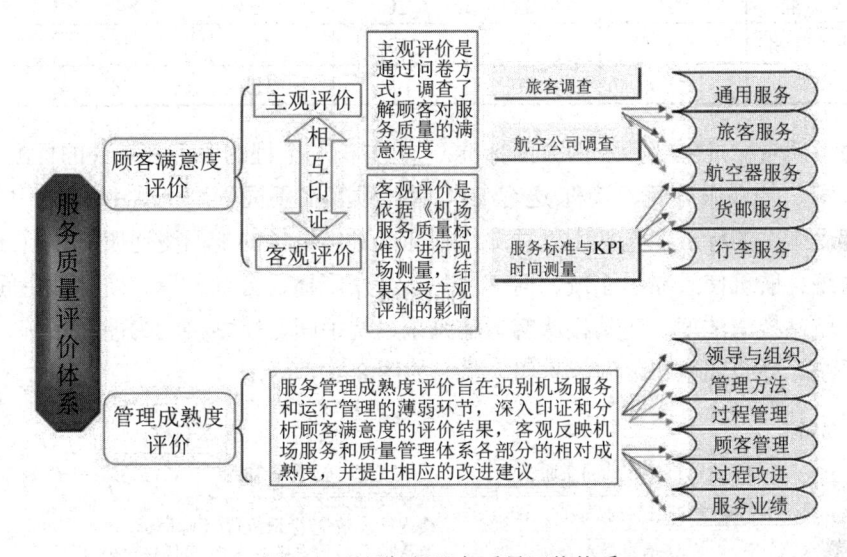

图8-8 民用机场服务质量评价体系

项目	IATA/ACI评价	CAM评价
评价范围	全球主要国际机场的国际旅客满意度评价	1. 全国民用机场 2. 国际、国内旅客满意度评价 3. 航空公司满意度评价
评价方式	主观评价	主观与客观评价相辅相成、相互印证
评价指标设置	30项	32项，既涵盖了IATA/ACI的30项评价指标，又结合国内民用机场的实际，增加了"航班不正常信息服务"等几项指标
样本投放	所有被评价机场的调查表投放量相同（300份），置信度和可比性较低	所有被评价机场的调查表按不同吞吐量确定设放量，以确保较高的置信度和可比性
	按航空公司的航班比重抽样	除按航班比重外，同时考虑国际国内航班、地面代理、航线分布、航空公司市场比重及航班高峰时段等因素抽样

图8-9 CAM评价与IATA/ACI评价对比表

（三）标准主要内容说明

MH/T5104-2013 标准中共计一级指标 5 项、二级指标 50 项、三级指标 194 项、四级指标 212 项、五级指标 94 项，共计标准 555 款，如表 8-7 所示。

表 8-6　民用运输机场服务质量分级指标一览表

分　类	一级指标	二级指标	三级指标	四级指标	五级指标	标准数量
通用服务质量标准	1	15	69	92	37	214
旅客服务质量标准	1	15	75	73	35	199
行李服务质量标准	1	6	17	13	2	39
货邮服务质量标准	1	9	20	15	4	49
航空器服务质量标准	1	5	13	19	16	54
总数	5	50	194	212	94	555

通用服务质量标准主要涉及两方面标准：① 与机场全程的服务都有关的标准；② 旅客、航空公司、特许服务商、接机/送客/参观者等顾客在不同程度上共用的服务项目以及与其服务感受有关的标准，包括十五项二级指标：进出机场的地面交通服务、航站楼公共信息标志系统、航班信息显示系统、问询服务、公众广播、公众告示、航站楼空间、航站楼舒适度、航站楼清洁度、航站楼旅客运输系统、洗手间、航站楼动力能源系统、航站楼其他弱电系统、办公环境和设施、工作人员，如图 8-10 所示。

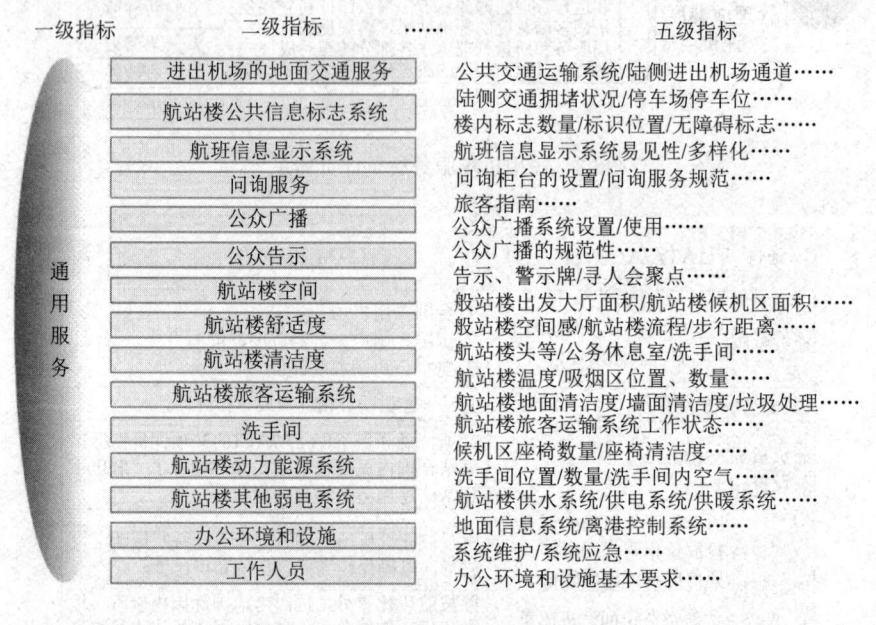

图 8-10　通用服务质量标准框架图

旅客服务质量标准对旅客出发、到达、中转和经停等服务流程的主要环节提出要求，包括十五项二级指标：行李手推车、售票服务、联检服务、办理乘机手续、安全检查、旅客登机、旅客到达、旅客中转、旅客经停、零售餐饮服务、头等/公务休息室服务、特殊旅客服务、其他服务、航班不正常服务、旅客意见/投诉，如图8-11所示。

一级指标　　二级指标　　……　　五级指标

旅客服务
- 行李手推车：手推车数量/完好率、手推车便利性……
- 售票服务：售票系统/服务时间……
- 联检服务：海关检查/边防检查/检疫……
- 办理乘机手续：旅客等候时间……
  头等舱、公务舱旅客专用值机柜台……
  国际地区航班开始办理手续时间……
- 安全检查：旅客排队等候值机时间……
  安检通道数/开放时间/旅客等候安检时间……
- 旅客登机：旅客登机信息通告/工作人员到岗情况……
- 旅客到达：工作人员到岗时间/到达引导……
- 旅客中转：办理中转手续柜台……
  中转衔接时间（MCT）……
- 旅客经停：经停旅客休息/登机……
- 零售餐饮服务：零售餐饮位置/环境氛围/开放时间……
  零售餐饮服务人员规范……
- 头等/公务休息室服务：头等/公务休息设置/环境与设施……
- 特殊旅客服务：残障人士专用服务/残障人士引导登机……
- 其他服务：无人陪伴儿童/母婴服务/其他特殊旅客……
  饮水/医疗急救/行李打包服务/行李寄存服务/IT服务……
- 航班不正常服务：航班不正常时的程序和预案/信息发布……
- 旅客意见/投诉：旅客意见/投诉受理机构/旅客投诉率……

图8-11　旅客服务质量标准框架图

行李服务质量标准对行李处理系统、旅客交运、提取行李及行李进出港的主要环节提出要求，包括六项二级指标：行李处理系统、行李出港、行李进港、行李中转、行李查询、行李差错率，如图8-12所示。

一级指标　　二级指标　　……　　五级指标

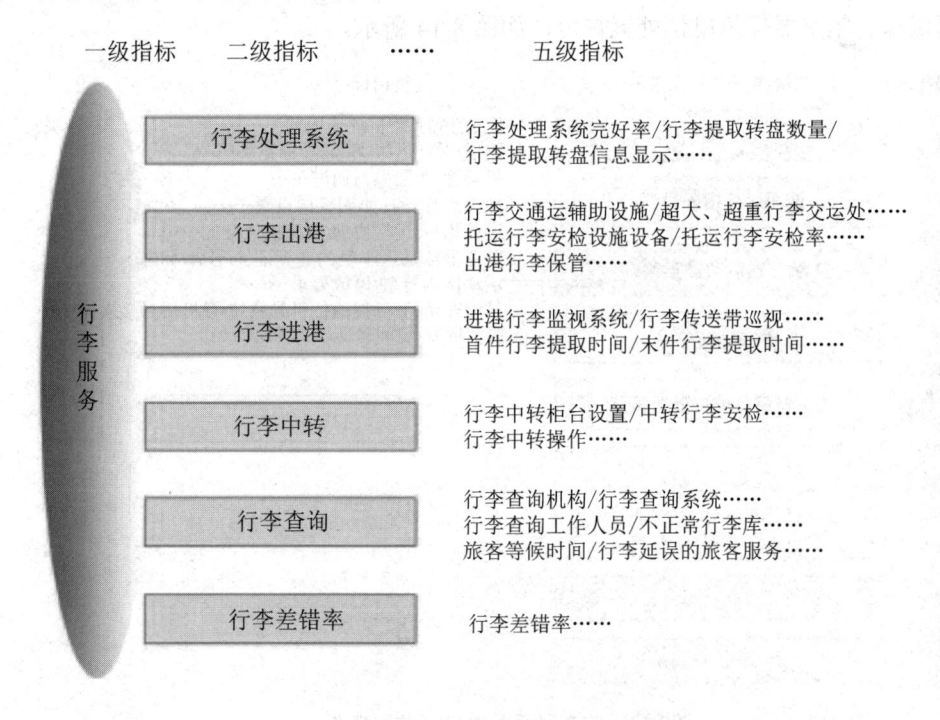

行李服务
- 行李处理系统：行李处理系统完好率/行李提取转盘数量/
  行李提取转盘信息显示……
- 行李出港：行李交通运辅助设施/超大、超重行李交运处……
  托运行李安检设施设备/托运行李安检率……
  出港行李保管……
- 行李进港：进港行李监视系统/行李传送带巡视……
  首件行李提取时间/末件行李提取时间……
- 行李中转：行李中转柜台设置/中转行李安检……
  行李中转操作……
- 行李查询：行李查询机构/行李查询系统……
  行李查询工作人员/不正常行李库……
  旅客等候时间/行李延误的旅客服务……
- 行李差错率：行李差错率……

图8-12　行李服务质量标准框架图

货邮服务质量标准对货运站服务设施设备、货邮进出港服务流程的主要环节提出要求，包括九项二级指标：进、出货运站的地面交通服务、货运站环境、货运站流程与容量、货运站服务设施设备、货邮出港、货邮仓储、货邮进港、货邮查询、服务指标，如图 8-13 所示。

一级指标　二级指标　……　五级指标

货邮服务
- 货运站环境：货运场所环境基本要求……
- 进、出货运站的地面交通服务：公共交通运输系统／进、出货运站道路/停车场分区/停车位数量……
- 货运站流程与容量：货运流程／货运停机位／货运站面积……
- 货运站服务设施设备
- 货邮出港：营业厅服务指南/监督电话……／货邮安检/收运检查/收货区/货车站台排队等待时间……
- 货邮仓储：货邮仓储基本规范……
- 货邮进港：货物入库时间/发出提货/提单时间办理提货手续……
- 货邮查询：货邮查询机构/查询工作人员……／货邮误理率/货主投诉率……
- 服务指标：货邮查询回应……

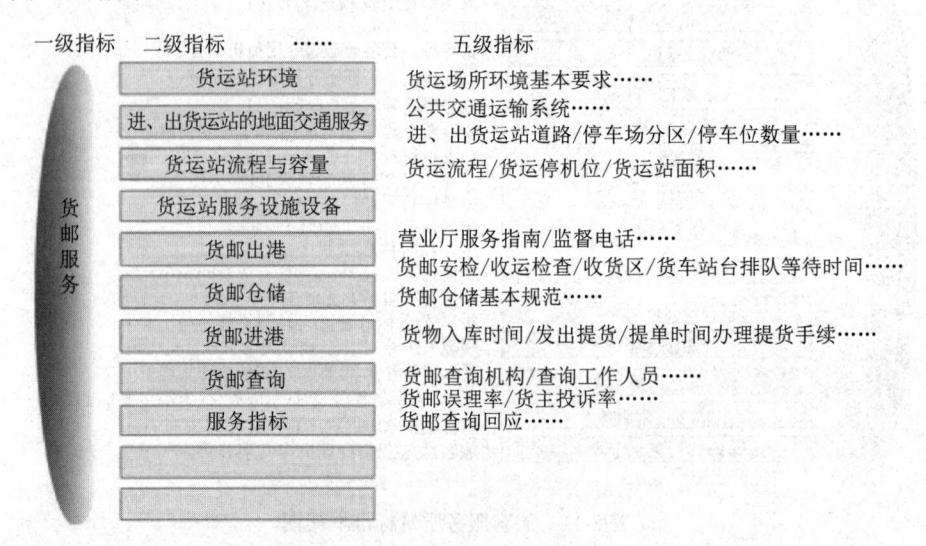

图 8-13　货邮服务质量标准框架图

航空器服务质量标准针对航空器到达、离站服务流程直接或间接保障的主要环节提出要求，包括五项二级指标：飞行区保障服务、地面运行指挥协调、航空器活动区车辆、航空器地面保障、航空器保障单位处置规范，如图 8-14 所示。

一级指标　二级指标　……　五级指标

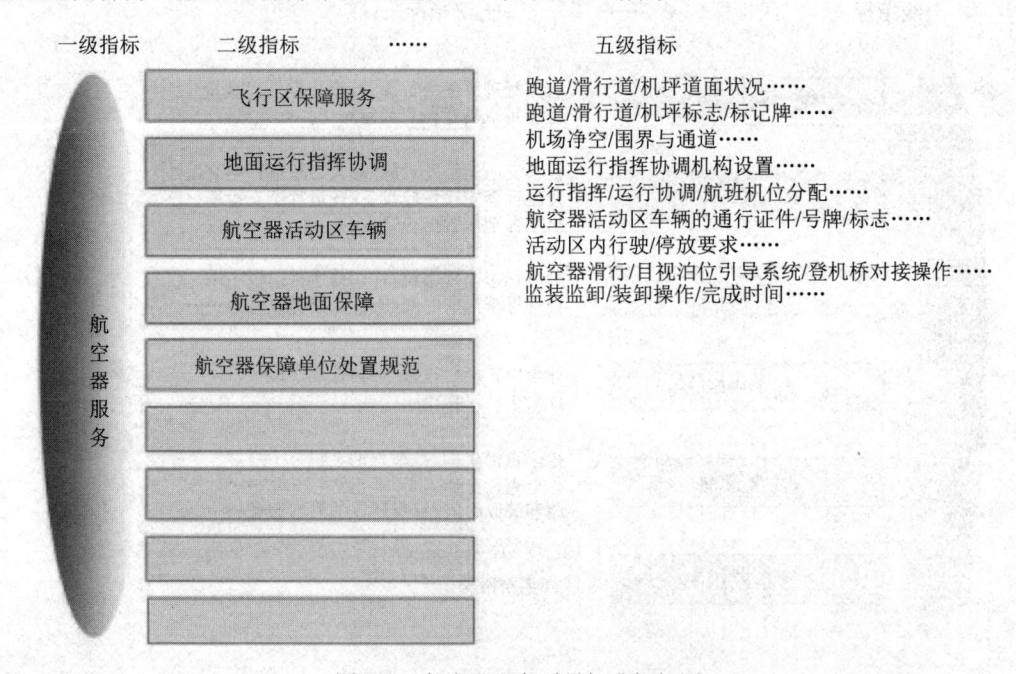

航空器服务
- 飞行区保障服务：跑道/滑行道/机坪道面状况……／跑道/滑行道/机坪标志/标记牌……／机场净空/围界与通道
- 地面运行指挥协调：地面运行指挥协调机构设置……／运行指挥/运行协调/航班机位分配……
- 航空器活动区车辆：航空器活动区车辆的通行证件/号牌/标志……／活动区内行驶/停放要求……
- 航空器地面保障：航空器滑行/目视泊位引导系统/登机桥对接操作……／监装监卸/装卸操作/完成时间……
- 航空器保障单位处置规范

图 8-14　航空器服务质量标准框架图

此外，本标准对机场服务系统中所有能够影响旅客、航空公司等顾客服务感受和体验的关键指标进行了描述，但考虑到顾客感知重要度不同和机场能相应改进服务的投入程度不同，结合国际惯例，在标准的具体内容选取上注意把握好以下几种关系。

（1）重点与非重点的关系：例如，洗手间对旅客的机场旅行体验的印象是十分深刻的，在 IATA、Skytrax 等服务调查中也属重点指标。而例如机场服务大使、航站楼一站式引导、头等舱柜台摆放鲜花地毯、亲情式问候、上门收货送货等服务项目以及机场为改善服务自行投入的服务设施和工具，往往形成了机场差别化和品牌化服务的市场竞争优势，这应该留给机场运营者去发挥，由市场规律来起作用。

（2）共性与个性的关系：例如，工作人员具体的仪容仪表、行为举止会随服务岗位的不同而要求不同，需要体现个性化和亲情化；航站楼内告示牌的规格尺寸原计划做出统一要求，后经研讨后决定取消。本标准保留了部分关键环节的个性服务要求，以"宜""可"的推荐性用词提出。随着技术的发展以及管理手段的不断提升和创新，某些机场服务问题会随之变化，标准就需适宜调整。

（3）宽与严的关系：针对国内机场实际情况，本标准就什么是严的、什么是不严的服务指标进行了综合分析。例如，机场巴士等待时间，国际上有类似车上等候的要求，国内部分机场也提出不超过 30 分钟，但从行业标准角度来要求的确严一些。因此，本标准最后调整为车下等候时间指标。

（4）动与静的关系：航空器服务质量标准在很大程度上是围绕航空器而提出的服务规范和要求。场道、净空、围界与通道等飞行区保障指标属于静态标准，同时与安全管理标准相近，描述较为宏观一些；而航空器进出港流程、航空器活动区内设备设施摆放、滑行道/机坪穿行等与航空器保障、地面运作秩序有关的指标属于动态标准，描述较为微观一些。

（5）粗与细的关系：总体上讲，本标准对顾客最为关注、服务感受强烈的指标做出比较细化的描述。例如，通用服务部分的进出机场地面交通服务、航站楼公共信息标志系统、问询、航站楼舒适度、洗手间等指标；旅客服务部分的办理乘机手续、安全检查、登机（客梯车、摆渡车）、零售餐饮等指标；航空器服务部分的活动区车辆设备、登机桥对接/撤离、航空器地面保障等指标；货邮服务的货邮进出港等指标；行李服务的行李进出港等指标。

本标准适用对象为我国内地民用机场。从对旅客的服务感受和整体体验来讲，机场的服务是一体化的、系统的。因此，本标准不仅规范了机场各个服务环节的质量标准，而且也将航空公司或第三方服务提供商在机场提供的服务中与旅客整体体验相关的服务标准纳入其中。

三、服务质量评价体系

中国民航服务评价工作是落实民航局党组确定的"十三五"民航工作总体思路，践行"发展为了人民"的理念和坚持"真情服务"底线的重要措施。

（一）机场服务质量评价工作全面展开

自 2013 年起至 2015 年，民航局组织开展了机场服务质量评价工作。3 年来，全国共有 87 个民用运输机场接受了机场服务质量评价。其中既包括年旅客吞吐量千万人次以上的机场，也包括年旅客吞吐量几百万人次及几十万人次的中小机场，约占年旅客吞吐量 50 万人次以上机场的 90%。这些机场的具体分布为：千万人次以上的 22 个，500 万～1 000 万人次的 14 个，100 万～500 万人次的 23 个，50 万～100 万人次的 25 个，小于 50 万人次的 3 个。这些机场的地区分布为：华东地区 28 个，占比 32.18%；中南地区 17 个，占比 19.54%；西南地区 15 个，占比 17.24%。这 3 个地区的机场数量居全国七大地区前 3 位。当然，这 3 个地区评价成绩优秀的机场比例也比较大。

在 2015 年参评的 37 个中小机场中，有 6 个获得服务质量优秀奖，10 个获得旅客满意优秀奖。通过对占全国旅客运输总量 95.94%的 87 个机场测评，可以看出，我国机场服务质量总体水平良好，用户满意程度较高，其中，大型机场服务与行业标准符合性较高。同时，我国机场服务短板也很凸显，有待持续改进。

在 2016 年中国民航服务评价工作中，只要有真实航空行程的旅客均可参与。旅客可通过航旅纵横、中国民航网、民航局消费者事务中心官方微博以及微信发布的中国民航服务评价链接进行在线评价。中国民航服务评价采用的线上评价方式更加高效便捷，验证更加真实有效，为真实了解旅客的乘机感受和诉求、推进民航服务补齐短板提供了有力支撑。主办方将根据评价得到的相关数据，定期向社会大众发布民航消费者服务评价报告，以此助推民航整体服务质量的改善和提升。

这几年机场服务质量评价工作与其他评价相比，评价体系具有多维度、全方位、全流程、突出旅客感受以及注重跟踪短板补齐等特点。

（1）机场服务质量评价数据收集采用专业评审员现场评审及用户满意度问卷调查两种方式。2013—2015 年，我们共培训了 429 名评审员（其中，航空公司 122 名，机场 307 名），共有 283 人次的评审员参与了现场评审工作。这也是与其他评价方式的不同之处。

（2）重视用户感受。3 年间共发放旅客调查问卷 4 万余份，2015 年发放回收航空公司满意度问卷 212 份，均符合统计学要求。今后我们还将利用大数据进行满意度测评。

（3）评审标准严格。评价指标体系覆盖了从机场交通、办理乘机手续、安全检查、候机、行李运输等旅客服务的全流程，共计 200 余个指标。

（4）为了督促企业整改提高，我们还制定了机场回访评审制度。通过回头看，跟踪问题整改、短板补齐，进一步提高服务品质。同时，3 个主办单位领导亲临评审现场，参与现场评审，确保通过评审促进服务提升。

（5）机场服务质量评价工作不向参评机场收取任何费用，是真正公正、公平的"免费体检"。

（二）我国自主研发评价体系

《中国民用机场服务质量评价指标体系标准》（MH/T 5114—2017）是民航科学研究院

借鉴国际上机场服务评价的先进指标体系，结合我国机场服务的特点，自主研发的一套比较完整的机场服务质量评价体系。这个指标体系具有公平性、专业性、国际性、全面性的特点，因而也最具权威性。2017 年度机场服务质量评价指标体系由旅客满意度、航空公司满意度、专业评审、机场放行正常率、安全一票否决五个维度的指标构成。与其他机构的评价体系相比，我国民用机场服务质量评价体系能够对机场服务进行多维度、多视角的全流程综合评价，既注意与国际接轨，又符合我国国情，同时高度关注旅客的现场感受和体验。其中，近 300 个单项指标涵盖了机场服务的方方面面，特别是建立了机场为航空公司提供服务的评价指标，使机场为旅客服务与为航空公司服务并重的服务对象更加明确，有助于机场在为旅客服务的同时，牢固树立为航空公司服务的理念，从而形成民航服务的完整链条，促使我国民航的服务提高到一个新的水平，进入世界民航服务的先进行列。

评价过程不收取任何费用，采用专业评审、旅客问卷调查和航空公司问卷调查三种方式，既充分考虑了用户的需求，又考察了机场服务与行业标准的符合性，能够最大限度地保证评选结果的客观、公正、全面、科学。

机场服务质量评价指标体系强调评价工作的客观性和公正性。评价工作应有组织地进行，应采取措施保证评价工作的规范性和有序性。旅客满意度和航空公司满意度数据的收集应体现客观性和真实性，旅客评价应遵循随机、自愿的原则，航空公司评价坚持中立、公正、客观的原则，评价过程不受任何外界因素干扰。专业评审工作应体现客观性、公正性和专业性，评审员对任何评分都应独立完成，不受外界因素干扰。

机场服务质量评价指标体系要求机场服务质量评价持续进行，应至少每 3 年 1 个周期，达到机场服务质量持续改进和提升的目的。

中国民航服务评价对象涵盖全国所有航空公司和机场，采用线上评价方式，并基于真实的用户行程进行点评。

（三）评价体系的主要内容说明

《中国民用机场服务质量评价指标体系》标准中，一级指标 5 项、二级指标 42 项、三级指标 129 项、四级指标 124 项、五级指标 38 项，共计标准 338 项，如表 8-8 所示。

表 8-8 中国民用机场服务质量评价指标体系分级指标一览表

分 类	一级指标	二级指标	三级指标	四级指标	五级指标	标准数量
旅客满意度评价指标	1	12				13
航空公司满意度评价指标	1	3	13			17
专业评审指标	1	25	116	124	38	304
机场放行正常率	1					1
一票否决	1	2				3
总数	5	42	129	124	38	338

旅客满意度评价指标包括 12 项二级指标，即出入机场交通、问询服务、办理乘机手续服务、安全检查服务、联检服务、登机服务、引导标识、航站楼设施设备与环境、提取

行李服务、中转服务、IT 服务、航班延误服务。

航空公司满意度评价指标包括 3 项二级指标，即安全保障、运行保障、服务保障；13 项三级指标，即廊桥、客梯车、摆渡车、其他特种车辆、停机位分配、行李服务、登机服务、客舱清洁、舱单、不正常航班（含备降航班）保障、特殊旅客服务、服务流程、服务改进。

专业评审评价指标包括 25 项二级指标，即机场旅客安全保障服务、地面交通服务、信息服务、引导服务、行李手推车、办理乘机手续服务、联检服务、安全检查服务、两舱休息室服务、离港和到港服务、中转服务、行李运输、特殊旅客、航班正常和延误服务、航站楼环境与电梯/扶梯、卫生间服务、饮水服务、商业零售服务、餐饮服务、节能环保、其他服务、机场配餐、工作人员基本服务规范、旅客意见/投诉、机场服务宣言，116 项三级指标，124 项四级指标，38 项五级指标。

机场放行正常率指标：采用民航局公布的机场年度放行正常统计数据。

一票否决包括两项指标：安全一票否决指标，即在飞行安全、空防安全、公共卫生安全、交通安全和治安消防安全等方面发生机场责任原因导致的事故或严重事故征候；服务一票否决指标，即因机场责任原因的服务事件造成恶劣社会影响，被民航局行政约见、通报批评或行政处罚。

四、强化服务监督管理

提升机场服务质量，是广大旅客的期望。坚持问题导向，下功夫解决好服务产品、服务流程及各种服务接口的短板问题。同时积极拓展社会监督的渠道，完善与国际接轨的机场服务质量评价体系和开放的社会监督体系，客观、全面、准确地评价机场服务工作，及时将评价结果向社会公布，诚心诚意接受社会监督。

1. 加强政府服务监管

制定民航服务质量监察员手册，完善服务质量监管事项库，加强服务质量日常监察，同时推动企业开展法定自查工作，把法规要求内化为企业手册和内部检查单。建立服务质量专项督查机制，针对旅客关心、社会关注的民航服务热点和痛点问题，及时开展服务质量专项督查。建立服务质量综合评价指标体系，明确评价指标、模型和方法，充分利用大数据等新技术，在公正、客观、透明等方面不断完善服务质量评价机制，支持社会第三方开展服务评价工作。健全服务质量评价结果运用机制，将评价结果与购租飞机、航权、时刻、专项资金安排等资源分配挂钩，促进行业持续提升服务质量。

2. 强化行业服务自律

民航运输协会、机场协会等行业协会要完善行业服务质量自律规范，加强行业服务质量自我监督，评估会员企业服务水平，曝光行业服务事件，形成有效的行业自律和自我监督机制。要充分发挥行业协会的桥梁纽带作用，为会员企业提升服务质量提供沟通交流平台，为政府部门制定行业服务政策措施献计献策。

3. 加强服务信用体系建设

建立民航企业服务信用管理制度，大力倡导服务承诺制，推动航空公司、机场、销售代理企业等航空市场主体面向社会公布服务承诺。将其遵守服务法规、标准和履行服务承诺情况纳入民航行业信用管理体系；对于违反服务法规、违背服务承诺的行为实施联合惩戒，做到"一处受罚，处处受限"。完善旅客信用信息记录，对旅客扰乱航空运输秩序、危及航空安全、造成严重社会不良影响的行为予以记录并实施约束惩戒措施。

4. 拓展社会监督的渠道

提高运行管理服务水平，除了一系列内部机制的建立外，引入外部的监督也很重要。"不识庐山真面目，只缘身在此山中。"服务水平的高低，问题的所在，旅客有直接的感受，旅客才是最终的评判者。2005 年，北京首都国际机场聘请了来自社会各个行业的航空公司常旅客，请他们担任监督北京首都国际机场服务的"神秘旅客"。这项监督机制的建立，使航空公司、机场以及各联检单位有机会直接倾听"神秘旅客"最尖锐的批评和中肯的建议。除了每半年一次的"神秘旅客"座谈会外，"神秘旅客"平常可以随时将意见传达给机场服务品质部，对"神秘旅客"反映的问题，首都机场股份公司服务品质部都有跟进的整改措施，并且反馈给"神秘旅客"。这项制度坚持 12 年来，"神秘旅客"反映的问题不计其数，"神秘旅客"的人数也在不断增加。

"神秘旅客"监督机制能够发挥最大作用，需要有一个前提条件——机场重视服务质量，能够虚心听取旅客的意见。针对旅客提出的任何意见，机场认真对待，找出原因，制定改进措施，从而促使机场服务品质的提升。而这种以旅客需求为导向的思想，也是机场服务质量不断提高的根源。只有不断向旅客提供更富活力、高品质的服务，不断满足并超越旅客期望，才能赢得旅客的信任，才能让机场服务更上一个台阶。

思考题

1. 机场服务是一种商品，它具有哪些特点？
2. 民航运输服务质量具有哪些特性？
3. "十三五"期间民航服务质量的指导思想是什么？
4. 提升民航服务质量的基本原则是什么？
5. 简述"真情服务"的内涵和外延。
6. 简述真情服务的本质要求和内在价值。
7. 如何坚守真情服务的底线？
8. 服务中如何体现崇尚人文关怀的理念？
9. 创新是真情服务的生命力，从哪几方面拓展创新思路？
10. 民航员工是真情的主体，如何打造高素质的员工队伍？
11. 界定"正常航班"的标准有几条？
12. 简述《航班正常管理规定》正式发布的意义。

13. 从行业战略上如何认识航班正常的重要性？
14. 航班不正常原因可以分为几大类？
15. 影响航班不正常的主要因素是哪三项？
16. 机场如何提升航班运行保障能力？
17. 航班延误后旅客的知情权如何保障？
18. 航空运输企业在航班延误后提供哪些服务？
19. 首问责任制和首见责任制的区别是什么？
20. 如何处理旅客的投诉？
21. 《民用运输机场服务质量》的作用是什么？
22. 制定《民用运输机场服务质量》的基本原则有哪些？
23. 《中国民用机场服务质量评价指标体系》具有哪些特点？

第九章

智慧机场

通过本章的学习，您将了解以下知识点：
1. 智慧机场的定义；
2. 智慧机场的特征；
3. 智慧机场的应用技术；
4. 智慧运行实施；
5. 自助服务项目实施。

打造智慧民航应当是"实现制定国际民航规则标准的主导权和话语权"及"具有引领国际民航业发展的创新能力"的重要手段。智慧机场前景广阔，"物联网""人工智能""云计算"等"互联网+"为机场、航空公司运行提供有力保障，为旅客出行带来安全、高效的服务体验。

第一节　互联网+机场

十九大报告中"智慧社会"的提出，并不是将技术作为内容和目标，而是通过智慧的方法，依托现代技术手段（信息和互联网等先进技术），解决目前社会各行各业存在的发展不均衡不充分的问题，达到满足人民日益增长的美好生活需要的目标。虽然社会的外延很大，但是对应各行各业来说，用信息和互联网等先进技术主要解决的内容是共通的，那就是"信息孤岛""提质增效""条块分割""与新技术的融合""创新""跨越式发展"问题，通过解决以上问题解决"发展不均衡与不充分"的问题。

2017年"全国民航工作会议暨航空安全工作会议"提出了民航强国应当具备八个基本特征，打造智慧民航应当是"实现制定国际民航规则标准的主导权和话语权"及"具有引领国际民航业发展的创新能力"的重要手段。当前要加快民航基础设施建设，推进建设平安机场、绿色机场、智慧机场、人文机场，大力推进民航强国发展战略，为国家和地方经济社会发展做出新的更大贡献。"四个机场"内容正是目前世界机场建设的潮流和方向，在这四个建设目标中，与其他三个相关度最高，最具时代特点和科技感的就是智慧机场。对于民航机场行业，依托现代信息和网络技术的"智慧机场"建设尚属起步阶段，这对中国民航来说是一个实现弯道超车跨越式发展的良好机会。

"互联网+"被公认为是未来社会发展的大趋势，成为科技发达国家制定本国发展战略的重点。在"物联网""人工智能""云计算"等"互联网+"新时代背景下，机场为顾客提供服务的方式正在发生变革，"互联网+"与传统航空服务的融合已成为一种必然的发展趋势，真情服务必须满足广大顾客对于智慧化技术应用的需求。

一、智慧机场的概念

智慧机场的定义：智慧机场就是运用信息和通信技术手段感测、分析、整合机场运行系统的各项关键信息，从而对包括服务运营、安全、后勤保障等辅助功能在内的各种需求做出智能响应。其实质是利用先进的信息技术，实现机场智慧式管理和运行，提高机场运行效率，进而为旅客提供良好的服务，促进机场的可持续发展。

这个定义包括四个方面：智慧机场的技术选择、方法应用、核心内容与工作目标。简单来说，就是"技术、方法、内容与目标"。

（1）智慧机场的技术选择。通过智慧的方法，依托现代技术手段（信息和互联网等先进技术），能从技术层面上支撑"智慧机场"的形成，智慧机场是技术发展的必然结果。

（2）智慧机场的方法应用。智慧的方法就是感知、互联互通和智能响应。简单来说，感知就是通过各种先进技术了解机场各方面的事物的内容和变化。互联互通就是将机场内部及外部与机场运营相关的对象进行互联，互相传递各自感知的信息，"互联互通"就是打破各机场之间的壁垒、项目之间的壁垒，达到信息传递的广泛性和公平性，更高效地建设"智慧机场"。"智能响应"实际上就是对机场运营、安全、后勤等工作内容做出科学的分析、判断和决策，智能还应该包括创新的内容。

（3）智慧机场的核心内容就是"服务运营、安全、后勤保障等辅助功能"，机场的工作核心是提供航空运输服务，因此万无一失的安全保障是航空运输的生命。与此同时，机场辅助功能很多，后勤保障必不可少。从全球的智慧应用和投入项目来看，主要集中在交通、安全和能源三个领域，这与智慧机场的"服务运营、安全及后勤保障"也是基本对应的。

（4）智慧机场的工作目标，打造智慧机场的目标就是"提高机场运行效率，进而为旅客提供良好的服务，促进机场的可持续发展"。提高效率应当是技术和方法应用的过程目标，而提供良好服务则是智慧机场的直接目标，所有这些目标的最终目的都是为了达到机场的可持续发展这一长远目标或终极目标。

二、智慧机场的特征

北京首都国际机场正在建设智慧机场，通过深入的研究、实践和总结，创新性地提出了"五维六化"模型，该模型将智慧机场的建设及互联网+机场的建设进行了有机的统一，对智慧机场建设具有较强的指导意义。"五维六化"模型如图9-1所示。

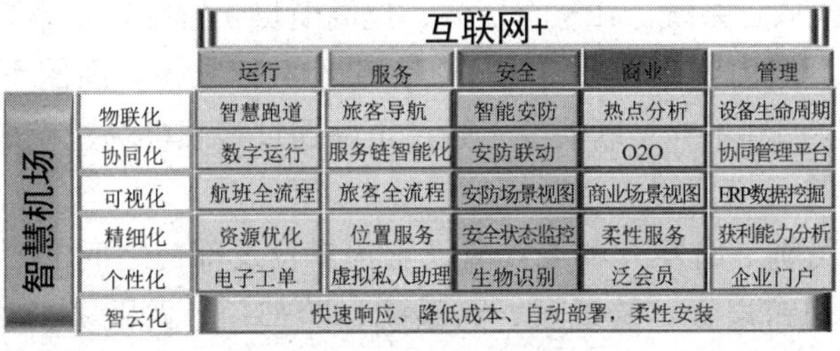

		互联网+				
		运行	服务	安全	商业	管理
智慧机场	物联化	智慧跑道	旅客导航	智能安防	热点分析	设备生命周期
	协同化	数字运行	服务链智能化	安防联动	O2O	协同管理平台
	可视化	航班全流程	旅客全流程	安防场景视图	商业场景视图	ERP数据挖掘
	精细化	资源优化	位置服务	安全状态监控	柔性服务	获利能力分析
	个性化	电子工单	虚拟私人助理	生物识别	泛会员	企业门户
	智云化	快速响应、降低成本、自动部署、柔性安装				

图9-1 北京首都国际机场"五维六化"模型图

从以上模型看出智慧机场业将依赖于现代信息技术和人工智能技术，从智慧安全、智慧运行、智慧服务、智慧商业和智慧管理五大业务领域入手，打造新时代的智慧机场。

智慧机场具有物联化、协同化、可视化、精细化、个性化和智云化六大特征。根据北京首都国际机场的经验，智云化及物联化要求在进行云平台及物联网等基础设施建设时应该遵循统一规划的原则；协同化表明智慧机场的协同应该是"五维"的全面协同，而不应该有所偏重；个性化、精细化及可视化都是用户随着信息化应用水平的提升而不断要求改善的用户体验。

（一）物联化

物联化，简单地说，就是通过技术手段使两者或者多者联系起来的一种科技。现有的物联网技术通过 RFID 技术（无线射频技术）、视频识别技术、红外传感器、全球定位系统、激光扫描器等信息自动采集设备，按约定的协议，根据需要实现物品互联互通的网络连接，进行信息交换和通信以实现智能化识别、定位、跟踪、监控和管理的智能网络系统。物联网技术可以简单地分为标识、感知、处理及信息传输四个部分。作为新兴的高科技，它被广泛地应用到了我们的生活当中，并且因为其所带来的种种好效果，也加大了人们对其的开发挖掘。在不久的将来物联网技术也许会应用到我们生活中的各个方面，以便于我们更好地生活和工作，如图 9-2 所示。

图9-2 物联网

（二）协同化

随着行业发展规模的不断扩大，民航运行体系的复杂性进一步增强，各子系统之间的相互影响更加突出，对行业发展协调性的要求越来越高，如空管的 CDM 协同决策系统、机场的 A-CDM 协同放行系统，在整合资源、提高航班正常率以及系统整体运行效率等方面都具有积极作用，但由于在基础设施规划、建设、标准等方面的不同步、不兼容等问题，导致系统之间协调性不够、联动性不强，正好通过智慧机场建设来解决系统之间协调性的问题。

从打造"智慧民航"出发有利于实现民航各单位及部门之间的"技术融合、业务融合、数据融合，实现跨层级、跨地域、跨系统、跨部门、跨业务的协同管理和服务"，促进民航全员参与创新，从而实现颠覆性创新，最终为民航强国、交通强国、科技强国服务。

最近，中国民航局组织了计划司、财务司、国际司、运输司、机场司、空管办等司局及民航规划研究机构，会同各地方省（区、市）发改委、铁路、海关、国检等单位的领导和专家共同编制多个地区的航空枢纽战略规划。从规划设计单位的角度来看，这些规划的编制在服务现代综合交通枢纽和促进区域经济社会发展的同时，亦是对民航规划设计水平的极大的促进和提高。能够带来这个附加价值的主要原因是通过"三融合五跨越"解决了各相关单位条块分割、规划设计闭门造车的问题。从"智慧"的含义来说，这个结果实际上就是打造智慧民航的效果，也符合"互联网+"的思维，就是 1+1>2，依托融合跨越产生新的价值和附加价值。

（三）可视化

智慧机场建设重要一环的全程可视化，包括运行可视化、安全可视化、服务可视化，需要通过 ICT（信息）技术的支撑，具体落实到"端、管、云"三个方面。"端"包括手持终端和部署在各处的新式摄像头，可以传视频、语音以及进行抓拍，这是支撑可视化的基础；"管"则用来传送各终端的数据，并支撑包括高密 WiFi 以及 SDN 传送网络等在内的机场网络；"云"作为计算平台，进行大数据挖掘。通过端、管、云来支撑安全可视、服务可视和运行可视。

（四）精细化

在智慧机场里，自助设备将有很多，使用范围也更广，从而大大减少旅客在人工值机柜台前排长队的现象。而在使用自助值机终端机打印的登机牌上，还会提示旅客现在去哪条通道过安检最省时。例如，由 NEC 公司研发的旅客客流分析与疏导系统目前就可以根据各安检通道的客流量和面部识别算法，判断旅客的通过时间以及当前哪条通道的人较少，然后进行自动分配，向旅客提供实时变化的指引信息。实际上，如今一些大型医院的取药系统也是基于同样的原理：患者在拿处方交费后，会得到一张纸条，上面写明去药房几号窗口取药。这样就避免了患者扎堆儿到某一个窗口排队的情形，使每个窗口的客流量得到平均分配。

（五）个性化

在智慧机场中旅客获得个性化服务。旅客通过移动设备获得他们需要的所有旅行信息，如知道航班的准确出发时间，并已确认行李安全地装入飞机；手机地图让他们通过最短路径引导到登机口。航空公司和地面服务提供商知道旅客的位置，并通过移动设备通知不在登机口的旅客。如果预测旅客不能及时登机，那么系统可以自动重新预订航班。通过空管、机场和航空公司的信息沟通，所有利益相关者能共享空中交通管理数据，甚至让"流控"消失。要实现这些目标，未来机场始终离不开"智能"二字。

机场工作人员在智慧机场中，可以清楚地了解自己的客户是谁，什么时候旅行，如何预测高峰需求从而减少排队情况，如何为员工排班，如何优化停车位……未来机场还能基于旅客的位置和偏好，在征得其同意的前提下将合适的产品在合适的时间营销给合适的旅客，从而实现零售收益的最大化。此外，机场实时了解航空公司飞机的位置，能够减少在机坪上的延误时间，并减少燃油消耗和缩短经停时间。机场实施实时商务智能，能够更好地部署资源，从而大大减少在安全检查站等地方的等待时间，大大提高机场运行效率。

（六）智云化

智云化服务让 IT 服务更加标准。很多机场现在已经迈向了云计算的时代，可推出服务云、商业云、社交云以及会员云等。

三、应用技术手段

智慧机场应用手段有以下几种：互联网、大数据分析技术、云计算、生物计量技术、移动技术、物联网技术、人工智能、无线技术、信标技术及蓝牙技术。

（一）互联网

互联网是始于 20 世纪中叶的第三次科技革命的延续及深化，加上信息技术才完整。互联网诞生的初衷是传递信息。随着它的发展，改变了传统信息传播与处理方式，从而对世界产生了广泛而深远的影响。21 世纪互联网浪潮席卷全球，带来的创新和变革前所未有，正加速改变着世界面貌。从 1994—2019 年，短短 25 年时间，我国已成为名副其实的网络大国，互联网规模全球第一；网络用户全球第一，有 8.54 亿网民；手机用户全球第一，达到 12 亿用户；利用手机上网的人数占到手机用户的 60%～70%，也是全球第一；互联网交易额位居世界前列。互联网信息技术已经渗透融合到各个领域，深度影响着各行各业的发展。应运而生的新变化、新课题、新挑战考验着我们的智慧和能力。

互联网是信息化的基础。机场互联网基础建设促进了信息化发展，满足机场各业务部门和相关单位对信息化井喷状态的需求。

北京首都国际机场在互联网系统建设方面，共有包括航班信息处理、地面资源管理等在内的 200 余套系统、200 余套服务器、2 000 余台网络设备和 7 万多个信息点。在近 20 年的时间里面，北京首都国际机场信息化经历了四个阶段：从电子办公简单应用的阶段到运行支持集中建设的阶段，再到全业务流程支持阶段，最后到持续创新、推动发展的阶段。

为创新构建智慧机场，北京首都国际机场创建了"五维六化"的模型。在模型构建的基础上，我们从互联网技术层面划分了四个平台：协同运行平台、旅客服务平台、安防管理平台和商业管理平台。

（二）大数据分析技术

马云称大数据是"一次互联网技术革命，数据是核心资源，未来数据是生产资料，计算是生产力"。

大数据应用的基础，源自技术进步带来的效率提高和成本下降。英特尔中国区总裁杨旭表示："拿 DNA 排序来说，10 年前分析一个人要一个月时间，花 1 000 万美元；现在只要一周，花 1 500 美元。我们的目标是 3 年后用 24 小时，花 500 美元，这就是数据的革命。"

大数据意味着四种能力：一是集成和融合，海量数据汇集带来价值的提高；二是计算，通过云计算，大数据能够被迅速利用；三是洞察，人们可以由此发现新的规律，重新认识事物间的关系；四是预见，能够帮助人们决策。

民航产业积聚了大量存量优质资源。早在 20 世纪 90 年代初，各航空公司就已全面实行实名制，旅客数据资源高端、干净、完整、真实。2017 年，整个民航业旅客数量为 6.14 亿人次，每位旅客平均航行时间为 2.5 小时，所有旅客的年度总航行时间近 15.35 亿小时，相当于淘宝移动端一年的使用量。然而，在如此庞大的时间情境中，旅客却是基本处于信息孤岛的状态。

30 年来，民航产业业态和商业模式可概括为"一张票经济"，整个产业上下游只有一个核心收入来源——机票。然而，用互联网眼光看待，如此大规模的人流和闲置时间，使得航空公司、机场本身就成为优质的平台资源。如果能实现从平台中要价值，从航前、航后的资源中要价值，就能让"一张票经济"模式得以升级。

同时，民航产业链较长，涉及制造、消费、运输、物流、旅游、教育、金融、基础设施建设等多个环节，人流、物流、信息流、资金流交错密集。每个环节都有互联网改造的空间和潜质。

这给民航业也带来了启示。从信息技术的角度讲，当前空管、航空公司、机场的资源及信息共享程度仍有较大提高空间。如果能够搭建一个大数据平台，让各方都深度参与其中，将有可能大大降低航班延误率。

未来，从最低投入的简单分析到一个航空运输企业业务的商业智能、业务优化与管理，对这些数据进行收集、汇总与分析，所涉及的业务范围将非常广泛。例如，这些智能处理可以优化飞机燃油管理，实现节省总体油耗的目标；可以对航路进行优化，缩短飞行距离，从而降低油耗和碳排放；可以优化机场交通和起降顺序，实现所有航班的同步协调，缩短在机场等待的时间；可以汇集同类系统甚至整个航空公司的完整数据，从而不断提高运营效率；可以协助预测维修维护时机、零部件采购时机和数量，减少因为维修维护而耽误的时间，增加可正常运营的时间，从而提高整个航空企业的商业绩效；等等。

（三）云计算

云计算是指使用远程服务器网络存储、管理和处理数据，而不是本地的服务器或个人计算机。然而，在现实生活中，云计算的用户实际上并不知道他们使用的物理设备或运行的软件是在非本单位特定位置上的。作为航空业的使用者，现在和今后使用逻辑地址或名称访问，能够在任何地点通过互联网启用任何设备，以相同的方式完成相同的任务，而根本不用管设备在哪里。

2011 年，国际航空电讯集团（SITA）推出了 ATI 云计算，SITA 在 Citrix 服务器上运行云计算应用程序，使用者可以通过台式机、笔记本电脑或平板电脑访问，而且可以根据客户的需求提供量体裁衣式的服务。以前的软件作为服务的应用程序，往往采用一刀切的模式，如今的云计算可以自定义级别。

  航空公司可以决定他们想要分享的数据和信息。例如，航空联盟成员可以共享客户数据，以确保客户获得一致的服务。SITA 的服务器处于多个位置——亚特兰大、法兰克福、新加坡——以满足不同区域用户的需求。而且在这些地点的运作保持一致性，组件是相同的，设计是一样的。这种一致性也意味着客户可以在任何地方完成工作。

  Amadeus 公司的云计算项目更多地考虑机场的工作。例如，增加自助服务设施并推出旅客远程办理值机手续服务，有助于减少旅客等候时间，优化客流处理流程，提升旅客出发前的体验。此外，机场通过允许航空公司共享物理空间和 IT 资源，搭建统一的信息平台，释放更多空间，推动收入增长，如采取商业或零售促销举措等。

  例如，伦敦盖特威克国际机场使用了 Amadeus 公司基于云计算的 A-CDM 平台，在机场环境中获益匪浅。该云计算平台提供一体化聚合的视图，机场、航空公司和地勤人员的业务活动被统一在一个平台上。这提高了透明度，从而优化了决策流程并提供了实时准确的数据，允许用户确定可能出现的服务中断，减少航班延误，优化现有的运营。

（四）生物计量技术

  生物计量技术是通过对人的面部、虹膜或指纹的查验完成身份的识别。这项技术已在许多机场得到推广，主要应用于边检电子门、护照自动查验机、专用快速通道等设备的认证。生物计量技术现已成为标记旅客身份唯一性的最有效的方式。

  在不久的将来，从跨入机场大门的那一刻起，旅客的身影就会被无处不在的摄像头捕捉；接下来，旅客的身份将被系统自动识别。从自助值机、自助托运行李、快速通关直至自助登机，除了安检外，其他环节旅客都可以自行完成，不用跟人打交道，整个过程快捷高效，大大节省了出行时间。阿鲁巴机场当前推行的"愉悦流程（Happy Flow）"是生物计量技术最为前沿的应用，它由史基浦机场集团、荷兰皇家航空公司、荷兰政府、阿鲁巴政府联合 Vision-Box 公司共同开发。它应用面部识别技术，对旅客脸部特征进行记录比对，以完成相关流程的验证。旅客只需在几个节点接受面部扫描，而不必出示护照和登机牌，便可完成值机、行李托运、通关与登机等全部流程。该项目实现了全流程的无缝衔接，节省了旅客排队等待时间。

  现在，自助值机行李托运设备已成为全球机场里都很普遍的设施，而生物计量技术能够为安检增加一道新的防线。新西兰航空在奥克兰国际机场安装了首批 13 台生物计量自助行李托运设备，内置一部相机，在旅客托运时能够捕捉其面部图像，快速完成行李值机。而于 2017 年下半年投入运营的新加坡樟宜国际机场 4 号航站楼全面应用了面部识别技术。

  另外，澳大利亚全国的机场计划将采用一套生物计量技术系统来取代目前的智能门（Smart Gates），通过识别生物信息，如面部、指纹以及虹膜等数据来核验旅客的身份，收集得到的信息将匹配机场的大数据库。澳大利亚政府部门表示，到 2020 年，90%的旅客都能通过验证生物信息通过安检,无须地面工作人员的协助。

生物计量技术已经应用到移民和海关检查站,也是应用同样的技术。除了人脸外,还能通过虹膜、指纹等生物特征进行识别,从而进一步提高准确率和安全性。如今,北京首都国际机场的 2 号和 3 号航站楼、上海浦东国际机场的入境边检处都安装了自助通关设备,能够自动记录和识别人脸,部分旅客在入境时刷一下护照(必须用已采集了指纹信息的新版护照)就能通过边检。北京首都国际机场还将实现出境边检处的自助通关。

又如,哥本哈根国际机场 2016 年引进了自动化的边境管制技术;罗马菲乌米奇诺国际机场已经安装了自动化的边境控制柜,60 秒内完成护照数据收集,这可以让出入境处的工作人员把重点放在其他领域的管理上。越来越多的机场将引入新的生物特征识别技术。新加坡樟宜国际机场正在朝着这一方向发展,其新的 T4 候机楼 2017 年启用,引入面部识别技术。按照该机场发言人的说法:"T4 候机楼将进一步提高在每个客户接触点的效能,我们引入新的生物特征识别技术,在值机、移民和登机时进行身份验证,以提升效率和旅客体验。我们相信这将改变游戏规则。"

当然,想要彻底取代传统旅客证件,生物计量技术的应用还有很长的路要走,尤其是在识别精确性和安全性方面,以 SITA 为代表的技术供应商还须进一步研发。许多机场对新一代生物计量产品寄予厚望,将其视为能够提供机场无缝体验的关键因素。

(五)移动技术

全球消费趋势研究机构未来基金会进行的一项研究发现:现在一般人超过一半时间上网是在智能手机或平板电脑上,而不是在台式计算机或笔记本电脑上,91%的用户在任何时候都保持他们的移动设备处于伸手可及的地方。此外,58%的移动设备用户会在网上查找商店位置和营业时间,70%的机场乘客携带智能手机,其中 90%的乘客想要接收航班状态更新和其他重要的信息。由此可见,哪个机场抓住了这个机会,就意味着其能够在竞争中立于不败之地。

各大机场都在力推各自的移动 App 使用程序。易捷航空已经利用一系列数据提升了旅行体验。该公司与伦敦盖特威克国际机场合作,推出了"移动主机"App 项目,通过将机场系统的实时数据和谷歌室内地图、旅客机票预订详情、旅客位置和航班时间结合起来,为旅客提供个性化的指导和最新信息。它们会将值机提醒、行李托运指示、登机口位置、实时登机口推送通知等信息直接发送到旅客的手机上。

为了更好地服务用户,该应用程序利用无处不在的智能手机和平板电脑,满足乘客个性化的需求。该应用程序可以满足如下需求:① 跟踪乘客的航班,得到抵港和离港航班的最新名单,以及登机门的信息,通过添加或删除"MyFlights(我的航班)",获得有关航班更改和状态更新通知。② 候机楼地图:找到整座航站楼中的商店、餐馆和其他设施,还包括商店和餐馆的具体信息和营业时间,帮助乘客发现他们真正想寻找的地方。③ 自驾车停车安排:根据乘客的出行时间找到最好的停车位,在线选择并保留乘客的停车位,"停车提醒"工具帮助用户记住停车的精确位置。④ 当地交通:找到下一班城市公交车的到达时间,预订一辆豪华轿车或机场出租车,等等。⑤ 用户服务:如果乘客到达了,但行李没到达,能够帮助乘客迅速找到所需的电话号码。该机场正致力于开发允许乘客将他们的行李照片上传的功能,以帮助乘客快速定位行李。

(六)物联网技术

物联网是物物相连的互联网。这些"物"可以是任何物品或设备,而且对"物"的数量没有限制,唯一受到限制的是人们的想象力。

通过物联网技术和定位技术实现全流程追踪,将行李箱和旅客以及航班进行绑定,并完成相关的管理工作。旅客在整个行程中的一些"痛点",如行李处理和航班中转问题。有了物联网技术,智能手机 App 能够追踪行李,甚至行李也能够感知旅客的位置。当旅客走进行李提取区域时,旅客的行李能够感应到,从而选择并进入离旅客最近的行李传送带。另外一个"痛点"是旅客在搭乘中转时间很紧张的航班时容易焦虑。机场的旅客感应器能够帮助航空公司更加精明地决定何时需要等待旅客,以及何时关舱门。想象一下,登机口给旅客发信息说:"我看到你的航班已经落地,你将花费大约 8 分钟时间走到中转航班的登机口,而这个登机口将在 12 分钟后关闭。"

物联网中的重要部件是传感器。传感器有望管理整个旅程的"压力点",在电梯、行李带、自动人行道、自助值机亭、行李托运站和登机口等基础设施上都将安装传感器,机场的行李搬运车、轮椅、工作人员、旅客也将相互连接。甚至在转机巴士、火车上都装有传感器。在飞机上,传感器将测量客舱温度、空气质量、光线亮度,甚至追踪餐车和免税品手推车。

其实,物联网还可以做很多工作,如物联调度的管理、定位导航、商业规划、资产管理等。

(七)人工智能

2016 年上半年,日内瓦机场试运行了由 SITA 研发的行李自动处理机器人 Leo,它应用人工智能技术,在航站楼内及周边来回移动。Leo 不需要员工操作便可以帮助旅客完成行李标签打印及张贴、值机等全流程。在使用时,旅客只需点击 Leo 自带的屏幕,将行李放入上面的托运箱,再通过扫描登机牌完成行李标签张贴,Leo 便会关闭托运箱,自动把行李运到对应航班的行李处理区域。此外,奥克兰国际机场、东京羽田国际机场也引进了智能机器人,从事行李搬运、清洁、引导、问询等日常工作。它们在减少人工成本投入的同时,也提高了机场保障效率。2016 年年初在拉斯维加斯举办的消费类电子产品展销会(CES)上,机器人成为展会上的热议话题。未来,人工智能机器人将在交通运输领域内扮演更为重要的角色,并成为一个新趋势。

利用人工智能,可在呼叫中心、手机 PC 端实现机器人客户服务,解决大多数常见问题,先进的"意图识别引擎"可在与旅客进行多次对话中挖掘用户潜在需求,将学习到的内容存到知识库中,再通过移动终端向用户发送个性化服务。例如,东方航空联合微软后台接入微软小冰,使乘客与机器人对话中,在规范化的服务基础之上满足个性化需求,可以获取登机通知、预订餐食,还可以通知家属准时接机。荷兰航空已实现通过其外接的某聊天机器人平台，让旅客确认订票信息及相关的舱内服务。然而人工智能需要学习，首次遇到复杂问题时，需要人工干预，只有人工与智能相结合，才能实现完美服务。

发生大面积航班延误后，可借助人工智能算法，为航空公司和旅客一键式提供最优解决方案，并根据实时数据自动改变策略，最低程度降低旅客与航空公司的损失。例如厦航与阿里云正在开展"航班智能恢复课题"合作，从航班恢复、机组恢复、旅客恢复三个角度入手，引入智能快速恢复平台实现航班智能恢复。在解决航班恢复问题上，人工智能需从多元化角度考虑方案，包括旅客、航空公司、成本、时间、忠诚度、行李等。

人工智能可为进港飞机 24 小时不间断地合理安排机位，将出港飞机列入排队计划，为每架飞机安排起飞时刻，帮助管制员监控飞机飞行状态和气象信息，提高机场运行效率，降低管制员工作压力。飞友科技与机场合作建设的协同决策管理系统，采用飞机、车辆定位、视频分析等智能设备，梳理出 38 个航班运行关键节点，提高了机场运行效率和旅客的乘机体验。

人工智能算法可以对机场停机位进行优化，借助机场固定摄像头和摆渡车、加油车上安装的摄像头，可对全部车辆进行监控，车载防碰撞装置可减少地面事故损失。阿里云智能大赛中，人工智能算法可使滑行道冲突率从 42%降低到 5%，近机位乘客的比例从 77%提高到 94%，实现将近千架飞机停机位的秒级分配。

（八）无线技术

国际航空电信协会（SITA）数据显示，全球机场在 2016 年的 IT 投入达到了创纪录的 90 亿美元，而其中对移动技术的投入占比很高，这是因为航空业在不断寻求新的方式来满足旅客的互联互通需求。

从在移动端订票到即时更新航班信息，都可以看到移动技术所发挥的作用。机场无线网络是满足旅客对移动数据需求的主要工具。目前，旅客对无线网络的需求可谓不断增长，他们查看社交软件，在线观看体育直播、视频以及听音乐，或下载办公资料，都需要接入 WiFi 网络。

SITA 预测，到 2019 年，84%的机场将通过移动应用程序向旅客提供服务，但无线网络的发展不止于此。物联网（IOT）的出现也与其息息相关。未来，地面运行、安全检查、跑道监察、行李处理和建筑物管理都将通过互联网连接物体的方式实现相关功能，这些物体通过嵌入的感应器来收集和交换数据。

为旅客提供快速、稳定的无线连接设备是机场的首要任务，但是像机场这样人流量大的场所，由于使用频繁，蜂窝基站和设施都在超负荷运转，这使网络连接质量大大降低。

为了给旅客提供随时随地的连接体验，解决无法登录 WiFi 的难题，越来越多的机场开始引进 Passpoint 技术。Passpoint 是一个能够实现无缝、安全且 WiFi 自动接入的无线协议，它能够彻底改变旅客连接 WiFi 的方式，省去 WiFi 网络接入与浏览器跳转登录的步骤，极大地提升了旅客在机场内的网络接入体验。

因此，无线连接对航空出行至关重要。而随着技术不断发展，即便是技术最为成熟的机场也将面临数字变革所带来的挑战。

无线技术给旅客带来更好的旅行体验。悉尼国际机场在航站楼内引入了能够同时监控 18 000 台移动设备的无线网络跟踪技术，这样可以对旅客流量进行精确的数据分析。例如，通过数据管理和分析，可以实时查看旅客动向，精确了解旅客在某个特定区域内的停留时间，以及到底有多少旅客在零售区域内停留；查看旅客在等待安检、边检以及海关检查时所需要的等候时间。大数据管理结合移动智能技术，将有效地助力机场的运营管理和零售管理。

（九）信标技术及蓝牙定位系统

信标技术的英文是 Beacon，其原意是烽火台、信号塔，引申为发射信号的设备。目前信标技术在机场内的应用主要是，基于楼内的信标定点设备，通过旅客随身携带的设备提供定位、导航服务，并推送定制化的商业活动信息。手机安卓和 iOS 两大系统基于手机蓝牙功能，分别建立了 Eddystone 和 iBeacon 平台。这推动了信标技术的推广，阿姆斯特丹国际机场、香港国际机场和洛杉矶国际机场此前都对信标技术进行了应用尝试。

高精度蓝牙 4.0 室内立体定位系统的智能手机机场综合服务系统与航空公司和机场目前使用的服务系统相比，是一种基于高新技术的综合服务系统，是一种既可提升旅客出行体验，提高服务质量，又能为企业带来新的盈利收入的系统。这不但符合旅客对于机场与航空公司服务提升的需要，更有利于开拓航空公司与机场盈利模式，赚取非航空性业务收入。

所谓蓝牙 4.0 室内立体定位系统，其实是利用目前在各类智能手机上应用的蓝牙技术，依靠可以与支持蓝牙手机进行低功率无线接驳的蓝牙 Beacon 定位器，确定手机持有者 3D 位置的技术。该技术除了可以通过蓝牙系统精细确定手机持有者的空间位置外，还支持免费的无线信息传输和推送。

基于蓝牙 4.0 室内立体定位系统的基本功能，航空公司和机场可以按照自己的服务定位开发专门的软件 App，让旅客通过网络下载或扫描二维码等方式在手机上安装 App，在出行时形成与航空公司和机场的蓝牙接驳。旅客授权接驳后，在抵达机场后，只要打开自己手机的蓝牙功能，就会自动进入到蓝牙定位器的覆盖范围。此时，旅客在机场的具体位置、所乘坐的航班信息、旅客个人信息、特殊要求等相关出行信息都可以清楚地被系统知道。

而系统此时则可以根据旅客的位置信息结合其所要乘坐的航班，通过 App 中所集成的候机楼立体导航软件，通过类似行车导航软件导航的方式，用语音和图示的方法指引旅客办理乘机手续。这样，不但可以帮助旅客在环境复杂的候机楼中以最为便捷快速的路径抵达自己想要的值机柜台，还可以根据旅客自己的选择，指引他到自助值机区或是人工值机区，人工托运行李或自助托运行李。由于后台可以进行数据分析，因此系统可以智能地将旅客引导到排队最少的值机柜台或安检口，快速完成手续办理。而如果机场变更登机口或出现航班延误，系统也会在第一时间将变更信息推送到旅客的手机上，并进行延误或变更原因的解释说明以及处理意见，从而减少旅客因情况不明而造成的情绪波动和不理智行为。同时，对于航空公司而言，只要旅客手机的蓝牙功能开启，航空公司的地面服务人员就可以通过系统清楚地知道旅客的具体位置。如果出现旅客因为闲逛候机楼或其他原因不能按时登机的情况，也可以迅速找到旅客，从而减少因旅客原因造成的行李清仓或延误。

此外，当旅客抵达目的地机场后，旅客还可以通过系统知道自己的行李传送带位置、行李车尚需要多久可以传送行李，以及出租车、公交车等其他出行信息。

事实上，通过蓝牙室内立体定位系统，可以有效地提高旅客乘机出行时对航空公司的服务满意度，提升服务体验；对于降低因旅客原因造成的航班延误，提高综合资源利用率，增加因理顺中转联程航班流程而产生的边际效益也有明显的作用。而对于机场来说，不但可以有效地提高旅客服务体验，更增加了许多新的盈利模式，从而形成旅客、航空公司、机场三赢的良好局面。

目前，迈阿密国际机场已经在值机柜台、登机口、行李提取处、停车场等地方安装了 Beacon，成为全球首座完全利用 Beacon 的机场。在整座机场安装 Beacon，旅客能够收到航班延误、登机时间等信息。例如，在托运完行李后，旅客的手机就会自动收到航站楼地图，并准确显示登机口的位置，甚至到达登机口所需的时间。同时，迈阿密国际机场是美国第二座提供新的海关移动应用程序的机场，能够为符合条件的国际到达旅客提供极大的便利。

阿姆斯特丹国际机场在航站楼内安装了 2 000 多台信标设备，通过最新的 App 实现室内精准定位和导航，解决了 GPS 系统无法在封闭环境中使用的难题。旅客可以借助相关 App 前往登机口，并可以获知步行时间。此外，导航工具与导购功能相联系，帮助旅客前往商铺选购理想的商品。

香港机场则将信标技术与增强现实（AR）相结合，制订了 Star Beacon 技术解决方案，为旅客提供实景路线导航。旅客通过移动设备选中航站楼内的某个位置，然后点击导航，移动设备即可显示最佳抵达路线，旅客跟随 AR 视图下的方位指示箭头便可以抵达目的地。

综上所述，智慧机场的建设依赖于现代信息技术的巨大进步。就是由现代通信与信息技术、计算机网络技术、智能控制技术汇集而成的针对民航安全、运行、管理、服务领域的应用。近年来国内大多数机场都引入了智慧机场的概念和设计思路，虽然设计的内容、涵盖的范围、关联的领域、服务的群体不尽相同，但是基于云计算、大数据、物联网、移动应用的构架都是相似的，目的就是安全、准点、便捷、人性化，提高管理水平，打造优良的服务氛围，为旅客提供高质量的服务，让旅客感受高科技的魅力。

第二节　智慧安全、智慧运行和智慧管理

一座智慧机场体现在最大限度地让旅客安全、快速、便捷地出行。在基于信息技术的前提下，智慧机场至少应该包括两个方面：一方面是提高机场的运行效率，优化机场的运行流程；另一方面则是提升旅客的服务体验，让旅客出行更安全、便捷、顺畅，这也是目前广大旅客最为关注的一个方面。我们可以分几大层级，以智慧运行为主，在这个基础上

实现智慧安全、智慧管理、智慧服务和智慧商业。

在机场的智慧安全领域，形成机场安全管控闭环，融合大数据、云平台、智能视频分析，建立全方位、立体、主动安防体系，利用人工智能技术提供动态视频分析、人证票核验、人脸闸机等服务；在智慧运行领域，将利用物联网等技术提供的"感知—分析—反馈"能力，围绕高效协同运行进行优化，车辆识别、视频分析、高精地图和无人车等技术服务可在保障机场运行安全的同时大幅提高效率。在智慧管理领域，将采用"互联网+"管理模式，构建扁平、高效、可视化的智慧机场综合管理体系，协助机场打造企业 IM（即时通讯），基于生物特征管理机场内部员工通行权限，并利用物联网预测维保，优化节能。在智慧服务领域，提供智能客服、智能机器人、智慧交通、人流分析等，全面提升旅客在机场的服务体验。在智慧商业领域将提高机场与合作伙伴的商业价值，打造机场商业发展的 O2O 生态圈，基于大数据、AR/VR 等技术，为机场打造精准营销和个性服务，优化商业决策。

一、智慧安全

在智慧安全方面，首先是建立完整的安保平台，结合了原有的"大安防"的概念，搭建一系列安保监控平台（包括门禁系统）。特别对重点区域的旅客进行监控，依靠人脸识别等技术实现统一的信息平台监控。

如今，人脸识别技术已被有效应用。通常旅客在进入候机区前，最容易排长队的地方就是安检口和边检口。安检分为两步：第一步，由工作人员核对旅客本人及其身份证信息和登机牌信息；第二步，再由工作人员对旅客本人及其随身行李进行查验。依据民航安全方面的规定，安检的第二步必不可少，但第一步可以完成得更快更好。位于安检口的摄像头在捕捉人脸图像后，生成时会获得一个特殊的标签，系统会自动将旅客证件照片与之核对，识别旅客身份，进行相似度提示，辅助安检人员做出更加科学和客观的决策，其准确率远高于人眼识别，即使旅客换了发型、化了浓妆也没关系。因此，它还能被用来追踪逃犯。该系统还在登机口处应用面部识别技术，旅客在登机口会再次完成对人脸的抓拍，经过精确的算法，实现头像再比对，利用 0.1~0.2 秒即可核对一个旅客，大大提高了登机速度。在安检通道和安检登机这两个重要环节中，实现快速精确的人证合一审查。

北京首都国际机场独立自主研发的新一代安检信息系统已经投入使用，与之前旅客在安检开始时需要人工录入证件信息并核验相比，在使用新安检信息系统后，旅客可使用自助安检验证终端设备刷登机牌，录入安检流程的旅客信息，省略了安检人工核验身份环节。该系统还将实现在安检过程中对旅客和随身行李信息进行实时智能匹配，我们称它为人包对应，从而让安检人员一目了然，进一步提高安检信息系统的运行效率和旅客的通行效率。银川河东国际机场人脸识别安检系统，对旅客的识别率接近 99%，配合双视角 X 光机设备，大幅提高安全性和通达性。

新发明的智能地勤机器人可以与机场各区域摄像头连接，可以监控人群密度预防群体性事件，可以实现人脸识别，方便地勤人员准确寻找目标，也可以为旅客提供安保、地勤、托运、安检等基本服务。例如，日立公司推出的机场机器人还可以提供行李托运、信息咨询、机票打印等服务。

二、智慧运行

智慧运行是以大数据存储和计算作为支撑，以数据的采集、分析、决策为基础，引入人工智能，提高地面监控的预测水平，通过高度的智能分析和决策能力，完善机场的运行管理，从而帮助机场提升运行保障效率，提高安全管理水平。

目前国内大多数枢纽机场正在完成数字机场向智能机场的转型和发展。智慧运行要求对内加强航班计划管理和优化操作流程，提高运行保障效率，确保航班运行指挥体系高效运作，提升航班服务保障能力；对外加强与空管等单位的沟通协调，搭建空管、机场、航空公司的三方信息共享平台，营造良好的航班运行环境，共同促进航班正常运行。

民航机场智慧运行可以进行以下四个技术层面的划分。

第一个层面，态势感知。捕捉机场核心业务对象实时的状态，也就是数据收集。首先，针对每种业务对象需求进行定位，确保最核心业务对象位置信息的全覆盖。利用先进活动引导和控制系统，将车和飞行器进行了实时的监控；通过毫米波雷达，以及视频监控二者融合创新的 FOD（可能损伤航空器的某种外来的物质、碎屑或物体）监控方式，解决了场面外来物的探测；通过对候机楼内旅客信息流监控，实现了候机楼旅客实时位置信息全覆盖。其次，实时性的计算要求。运行要求数据必须要实时捕捉、实时上传计算。

第二个层面，优化处理。有了数据和核心系统，依靠优化处理技术去解决目前资源紧张、饱和的问题，探求机场的提升空间。也就是在核心业务系统基础上实现生产保障资源的合理分配和优化调度，提高紧缺资源的利用率，从而提高机场整体的运行效率。这就是优化处理所需要达到的目标。

第三个层面，智能交互。进一步扩大范围和共享内容，这是智慧运行的重要环节。要打破在各自业务范围内共享的界线，先在机场范围内开展机场与空管、航空公司三方协同，最后把交互范围扩展至机场集团，将来发展到机场群，即机场和机场之间的实时交互。机场运行本质上就是各大系统密切配合、共同协作完成的过程，参与者众多，过程复杂，多个系统需要共享和分析数据。因此，智能交互是提高整体运行效率的关键。

第四个层面，智慧决策。各个运行和管理部门将这些数据进一步变成知识和有价值的东西。智慧决策要依赖于数据说话，并受控于安全约束和商务契约（即运行规则）。例如，大飞机不能停靠小机位等一系列的商务约束。随着科学、技术、管理的发展，运行规则不断扩大和提升，就产生了海量的规则库，仅靠人脑无法做出正确比对，机场就需要依赖一套智能性非常高的规则引擎进行快速实时的匹配，做出正确判断，提供决策方案，而且当规则发生冲突时可以进行实时的预警并予以消解。

智慧决策还可以发现数据之间的关联性并进行分析，利用预测模型和误差修正模型实现对机场运行态势的预测，从而改善机场决策的速度和质量。另外，日常工作中有很多人积累下经验知识，例如在异常情况下及时调整机位，在这方面有非常好的操作人员，可以把这个人对机位的分析操作进行挖掘,从而让规则库进行自适应式的学习。这是优化处理的基础特征和需求。

当前我国正在创建机场群的目的就是要从追求单一的机场智慧化转变成多机场运行的智慧化,形成一种和谐的机场的生态圈。在这个过程中,最关键的是数据共享。通过全方位的深度感知,再通过空地网络,最终可以构建出以数据融合为基础的共享和计算中心平台,构建出机场运行的特征并进行深度分析。

国外亚特兰大国际机场通过建立数据中心实现了智能交互;法兰克福国际机场通过智能优化处理技术解决了场面的高水平安全监管;新加坡樟宜国际机场通过建立自己的 KPI 体系,形成了智能考核的管理和决策机制,这均是我国机场未来追求的目标。

案例 "黔程在握" A-CDM 助力贵阳龙洞堡国际机场智慧运行

2017 年 6 月 28 日,贵州省机场集团有限公司和飞常准联合研发的"黔程在握" A-CDM 机场协同决策系统正式上线运行。这标志着贵阳龙洞堡国际机场以"数据+"为驱动,利用大数据和物联网、人工智能技术,将"智慧"应用到了生产运行领域,在建设智慧机场进程中,迈出了坚实的一步。

(一)智慧运行,数据先行

"黔程在握" A-CDM 建设初期就确定了要运用国际先进理念,借鉴欧控标准,结合目前最先进的大数据和人工智能技术,完善保障数据的采集和处理,做到数据准、数据全、数据强,逐步实现数据的自动采集,减少一线员工工作量,提升机坪安全管理水平,切实提高机场运行效率,实现智慧运行。

(二)持续改进,初见成效

自 2016 年 6 月份"黔程在握"系统试运行以来,贵州省机场集团信息公司在飞常准的协助下完善了账户管理机制;优化了航班动态数据;对系统全国大屏生产实况页面进行了数据修订;此外还不断矫正算法,新增了多项数据统计;更新了 ADS-B(广播式自动相关监视)设备,优化算法,提高 ETA(预计到达时间)准确性及降落、起飞跑道数据;完善了航班保障日志记录。

"黔程在握"系统最先在贵阳龙洞堡国际机场 AOCC(机场运行控制中心)测试使用,系统方便了指挥中心工作人员对机场整体运行情况的把控,促进信息双向互通,减少了电话问询工作量;实现了对航班时刻和保障全程的监控及信息共享,保障数据支持历史查询、导出;机坪运行情况可视化并提供冲突告警功能,便于工作人员掌握航班保障进度;"黔程在握"注册用户目前已经近千人,正日益成为各单位获取机场生产运行信息、气象信息、业务保障沟通交流的重要平台。

(三)数据是基础,智能是核心

"黔程在握"正式上线后,将继续加大数据的整合力度,逐步实现南航、国航、华夏航空等航空公司航班动态及保障数据对接;还将通过 ADS-B 以及 ACARS(飞机通信寻址与报告系统)数据丰富空中飞行数据、地面滑行数据,实现 ETA 的优化与完善;增加 TOBT(目标撤轮挡时刻)时间节点,提升各地面保障单位的运行效率。

同时，系统还将以数据为基础，实现运行的智能决策。重点实现特种车辆智能调度、任务派发、登机口任务及信息传递功能，在提升安全的同时，进一步增强资源的利用率。同时还将采用智能手持终端设备，实现移动终端、对讲设备一体化，减少一线员工设备携带量。此外，为配合机坪移交，还将进行智能引导系统、空域流量监控系统的研发与实施工作。

"黔程在握"上线启动仪式的现场，贵州省机场集团副总经理龙秀毕要求各单位把系统管理好、使用好、维护好，信息及各部门协助做好沟通，不断对系统进行完善及优化，尽快使既有和未来功能发挥作用，形成战斗力，从被动使用到主动使用、乐意使用。信息公司要推进系统在支线机场落实使用，为实现机场的集团一体化管理提供技术支撑，实现驻场单位数据的全面汇集、管理。

贵州省机场集团副总经理李仕炅要求统一思想、提高认识。民航局提出安全、正点，"黔程在握"势在必行；利用大数据和人工智能进行系统建设，是贵州省大数据生态的需要，腾讯全球数据备份中心也要放在贵阳，机场需要和全省理念匹配起来；同时系统的更新也是集团公司发展的需要，目前航班正常率74%，年终目标要达到77%。他还要求齐心协力，狠抓数据准确性和完整性；变推广为服务，让每个员工得到红利，发自内心地喜欢，而不是被动接受；系统要能够更多自动生成数据，用数据破除现有壁垒；"黔程在握"要持续升华，不仅仅是进程管理系统，而应该是对整个生产保障都有推动的生产管理系统，要成为生产运行离不开的系统。

据悉，贵阳机场目前正以打造"黔程在握"A-CDM系统为契机，在持续改进智慧运行的同时，还将携手监管局、各航空公司、空管、驻场单位联合推进A-CDM平台建设，并逐步实现贵州省机场集团航班统一协同管理。未来，贵州省机场集团将按照贵州省委、省政府"大交通、大数据、大旅游"的发展战略，利用先进的人工智能技术，持续推进智慧机场的建设，将机场建设成为大数据应用中心。

三、智慧管理

（一）流程管理

智慧机场管理强调的是机场运行系统中组织之间的密切合作，全面为旅客量身定做个性化服务，并使民航业作为一个整体共同受益。通过智慧管理，对整个运输流程实行全面的组织管理，解决旅客旅途中的各种烦恼。对于大多数旅客而言，旅行的压力或烦恼来源于航班延误，从值机到登机未能顺利通过，在安检时长时间排队等候，语言交流困难时不能善解人意，因机场指示牌和显示屏不足得不到及时信息，在庞大的建筑群里使人找不到方向，等等，这些都会使旅客在机场感觉"压力山大"。现在我们需要将机场作为一个统一的智慧系统，及时跟踪、管理和共享实时信息，优化旅客航空之旅。我们在实际操作过程中，通过多个数据源收集到信息，实现数据的集成，确保关键信息和警报信息能够及时分发到管理层和员工的移动设备上，让机场所有的相关者，包括在现场的和不在现场的，得到的是同样的信息，从而实施更有效的决策。使旅客得到实时延误、变更信息，还可以通过移动设备提醒他们，根据机场地图指示何时应达到某一指定地点；不断跟踪行李，提高中转行李效率；还可以基于实时的需要，为旅客重新设计交通工具及车辆行驶路线；等等。

（二）现场管理

在移动互联网时代，随手拍、立刻传、四周播正在兴起，人人都有机会广泛传播信息，成为媒体的角色，机场中人们的一举一动、好人好事、工作人员的工作态度、工作中的弊端每时每刻都会暴露在大庭广众之下，这对机场的服务管控提出了更高的要求。层出不穷的个人曝光时常造成较大的负面影响，企业对外疲于进行危机公关，对内管控也往往采取重罚的措施，容易在内部产生畏惧、不满的情绪。究其原因，可能与内部信息流通不畅、监管难以到位有较大关系。信息通畅可以通过信息化、系统共享及流程优化来实现，而服务的监管从管理的角度来看，依靠个人自觉或靠人抽查监督都是难以科学监管的，需要更多借助机器设备、系统的全程记录跟踪，监管员只能随机抽查记录。或许这样才可以监管到位，当发生纠纷或问题时，也才能有更公正的信息证据去解决问题。

（三）设备管理

随着航站楼内各类电气设备设施运行使用年限的不断延长，设备发生故障的概率逐步提高，同时用户对服务品质提出了更高的要求。北京首都国际机场动力能源公司积极探索管理手段，用智慧管理思维突破传统管理方法，锐意创新。

通过分析、比较各类信息存储模式，他们发现二维码在日常生活中具有广泛使用性，且具有成本低、易携带等特点。同时，数据库具有普通印刷品难以比拟的大信息量优势，通过"互联网+"的形式，可以起到随时提示、检索的作用。对着一台设备上设置的一个二维码，用手机扫一下，手机上便立即显示出这台设备的全部信息。实施"互联网+"安全管理，可以随时掌握设备信息，更灵活，更便捷，更有效率。这个创新的安全管理方法，让北京首都国际机场对航站楼内的末端用电设备实现了快速处置和有效管理。这一新方法引发的"蝴蝶效应"逐步显现，可以在机场所有设施设备上推广使用，提高机场保障系统管理水平。

一线员工临时接到报修任务，到达某故障设备点，只需要拿出手机或读码器在该设备的指定位置找到特定二维码，扫一扫，手机上就会弹出一个页面，设备的数据编号、上级电源位置、所属单位、用电等级以及用电报修联系方式等信息就会显示出来。在不熟悉楼内环境时，可以迅速查看设备信息，提高报修的处理效率。

更重要的是，在遇到设备用电故障时，用户可以通过二维码及时报修，消除了时间和空间带来的障碍，减少了繁复的信息流程带来的经济损失。这得益于相匹配的大数据库所提供的数据源。这就是大数据库下的"互联网+"安全管理方法。在简单的二维码后，是一张无形的安全管理网络，而二维码就是进入大数据系统的钥匙。对某一二维码的扫描，意味着整个管理链条运作的开始。

未来，北京首都国际机场动力能源公司还将持续完善设备"二维码身份证"，通过二维码将设备维保记录、维护周期、远程诊断、设备参数等相关信息逐步引入数据库，夯实北京首都国际机场持续安全的基础。

第三节 智慧服务、智慧商业

机场向来都是新技术应用的前沿领域，一方面，在于科技创新是提高机场运行效率和安保水平的有效手段，使机场管理方重视对相关技术方案的引进；另一方面，在于机场服务的人群具有高端特点，他们乐于接受各种新事物，这有助于新技术的试用与推广。科技不断变革着机场与旅客的互动方式，智慧服务在提高机场效率的同时，也给旅客带来了安全、高效的体验。关键业务流程的简化，将最大限度地缩短旅客在机场值机、行李交运、安检、登机的时间，提升机场商业、休闲、文化价值。机场将借助自助服务新思维，实现航站楼功能从旅客服务向顾客服务转型，从基础流程服务向综合社区服务转型。

一、自助服务

（一）全球民航自助服务的发展现状

自助服务已成为国际各大机场简化乘机流程的重要手段。在欧洲、北美和澳大利亚的机场内，大量的人工服务已开始被自助服务取代，这为机场、航空公司以及旅客都带来了诸多便利。随着自助服务在全球的大量普及，它已成为民航全球化无缝衔接飞行流程的重要手段之一。

根据国际航空运输协会（IATA）的预测，到2020年，预计全球有80%的旅客可享受到全流程自助服务的"便捷旅行"体验，也就是说，旅客在机场的14个关键服务接触点，几乎都能用自助服务的方式来代替传统服务。

所谓"便捷旅行"，是IATA在2007年推出的一种服务模式。它第一次提出了乘机过程全流程自助服务的概念。这一概念包括自助值机服务、自助行李托运服务、自助航班改签服务、自助证件查验、自助登机、自助行李查询六大项目，使旅客在旅行的全过程中，可以通过自助的方式完成所有民航必需的服务流程。目前，全球已经有114个航空公司/机场实施了全流程的自助服务。在欧洲、北美和澳大利亚，旅客的民航自助服务已进入成熟阶段。

一些航空公司表示，对于经验丰富的旅客来说，先进的自助技术将加快其在机场的体验——仅托运行李这一过程便可节约1~2分钟，这样航空公司的员工便可以集中注意力为有问题的旅客提供服务。国际航空电讯集团（SITA）机场主管奥康纳表示："这个计划，更多的是可以用现有的资源接待更多的旅客吞吐量，而不是节约人力资源。"

根据国际航空运输协会提供的数据，目前，"便捷旅行"在全球已被广泛使用。其中，北欧航空公司使用率高居榜首，乘坐该公司飞机旅行的乘客，有超过89%的人在乘机的全流程中使用了自助设备，而乘坐澳洲航空和新西兰航空的旅客，他们对自助设备的使用率也很高，均为65%以上。

机场和航空公司大量推出自助服务，不仅因为这项服务可以使旅客感受到更方便快捷的旅行体验，更在于这项服务可以为机场和航空公司带来极大的收益。由于大量采用自助设备，航空公司和机场节省了大量的人力，在不增加人员投入的情况下，大幅增加了服务窗口，扩大了机场接待旅客的吞吐量。并且，通过大量采用自助设备来替代人工服务，使机场空间得到最大限度的释放，从而为更多的商业运营留出了余地。而由于自助服务的方便快捷，旅客在机场内各环节的等待时间大大减少，这也让他们有了更多时间来浏览商品。

据IATA的预测，当全球80%的旅客在旅行时使用自助设备来完成全流程服务时，那么全球的民航业每年将可节省21亿美元。

（二）自助服务实例

1. 自助值机

如今，越来越多的旅客通过自助值机提前办理值机手续，国内自助率已经突破60%，自助值机包括网上值机、手机值机（微信值机、App客户端、短信值机）、CUSS值机（机场自助值机设备）等多种自助值机方式。SITA调查显示，中国旅客对自助服务表现出浓厚的兴趣，尤其是那些可利用个人移动设备办理的自助服务。无疑，大量旅客都希望在值机环节减少面对面的服务。到机场柜台值机的旅客数量已明显减少，他们更倾向于使用移动设备或计算机值机。

东方航空与上海机场集团合作，在上海虹桥国际机场2号航站楼推出了"e证通"项目。凡是从上海虹桥国际机场出发的东方航空、上海航空旅客在通过计算机、手机自助办理登机牌后，在没有托运行李的前提下，乘坐上海虹桥国际机场始发的东航、上航航班，都可以不用再打印登机牌，只需在航班起飞前45分钟出示二代身份证就可以从任意一条安检通道直接过检，获得安检凭条并加盖安检章，便可以完成登机。"e证通"项目使旅客自助服务体验再次升级，极大地方便了需要快速通过安检并且无托运行李的旅客。

2. "一体式"自助值机、行李托运

在中国，行李托运仍是自助服务须应对的挑战。该技术尚未完全融入自助服务系统中，需要托运行李的旅客在很大程度上仍然要到机场值机柜台办理手续。不过，在未来数年内，超过八成的机场将安装行李托运设施，所有航空公司都有望向旅客提供该服务。无疑，机场值机柜台将逐步被自助值机亭和行李托运区取代，而更多的空间将为零售业所用。

上海虹桥国际机场与吉祥航空合作，引进了一套旅客"一体式"自助值机、行李托运系统。旅客可以在柜台进行自助操作，从而简化值机、托运流程，节省排队时间。

"一体式"系统有别于常见的自助值机系统，不仅具备值机选座、打印登机牌等基础

功能，还可以自助托运行李，与人工值机托运相比更加快速便捷，是对人工值机的智能化补充。

旅客只需在设备上扫描身份证，就可以在同一台设备上完成值机选座、打印登机牌、交运行李、领取行李提取凭证等全部值机流程，熟练操作的旅客完成整个办理过程大约需要 1 分钟。在人工办票排队较长的情况下，通过自助值机、行李托运"一体式"系统可以有效地节约旅客办票时间。

3. 自助航班改签服务

国航在北京首都国际机场推出的自助改签、自助行程单打印就已受到旅客的普遍欢迎。当旅客遇到航班大面积延误时，拥挤的航站楼和排起长龙的售票及值机柜台都让他们焦虑。而在国航推出免费自助改签航班服务产品后，旅客可以通过国航网站、移动客户端和候机厅内自助值机设备（CUSS 机）三种渠道完成自助改签手续，省去了以往在人工柜台长时间排队办理改签手续的不便。

4. 自助证件查验

过安检时，机票和证件要交给安检工作人员查验，如何提高效率为旅客节省时间？我国在自助证件查验技术方面取得了可喜进步。重庆江北国际机场在 T3 航站楼国内旅客出发安检验证的 8 号和 9 号通道配备了安检人脸识别技术，通过人脸识别系统，快速核对旅客证件，"刷脸"让旅客"秒"过安检，单人过检验证时间从原来的 9 秒下降到如今的 2 秒。

重庆江北国际机场介绍，这一技术具备特征分析和比对功能，摄像头对人脸扫描后，将第一时间对乘客身份进行识别，实现机场安检部门与公安系统的即时联动。未来乘客还有望免去登机口的登机牌检查环节，直接"刷脸"登机。

此外，刷脸的功能还有一项应用，那就是临时身份证明自助办理系统。旅客如遗失、遗忘身份证件或身份证损坏、过期，在 T2、T3 航站楼均可实现 1 分钟自助免费办理登机身份证明，填写身份证号进行人脸识别审查后，输入电话并选择办理原因，即可打印临时证件。

东航联合华为公司、联通公司等在北京大兴机场正式推出最新研发的创新成果——基于 5G 网络的东航智慧出行集成服务系统。东航也成为全球首家推广 5G、AR 眼镜等新技术在民航领域运用的航企，全球首家推出了刷脸值机系统、机舱口人脸识别系统。"一张脸走遍机场"，在北京大兴国际机场，乘坐东航航班的旅客无须再像以往那样出示身份证、二维码。旅客只需要通过人脸识别，就可以完成购票、值机、托运、安检、登机等各个出行流程。东航客舱乘务员还可通过机舱口人脸识别系统进行旅客复验、旅客清点确认、座位引导等每个环节工作，有效提升服务精准度，使旅客感受"智慧出行"的轻松便宜捷。

5. 自助登机

"芝麻开门"的传说世人皆知，其随着技术的发展已成为现实。如今，在安全要求极高的登机口也可以实现，旅客只需轻轻一扫手中的二维码，确认旅行信息后，登机门就会自动打开，这就是国航最新配备的完全自助登机服务。

登机是旅客出行相关地面服务的最后一个环节，如何缩短排队时间、快速登机，既是旅客长期的期待，也是航空公司追求的目标。据了解，早在 2013 年，国航就启动了自助登机项目的研发和试用，经过几年的不断优化改进，在北京首都国际机场 5 个登机口配备了 10 条自助登机通道，成为目前国内应用自助登机通道数量最多的航空公司。

更让人欣喜的是，该通道提供的多种证件凭证扫描、双通道同时登机、智能防尾随反向通过等功能也处于国际领先水平，让旅客切实享受到了快速、精准的自助登机服务。自助登机设备可以识别全新的二维码登机牌，同时兼容条形码识别。旅客只要扫描登机牌上的条形码或者二维码，便可以自行完成通道验票，有效缩短了等待时间。根据实际测试，单个登机口双通道旅客登机速度可达 24 人/分钟。同时，双通道的设置也便于航空公司组织旅客进行分舱登机，从而为旅客提供更尊贵的服务体验。新的自助登机系统还具备新功能，在发现前后两名旅客间隔过近或者旅客在登机通道内停留超时等特殊情况下，在自助登机通道报警的同时，自助登机系统终端会自动弹出提示框，显示发生登机异常情况的旅客姓名、登机号、座位号、异常原因及自助登机通道号信息。自助登机服务的推出减轻了登机服务人员的工作压力，使工作人员能够有更加充足的时间和精力关注需要帮助的旅客。两条自助登机通道的启用，提高了旅客登机效率，缩短了航班保障时间。

6. 自助行李查询

行李自助查询系统的服务范围目前已经越来越广，旅客登录航空公司网站，点击"信息服务"下的"行李服务"控件，进入行李自助查询系统，并输入延误行李记录编号及旅客姓名，就可以第一时间了解延误行李的最新状态。东航系统还包含 7 种外语版本。此外，旅客还能通过该系统发送电子邮件或拨打行李运输事故记录单上的电话与行李查询部门联系，获取更多有关行李不正常运输的信息。

另外，对于遗失物品，自助查询也已经实现。客舱地面、座椅侧面、座椅背插袋都是旅客在航班上遗留物品的高发地，机场的洗手间、安检处、贵宾室、登机口和摆渡车等也是"手滑一族"青睐的地方。这些区域不仅人流密集且分属机场、航空公司管理，很难依据传统的解决方案予以统一管理。遇到粗心的旅客无法准确回忆起遗失地点，物品寻回的希望更加渺茫。为此，东航在推出客舱遗留物品自助查询服务的基础上，在 App 客户端上新增一个新服务功能，一线员工拾获物品后可以立即拍照上传，旅客则可以随时自助查询，遗失物品可以更快、更准确地回到主人手中。

（三）不断完善，尽悦尽美

与传统服务一样，在自助服务中，服务失误也不可避免：一方面，是由于自助服务对旅客的参与能力提出了更高的要求，旅客对自助服务设备的操作能力，往往决定了其是否能够得到满意的结果；另一方面，是由于自助设备尚处在推广普及的初期，可能存在一定的不稳定性，会出现一些失误。

既然失误不可避免，如何补救就显得尤为重要。当自助设备附近有服务人员时，这种自助设备的失误补救就会十分及时，这也是当有服务人员在时，人们更愿意使用自助设备的原因。但在自助设备进入稳定运行阶段时，一般便会减少人员在设备附近的服务时间，这时通过自助设备及电话等互动方式，帮助旅客第一时间获得补救措施，会比让旅客长时间等待工作人员的到来显得更为重要。

此外，进一步规范自助服务设备的服务标准，提高自助流程的统一性，也是促进人们更倾向于自助服务的有效方法。虽然许多国家的机场或多或少都配备了自助服务设备，但是由于自助值机开发系统、自助行李托运标准、证件查验规范等存在差异，一些出入境的乘客往往不能很好地获得自助服务体验。当然，将世界上所有机场的自助服务设备和标准进行统一，显然在短期内还不够实际，但如果设备提供方能主动与世界主流自助流程进行对接，并提供多语种服务，我们认为这将最大限度地方便旅客出行，并使他们在与人工服务对比时，更倾向于使用自助设备。

当然，自助服务设备的摆放也是决定自助服务功效得以发挥的主要因素。要使自助服务发挥最大功效，自助服务设备的摆放地点和方式非常重要。这是因为只有恰当的设备摆放才能吸引旅客使用，从而达到降低成本增强体验的目的。目前普遍认为设备摆放得越集中越靠近人工柜台，越能吸引旅客的注意，使用率越高。

自助服务已在全球范围内被越来越多的航空公司和机场所使用，这一服务将成为未来 5~10 年中民航发展的趋势。随着自助服务的普及，旅客在全球机场内将可以享受到更加顺畅的出行体验，而提供这一服务的机场和航空公司也将从中收获良多，如减少人力成本、提升旅客吞吐量、增加非航收入等。

但自助服务的推广过程却并不一定会如预想般顺利。由于自助设备对于大部分旅客而言仍是新鲜事物，旅客在选择自助服务时仍会有诸多担心和不确定，因此机场和航空公司在普及自助服务的过程中，要重视旅客的心理体验，为旅客提供更多的服务指导和及时补救。要知道，旅客通过自助服务进行的"便捷旅行"，需要的不仅是一种出行体验的便捷，更是一种心理体验的便捷。

二、享受高品质服务

智慧机场引入"互联网+"思维，将手机 App、触控问询、自助办理、定位导航、移动支付、智能寻车、大数据等信息技术广泛运用到机场设施和流程中。推出"一证通"服务，旅客凭身份证即可在安检现场打印登机牌，实现值机/安检"二合一"。自助值机、自助行李托运、自助登机，实现了旅客全流程自助。机场通用版国际自助值机平台，让境外旅客也能体验自助设施的便捷。机场 App 的一键上网、智能导航、智能寻车、定制服务、移动支付等功能，在满足旅客互动体验的同时，实现了机场服务与信息化的智能结合目标。

在不久的将来，从跨入机场大门的那一刻起，旅客的身影就会被无处不在的摄像头捕捉；接下来，旅客的身份将被系统自动识别。从自助值机、自助托运行李、快速通关直至自助登机，除了安检外，其他环节旅客都可以自行完成，不用跟人打交道，整个过程快捷高效，大大节省了出行时间。

旅客推着全新智能手推车，漫步在宽敞的候机大厅里。智能手推车既能当充电宝，又能上网，还能定位导航。与原有手推车相比，新车车架材质更加轻巧灵便，推送行李更顺畅、更省力。同时，新车的操作系统界面更加美观和人性化，上网速度也更快，航班查询、新闻浏览、在线娱乐、USB充电、空港服务等各项功能模块更加完善，它是集登机指引、空港服务、航班查询、娱乐于一体的最新型智能空港服务平台产品。

新款智能手推车的电子显示屏是可以前后翻转的，其背后安装有一个扫描条形码的摄像头。如果旅客想查询航班动态，只需输入航班号，或是用摄像头扫描登机牌二维码，便可轻松获知航班到达和起飞时间、延误情况、目的地天气等动态信息。同时，系统还将及时推送与出行密切相关的登机提醒。

令人惊喜的是，到了登机时间，系统会弹出窗口进行提醒，以免看电影、玩游戏的旅客错过登机时间，此举相当人性化。此外，如果使用完毕没有退出系统，智能手推车也会及时退出系统返回主页面，很好地保护旅客的个人信息。

如果旅客想在候机期间上洗手间、喝咖啡，抑或采购，都无须到处问路，只需点进"空港频道"，候机楼内洗手间的布局以及餐饮和购物门店的位置均一目了然。与此同时，依托先进的定位导航技术，智能手推车还能准确引领旅客到达任意指定目标区域。若旅客选定了登机口，又走错了路线，智能手推车还会立即弹出窗口进行"纠错"。

"旅客互联"的技术已植入手机App，在旅客的旅程中，几乎总是能够与所有利益相关者（航空公司、代理人、机场、零售商）随时随地进行沟通。今天的旅行者想要获得自助服务，想要控制他们的整个旅行过程，想要享受个性化的服务和产品，想要打造专属于自己的体验，想要参与的方式与众不同。但是，在需要帮助时，他们想要实时进行沟通。

例如，"旅客互联"能够让旅客在抵达候机楼之前收到有关可用泊车位的信息，一到机场就能看到欢迎的资讯，显示到达候机楼门口的时间和安全检查等待的时间。稍后，在旅客的移动设备上显示候机厅信息和行走方向，以及在行走过程中旁边零售商的各类优惠活动信息等。在通过机场候机楼的整个过程中，旅客无须与在候机楼的工作人员沟通，完全可以选择自助服务。

旅客的智能手机App也能够追踪行李，甚至行李也能够感知旅客的位置。当旅客走进行李提取区域时，行李能够感应到，从而选择并进入离旅客最近的行李传送带。另外一个"痛点"是旅客在搭乘中转时间很紧张的航班时容易焦虑。机场的旅客感应器能够帮助航空公司更加精明地决定何时需要等待旅客，以及何时关舱门。

三、智慧商业

让旅客开心，就会让机场更赚钱。据调查，影响机场零售收入的重要因素之一就是漫长的排队，排队越久，过程越不顺畅，旅客越疲劳，他们在机场停留的时间也会显著变短，购物的欲望也会下降。

在中国，很多旅客都是掐好时间才匆匆赶到机场，和国外的枢纽机场相比，中国机场的零售收入处于较低水平。新技术自然可以帮旅客省时间，改善他们的体验，同时，也给机场创造了一个不小的商机，机场可以通过定位技术激发旅客在机场购物的欲望。机场利用旅客定位技术（通过机场信标和传感器来实现）可以定制有吸引力的促销信息，并且推送至旅客的手机等设备，这已然成为各大机场关注的商业良机，这种方式能够直接拉动商家的零售，机场同时也能获得更高的特许收入。新技术不仅有助于机场更加准确、实时地掌握运营动态，从而更好地调度人员，另外，收集的消费者行为数据则能帮助判定消费者的习惯和偏好。新加坡樟宜国际机场会相应地增加零售及餐饮品牌，从而更准确地满足旅客需求。例如，数据显示旅客对熟食和糖果产品的需求在 2016 年同比增长了 25%，新加坡樟宜国际机场便增加了此类产品的供货种类和数量占比。阿里巴巴和腾讯也在利用定位技术、室内导航、大数据、移动支付推动中国机场零售收入的增长。零售是欧洲枢纽机场的重要收入来源，通常能占到整体收入的一半以上，在引入新技术方面也表现得尤为积极。数据显示，伦敦希思罗国际机场 2016 年的零售收入增长 7.7%，达到 6.12 亿英镑（53.9 亿元人民币），而德国法兰克福国际机场 2016 年的零售收入也达到 4.94 亿欧元（38.9 亿元人民币）。除了共有的对科技和效率的追求，"未来机场"还应具备令人身心愉悦的难忘体验，一个成功的机场枢纽也是需要通过其提供的商业服务来衡量的。

机场旅客都曾面临这样的困扰：为了赶飞机着急过安检，而到达登机口时，想去用餐、购物，却因时间紧迫不敢走远；需要寻找航站楼内休闲服务设施，担心寻找之后误了航班；因店铺距离登机口太过遥远，不得不放弃购物；等等。

在"互联网+"时代，早已出现了餐饮、购物等 O2O 平台。其整合了线下商业品牌和线上网络资源，使用户可以方便地通过手机、计算机在线下单，享受购物的乐趣。当前国内各大机场纷纷借"互联网+"推进"智慧机场"建设。利用移动互联新技术，各地机场建设了 O2O（线上到线下）机场商圈和高效智能的旅客服务体系。

机场商业 O2O 项目就是通过对航站楼内商业业态进行思考，使用"互联网+"时代下的 O2O 思维的创新项目。其将航站楼内所有可送至登机口的服务纳入机场商业 O2O 平台，并基于室内地图和精准定位服务将服务送至登机口，以此满足旅客在航站楼内有限区域享受到无限服务的需求。

机场商业 O2O 平台只专注做一件事，那便是连接。可连接机场线上和线下的资源，具备提供机场内一切服务的能力，连接旅客和商铺，连接旅客和旅客，提供机场内的"上门"服务。目标是突破物理空间的限制，让旅途更舒适。

机场商业 O2O 线上服务平台可为旅客提供快捷、多样化的服务，满足不同旅客的需求，有效提高旅客满意度；同时，利用互联网跨地域、无边界、拥有海量信息与用户的优势，充分挖掘线下资源，促成线上与线下交易，提高航站楼内服务业的经营效益；借助互联网手段，实现航站楼线上化，突破商业经营面积的限制，同时也丰富商品与服务，为旅客提供优质旅行消费体验。

2015 年，北京首都国际机场商圈"商业+互联网"进行得如火如荼，3 座航站楼的 142 家商业零售店面绝大部分都接入了微信、支付宝等移动支付通道。上海机场集团有限公司携手阿里巴巴集团和腾讯公司，共同建设"互联网+机场产业创新基地"和"智慧机场社区"。广州白云国际机场与微信开展合作，将微信支付与机场商圈实体全面对接，推进智慧转型。

未来，北京首都国际机场将推出网络停车位预订、多渠道机场商业餐饮全景体验，甚至是跨境电商等互联网服务产品。上海机场集团将依托阿里巴巴在电子商务交易平台、国内在线、移动支付等领域的龙头地位，共同合作建设以上海机场为核心，覆盖机场周边经济圈的互联网 O2O 商业及在线商圈；将微信打造成为上海机场提高公共服务信息透明度和及时性的重要平台，加强与旅客的沟通交流，让微信在机场各类突发情况的处置中，成为提供更多可靠信息的发布渠道。

思考题

1. 简述智慧机场的定义。
2. 简述智慧机场的定义的内涵。
3. 简述智慧机场的特征。
4. 大数据分析技术在民航业中发展前景如何？
5. 简述云计算的定义。
6. 简述生物计量技术在安全领域中的应用。
7. 物联网技术重要部件是什么？起什么作用？
8. 为什么无线技术对航空出行至关重要？
9. 信标技术可为旅客提供哪些智慧服务？
10. 智慧应用技术在智慧机场中可分为几个领域？
11. 简述应用技术在智慧机场领域中的应用。
12. 在四个技术层面上简述智慧运行工作程序。
13. 为什么要推广"便捷旅行"体验，普及自助服务项目？
14. 如何正视自助服务中的问题并加以改进？
15. 智慧商业大有作为，可创造哪些商机？

第十章

绿色机场

通过本章的学习，您将了解以下知识点：
1. 绿色机场的内涵和基本要素；
2. 绿色机场规划；
3. 民航节能减排"十三五"规划的内容；
4. 完善能源管理制度，建立绿色发展体系；
5. 机场生态环境保护和治理。

坚持绿色发展、节约资源和保护环境是基本国策。发展绿色机场旨在合理利用资源，与自然和谐共存，为人们创造健康、舒适、高效的生产生活空间，促进机场的可持续发展。节能减排，功在当代，利在千秋。我们民航人使命在身，敢于创新，勇于改革，大胆实践，让绿色民航为美丽中国添彩。

第一节 导 论

一、绿色机场

"绿色机场"或"生态机场"是最近几年提出的概念，是由"绿色城市"或"生态城市"演变而来的。绿色城市最早源于国际人与生物圈计划和生态城市。国际人与生物圈计划共有14项课题，其中之一就是生态城市。由于机场是一个城市的重要的有机组成部分，人们便根据绿色城市的概念提出了绿色机场的概念。

（一）绿色机场的定义

绿色机场是指在全寿命期内，实现"资源节约、环境友好、运行高效、以人为本"，为公众提供健康、便捷、舒适的使用空间，为飞机提供安全、高效运行的环境，是与区域协同发展的机场。

（二）绿色机场的内涵

绿色机场的内涵包含"资源节约、环境友好、运行高效、以人为本"四个方面，注重多领域、多专业的集成优化。绿色机场建设必须以科学合理的绿色机场规划为前提。

"资源节约"是指降低资源需求，节约成本，提高资源利用率，优先采用可再生资源。资源节约包括节地、节能、节水和节材。

"环境友好"包括环境适航与环境和谐两个方面。环境适航是指减少净空环境、电磁环境等对机场安全运行的影响；环境和谐是指创造良好的室内外环境，减少机场排放及对周边环境的影响。

"运行高效"是指机场区域内飞机、设施设备运行高效和流程高效，表现为向旅客和用户提供高效的航空运输服务，减少飞机滑行、起飞的等待时间，提高设施设备的运行效率，建立便捷、快速、高效的人流、物流和信息流。

"以人为本"表现为通过人文关怀，为旅客、机场用户等提供高效、优质、便捷的服务和舒适的环境，提升机场服务满意度。

这个绿色的概念已不是人们对事物外在感官上的颜色，而是有其丰富的具体内容与深刻的哲理内涵。绿色象征着生命、健康、安全、美好。绿色也是生态的意思，所以，有人称为绿色的，有人称为生态的。生态是指生物与其周围环境的关系，绿色机场的核心就是人与环境的关系。

建设绿色机场，是指在机场的生命周期中，坚持科学发展观，以人为本，科学合理地利用各类资源能源，保护环境，保护生态，减少或杜绝人类经济活动对环境所造成的影响，使人与自然和谐共生，为人们创造健康、舒适、高效的生产生活空间，保证机场的可持续发展。

绿色机场是一种理想的概念。作为一个绿色机场，机场的管理体系首先应该是绿色的，机场区域的跑道、道路交通，各种建、构筑物，水、电、热等供给系统应是绿色的，机场区域的机关、学校、饭店、商店、医院应是绿色的。总之，从机场的立项、选址、规划、设计、建设一直到机场每一个小部分，甚至到生活和消费都应是绿色的。按照这样的理念和行动建设成的机场才可称为绿色机场。真正建成一个名副其实、实实在在的绿色机场是不容易的。

（三）绿色机场的基本要素

根据绿色机场的理念和基本要求，绿色机场的基本要素主要体现在四个方面，即节约、环保、科技和人性化，并据此成为绿色机场建设的基础。

（1）节约。在机场的生命周期中，坚持和实施开发与节约并重、节约优先的方针，综合运用国内外先进技术，以提高资源利用效率为核心，以节能、节水、节材、节地，资源综合利用和发展循环经济为重点，按照"减量化、再利用、资源化"的原则，促进资源循环式利用，促进机场的可持续发展。

（2）环保。在机场的建设、运营中，综合运用和展示国内外环境保护的先进技术，建立清洁优美、环境友好的绿色机场，为社会公众提供良好的工作和生活环境，或杜绝人类经济活动对环境所造成的影响。

（3）科技。充分、有效地利用各种新技术、新材料、新方法、新工艺等科技新成果，并通过采取有效的科技创新来保护自然资源、减少环境污染、改善生态环境、节约能源等措施，建设最安全、健康、高效、舒适的机场，实现循环经济和可持续发展的目标。

（4）人性化。即在机场规划设计、建设、运营中充分体现"以人为本"的理念，为社会公众提供多样性、个性化和快捷的服务，达到并符合"人性化"服务的标准——可信赖度、保障度、感知度、关怀度和敏感度。

(四)"气候变化"推动我国航空运输绿色发展

2018年8月4日,据国家气候中心监测,北极圈内一些气象站观测到气温超过30℃,并连续3天平均最高气温处于历史最高点。气候变暖导致高温风险加剧,亟须推动全球气候治理。航空二氧化碳排放全球占比虽然不足2%,但增长较快,长期以来备受全球瞩目。从2007年国际民航组织第36届大会开始,航空减排议题便成为各方关注的焦点。国际民航业为减少航空排放也采取了改进技术、改善运营、建立市场机制及使用可持续替代燃料等积极措施。

根据国际民航组织、国际能源署等机构的有关数据,绝大多数发达国家国际航空运输已进入运量小幅增长、油耗及排放接近峰值甚至负增长的阶段,未来发展要求和减排压力相对有限。相比之下,发展中国家特别是新兴经济体随着国民收入的增加以及消费结构的改变,对空运的需求逐年增加,油耗和排放快速增长,面临快速发展带来的诸多挑战。由于发展中国家和发达国家的国际航空处于不同的发展阶段,各方在国际航空市场采取措施的原则、责任分担、具体设计等方面有较大分歧。国际民航组织和各成员国投入大量精力,努力制订了各方均可接受的解决方案。

2016年国际民航组织第39届大会气候变化谈判取得积极成果,于加拿大蒙特利尔当地时间10月6日通过了《国际民航组织关于环境保护的持续政策和做法的综合声明——气候变化》和《国际民航组织关于环境保护的持续政策和做法的综合声明——全球市场措施机制》两份重要文件,形成了第一个全球性行业减排市场机制。这既是国际航空减排谈判的重要阶段性成果,也是在推动国际航空运输绿色发展方面做出的积极尝试。

中国民航愿意承担与本国发展阶段和能力相符的责任,并一直在积极控制和减少自身航空能耗与排放,积极参与相关国际合作。2011—2015年,中国民航在全行业推动实施了八大类1 200多个节能减排项目,总投资额近135亿元人民币(不含新飞机购置)。2015年,中国民航吨千米油耗为0.294千克,较2005年减少了13.5%。2016年,中国民航吨千米油耗为0.293千克,较2005年(行业节能减排目标基年)下降13.82%;机场每客能耗较"十二五"末(2013—2015)均值下降8.4%,如图10-1所示。中国在2016年5月正式向国际民航组织秘书处提交了新版国家行动计划,向国际社会宣示了中国在绿色民航发展方面的决心和努力。目前,中国民航已将绿色发展融入行业发展中长期规划,通过行政、技术、市场等多种手段,积极采取行动,不断推进节能减排工作,努力构建安全、效益、服务、环保四位一体的环境友好型、资源节约型现代化民航。

(五)历史使命重担在肩

1. 坚持绿色发展的基本国策

党的十八届五中全会提出,坚持绿色发展,必须坚持节约资源和保护环境的基本国策,坚持可持续发展,坚定走生产发展、生活富裕、生态良好的文明发展道路,加快建设资源节约型、环境友好型社会,形成人与自然和谐发展的现代化建设新格局,推进美丽中国建设,为全球生态安全做出新贡献。将绿色发展作为五大发展理念之一,可以说中国把生态环保放在了空前的高度。在这一理念的指引下,"十三五"期间,民航业要继续大力开展行业节能减排工作,让绿色民航为美丽中国添彩。

图10-1 "十二五"期间节能减排成果

2. 增强民航可持续发展使命感

坚持绿色发展,就要牢固树立绿色低碳理念,强化节能减排意识,增强民航可持续发展使命感。要正确认识民航节能减排工作面临的形势和突出问题,充分认识节能减排对提高企业竞争力和争取行业未来发展空间的深远影响,形成开展节能减排的良好氛围和环境。全行业都应提高对节能减排工作长期性、艰巨性和紧迫性的认识,增强危机意识和机遇意识,发挥各单位的主观能动性,强化各项措施的落实。

3. 加快节能减排标准体系建设

坚持绿色发展,就要健全节能减排机制,建立健全相关法规、标准和监督考核制度,为民航可持续发展提供制度保障。中国民航将全面启动"十三五"民航节能减排标准体系建设,做好民航参与全国碳排放权交易的准备。民航各单位、各部门应根据这一标准体系,明确各自承担的节能减排工作任务,主要领导切实负责,把节能减排目标完成情况和工作效果作为绩效考核的一项重要内容,让绿色民航建设有法可依、有章可循,扎实有效地推进行业节能减排工作。

节能减排,功在当代,利在千秋。"十三五"期间,在国家绿色发展理念的指引下,我们应切实转变行业发展方式,提高发展质量和效益,为打造绿色民航、建设民航强国而努力奋斗。

二、总体目标和绿色机场规划

在《中国民用航空发展第十三个五年规划》中提出主要目标:到 2020 年民航的发展蓝图为基本建成安全、便捷、高效、绿色的现代民用航空系统,满足国家全面建成小康社会的需要。

2016 年是我国"十三五"规划的开局之年。要实现"十三五"时期发展目标，破解发展难题，发挥发展优势，必须牢固树立并切实贯彻创新、协调、绿色、开放、共享的发展理念。在这五大发展理念中，"绿色"和"共享"是在以往的 5 年规划中没有单独提出来的。由此可见，未来 5 年，国家对绿色发展很重视。坚持绿色发展，包括了推动建立绿色低碳循环发展产业体系。民航行业其实在绿色发展上早已迈开了大步。

（一）加快建设绿色民航

1. 创新体制机制

建立健全民航行业节能减排法规体系，建立行业节能减排监管机制，促进用能与排放责任主体履行节能减排降碳责任义务。建立健全行业节能减排标准体系，制定出台绿色机场建设标准，全面开展行业能效"领跑者"行动。建立行业节能减排监督和考核体系，出台行业节能减排考核管理办法；强化约束性指标管理，鼓励推动企业建立内部节能减排考核激励机制。研究建立空管部门节能减排考核激励机制。研究建立航空公司、机场等民航排放主体节能减排年度评价机制。聚焦行业节能减排重大专项，加强资金支持，完善节能减排项目管理，建立"项目审核—项目建设—效果评估"全链条监管机制。

2. 运用市场化机制促进绿色民航建设

建设行业节能减排产品服务信息交流平台，提高市场供求信息透明度。积极参与全国碳市场建设。大力推进合同能源、合同节水管理节能减排模式，综合提升行业节能减排精细化、专业化水平。着力培育民航专业节能服务、碳排放交易咨询服务等企业主体。加快推动第三方核查等制度建设。

3. 强化主体责任

推动行业生产单位减排。支持航空公司建立基于数据的飞行运行全过程管理。积极推进航空生物燃料研发应用。支持机场等单位开展节能减排改造，着力推广能源管理系统建设。全面实施地面车辆"油改电"，不断提高清洁能源在机场能耗中的占比，稳步提升机场固体废弃物、污水、垃圾、化学制剂等的处理能力；采取措施减缓大型机场飞机发动机噪声的影响。行业各级行政机关要发挥带头作用，推进本单位节能降耗。

随着新型、大型飞机的问世和大型繁忙机场数量的增加，以及航空客货流量的日益增长，对机场设施、安全、容量、信息服务的要求会越来越高。机场建设与运营对环境的影响也越来越大。绿色机场已经成为未来机场建设与运营发展的方向。

（二）绿色机场规划

绿色机场规划是在确保航空安全、满足功能需求的前提下，坚持资源节约、环境友好、运行高效和以人为本的原则，围绕总体布局、飞行区、航站区、交通、能源、水资源、噪声和生态环境八个方面进行规划。

绿色机场各项规划目标是结合机场规模、定位，以及国家、区域和地方的发展战略，根据机场所在地的自然条件、经济条件和社会条件，从"资源节约、环境友好、运行高效、以人为本"的角度提出的机场规划目标。

我国各地区在气候、环境、资源、经济社会发展水平与民俗文化等方面都存在较大差异,因地制宜始终是绿色机场规划的核心。对于不同区域、不同规模、不同类型的机场,其绿色机场规划必须因地制宜,制订科学合理、技术适用、经济实用、绿色环保的可持续发展方案。

为了确保绿色规划目标的实现,宜根据机场环境条件和发展需要开展绿色机场研究,主要包括绿色机场建设定位与发展目标研究、机场综合交通研究、机场能源综合利用研究、机场水资源综合利用研究、飞机噪声影响控制研究等。

(1) 系统性是绿色机场规划的重要特征。机场是航空运输网络的节点,是组织航空运输活动的平台。民航运输系统是由政府主管部门、航空公司、空管、机场、航油、航材以及航信等单位共同组成,相互之间密切协作的一个综合体系。机场要实现绿色发展,保证资源节约、环境友好、运行高效和人性化,需要民航运输系统各方的共同努力和相互支持。毕竟,系统性是绿色机场的重要特征。而我国机场绿色发展之路普遍存在系统性不强的问题。

因此,在绿色机场的建设运营过程中,机场要主动牵头,在对自身进行系统化改造的同时,也要积极和其他驻场单位联系配合。例如航空噪声控制方面,在机场选址规划阶段,机场要进行选址和布局优化;在机场投入运行后,航空公司通过更换机型或者对发动机采用降噪措施,空管部门通过优化进近程序,民航局出台降噪的鼓励措施和监测标准,等等,通过相关各方共同努力,才能有效控制噪声的影响范围,与周边社区协调发展。再如,跑道的运行模式与滑行距离的优化,可以有效降低燃油消耗,减少噪声污染,但是这也需要机场、航空公司和空管部门的共同努力。

(2) 新技术是绿色机场规划的重要手段。民航是高技术集中应用的行业之一,新技术的应用可以为机场可持续发展的具体工作注入新的内容和活力。

航站楼在规划建设阶段,可以通过全面运用集成绿色配置、自然通风、自然采光、低能耗围护结构、新能源利用、中水回用、绿色建材等高新技术,实现节能减排;在运行阶段,可以通过智能控制技术,将航班计划与楼宇自动控制结合起来,实现航班与航站楼的照明、空调联动,达到节能的目的。上海浦东国际机场通过采取这些措施,在航站楼和交通中心工程中预计年节电 8 万度,年运行费用节约 800 多万元,同时还将对电网起到削峰填谷的作用;根据雨水回用的研究成果,将机场围场河的天然雨水经过简单的物化处理后作为回用水源,如不考虑设备折旧等因素,雨水回用按每天节约 7 000 吨计,约 6 年即可回收雨水与处理站费用,年节约自来水达 250 万吨。

(3) 因地制宜是绿色机场规划的重要理念。按照因地制宜的重要理念,绿色机场规划应有以下几项基本规定。

① 绿色机场规划应根据绿色机场的内涵,结合机场定位和规模,确定绿色机场规划目标,开展绿色规划专题研究,提出绿色规划要求,指导绿色机场建设。

② 绿色机场规划应结合机场所在地区的气候、资源、生态环境、社会发展水平以及净空环境、电磁环境、噪声影响等,因地制宜地开展机场功能区布局规划,实现布局合

理、系统完整、容量均衡。

③ 绿色机场规划应与空域规划、飞行程序设计相衔接、相协调，实现空域资源与机场地面设施容量相匹配。

④ 绿色机场规划应遵照统一规划、分期建设、适度超前的原则，制定近远期绿色规划，并与城市规划、土地规划相衔接、相协调，满足机场可持续发展的需要。

⑤ 绿色机场规划应鼓励适宜的新理念、新技术、新装备、新工艺研究和推广应用。

三、绿色机场理念引领新机场建设

我国提出，要建成安全、高效、优质、绿色的现代民用航空体系，成为"量大质优"、世界一流的民航强国。"十三五"规划中国将建成新机场超过 50 个。首先要将绿色机场的理念引进到我们的机场建设规划中，既体现了国际社会倡导的重视环境、节能减排建设机场的基本理念，又符合民航局机场司《绿色机场规划导则》的要求，是新理念下机场建设的重要一环。在"十二五"期间机场从飞行区到航站区的建设都引入了绿色机场的理念，主要体现在机场能耗、废气的监测及控制、新型 LED 光源灯具的使用、航站楼自然采光、光伏发电、热电联供等。为了减少站坪车辆能耗、尾气和噪音，北京大兴国际机场建设利用埋地式输油管线为飞机加油，并将外挂式 400Hz 电源和飞机预制冷空调也设计为埋地管线式，航站楼的空调、灯光、扶梯、步道、捷运系统实现了节能控制。绿色机场的理念已深入人心。

在我国，近年来新建、改扩建的机场也都一直在朝"绿色机场"的方向努力。

2007 年，当时的民航总局曾提出以昆明新机场为试点进行绿色机场建设试点。因此，"绿色机场"的理念贯彻了昆明新机场从规划设计、开发建设到运营管理的全过程。规划建设伊始，昆明新机场就注重提高资源利用效率，合理规划布局用地，在保障机场运行安全和提高效率的前提下，尽量节约用地，少占或不占耕地。通过充分利用优质石料、各种填料合理使用并就近调配，实现全场区土石方工程场内总体平衡、耕植土"零排放"目标。据悉，昆明新机场建设用地大多属于荒地和丘陵，耕地使用面积不足总建设面积的 10%。

节约的原则同样被运用到了昆明新机场航站楼和其他设施的设计及建设上。昆明市全年平均日照近 2 400 小时，为充分利用良好的自然气候条件，昆明新机场航站楼在设计上采用了自然通风、玻璃幕墙和外遮阳设计，从而减少了空调的能耗。利用自然采光，昆明新机场可以实现全年人工照明节能 20%～30%的目标。对必须采用的照明，昆明新机场选择合理光源，并采用优质高效能灯具，进一步提高了机场的节能环保能力，实现"绿色照明"。

从理论上来讲，现代机场是一个规模庞大、因素众多、功能各异、关系复杂的生态系统。要实现上述绿色机场的目标，机场建设就应满足下列要求。

（1）应用生态学和生态经济学原理来指导机场的选址、规划、设计建设和运营管理。

（2）科学合理地利用自然资源和能源，建立结构合理、运营过程清洁的机场建设和生产运营管理体系。

（3）采用可持续的生产方式，对物质和能量进行循环利用，使废物最少化、无害化和资源化。

（4）建设完善的基础设施和社会设施，提高对旅客的服务质量，提高区域居住人群的生活质量。

（5）人工环境应与自然环境有机结合并相互协调。

（6）建立完善、高效的管理与决策体系等。

如果能满足上述要求，基本可以称为绿色机场。

案例　绿色机场什么模样

真正的"绿色机场"应该是一个全方位的、立体环保的工程。世界各国都在机场建设与运营方面不断进行全方位的创新，努力打造"绿色机场"。

2008年启用的新加坡樟宜国际机场3号航站楼，采用了当时世界上首创的日光屋顶。屋顶由919片反光板组成，可让阳光直接照进室内。同时，喷射式扩散器使机场离境大厅的空调配置集中在人群聚集地，没有旅客的其他空间则不提供空调。可想而知，该航站楼能大幅度地降低电的使用量。芝加哥奥黑尔国际机场也在候机楼屋顶上动了脑筋，太阳能光电板以及屋顶花园可以储存太阳能，并能截流、过滤雨水。绿化屋顶可降低室温3~7℃，能降低近10%的空调使用成本，降低室内声音达40分贝，等等。加拿大温尼伯国际机场除了大量使用低排放的车辆，如天然气动力车、电动车、混合动力汽车外，旅客登机桥也已由电能取代了柴油动力，部分电能还来自太阳能电池板。韩国仁川国际机场已经建成了自行车专用道，正在引进磁悬浮列车，增建风力发电设施，机场的路灯已经在使用风力发电，机场绿化使用的则是处理过的中水。

四、运营成熟的机场迎头赶上

在我国，除了新建机场、改扩建机场在努力打造绿色机场外，其他已经建成多年且运营成熟的机场也在朝着绿色机场的方向努力转变。对新建、改扩建的机场来说，绿色机场的目标更加容易实现，因为这类机场能够从规划阶段，就全寿命周期的角度对机场的"绿色"建设进行通盘考虑。特别是新建机场，从选址阶段就能考虑到土地的使用情况，考虑到机场对周边环境的影响，甚至包括机场最终废弃后的处理。但对于成熟的机场而言，除了民航局这样全盘有规划地推进"绿色"建设外，大多数机场的绿色之路都只是在自身上做文章，这也是目前我国机场运营面临的问题。为此本章第二节、第三节将重点论述。

第二节　节能减排

要坚持把转变发展方式作为促进民航业发展的主线。过去，民航业总体上走的是外延扩张的道路，这种发展方式难以为继。特别是中央已经把节能减排工作放到了越来越重要的位置，国际上应对气候变化和环境保护的呼声也越来越高，全行业要主动适应低碳经济发展趋势，切实改变粗放型发展模式，提高资源和能源利用效率，努力建设资源节约型和环境友好型民航。

机场节能减排降耗既是一项现实紧迫的工作，又是一项长期艰巨的任务。对于民航业来说，机场是一个航空运输平台，为航空公司业务提供所需的服务设施、配套资源等。机场在运营中需要消耗大量的水、电和其他能源等资源，因此设法减少能源的消耗成为构建绿色机场最基本的要求。这些年来，中国民航深入贯彻落实生态文明建设要求，全面推进节能减排工作，基本建立了节能减排工作体系，实施了"民航航班临时航线使用""机场桥载设备替代飞机APU""民航机场地面车辆'油改电'"等节能减排重大专项，减排能力不断增强。

截至2016年，全国年旅客吞吐量500万人次以上的机场中，90%以上已完成APU替代设备安装并投入使用。全年共有32.6万架次航班使用临时航路，缩短飞行距离979万km，节省燃油消耗5.3万吨，减少二氧化碳排放约16.6万吨。

一、民航节能减排纲领性文件

2017年2月28日，民航局发布《民航节能减排"十三五"规划》。该规划依据《中国民用航空发展第十三个五年规划》《国务院关于促进民航业发展的若干意见》以及《民航局关于加快推进行业节能减排工作的指导意见》等编制，主要阐明未来五年（2016—2020年）民航业绿色发展的指导思想、基本原则、目标要求和重要任务，是"十三五"时期推进行业节能减排与应对气候变化工作的纲领性文件。

（一）指导思想

牢固树立绿色发展理念，以提升发展质量和运行效率为中心，以控制行业能效水平为主线，以高效、低碳、循环为途径，以创新、改革、开放为手段，把节约资源和环境保护的基本国策融入民航强国建设各领域和航空运输生产、运营服务全过程，着力夯实民航节能减排基础，强化标准引导，运用市场手段，激发和不断提升行业节能减排内生动力，为构建安全、便捷、高效、绿色的现代民用航空系统奠定坚实基础。

（二）基本原则

推进"十三五"时期民航节能减排工作必须遵循以下原则。

（1）政府引导，企业履责。发挥政府在推进民航节能减排中的引导和服务作用，优化管理制度，推动激励约束机制建设，突出民航企业在民航节能减排中的主体地位，激发企业内生动力和创造力，积极适应和应用市场化减排措施，认真履行企业的社会责任。

（2）创新驱动，标准引领。推进民航绿色发展的理论创新、技术创新和管理创新，加强民航排放的源头治理，建立健全民航绿色生产、建设、运行等标准，为绿色民航建设提供基础支撑。

(3)整体推进,重点突破。加强顶层设计,强化协同联动,提高节能减排工作的全局性和系统性,着力提升民航绿色发展整体水平。选择具有示范效应的项目重点突破,充分发挥试点示范的带动作用,以点带面,努力缓解行业发展与节能减排之间的矛盾。

(4)统筹协作,开放共享。破除行业壁垒,充分利用国内国际两个市场、两种资源,推动民航绿色发展国际合作,扩大民航绿色发展资源有效供给,促进国内国际航空减排机制有机联动。

(三)总体目标

到 2020 年,民航运输绿色化、低碳化水平显著提升,建成绿色民航标准体系,资源节约、环境保护和应对气候变化取得明显成效,行业单位运输周转量能耗与二氧化碳排放五年平均比"十二五"下降 4%以上,行业运输机场单位旅客吞吐量能耗五年平均值较"十二五"末下降 15%以上。新建机场垃圾无害化及污水处理率均达到 90%以上。

切实打造绿色机场低碳航空。制定实施绿色机场建设标准,推动节能环保材料和新能源的应用,实施合同能源管理。建立大型机场噪音监测系统,加强航空垃圾无害化处理设施建设。绿色科技不仅是新技术、新材料的应用,更要把绿色低碳和节约的理念深入运用到建设阶段的各个环节,把工程建设和日后运营综合起来考虑,实现最佳的绿色低碳环保要求。机场运行要绿色低碳。在日常工作中,应当持续优化地面运行,减少飞机无效等候时间;实施合同能源管理,优化低碳运行模式;加强噪音检测和垃圾无害处理,建立环境友好型机场。

(四)主要任务

(1)以加强行业节能减排政策标准体系建设为核心,创新治理模式。积极推广先进技术和管理手段,有效利用市场手段,提升资源节约集约利用水平。加大基础能力建设,加强科研创新和人才培养,为行业绿色发展提供持久有力支撑。整合国内优势资源,积极推动国际交流合作,不断拓展行业发展空间。

(2)建成绿色民航标准体系。建立以机场航站楼设计与建设、机场空气质量及机场周边区域航空噪声监控为主体框架的绿色机场标准体系。

(3)引入市场机制。大力推动合同能源管理、合同节水管理和环境污染第三方治理在行业中的应用,提升行业节能减排精细化和专业化水平。加快推动第三方核查等制度建设。

(五)机场能源系统、供应和利用

《民航节能减排"十三五"规划》对机场能源系统的构成、能源供应渠道以及如何合理利用做了明确规定。

1. 机场能源系统

(1)应优化机场能源系统形式,实现能源的梯级利用。

（2）应依据机场负荷特点，采用合理的系统用能分区规划和调控措施，优化输配系统和供能半径。

（3）应采用能效高的供暖空调、通风、照明等系统设备，其能效等级应优于国家现有标准能效限定值的要求。

（4）电梯、步道、行李、安检、登机桥等航站楼专用设备，空管、货运、机务、配餐等特殊耗能的工艺设备或系统宜推广采用能效高的动力、控制单元。

（5）年旅客吞吐量达到 500 万人次以上（含 500 万）的机场应规划站坪地面动力装置和飞机预制冷空调系统；年旅客吞吐量为 500 万人次以下的机场宜规划站坪地面动力装置和飞机预制冷空调系统。

（6）跑道、滑行道照明系统宜采用 LED 光源，滑行道边灯直线部分宜采用反光棒。

2. 机场能源供应

应依据机场发展规划和用能需求，结合机场所在地的地理位置、气候特征、能源供给条件、功能区划分和建筑规模，确定机场能源供给方案。

（1）有城市或区域热网接入的机场，宜优先采用城市或区域热网。

（2）城市电网夏季供电充足的机场，空调系统的冷源宜采用电制冷、水冷方式。

（3）具有多种能源的地区，可采用复合式能源供冷、供热技术。

3. 优化能源综合利用

（1）应结合机场用能需求和环境条件，优化能源综合利用方案，提高可再生能源的使用比例。

① 场区景观照明宜采用太阳能照明系统，对于有条件的机场可采用太阳能路灯照明系统。

② 对于太阳能达到Ⅲ类及以上资源区的机场，宜设置太阳能生活热水系统，在技术、经济论证合理的条件下，可采用太阳能供暖系统。

③ 条件适宜的机场建筑屋面宜设置光伏发电系统。

④ 有天然地表水、浅层地下水、浅层地热、干热岩等资源可供利用，在技术、经济论证合理的条件下，可采用地源热泵或干热岩供热。

⑤ 风力充足的地区，在满足机场安全运营的前提下，可设置风力发电系统。

⑥ 生物质能丰富的地区，可采用生物质作为供热燃料。

（2）宜充分利用蓄能技术，减少机场高峰用能。

① 对于太阳能资源达到Ⅲ类及以上区域的机场，宜在空旷区域，如停车场设置光热、光电蓄能技术。

② 在场地条件允许时，能源站宜采用水蓄冷系统；受场地等条件限制时可采用冰蓄冷系统。

（3）宜提高机场清洁能源车辆的使用比例。

二、完善能源管理制度,建立绿色发展体系

完善的制度是保证工作落到实处的基础。面对机场能源结构的复杂性和多样性,机场应以坚持绿色发展观为指导,以提高能源利用效率为核心,以打造能源管理专业化队伍为重点,在体制和机制上及时进行调整,建立节能降耗的新型机制,制定节能降耗制度,切实将能源管理落到实处,夯实管理制度基础。

(一)推进机场能源管理体系建设

除了完善管理制度之外,机场应着力推进机场能源管理体系建设,加强机场能源、资源消费计量和统计工作,年旅客吞吐量1 000万人次以上的机场全面建成航站楼能耗监测系统并逐步提升系统智能化、可视化水平。加大机场节能改造力度,实施机场综合性节能减排改造项目与工程,鼓励节能减排新技术、新产品的应用。因地制宜地开展太阳能、地热能等新能源综合利用,逐步提升新能源在机场能源消费中的比例。推进机场节水增效,提升中水回用率和雨水利用率。加强机场固体废弃物、污水、垃圾、化学制剂等集中处理和循环利用。强化新建及改扩建机场节能减排评估,坚持节地、节水、节材、节能建设理念,严把规划、设计、施工、验收等各关口,深化绿色内涵。

同时,各机场还应着手建立专属于机场的绿色发展指标体系。1996年,联合国可持续发展委员会提出过一个可持续发展的指标体系,但该指标体系相对比较宏观,而且更多适用于国家和地区的层面,对于机场的针对性并不强。我国机场应在现有中国经济、社会、环境和治理等条件下,建立属于我们自己的绿色机场评估指标体系。2016年,北京首都国际机场率先制定了《首都机场绿色机场评估体系》。这个体系涵盖绿色经济、资源效率、环境质量以及可持续发展管理等指标内容。通过这些指标,北京首都国际机场将与国内外先进机场的表现进行对比,抓住机遇以制定未来中长期的发展规划。

(二)推行机场碳排放认可计划

据测算,航空业碳排放量占全球碳排放量的2%左右,而机场碳排放量占航空业碳排放量的5%,即约占全球碳排放量的0.1%。这个比例看似不大,但在国家的行业分类标准中,与机场同级别的行业有上千个,因此0.1%的份额仍难以忽略。另外,航空业的碳排放正处在快速增长期,且由于欧盟征收碳税等事件备受关注,也给机场的碳管理带来了一定挑战。

国际上把碳排放作为衡量节能减排的一个标尺,可以用一个统一的尺度来涵盖一大部分节能减排工作。因此,碳排放作为一个管理工具近年来得到了越来越广泛的应用。

国际机场协会于2009年在欧洲推出"机场碳排放认可计划(ACA)",是目前唯一获得机构认可的机场碳排放管理认证标准,是国际机场协会发起的专门评估和认可机场碳管理水平的认可计划,用于评估机场在管理和减少碳排放方面所做出的努力。并从2011年起推展至亚太地区,全球已有157家机场参与了该认证计划。该计划独立评估及确认各机场再管理及减少碳排放方面的成果,从低至高分为1级(量化)、2级(减排)、3级(优

化)、3+级(碳中和)四个级别。目前欧洲共 64 个机场获得了该计划认可,其中 20 个获 3 级(优化)级别或以上;而亚太区仅有 5 个机场获认可,但全部仅属较低的 1 级(量化)、2 级(减排)级别。碳排放计划审核有着严格的标准和规范的认证环节,包括碳排放源识别、碳排放数据核算,形成碳排放清单,以及申请和认证等内容。从 2014 年开始,北京首都国际机场在行业内率先开展了碳排放权交易试点工作。2014 年年底,北京首都国际机场取得了能源管理体系认证;2015 年年底,北京首都国际机场启动了 ACA 认证准备工作,并先后按照国际标准完成了碳排放源识别与碳排放数据核算,列出了碳排放清单,在各方努力下,并最终一次性通过了国际机场协会的碳排放计划审核,2015 年,"碳排放计划"对北京首都国际机场近两年碳排放量进行核定的结果显示,北京首都国际机场 2015 年碳排放较 2014 年减少了 2.82%。数据表明,获得机场碳排放认证对于机场实现碳减排起到了正面推进作用。

2016 年,北京首都国际机场将环境保护工作纳入了未来 5 年的总体发展规划,并将碳管理作为其中的一个重要方面。同年 7 月 22 日,北京首都国际机场成功通过 ACA1 级认证,成为中国内地首座加入此项认证计划的机场。

2016 年 8 月,公司启动 ACA 2 级认证工作,通过管理制度建立、碳排放目标拟定、碳减排措施推进等一系列工作,2017 年 9 月 19 日,北京首都国际机场通过了 ACA 2 级认证,表明北京首都国际机场在碳管理工作中上了新的台阶。北京首都国际机场将能源管理体系建设作为节能工作的基础与核心,将能源管理的每个要素落到实处。预计在"十三五"期间,首都机场还将持续提高碳管理水平,获取更高级别的碳排放认证。

(三)做好能源审计工作

深挖节能减排潜力,"挖"是重要环节。深"挖"就是要全面了解机场自身能源的管理情况,这就需要用到系统性思维。实行能源审计工作,可运用系统性思维,是全面、深入了解能源利用情况的一项工作。能源审计是检查对标社会节能减排标准,也是对机场现有能源体系及能源使用情况的一次全面梳理;既是履行社会责任,也是自身节能降耗的深入剖析,此举更为进一步挖掘节能潜力、提高能源利用效率提供了科学的参考和依据。在实际审计过程中,审计可通过历史数据对比、现场调研及系统测试等多种手段,找到能源管理的短板,发现能源系统的"亚健康",为下一步机场制定节能方针、明确节能技改方向提供了有力的依据。这种对机场能源利用情况进行检验、核查和分析评价的方法,是对机场能源的一次系统性梳理,既能够从"面"上发现问题,也能够从"点"上找到问题症结所在。

例如,对于机场等大型综合服务建筑来说,空调系统的能耗一直占据着举足轻重的地位。而由于空调系统具有复杂性、多变性与专业性,以及往往涉及多个相关单位和不同部门的配合,一直是节能工作的重点和难点。北京首都国际机场通过审计深入现场,对送回风量、循环水量、温度等多项指标进行了详细的测试,通过建立模型核算空调系统整体效率,指出了空调系统节能的瓶颈与关键点,就实际改造可行性等问题进行了认真的探讨并提出了整改方案。

（四）推广合同能源管理模式

机场的节能改造需要大量的财力物力。近几年，随着对节能减排认识的逐步加深，大多数枢纽机场采取了一系列措施进行机场节能改造，上海虹桥国际机场提出打造绿色机场后，仅在 2011 年，能耗支出节省 986 万元，北京首都国际机场、广州白云国际机场也都进行了大规模的节能改造。但与此同时，大多数中小型机场不得不依靠政府补贴维持运转，资金周转困难局面时有发生。没有充足资金进行节能改造，使得其进入高能耗、高支出的恶性循环。相比其他投资，节能投资效果的体现是较为缓慢的，往往投资成本需要经过几年，甚至几十年才能收回，造成很多中小型机场在节能改造方面困难重重。

随着国家相关文件，如《民航局关于加快推进行业节能减排工作的指导意见》，以及相应政策法规的出台，各地民航部门相继展开了节能改造的试点工作。但节能改造的资金缺口较大，无疑造成了项目启动的障碍。基于上述情况，合同能源管理模式应用于我国机场节能改造无疑解决了政府或机场管理公司在改造资金上的困境。合同能源管理是指节能服务公司通过与客户签订节能服务合同，设定节能目标和服务期限，为客户提供节能改造的相关服务，并从客户节能改造后获得的节能效益中收回投资和取得利润的一种商业运作模式。

在一定合同期内，客户按比例与节能服务公司分享由项目产生的节能效益，相当于机场以分期付款的方式来支付改造费用。机场不需要承担项目实施的资金、技术和风险，而获得节能后带来的收益，并在合同到期后获得设备的所有权。

节能服务公司为机场实施节能改造项目，承担了与项目实施有关的大部分风险，从而规避了目前实施节能项目的主要市场障碍，使得机场不需要受限于资金问题，同时又减少了政府或机场管理公司的负担。专业化的节能服务公司在实施节能项目时，已经具备了专业技术服务、精细化管理、资金筹措等多方面的综合优势，并可以为机场从业人员提供相关的操作技能培训。长远来说，这种"零投入、零风险和持久收益"的机场节能管理模式，无疑将提高机场改造积极性。同时，市场化的节能机制有助于机场节能改造的全面开展，从而为其他类型的机场节能改造起到好的示范作用，最终促进机场节能产业的健康发展。

例如，在 2011 年 9 月，太原武宿国际机场就在 2 号航站楼进行过小范围的照明节能改造。作为国内民航业首个实行照明合同能源管理，并同样采用节能效益分享的项目，695 套 70 瓦 LED 灯数量比原有灯具少，但在亮灯率达到 100% 时，照度提高到约 160 lx。按太原武宿国际机场航站楼平均电价 0.75 元/度、开灯时间 10 个小时计算，出发大厅和候机厅每年电费达 33 万元。而改造后总体能耗为 54 千瓦，每年可节约电费 13.14 万元。

又如，在喀什机场，节能改造算是比较大的项目，如果不采用合同能源管理的方式，仅靠机场自身则会有一些资金压力。现在的改造方式是，节能服务公司负责提供前期投入，负责项目的能源审计、方案设计、设备投入、改造实施及 5 年维护，喀什机场不需要资金投入。在 5 年的效益分享期中，喀什机场根据实际节能量向节能公司支付节能效益，其与节能公司节能效益分享比例为 55%，国家财政补贴全部投入到项目的节能改造当中。

在分享期结束后,该项目设备财产归喀什机场。

合同能源管理这种基于市场的节能投资新机制,在我国机场节能领域的示范和推广应用,以及节能服务公司在我国的发展,可以帮助克服目前我国存在的种种市场的和非市场的节能投资障碍,推动技术和经济可行的节能改造项目在我国的加速普及实施,有力地推动我国的节能产业化进程。

(五)建立机场能源管理系统

机场能源管理系统(AEMS)是一套打破机场能源信息孤岛,将机场地区(包含航站楼、冷热源站、其他配套工程等的建筑群)的变配电、照明、空调、供热、制冷信息等实行集中监视、管理和控制,是带有节能策略的能源管理系统平台,为机场节能技术服务工作提供了新理念、新技术。

这套系统是由北京首都国际机场自主研发的,其综合了机场行业的能源品类众多和能源结构多样复杂的特点,实现了机场能源能流分布的可视化;通过区域能源设备和数据关联,实现了按功能区域划分的节能运行;通过能源消耗量和设备效率的实时监控与行业标杆的对比,分析并主动推动节能运行策略,实现精准调节、标准化运行;通过大数据分析,挖掘更多节能空间,建立能耗的评价和考核标准;通过系统深度学习,预测未来用能数据。

北京首都国际机场是中国"第一国门",在 27 km^2 区域范围内,原来的水、电、热、冷、气等由多个部门能源系统支撑着其正常、安全、平稳运行。然而,各个能源系统却如同"信息孤岛"一般,能源数据不共享、能源运行不精细、能源管理不集中。AEMS 作为一个智能化的系统,只需在一台计算机上就能整合散落的数据碎片,实现全机场各种能源从源头侧到用能侧的综合一体化管理,再利用先进的扁平化操作方式,在同一个页面上就能完成能耗的计量、分析、评价,还嵌入实时的节能策略,指导日常能源运行,并提供远程访问服务。

AEMS 具备先进性、实用性、创新性和推广性,达到了国内行业领先水平,部分特点达到了国际先进水平,具备了在机场行业内推广的条件。目前机场能源管理系统已先后在北京首都国际机场 T1 和 T2 航站楼、长春龙嘉国际机场、内蒙古呼和浩特白塔国际机场、鄂尔多斯伊金霍洛国际机场、南昌昌北国际机场成功应用,还走出了民航在大连北高铁站成功应用。

北京首都国际机场采用能源管理系统,在 3 号航站楼建立了一套"日数据采集、周分析调节"的动态管理机制,对 3 号航站楼节能进行诊断、分析,明确改进方向,从根本上解决了航站楼节能问题。应用能源管理系统后,在从 2013—2014 年供暖初期至 12 月底的 40 余天时间里,暖通空调系统电耗同比降低了 25%。

(六)实行精细化的管理模式

国外专家学者普遍认为节能是一个系统工程,不是单纯依赖某项节能技术或建筑设计优化就可以实现的,应注重对用能过程和节能过程的监测管理。机场节能的目标是在保证服务品质的基础上,降低实际运行过程中的能源消耗。要实现这个目标,需要有准确的能源数据作为能耗分析、统计、诊断的基础。没有对实际用能数据真实全面的掌握,就无法科学有据地找到节能的工作方向。

机场的各个功能区域复杂、使用能耗种类繁多,传统人工统计能耗的方式并不能做到实时、全面的过程监测,这就对能耗系统的监测提出了更高的要求。随着自动化监控的不断发展,对机场设备进行智能化的监控已经成为主流趋势。能耗监测系统结合自动化、计算机等相关技术、网络技术的原理,通过软件与硬件结合的方式,将底层设备能耗数据实时传输至机场数据中心,使得机场管理人员掌握能源消耗的状况。系统可以通过分项、分类、分时计量,进一步发现建筑节能中不合理之处,针对各薄弱环节可以提出改进方案,提高能源利用率,发掘更大的节能潜力。达到合理利用设备、节约能源、节省人力、加强机场能源的现代化管理目标,提高机场节能的经济效益。

机场能源种类繁多,能耗系统构成复杂,涉及暖通、照明、行李、捷运、信息、桥载设备等十几个专业系统,对工作人员的技术能力要求高。面对这样的复杂系统,机场能源系统的管理人员不断提高精细化控制的水平和程度,在节能方面取得了一定的成效。

例如,北京首都国际机场3号航站楼照明系统的能耗也是航站楼乃至机场能耗的主要组成部分。对此,机场负责楼宇管理的工作人员针对不同区域的服务需求,结合北京市不同季节的日照变化、航站楼不同区域的特点及采光情况,创新思维方式,因地制宜地制订了相应的运行方案,包括照明区域精细化,将原有的20个大区划分为130个小区;时间控制精细化,每年调整24次开关灯时间;资源分配精细化,协调相关单位将分散使用的机位集中到某区域分配,多措并举,最终年节电量超950万千瓦时。

三、机场节能减排的重点和措施

目前,机场能耗占民航业能耗的3%。其中,供暖、制冷、照明又占了机场能耗的70%。因此,机场节能减排项目主要关注这三个方面,降低运营成本、提高能源利用效率成为机场节能减排的动力。机场借助一系列先进的航空新技术,有望在实现节能减排的目标中做出贡献。

(一)航站楼空调

空调系统在机场能耗中占了一定比重。如果全面减少空调能耗,自然能达到节能的目的。但是机场由诸多大型综合服务建筑物组成,每一个区域对能源的需求都不一样。候机楼内的温度直接关系到旅客在候机楼内的舒适度,货运仓储的空调系统直接关系到运输物品的品质。以"一刀切"的方式减少空调能耗,显然不符合机场实际。因此,减少空调系统能耗,机场需要全面考虑在不同场域内的实际需要,在宏观考虑空调系统如何节能降耗的同时,找出空调系统节能的瓶颈与关键点,再有针对性地解决问题。

北京首都国际机场提出要在能源供应成本零增长的前提下,把航站楼内的温度标准提高2℃,将航站楼内的温度保持在22~26℃(夏季、秋季)/18~22℃(冬季、春季)。此举将对旅客满意度和机场未来能源发展产生深远影响。难度之大，不言自明。北京首都国际机场将精细管理中阿米巴经营理念运用到自身的管理中，通过将生产环节细分成多个最小单元，进行独立核算，来细化生产和服务指标。同时，在每个单元中建立精细的部门核算管理机制，来准确掌握各生产单元的运行情况。

以夏季制冷为例，为了实现制冷设备的节能降耗，动力能源公司统筹考虑气候温度、旅客流量等多重因素，精确调控制冷机运行台时数，通过控制机组的运行时间来掌控能耗。同时，动力能源公司赋予制冷站各生产负责人足够的权限自行制订生产计划，并通过台时数指标来考核生产情况。

在航站楼夏季制冷温度标准提高 2℃、年旅客吞吐量增长 4%、航站楼新增设备每年多耗电 70 万度的情况下，2011—2013 年，首都机场较供电基准值分别节电 600 余万度、700 余万度和 1 000 余万度。

（二）油改电

简单地说，"油改电"就是将在机场区域内运行的牵引车、客梯车、机场摆渡车、引导车等特种车辆逐步由传统化石能源驱动替换为电能驱动的技术革新。新能源汽车应用不仅可以推动机场地面车辆升级转型，促进节能降耗和区域空气质量提高，更是贯彻落实国家生态文明建设战略部署和适应新常态、实现绿色与发展相结合的重要举措。

民航"油改电"项目是行业结构性节能减排的重要部分。从国家战略、行业实际情况、技术以及政策配套上看，民航"油改电"项目实施都是可行的，也是必要的。

"油改电"要根据各机场自身的生产情况、气候环境、管理和运行模式，分别制定符合自身特点的建设规划，形成不同的发展模式。

"油改电"项目作为系统工程，不仅涉及特种车辆的购置，还涉及为特种车辆提供电能的充电桩等配套设施、电网以及监控系统的建设等。充电配套设施有充电桩与充电站，按充电模式有快充和慢充之分，按物理连接方式有无线和有线之分。所以各机场要做到机场与驻场单位的整体统一，在招标上要统一充电标准、信息协议和通信协议，保证监控系统、充电设施以及电动特种车辆之间的协调统一，以避免在机场范围内形成信息"孤岛"、资源"孤岛"。

机场率先应该从电动摆渡汽车、小型飞机牵引车、航空器引导车、电动行李牵引车、电动客梯车等车型入手，开展柴油驱动车向电能驱动车辆更换的工作。从试点机场来看，节能减排效果明显。

2015 年，成都双流国际机场就被民航局列为机场地面车辆"油改电"首批试点单位，投资 1.68 亿元，计划购买各类电动汽车 196 辆，并建设与之匹配的集中充电设施和电动车辆监控系统。

目前，四川机场集团已经采购完成了包括飞机牵引车、旅客摆渡车、平台车、客梯车、行李传送车、货运拖车、货运叉车、巡场车、贵宾车等在内的电动汽车共计 115 辆，车型覆盖目前民航适合电动化的所有种类，并且安装了适合各类电动汽车使用的充电桩共计 68 个，在节能降耗、减少排放、降低运营成本、改善工作环境等方面取得了显著成效,在 6 个试点机场中立项最早、建设规模最大、实施进度最快。

随着各类电动汽车的运行,每年减排近 1 511.7 吨,减少燃油消耗 471 吨,可以节约能耗费用约 265 万元。不仅如此,成都双流国际机场的驻场单位,例如国航西南分公司、四川航空公司也先后购置了部分电动汽车并投入运行。

2017 年,成都双流国际机场还将继续购进包括飞机牵引车、巡逻车、清扫车、旅客摆渡车、行李传送车等在内的电动汽车 71 辆,并将重点在本场推行统一规划、统一建设、统一标准的智能充电桩建设方式,同时将电池管理系统列为下一步车辆招标的硬性指标,力争保持电动汽车和充电设施的协调统一,保持机场与驻场单位的整体统一。

配合新能源车辆推广使用,深圳宝安国际机场近年来不断完善充电设施基础建设,目前已在停车场区域建成行业内最大的电动车充电站。其中 P1、P2 和 P3 停车场投入运营的 300 个充电桩,每天最大服务能力可达 2 000 车次,覆盖无线充电、有线快充和有线慢充等多种充电方式;并配套智能 App,可实现智能寻桩、路线导航和线上支付等功能,为清洁能源车辆提供便捷的能源供应服务。

(三) LED 照明改造

LED 照明灯具作为一种半导体器件,其有效寿命可达 50 000 小时,比机场原有的节能灯具使用寿命可延长一倍以上。而且,与传统照明技术相比,LED 灯具能有效降低能耗、碳排放和人员维修频次。LED 照明灯具改造主要是用于航站楼照明、地面道路照明和飞行区助航灯等区域的改造。

在上海浦东国际机场原有航站楼照明系统中,大部分照明设施以节能灯具为基础工作环境,节能效益相比 LED 已明显落后。因此,上海浦东国际机场在航站楼照明节能改造工程中采用 LED 灯具替换原有灯具,从而极大地提高能源利用率及可靠性。与传统节能灯具相比,虽然更换 LED 灯具需要更高的初期成本,但机场以"绿色机场"为目标,采用合同能源管理(EMC)的新型能耗管理模式,可大大降低设施采购成本,更为突出的是可以通过照明升级节约大量能源消耗,减少的电费支出可有效降低运营成本。

2015 年以来,将航站楼原有的节能型筒灯逐步改造为规格尺寸相同的 LED 灯具,已改造完成的 5 000 余套灯具每年可节省电能近 100 万度,节能效率达 60%。经现场照度测试,改造后的航站楼主楼到达迎客区域平均照度达到 250 lx 左右,相较原来 100 lx 左右的照度提升了 1 倍以上,而且 LED 照明光线比较接近于自然光,航站楼的照明环境更加柔和舒适,人眼在此情况下更易辨别物体,更能体现上海浦东国际机场"以人为本"的服务理念。

2012 年,四川机场集团就在双流机场 1 号航站楼进行了 LED 照明改造,年节能量为 650 万千瓦时。随后几年,其又采用合同能源管理模式相继将机场办公区、保障区等区域的 2.5 万套灯具替换为更节能的 LED 灯具,年节能量达 108 万千瓦时。

北京首都国际机场更换了 25 000 余盏 LED 灯具,让 1 号、2 号航站楼节约用电 25% 左右。同时机场又在飞行区选择了节能效果显著、故障率低、寿命长的 LED 助航灯具。这种灯具适合运行维护矛盾突出、维保时间特别紧张的繁忙机场。实践证明,LED 灯具能较好地满足机场的运行需求。目前，国内外机场飞行区都还没有大面积应用 LED 助航灯具的经验，北京首都国际机场现在进行了少量试验，在东区滑行道区域试验安装了 400 套 LED 助航灯具，持续监测其使用情况，目的就是要实地检验一下 LED 助航灯具的节能效果。根据机场助航灯光维护人员的持续跟踪观察，新试验的 LED 灯具不仅节能效果显著，而且故障率低，使用寿命长，在节能降耗方面确实具有明显的优势，可有效减少人工维护的频率，特别适用于北京首都国际机场这种运行维护矛盾突出、维护保卫时间特别紧张的繁忙机场。按照机场滑行道灯具 2.6 万余盏、每日运行 12 小时计算，全部更换为 LED 灯具后，预计一年内可至少节电 1.2 万千瓦时，节能效果颇为可观。

（四）机载空调

在飞机起飞前和落地后，机舱内仍旧有大量准备工作要做。这些准备工作需要的电能和冷热空调，在常规条件下都是由安装在飞机尾部的辅助动力装置（APU）提供的。APU 的使用会消耗大量的燃油，使航空公司和机场的运行成本及碳排放量居高不下。正因为 APU 的环保短板及其带来的沉重的经济负担，许多机场选择了登机桥桥载设备。

桥载空调机组是为停靠在机场登机廊桥的飞机上的乘客和机组人员提供适宜温湿度环境、身体所需的新鲜空气的空调机组，使用该空调可以减少飞机 APU 的启动，更加节能和环保。因此，提高地面空调运行效率，以减少飞机空调耗能。按理说，飞机停靠在廊桥使用 APU 供给能源，属于航空公司的能耗，而非机场。但深挖节能减排潜力，关键在"减"。想办法进一步节能减排，需要从整个机场运行、从民航运行的角度系统地思考问题，不仅机场一个单位要树立节能减排的意识，还要树立行业整体节能减排的意识。从民航系统考虑，APU 与机场能够提供的桥载设备相比，桥载设备能耗更少，更加节能和环保。所以机场应积极主动为航空公司提供桥载设备。

例如，在成都双流国际机场 2 号航站楼修建时就投资近 4 000 万元，在 49 座廊桥上安装了桥载设备。飞机在靠廊桥等候进行飞行前准备时，启动各种运行设备以及空调等所需的大量能耗就不再由 APU 提供，而由外部桥载设备向飞机供电，不烧燃油，没有排放。由于 APU 和飞机内装的空调都不启动，因此消除了噪声产生的源头。2016 年，成都双流国际机场桥载设备累计保障航班 7.6 万架次，使用率已达到 88%，协议使用桥载设备的航空公司达到 28 家，年减排二氧化碳 4.6 万吨，节约燃油约 1.85 万吨，节约能耗费用约 5 852 万元。

同时，机场也要主动想办法进一步减少远机位飞机 APU 减排，这对机场来说，无论从经济上还是企业形象上考量都有重要意义。

例如，四川机场集团一直积极制订远机位的地面设备建设（Ground Power Unit，GPU）和减排方案，采用合同能源管理模式，在机坪上试点引进了 12 台太阳能地面静变电源。该设备主要由固定式飞机地面设备、移动式飞机地面电源、太阳能发电、电池储能系统等部件组成。这套设备在不增加机坪原配电容量的条件下，采用太阳能、储能、配电余电等混合供电技术，能为停靠远机位的飞机提供稳定、可靠、绿色的 400 赫兹/115 伏的交流电。据统计，这套设备为远机位飞机提供航后任务供电，折算每年能节约燃油约

1 140 吨。同时，成都双流国际机场也计划增设远机位地面电源设备和地面空调设备，项目投资概算约 5 000 万元，预计年减排二氧化碳 2.2 万吨，节约航油约 1.3 万吨，节约能耗费用约 6 000 万元。

（五）缩短航空器占用滑行道的时间

跑道的运行模式与滑行距离的优化，可以有效地减少燃油消耗、减少噪声污染，但是这也需要机场、航空公司和空管部门携手发力。

第四章中我们已介绍了 S-MAN（场面管理技术）。S-MAN 系统的智能引导能非常有效地减少以上跑道入侵或飞机驶入错误滑行道等情况的出现，从而增加交通流量，保证飞机的连续滑行，同时减少飞机排队等待的时间和次数，进而减少二氧化碳的排放。

根据国际实践经验统计，应用 S-MAN 系统将减少 75%的跑道入侵事件，在低能见度条件下每小时能增加 10 架飞机起降。

根据模拟计算，在一个年旅客运输量 2000 万人次、飞机起降 16 万架次的中等规模机场，使用这项技术每年能够直接节约 1 亿元左右的成本（减少因飞机误入造成的维修费用，减少滑行时间从而节省燃油，增加机场容量等），减少温室气体排放约 2 万吨，减少滑行时间超过 2 000 小时，在减少航班延误或等待时间方面也具有很大的潜力。

这项技术如果能在全国前 20 大机场进行推广实施，每年有望减少 25 亿元的成本，减少温室气体排放近 50 万吨，减少飞机滑行时间 5 万小时。

我国国内吞吐量前十名的大型机场都实行双跑道运行（北京首都国际机场三条、浦东四条、广州三条），修建双跑道成了大型枢纽机场的发展趋势，双跑道实施独立离场运行模式，不仅可以有效地提高始发航班正常率，提高航空器运行效率，而且通过缩短航空器占用滑行道的时间，也进一步降低了航空器滑行油耗，减少了二氧化碳排放。据统计，2016 年 8 月 18 日深圳机场实施双跑道试运行，深圳宝安国际机场出港早高峰航空器平均滑行时间较 2015 年同期缩短 5.06 分钟，较 2016 年 4—7 月减少 2.53 分钟，由此每天可减少油耗 1.06 吨，全年减少二氧化碳排放量达 1 221.72 吨。

（六）提高清洁能源使用的比重

太阳能光伏发电是清洁能源之一。光伏发电是利用半导体界面的光生伏特效应将光能直接转变为电能的一种技术。光伏发电的优点是较少受地域限制，因为阳光普照大地；光伏系统还具有安全可靠、无噪声、低污染、无须消耗燃料和架设输电线路即可就地发电供电及建设周期短的优点。

机场中，太阳能的利用主要是采光和集热蓄热方面。太阳能热水和太阳能电池由于具有成本低、效益高、经济环保等优点，利用其产生电能可以供机场小型办公场所使用，为此努力提高清洁能源在机场耗能中的占比，提高绿色能源综合利用效率。

四川机场集团从 2016 年就开始进行光伏建设。一年后，双流机场南机坪太阳能光伏车棚一标段项目已完成施工，光伏面积达 623 m^2，年发电量达 3.8 万千瓦时，同时配套建设了 133 m^2 的机坪员工值班室和休息室，光伏发电能为混合地面电源和机坪员工值班室、休息室供电。四川机场集团同时又在成都双流国际机场南机坪和西昌青山机场建设共 1.5 万 m^2 的光伏车棚。深圳宝安国际机场作为拥有目前民航业内装机容量最大的光伏发电站的国内机场,2016 年光伏发电量超过 1 400 万千瓦时,占深圳机场总用电量的 10%。

据报道日本北海道新千岁机场冬季积雪较多,他们把冬季的积雪堆积成一个 12 万 m^2 的大雪堆,夏天利用融化的雪水为候机楼降温,同时将雪水融化流动的能量转化为电能,除了满足自身需要外,还卖给国家电网。

建设绿色机场,不仅是民航强国战略目标,更是"十三五"时期民航发展的重要任务,是民航业的一种意识与担当。民航节能减排工作虽起步顺利,但面对国内外的新形势、新要求,行业绿色低碳发展基础不牢、能力不强、动力不足等问题依然突出。因此,机场的绿色开拓之路依然任重道远。

第三节 环 境 保 护

一、机场生态环境保护

(一)机场生态环境保护内容

机场生态环境保护应从源头控制大气、水、固体废物污染、光污染,减少水土流失,降低环境风险,提升环境质量。应根据生态、景观协调统一和节约资源的原则,结合机场内各功能区的特点及当地自然条件进行机场绿化规划,美化环境,抑尘降噪,减少热岛效应。应根据污染物排放最小化、废弃物资源化原则,制定机场环境保护规划,满足机场所处区域环境功能区划要求。超大型、大型机场宜规划噪声、大气、水环境等综合环境管理系统,实现环境规划、环境监测、环境质量分析等多种功能的整合,推进环境管理的科学化、信息化与精细化。

(二)机场绿化要求

机场绿化要求如下。

(1)机场绿化植物种类优先选择乡土植物和适生植物,慎重选择外来物种;不宜选择浆果类和高大茂密等适宜鸟类栖息的植物种类;干旱地区的机场优先选择节水耐旱型植物种。

(2)机场绿地率宜不低于 30%,航站区绿化应满足功能与美学的要求,注重营造植物景观;进场路可采用多种绿化形式,并与周边绿化环境相协调;飞行区土面区应进行绿化;裸露地表应进行绿化或硬化。

(3)根据空间造景的需求,机场建筑物可采取屋顶绿化等多样的绿化形式。

(三) 水土保持要求

在山区、丘陵区、湿陷性黄土区、风沙区以及根据各地区水土保持规划确定的水土流失易发区，机场总体规划中应包含水土流失预防和治理的专项内容。宜结合场区地形地质条件和自然环境，科学规划，实现机场场区土石方的挖填平衡。应结合当地降雨、大风等天气特点，合理规划机场工程分区布局、建设时序等，减少水土流失。

(四) 大气环境控制要求

机场应采用污染排放水平低的供热、制冷设备，并优先使用清洁能源。机场内利用清洁能源或新能源驱动的特种车辆及其他车辆，其数量应不低于各自总量的 20% 及 50%；同时应合理规划充电基础设施布局与数量，促进机场节能减排。污水处理厂、使用油库、垃圾转运站宜布置在航站区、生活区主导风向的下风向处。污水处理厂应对恶臭污染较重的工艺单元实施密闭收集净化处理。

(五) 水环境控制要求

水环境控制要求如下。
（1）应实行雨污分流，场内污水全部收集应结合当地市政基础设施条件与规划，优先依托市政排水管网及污水处理设施集中收集和处理；不具备市政污水处理设施依托条件时，污水应在场内进行处理；当污水处理后外排至周围地表水体时，应根据受纳水体的环境功能区划要求及环境容量确定排放去向。
（2）临近饮用水源保护区的机场，在改、扩建总体规划时，应通过优化平面布置，使可能产生环境污染和环境风险的设施远离保护区。
（3）使用油库、机务维修等区域的生产废水应采取隔油、沉淀等预处理措施，去除或削减石油类等特殊污染因子，满足污水处理厂进厂水质要求；采取有效措施控制初期雨水面源污染。
（4）使用油库、污水处理设施等应规划事故应急处置设施。

二、机场生态环境治理

(一) 大气治理

1. 机场大气污染源

所谓大气污染，是指洁净的空气环境被有害气体和有害的悬浮物质微粒所污染，且污染物呈现出足够的浓度和时间，并因此而危害了人的舒适和健康。机场的大气污染主要由五类物质造成，即一氧化碳、碳氢化合物、氮氧化物、二氧化硫及微粒物质。

机场的大气污染源主要有两个方面：一是机场施工建设期间，土石方施工和施工车辆行驶，以及石灰、粉煤灰等材料运输和堆放引起的扬尘使周围环境中的总悬浮颗粒物超过环境空气质量标准，这是一个短期的污染，可采用有效的防护措施来减少污染，如采取无风日工作、堆放时采取防护措施等。二是机场投入运营后，飞机的发动机燃烧室排出的废气、机场锅炉排放的烟气以及机场车辆所排放的废气等，这使废气中含有较多碳化合物、氮化合物以及悬浮颗粒，不仅对大气造成污染，也危害人类健康，这是长期的影响。

2. 机场大气治理措施

除了第二节提到的减少飞机发动机排气对大气的污染、缩短飞机起飞落地的滑行时间、地面车辆"油改电"项目推广之外，还可以采取以下改进措施。

（1）合理规划机场陆侧交通系统。如果机场采用旅客利用起来非常方便的公交客运工具，如地铁、电气化铁路、轻轨捷运车辆等，将明显减少进出机场的汽车数量。另外，保证供汽车行驶的机场道路通行顺畅，无交通拥塞，使车辆在机场的逗留时间减少，也能在一定程度上缓解汽车尾气造成的大气污染。

（2）中小机场为了供电、供热、供冷一般都配有容量较大的锅炉房。目前，我国大多数锅炉都以煤为燃料。为了减少锅炉、焚烧炉等对大气的污染，应针对不同的污染物采取不同的措施，有条件的可实施锅炉房煤改气改造工程，即燃煤锅炉改为燃气锅炉，2018年8月，哈尔滨国际机场中心锅炉房煤改气改造工程正式开工。其他机场为了减少硫的氧化物的产生，可采取燃煤脱硫或烟气脱硫技术；为减少烟尘排放，可采取各种高效除尘器；为减少氮氧化物形成，可采用低温、低氧燃烧设备；为减少一氧化碳、碳氢化合物生成，可采用高效燃烧技术；等等。

3. 机场绿化

大规模的绿化，可以净化城市空气，调节城市气候，并能极大地改善城市环境质量。大规模的绿化以巨大的叶面积、浓密的枝干阻滞、过滤、吸附空气中的灰尘和飘尘，同时还能起到滞留、分散、吸取大气中的各种有毒气体的作用，从而使空气得到净化。

据资料得到的数据，绿化覆盖率为10%、20%、40%时大气中污染物浓度下降的总悬浮颗粒物和二氧化硫分别是15.7%、20%和31.4%，40%、62.9%和80%。这就明显说明绿化覆盖率越高，大气中污染物浓度下降就越大，相互呈正比关系。

机场有得天独厚的条件，通常机场离市区较远，周边多为农村和小城镇，有着丰富的自然景观资源可以利用。机场占地面积比较大，可绿化的用地比较多。另外机场建筑数量庞大，形式多样，风格各异，对绿化在烘托建筑、协调强化建筑功能上有着更高的要求。机场又是城市的重要门户，机场绿化能够反映城市历史文化内涵和塑造城市良好形象。

中小机场园林绿化规划设计树立以人为本和可持续发展绿地景观设计理念，从生态学、环境美学、植物学角度出发，通过科学规划，精心设计，以植物造景为主，因地制宜，充分利用场内场外景观要素，创造一个生态良好、景观优美、文化内涵丰富的机场环境。

（二）水体治理

水是生命之源，是人类赖以生存与发展的基本物质。我国又是一个水资源短缺的国家，随着我国经济社会的发展，水资源短缺问题日益凸显。机场作为用水大户，其水资源的有效利用显得极为重要。节约用水、水资源循环利用能够有效弥补水资源不足，机场应积极推进水资源的优化配置和循环利用，构建安全、高效、和谐、健康的水系统。

水体是海洋、河流、湖泊、水库、地下水等"储水体"的总称。水体不仅指水，还包括水中的悬浮物、底泥和水中生物等。

1. 机场水资源管理

机场需要消耗大量的水资源。机场运营商需要供应充足的水，用于饮用和餐饮业、空调系统、抽水马桶及清洁、系统维修和工程活动，以及地面和景观维护。而机场的建设运行将增加水资源的消耗和排放，并对周围的环境产生影响。

机场水资源的管理就是要制定机场水资源综合利用方案，统筹利用各种水资源，合理确定饮用水、再生水、雨水等各类水资源利用量，减少市政用水量和污水、雨水排放量；宜参照"海绵城市"建设理念进行机场排水系统规划；超大型、大型机场和条件适宜的中型机场应开展水资源利用专项研究。

机场饮用水应优先选择市政供水，其他用水可选择非传统水源，并采用分质供水；机场自行建设再生水处理设施时，宜优先选择雨水、废水等水资源。

2. 机场水体污染源

机场作为大型交通设施，有大量的人在工作、生活和过往停留，每天都会产生很多的生活污水和一定数量的工业污水。每天在机场降落的飞机也会卸下相当数量的生活污水。机场日常运营、维护、机务维修中产生或散落在地上的有害物品经水或雨水冲刷，也会形成污水。如果这些污水未经任何处理，就直接或间接地排放到机场或机场附近的水体中，必然会使水体的物理、化学、生物等特征发生不良变化，破坏水中固有的生态系统，威胁水中生物生存，从而降低水的使用价值，造成水体污染。例如在冬季降雪期间，使用除冰液对飞机除冰是一个常见场景。每次给飞机除冰结束后，使用过的残留除冰液会给环境带来一定的危害。目前，给航空器除冰使用的除冰液主要成分为乙二醇或丙二醇，二醇类除冰液具有很高的化学需氧量和生化需氧量，排放后会导致水体缺氧，排量过多会造成水体中厌氧菌很快繁殖，导致有机物腐败而使水体变黑、发臭。

3. 污水处理

有些污水的产生是不可避免的，例如生活污水，有些污水的性质和产量通过采用一定的技术和管理措施是可以改变的，例如生产和运营、维护、维修过程中产生的污水，对这类污水首先还是应该设法减少排放量，降低其污染性。

污水处理系统要根据污水的水质、水量、回收其中有用物质的可能性和经济性、排放标准，并通过调查、研究和经济比较后决定，必要时还应进行一定的科学实验。

机场产生的污水，生活污水占有较大份额。生活污水中常含有各种病原体，如病毒、寄生虫等。水体遭到生活污水污染后可能传播多种疾病。历史上许多次霍乱、肝炎、伤寒之类的瘟疫流行都是水媒性传染病。生活污水中的碳水化合物、蛋白质、油脂等有机物在被水中微生物分解时要消耗氧气，结果使被污染水体中的溶解氧减少，影响鱼类和其他水生生物的生存。水中溶解氧耗尽后，有机物将进行厌氧分解，产生硫化氢、氨和硫醇等难闻气体，使水质进一步恶化。污水中的氮和磷还会使被污染水体富营养化，造成水质下降。

  污水处理有多种方法，但概括起来有四种，即物理处理法、生物处理法、化学处理法和物化处理法。

  机场生活污水的处理一般采用物理处理法做预处理，然后以生物处理法做二级处理。污水先经格栅、沉砂池除去较大的悬浮物及砂粒杂物，然后进入初次沉淀池，去除呈悬浮状的污染物后进入生物处理构筑物（可采用活性污泥曝气池或生物膜构筑物）处理，使污水中的有机污染物在好氧微生物的作用下氧化分解。生物处理构筑物的出水进入二次沉淀池进行泥水分离，澄清的水再经消毒后即可排放或做深度处理回收复用。二次沉淀池放出的污泥须做浓缩、污泥消化、脱水等处理，处理后可综合利用。污泥消化过程中产生的沼气也可回收利用。如果需要进一步对二级处理后的水脱氮除磷，则可采用水解（酸化）—好氧处理工艺或厌氧—兼氧—好氧处理工艺。

  为有效减少航空器除冰废液流至河流污染环境，北京首都机场尝试"变废为宝"，启动了除冰废液回收项目。该项目主要包含两个阶段内容：一是回收定点除冰时的废液；二是对其中一部分回收废液进行试点处理。通过对除冰废液的回收处理，一方面可减少对周边水体环境的生态影响；另一方面通过对回收后的废液进行加工或提纯，实现再利用，一部分转化为车用玻璃水，另一部分再生为除冰液用作循环使用。在斯德哥尔摩阿兰达国际机场，对于除冰剂、除雪剂等化学制品，按严格的标准和流程进行处理。机场投资了2 000万欧元建设相应装置，确保废水、化学物的有效处理及循环利用。在慕尼黑国际机场，滑行道周边设置有除冰液生物降解系统；在跑道端头的飞机除冰指定区域也有专门的地下废水收集系统，通过蒸馏以及化学处理，可以变成新的除冰液进行循环利用，每年约有65%的除冰液进行了回收和再利用。

4. 水资源利用

  水资源利用第一是节约用水。机场建筑平均日用水量应不高于节水用水定额上限值与下限值的平均值。为了提高机场水资源利用率，采取有效措施，主要包括：选用节水型器具、阀门等设备；减少系统无超压出流现象；绿化灌溉应采用喷灌、微灌、渗灌等节水的绿化灌溉方式；合理选择耐腐蚀、耐久性能好的管材及可靠的管道接口形式；对用水量进行计量和分析，建立水资源监管机制；冲厕、浇洒、景观、洗车、空调循环冷却水补水等用水，应优先采用再生水和雨水；机场用水中非传统水源利用率应不小于30%。

  为有效提高雨水资源利用率，深圳宝安国际机场于2014年启动了雨水处理厂项目，2016年年底工程完工。该项目总投资约3 000万元，利用深圳机场飞行区蓄水能力达160万吨的4号调蓄水池，通过混凝沉淀、过滤消毒等工艺，可每天生产中水7 000吨，用于新航站区冲厕和绿化灌溉,每年预计节水约260万吨。北京首都国际机场能源中心制冷站使用经抗污反渗透膜(RO)工艺处理的中水生成"反渗透水"进行系统补水,反渗透水使用量占能源中心制冷站总水耗的67.4%,2016年,中水回用总量近300万吨,使用反渗透水相当于节约自来水成本约113万元,实现了环境效益和经济效益的双提高,成为民航能源行业首例用中水替代工业用水的"绿色典范"。

伦敦希思罗国际机场提出了到2020年机场的用水量减少40%的目标,并采取了一系列节水措施。例如,使用双水系统;将现有雨水的1%用于储存再利用;安装闭环车辆清洗设备,通过过滤和浓缩,除去水中的废物,使95%的水实现重复利用。对于除冰液这类特殊的废水,为避免其对周边的河流等水系统造成污染,机场也在除冰坪上建立了单独的排水系统,实现了对除冰液的回收。

(三)机场固体废物处置

机场航空垃圾、生活垃圾及厨余垃圾等各种固体废弃物应分类收集,并规划固体废弃物收集站或转运站,依托市政设施集中处理。

机场危险废物及疫区航空垃圾的临时储存、转移和处置应满足国家和地方有关危险废物管理的规定。

史基浦机场将大量建设和改造产生的建筑垃圾进行回收再利用,平均90%的建筑材料,例如沥青、塑料、金属管道和管线都进行了回收利用。

为了处理垃圾,有的机场还建有垃圾焚烧炉。垃圾焚烧是一种较古老的传统的处理垃圾的方法,由于垃圾用焚烧法处理后,减量化效果显著,节省用地,还可以消灭各种病原体,将有毒有害物质转化为无害物,故垃圾焚烧法已成为垃圾处理的主要方法之一。锅炉和垃圾焚烧炉运行时,烟气中含有烟尘、二氧化硫、氮氧化物、一氧化碳、碳氢化合物等污染物质。现代的垃圾焚烧炉皆配有良好的烟尘净化装置,有助于减轻对大气的污染。

三、机场噪声治理

噪声污染已成为当代世界性的问题,是一种危害人类环境的公害。噪声污染与大气污染、水体污染和固体废弃物污染并称当今世界的四大污染。与其他污染不同的是,噪声污染具有很强的时、空局限性。只要噪声源停止发声,污染立即消失;噪声污染的范围也相对较小。噪声污染对人的影响,不单取决于声音的物理性质,还与人的心理、生理状态有关。吵闹的噪声,令人厌烦,精神不易集中,影响工作效率,妨碍交谈、休息和睡眠。强烈的噪声还可能掩盖危险信号或征兆,引发工伤事故。

(一)定义

噪声:可以定义为人们不需要的声音。它是交通工具运行的必然产物。

响度:是衡量声音强度的主观指标。飞机起飞时发出的声音约是140分贝。一般认为，声强增加 10 分贝，响度就成倍增加。

根据定义，噪声是令人讨厌的声音。噪声给人带来生理上和心理上的危害主要有以下几方面：损害听力。有检测表明：人连续听摩托车声 8 小时以后听力就会受损；若是在摇滚音乐厅，半小时后，人的听力就会受损。我国对城市噪声与居民健康的调查表明，噪声有害于人的心血管系统，地区的噪声每上升一分贝，高血压发病率就增加 3%；影响人的神经系统，使人急躁、易怒；影响睡眠，造成疲倦。如果机场设置在无人居住的空地，如耕地或森林这样的空旷环境里，那么机场就不存在真正的噪声影响问题。

飞机的发动机会产生噪声，流经机身和机翼的气流也会产生空气动力噪声，航空器噪声是机场及其周边地区噪声的主要来源。所以，对几乎所有的机场管理部门来说，噪声都是机场最严重和最棘手的问题。

（二）机场噪声是一个世界性的问题

机场噪声是一个世界性的问题，它限制了新机场的发展并对已有机场的效率、经济性构成严重影响。在 1968 年的国际民航组织大会上，人们已经认识到这一问题的严重性，航空业增长将使噪声问题进一步恶化，于是国际民航组织责成其理事会召开一个关于机场周边飞机噪声的国际会议。

当前，我国年旅客吞吐量在 100 万人次以上的机场普遍存在航空器噪声影响问题。特别是近几年，随着我国民航事业的发展，机队规模不断壮大，民用航空器噪声扰民的问题日益突出。同时，我国人民生活水平得到较大提高，人们加强了对环境保护的认识，不断追求高品质的生活。民用航空器产生的噪声对民用机场周边的生活环境不可避免地会造成一定的干扰。于是，人们就强烈抗议航空器噪声严重影响其生活、工作、学习，要求民航改变现状并补偿损失。甚至发生了集体上访的事件，民用机场与周边地区居民的矛盾日显。目前，我国有 40 多个机场存在航空噪声影响问题，北京首都国际机场、上海虹桥国际机场、杭州萧山国际机场等机场较为严重。不仅我国如此，世界上其他国家也多次发生机场周边居民与民用机场就民用航空器噪声问题发生争端的事件。可见，控制民用机场周围地区的航空噪声已经成为民用航空业可持续发展的重大问题。

（三）噪声产生的原因

改革开放以来，我国的城市化进程不断推进，城区不断向机场周边延伸，因此，民用机场运行与机场周边居民生活之间的矛盾日益显现，社会关注度也较高。但经过调查后发现，除少数机场的建设使用对原有当地的少量居民带来噪声影响外，绝大多数人都是后来迁移至机场周边生活的。

（1）机场改扩建。近年来，随着我国经济社会发展和民航运输需求增长，部分机场业务量增长较快，较多城市提出机场改扩建或迁建需求，扩建势必占用机场周边土地，跑道加长加宽，飞行区面积扩大，噪声的覆盖面进一步扩散。

（2）吞吐量骤增。航空运输的发展促进了机场吞吐量增加，航空公司航班密度加强，机场起降次每年按 8%递增，2017 年增速达 10.9%，航班起降的时间从白天延伸到深夜，不间断连续飞行导致噪声持续加强。

（3）航空器大型化。随着科学技术的发展，飞机向高速化、大型化发展，发动机功率大、发动机数量多的大型飞机，噪声更大。以最大飞机 A380 为例，载客 555 人，最大起飞重量 575 吨，最大飞行速度 1 090.3 km/h，启用了 4 个 40 吨级的涡轮风扇发动机，起飞时推力相当于 2 500 辆普通轿车的马力，起飞所需跑道长度 2 900 m（9 500 英尺），在机场上空飞行或起飞降落产生的声音震耳欲聋，让住在机场附近的人无法忍受。

（4）房地产开发。由于机场所在地的基础设施比较完善，交通比较便利，许多企业在机场周边进行工业和商业开发，从事与机场相关的经营活动。于是，为了服务于这些工商企业，又引发了机场周围土地的二次开发，如建设住宅、学校、医院、商店和各类社区开发项目，在机场周边形成了新的城市经济、商业服务中心。飞机给周围人们的生活带来了严重的噪声影响，给社会带来了沉重的环境问题。

（四）机场噪声控制

机场航空器噪声影响问题不仅在我国存在，也是世界性的问题。在当前，出于技术原因，尚无法消除航空器噪声。但这并不意味着我们可以对机场航空器噪声置之不理，我们应采取各种综合降噪手段，努力减轻噪声影响，为人们创造一个良好的生活环境，为民航营造一个良性发展的空间。在许多西方国家，也曾经历了噪声影响—引发抗议—立法、治理的过程，并为此付出了惨痛的代价。我们要吸取西方国家的经验教训，尽量避免走西方国家的老路，面对现实，积极做好机场噪声影响控制工作。

我国对于控制民用航空器噪声对民用机场周边地区的影响做出了更为具体的规定。一般来说，控制民用航空噪声影响主要有以下三种措施。

1. 机场噪声相容性计划控制方法

所谓机场噪声相容性计划就是机场周围地区的噪声影响分成四类，即很小、中等、较大和严重。图 10-2 描述了一个机场的典型噪声分布情况。A 区受到噪声的影响最小。因此不需要对该区范围内的土地利用规划进行特殊考虑。作为另一个极端，D 区噪声非常严重。所以，要么使该区域位于机场内部，要么采取相应措施加以控制。

地方人民政府应考虑航空噪声可能造成的影响，地方人民政府可参照机场噪声相容性计划，合理控制机场周边受航空器噪声影响区域土地的使用，合理规划发展用地。对于那些在噪声影响区域进行的开发建设行为，应自行承担全部责任。

作为机场，应协调航空公司、空管部门组织编制机场噪声相容性计划；严格控制高噪声飞机的使用；对航空器起降航迹进行监测；接待投诉并做好对外宣传工作。

作为空管部门，应配合机场尽职尽责做好机场噪声影响控制工作。在保证安全的前提下，制定飞行程序时应充分考虑噪声影响问题，尽量避开人口密度大的区域，尽可能使用降噪程序。机场管制人员应按优先跑道的要求，合理安排跑道的使用。

作为航空公司，应教育并督促驾驶员严格按照机场飞行程序运行。

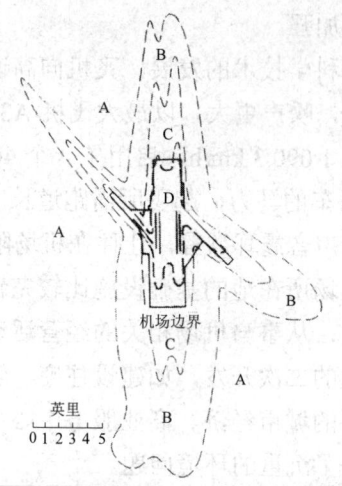

区域	噪声暴露	噪声状况建议控制措施
A	很小	完全可以接受，一般无须考虑
B	中等	一般可以接受，宜考虑周围土地的合理利用
C	较大	一般难以接受，建议考虑减噪和土地利用控制
D	严重	完全不能接受，建议在机场区域内采取有效的控制措施

图10-2 典型的机场噪声影响分布

2. 控制噪声源方法

控制噪声源方法就是航空运输企业通过购买、租赁低噪声的新一代航空器取代高噪声的老、旧航空器。

航空公司使用的民用航空器应当符合国家的相关噪声适航标准，否则不得在民用机场起降。要降低航空器飞行造成的噪声污染，必须不断改进航空器的设计制造，减少航空器的噪声影响，这需要在航空器型号和适航合格审定环节严格控制高噪声飞机的引进与使用。不符合噪声适航标准的民用航空器不得在我国民用机场起降。

为了避免发达国家和地区淘汰的不符合噪声标准的飞机流入我国而受到运行限制，造成更大的经济损失和环境压力，原民航总局制定发布并及时修订了《航空器型号和适航合格审定噪声规定》，规定了运输类大飞机和喷气式飞机的噪声测量和评定标准、噪声限制，同时也规定螺旋桨小飞机和螺旋桨通勤类飞机、直升机的噪声限制。

3. 飞行程序设计方法

空中交通管理部门在制定机场飞行程序时，在保证飞行安全和正常运行的前提下，尽量避免航空器在集中的噪声敏感建筑群上空飞行。通过修改飞机进港、离港路线或者限制飞机在机场起降时间等措施，减少航空噪声对附近地区的影响。

《环境噪声污染防治法》规定，除起飞、降落或者依法规定的情形以外，民用航空器不得飞越城市市区上空。城市人民政府应当在航空器起飞、降落的净空周围划定限制建设噪声敏感建筑物的区域；在该区域内建设噪声敏感建筑物的，建设单位应当采取减轻、避免航空器运行时产生的噪声影响的措施。民航部门应当采取有效措施，减轻环境噪声污染。所谓"噪声敏感建筑物",是指医院、学校、机关、科研单位、住宅等需要保持安静的建筑物。

控制飞机的夜间运行数量。大型运输机的夜间运行是人们对机场噪声备感厌烦的原因。于是,世界上许多机场(如苏黎世国际机场和悉尼机场)实行飞行活动宵禁。然而,宵禁的严格程度大有区别。有些机场,夜间停止一切活动,跑道实际被关闭;有些机场允许噪声较小的螺旋桨飞机在夜间活动,这些飞机经常在夜间从事货运。一些机场,如伦敦的希思罗机场,在噪声大大消减的前提下,给予一定的夜间噪声"限额"。在阿姆斯特丹、伦敦、法兰克福和香港等机场,根据机场运行和时间情况,给噪声适航飞机(通常包括宽体飞机)以宵禁豁免权。在香港、伦敦、东京和巴黎机场,允许延误的航班进入机场;而悉尼机场,则实行严格的 7 小时宵禁。

(五)机场搬迁彻底消除噪声源

随着城市空间不断拓展,城市功能不断完善,许多原本位于城市边缘的机场逐渐处于被城市建设包围的状态,城市建设与机场正常使用之间的矛盾日益突显,这些机场逐渐退出历史的舞台,实施机场整体搬迁。搬迁是无奈,是让位,是为城市发展而献身。例如,济南张庄机场搬迁到济南遥墙国际机场、广州市内老白云机场搬迁到花都县新白云机场、昆明巫家坝机场搬迁至昆明长水国际机场、南京大校机场搬迁至南京禄口国际机场、杭州笕桥机场搬迁至杭州萧山国际机场、武汉王家墩机场搬迁至武汉天河国际机场……海口美兰国际机场、合肥骆岗国际机场、大连周水子国际机场,还有更多,不胜枚举。机场搬迁后释放了城市空间的发展潜力,消除了机场作业的安全隐患,根除了噪声的源头,提升了城市人居的环境品质。

当前,城市发展与机场建设间的矛盾,并非仅仅因为机场邻近市区,而是城市发展太快,这是国内机场迁建或改扩建现象频发的根本原因。"摊大饼式"的城市发展模式不断撵着机场搬迁。机场选址与城市发展并非"零和博弈",合理规划,科学管理,同样可以实现二者"双赢",国际上有关机场与城市和谐发展的例子不在少数,伦敦城市机场距离市中心仅 10 km,美国拉瓜迪亚机场距市中心 15 km、东京羽田国际机场距市中心 16 km,圣地亚哥国际机场就在城边等,甚至我们地处四环外的北京西郊机场,也没有因为安全和噪声的威胁而影响到该地区的和谐发展。这些机场虽都邻近市中心,但并未因城市扩张而迁离,却实现了机场与城市的共赢。我们在对国际成功经验学习借鉴的同时,更应对国内机场频繁迁建或改扩建现象做深刻反思。

思考题

1. 简述绿色机场的定义。
2. 简述绿色机场的内涵。
3. 绿色机场的基本要素有哪些?
4. 实现民航"十三五"规划主要目标的五大发展理念是什么?

5. 加快建设绿色民航需要创新体制机制包括哪些方面？
6. 什么是绿色机场规划？如何制定？
7. 满足什么要求基本可以称为绿色机场？
8. 民航节能减排的指导思想有哪些？
9. 民航节能减排工作必须遵循哪些原则？
10. 机场节能减排措施包括哪些方面？
11. 简述机场生态环境保护内容。
12. 机场大气污染源主要有哪些方面？
13. 机场水资源管理的内容有哪些？
14. 机场污水处理的方法有几种？
15. 简述噪声定义，它对人体健康有什么影响？
16. 机场噪声产生的原因有哪些？
17. 机场噪声相容性计划控制如何实施？

参 考 文 献

[1] 高金华，王维. 机场工程[M]. 天津：天津科学院技术出版社，2000.
[2] 刘得一. 民航概论[M]. 修订版. 北京：中国民航出版社，2005.
[3] 马少华. 机场卓越经营[M]. 北京：中国民航出版社，2005.
[4] 亚历山大 T.韦尔斯. 机场规划与管理[M]. 赵洪元，译. 北京：中国民航出版社，2004.
[5] 诺曼·阿什弗德，马丁·斯坦顿 H P，克里费顿 A·摩尔. 机场运行[M]. 高金华，译. 北京：中国民航出版社，2006.
[6] 理查德·德·纽弗威尔，阿米第 R.欧都尼. 机场系统：规划、设计和管理[M]. 高金华，译. 北京：中国民航出版社，2006.